2020

मन का नवीनीकरण

notionpress
.com

2020
मन का नवीनीकरण

लव कुश सिंह "विश्वमानव"

सत्यकाशी पीठ
पांचवां और अन्तिम शंकराचार्य पीठ

Notion Press

Old No. 38, New No. 6
McNichols Road, Chetpet
Chennai - 600 031

First Published by Notion Press 2020

ISBN 978-16-49196-41-5

समर्पण

यह पुस्तक समर्पित है -

उन सभी खोजी आत्माओं को,

जो सत्य की ज्योति को अपने भीतर

और संसार के हर कोने में जलाना चाहते हैं।

भारतीय संविधान के धारा-51 (ए)
नागरिक का मौलिक कर्तव्य के अनुसार

01. संविधान के प्रति प्रतिबद्धता, इसके आदर्शों, धाराओं, राष्ट्रीय ध्वज व राष्ट्रीय गान का आदर करना।
02. स्वतंत्रता के लिए संघर्ष हेतु प्रेरित करने वाले सुआदर्शों का अनुकरण करना व उन्हें चिरस्थायी बनाना।
03. भारत की सर्वोच्चता, एकता और अखण्डता की रक्षा करना तथा समर्थन करना।
04. जब भी आवश्यकता पड़े देश की रक्षा करना व राष्ट्रीय सेवाओं हेतु समर्पित होना।
05. समाज में भाई-चारें की भावना का विस्तार करना, मातृत्व भाव, धार्मिक, भाषायिक, क्षेत्रीय विभिन्नताओं में एकता कायम करना तथा नारी सम्मान आदि का ध्यान देना।
06. अपने मिश्रित संस्कृति का मूल्यांकन करना उसको स्थायित्व देना और इसकी परम्परा को कायम रखना।
07. प्राकृतिक सम्पदा की रक्षा करना जिसमें जलवायु, जंगल, झील, नदियां, जंगली जीवों व समस्त जीवों के प्रति दया का भाव सम्मिलित है।
08. वैज्ञानिक भावना को प्रोत्साहित करना, मानवीय भावनाओं के स्वरूप की परख करते रहना।
09. जन सम्पत्ति की सुरक्षा करना और हिंसा आदि का परित्याग करना।
10. व्यक्तिगत, सामूहिक गतिविधियों के प्रत्येक क्षेत्र में सर्वोच्चता हासिल करना, जिससे राष्ट्र शतत उत्थान, प्रयत्न व प्राप्ति की ओर अग्रसर होता रहे।
11. जो कि माता-पिता या अभिभावक हो, वे अपने 6 साल से 14 साल के बच्चों को शिक्षा या अन्य ऐसे सुअवसरों का लाभ उन्हें मुहैया करावें।

मूल जीवन मंत्र

"हे प्रभु, तेरे प्यार में बस दो ही बातें है। एक तो अपना कल्याण करूँ, दूसरा तुझ जैसा बन सबका कल्याण करूँ"

विषय- सूची

भाग-7: केन्द्र या मध्य (भारत) में पांचवां और अन्तिम सत्यकाशी पीठ

सत्यकाशी पीठ: स्थान
सत्यकाशी पीठ: इतिहास और उद्देश्य
पाँचवाँ और अंतिम शंकराचार्य पीठ: इसकी विशेषता

भाग-8: सत्यकाशी पीठ के कार्य

धारा-उद्धार: धर्म की पुनर्स्थापना
मनुष्य चेतना का रूपांतरण
साधना, दीक्षा और आध्यात्मिक अनुष्ठान
वैश्विक कार्य: मानवता के लिए संदेश
शिव-तत्व और कल्कि-तत्व का मिलन
"सार्वभौम सत्य-सिद्धान्त" पर आधारित "युग परिवर्तन श्रृंखला" के नवयुग के शास्त्र-साहित्य

मुख पृष्ठ की व्याख्या

यह पुस्तक-आवरण आधुनिक मानव-चेतना के निर्णायक परिवर्तन-**Mind Renewal / मानसिक पुनर्जागरण**-को एक प्रभावशाली और प्रतीकात्मक दृश्य-रचना के माध्यम से प्रस्तुत करता है। आवरण के केंद्र में स्थित **मानव-मस्तिष्क की पारदर्शी डिजिटल आकृति** यह संकेत देती है कि 2020 का वर्ष केवल एक कैलेंडर-तारीख नहीं था, बल्कि मानवता के मानसिक ढाँचे, धारणाओं, विश्वासों और बौद्धिक संरचना के पूर्ण रूपांतरण का कालखण्ड था। मस्तिष्क के भीतर दिखाई देने वाले **गियर्स, सर्किट, ऊर्जात्मक निशान और प्रकाश-रेखाएँ** यह दर्शाते हैं कि विचार अब केवल जैविक प्रक्रिया नहीं, बल्कि ऊर्जा, सूचना और चेतना के उच्चतर संतुलन में परिवर्तित हो रहे हैं।

इसके ठीक ऊपर उभरती हुई **गैलेक्टिक सर्पिल (गैलेक्सी)** यह संदेश देती है कि मन का नवीनिकरण केवल व्यक्तिगत विकास नहीं, बल्कि सार्वभौमिक चेतना की दिव्य प्रक्रिया का हिस्सा है-मानो ब्रह्माण्ड स्वयं मानवता के भीतर नई बुद्धि की चिंगारी प्रज्वलित कर रहा हो। यह दृश्य यह भी बताता है कि 2020 का परिवर्तन केवल पृथ्वी-स्तरीय नहीं था; यह एक बड़े कॉस्मिक पुनर्संरचना का हिस्सा था, जिसका प्रभाव विचारों, समाजों और सभ्यताओं की दिशा बदल देने वाला है।

आवरण के दूसरे भाग में, काँच और धातु के टूटते हुए टुकड़े पुराने विचारों, जड़ मानसिकताओं, भ्रमों और मानसिक कैदों के टूटने का प्रतीक हैं-एक संकेत कि 2020 का युग-चक्र मानव-मन की पुरानी सीमाओं को ध्वस्त कर, उसे नई स्वतंत्रता प्रदान करता है। इसके विपरीत, पृष्ठभूमि में उभरता हुआ आधुनिक महानगर यह दर्शाता है कि यह नई चेतना केवल आध्यात्मिक नहीं, बल्कि विज्ञान, समाज, तकनीक और मानव विकास के संपूर्ण क्षेत्रों में गहरा प्रभाव डालने वाली है।

नीचे स्थित शीर्षक-**"सत्यकाशी पीठः पाँचवां और अन्तिम शंकराचार्य पीठ"**-यह संकेत देता है कि यह पुस्तक किसी व्यक्तिगत व्याख्या से आगे बढ़कर दार्शनिक, आध्यात्मिक और वैज्ञानिक चेतना का एक समन्वित मार्गदर्शन है। यह पीठ "नवीनिकरण" को केवल मनोवैज्ञानिक प्रक्रिया नहीं मानती, बल्कि उसे **सत्य-दृष्टि, जागरण और अंतःकरण की पुनर्संरचना** के रूप में देखती है।

समग्र रूप से, यह आवरण मानव-मन के भीतर प्रकाश के उदय, ब्रह्माण्ड के रहस्यों से संवाद, पुराने ढाँचों के पतन, और एक नए चेतना-युग के आगमन-इन सभी को एक साथ प्रस्तुत करता है। यह पाठक को आरम्भ से ही यह अनुभव कराता है कि "2020" केवल एक वर्ष नहीं, बल्कि मानव इतिहास में बुद्धि, आत्मा और चेतना के पुनर्जन्म का बिंदु है।

भूमिका

वर्ष **2020** केवल एक तिथि नहीं था-वह मानव-इतिहास के मानसिक, आध्यात्मिक और बौद्धिक ढाँचे में सबसे निर्णायक मोड़ के रूप में उभरा। दुनिया एक ऐसे संक्रमण के दौर में प्रवेश कर चुकी थी जहाँ मनुष्य को अपने भीतर झाँकना ही नहीं, बल्कि अपने पूरे मानसिक-संसार को पुनर्संगठित करना अनिवार्य हो गया। महामारी, एकाकीपन, भय, वैश्विक अनिश्चितता और लगातार घटती सामाजिक-नैतिक ऊर्जा ने मानव-मन से लेकर राष्ट्रों की चेतना तक पर गहरे प्रश्न चिह्न खड़े कर दिए। परंतु इन्हीं अंधकारमय परिस्थितियों के मध्य एक ऐसा अवसर जन्मा, जिसने मनुष्य को यह देखने का अवकाश दिया कि उसकी वास्तविक यात्रा बाहर नहीं-भीतर से शुरू होती है।

यह पुस्तक *"2020 – मन का नवीनीकरण"* उसी ऐतिहासिक क्षण की पड़ताल करती है-जब बाहरी घटनाएँ केवल दृश्य थीं, पर वास्तविक परिवर्तन मानव-मन के अदृश्य आयामों में घट रहा था। खगोलीय स्तर पर छह ग्रहण, असामान्य ग्रह-स्थिति, वैश्विक ऊर्जाक्षेत्रों का असंतुलन-ये सब वैदिक व खगोलीय दृष्टि से एक **युग-परिवर्तन संकेत** थे। दस्तावेज़ में प्रस्तुत ज्योतिषीय अवलोकन यह स्पष्ट करते हैं कि जब-जब ऐसे ग्रह-संयोग बनते हैं, मानव-मन संकुचन से विस्तार की यात्रा में प्रवेश करता है-एक नए मानसिक युग की शुरुआत होती है।

परिवार, समाज, राजनीति, संस्कृति-सभी क्षेत्रों में मनुष्य की पुरानी धारणाएँ टूट रही थीं। भीड़ का शोर तो था, पर दिशा नहीं; व्यवस्था थी, पर लक्ष्य नहीं। लेखक बार-बार इस सत्य की ओर संकेत करते हैं कि जब तक "प्रारूप" नहीं बनता-अर्थात मानसिक और बौद्धिक ढाँचा परिवर्तित नहीं होता-किसी भी स्तर पर वास्तविक परिवर्तन संभव नहीं।

पुस्तक यह भी याद दिलाती है कि मानवता का संकट बाहरी नहीं-**ऊर्जा-भंग, शक्ति-हीनता और आत्म-भूल की अवस्था** है। भारत माता का प्रतीकात्मक वर्णन इस भाव को और गहरा कर देता है-कि शक्ति वही है, पर मनुष्य उसे भूल चुका है; वह विभाजन, भ्रम, व्यक्तिगत लाभ और संकीर्ण पहचान में उलझकर अपनी मूल ऊर्जा से कट चुका है।

इन सामाजिक-आध्यात्मिक विघटनाओं के बीच लेखक विश्वमानव के निर्माण के लिए अपनी अद्वितीय अवधारणा प्रस्तुत करते हैं-**WCM–TLM–SHYAM.C**, विश्व-मानक मन श्रृंखला, और संपूर्ण-तंत्र-सहभागिता जैसी रूपरेखाएँ। ये केवल आध्यात्मिक विचार नहीं, बल्कि मानसिक गुणवत्ता को मापने और विकसित करने वाली एक वैज्ञानिक पद्धति के रूप में सामने आती हैं। यह दृष्टि कहती है कि नया मानव वही होगा जो अपने मन और चेतना की गुणवत्ता को "विश्व-मानक" स्तर तक ले जाए।

पुस्तक का एक महत्वपूर्ण आयाम यह है कि इसमें 2020 को मानव-मन की *"स्फोटन बिंदु"* के रूप में देखा गया है-ऐसा वर्ष जब मनुष्य को यह स्वीकार करना पड़ा कि वह अकेला नहीं; उसकी चेतना, भावनाएँ, कार्य, और विचार-सब एक वैश्विक-सामूहिक चेतना से जुड़े हुए हैं।

खगोलीय घटनाओं का विस्तृत वर्णन, सामाजिक-राजनीतिक टिप्पणियाँ, आध्यात्मिक उद्धरण, वैज्ञानिक संदर्भ, ऐतिहासिक व्यक्तित्वों के विचार-इन सबकी अंतर्धारा एक ही संदेश देती है:

"2020 का वर्ष मानवता के मानसिक नवीनीकरण की शुरुआत था-एक ऐसा नवयुग जहाँ मन की पुरानी संरचनाएँ टूटती हैं और चेतना एक नई ऊँचाई ग्रहण करती है।"

यह भूमिका आपको पुस्तक के उस संपूर्ण भाव-जगत में प्रवेश कराती है जहाँ मन केवल विचारों का पात्र नहीं, बल्कि **ब्रह्मांडीय ऊर्जा का केंद्र** है; जहाँ परिवर्तन बाहर से नहीं, भीतर की प्रकाश-रेखा से प्रारंभ होता है।

✍ ***लव कुश सिंह "विश्वमानव"***

एक शोधक, चिंतक और मार्गदर्शक, जिन्होंने अपना जीवन *मानवता, आत्मा और नव-सृष्टि* के अध्ययन एवं लेखन को समर्पित किया है।

- प्रमुख ग्रंथ: *विश्वशास्त्र*
- दृष्टि: *नव-मनुष्य और नव-संसार का निर्माण*

प्रारम्भ के पहले दिव्य-दृष्टि

मेरे इस जीवन की एक अलग यात्रा में "दिव्य" शब्द का जो दर्शन हुआ वह इस प्रकार है। "दिव्य" शब्द का प्रयोग वेदों के समय से ही हो रहा है और वह दूसरे शब्दों के साथ मिलकर "दिव्य दृष्टि", "दिव्य रूप", "दिव्य दिन", "दिव्य वर्ष", "दिव्य युग" इत्यादि के रूप में हमारे सामने है। अनेक विद्वान व तत्वद्रष्टाओं ने इस दिव्य शब्द का अनेक-अनेक प्रकार से अर्थ बतायें हैं। यहाँ दिव्य शब्द के प्रयोग व उसके अर्थ को नीचे दिया जा रहा है जिससे हम सभी को उसके अर्थ के प्रति समझ बन सकें।

01. "महाभारत" का युद्ध और "गीता" ज्ञान का प्रारम्भ जिस दृश्य से होता है, वह है-"संजय" और "धृतराष्ट्र" के बीच वार्तालाप। जिसमें महर्षि व्यास द्वारा युद्ध को देखने व धृतराष्ट्र को उसका "जैसा हो रहा है वैसा ही हाल" सुनाने के लिए संजय को एक दृष्टि दी जाती है जिसे हम सभी "दिव्य दृष्टि" के नाम से जानते हैं।
02. "अखिल विश्व गायत्री परिवार" के संस्थापक, "युग निर्माण योजना" के संचालक व 3000 से भी अधिक पुस्तक-पुतिकाओं के लेखक पं0 श्रीराम शर्मा आचार्य (जन्म-20 सितम्बर, 1911, मृत्यु-2 जून, 1990), जिनके कई लाख समर्थक-सदस्य हैं, के अनुसार "दिव्य का अर्थ देवता नहीं हो सकता। ऋग्वेद (2,164.46) में कहा गया है-अग्नि रूपी सूर्य को इन्द्र मित्र वरूण कहते हैं। वही दिव्य सुपर गुरूत्मान है। निरूक्त दैवत काण्ड (7,18) में कहा गया है-जो दिवि में प्रकट होता है उसे दिव्य कहते हैं। दिवि, द्य को कहते हैं। नैघण्टुक काण्ड में दिन के 12 नाम लिखे हैं उनमें द्यु शब्द भी दिन का वाचक है। अब दिव्य का अर्थ हुआ कि-जो दिन में प्रकट होता है। और यह प्रत्यक्ष है कि दिन में सूर्य ही प्रकट होता है। अतः दिव्य सूर्य का नाम है। ऋग्वेद (1,16:3,10) के मन्त्र में कहा गया है कि-आग का घोड़ा (सूर्य) है। इसमें भी सूर्य का ही वर्णन है। वेद में दिव्य नाम सूरय का है, देवता को दिव्य कदापि नहीं कहते। व्याकरण से भी दिव्य शब्द का अर्थ देवता नहीं बनता। दिव् धातु में स्वार्थेयत प्रत्यय लगाने से दिव्य शब्द बनता है। इसकी व्युत्पत्ति यह हुई-दिव भवं दिव्यन अर्थात् जो दिवि में प्रकट होता है। अतः दिव्य केवल सूर्य ही को कहते हैं। दिवि, द्यु को कहते हैं और द्यु दिन का नाम है। देवता शब्द दूसरें देवातल आदि सूत्रों से बनता है। इस कारण भी दिव्य और देवता शब्दों का आपस में कोई सम्बन्ध नहीं है। "दिव्य" शब्द और "देवता" शब्द बनाने के रूप ही अलग-अलग हैं।"
03. "ज्ञान व संस्कृति" और "बाबा भोलेनाथ" की नगरी काशी (वाराणसी, उ0प्र0, भारत) के बनारसी संस्कृति में दिव्य शब्द का अन्य शब्द के साथ प्रयोग कर "दिव्य निपटान", "दिव्य स्नान", "दिव्य आनन्द" की परम्परा है। इस परम्परा का वाहक काशी (वाराणसी) का अस्सी मुहल्ला है जिस पर प्रो0 काशी नाथ सिंह द्वारा पुस्तक "काशी की अस्सी" भी लिखा गया है और फिल्म भी बना है। काशी ज्ञान की नगरी है। यहाँ के लोगों का जन्म ही ज्ञान में होता है और ज्ञान में ही जीवन जीते है, ज्ञान ही बोलते हैं तथा ज्ञान में ही शरीर त्याग करते हैं। इनकी जीवन शैली और भाषा में सारा शास्त्र समाहित होता है। इसके उदाहरण को केवल "दिव्य निपटान" के अर्थ से ही जाना जा सकता है। सुबह हो या शाम, सामने गंगा बह रही हो, उपर खुला आकाश हो, भांग को गोला पेट में जा चुका हो, और जब किनारे पर निपटने (नित्य क्रिया) करने बैठते हैं तो बनारसी उसे "दिव्य निपटान" कहते हैं अर्थात् उस प्रकार से क्रिया जिसमें कुछ भी बनावटी न हो अर्थात् प्राकृतिक हो उसे "दिव्य" कहते हैं।

इस प्रकार आधुनिक सुविधाओं से युक्त शौचालय में नित्य क्रिया करना बनारसी ज्ञान में किसी भी स्थिति में "दिव्य निपटान" नहीं हो सकती। इसी प्रकार कपड़े पहनकर नहाना "दिव्य स्नान" नहीं और आधुनिक सुख-सुविधाओं से आनन्द में होना "दिव्य आनन्द" नहीं।

सन् 1893 से सन् 1993 के 100 वर्षों के समय में विश्व के बौद्धिक शक्ति को जिन्होंने सबसे अधिक हलचल दी वे हैं-धर्म की ओर से स्वामी विवेकानन्द और धार्मिकता की ओर से आचार्य रजनीश"ओशो"। दृष्टि के सम्बन्ध में इनके निम्न विचार हैं। स्वामी विवेकानन्द के अनुसार-"अनात्मज्ञ पुरूषों की बुद्धि एकदेश-दर्शिनी होती है। आत्मज्ञ पुरूषों की बुद्धि सर्वग्रासिनी होती है। आत्मप्रकाश होने से, देखोगे कि दर्शन, विज्ञान सब तुम्हारे अधीन हो जायेंगे।" (राम कृष्ण मिशन, विवेकानन्दजी के संग में, पृष्ठ-118) आचार्य रजनीश "ओशो" के अनुसार-"श्रीराम कितने ही बड़े हों, लेकिन इस मुल्क के चित्त में वे पूर्ण अवतार की तरह नहीं हैं, अंश हैं उनका अवतार। उपनिषद् के ऋषि कितने ही बड़े ज्ञानी हों, लेकिन अवतार नहीं हैं। श्रीकृष्ण पूर्ण अवतार हैं। परमात्मा अगर पृथ्वी पर पूरा उतरे तो करीब-करीब श्रीकृष्ण जैसा होगा। इसलिए श्रीकृष्ण इस मुल्क के अधिकतम मन को छु पाये हैं; बहुत कारणों से। एक तो पूर्ण अवतार का अर्थ होता है, मल्टी-डाइमेंन्सनल; जो मनुष्य के समस्त व्यक्तित्व को स्पर्श करता हो। श्रीराम वन-डाइमेंन्सनल है। अब तक श्रीकृष्ण को पूरा प्रेम करने वाला आदमी नहीं हुआ। क्योंकि पूरे श्रीकृष्ण को प्रेम करना तभी सम्भव है, जब वह आदमी भी मल्टी-डाइमेंन्सनल हो। हम आम तौर पर एक आयामी होते हैं। एक हमारा ट्रैक होता है व्यक्तित्व का, एक रेल की पटरी होती है, उस पटरी पर हम चलते है। जो एक गुरू बोल रहा है, वह अनन्त सिद्धों की वाणी है। अभिव्यक्ति में भेद होगा, शब्द अलग होंगे, प्रतीक अलग होंगे मगर जो एक सिद्ध बोलता है, वह सभी सिद्धों की वाणी है। इनसे अन्यथा नहीं हो सकता है। इसलिए जिसने एक सिद्ध को पा लिया, उसने सारे सिद्धों की परम्परा को पा लिया। क्योंकि उनका सूत्र एक ही है। कुंजी तो एक ही है, जिससे ताला खुलता है अस्तित्व का।"

उपरोक्त विचारों से यह स्पष्ट होता है कि "दिव्य" का अर्थ सीधा सा प्राकृतिक रूप अर्थात् "जैसा है ठीक वैसा ही" है तथा "दिव्य दृष्टि" का अर्थ सर्वग्रासिनी या बहुआयामी (मल्टी-डाइमेंन्सनल) दृष्टि होता है। इस प्रकार ब्रह्मा का "दिव्य रूप" चार सिर वाला, विष्णु का "दिव्य रूप" चार हाथ वाला और शिव-शंकर का "दिव्य रूप" पाँच सिर वाला पुराणों में प्रक्षेपित है। किसी भी वस्तु को एक दिशा से देखकर उसके वास्तविक रूप लम्बाई, चौड़ाई, ऊँचाई इत्यादि के साथ नहीं देख सकते। हम सभी अपनी आँखों से ही आँखों या पूरे शरीर को नहीं देख सकते। उसके लिए हमें दर्पण की आवश्यकता पड़ती है अर्थात् स्वयं से बाहर आकर ही पूरे को देखना सम्भव हो पाता है। इसी प्रकार पृथ्वी को देखने के लिए हमें पृथ्वी से बाहर जाना पड़ता है और सारी पृथ्वी के विकास के चिन्तन के लिए मन को पृथ्वी से बाहर ले जाना पड़ता है। "विश्वशास्त्र" ऐसे ही मन की स्थिति का परिणाम है। वर्तमान और भविष्य के समय के लिए सबसे सत्य दृष्टि तो यही है-

"एक गुण से देखना दृष्टि है,

अनेक गुणों से एक साथ देखना दिव्य दृष्टि है,

सिर्फ विद्वता को देखना दृष्टि दोष है"

और

"जो मन कर्म में न बदले, वह मन नहीं और व्यक्ति का अपना स्वरूप नहीं।"

भाग-01
धर्म शास्त्र कथन

काल, समय या युग परिवर्तन कब होगा? कैसे होगा और किस मानव शरीर के द्वारा होगा? और भविष्य के प्रति जिज्ञासा मानव स्वभाव का सबसे रूचिकर विषय है। इस आधार पर अनेक व्यापार भी चल रहें हैं। उपरोक्त प्रश्नों के हल को पाने के लिए हमें मानव सभ्यता के प्रारम्भ से चले आ रहे और समय-समय पर अन्य धर्म शास्त्रों के मान्यताओं तथा भविष्यवक्ताओं के विषय में जानना आवश्यक होगा।

- **सनातन / हिन्दू शास्त्र व मान्यता के अनुसार**
    - **अ. वेद व पुराण के अनुसार**
    - **ब. महर्षि दयानन्द के अनुसार**
    - **स. पं0 श्रीराम शर्मा आचार्य के अनुसार**
    - **द. नाड़ी ताड़ पत्ते (Nadi Palm Leaves) के अनुसार**
    - **य. अन्य के अनुसार**
- **बौद्ध धर्म के अनुसार**
- **यहूदी शास्त्र के अनुसार**
- **ईसाई शास्त्र के अनुसार**
- **इस्लाम शास्त्र के अनुसार**
- **सिक्ख धर्म के अनुसार**
- **मायां कैलण्डर के अनुसार**

हिन्दू शास्त्र व मान्यता के अनुसार

प्राचीन हिन्दू खगोलीय और पौराणिक पाठ्यों में वर्णित समय चक्र आश्चर्यजनक रूप से एक समान है। प्राचीन भारतीय भार और मापन पद्धतियाँ, अभी भी प्रयोग में हैं। इसके साथ-साथ ही हिन्दू ग्रन्थों में लम्बाई, भार, क्षेत्रफल मापन की भी इकाईयाँ परिमाण सहित उल्लेखित हैं। हिन्दू समय मापन (काल व्यवहार) में नाक्षत्रीय मापन, वैदिक समय इकाईयाँ, चाँद्र मापन, ऊँष्ण कटिवन्धीय मापन, पितरों की समय गणना, देवताओं की काल गणना, पाल्या इत्यादि हैं।

अ. वेद व पुराण के अनुसार

श्री विष्णु पुराण (तृतीय अंश, अध्याय-दो) में लिखा है कि -स्थितिकारक भगवान विष्णु चारों युगों में इस प्रकार व्यवस्था करते हैं- समस्त प्राणियों के कल्याण में तत्पर वे सर्वभूतात्मा सत्ययुग में कपिल आदिरूप धारणकर परम ज्ञान का उपदेश करते हैं। त्रेतायुग में वे सर्वसमर्थ प्रभु चक्रवर्ती भूपाल होकर दुष्टों का दमन करके त्रिलोक की रक्षा करते हैं। तदन्तर द्वापरयुग में वे वेदव्यास रूप धारण कर एक वेद के चार विभाग करते हैं और सैकड़ों शाखाओं में बाँटकर बहुत विस्तार कर देते हैं। इस प्रकार द्वापर में वेदों का विस्तार कर कलियुग के अन्त में भगवान कल्किरूप धारणकर दुराचारी लोगों को सन्मार्ग में प्रवृत्त करते हैं। इसी प्रकार, अनन्तात्मा प्रभु निरन्तर इस सम्पूर्ण जगत् के उत्पत्ति, पालन और नाश करते रहते हैं। इस संसार में ऐसी कोई वस्तु नहीं है जो उनसे भिन्न हो।

श्री विष्णु पुराण (तृतीय अंश, अध्याय-तीन) में लिखा है कि - वेद रूप वृक्ष के सहस्त्रों शाखा-भेद हैं, उनका विस्तार से वर्णन करने में तो कोई भी समर्थ नहीं है अतः संक्षेप यह है कि प्रत्येक द्वापरयुग में भगवान विष्णु व्यासरूप से अवतीर्ण होते हैं और संसार के कल्याण के लिए एक वेद के अनेक भेद कर देते हैं। मनुष्यों के बल, वीर्य और तेज को अलग जानकर वे समस्त प्राणियों के हित के लिए वेदों का विभाग करते हैं। जिस शरीर के द्वारा एक वेद के अनेक विभाग करते हैं भगवान मधुसूदन की उस मूर्ति का नाम वेदव्यास है।

इस वैवस्वत मनवन्तर (सातवाँ मनु) के प्रत्येक द्वापरयुग में व्यास महर्षियों ने अब तक पुनः-पुनः 28 बार वेदों के विभाग किये हैं। पहले द्वापरयुग में ब्रह्मा जी ने वेदों का विभाग किया। दूसरे द्वापरयुग के वेदव्यास प्रजापति हुए। तीसरे द्वापरयुग में शुक्राचार्य जी, चौथे द्वापरयुग में बृहस्पति जी व्यास हुए, पाँचवें में सूर्य और छठें में भगवान मृत्यु व्यास कहलायें। सातवें द्वापरयुग के वेदव्यास इन्द्र, आठवें के वसिष्ठ, नवें के सारस्वत और दसवें के त्रिधामा कहे जाते हैं। ग्यारहवें में त्रिशिख, बारहवें में भरद्वाज, तेरहवें में अन्तरिक्ष और चौदहवें में वर्णी नामक व्यास हुए। पन्द्रहवें में त्रव्यारूण, सोलहवें में धनंन्जय, सत्रहवे में क्रतुन्जय और अठ्ठारवें में जय नामक व्यास हुए। उन्नीसवें फिर व्यास भरद्वाज हुए, बीसवें गौतम, इक्कीसवें हर्यात्मा, बाइसवें वाजश्रवा मुनि, तेइसवें सोमशुष्पवंशी तृणाबिन्दु, चौबीसवें भृगुवंशी ऋक्ष (वाल्मीकि) पच्चीसवें मेरे (पराशर) पिता शक्ति, छब्बीसवें मैं पराशर, सत्ताइसवें जातुकर्ण और अठ्ठाइसवें कृष्णद्वैपायन। अगामी द्वापरयुग में द्रोणपुत्र अश्वत्थामा वेदव्यास होंगे।

हिन्दू पुराण के अनुसार ब्रह्माण्ड का सृजन क्रमिक रूप से सृष्टि के ईश्वर ब्रह्मा द्वारा होता है जिनकी जीवन 100 ब्राह्म वर्ष होता है। ब्रह्मा के 1 दिन को 1 कल्प कहते हैं। 1 कल्प, 14 मनु (पीढ़ी) के बराबर होता है। 1 मनु का जीवन मनवन्तर कहलाता है और 1 मनवन्तर में 71 चतुर्युग (अर्थात् 71 बार चार युगों का आना-जाना) के बराबर होता है। ब्रह्मा का एक कल्प (अर्थात् 14 मनु समाप्त होने के बाद ब्रह्माण्ड का एक क्रम) समाप्त हो जाता है और ब्रह्मा की रात आती है। फिर सुबह होती है और फिर एक नया कल्प शुरू होता है। इस प्रकार ब्रह्मा 100 वर्ष व्यतीत कर स्वयं विलिन हो जाते हैं। और पुनः ब्रह्मा की उत्पत्ति होकर उपरोक्त क्रम का प्रारम्भ होता है। गिनीज बुक आफ वर्ल्ड रिकाईस ने कल्प को समय का सर्वाधिक लम्बा मापन घोषित किया है।

श्री विष्णु पुराण (तृतीय अंश, अध्याय-दो) में लिखा है कि -यह सम्पूर्ण विश्व उन परमात्मा की ही शक्ति से व्याप्त है, अतः वे "विष्णु" कहलाते हैं। समस्त देवता, मनु, सप्तर्षि तथा मनुपुत्र और देवताओं के अधिपति इन्द्रगण, ये सब भगवान विष्णु की ही विभूतियाँ हैं।

सूर्य अपनी पत्नी छाया से शनैश्वर, एक और मनु तथा तपती, तीन सन्तानें उत्पन्न कीं। सूर्य-छाया का दूसरा पुत्र आठवाँ मनु, अपने अग्रज मनु का सवर्ण होने से सावर्णि कहलाया। नवें मनु दक्ष सावर्णि होंगे दसवें मनु ब्रह्मसावर्णि होंगे, ग्यारहवाँ मनु धर्म सावर्णि बारहवां मनु रूद्रपुत्र सावर्णि तेरहवा रूचि रूद्रपुत्र सावर्णि चौदहवा मनु भीम सावर्णि।

प्रत्येक चतुर्युग के अन्त में वेदों का लोप हो जाता है, उस समय सप्तर्षिगण ही स्वर्गलोक से पृथ्वी में अवतीर्ण होकर उनका प्रचार करते हैं। प्रत्येक सत्ययुग के आदि में (मनुष्यों की धर्म-मर्यादा स्थापित करने के लिए) स्मृति-शास्त्र के रचयिता मनु का प्रादुर्भाव होता है। इन चौदह मनवन्तरों के बीत जाने पर एक सहस्त्र युग रहने वाला कल्प समाप्त हुआ कहा जाता है। फिर इतने समय की रात्रि होती है।

काल	मनवन्तर के मनु के नाम	अवतार
भूतकाल	01. स्वायंभुव मनु	यज्ञ
भूतकाल	02. स्वारचिष मनु	विभु
भूतकाल	03. उत्तम मनु	सत्यसेना
भूतकाल	04. तामस मनु	हरि
भूतकाल	05. रैवत मनु	वैकुण्ठ
भूतकाल	06. चाक्षुष मनु	अजित
वर्तमान	07. वैवस्वत	वामन
भविष्य	08. सावर्णि मनु	सार्वभौम
भविष्य	09. दक्ष सावर्णि मनु	रिषभ
भविष्य	10. ब्रह्म सावर्णि मनु	विश्वकसेन
भविष्य	11. धर्म सावर्णि मनु	धर्मसेतू
भविष्य	12, रूद्र सावर्णि मनु	सुदामा
भविष्य	13. रौच्य या देव सावर्णि मनु	योगेश्वर
भविष्य	14. भीम या इन्द्र सावर्णि मनु	वृहद्भानु

हम वर्तमान में ब्रह्मा के 58वें वर्ष में 7वें मनु-वैवस्वत मनु के शासन में श्वेतवाराह कल्प के द्वितीय परार्ध में, 28वें चतुर्युग का अन्तिम युग-कलियुग के ब्रह्मा के प्रथम वर्ष के प्रथम दिवस में विक्रम सम्वत् 2069 (सन् 2012 ई0) में हैं। वर्तमान कलियुग ग्रेगोरियन कैलेण्डर के अनुसार दिनांक 17-18 फरवरी को 3102 ई.पू. में प्रारम्भ हुआ था। इस प्रकार अब तक 15 नील, 55 खरब, 21 अरब, 97 करोड़, 61 हजार, 624 वर्ष इस ब्रह्मा के सृजित हुए हो गये हैं

विश्व का सृजन, विनाश और पुनः सृजन प्रत्येक 43,20,000 वर्ष के बाद होता है। जो एक के बाद एक आने वाले चार युग क्रमशः 1. सतयुग (स्वर्णयुग, आयु-1728000 वर्ष), 2. त्रेतायुग (रजतयुग, आयु-1296000 वर्ष), 3. द्वापरयुग (ताम्रयुग, आयु-864000 वर्ष), 4. कलियुग (लौहयुग, आयु-432000 वर्ष) है। प्रथम युग के बाद आने वाला युग अपने पहले के युग से कम आयु का होता है। ये चारो युग 25,920 वर्ष के चक्र में विभाजित होते हैं। प्रत्येक चक्र में चार राशियाँ क्रमशः कुंभ, वृष, सिंह और वृश्चिक बारी - बारी से आते-जाते हैं। चारों राशि चक्र को संयुक्त रूप से राशि चक्र (जोडिएक साइकिल) कहते हैं। प्रत्येक राशि 25,920 वर्ष के चौथे हिस्से 6,480 (या 6,500) वर्ष में आना-जाना होता है। इस समय हमारा प्रवेश कुंभ राशि में हो रहा है।

चतुर्युग के युगों में विशेष कला के साथ विष्णु के अवतार होते हैं। वर्तमान चतुर्युग में भगवान विष्णु के अभी तक 9 अवतार क्रमशः मत्स्य, कूर्म, वाराह, नृसिंह, वामन, परशुराम, राम, कृष्ण व बुद्ध हो चुके हैं। दसवाँ कल्कि अन्तिम महाअवतार अभी होना है जो सफेद घोड़े पर सवार होकर हाथ में तलवार लेकर समस्त बुराईयों का नाश करेगें, ऐसी मान्यता है। (इन अवतारों के विषय में विस्तृत के लिए "विश्वशास्त्र" अध्याय - एक देखें)

ब्रह्मवैवर्त, विष्णु, भागवत, पद्म, गरूण तथा भविष्य पुराण में भगवान विष्णु के दसवें तथा महावतार "कल्कि" का वर्णन है। कहा गया है कि कलियुग शुरू होने के 5000 वर्ष बाद, 10,000 वर्षों तक भक्ति का प्रभाव बढ़ेगा। कलियुग के अन्त से भगवान विष्णु के अवतार से जुड़ी तथा शिव की भविष्यवाणीयाँ हैं, जो सृष्टि के संहारक व सर्जक हैं।

भागवत पुराण में सैद्धान्तिक रूप से एक ऐसे ग्रहण का उल्लेख पाया जाता है जो एक अवतार की सच्चाई का प्रमाण माना गया है।

यदा चन्द्रश्च सूर्यश्च तिक बृहस्पति।
एक राशै समेश्यन्ति तदा भवति तत्कृता।।

(श्रीमद्धागवत पुराण, स्कन्द-12, अध्याय-2)

अर्थात् जब पुख नक्षत्र चन्द्रमा, सूर्य और बृहस्पति एक राशि समानवस्था में एकत्रित होते हैं तो सतयुग का आरम्भ होता है।

ऐसी अवस्था में सूर्य और चन्द्रमा को ग्रहण लगना अनिवार्य होता है। यह योग कहलाता है। यह योग परमेश्वर या प्रकट होने वाले अवतार या सुधारक की सत्यता को दिखाता है। महर्षि व्यास रचित और ईश्वर के आठवें अवतार श्री कृष्ण के मुख से व्यक्त श्रीमद्भगवद्गीता में भी अवतार के होने का प्रमाण मिलता है।

यदा-यदा हि धर्मस्य ग्लानिर्भवति भारतः।
अभियुत्थानम् धर्मस्य तदात्मानं सृजाम्यहम्।।

(श्रीमद्भगवद्गीता, अ0-4, श्0-7)

अर्थात् है भारत! जिस काल में धर्म की हानि होती है, और अधर्म की अधिकता होती है। उस काल में ही मैं अपनी आत्मा को प्रकट करता हूँ।

ब. महर्षि दयानन्द के अनुसार

महर्षिदयानन्द रचित ऋग्वेदादिभाष्य भूमिका के आधार पर सृष्टि कि कुल आयु 4294080000 वर्ष। इसे कुल 14 मन्वन्तरों मे बाँटा गया है। वर्तमान मे 7वें मन्वन्तर अर्थात् वैवस्वत मनु चल रहा है। इस से पूर्व 6 मन्वन्तर जैसे स्वायम्भव, स्वारोचिष, औत्तमि, तामस, रैवत, चाक्षुष बीत चुके है और आगे सावर्णि आदि 7 मन्वन्तर और भी आयेंगे।

1 मन्वन्तर = 71 चतुर्युगी

1 चतुर्युगी = चार युग (सतयुग, त्रेतायुग, द्वापरयुग और कलियुग)

चारों युगों की आयु -सतयुग = 1728000 वर्ष, त्रेतायुग = 1296000 वर्ष, द्वापरयुग = 864000 वर्ष, कलियुग = 432000 वर्ष

इस प्रकार 1 चतुर्युगी की कुल आयु = 1728000 + 1296000 + 864000 + 432000 = 4320000 वर्ष

1 मन्वन्तर = 71 x 4320000 (एक चतुर्युगी) = 306720000 वर्ष चूंकि ऐसे 6 मन्वन्तर बीत चुके है इसलिए

6 मन्वन्तर की कुल आयु = 6 x 306720000 = 1840320000 वर्ष

वर्तमान मे 7 वें मन्वन्तर के भोग मे यह 28वीं चतुर्युगी है इस 28वीं चतुर्युगी मे 3 युग अर्थात् सतयुग, त्रेतायुग, द्वापर युग बीत चुके है और कलियुग का 5115 वां वर्ष चल रहा है

27 चतुर्युगी की कुल आयु = 27 x 4320000 (एक चतुर्युगी) = 116640000 वर्ष

और 28वें चतुर्युगी के सतयुग, द्वापर, त्रेतायुग और कलियुग की 5115 वर्ष की
कुल आयु =1728000 + 1296000 + 864000 + 5115 = 3893115 वर्ष

इस प्रकार वर्तमान में 28 वें चतुर्युगी के कलियुग की 5115 वें वर्ष तक की
कुल आयु = 116640000 + 3893115 = 120533115 वर्ष

इस प्रकार कुल वर्ष जो बीत चुके है-
6 मन्वन्तर की कुल आयु + 7 वें मन्वन्तर के 28वीं चतुर्युगी के कलियुग की 5115 वें वर्ष तक की
कुल आयु = 1840320000 + 120533115 = 1960853115 वर्ष

अतः वर्तमान में 1960853115 वां वर्ष चल रहा है
सृष्टि की बची हुई आयु = 4294080000 (सृष्टि की कुल आयु) - 1960853115 (बीत चुकी आयु) = 2333226885 वर्ष।

और बचे हुए 2333226885 वर्ष भोगने है।

स. पं0 श्रीराम शर्मा आचार्य के अनुसार

"अखिल विश्व गायत्री परिवार" के संस्थापक, "युग निर्माण योजना" के संचालक व 3000 से भी अधिक पुस्तक-पुतिकाओं के लेखक पं0 श्रीराम शर्मा आचार्य (जन्म-20 सितम्बर, 1911, मृत्यु-2 जून, 1990), जिनके कई लाख समर्थक-सदस्य हैं, के द्वारा लिखित व विश्लेषित पुस्तक "युग-परिवर्तन: कैसे और कब?" में काल सम्बन्धित शास्त्रीय व्याख्या व कलयुग की समाप्ति का तथ्य प्रस्तुत किया गया है।

इस पुस्तक के भूमिका में लिखा है- "सभी एक स्वर से यह कह रहें हैं कि प्रस्तुत वेला युग परिवर्तन की है। इन दिनों जो अनीति व अराजकता का साम्राज्य दिखाई पड़ रहा है, इन्हीं का बोलबाला दिखाई दे रहा है, उसके अनुसार परिस्थितियों की विशमता अपनी चरम सीमा पर पहुँच गयी है। ऐसे ही समय में भगवान "यदा-यदा हि धर्मस्य" की प्रतिज्ञा के अनुसार असन्तुलन को सन्तुलन में बदलने के लिए कटिबद्ध हो "संभवामि युगे युगे " की अपनी प्रतिज्ञा को पूरा करने के लिए आते रहें हैं। ज्योतिर्विज्ञान प्रस्तुत समय को जो 1850 ई. सदी से आरम्भ होकर 2005 ई. सदी में समाप्त होगा- संधि काल, परिवर्तन काल, कलियुग के अन्त तथा सतयुग के आरम्भ का काल मानता चला आया है।

इसलिए इस समय को युगसंधिकाल की वेला कहा गया है। कुछ रूढ़िवादी पण्डितों के अनुसार नया युग आने में अभी 3 लाख 34 हजार वर्ष की देरी है, किन्तु यह प्रतिपादन भ्रामक है, यह वास्तविक काल गणना करने पर पता चलता है। हरिवंशपुराण के भविष्य पर्व से लेकर श्रीमद्भागवत्गीता का उल्लेख कर परम पूज्य गुरूदेव ने इसमें यह प्रमाणित किया है कि वास्तविक काल गणना के अनुसार सतयुग का समय आ पहुँचा है। हजार महायुगों का समय जहाँ ब्रह्मदेव के एक दिवस के बराबर हो व ऐसे ही हजार युगों के बराबर रात्रि हो, वहाँ समझा जा सकता है कि काल की गणना को समझने में विद्वत्जनों द्वारा कितनी त्रुटि की गयी है।

परमपूज्य गुरूदेव ने लिखा है कि 1980 ई0 से 2000 ई0 व बाद का कुछ समय अन्याय को निरस्त करने और सृजन को समुन्नत बनाने वाली, देव शक्तियों के प्रबल पुरूषार्थ के प्रकटीकरण का समय है। जब भी ऐसा होता है, तब दैवी प्रकोप विभीषिकाएँ विनाशकारी घटनाक्रम मनुष्य जाति पर संकटों के बादल के रूप में गहराने लगते हैं, ऐसी व्याधियाँ फैलती दिखाई देती हैं जो कभी न देखी, सुनी गयी, किन्तु समय रहते ही यह सब ठीक होता चला जाता है।

देखें तो, वस्तुतः विज्ञान के वरदानों ने मनुष्य को आज इतना कुछ दे दिया है कि सब कुछ आज उसकी मुट्ठी में है। द्रुतगामी वाहनों ने जहाँ आज दुनिया को बहुत छोटा बना दिया है, वहाँ इसका एक बहुत बड़ा प्रभाव मानव की मानसिक शान्ति, पारिवारिक-दाम्पत्य जीवन एवं सामाजिकता वाले पक्ष पर भी पड़ा है। विज्ञान ने वरदान के साथ प्रदूषण को बढ़ाकर ओजोन परत को पतला कर पराबैगनी किरणों तथा अन्यान्य कैंसर को जन्म देने वाले घातक रोगाणुओं की पृथ्वी पर वर्षा का निमित्त भी स्वयं को बना लिया है। सात लाख मेगावाट अणु बमों

की शक्ति के बराबर ऊर्जा प्रतिदिन पृथ्वी पर फेंकने वाला सूर्य इन दिनों कुपित है। सौरकलंक, सूर्य पर धब्बे बढ़ते चले जा रहे हैं। सूर्य ग्रहणों की एक श्रृंखला इस सदी के अन्त तक चलेगी जिसका बड़ा प्रभाव जीव समुदाय पर पड़ने की सम्भावना है।

परमपूज्य गुरूदेव एक द्दष्टा, मनीषी, भविष्यवक्ता थे। जो भी उन ने 1940 ई0 से अब तक लिखा, समय-समय पर वह सब होता चला गया। इस खण्ड में उनने अतिन्द्रिय द्दष्टा महायोगी श्री अरविन्द से लेकर, बरार के विद्वान ज्योतिषि श्री गोपीनाथ शास्त्री, चुलैट, रोमारोलाँ, भविष्यवक्ता व हस्तरेखाविद् कीरों, महिला ज्योतिष बोरिस्का, बाइबल की भविष्यवाणीयाँ, नार्वे के प्रसिद्ध योगी आनन्दाचार्य, जीन डीक्सन, एण्डरसन गेरार्ड क्राइसे, चाल्सक्लार्क, प्रो. हटार, जमल वर्न, जार्ज बावेरी से लेकर कल्कि पुराण तथा आज के कम्प्यूटर युग में यूरोपिया द्वारा भविष्यवाणी करने वाले विद्वानों एल्विनटाफलर, फ्रिटजामा, प्रो0 हरीश मैकरे आदि का हवाला देते हुए, आने वाले दिनों के स्वरूप के विषय में लिखा है। उज्जवल भविष्य के द्दष्टा परमपूज्य गुरूदेव ने समय-समय पर कहा है कि स्रष्टा को सुव्यवस्था और सुन्दरता ही प्रिय है।

संकटों की घड़ियाँ आसन्न दिखते हुए भी वह विश्वास नहीं छूटना चाहिए कि स्रष्टा अपनी इस अद्भुत कलाकृति विश्वसुधा को, मानवी सत्ता को, सुरम्य, वाटिका को विनाश के गर्त में गिरने से पहले ही बचा लेता व अपनी सक्रियता का परिचय देता है। परिस्थितियों को उलटने का चमत्कार-युग परिवर्तन का उपक्रम रचने वाला पराक्रम करना ही इस युग के अवतार का प्रज्ञावतार का उद्देश्य है, यह भलि-भाँति आत्मसात् होता चला जाता है, पूज्यवर की पंक्तियों को पढकर, पूज्यवर ने लिखा है- "अवतार सदा ऐसे ही कुसमय में होते रहे हैं, जैसा कि आज है। अवतारों ने लोक चेतना में ऐसी प्रबल प्रेरणा भरी है, जिसमें अनुपयुक्त को उपयुक्त में बदल देने का उत्साह लगने वाली संभावनाएँ सरल होती प्रतीत हों। दिव्य चक्षु युगान्तरीय चेतना को गंगावतरण की तरह धरती पर उतरते देख सकते हैं" अपने 1990 ई0 के बसंत पर्व पर, महाकाल के संदेश में उनने प्रत्येक से प्रज्ञाअवतार के साथ, साझेदारी करने की बात को, समय की सबसे बड़ी समझदारी बताया तथा लिखा कि अब सभी के मन में ऐसी उमंगे उठनी चाहिए कि युग परिवर्तन की महाक्रान्ति में उनकी कुछ सराहनीय भूमिका निभ सकें। यह आमंत्रण सबके लिए है- "इक्कीसवीं सदी-उज्जवल भविष्य" का उद्घोष पूज्यवर ने आशावादिता की उमंगों को जिन्दा रखने के लिए दिया एवं उसी का सन्देश इस वांगमय में है।

-ब्रह्मवर्चस

उनके अनुसार काल गणना के सन्दर्भ में युग शब्द का उपयोग अनेक प्रकार से होता है। जिन दिनों जिस प्रचलन का प्रभाव की बहुलता होती है उसे उसी नाम से पुकारा जाने लगता है। जैसे- ऋषियुग, सामंतयुग, जनयुग आदि। रामराज्य के दिनों की सर्वतोन्मुखी, प्रगति, शान्ति और सुव्यवस्था को सतयुग के नाम से जाना जाता है। कृष्ण की विशाल भारत निर्माण सम्बन्धी योजना के एक संघर्ष पक्ष को महाभारत नाम दिया जाता है। परीक्षित के काल में कलियुग के आगमन और उससे राजा के संभाषण अनुबंधों का पुराण गाथा में वर्णन है।

अब भी रोबोटयुग, कम्प्यूटरयुग, विज्ञानयुग आदि की चर्चा होती रहती है। अनेक लेखक अपनी रचनाओं के नाम युग शब्द जोड़कर करते हैं। जैसे यशपाल जैन का युगबोध आदि। यहाँ युग शब्द का अर्थ जमाने से है। जमाना अर्थात् उल्लेखनीय विशेषता वाला जमाना, एक एरा, एक पीरीयड। इसी सन्दर्भ में आमतौर से "युग" शब्द का प्रयोग होता है।

युगों की गणना कितने प्रकार से होती है। उनमें एक गणना हजार वर्ष की है। प्रायः हर सहस्त्राब्दि में वातावरण बदल जाता है, परम्पराओं में उल्लेखनीय हेर-फेर होता है। बीसवीं सदी के अन्त और इक्कीसवीं सदी के प्रारम्भ को एक युग के समापन और दूसरे युग का शुभारम्भ माना गया है।

इसी भाँति पंचांगों में कितने ही संवत्सरों के आरम्भ सम्बन्धी मान्यताओं की चर्चा है। एक मत के अनुसार युग करोड़ों वर्ष का होता है। इस आधार पर मानवीय सभ्यता की शुरूआत के खरबों वर्ष बीत चुके हैं और वर्तमान कलयुग की समाप्ति में अभी लाखों वर्ष की देरी है। पर उपलब्ध रिकार्डो के आधार पर तत्ववेक्ताओं और

इतिहासकारों का कहना है कि मानवीय विकास अधिकतम उन्नीस लाख वर्ष पुराना है, इसकी पुष्टि भी आधुनिक तकनीकों द्वारा की जा चुकी है।

काल गणना करते समय व्यतिरेक वस्तुतः प्रस्तुतीकरण के गलती के कारण है। ग्रन्थों में जो काल गणना बतायी गई है, उसमें सूर्य परिभ्रमण काल को चार बड़े खण्डों में विभक्त कर चार देवयुगों की कल्पना की गई है। एक देव युग को 4,32,000 वर्ष का माना गया है। इस आधार पर धर्मग्रन्थों में वर्णित कलिकाल की समाप्ति की संगति प्रस्तुत समय से ठीक-ठीक बैठ जाती है। यह सम्भव है कि विरोधाभास की स्थिति में लोग इस काल गणना पर सहज ही विश्वास न कर सकें, अस्तु यहाँ "युग" का तात्पर्य विशिष्टता युक्त समय से माना गया है। युग निर्माण योजना आन्दोलन अपने अन्दर यही भाव छिपाये हुये है। समय बदलने जा रहा है, इसमें इसकी स्पष्ट झाँकी है।

प्रत्येक संधिकाल का अपना विशेष महत्व होता है। सूर्योदय और सूर्यास्त का समय संधिकाल कहलाता है। यह दोनों समय "पर्वकाल" कहलाता है। साधना पर विश्वास करने वाले इन दोनों समयों में उपासना साधना का विशेष महत्व मानते हैं। मन्दिरों से आरती और मस्जिदों से आजान की ध्वनि इन्हीं संधिकाल में सुनाई देती है। सर्दी और गर्मी इन दो प्रधान ऋतुओं के मिलन काल पर आश्विन और चौत्र की नवरात्रियाँ होती हैं। इन दोनों बेलाओं को पुण्य पर्व माना जाता है। इस अवधि में साधकगण विशेष साधनाएँ करते हैं।

कलियुग की समाप्ति और सतयुग के शुरूआत के सम्बन्ध में आम धारणा है कि सन् 1989 से 2001 तक के बारह वर्षों का समय संधिकाल के रूप में होना चाहिए। इसमें मानवी पुरूषार्थयुक्त विकास और प्रकृति प्रेरणा में सम्पन्न होने वाली विनाश की दोनों प्रक्रियाएँ अपने-अपने ढंग से हर क्षेत्र में सम्पन्न होनी चाहिए। बारह वर्ष का समय व्यावहारिक युग भी कहलाता है। युग संधिकाल को यदि इतना मानकर चला जाय, तो इसमें कोई अत्ययुक्ति जैसी बात नहीं होगी।

हर बारह वर्ष के अन्तराल में एक नया परिवर्तन आता है, चाहे वह मनुष्य हो, वृक्ष, वनस्पति अथवा विश्व-ब्रह्माण्ड सभी में यह परिवर्तन परिलक्षित होता है। मनुष्य शरीर की प्रायः सभी कोशिकाएँ, हर बारह वर्ष में स्वयं को बदल देती हैं। अतः स्थूल शरीर को इसकी प्रतीत नहीं हो पाती किन्तु है यह विज्ञान सम्मत। काल गणना में बारह के अंक का विशेष महत्व हैं। समस्त आकाश सहित सौरमण्डल को बारह राशियों, बारह खण्डों में विभक्त किया गया है। पंचांग और ज्योतिषि का ग्रह गणित इसी पर आधारित है। इसी का अध्ययन कर ज्योतिर्विद यह पता लगाते हैं कि अगामी समय के स्वभाव व क्रियाकलाप कैसे होने वाले हैं? पाण्डवों के बारह वर्ष के वनवास की अवधि की महत्ता और विशिष्टता को ही दर्शाते हैं। इस आधार पर यदि वर्तमान बारह वर्षों को उथल-पुथल भरा संधिकाल माना गया है, तो इसमें विसंगति जैसी बात नहीं है।

कुछ रूढ़ीवादी पण्डितों का कथन है कि कलियुग 4 लाख 32 हजार वर्ष का होता है। इस हिसाब से तो नया युग आने में 3 लाख 24 हजार वर्ष की देरी है। वर्तमान परिस्थितियों के पर्यवेक्षण से यह सत्य जैसा नहीं लगता। वास्तव में शास्त्रीय प्रतिपादन हर जगह विशिष्ट अर्थ रखते हैं। उन्हें उल्टा-पुल्टा जोड़ा गया है। उसी के कारण अंध मान्यताएँ फैलीं। प्रतिपादन गलत नहीं पर प्रस्तुतीकरण भ्रामक है। उसे समझा जाना चाहिए और उसका निराकरण किया जाना चाहिए। ग्रह-नक्षत्रों की भिन्न्-भिन्न गति तथा उसके पृथ्वी पर पड़ने वाले भिन्न-भिन्न परिणामों को देखकर युग शब्द की समय अवधि भिन्न-भिन्न है।

वाजस संहिता (11,111) में मनुष्ययुग और देवयुग अलग-अलग स्पष्ट बताये गये हैं। ऋग्वेद ज्योतिपाठ में कहा गया है कि- बृहस्पति 12 राशि भोग लेते हैं तब एक युग आता है। एक राशि एक वर्ष की होती है। अतएव 12 राशियों का युग 12 वर्ष का हुआ। इसी प्रकार सूर्य की, चन्द्रमा की गणनाओं के हिसाब से युग की अवधि में काफी अन्तर है। वैज्ञानिकों ने खोज की है कि 11 वर्ष में सूर्य की अन्तर्दशा बदलती है। इस 12 वर्ष को ही उसका एक युग कहा जाता है। जहाँ 4 लाख 32 हजार वर्ष के एक-एक युग की कल्पना की गई है, वहाँ उसकी सुगति आर्षग्रन्थों की युग-गणना से किसी भी प्रकार नहीं बैठती। मनुस्मृति (मनु.1, 167-169) में लिखा है- ब्रह्माजी के अहोरात्र में सृष्टि के पैदा होने और नाश होने में जो युग माने गए हैं, वे इस प्रकार हैं- 4 हजार वर्ष और उतने ही शत

अर्थात् 4 सौ वर्ष की पूर्व संध्या और 4 सौ वर्ष की उत्तर संध्या, इस प्रकार कुल 4800 वर्ष का सतयुग। इसी प्रकार 3600 वर्ष का त्रेता, 2400 वर्ष का द्वापर और 1200 वर्ष का कलियुग। ज्योतिष मेधातिथि ने सोचा होगा कि कलियुग तो मुझ तक ही कई हजार वर्षों का व्यतीत हो चुका है, फिर 1200 वर्षों का नहीं हो सकता। श्रीमद्भागवत के स्कन्ध 12 अध्याय 2 के इस 34वें श्लोक के अनुसार - 4000 दिव्य वर्षों के अन्त में फिर सतयुग आयेगा जो मनुष्यों के मन और आत्मा में प्रकाश करेगा। मेधातिथि ने दिव्य शब्द का अर्थ देवता कर डाला और अभी तक प्रायः सभी पण्डित लोग ऐसा ही अर्थ करते रहें हैं। चूँकि एक मानुषी वर्ष के बराबर देवताओं का एक दिन होता है, यह विचार करके मेधातिथि ने भ्रम से 1200 वर्षों का कलियुग समझा और उन्हें देव वर्ष मानकर उसमें 360 से गुणा करके 432000 बना दिया और कलियुग की आयु लिख दी जो सर्वथा मिथ्या है। दिव्य का अर्थ देवता नहीं हो सकता। ऋग्वेद (2,164.46) में कहा गया है- अग्नि रूपी सूर्य को इन्द्र मित्र वरूण कहते हैं। वही दिव्य सुपर गुरूत्मान है। निरूक्त दैवत काण्ड (7,18) में कहा गया है-जो दिवि में प्रकट होता है उसे दिव्य कहते हैं। दिवि, द्य को कहते हैं। नैघण्टुक काण्ड में दिन के 12 नाम लिखे हैं उनमें द्यु शब्द भी दिन का वाचक है। अब दिव्य का अर्थ हुआ कि- जो दिन में प्रकट होता है। और यह प्रत्यक्ष है कि दिन में सूर्य ही प्रकट होता है। अतः दिव्य सूर्य का नाम है।

ऋग्वेद (1,16:3,10) के मन्त्र में कहा गया है कि- आग का घोड़ा (सूर्य) है। इसमें भी सूर्य का ही वर्णन है। वेद में दिव्य नाम सूर्य का है, देवता को दिव्य कदापि नहीं कहते। व्याकरण से भी दिव्य शब्द का अर्थ देवता नहीं बनता। दिव् धातु में स्वार्थेयत प्रत्यय लगाने से दिव्य शब्द बनता है। इसकी व्युत्पत्ति यह हुई - दिव भवं दिव्यन अर्थात् जो दिवि में प्रकट होता है। अतः दिव्य केवल सूर्य ही को कहते हैं। दिवि द्यु को कहते हैं और द्यु दिन का नाम है। देवता शब्द दूसरे देवातल आदि सूत्रों से बनता है। इस कारण भी दिव्य और देवता शब्दों का आपस में कोई सम्बन्ध नहीं है। दिव्य शब्द और देवता शब्द बनाने के रूप ही अलग-अलग हैं।

कुल्लूक भट्ट ने तो अपनी मनुस्मृति (1,71) की टीका में लिखा है- चारों युग मनुष्यों के हैं। इनके बराबर देवताओं का एक युग होता है। इसलिए सतयुग 4800 वर्षों का और कलियुग 1200 वर्षों का ही हुआ। मेधातिथि ने चारों युगों को देवताओं के युग और उनके वर्षों को देव वर्ष लिखा है जिसका खण्डन कुल्लूक भट्ट 500 वर्ष पहले ही कर चुके हैं। वास्तव में सूर्य की उत्तर-दक्षिण गति को ही दिव्य वर्ष कहते हैं जिसकी गति 360 संख्या की है। अर्थात् उत्तरायण के 6 मास और दक्षिणायन के 6 मास के 360 दिन-रात मनुष्यों के हुए। इसी को दिव्य वर्ष कहते हैं। अतः दिव्य देवताओं का वर्ष नहीं है। इसलिए जो आगे 360 से 1200 को गुणा कर आये हैं, वह गुणा न किया तो कलियुग की ठीक आयु 1200 वर्षों की हुई।

हरिवंश पुराण के भविष्य पर्व में भी युगों का हिसाब इसी प्रकार बताया गया है-है अरिदंम! मनुष्य लोक के दिन रात का जो विभाग बतलाया गया है। उसके अनुसार युगों की गणना सुनिए- 4000 वर्षों का एक कृतयुग होता है और उसकी संध्या 400 वर्ष की तथा उतना ही संध्यांश होता है। त्रेता का परिणाम 3000 वर्ष का है और उसकी संध्या तथा संध्यांश भी 300-300 वर्ष का होता है। द्वापर को 2000 वर्ष का कहा गया है और उसकी संध्या तथा संध्यांश 200-200 वर्ष के होते हैं। कलियुग को विद्वानों ने 1000 वर्ष का बतलाया है और उसकी संध्या तथा संध्यांश भी 100-100 वर्ष के होते हैं।

भागवत के तृतीय स्कन्ध में कहा गया है- चार, तीन, दो और एक। एक कृतादि युगों में यथाक्रम दैविगुण सैकड़ों की संख्या बढ़ती है। आशय यही है कि कृतयुग को 4000 वर्ष में 800 वर्ष जोड़कर 4800 वर्ष माने गये। इसी प्रकार शेष तीनों युगों की कालावधि समझी जाय। कुछ स्थानों पर मनुष्य के व्यवहार के लिए 12 वर्ष का एक युग भी माना गया है। जिसको 1000 से गुणा कर देने पर देवयुग होता है जिसमें चारों महायुगों का समावेश हो जाता है। इस 12 वर्ष के देवयुग को फिर 1000 से गुणा करने पर 1 करोड़ 20 लाख वर्ष ब्रह्मा का एक दिन हो जाता है जिसमें सृष्टि की उत्पत्ति और लय हो जाता है।

भगवान कृष्ण ने गीता में इसी युग की बात कही है- अहोरात्र को तत्वतः जानने वाले पुरूष समझते हैं कि हजार महायुगों का समय ब्रह्मदेव का एक दिन होता है और ऐसे ही 1000 युगों की उसकी रात्रि होती है। लोकमान्य तिलक ने इसका अर्थ स्पष्ट करते हुए लिखा है कि महाभारत, मनुस्मृति ओर यास्कनिरूक्त में इस युग

गणना का स्पष्ट विवेचन आता है। लोकमान्य तिलक के अनुसार- हमारा उत्तरायण देवताओं का दिन है और हमारा दक्षिणायन उनकी रात है। क्योंकि स्मृति ग्रन्थों और ज्योतिष शास्त्र की संहिताओं में भी उल्लेख मिलता है कि देवता मेरू पर्वत पर अर्थात् उत्तर धुरव में रहते हैं। अर्थात् दो अयनों में छः छः मास का हमारा एक वर्ष देवताओं के एक दिन-रात के बराबर और हमारे 360 वर्ष देवताओं के 360 दिन-रात अथवा एक वर्ष के बराबर होते हैं। कृत, त्रेता, द्वापर ओर कलि ये चार युग माने गये हैं। युगों की काल गणना इस प्रकार है कि कृत युग 4000 वर्ष, त्रेता युग 3000 वर्ष, द्वापर युग 2000 वर्ष और कलि युग 1000 वर्ष। परन्तु एक युग समाप्त होते ही दूसरा युग एकदम आरम्भ नहीं हो जाता। बीच में दो युगों के संधिकाल में कुछ वर्ष बीत जाते हैं। इस प्रकार कृत युग के आदि और अन्त में प्रत्येक ओर 400 वर्ष, त्रेता युग के आदि और अन्त में प्रत्येक ओर 300 वर्ष, द्वापर युग के आदि और अन्त में प्रत्येक ओर 200 वर्ष, कलि युग के आदि और अन्त में प्रत्येक ओर 100 वर्ष का सन्धिकाल होता है। सब मिलाकर चारो युगों का आदि-अन्त सहित सन्धि काल 2000 वर्ष का होता है। ये 2000 वर्ष और पहले बताये हुए सांख्य मतानुसार चारो युगों के 10000 वर्ष मिलाकर कुल 12000 वर्ष होते हैं।

इन गणनाओं के अनुसार हिसाब फैलाने से पता चलता है कि वर्तमान समय संक्रमण काल है। प्राचीन ग्रन्थों में हमारे इतिहास को 5 कल्पों में बाँटा गया है-

1. हेमत् कल्प - 109800 वर्ष विक्रमीय पूर्व से आरम्भ होकर 85800 वर्ष पूर्व तक।
2. हिरण्यगर्भ कल्प - 85800 वर्ष विक्रमीय पूर्व से आरम्भ होकर 61800 वर्ष पूर्व तक।
3. ब्राह्म कल्प - 61800 वर्ष विक्रमीय पूर्व से आरम्भ होकर 37800 वर्ष पूर्व तक।
4. पाद्य्म कल्प - 37800 वर्ष विक्रमीय पूर्व से आरम्भ होकर 13800 वर्ष पूर्व तक।
5. श्वेत बाराह कल्प - 13800 वर्ष विक्रमीय पूर्व से आरम्भ होकर वर्तमान समय तक चल रहा है।

अब तक श्वेत बाराह कल्प के 1. स्वायम्भु मनु, 2. स्वरोचिष मनु, 3. उत्तम मनु, 4. तमास मनु, 5. रेवत मनु, 6. चाक्षषु मनु तथा 7. वैवस्वत मनु के मनवन्तर बीत चुके हैं और अब 7. वैवस्वत मनु तथा 8. सावर्णि मनु की अन्तर्दशा चल रही है।

कल्कि पुराण में बाराह कल्प के सावर्णि मनु के दक्ष, ब्रह्म, रूद्रदेव और इन्द्र सावर्णियों के मन्वन्तर बीत जाने पर अवतार होने और धरती में कलियुग की संध्या समाप्त होकर सतयुग प्रारम्भ होने का वर्णन आता है। सावर्णि मनु का आविर्भाव विक्रमी सम्वत प्रारम्भ होने के 5730 वर्ष पूर्व हुआ था। इन्द्र सांवर्णि के मन्वन्तर बाद ही कल्कि प्रकट होने की बात लिखी है जो कल्कि के जन्म से प्रारम्भ है और उसका काल वि0स0 4970 के आस-पास पाया जाता है।

कलियुग सम्वत् की जानकारी के लिए राजा पुलकेषिन द्वितीय चालुक्य ने विद्वान ज्योतिषियों से गणना कराई थी। दक्षिण भारत के इहोल नामक स्थान में प्राप्त शिलालेख में भी उसका उल्लेख सम्वत् 1969-1970 में पाया जाता है। इससे यही सिद्ध होता है कि भारत के बौद्ध प्रभाव को निरस्त करने वाले कल्कि का प्राकट्य सम्वत् 1969-1970 के आस-पास हो चुका है। इस सम्बन्ध में पुरातन इतिहास शोध-अधिष्ठान, मथुरा की ऐतिहासिक गवेषणायें बड़ी महत्वपूर्ण है। उसके शोधकर्ता ने भी उक्त तथ्य को माना है और अपनी विज्ञप्ति में ज्योतिष गणना का उल्लेख करते हुए स्वीकार किया है। इस समय ब्राह्म रात्रि का तमोमय सन्धिकाल है।

भागवत के दूसरे अध्याय में भी कलियुग की समाप्ति का स्पष्ट उल्लेख है- जब सप्तऋषि तारागण मघा नक्षत्र पर आये थे तब कलियुग आरम्भ हुआ और जब सप्तऋषि पूर्वाषाढ़ नक्षत्र में आ चुकेंगें तो 1200 वर्षों में कलियुग राजा नन्द के समय वृद्धि को प्राप्त हो जायेगा। जब भगवान कृष्ण अपने धाम को पधारे, उसी समय से कलियुग चल पड़ा। सप्तऋषि तारागण वर्तमान समय में कृतिका नक्षत्र पर हैं। अब तक यह एक बार 27 नक्षत्र पर घूम चुके हैं। इस प्रकार मघा से रेवती तक 18, एक बार का पूरा चक्र 27 और कृतिका तक 3 अर्थात् कुल 48 नक्षत्र घूम चुके। इस प्रकार कलियुग सम्वत् 2000 में श्रावण, कृष्णा अमावस्या को पूरा हो जाता है। कलियुग समाप्त होने का ठीक समय - जिस समय चन्द्रमा, सूर्य और बृहस्पति एक ही समय पुष्य नक्षत्र में प्रवेश करते हैं, एक राषि में

आते हैं तो कलियुग समाप्त होकर सतयुग आरम्भ होता है। यह योग सम्वत 2000 की श्रावण कृष्णा अमावस्या तद्नुसार 1 अगस्त सन् 1943 में आ चुका है।

महाभारत में भी इससे मिलता-जुलता वर्णन है- वर्तमान युग के समाप्त होने के समय बड़ी कठोर घटनाएँ घटेंगी और उत्तम वर्ण वाले मनुष्यों की धीरे-धीरे और उन्नति होने लगेगी। कुछ समय पश्चात् दैव की इच्छा से लोक की वृद्धि करने वाला संयम फिर आ जायेगा। जब तिष्य में चन्द्र, सूर्य और बृहस्पति एक राषि पर समान अंशों में आवेंगे तो सतयुग फिर आरम्भ हो जायेगा। फिर यथा समय वर्षा हुआ करेगी, सब लोग स्वस्थ और प्रसन्न रहेंगे। तिष्य शब्द के दो अर्थ होते हैं- पौष मास या पुष्य नक्षत्र। पौष का अर्थ स्वीकार करने वालों के मत से कुछ वर्ष पूर्व यह आ चुका है और सतयुग आरम्भ हो गया है। पुष्य नक्षत्र मानने वालों के मत से यह योग श्रावण कृष्ण अमावस्या संवत 2000 में आ चुका है।

काल के निर्णय के सम्बन्ध में भगवान व्यास ने वेदान्त दर्शन के चतुर्थ प्रपाठक में अपना मन्तव्य इस प्रकार प्रकट किया है- मनुष्यों की सृष्टि दो प्रकार की होती है-एक क्रमोन्नति वाली और दूसरी क्रमावनति वाली। प्रथम प्रकार की क्रम से उन्नति करने वाली प्रजा भोग भूमि (जैसे यूरोप, अमेरिका आदि) में पायी जाती है और दूसरी प्रजा कर्मभूमि (जैसे भारत वर्ष) में मिलती है। क्रमोन्नति बीज वाले पहले अवनति और पीछे क्रमशः उन्नति होती जाती है। क्रमावनति बीज वालों की पहले उन्नति और पीछे क्रमशः अवनति होती है। क्रमावनति वालों के सत्य, त्रेता, द्वापर तथा कलियुग ये चार युग क्रमशः होते हैं। इसके विपरीत क्रमोन्नति वालों का प्रथम कलियुग होता है फिर क्रम से वृद्धि होते होते सतयुग की सी उत्तम अवस्था आ जाती है। इससे यह निष्कर्ष निकलता है कि जिन भारतवासियों की अभी अवनति हो रही है, उनकी पहले उन्नति हुई थी और जिन विदेशियों की इस समय उन्नति दिखलाई पड़ रही है, वे पहले अवनति की दशा में थे। इसका दृष्टान्त इस प्रकार है कि जैसे पक्षी आकाश में उड़ रहे हों तो उनमें से जो पक्षी क्रमशः ऊपर की ओर चढ़ रहा है उनकी उन्नति और जो नीचे उतर रहा हो उसकी अवनति का अनुमान करना चाहिए। इसी प्रकार पहले भारत में सतयुग की अवस्था थी जिसका क्रमशः त्रेता, द्वापर, कलियुग के रूप में ह्रास होता गया है। अब उसके पुनः गिरने के लक्षण स्पष्ट हो रहे हैं। इससे अनुमान लगाना भी असंगत नहीं कि अब कर्मभूमि भारत में कलियुग समाप्त होकर पुनः सतयुग की दशा आने वाली है। युग निर्धारण का यह अप्रत्यक्ष तरीका हुआ, जिसमें सीधे गणना द्वारा काल निर्णय न कर, उस समय की परिस्थितियों के आधार पर उसका अनुमान लगाया जाता है। भारतीय शास्त्रों में यह शैली भी प्रचलित है।

ऐतरेय ब्राह्मण में इस सम्बन्ध में एक प्रकरण बड़ा ही भावपूर्ण व शिक्षाप्रद है। एक ऋषि को हतोत्साहित और निराश देखकर इन्द्र उपदेश देते है-जिस समय समाज या व्यक्ति निद्रावस्था में बेखबर पड़े रहते हैं अर्थात् अज्ञानावस्था में रहते हैं, उस समय कलियुग होता है। जब निद्रा भंग होकर जँभाई लेते है, चौतन्य जान पड़ते हैं, तब द्वापर होता है। फिर जब वे उठकर बैठ जाते हैं, तब त्रेता समझना चाहिए। जब वे खड़ा होकर चलने लग जायें अर्थात् कर्तव्य-कर्मो में उचित रूप से संलग्न हो जाये, तब कृतयुग अथवा सत्ययुग समझ लेना चाहिए।

कृष्ण ने युद्ध रोकने के लिए समझाते हुए कहा था- जब संग्राम में श्वेत घोड़ों के सारथी कृष्ण को आगबबूले की तरह होते और महावीर अर्जुन को गाण्डीव धनुष से वज्राघात की सी टंकार करते देखोगे, तब न तो त्रेता ही रहेगा, न कृतयुग और न द्वापर। जब जप होम आदि किये हुये सूर्य के समान प्रखर तेज वाले कुन्तिपुत्र युधिष्ठिर को अपनी सेना की रक्षा करते और शत्रु की सेना जलाते देखोगे, तब न त्रेता रहेगा, न कृतयुग और न द्वापर।

महाभारत के हरिवंश पर्व में इससे भी अधिक स्पष्ट शब्दों में युग परिवर्तन के वे लक्षण बतालाये गये हैं, जो इस समय हमको अपने सम्मुख दिखलाई पड़ रहे हैं- कलि समाप्त होने पर उसके संध्यांश के समय प्रचण्ड व्याधियाँ उठ खड़ी होती है। प्रजा में असन्तोष बढ़ता है और घोर युद्ध भी होते हैं। जिनमें जनता का अत्यन्त नाश होता है। सतयुग आरम्भ होने के पहले एक बार पाप और अशान्ति की पराकाष्ठा हो जाती है। ऐसा होने पर ही समझना चाहिए कि कलियुग क्षीण हुआ। फिर सुधरी हुई परिस्थिति कृतयुग के रूप में प्रकट होती है और मनुष्यों में

दिव्य गुणों का आविर्भाव होता है। उस समय शास्त्रों के आदेशानुसार लोग आध्यात्मवादी और ब्रह्मपरायण होने लगते हैं।

हरिवंश पुराण में कलिकाल का वर्णन इस प्रकार किया गया है- लोग अन्न, वस्त्र तथा खाने-पीने की चीजों को भी चुराने लगेंगे। चोर आपस में ही चोरी करेंगे और एक-दूसरे को मारेंगे। इस प्रकार जब चोरों से चोरों का नाश होगा, तब शान्ति होगी। रोगों से उनकी इन्द्रियों का कृषय होगा और आयु क्षय के क्रोध से परम विशाद को प्राप्त होंगे। उन्हें साधुओं के पहल और दर्शन की इच्छा होगी और साधुओं से उपदेश ग्रहण करेंगे। रोगी रहने के कारण और सभी प्रकार के व्यवहार बन्द हो जाने के कारण सत्य वचन को बोलने लगेंगे। काम के न होने से धर्मशील हो जायेंगे। आयु क्षय और रोग होने के डर से दुराचार के करने में संकोच करेंगे और दान करने लगेंगे। प्रिय व सत्य बोलने के कारण जब वे सेवाभाव को अपनायेंगे तथा धर्म चारों ओर से आ पहुँचेगा। तब उनके मन में यह बात पैदा होगी कि अधर्म करना बुरा है और धर्म करना बहुत अच्छा है। तब सभी धर्म का उपदेश करेंगे और स्वयं धर्म पर चलेंगे। जिस क्रम से क्रमशः धर्म की जितनी हानि है, वैसे ही क्रम से धर्म की वृद्धि होगी। जब सतयुग और धर्म दोनों आ पहुँचेंगे तो सुख-सम्पत्ति आप ही आ जायेंगी। लोग मूर्ख, स्वार्थपरायण, लोभी, तुच्छ, नीच, कामना वाले, दुव्र्यवहार करने वाले, शाश्वत धर्म से पतित, पराये धर्म को चुराने वाले, पराई स्त्रियों में रत, कामी, दुरात्मा, ठग, भयंकर कर्म करने वाले हो जायेंगे। दुष्ट, राक्षस लोग ब्राह्मण रूप बनाकर फिरेंगे। राजा कानों पर विश्वास करने वाले होंगे। ब्राह्मण लोग स्वाध्याय और धर्म-कर्म को छोड़कर अनीति एवं अभिमान का आश्रय लेंगे। चील कौओं की तरह अभक्ष भोजन करेंगे और मिथ्या व्रत करेंगे। जब युग का अन्त होने को होगा तो ऐसी बातें होने लगेंगे। महायुद्ध होंगे, तोप, बम जैसे आग्नेय अस्त्रों की भयंकर गड़गड़ाहट होगी। अतिवृष्टि या अनावृष्टि होगी। साम्प्रदायिक दंगे, लूटमार, अग्निकाण्ड आदि के द्वारा बड़े भय उत्पन्न होंगे। इस प्रकार के दृश्य युगान्त के समय होंगे ।

द. नाड़ी ताड़ पत्ते (Nadi Palm Leaves) के अनुसार

संस्कृत भाषा में महर्षि अगस्त्य और महर्षि विश्वमित्र ने भगवान शिव और पार्वती देवी की दिव्य बातचीत ताड़ के पत्तों पर संस्कृत भाषा में लिखी थी। बाद में, तंजौर राजा सरभोजी-2 (सर्फोजी-2, 1777-1832) विद्वानों की सहायता से आदी तमिल भाषा का अनुवाद किये और इसे नाड़ी ज्योतिषम् (नाड़ी ज्योतिषशास्त्र) के नाम से बनाया और मूल संस्कृत ताड़ के पत्तों को नष्ट कर दिया। (अब उपलब्ध नहीं है) जिसमें भगवान शिव ने पार्वती देवी से कहा है कि - भगवान विष्णु, स्वामी विवेकानन्द के रूप में जन्म लेंगे और हमारे महान संस्कृति के एकीकरण और प्रगति के लिए कई नैतिक गतिविधियां करेंगे। उस समय, स्वामी विवेकानन्द मंदिर के काम में शामिल थे। मैंने उन्हें वापस बुलाया। इसके बाद, अब कल्कि के रूप में उनका पुनर्जन्म होगा।

य. अन्य के अनुसार

दिनांक 24 अक्टूबर 1995 से 16 जुलाई 2000 तक का समय सर्वाधिक खगोलीय घटनाओं वाला समय रहा है। जिसमें 24 अक्टूबर 1995 अमावस्या दीपावली के दिन पूर्ण सूर्यग्रहण, 18 से 22 नवम्बर 1997 (पाँच दिन) तक आठ ग्रहों का 130 डिग्री के बीच आना फरवरी व मार्च 1999 में एक ही महीनें में दो पूर्ण चाँद, 11 अगस्त 1999 को पूर्ण सूर्य ग्रहण, 18 नवम्बर 1999 को उल्काओं की आतिशबाजी का नजारा, 22 दिसम्बर 1999 को 133 वर्ष बाद सबसे बड़ा चाँद, 5 मई 2000 को 26 डिग्री के बीच सूर्य-चाँद सहित पाँच ग्रहों का आना और 16 जुलाई 2000 गुरु पूर्णिमा के दिन ही पूर्ण चन्द्रग्रहण है। इसके अलावा सन् 1995 के अन्त में गणेश जी का दूध पीना तथा उत्तर भारत के शिव मन्दिरों में स्थित शिवलिंगों का रंग बदलना जिससे तीसरे नेत्र के खुलने का अनुमान अलग घटना है। (देखें- "अमर उजाला" इलाहाबाद संस्करण 25-6-1999) उपरोक्त अवधि के 1999 में ही सावन मास का मलमास या पुरुषोत्तम मास या अधिक मास या अधिमास के रुप में शिवभक्ति के लिए अतिरिक्त माह हुआ है। भारत के लिए उपरोक्त समय में ही स्वतन्त्रता और संविधान के 50 वर्ष भी पूरे हुए हैं। 14-15 अगस्त 1947 की

रात जब भारत स्वतन्त्र हुआ था तब आठों ग्रह सहित सूरज चाँद अर्थात् पूरा सौरमण्डल भारत के आकाश में अनुपस्थित था जबकि उपरोक्त समय के स्वतन्त्रता दिवस 15 अगस्त 1999 को मंगल और चाँद को छोड़ सभी ग्रह और तारे पहली बार लाल किले पर झण्डा फहराने के समय उपस्थित थे। (देखें- "दैनिक जागरण" वाराणसी संस्करण, दिनांक 15-08-1999) इतना ही नहीं उपरोक्त समय में ही ईसाई, ईस्लाम और हिन्दू का महत्वपूर्ण दिन क्रमशः नया वर्ष 1 जनवरी 1998, रमजान का प्रारम्भ और वृहस्पतिवार (विष्णु का दिन) प्रथम बार एक ही दिन संयोग हुआ। उपरोक्त समय में ही ऐतिहासिक शिकागो वकृतता के बाद स्वामी विवेकानन्द के भारत लौटने का 100 वर्ष भी पूर्ण हुआ। उपरोक्त समय में ही शिकागो वकृतता के समय स्वामी विवेकानन्द के उम्र 30 वर्ष 7 माह 29 दिन के बराबर उम्र लव कुश सिंह "विश्वमानव" ने 15 जून 1998 को पूर्ण किया है। 26 अक्टुबर 2000 को दिपावली तथा मुसलमानो का ज्योति पर्व "मेराजुन्नबी" की एकता। 17 नवम्बर 2000 को लियो (सिंह) राशि की ओर से उल्कापात, 13 दिसम्बर को जेमिनी (मिथुन) राशि की ओर से उल्कापात भी अलग घटना है।

खगोल व ज्योतिष विज्ञान के अनुसार उपरोक्त घटनायें युग की समाप्ति और भगवान के अवतरण के समय का सूचक होती हैं। वर्तमान कलियुग की आयु 4,32,000 वर्ष मानी गयी है। जिसका प्रारम्भ 18 फरवरी 3102 ई0 पू0 माना जाता है। सर्वज्ञपीठम् कालीमठ, वाराणसी के स्वामी ब्रह्मानन्द नाथ सरस्वती के अनुसार ग्रहण से उत्पादित पुण्य से कलियुग का 10,000 वर्ष आयु कम हो जाता है। (देखें- "अमर उजाला" इलाहाबाद संस्करण, दिनांक- 11-08-1999 पूर्ण सूर्यग्रहण के अवसर पर प्रकाशित) और 821 वर्ष कलियुग का शेष रहने पर कल्कि अवतार का अवतरण माना गया है। इस प्रकार कलियुग का व्यतीत कुल वर्ष 5102 वर्ष हुआ और यदि कल्कि अवतार अभी होता है तो कलियुग के कुल आयु 4,32,000 में से 5102+821 वर्ष घटकर 4,26,071 वर्ष ग्रहण द्वारा उत्पादित पुण्य से समाप्त हो जाने चाहिए। जिसके लिए 43 ग्रहण की आवश्यकता है। खगोल वैज्ञानिकों का ऐसा अनुमान है कि वर्ष में सूर्यग्रहण की स्थिति 2 से 5 बार तक आती है। कलियुग के व्यतीत वर्ष 5102 वर्षों में क्या 43 ग्रहण नहीं आये होंगे? जबकि 20 मार्च 2015 तक 14 सूर्यग्रहण अभी हो चुके हैं। यदि यह माना जाय तो ग्रहण से उत्पन्न पुण्य सिर्फ भारत में ही होता है तो क्या 5102 वर्षों के दौरान भारत में 43 ग्रहण नहीं हुये होंगे? जबकि चन्द्रग्रहण से उत्पादित पुण्य से कलियुग की आयु कम होना अलग है। इस प्रकार देखने पर कलियुग की आयु लगभग समाप्त हो चुकी है।

बौद्ध धर्म के अनुसार

बौद्ध धर्म में बुद्ध को विभिन्न रूप में व्यक्त कर विभिन्न शक्तियों के प्रतीक के रूप में माना जाता है। जैसे- विद्वता के बुद्ध - बुद्धा आफ विसडम या अवलोकितेश्वर (तिब्बती में चेनरेजिंग), सहिष्णुता के बुद्ध या मंजुश्री (तिब्बती में जामपाल यांग), महाकाल के बुद्ध इत्यादि। बुद्ध के साथ डुमा यी ग्रीन तारा, चकदुर, छनदुज्जी, चंडीज, जांबिया या पीली तारा, डुन्कर या बेट तारा आदि शक्तियों की पूजा होती है। तारा मुक्ति की देवी हैं। तारा के बहुत सारे रूप हैं। ग्रीन तारा दुःख से मुक्ति व रक्षा देती हैं। सफेद तारा दीर्घायु देती हैं। बुद्ध के महाकाल रूप में बुद्ध नरमुण्डों की माला पहने हैं। एक हाथ में पाश, दूसरे में मुगदर, तीसरे में डमरू और चौथे में सर्प। यह परम शांत, ध्यानस्थ बुद्ध का रौद्र रूप महाकाल हैं। शक्ति व भक्तों के लिए अभय का प्रतीक। यह बुद्ध पद्मासन में नहीं बैठे हैं बल्कि भीषण अग्नि के बीच तांडव कर रहें हैं। यह तिब्बत की तांत्रिक परम्परा के बुद्ध हैं।

यहूदी शास्त्र के अनुसार

यहूदी शास्त्र में बिना कोई समय निर्धारित किये स्पष्ट किया गया है कि एक समय ऐसा जरूर आयेगा जब पूरा विश्व एक ही ईश्वर, इजराइल का ईश्वर का पूजक हो जायेगा। वह ईश्वर किंग सोलोमन के जरिए प्रकट हुए किंग डेविड का वंशज होगा। मोशियाक इस विश्व का मानव होगा, यहूदी धर्म मानने वाला और धर्म-भीरू या ईश्वर भीरू होगा। उसके नेतृत्व के सम्मुख बुराई और निरंकुशता ठहर नहीं सकेगी। ईश्वर के प्रति ज्ञान विश्व में व्याप्त रहेगा। उसके अनुयायियों में सारी संस्कृतियों और देशों के लोग होंगे। सारे इजराइली अपनी भूमि को वापस प्राप्त कर लेंगे। मृत्यु सदा के लिए समाप्त हो जायेगी। सारे मृतक भी जी उठेंगे। यहूदियों को शाश्वत् आहलाद एवं प्रसन्नता प्राप्ति होगी। सारे राष्ट्र कहेंगे कि इजराइल के साथ गलत व्यवहार हुआ था। समस्त विश्व के लोग यहूदियों की ओर आध्यात्मिक मार्गदर्शन के लिए उन्मुख होंगे। सारे युद्ध के हथियार नष्ट कर दिये जायेंगे। वह इस विश्व को इस प्रकार सम्पूर्ण कर देगा कि सब मिलकर एक ही ईश्वर की एक साथ अराधना करेंगे।

मसीह का भावी आगमन यहूदी जाति के ऐतिहासिक विकास की पराकाष्ठा होगी। मसीह समस्त पृथ्वी पर ईश्वर का राज्य स्थापित करेंगे और मसीह के द्वारा ईश्वर यहूदी जाति के प्रति अपनी प्रतिज्ञाएं पूरी करेगा किन्तु बाइबिल के पूर्वाध में इसका कहीं भी स्पष्ट उल्लेख नहीं मिलता कि मसीह कब और कहाँ प्रकट होने वाले हैं। प्रारम्भ से ही कुछ यहूदियों और बाद के मुसलमानों ने बाइबिल के पूवार्ध में प्रतिपादित धर्म तथा दर्शन की व्याख्या अपने ढंग से की है। ईसाईयों का विश्वास है कि ईसा ही बाइबिल में प्रतिज्ञात मसीह है किंतु ईसा के समय में बहुत से यहूदियों ने ईसा को अस्वीकार कर दिया। आजकल भी यहूदी धर्मावलम्बी सच्चे मसीह की राह देख रहें हैं।

ईसाई शास्त्र के अनुसार

] ईसाई और यहूदी धर्मशास्त्र में भी अनेक पैगम्बरों का विवरण मिलता है। जैसे- जोशुआ, जाजस, सैम्युअल, किंग्स, ईसा, जेरेमियाह, एजिकिल और उप पैगम्बर होसिया, जोएल, एमाॅस, ओबेदिया, मिकाह, नाहुम, हबाक्कुक, जेफनिया, हगाई, जेयरिसाइ एवं मलाची।

"बुक आफ एजीकील"और "बुक आफ रिवीलेशन" में शेर, बैल, मनुष्य तथा बिच्छु के चार मुख वाले एक जीव फरिश्ते का विवरण प्राप्त होता है। जिसके चार पंख भी हैं। यह जीव बिजली की गति से चारो दिशाओं में चल सकता है। हर एक जीव के पास एक चक्र है जो चक्र में चक्र के रूप में निर्मित है और परिधि पर चारो ओर आँखे बनी हुयी है। ऐसे चार जीव खींचे जाने वाले रथ पर सवार हो योद्धा के रूप में ईश्वर युद्ध रथ में सवार होकर एजीकील के पास आता है।

ईसाई धर्म ग्रन्थ इस बात की भविष्यवाणी करती है कि मृत्यु से फिर उत्थान होगा तथा जीवन हर्ष और उल्लास से भर जायेगा। वे सभी ईसाई अभी जो उत्तरदायित्व की अपनी उम्र तक नहीं पहुँचे हैं। क्राइस्ट के चारो ओर एकत्र होकर ईश्वर राज्य के शुरूआत होने का स्वागत करेंगे।

उपरोक्त दोनों ग्रन्थों में चतुर्थांशों के विषय में भी चेतावनी व संदेश है कि जब चार राशियों में जब किसी में प्रवेश होता है तब एक बड़ा परिवर्तन घटित होता है और इस समय जब हम कुंभ राशि में प्रवेश कर रहें है, तब एक परिवर्तन घटित होगा जो प्रलय कारक निश्चित रूप से हो सकता है।

युग परिवर्तन की भविष्यवाणी बाइबिल भी स्पष्ट शब्दों में कहती है। पवित्र आत्मा यीशु ने सैंट जोहन की 15:26 एवं 16:7 से 15 में एक सहायक भेजने की भविष्यवाणी की है। बाईबिल की भविष्यवाणी के अनुसार अगर यह सहायक 20वीं सदी के अन्त से पहले-पहले उत्पन्न नहीं हुआ तो बाईबिल की भविष्यवाणी स्वयं ही असत्य प्रमाणित हो जायेगी। परन्तु ऐसा असम्भव है। क्योंकि उस महान आत्मा यीशु ने उस सहायक को भेजने के लिए ही अपने प्राणों की आहूति दी थी। यह तथ्य सैंट जोहन के 16:7 से स्पष्ट प्रमाणित होता है- "तो भी तुमसे सच कहता हूँ कि मेरा जाना तुम्हारे लिए अच्छा है क्योंकि यदि मैं न जाऊँ तो सहायक तुम्हारे पास न आयेगा। परन्तु यदि मैं जाऊँगा तो उसे तुम्हारे पास भेज दूँगा और अपने कहे के अनुसार उस पवित्र आत्मा ने अपने जीवन को स्वेच्छा से बली चढ़ा दिया"

इस्लाम शास्त्र के अनुसार

इस्लाम, "अल-कियामह" (हश्र का दिन या कयामत का दिन) के विषय में बताता है जिसके निश्चित समय के विषय में अल्लाह के अलावा किसी को नहीं पता परन्तु कयामत और पुर्नरूत्थान का दिन जरूर आएगा। जिसके अनुसार हर इंसान चाहे वह मुस्लिम हो या गैर मुस्लिम अपने कर्म के लिए उत्तरदायी और उसका फैसला होगा। परन्तु वह कब होगा यह किसी को मालूम नहीं।

कयामत आने के लक्षण के विषय में कहा गया है कि- नमाज उपेक्षित होगी, दैहिक रोग बढ़ेंगे, पापी नेता होंगे, वफादार व झूठों में फर्क करना मुश्किल होगा, लोग जान-बूझकर झूठ बोलेंगे, जकात (दान) देना बोझ माना जायेगा, अल्लाह को मानने वालों का अपमान होगा, वह अपने आसपास की बुराइयों को देख द्रवित होंगे, उनका दिल ऐसे घुलेगा जैसे समन्दर के पानी में नमक घुलता है पर वह कुछ भी कर नहीं पायेंगे। बरसात अच्छी नहीं होगी, यह बेमौसमी होगी। पुरूष-पुरूषों के साथ और महिलाएं-महिलाओं के साथ व्यभिचार करेंगी। औरतों का ही राज होगा। बच्चे माँ-बाप को अनसुना करेंगे, दोस्त दोस्तों के साथ बुरा व्यवहार करेंगे, पापों को गम्भीरता से नहीं लिया जायेगा। मस्जिदें बाहर से सुन्दर होंगी और वहाँ इबादत भी होंगी लेकिन दिलों में बैर और नफरत होगी। फिर पश्चिम से एक इंसान आयेगा, जो मेरे कमजोर लोगों पर हुकूमत करेगा। लोग सोने के अक्षरों में कुरान तैयार करवायेंगे पर उस पर अमल नहीं करेंगे। कुरान को गाकर पढ़ा जायेगा। सूदखोरी बढ़ेगी। गाने वाली औरतों की संख्या बढ़ जायेगी। अमीर समय बिताने के लिए, मध्यम दर्जे के लोग व्यापार के लिए और गरीब दान पाने के लिए हज करेंगे।

सिक्ख धर्म के अनुसार

सिक्खों के पवित्र ग्रन्थ-"दशम ग्रन्थ" में भी कल्कि अवतार का वर्णन है। अधिकतर हिन्दू ग्रन्थों के अनुसार हम जिस युग में जी रहें है, यह अंधकार का युग - कलियुग है जो चार युगों का अन्तिम युग है।

मायां कैलण्डर के अनुसार

मायां, उस क्षेत्र के निवासी थे, जिसे हम मीजोमेरिका कहते हैं- दक्षिण पूर्वी मैक्सिको, व यूकाटन पेनिनसुला, गुआटेमला, बिलाइज, उत्तर-पश्चिम होनडूरल व उत्तर-पश्चिमी एस सल्वाडोर। मायां ने अपने क्लासिक युग (250-900 सी.ई.) के दौरान अपने जटिल कैलेण्डर को विकसित किये। यही कैलेण्डर लोगों के आकर्षण का केन्द्र बना हुआ है। क्योंकि वह 21 दिसम्बर, 2012 को जल प्रलय पर केन्द्रित है। केवल एक ज्ञात माया शिलालेख है, जो कि नष्ट तथा टूटी-फूटी है। पुरालेखशास्त्री डेविड स्टुआर्ट ने इसका अनुवाद किया है जिसमें तीन कैलेण्डर एक तारीख का सन्दर्भ है।

"तेरह बकतुन चार अहाऊ में खत्म होंगे, तीसरा कनकिन,
यह ... होगा नौ सहायक देवों का अवतरक..... "

नौ देवता शून्य दिन को लौटेंगे, जो कि मकर संक्रान्ति होगी। ये नौ देवता, एक व्यक्ति के रूप में देखे जाते हैं तथा नौ देवताओं के आगमन की भविष्यवाणी "द चीलम वालम आफ तिजीमिन" में भी मिलती है।

मायां कलैण्डर में 20 दिन बराबर 1 युईनल, 18 युईनल बराबर 1 तुन, 20 तुन बराबर 1 कातुन, 20 कातुन (400 वर्षों से कम) बराबर 1 बकतुन, 13 बकतुन बराबर 1 युग के होता था। और इसका 1 चक्र बनता है। जो 1,87,200 दिन या लगभग 5,125 वर्ष का होता है। और यह हमारे इस वर्तमान युग को परिभाषित करता है।

मैकमसन के अनुसार- वर्तमान समय में 13 बकतुन व 4 अहाऊ का दिन 21 दिसम्बर, 2012 है और देवताओं की वापसी की भविष्यवाणी मिलती है और वे नौ दुःख में उठेंगे, अफसोस... और जब अँधेरे सागर में आग के यज्ञपात्र में उठेगा, तो उस पीढ़ी के लिए मुरझायें फल का दिन होगा। वर्षा नहीं होगी। सूरज का चेहरा अलग तरह से चमकेगा। गहनों के अम्बार लग जायेंगे। महान आत्माएं जहाँ भी होंगी, सभी के लिए अच्छे तोहफे मिलेंगे। अभी बकतुन 13 आ रहा है, आपके पुरखों के वे आभूषण ला रहा है, जो मैंनें आपको बताए। फिर प्रभु अपने नन्हों से मिलने आएगा सभंवतः "मृत्यु के बाद" ही उसके प्रवचन का विषय होगा। वर्तमान में बकतुन नाव में आ रहा है। यहाँ भी 2012 का ही जिक्र है। यह 21 दिसम्बर, 2012 को पूरा होगा, जब लांग काउंट तिथि 13.0.0.0.0 तक पहुँचेगा। मायांवासीयों में इस बात पर असहमति है कि अगला दिन 0.0.0.0.1 होगा या 13.0.0.0.1। कुछ सोचते हैं कि पूरा बकतुन 13 अंक का ही होगा और 1.0.0.0.0 को पहला बकतुन शुरू होगा जो 400 तुन (अगले बकतुन) तक जायेगा। हमें यहाँ से नौ देवताओं की वापसी, मौसम का असर, सरकार से मोह भंग, यु.एफ.ओ जैसी वाली कोई वस्तु व जनसंहार की भविष्यवाणी मिलती है।

मायां कैलेण्डर व भविष्यवाणियाँ सन् 2012 को एक नये सृजन के रूप में लेता है, जब देवता लौटेंगे, एक पुनर्जन्म प्रकार का अनुभव, निरंतर जन उद्भव, चेतना का उदय, मृत्यु के बहुत पास तक जाने का अनुभव, पूरी दुनिया में आध्यात्मिक जागरण, पैरानारमल योग्यताओं में वृद्धि, मानवता की अगली उपजातियों का प्रकटीकरण, धरती की अन्तिम उम्मीद है। इसकी मानवता अपने पुराने खोल से निकलकर सहयोगी, टैलीपैथिक व करूणामयी धरती-प्रेमी के रूप में सामने आएगी।

भाग-02

भविष्यवक्ता कथन

- **प्रसिद्ध भविष्यवक्ता नास्त्रेदमस के अनुसार**
- **ज्योतिषि श्री बेजन दारूवाला के अनुसार**
- **पुस्तक- "अमर भविष्यवाणियाँ" के अनुसार**
- **पुस्तक- "विश्व की आश्चर्यजनक भविष्यवाणियाँ" के अनुसार**
- **पुस्तक- "दुर्लभ भविष्यवाणियाँ" के अनुसार**
- **अन्य भविष्यवक्ताओं के अनुसार**
- **युग परिवर्तन और परिवर्तनकर्ता का शास्त्र व भविष्यवाणियों के आँकड़ों पर व्याख्या**

"मैं अपने मनश्चक्षुओं से देख रहा हूँ कि भावी सर्वांगपूर्ण भारत वैदान्तिक मस्तिष्क और इस्लामी देह लेकर, इस विवाद-विश्रृंखला को चीरते हुये, महामहिमान्वित और अपराजेय शक्ति से युक्त होकर जागृत हो रहा है। मेरे भाई बिना अवरोध के कोई भी अच्छा काम नहीं हो सकता। जो अन्त तक प्रयत्न करते हैं उन्हें सफलता प्राप्त होती है। मेरा विश्वास है कि जब एक जाति, एक वेद, शान्ति और एकता होगी तब सतयुग आयेगा। वह सतयुग का विचार ही भारत को पुनः जीवन प्रदान करेगा। विश्वास रखो।"

- स्वामी विवेकानन्द

"लोग अपने देश को एक जड़ पदार्थ का टुकड़ा समझते है। खेत, वन और पहाड़ियों - नदियों के रूप में, लेकिन मैं अपने देश को अपनी माता मानता हूँ। मैं उसकी अराधना करता हूँ। माता के रूप में उसकी पूजा करता हूँ। यदि कोई राक्षस किसी पुत्र की माता की छाती पर चढ़कर उसका खून चूसने लगे तो वह पुत्र क्या करेगा? मैं यह जानता हूँ कि मुझमें इस गिरे हुए राष्ट्र को उबारने की शक्ति है। मैं शारीरिक शक्ति की बात नहीं कर रहा हूँ। मैं कोई तलवार या बंदूक उठाकर लड़ने नहीं जा रहा हूँ। मैं ज्ञान की शक्ति से विजय प्राप्त करूँगा।" "राष्ट्र निर्माण... इस महान कार्य में राजनीति तो केवल एक अंग है। हम केवल राजनीति को ही अर्पित नहीं होंगे, न केवल सामाजिक समस्याओं, न ईश्वर-मीमांसा या दर्शन या साहित्य या विज्ञान को बल्कि हम इन सबको एक "सत्व" में एक अस्तित्व में शामिल करेंगे और हमें विश्वास है कि यह सर्वाधिक महत्वपूर्ण है। यही हमारा राष्ट्रीय धर्म है। जिसके सार्वभौम होने का विश्वास भी हमें है।" "यह भारत है जो इस सर्वोच्च आगे महान नियति के लिए नियत है। यह भारत है जो अपने अन्दर से विश्व के भावी धर्म को उत्सर्जित करेगा- उस शाश्वत धर्म को, जो सम्पूर्ण मानवजाति को "एक आत्मा" के रूप में निर्मित कर सकता है।" "भारत की रचना विधाता ने संयोग के बेतरतीर्ब इंटों से नहीं की है। भारत की नियति का निर्माण करने वाला देवता चक्षुहीन अर्थात अंधा नहीं है। इसकी योजना किसी चौतन्य शक्ति ने बनाई है। जो इसके विपरीत कार्य करेगा वह मरेगा ही मरेगा।"

-महर्षि अरविन्द

"आत्म-विश्वास, आत्म ज्ञान, आत्मसत्ता के बोध से सम्पन्न अपनी सरकार"

यह श्री अरविन्द के स्वराज की परिभाषा थी जितनी राजनीतिक उतनी ही वेदान्तिक

विश्व में अनेक भविष्यवक्ताओं ने समय-समय पर हजारों भविष्यवाणीयाँ की हैं जिसमें से अधिकतम प्रभावी संतों, ज्योतिषियों, स्वप्नदर्शियों, पैगम्बरों व मनोवैज्ञानियों की भविष्यवाणीयाँ गलत सिद्ध हुयी हैं। इसके पीछे उनकी इच्छा प्रसिद्धि पाने व धन लाभ की रही है। इन भविष्यवक्ताओं ने भविष्यवाणी करने के अनेक तरीकों का इस्तेमाल किया है, जिसे जानना आवश्यक है और वे निम्नलिखित हैं-

1. एलेक्ट्रोमैंसी - पिजड़े में बैठी किसी चिड़िया द्वारा बाहर रखे कार्डो के आधार पर भविष्यवाणी करना।, 2. आगरी -पक्षियों की उड़ान देखकर भविष्य कथन करना।, 3. बिबलियोमैंसी - धार्मिक ग्रन्थ के किसी पृष्ठ पर अचानक पढ़कर भविष्य कथन करना।, 4. बोन कास्टिंग -हड्डी, कौड़ी, पंख, रंगीन चमड़ा, लकड़ी का टुकड़ा इत्यादि फेंकककर बने आकृति द्वारा भविष्य कथन करना। यह विधि अफ्रीका में अधिकतर प्रयोग की जाती है।, 5. काटोंमैन्सी - टैरो कार्ड की तरह ताश के सामान्य पत्रों से भविष्य कथन करना।, 6. सेरोमैन्सी - पिघलते और टपकते मोम के आकारों की सहायता से भविष्य कथन।, 7. ची-ची (कौउ सिम) - खोखली बाँस की नली में धूप-बत्ती इत्यादि डालकर उस पर लिखे लिपिचिन्हों के अनुसार भविष्य कथन की चीनी विधि।, 8. कीरोमैंसी - हाथ की रेखाओं को पढ़ना इसे ही हस्तरेखा शास्त्र (पामिस्ट्री) कहा जाता है।, 9. क्रोनोमैंसी - शुभ और अशुभ दिनों के आधार पर भविष्यवाणी करना।, 10. क्लेयरवायेन्स - आध्यात्मिक या अन्तदृष्टि द्वारा भविष्य कथन।, 11. क्रिस्टल बाल (क्रिस्टलोमैंसी या स्क्राइंग) -कटोरे में रखे पानी की परावर्तित सतह, शीशा, हीरे की तरह चमकते नश और दूसरे धातुओं की परावर्तित सतह को देखकर भविष्य कथन करना। इसी विधि से प्रसिद्ध सगुनियां, नास्त्रेदमस भविष्यवाणी करते थे। भविष्यवाणी करने का यह जिप्सियों का पारम्परिक व लोकप्रिय तरीका है।, 12. एक्सटिपाइसी - जानवरों की अंतड़ियों को देखकर भविष्यवाणी करना।, 13. चेहरा पढ़ना (फेस रीडिंग) -चेहरे कर रूप-रंग, नाक, आँख, मुँह इत्यादि देखकर और उनके आधार पर भविष्य कथन करना।, 14. फेंगसुई - पृथ्वी के समरसता के आधार पर भविष्य कथन।, 15. गैस्ट्रोमैंसी -पेट के आधार पर एक गरूड़ विद्या, जो अब समाप्त हो चुकी है।, 16. ग्राफोलाजी - हस्तलेख द्वारा भविष्यवाणी करना।, 17. जियोमैंसी - भूमि के उपर धूल इत्यादि फेंककर भविष्य कथन करना।, 18. हारूस्पाइसी - जानवरों के जिगर देखकर भविष्य कथन।, 19. हौररी एस्ट्रालोजी (प्रश्न ज्योतिषि) - पूछे गये प्रश्न के समय के अनुसार भविष्य कथन।, 20. हाइड्रोमैंसी - पानी की सतह देखकर भविष्य कथन।, 21. आई चिंग - पैरों की शाखा के साथ सिक्के फेंककर चीनी भविष्य कथन।, 22. नैक्रोमैंसी - आत्मा बुलाकर भविष्य कथन।, 23. न्यूमरोलोजी - अंकशास्त्र द्वारा भविष्य कथन।, 24. आनीरोमैंसी - स्वप्न ज्योतिष विज्ञान।, 25. ओनोमैन्सी - नाम के आधार पर भविष्य कथन।, 26. पैंडुलम रीडिंग - डोरे में लटकी हुई वस्तु को हिलाकर उसके गति की दिशा के आधार पर भविष्य कथन।, 27. पायरोमैंसी - विशेष रूप से जलाई गई पवित्र आग की लपटों की दिशा के आधार पर भविष्य कथन।, 28. रैब्डोमैंसी - विशिष्ट छड़ों के सहारे भविष्य कथन।, 29. रूनेकास्टिंग या रूनिक डिवीनेशन - खास निशान लगे पत्थर या पाशों के अध्ययन से भविष्य कथन।, 30. स्पिरिट बोर्ड - प्लैंचौट आत्मा बुलाकर भविष्य कथन।, 31. टैरोमैंसी - टैरो कार्ड द्वारा भविष्य कथन।, 32. टैसियोग्राफी या टैसियोमैंसी - चाय या काफी के प्यालों में बची चाय या काफी की पत्तियाँ या बीजों के आधार पर भविष्य कथन।

प्रसिद्ध भविष्यवक्ता नास्त्रेदमस के अनुसार

फ्रांस देश के नास्त्रेदमस नामक प्रसिद्ध भविष्यवक्ता ने सन् 1555 में एक हजार श्लोकों में विश्व के भविष्य की सांकेतिक भविष्यवाणीयाँ फ्रेंच भाषा में लिखी हैं। सौ-सौ श्लोकों के दस शतक बनाये गये हैं जिन्हें "सेन्चुरी ग्रन्थ" कहा जाता है। नास्त्रेदमस की अधिकतम भविष्यवाणीयाँ अब तक सत्य सिद्ध हुई है। "सेन्चुरी ग्रन्थ" को पाल ब्रन्टन नामक अंग्रेज ने फ्रांस में कुछ वर्ष रहकर समझा व उसे अंग्रेजी में अनुवाद किया। इसी "सेन्चुरी ग्रन्थ" को महाराष्ट्र के ज्योतिषाचार्य डा0 रामचन्द्र जोशी द्वारा भी मराठी भाषा में लिखा गया है। इस पुस्तक का नाम "21 व्या शतकाकडे झेपावतांना जगातील सर्वश्रेष्ठ भविष्यवेत्ता मायकल द नात्रदेम (नास्ट्राडेमस) यांचे जागतिक

स्तरावरचे भविष्य" है। जिसे 1. जोशी ब्रदर्स, अप्पा बलवंत चौक, पुणे, महाराष्ट्र, 2. श्री गजानन बुक डिपो, भरत नाट्य मंदिरासमार, पुणे, महाराष्ट्र, 3. श्री गजानन बुक डिपो, कबुतरखाना, दादर, मुम्बई, महाराष्ट्र, 4. श्री गजानन बुक डिपो, बिल्डिंग नम्बर-132, पहला माला, पंतनगर, घाटकोपर, मुम्बई, महाराष्ट्र से प्राप्त किया जा सकता है।

इस पुस्तक के पृष्ठ-32 और 33 पर लिखा है- "ठहरो स्वर्णयुग (रामराज्य) आ रहा है। एक अधेड़ उम्र का औदार्य (उदार) अजोड़ महासत्ता अधिकारी भारत ही नहीं सारी पृथ्वी पर स्वर्णयुग लायेगा और अपने सनातन धर्म का पुनरूत्थान करके यथार्थ भक्ति मार्ग बताकर सर्वश्रेष्ठ हिन्दू राष्ट्र बनायेगा। तत्पश्चात् ब्रह्मदेश पाकिस्तान, बांगला, श्रीलंका, नेपाल, तिब्बत, अफगानिस्तान, मलाया आदि देश में वही सार्वभौम धार्मिक नेता होगा। सत्ताधारी चांडाल चौकड़ियों पर उसकी सत्ता होगी वह नेता सायरन (तत्वदर्शी संत) दुनिया की अधाप मालूम होना है, बस देखते रहो।"

पृष्ठ-40 पर लिखा है- "ठहरो रामराज्य (स्वर्णयुग) आ रहा है। जून, 1999 से 2006 तक चलने वाली उत्क्रान्ति में स्वर्णयुग का उत्थान होगा। हिन्दुस्तान में उदयन होने वाला तारणहार शायरन दुनिया में सुख, समृद्धि व शान्ति प्रदान करेगा। नास्त्रेदमस जी ने निःसन्देह कहा है कि प्रकट होने वाला शायरन अभी ज्ञात नहीं है लेकिन वह क्रिश्चियन अथवा मुसलमान हरगिज नहीं है। वह हिन्दू ही होगा और मैं नास्त्रेदमस उसका अभी छाती ठोक कर गर्व करता हूँ क्योंकि उस दिव्य स्वतंत्र सूर्य शायरन का उदय होते ही सारे पहले वाले विद्वान कहलाने वाले महान नेताओं को निष्प्रभ होकर उसके सामने नम्र बनना पड़ेगा। वह हिन्दुस्तानी महान तत्वद्रष्टा संत सभी को अभूतपूर्व राज्य प्रदान करेगा। वह समान कायदा, समान नियम बनाएगा, स्त्री-पुरूष में, अमीर-गरीब में, जाति और धर्म में कोई भेद-भाव नहीं रखेगा, किसी पर अन्याय नहीं होने देगा। उस तत्वदर्शी संत का सर्व जनता विशेष सम्मान करेगी। माता-पिता तो आदरणीय होते ही हैं परन्तु आध्यात्मिकता व पवित्रता के आधार पर उस शायरन का माता-पिता से भी अलग श्रद्धा स्थान होगा।" नास्त्रेदमस स्वयं ज्यू वंश का था तथा फ्रांस देश का नागरिक था। उसने क्रिश्चियन धर्म स्वीकार कर रखा था, फिर भी नास्त्रेदमस ने निःसन्देह कहा है कि प्रकट होने वाला शायरन केवल हिन्दू ही होगा।

पृष्ठ-41 पर लिखा है- "सभी को समान कायदा, नियम, अनुशासन पालन करवा कर सत्य पथ पर लायेगा। मैं नास्त्रेदमस एक बात निर्विवाद सिद्ध करता हूँ कि वह शायरन नया ज्ञान आविष्कार करेगा। वह सत्य मार्ग दर्शन करवाने वाला तारणहार एशिया खण्ड में जिस देश का नाम महासागर (हिन्द महासागर) है। उसी नाम वाले हिन्दुस्तान देश में जन्म लेगा। वह ना क्रिश्चियन, ना मुसलमान, ना ज्यू होगा, वह निःसन्देह हिन्दू होगा। अन्य भूतपूर्व धार्मिक नेताओं से महतर बुद्धिमान होगा और अजिंकय होगा। (शतक 6 श्लोक 70) उस से सभी प्रेम करेंगे। उसका बोलबाला रहेगा। उसका भय भी रहेगा। कोई भी अपकृत्य करना नहीं सोचेगा। उसका नाम व कीर्ति त्रिखण्ड में गुंजेगी अर्थात् आसमानों के पार उसकी महिमा का बोल-बाला होगा। अब तक अज्ञान निद्रा में गाढ़े सोये हुये समाज को तत्व ज्ञान की रोशनी से जगायेगा। सर्व मानव समाज हड़बड़ाकर जागेगा। उसके तत्व ज्ञान के आधार से भक्ति साधना करेगा। सर्व समाज से सत्य साधना करवायेगा।"

पृष्ठ-42 और 43 पर लिखा है- "वह हिंसक क्रूरचन्द्र (महाकाल) कौन है, कहाँ है, यह बात शायरन ही बताएगा। उस क्रूरचन्द्र से वह शायरन ही मुक्त करवायेगा। शायरन के कारकिर्द में इस भूतल की पवित्र भूमि पर (हिन्दुस्तान में) स्वर्णयुग का अवतरण होगा, फिर वह पूरे विश्व में फैलेगा। उस विश्व नेता व उसके सद्गुणों की, उसके बाद भी महिमा गायी जायेगी। उसके मन की शालीनता, विनम्रता, उदारता का इतना रेल-पेल बोल-बाला होगा। शायरन अपने बारे में बस तीन ही शब्द बोलता है-एक विजयी ज्ञाता। इसके साथ और विशेषण न चिपकायें मुझे मंजूर नहीं होगा। (शतक 6 श्लोक 71) हिन्दू शायरन अपने ज्ञान से दैदिप्यमान उतुंग ऊँचा स्वरूप का विधान (तत्वज्ञान) फिर से बिना शर्त उजागर करवायेगा और मानवी संस्कृति निर्धोक संवारेगा, इसमें सन्देह नहीं। अभी किसी को मालूम नहीं, लेकिन अपने समय पर जैसे नरसिंह अचानक प्रकट हुआ था ऐसे ही वह विश्व महान नेता अपने तर्क शुद्ध, अचूक आध्यात्मिक ज्ञान और भक्ति तेज से विख्यात होगा। मैं नास्त्रेदमस अचम्भित हूँ। मैं ना उसके देश को तथा ना उसको जानता हूँ, मैं उसे सामने देख भी रहा हूँ, उसकी महिमा का शब्द बद्ध में कोई

मिसाल नहीं कर सकता। बस उसे महान धार्मिक नेता कहता हूँ। अपने धर्म बन्धुओं की सद्दकालीन समस्या से दयनीय अवस्था से बैचेन होता हुआ स्वतन्त्र ज्ञान सूर्य का उदय करता हुआ अपने भक्ति तेज से जग का तारणहार 5वें शतक (20वीं सदी) के अन्त में अधेड़ उम्र का विश्व का महान नेता जैसे तेजस्वी सिंह मानव उदिग्न अवस्था से चौखट लाँघता हुआ मेरे (नास्त्रेदमस के) मन का भेद ले रहा है और मैं उसका स्वागत करता हुआ आश्चर्य चकित हो रहा हूँ। उदास भी हो रहा हूँ क्योंकि उसके होने का दुनिया को ज्ञान न होने से मेरा शायरन उपेक्षा का पात्र बन रहा है। मेरी (नास्त्रेदमस की) चित्तभेदक भविष्यवाणी की और उस वैश्विक सिंह मानव की उपेक्षा ना करें। उसके प्रकट होने पर तथा उसके तेजस्वी तत्वज्ञान रूपी सूर्य उदय होने से आदर्शवादी श्रेष्ठ व्यक्तियों का पुर्नउत्थान तथा स्वर्णयुग का प्रभात आज ईसवी सन् 1555 से 450 वर्ष अर्थात् सन् 2005 के बाद से शुरूआत होगी। इस कृतार्थ शुरूआात का मैं (नास्त्रेदमस) द्दष्टा हो रहा हूँ।"

पृष्ठ-44, 45 और 46 पर लिखा है- "तीन ओर से सागर से घिरे द्वीप (हिन्दुस्तान देश) में उस महान संत का जन्म होगा, उस समय तत्व ज्ञान के अभाव से अज्ञान अँधेरा होगा। नैतिकता का पतन होकर हाहाकार मचा होगा। वह शायरन अपने धर्म बल अर्थात् भक्ति की शक्ति से तथा तत्व ज्ञान द्वारा सर्व राष्ट्र को नतमस्तक करेगा। एशिया में उसे रोकना अर्थात् उसके प्रचार में बाधा करना पागलपन होगा। (शतक 1 श्लोक 50) वह अधेड़ उम्र में तत्व ज्ञान का ज्ञाता तथा ज्ञेय होकर त्रिखण्ड में कीर्तिमान होगा। मुझ (नास्त्रेदमस) को उसका नया उपाय साधना मंत्र ऐसा जालिम मालूम हो रहा है जैसे सर्प को वश करने वाला गारड़ मंत्र से महाविषैले सर्प को वश कर लेता है। वह नया उपाय, नया कायदा बनाने वाला तत्ववेक्ता दुनिया के सामने उजागर होगा। उसके ज्ञान के दिव्य तेज के प्रभाव से उस द्वीपकल्प भारत में अक्रामक तूफान व खलबली मचेगी अर्थात् अज्ञानी संतों द्वारा विद्रोह किया जायेगा। वह शायरन उदार मत वाला, कृपालु, दयालु, दैदिप्यमान, सनातन साम्राज्य अधिकारी, आदि सत्य पुरूष का अनुयायी होगा। उसकी सत्ता सार्वभौम होगी। उसकी महिमा, उपाय, गुरू श्रद्धा, गुरू भक्ति, तत्व ज्ञान का सत्संग करके प्रथम अज्ञान निद्रा में सोये अपने धर्म बंधुओं (हिन्दुओं) को जागृत करके, अंधविश्वास के आधार पर साधना कर रहे श्रद्धालुओं को शास्त्र विधि रहित साधना का बुरका फाड़कर गूढ़ गहरे तत्वज्ञान का प्रकाश करेगा। अपने सनातन धर्म का पालन करवा कर समृद्ध शान्ति का अधिकारी बनाएगा। तत्पश्चात् उसका तत्वज्ञान सम्पूर्ण विश्व में फैलेगा। उसके ज्ञान की बराबरी कोई भी नहीं कर सकेगा। इसलिए मैं (नास्त्रेदमस) वैश्विक सिंह महामानव इतना महान होगा कि मैं उसकी महिमा को शब्दों में नहीं बाँध पाउँगा। मैं उस ग्रेट शायरन को देख रहा हूँ।"

पृष्ठ-46 और 47 पर लिखा है- "नास्त्रेदमस कहता है कि निःसन्देह विश्व में श्रेष्ठ तत्वज्ञाता के विषय में मेरी भविष्यवाणी के शब्दा-शब्द को किसी नेताओं पर जोड़ कर तर्क-वितर्क करके देखेगें तो कोई भी खरा नहीं उतरेगा। मैं छाती ठोककर कह रहा हूँ कि मेरा शायरन का कृतत्व और उसका गहरा तत्वज्ञान ही सर्व की खाल उतारेगा। इस विधान का एक-एक शब्द का खरा-खरा समर्थन शायरन ही देगा।"

पृष्ठ-52 पर लिखा है- "नास्त्रेदमस ने अपनी भविष्यवाणी में कहा है कि 21वीं सदी के प्रारम्भ में दुनिया के क्षितिज पर शायरन का उदय होगा। जो भी बदलाव होगा वह मेरी (नास्त्रेदमस) इच्छा से नहीं बल्कि शायरन की आज्ञा से नियति की इच्छा से सारा बदलाव होगा ही होगा। उस में से नया बदलाव मतलब हिन्दुस्तान सर्वश्रेष्ठ राष्ट्र होगा। कई सदियों से ना देखा ऐसा हिन्दुओं का सुख साम्राज्य द्दष्टिगोचर होगा। उस देश में पैदा हुआ धार्मिक संत ही तत्वद्दष्टा तथा जग का तारणहार जगज्जेता होगा। एशिया खण्डों में रामायण, महाभारत आदि का ज्ञान जो हिन्दुओं में प्रचलित है, उससे भी भिन्न आगे का ज्ञान उस तत्वदर्शी संत का होगा। वह सत्पुरूष का अनुयायी होगा, वह एक अद्वितीय संत होगा।"

पृष्ठ-74 पर लिखा है- "बहुत सारे संत नेता आएंगे और जाएंगे, सर्व परमात्मा के द्रोही तथा अभिमानी होंगे। मुझे (नास्त्रेदमस को) आंतरिक साक्षात्कार उस शायरन का हुआ है। हिन्दुस्तान का हिन्दू संत आगामी अंधकारी, प्रलयकारी, धुंधुकारी जगत को नया प्रकाश देने वाला सर्वश्रेष्ठ जगज्जेता धार्मिक विश्व नेता की अपनी उदासी के सिवा कोई अभिलाषा नहीं होगी। ना अभिमान होगा, यह मेरी भविष्यवाणी की गौरव की बात होगी कि वास्तव में वह तत्वदर्शी संत संसार में अवश्य प्रसिद्ध होगा। उसके द्वारा बताया ज्ञान सदियों तक छाया रहेगा। वह

संत आधुनिक वैज्ञानिकों की आँखें चकाचौंध करेगा। उसका सर्वज्ञान शास्त्र प्रमाणित होगा। मैं कहता हूँ कि बुद्धिवादी व्यक्ति उसकी उपेक्षा न करें। उसे छोटा ज्ञानदीप न समझें, उस तत्ववेक्ता महामानव को सिंहासनस्थ करके उसको आराध्य देव मानकर पूजा करें। वह आदि पुरूष का अनुयायी दुनिया का तारणहार होगा।"

अन्तर्राष्ट्रीय ख्याति प्राप्त प्रसिद्ध ज्योतिषि श्री बेजन दारूवाला के अनुसार
(तीसरी सहस्त्राब्दी के प्रारम्भ में)

टेक्नोलाजी के पूरी तरह छीज जाने का तीसरा अंतिम दौर आएगा अप्रैल 2011 में, जब नेप्च्यून टेक्नोलाजी की राशि कुंभ राशि को छोड़ेगा और 5 अप्रैल 2011 से मानवता और आध्यात्मिकता की राशि में प्रवेश करेगा। जाहिर है इसका मतलब यह नहीं होगा कि टेक्नोलाजी और खासकर कम्प्यूटर कहीं फेंक दिये जायेंगे और हम उन्हें इस्तेमाल करना बन्द कर दंगे। निश्चय ही इसका मतलब यह होगा कि हम टेक्नोलाजी की ताकत का इस्तेमाल जनता के हित में करना सीख लेंगे। टेक्नोलाजी अपना महत्व और अपनी सर्वोच्च हैसियत तीन दौरों में खो देगी। 1. 2003 के अंत में, 2.2008 के अंत में 3. अप्रैल 2011 के बाद। जीवन-जन्म-पुर्नजीवन का अन्तिम रहस्य 6 अक्टुबर 2012 और 23 दिसम्बर 2014 के बीच खुलेगा। मस्तिष्क के कामकाज इसकी कार्यप्रणाली, शक्ति व जटिलता के रहस्यों की छानबीन 2006 और 2011 के बीच अपने अंजाम तक पहुँचेगी, जब बृहस्पति मेष राशि में आयेगा। मेष राशि का मस्तिष्क के साथ काफी गहरा सम्बन्ध है। लिहाजा अचेतन रूप से और बगैर किसी इरादे के मैंने यह खोज की है कि सन 2011 हम मनुष्यों के लिए बहुत विशेष महत्व वाला होगा। सन् 2022 देवी शक्ति का साल होगा, जो अपनी उत्पत्ति में भारतीय होगी और प्रभाव में सार्वभौम। यह देवी बोध और अनुकम्पा का सदेह रूप होगी। यह बोध और अनुकम्पा प्रेम और संवेदना की हमारी समझ से परे होगी। साथ ही मैं खुले तौर पर यह भी स्वीकार करता हूँ कि यह देवी भारतीय होगी, ऐसा मुझे सिर्फ इसलिए लगता है क्योंकि मैं भारतीय हूँ। चेस्टस्टन ने कहा था, "ब्रह्माण्डीय दर्शन मनुष्य के अनुरूप बैठने के लिए नहीं, बल्कि ब्रह्माण्ड के अनुरूप बैठने के लिए रचा गया है। मनुष्य के पास ठीक उसी तरह अपना एक नीजी धर्म नहीं हो सकता, जिस तरह उसके पास एक निजी सूर्य और एक चंद्रमा नहीं हो सकता।" सन 2034 में सार्वभौम विलायक का चिन्ह मीन कर्क राशि में स्थित शनि के साथ अत्यन्त मेल की स्थिति में बैठने जा रहा है। बृहस्पति भी कर्क में स्थित यूरेनस के साथ वैसे ही सुंदर सहमेल की स्थिति में है। यूरेनस विशाल, निष्पक्ष, वस्तुगत मूल्यों के लिए आता है। यूरेनस का स्वरूप कब्जावर नहीं होता। यूरेनस सच्ची जागृती, सच्चा प्रकाश लाने वाला है। एक विश्व सरकार 14 अप्रैल 2047 और जनवरी 2050 के बीच आकार ग्रहण करेगी। बृहस्पति और शनि दोनों उस समय पूर्ण शक्ति की स्थिति में होंगे। बृहस्पति कर्क और शनि मकर राशि में होगा। प्लूटो मीन राशि में होगा और लिहाजा यह बृहस्पति और शनि, दोनों के लिए कृपालु होगा। इतना ही महत्वपूर्ण यह तथ्य भी है कि मैं अपनी नंगी आँखो से महाद्वीपों, छोटे देशों, पहाड़ों, जमीन के बड़े-बड़े हिस्सों, छोटे रकबों अथवा जमीन के हिस्सों को बगैर किसी भूकम्प के एक साथ आते देख रहा हूँ। यह सब मिलकर एक एकीकृत सम्पूर्ण में बदल रहा है। मैं शीशे जैसी कोई चीज देख रहा हूँ जो इस तक भेजी गई हर चीज को शक्तिशाली और प्रभावी तरीके से वापस फेंक रही है। हर चीज से मेरा मतलब मिसाइल से लेकर किसी नकारात्मक विचार अथवा घृणा की भावना तक से है। यह "बूमरैंग ढाल" 2049 में पूरी तरह सम्पूर्ण हो जायेगी लेकिन अस्तित्व में यह अभी ही आ चुकी है। सन 2091 संसार की पूर्णता का चरम होगा। सर्वोच्च ऊर्जा के रूप में ईश्वर का अस्तित्व और उसका रहस्य खुल कर सामने आ जायेगा। इसका सौन्दर्य और विरोधाभास यह होगा कि विज्ञान ईश्वर की सर्वोच्च ऊर्जा को वास्तविक रूप में दिखाने व प्रदर्शित करने में मददगार साबित होगा। इसी समय लोग यह जान सकेगें कि ईश्वर चिन्हों व आत्मिक शक्ति के रूप में हमारे सामने प्रकटीकरण चाहता है। गणेश जी की कृपा से मैं आप सभी के लिए यह भविष्यवाणी करने में सफल रहा हूँ। इसका कोई श्रेय मैं स्वयं को नहीं देता।

(साभार - अमर उजाला (रविवासरीय अंक), इलाहाबाद, 31-12-2000)

पुस्तक - "अमर भविष्यवाणियाँ" के अनुसार

लेखक -डा0 नारायण दत्त श्रीमाली जी, प्रकाशक - मयूर पेपर बैक्स, नई दिल्ली (भारत)

क. ध्यान योगी, बंगाल के सुप्रसिद्ध भविष्यवक्ता तथा संत के अनुसार - संसार को सतयुग का प्रकाश देने वाली आत्मा का जन्म भारत वर्ष में हो चुका है।

ख. डा0 नारायण दत्त श्रीमाली जी के अनुसार - भारत में ईश्वर का जन्म हो चुका है। और वह जल्द ही समाज के सामने प्रकट होगा।

ग. शिवानन्द जी, उत्तरांचल के प्रसिद्ध संत के अनुसार - भारत को सही रास्ता दिखाने वाले नेता का जन्म हो चुका है। भारत की प्रतिष्ठा विश्व में निरंतर बढ़ती रहेगी।

घ. दक्षिण के प्रसिद्ध संत तथा विचारक "मूर्ति" के अनुसार - कल्कि भगवान का अवतार भारत में हो चुका हैं। भारत आयुर्वेद, ज्योतिष आदि ज्ञान में विशेष प्रगति करेगा। भारत के चतुर्दिक जो छोटे-छोटे देश हैं वे सब भारत वर्ष में मिल जायेंगे।

च. मि0 एडर्सन, अमेरिका के अनुसार - एशिया ही नहीं अपितु पूरे विश्व में भारत की शक्ति बढ़ेगी तथा उसका प्रभुत्व एवं वर्चस्व स्थापित होगा। सन् 1999 तक पूरा विश्व एक झंडे के तले कार्य करेगा तथा विश्व राष्ट्र का सपना साकार होगा। 20वीं सदी के अन्त से पहले या 21वीं सदी के प्रथम दशक में विश्व में असभ्यता का नंगा ताण्डव होगा। इस बीच भारत के एक देहात का एक धार्मिक व्यक्ति एक मानव, एक भाषा और झण्डा की रूपरेखा का संविधान बनाकर संसार को सदाचार, उदारता, मानवीय सेवा व प्यार का सबक देगा। वह मसीहा विश्व में आगे आने वाले हजारों वर्षों के लिए धर्म व सुख-शान्ति भर देगा। युग परिवर्तन परमात्मा की नीजी इच्छा है और वह रूकेगी नहीं। वह युग बदल कर ही रहेगा। इसमें सन्देह नहीं है।

छ. पादरी पियो, इटली के अनुसार - भारत सन् 1970 के बाद प्रगति करेगा और 1995 तक विश्व का एक प्रमुख राष्ट्र बन जायेगा। विश्व युद्ध के बाद भारत संसार की एक प्रमुख हस्ती होगी और लोग उसकी बात को मानने के लिए बाध्य होंगे।

ज. योगी आनन्दाचार्य, नार्वे के अनुसार - सन् 1995 तक विश्व में शक्तिशाली देशों में भारत का नाम छठे स्थान में होगा। सन् 1971 के बाद भारत शक्तिशाली बनेगा। सन् 1975 के बाद विश्व में संस्कृत भाषा का तीव्रता से विकास होगा और पाश्चात्य में भी संस्कृत भाषा को पूर्ण मान्यता मिलेगी। सन् 1998 के बाद एक शक्तिशाली धार्मिक संस्था भारत में प्रकाश में आयेगी, जिसके स्वामी एक गृहस्थ व्यक्ति की आचार संहिता का पालन सम्पूर्ण विश्व करेगा। धीरे-धीरे भारत औद्योगिक, धार्मिक और आर्थिक दृष्टि से विश्व का नेतृत्व करेगा और उसका विज्ञान अर्थात् आध्यात्मिक तत्वज्ञान ही पूरे विश्व को मान्य होगा।

अ. गंगोत्री के प्रसिद्ध सन्त "निर्वाणानन्द जी" के अनुसार - भारत आध्यात्मिक दृष्टि से उन्नति करेगा। युग परिवर्तन की प्रक्रिया अप्रैल 1999 से चालू होगी।

ब. विश्वविख्यात महिला "जीन डिक्सन", अमेरिका के अनुसार - भारत के एक ग्रामीण परिवार में एक ऐसे व्यक्ति का जन्म होगा जो अपने कार्यों से पूरे विश्व का ध्यान अपनी ओर आकर्षित करेगा, तथा गांधी जी की तरह समाज का मार्गदर्शन भी करेगा। इस बीच भारत वर्ष में एक छोटे देहात में जन्में व्यक्ति का धार्मिक प्रभाव न केवल भारतवर्ष वरन् दूसरे देशों में भी बढ़ने लगेगा। वह व्यक्ति इतिहास का सर्वश्रेष्ठ मसीहा बनेगा। संसार के तमाम संविधानों के समानान्तर "एक मानवीय संविधान" का निर्माण करेगा, जिसमें सारे संसार की एक भाषा, एक संघीय राज्य, एक सर्वोच्च न्यायपालिका, एक झण्डे की रूपरेखा होगी। इस प्रयत्न के प्रभाव से मनुष्य में संयम, सदाचार, न्याय, नीति, त्याग और उदारता की होड़ लगेगी। आज संसार धर्म और संस्कृति के जिस स्वरूप की कल्पना भी नहीं करता, उस धर्म का तेजी से विस्तार होगा और वह सारे संसार पर छा जायेगा। यह धर्म-संस्कृति भारतवर्ष की होगी और यह मसीहा भी भारतवर्ष का ही है, जो इस आने वाली क्रान्ति की नींव सुदृढ़ बनाने में जुटा हुआ है।

स. आर्थर चाल्र्सक्लार्क के अनुसार - जिस प्रकार इस समय संयुक्त राष्ट्र संघ का मुख्यालय अमेरिका में है। उसी प्रकार संयुक्त ग्रह राज्य संघ का मुख्यालय मंगल ग्रह या गुरू पर हो सकता है। सन् 1981 तक भारत अपने आप में शक्तिशाली हो जायेगा तथा वहाँ से एक ऐसी जबरदस्त विचार क्रान्ति उठेगी जो पूरे विश्व को प्रभावित करेगी। भारत का धर्म और अध्यात्म पूरा विश्व स्वीकार करेगा।

द. प्रोफेसर हरार, इजराइल के अनुसार - भारत में एक ऐसा व्यक्ति पैदा हो गया है। जो कि आने वाले समय में विश्व का मार्गदर्शक होगा। वह व्यक्ति ब्राह्मण है, तथा वर्ण-गोरा है, वह यज्ञ तथा पूजा पाठ में विशेष प्रवीण होगा। इसका विकास सन् 1970 के बाद होना चाहिये। दिव्य देहधारी पुरूष ने जन्म लिया है। वे सबके मन में प्रसन्नता भरेंगे। दुनिया भर के कष्ट दूर करेंगे। अन्यायी और अत्याचारियों को भी वही ठीक करेंगे। भारत देश का एक दिव्य महापुरूष मानवतावादी विचारों से सन् 2000 ई0 से पहले-पहले आध्यात्मिक क्रान्ति की जड़ें मजबूत कर लेगा व सारे विश्व को उसके विचार सुनने को बाध्य होना पड़ेगा।

य. डा0 जूलबर्न, फ्रांसीसी भविष्यवक्ता के अनुसार -भारत में एक ऐसे व्यक्ति का जन्म सन् 1962 के पहले ही हो चुका है। जो पूरी दुनिया को आगे चलकर रास्ता दिखाने में सहायक होगा। इतिहास का सबसे समर्थ व्यक्ति का अवतरण हो चुका है। वह शीघ्र ही सारी दुनिया को बदल डालेगा। उसकी ज्ञान-क्रान्ति उठेगी और आँधी-तुफान की तरह सारे विश्व में छा जायेगी। एक ओर इस तरह संघर्ष हो रहे होंगे और दूसरी ओर एक विल्कुल नई धार्मिक क्रान्ति उठ खड़ी होगी, ईश्वर (परमेश्वर) और आत्मा के नये-नये रहस्य प्रकट करेगी। विज्ञान उसकी पुष्टि करेगा। फलस्वरूप नास्तिकता और बामपन्थ नष्ट होता चला जायेगा और उसके स्थान पर लोगों में श्रद्धा, आस्तिकता, न्याय-नीति, अनुशासन और कर्तव्यपरायणता के भाव उगते हुये चले जायेगंे। यह परिवर्तन ही विश्व शान्ति के आधार बन सकते हैं। मुझे आभास होता है कि यह ज्ञान (धार्मिक) क्रान्ति भारतवर्ष से ही उठेगी। सन् 1990 के बाद यूरोपीय देश भारत की धार्मिक सभ्यता की ओर तेजी से झुकेंगे। सन् 2000 तक विश्व की आबादी 640 करोड़ के आस-पास होगी। भारत से उठी ज्ञान की धार्मिक क्रान्ति नास्तिकता का नाश करके आँधी तूफान की तरह विश्व को ढक लेगी। उस भारतीय महान आध्यात्मिक व्यक्ति के अनुयायी देखते-देखते एक संस्था के रूप में आत्मशक्ति से सम्पूर्ण विश्व पर प्रभाव जमा लेंगे।

पुस्तक - "विश्व की आश्चर्यजनक भविष्यवाणियाँ" के अनुसार

लेखक - नरेन्द्र शर्मा, प्रकाशक - पवन पाकेट बुक्स, दिल्ली (भारत)

अ. श्रीमती आयरिन हयूजेज, अमेरिका के अनुसार - ईश्वर का जन्म भारत में हो चुका है। जो कि युद्ध के बाद शेष संसार को शांति का संदेश देगा।
ब. कीर्तिधरण, सिंगापुर के अनुसार - ईश्वर का जन्म भारत में हो चुका है। इसे ही हमारे ग्रन्थों में ईश्वर अवतार (कल्कि अवतार) कहा गया है।

स. प्रो गेरार्ड क्राइसे, हालैंड के अनुसार - भारत में एक ऐसी दिव्यात्मा ने जन्म ले लिया है जो पूरे विश्व को सत्य धर्म का रास्ता दिखाएगी। पापों का अंत उसी के द्वारा होगा। ज्योतिष के क्षेत्र में भी भारत एक शीर्ष स्थान प्राप्त करेगा तथा पूरा विश्व उसका लोहा मानेगा।

द. पीटर हरकौस, हालैण्ड के अनुसार -भारत देश ही एक ऐसा देश होगा जिसका आध्यात्मिक प्रभाव प्रकाश बनकर विश्व के चारो ओर फैलता जायेगा। लोग इससे लाभ उठायेंगे और हर देश भारत की ओर झुकेगा।

पुस्तक- "दुर्लभ भविष्यवाणियाँ" के अनुसार

लेखक - अशोक कुमार शर्मा, प्रकाशक - तुलसी पब्लिकेशन, मेरठ, उत्तर प्रदेश (भारत)

अ. संत गुरूनानक देव जी का कथन - संकेतों में भविष्यवाणी करने वाले गुरू नानक जी महाराज ने भी यहाँ 1997 में किसी वीर पुरूष के उठने, आगे आने की बात कही है वह शब्द हैं। "आवन अठ तरै जान सतानवे, होर भी उठसी मरद का चेला"

ब. बाबाजी लक्ष्मणदास मदान के अनुसार - सन् 1998 में अप्रैल माह तक कोई विलक्षण व अलौकिक शक्ति सम्पन्न भारतीय संत पूरे विश्व का ध्यान अपनी ओर आकृष्ट करेगा

अन्य भविष्यवक्ताओं के अनुसार

1. स्वामी शिवानन्द के अनुसार- आज विश्व में जो भी घटनाएं घटित हो रही हैं वह शास्त्रानुार पहले से ही सुनिश्चित है। भविष्य पुराण में भगवान वेद व्यास जी ने स्वयं भविष्यवाणी की है कि 4,900 शताब्दि कलियुग बीतने के पश्चात् भारत में बौद्धों का राज्य होगा, तदन्तर आद्य शंकराचार्य जी का प्रादुर्भाव के साथ ही वैदिक धर्म का प्रचार-प्रसार होगा और मनुस्मृति के आधार पर राजा राज्य करेंगे। पुनः 300 वर्षों तक भवनों तथा 200 वर्ष तक ईसाईयों का राज्य रहेगा। उसके बाद मौन (मत पत्रों) का राज्य रहेगा, जो 11 टोपी (राष्ट्रपति) तक चलेगा। यह क्रम लगभग 50 वर्ष तक चलेगा। इसके बाद से किसी भी पार्टी को बहुमत प्राप्त नहीं हो सकेगा। मँहगाई-भ्रष्टाचार बढ़ेंगे। माता-पिता, साधु-सन्त, ब्राह्मण-विद्वान अपमानित होंगे, तब भयानक युद्ध होगा। भारत पुनः अपने अस्तित्व में आकर विश्व गुरू पद पर स्थापित होगा। भारत में शास्त्रानुसार पुनः राज्य परम्परा की स्थापना होगी।

(राष्ट्रीय सहारा, वाराणसी, 8 सितम्बर, 1998)

2. एजटेक सभ्यता की भविष्यवाणीयाँ पहले पहल सफल नहीं हुई और उनके साम्राज्य का काफी हिंसक अंत हुआ। एजटेक की पौराणिक मान्यता के अनुसार मानव जाति का पहला युग, जानवरों द्वारा इंसानों को खाने, दूसरा

हवा, तीसरा आग व चौथा पानी से नष्ट होना था। वर्तमान पाँचवां युग नहुई-ओलिन (भूकम्प का सूरज) कहलाता है जो 3113 ई.पू. में शुरू हुआ और 24 दिसम्बर 2011 को अंत की भविष्यवाणी है।

3. इंका की आखिरी जाति ने हाल ही में अंत समय से जुड़ी बातें प्रकट की कि कैसे कैरो अगले पकाकुटी की प्रतीक्षा में है, जो धरती को बदल देगा व इसे दुनिया का अंत मानते हैं। वे मानते हैं कि उथल-पुथल के लक्षण शुरू हो गये हैं, जो चार साल तक रहेगा जिससे एक नई मानवता का उदय होगा। इसके लक्षणों में पहाड़ी लैगून सूखना व महान सौर ताप आदि शामिल है। इसके बाद हम पाँचवें सूरज में प्रकट होंगे।

4. वर्ष 2008 में अमेरिका के महात्मा स्काट मानडेल्कर ने दावा किया - एक ई.टी. की आत्मा ने उसे आनलाइन न्यूज चौनल पर चेतावनी दी है कि 2010 या 2012 में कोई अजीब सी घटना घटेगी। 21 मई, 2011, शुक्रवार को कई महत्वपूरण घटनाएं घटेंगी क्योंकि तकरीबन 11,013 ई.पू. में उसी दिन ईश्वर ने जीव जगत की रचना की थी। उन्होंने घोषणा की कि 21 अक्टुबर 2011 को यह दुनिया आग से नष्ट हो जायेगी। बाइबिल व्याख्याताओं के अनुसार भी 21, अक्टुबर, 2011 इस दुनिया का आखिरी दिन होगा।

5. "दी बाइबिल कोड" के लेखक मिशेल ड्रोसनिन के अनुसार - 21 दिसम्बर, 2012 में एक धूमकेतू पूरी पृथ्वी को नष्ट कर देगा।

6. पादरी जान मेलार्ड (हीलिंग लाइफ के सम्पादक) के अनुसार - आज संसार की समस्यायें इतनी जटिल हो गयी हैं कि उन्हें मानवीय बुद्धि और बल पर सुलझाया नहीं जा सकता। विश्व शान्ति अब मनुष्य की ताकत के बाहर हो गयी है। तथापि हमें निराश होने की बात नहीं, क्योंकि ऐसे संकेत मिल रहें है कि भगवान स्वयं धरती पर आ गये हैं और वे अपनी सहायक शक्तियों के साथ धर्म स्थापना के प्रयत्नों में जुट गये हैं। उनकी बौद्धिक व धार्मिक क्षमता उनके अपने आप अवतार होने की बात स्पष्ट कर देगी। वह दुनिया का उद्धारक देर तक पर्दे में छिपा नहीं रह सकता।

7. श्रीमान् करलोस बेरियोस के अनुसार - मायावासियों ने 21 दिसम्बर, 2012 में एक पुनर्जन्म, पाँचवें सूरज के आरम्भ की दुनिया के रूप में देखा। जब सोलन मैरीडियन गैलक्टिक इक्वेटर को पार करेगा तथा पृथ्वी स्वयं आकाशगंगा के मध्य सरेखित होगी तो यह एक नये युग की शुरूआत होगी। हम मायां कैलेण्डर तथा भविष्यवाणीयों के युग में जी रहे हैं। सारी दुनिया की भविष्यवाणीयों तथा परम्पराए बदल रही हैं। झूठे खेलों के लिए समय नहीं है। इस युग का आध्यात्मिक विचार है-"कर्म"। इस युग में कई शक्तिशाली आत्माएं और अधिक शक्ति से इस युग में अवतार लेंगी। काफी बदलाव आयेंगे, लेकिन यह लोगों पर निर्भर करता है कि वे इन्हें आसानी से लेते हैं या मुश्किल से। हम उस युग के द्वार पर हैं जहाँ से शान्ति की शुरूआत होगी, लोग धरती माँ के साथ सामंजस्य बनाएगें, हम चौथे सूरज की दुनिया में नहीं है लेकिन अभी पाँचवें सूरज की दुनिया में भी नहीं पहुँचे। यह बीच का परागमन काल है।

8. डूरबे आंदोलन के नेता सोलारा अंतरा अमारा के अनुसार - 11 जनवरी, 1992 से 31 दिसम्बर, 2011 तक हमें एक "अवतार का द्वार" मिला है, जिसमें मानवता को बुराइयों से छूटकर चेतना के ऊँचे स्तर तक लाने का मौका मिलेगा या फिर सर्वनाश होगा।

9. टेरेंस मेकेना के अनुसार - मायां क्रमिक विकास व नये युग के मेल - नावल्टी सिद्धान्त से धरती से कोई छोटा ग्रह टकरायेगा, किसी दूसरे रूप में बदलाव होगा या फिर 21 दिसम्बर, 2012 को बिल्कुल नवीन घटना घटित होगी।

10. इंग्लैण्ड के ज्योतिष कीरो के अनुसार -किरो ने सन् 1925 में लिखी पुस्तक में भविष्यवाणी की है कि 20वीं सदी अर्थात् सन् 2000 ई0 के उत्तरार्द्ध में सन् 1950 के पश्चात् उत्पन्न सन्त ही विश्व में "एक नई सभ्यता" लाएगा जो सम्पूर्ण विश्व में फैल जाएगी। भारत का वह एक व्यक्ति सारे संसार में ज्ञान क्रान्ति ला देगा। भारत वर्ष का सूर्य बलवान है और कुम्भ राशि पर है। उसका अभ्युदय संसार की कोई ताकत नहीं रोक सकती, विशुद्ध धर्मावलम्बी नीति के एक सशक्त व्यक्ति के भारत वर्ष में जन्म लेने के योग हैं। यह व्यक्ति सारे देश को जगाकर रख देगा। उसकी आध्यात्मिक शक्ति दुनिया भर की तमाम भौतिक शक्तियों से अधिक होगी। बृहस्पति का योग होने के कारण ज्ञान क्रांति की संभावना है। जिसका असर दुनिया में पड़े बिना नहीं रहेगा।

11. भविष्यवक्ता श्री वेजीलेटिन के अनुसार - 20वीं सदी के उत्तरार्द्ध में विश्व में आपसी प्रेम का अभाव, मानवता का ह्रास, माया संग्रह की दौड़, लूट व राजनेताओं का अन्यायी हो जाना आदि-आदि बहुत से उत्पात देखने को मिलेंगे। परन्तु भारत से उत्पन्न हुई शान्ति भ्रातृभाव पर आधारित नई सभ्यता, संसार में देश, प्रान्त और जाति की सीमायें तोड़कर विश्वभर में अमन व चौन उत्पन्न करेगी।

12. अमेरिका के चालूस क्लार्क के अनुसार - 20वीं सदी के अन्त से पहले एक देश विज्ञान की उन्नति में सब देशों को पछाड़ देगा परन्तु भारत की प्रतिष्ठा विशेषकर इसके धर्म और दर्शन से होगी, जिसे पूरा विश्व अपना लेगा। यह धार्मिक क्रान्ति 21वीं सदी के प्रथम दशक में सम्पूर्ण विश्व को प्रभावित करेगी और मानव को आध्यात्मिकता पर विवश कर देगी।

13. हंगरी की महिला ज्योतिषी बोरिस्का के अनुसार - सन् 2000 ई0 से पहले-पहले उग्र परिस्थितियों हत्या और लूटमार के बीच ही मानवीय सद्गुणों का विकास एक भारतीय फरिस्ते द्वारा भौतिकवाद से सफल संघर्ष के फलस्वरूप होगा, जो चिरस्थायी रहेगा, इस आध्यात्मिक व्यक्ति के बड़ी संख्या में छोटे-छोटे लोग ही अनुयायी बनकर भौतिकवाद को आध्यात्मिकता में बदल देंगे।

14. डा0 निरूपमा राव, निदेशक, नेहरू तारामण्डल, भारत के अनुसार -18 से 22 नवम्बर, 1997 के बीच सूर्यास्त से आधे घण्टे बाद आकाश में सूर्यमण्डल के 9 में से 8 अर्थात् पृथ्वी को छोड़कर क्योंकि हम उस पर ही है, ग्रहों के परेड के दुर्लभ दर्शन की घटना पर डा0 निरूपमा राव के विचार- प्राचीन काल में जब उत्तरायण के समय ऐसे ग्रहों का समूहन होता था तब नये युग के शुरूआत का निर्धारण होता था। आर्यभट्ट ने पाँचवी सदी ईसा पूर्व में जो गणना की थी वह वास्तव में ऐसे ही ग्रह समूहन पर आधारित था। यह समूहन 17-18 फरवरी के दिन ईसा पूर्व 3102 में हुआ माना जाता है, जो द्वापर युग की समाप्ति और कलियुग के प्रारम्भ का काल था।

15. ज्योतिषि राजनारायण, पंजाब के अनुसार - आखिरी अवतार श्री कल्किजी हैं। अगली चतुर्युगी की धर्म मर्यादा श्री कल्कि जी बाँधेगें। नया सम्वत् चलेगा। (चेतावनी, उर्दू, 1942 पृष्ठ संख्या 109, गुड़गाँवाँ, पंजाब, भारत)

16. महात्मा तिष्वरंजन ब्रम्हचारीख्याति के अनुसार - देश में एक महान आध्यात्मिक क्रांति होगी तथा इस क्रांति का संचालन यद्यपि मध्यभारत से ही होगा पर उसका सम्बन्ध भारत वर्ष के हर प्रान्त से होगा।

17. विख्यात भविष्यवक्ता प्रो0 ए0 के0 दुबे पद्मेश के अनुसार - सन् 2000 के आस पास ही भविष्य का अवतारी पुरूष प्रकट होगा। यह अवतारी पुरूष चमत्कारी शक्तियों के कारण अल्पायु में ही ख्याति प्राप्त करेगा। वह एक ही ईश्वर की पूजा का संदेश देगा, मगर कोई नया धर्म नहीं चलायेगा। संसार के अनेक देशों में वह सत्ता परिवर्तन का कारण बनेगा, मगर उन देशों का शासन अपने द्वारा नियुक्त लोगों से करायेगा।

18. प्रभात खरे के अनुसार - धूमकेतु का बृहस्पति से टक्कर बुरा भी और अच्छा भी। धूमकेतु के बुरे प्रभाव से सभी परिचित हैं परन्तु जो अच्छा प्रभाव इन्होनें लिखा है वह निम्न है इस घटना से संभवतः पहली बार हो रहा है कि धूमकेतु की गुरू से टक्कर का एक अच्छा कल्याणकारी प्रभाव होगा। जिसे हम ऐसे समझ सकते हैं। केतु जिसका कारक या प्रतिनिधित्व करता है वह है- जननांग, बाल, धर्म, धागा, तंत्रिका तंत्र, बाधा, चेन, मनकों वाली माला, जाल में उलझना इत्यादि, ज्योतिष में इन कारकों का उपयोग प्रतीक के रूप में होता है। इस तरह शूमेकर लेवी धूमकेतु जो कि 21 मनकों वाली माला के रूप में आगे बढ़कर गुरू के साथ युति कर रहा है। जिसका अर्थ हुआ केतु का गुरू के साथ योग, साथ ही साथ केतु की छाया ग्रह की सातवीं दृष्टि भी है मेष राशि से, अतः इसका अर्थ हुआ कि संसार में आध्यात्मिक प्रगति जोर पकड़ेगी जिसके फलस्वरूप 1. धर्म प्रधान देश उन्नति करेंगे जैसे भारत, इजिप्स, चीन। 2. आध्यात्म और परामनोविज्ञान के क्षेत्र में प्रतिभा रखने वाले व्यक्ति लोक हित कार्यों में आगे आयेंगे। एक संभावना यह भी है कि कोई महात्मा या योगी, एक नये धर्म का प्रचार प्रसार करेगा और सबसे बड़ी बात यह है कि इस व्यक्ति को व्यापक जन समर्थन सभी धर्मों के व्यक्तियों से मिलेगा।

साभार- नव भारत (समाचार पत्र) 25 जून 1994, बिलासपुर (म.प्र.) भारत

19. यूरोप जातियों का झुकाव भारत वर्ष जैसे धार्मिक देश की ओर तेजी से होगा केवल लोग भारतीयों का अनुगमन, वेशभूषा, खान-पान, गृहस्थ संबंधों के रूप में करेंगे वरन् भारतीय धर्म तथा संस्कृति के प्रति श्वेत जातियों का आकर्षण इतना बढ़ेगा कि सन् 2000 तक दूसरे देशों मे बीसियों हिन्दू देवी-देवताओं के मंदिरों की स्थापना हो चुकी होगी और उसमें लाखों लोग पूजा, उपासना, भजन-कीर्तन और भारतीय पद्धति के संगीत का आनंद लेने आने लगेंगे, यूरोपवासियों के घरों में भारतीय देवी-देवताओं के चित्र तक लगेंगे, चीन अणुबम बनाकर भी एशिया का प्रभुता सम्पन्न देश नहीं बनेगा उसकी भारतवर्ष से काफी समय तक शत्रुता बनी रहेगी, भारत न केवल अपनी भूमि छुड़ा लेेगा वरन् तिब्बत भी मुक्त हो जायेगा, उसके भारत वर्ष में मिल जाने की संभावना भी है संसार के किसी सर्वाधिक प्राचीन पर्वत से जो वर्ष भर बर्फ से का रहता है संभवतः हिमालय उससे कुछ ऐसी सामग्री, पुस्तकों और स्वर्ण मुद्राओं का भंडार मिल सकता है जो ईसा के पूर्व के इतिहास को बिलकुल ही बदल सकता है यही नहीं, उससे संबधित देश सम्भवतः भारत इतना शक्तिशाली हो सकता है कि रूस, अमेरिका, फ्रांस, ब्रिटेन और जर्मन मिलकर भी उसका सामना करने में समर्थ नही होंगे। उपरोक्त किसी भू-भाग से एक रहस्यमय व्यक्ति का अभ्युदय होगा जो आज तक के इतिहास का सबसे समर्थ व्यक्ति सिद्ध होगा उनके बनाये विधान सारे संसार में लागू होंगे और 2050 तक यह विधान सारी पृथ्वी को एक संघीय राज्य में बदल देंगे। सन् 2000 तक विश्व की आबादी 640 करोड़ के लगभग होगी, परमाणु युद्ध तो नहीं होंगे पर वर्ग-संघर्ष बढ़ेगा एक ओर इस तरह के संघर्ष हो रहे होंगे व दूसरी ओर एक विश्वव्यापी धार्मिक क्रांति उठ खड़ी होगी जो ईश्वर और आत्मा के नये-नये रहस्य प्रकट करेगी, विज्ञान उनकी पुष्टि करेगा फलस्वरूप नास्तिकता और वामपंथी नष्ट होता चला जाएगा उसके स्थान पर लोगों में आस्तिकता, न्याय, नीति, श्रद्धा अनुशासन और कर्तव्यपरायणता के भाव उगते चले जायेंगे। यह परिवर्तन ही विश्व शांति के आधार बन सकते हैं। प्रो जूलबर्न ने बताया है कि यह आध्यात्मिक क्रांति भारतवर्ष से ही उठेगी व इसके संचालन के लिए वह व्यक्ति सन् 1962 के पूर्व ही जन्म ले चुका है इस समय उसे भारतवर्ष के किसी महत्वपूर्ण कार्य में संलग्न होना चाहिये उसके अनुयाइयों की बड़ी संख्या भी है व एक समर्थ संस्था के रूप में प्रकट होंगे और देखते ही देखते सारे विश्व में प्रभाव जमा लेंगे असंभव दिखने वाले परिवर्तनों को आत्मशक्ति के माध्यम से सरलता व सफलतापूर्वक सम्पन्न करेंगे।

साभार- दैनिक नवभारत, 13 नवम्बर 1998, जबलपुर (म. प्र.) भारत

20. तीन सागरों की श्रृंखला में जन्मा पूर्व में एक ऐसा नेता पैदा होगा, जो "बृहस्पतिवार" को अपना उपासना दिन सरकारी अवकाश घोषित करेगा उस गैर ईसाई व्यक्ति की महिमा, प्रशंसा और अधिकार इतने प्रबल होंगे कि समस्त धरती व समुद्र पर्यन्त वह तूफान की तरह छाया रहेगा। यह नास्त्रेदमस की सर्वाधिक चर्चित भविष्यवाणी है भौगोलिक स्थिति के अनुसार संपूर्ण विश्व में भारत ही एक ऐसा स्थान है, जिसके दोनों छोर पर दो सागर हैं तथा चरणों में एक महासागर है नास्त्रेदमस के अनुसार एशिया का महान नेता भारत में जन्म लेगा वह ईसाई नहीं होगा, अपितु ऐसा व्यक्ति होगा जो "बृहस्पतिवार" (गुरुवार) को शुभ दिन मानेगा। संसार के प्रत्येक धर्म के उपासनावार एवं शुभवार अलग - अलग हैं ईसाइयों का पूजा दिवस रविवार है, मुसलिम धर्माचार्यों का पवित्र दिवस शुक्रवार है यहूदियों का प्रार्थना दिवस शनिवार है विश्व में एक हिन्दू जाति ही ऐसी है, जो बृहस्पतिवार (गुरुवार) को सर्वाधिक श्रेष्ठ व शुभ मानती है, क्योंकि यह देवगुरु बृहस्पति का वार है जो देवताओं के गुरु कहलाये गये हैं।

साभार- दैनिक नवभारत, 25 अक्टूबर 1998, जबलपुर (म.प्र.)

21. श्री देवी प्रसाद दुआरी, नासा के खगोलविद् व कोलकाता (प0 बंगाल, भारत) स्थित एम.पी.बिड़ला प्लेनेटोरियम के निदेशक के अनुसार - 21 दिसम्बर, 2012 दुनिया का अंत नहीं बल्कि एक युग का अन्त और नये युग की शुरूआत है।

साभार-दैनिक जागरण, वाराणसी, 18 दिसम्बर, 2012)

22. ज्योतिषाचार्य रामनरेश त्रिपाठी, इलाहाबाद के अनुसार - 23 दिसम्बर, 2012 की दोपहर एक बजे से राहु एवं केतु अपनी राशि बदलेंगे। दो विषम ग्रह राहु और शनि एक ही घर में बैठने जा रहे हैं। दोनों एक साथ कुल 18 महीने रहेंगे। ऐसा योग पूरे 147 वर्ष बाद बनने जा रहा है। यह योग सन् 1865 में बना था। 2012 के बाद यह योग अब सन् 2161 में 194 साल बाद बनेगा। 147 वर्ष बाद बन रहे इस योग से राजनीतिक व सामाजिक दृष्टि से कई परिवर्तन होंगे।

साभार - 18 दिसम्बर, 2012 दैनिक जागरण, वाराणसी

23. ज्योतिषाचार्य रवि किशन मिश्रा, इलाहाबाद के अनुसार- कुंभ के अवसर पर शनि-राहु का योग पड़ना किस्मत में कई उलटफेर की ओर इशारा करता है। परोपकार करने वाले और सच्चे दिल वाले लोगों के लिए यह योग फलदायक होगा।

साभार - 18 दिसम्बर, 2012 दैनिक जागरण, वाराणसी

24. बुधवार, 28 अगस्त, 2013 को हम सबने जन्माष्टमी का महापर्व मनाया। महापर्व इसलिए क्योंकि श्री कृष्ण भगवान के जन्म के बाद पहली बार यह योग बना है। अर्थात् पूरे 5241 वर्षों बाद। 28 अगस्त, 2013, रात्रि 12 बजकर 12 मिनट का दिन, नक्षत्र, घड़ी, लगन, मुहूर्त, योग आदि विशेष सभी उसी समान था। जब भगवान श्री कृष्ण का जन्म हुआ था। उस समय चन्द्रमा वृष राशि में उच्च लग्न में स्थित था, सूर्य सिंह राशि में स्थित था, नक्षत्र भी रोहिणी थी,भाद्रपद कृष्ण अष्टमी और दिन भी बुधवार था, काल सर्प योग भी था। अर्थात् ऐसे योग भगवान श्री कृष्ण के जन्म के बाद पहली बार बने हैं। ये सब देख कर मन उत्साहित हुआ क्योंकि इतिहास गवाह है। जब- कंस और रावण आएंगे भगवान किसी न किसी रूप में हमारे सामने जरूर आयेंगे चाहे श्रीराम के रूप में या श्रीकृष्ण रूप में। तो क्या इस होनी को एक दिव्य संकेत माने! हमें ऐसा लगता है - अवश्य ही कुछ अच्छा होने वाला है, क्योंकि जब कंस था, तभी भगवान श्री कृष्ण का जन्म हुआ था। और अब तमाम तरीके के समस्याएं कंस की तरह समाज में जो फैली है संभवतः इंनके खात्मे का समय आ गया है।

युग परिवर्तन और परिवर्तनकर्ता का शास्त्र व भविष्यवाणियों के आँकड़ों पर व्याख्या

कोई भी मनुष्य जब भविष्य के ईश्वर के अवतरण के लिए भविष्यवाणी करता है तो वह जिस धर्म, सम्प्रदाय, सभ्यता का होता है उस धर्म, सम्प्रदाय, सभ्यता का पूर्वाग्रह उसके साथ होता है और उसके भविष्यवाणीयों में उसकी छाप की झलक निश्चित रूप से व्यक्त होती है। विचारों का कोई आकृति या स्वरूप नहीं होता परिणामस्वरूप अपने भविष्यवाणी को व्यक्त करने के लिए वह उन्हीं धर्म, सम्प्रदाय, सभ्यता के प्रतीकों का प्रयोग करता है जिस धर्म, सम्प्रदाय, सभ्यता का वह होता है। क्योंकि सत्य की अनुभूति किसी सम्प्रदाय या धर्म की पूंजी नहीं है बल्कि वह मनुष्य जीव की पूंजी है और उसको कोई भी मनुष्य अपने और समाज हित में प्रयोग कर सकता है। सत्य अनुभूति के उपरान्त वह उस अनुभूति को वह जो रूप देता है, वह उसके अपने सम्प्रदाय और धर्म के संस्कृति-संस्कारों के अनुसार ही गढ़ता है। बिजली तो एक स्थान से ही प्रवाहित होती है। उसे सिद्ध करने के लिए बल्ब, ट्यूबलाईट इत्यादि अनेकों प्रकार के उपकरण हैं। यहाँ बिजली वही आत्मानुभूति या सत्यानुभूति या आत्मप्रकाश है तथा उपकरण उसे व्यक्त करने वाले सम्प्रदाय व धर्म के संस्कार-संस्कृति हैं।

इस प्रकार किसी भी सम्प्रदाय में कोई महापुरूष जन्म ले सकता है और ऐसा हुआ भी है। हम ऐसा कभी भी नहीं कह सकते कि महापुरूष केवल किसी एक धर्म-सम्प्रदाय में ही जन्म ले सकते हैं। हम सब किसी आवासीय कालोनी में जाते हैं तो देखते हैं कि भूमि सबकी बराबर है परन्तु सबके मकान अलग-अलग नक्शे व रंग के हैं। चाहते तो वे एक ही नक्शे व रंग के हो सकते थे परन्तु सभी अपने-अपने विशेष पहचान के लिए रंग-बिरंगे हो गये। उसमें रहने वाले भी रंग-बिरंगे हैं। लेकिन सबके घर में बिजली, पानी, हवा, प्रकाश, अन्न, फल, सब्जी सब एक जैसा ही आ रहा है। यह एक जैसा ही आत्म प्रकाश है और बाहर से दिखने वाला रंग-बिरंगा ही सम्प्रदाय है।

उपरोक्त आकड़ों पर विश्लेषण को यहाँ प्रस्तुत किया जा रहा है जिससे यह स्पष्ट हो सके कि किसकी भविष्यवाणी सत्य के अधिकतम पास थी और वे भविष्य को देखने में वे कितना सफल हुये थे।

अ. हिन्दू शास्त्र व मान्यता के अनुसार व्याख्या

पहले मनु-स्वायंभुव मनु से 7वें मनु-वैवस्वत मनु तक शारीरिक प्राथमिकता के मनु का कालक्रम हैं। 8वें मनु-सावर्णि मनु से 14वें और अन्तिम-इन्द्र सावर्णि मनु तक बौद्धिक प्राथमिकता के मनु का कालक्रम है इसलिए ही 9वें मनु से 14वें मनु तक के नाम के साथ में "सावर्णि मनु" उपनाम की भाँति लगा हुआ है। अर्थात् 9वें मनु से 14वें मनु में सार्वभौम गुण विद्यमान रहेगा और बिना "विश्वशास्त्र" के उनका प्रकट होना मुश्किल होगा।

हिन्दू शास्त्र व मान्यता के अनुसार युग परिवर्तन और उसके माध्यम अन्तिम अवतार के सम्बन्ध में समय और रूप की व्याख्या निम्नवत् है।

1. **समय**-हिन्दू धर्म शास्त्र में उस अन्तिम अवतार के आने के सम्बन्ध में समय की व्याख्या इस भाँति की गई है कि यदि वह वर्तमान में आ गया तो भी अपनी बात सही और जब तक नहीं आ रहा है, तब तक के लिए समय अवधि इतनी लम्बी है कि प्रतीक्षा तो चलती ही रहेगी। कुल मिलाकर इनका दावा सत्य ही रहेगा।

2. **रूप**-सभी कर्म का मूल कारण समय के साथ व्यक्ति तथा देश के ऊपर शारीरिक, आर्थिक व मानसिक क्रम से प्राथमिक होकर आता है। विचार का कोई रूप नहीं होता इसलिए हिन्दू ने अपने विचारों को जो रूप दिया है वह विल्कुल सत्य है कि वह शान्ति के सफेद घोड़े पर सवार हाथ में ज्ञान की तलवार लेकर आयेगा। ज्ञान के तलवार से मानसिक वध अर्थात् पुराने मानसिकता का नये मानसिकता में परिवर्तन ही तो होगा और वह शान्ति से ही होगा। यह रूप किसी धर्म के प्रतीक के साथ नहीं है।

हिन्दू के सम्बन्ध में रमेश पारसनाथ (सिधारी, आजमगढ़, उ0प्र0) की छोटी कविता साहित्यिक मासिक पत्रिका "हंस" के नवम्बर, 2010 अंक के पृष्ठ-75 पर प्रकाशित हुई थी जो निम्नवत् है-

हिंदू, जिसके खसरा,
खतौनी का पता नहीं,
लेकिन,
दावा हरेक जगह ठोकता है।

ब. बौद्ध धर्म के अनुसार व्याख्या

बौद्ध धर्म के अनुसार युग परिवर्तन और उसके माध्यम अन्तिम अवतार के सम्बन्ध में समय और रूप की व्याख्या निम्नवत् है।

1. **समय-**बौद्ध उस अन्तिम अवतार के आने के सम्बन्ध में समय की व्याख्या अभी नहीं कर पाये हैं, अभी वे उसे खोज रहें हैं।

2. **रूप-**बौद्ध उस अन्तिम अवतार के स्थिति, विभिन्न गुणों और उसके आने के बाद परिणाम लाभ को खोज पाये हैं, परन्तु उसका रूप बुद्ध के रूप में ही होगा अर्थात् वे अपने धर्म के पूर्वाग्रह से बाहर निकल कर मनुष्य तक नहीं आ पाये।

बौद्ध के सम्बन्ध में रमेश पारसनाथ (सिधारी, आजमगढ़, उ0प्र0) की छोटी कविता साहित्यिक मासिक पत्रिका "हंस" के नवम्बर, 2010 अंक के पृष्ठ-75 पर प्रकाशित हुई थी जो निम्नवत् है-

बौद्ध, फासिल्स,
जिसकी खोज अभी जारी है,
आमीन!!

स. यहूदी शास्त्र के अनुसार व्याख्या

यहूदी शास्त्र व मान्यता के अनुसार युग परिवर्तन और उसके माध्यम अन्तिम अवतार के सम्बन्ध में समय और रूप की व्याख्या निम्नवत् है।

1. **समय-**यहूदी शास्त्र में उस अन्तिम अवतार के आने के सम्बन्ध में समय को निश्चित नहीं किया गया है परन्तु केवल विश्वास किया गया है कि ऐसा समय जरूर आयेगा।

2. **रूप-**यहूदी शास्त्र में उस अन्तिम अवतार के रूप के सम्बन्ध में कुछ भी नहीं कहा गया है।

द. ईसाई शास्त्र के अनुसार व्याख्या

ईसाई शास्त्र व मान्यता के अनुसार युग परिवर्तन और उसके माध्यम अन्तिम अवतार के सम्बन्ध में समय और रूप की व्याख्या निम्नवत् है।

1. **समय-**ईसाई शास्त्र में उस अन्तिम अवतार के आने के सम्बन्ध में समय की व्याख्या इस समय हो रहे राशि परिवर्तन के समय केवल घटना घटित होने सम्बन्ध में की गई है, जो एक परिवर्तन के रूप में होगी। वह प्रलय कारक भी हो सकती है ऐसा कहा गया है। प्रलय ही है परन्तु वह मानसिक होगा, न कि शारीरिक।

2. **रूप-**ईसाई शास्त्र में उस अन्तिम अवतार के रूप को समस्त गुणों के दृश्य प्रतीकों के साथ व्यापक रूप में दिखाया गया है। वास्तविक रूप में ऐसा जीव सम्भव नहीं है परन्तु गुण के प्रक्षेपण रूप में सत्य है।

य. इस्लाम शास्त्र के अनुसार व्याख्या

इस्लाम शास्त्र व मान्यता के अनुसार युग परिवर्तन और उसके माध्यम अन्तिम अवतार के सम्बन्ध में समय और रूप की व्याख्या निम्नवत् है।

1. **समय**-इस्लाम शास्त्र में उस अन्तिम अवतार के आने के सम्बन्ध में समय को निश्चित नहीं किया गया है परन्तु केवल विश्वास किया गया है कि ऐसा समय जरूर आयेगा। उस समय के लक्षण के विषय में अवश्य कहा गया है जो कुछ रूप में वर्तमान समय चल रहा है।

2. **रूप**-इस्लाम शास्त्र में उस अन्तिम अवतार के रूप के सम्बन्ध में कुछ भी नहीं कहा गया है।

र. सिक्ख धर्म के अनुसार व्याख्या

सिक्ख धर्म के अनुसार युग परिवर्तन और उसके माध्यम अन्तिम अवतार के सम्बन्ध में समय और रूप की व्याख्या निम्नवत् है।

1. **समय**-सिक्ख धर्म में उस अन्तिम अवतार के आने के सम्बन्ध में समय को निश्चित नहीं किया गया है।

2. **रूप**-सिक्ख धर्म में उस अन्तिम अवतार के रूप के सम्बन्ध में कुछ भी नहीं कहा गया है।

ल. मायां कैलण्डर के अनुसार व्याख्या

मायां कैलेण्डर के अनुसार युग परिवर्तन और उसके माध्यम अन्तिम अवतार के सम्बन्ध में समय और रूप की व्याख्या निम्नवत् है।

1. **समय**-मायां कैलेण्डर के द्वारा उसके व्याख्याकारों नें उस अन्तिम अवतार के आने के सम्बन्ध में समय का निर्धारण 21 दिसम्बर, 2012 तक कर रखा है, जो सत्य रूप में है कि उस दिन से विध्वंस प्रारम्भ हो जायेगा परन्तु वह मानसिक होगा, न कि शारीरिक।

2. **रूप**-रूप के सम्बन्ध में अधिक कुछ नहीं कहा गया है परन्तु गुण के सम्बन्ध में कहा गया है कि 9 देवता लौटेंगे अर्थात् 9 देवताओं (अवतारों) की शक्ति लौटेंगी, और उसके प्रभाव के सम्बन्ध में कहा गया है जो सत्य है।

व. विभिन्न भविष्यवाणीयों के अनुसार व्याख्या

विभिन्न भविष्यवाणीयों के अनुसार युग परिवर्तन और उसके माध्यम अन्तिम अवतार के सम्बन्ध में समय और रूप की व्याख्या निम्नवत् है।

1. **समय**-विभिन्न भविष्यवक्ताओं ने वर्तमान समय को सत्य रूप में देखा है परन्तु बहुत से भविष्यवक्ताओं की भविष्यवाणीयाँ ऐसी भी हैं जिनका कोई आधार ही नहीं है। मेरे विचार से इस प्रकार की आधारहीन भविष्यवाणीयाँ केवल खुद को चर्चित या लाभ अर्जित करने के उद्देश्य से की गई हैं।

2. **रूप**-विभिन्न भविष्यवक्ताओं ने उस व्यक्ति के सत्य रूप को देखकर भविष्यवाणी की और उसके कार्यों और गुणों का भी निर्धारण किया है परन्तु बहुत से भविष्यवक्ताओं ने रूप के सम्बन्ध में कुछ नहीं कहा है।

भाग-03

मनु और कल्कि अवतार

- **मनु और मनवन्तर**
- **काल और युग परिवर्तक कल्कि अवतार**
- **कल्कि अवतार, महाअवतार क्यों?**
- **कल्कि महाअवतार एवं अन्य स्वघोषित कल्कि अवतार**
- **कल्कि अवतार और लव कुश सिंह "विश्वमानव"**

"बुद्ध अवतार में भगवान कहते हैं कि आधिभौतिक दुःख का कारण भेद ही है अर्थात् जन्मगत, गुणगत या धनगत। सब तरह का भेद इन दुःखों का कारण है। आत्मा में लिंग, वर्ण या आश्रम या इस प्रकार का कोई भेद नहीं होता और जैसे कीचड़ के द्वारा कीचड़ नहीं धोया जाता उसी तरह से भेद भाव से अभेद साबित होना असम्भव है। कृष्ण अवतार में वे कहते हैं कि सब दुःखों का मूल अविद्या है और निष्काम कर्म चित्त को शुद्ध करता है परन्तु "कर्म क्या है और अकर्म क्या है" इसका निर्णय करने में महात्मा भी मोह में पड़ जाते हैं। जिस कर्म के द्वारा इस आत्मा भाव का विकास होता है वही कर्म है और जिसके द्वारा अनात्म भाव का विकास होता है वही अकर्म है। अतएव कर्म या अकर्म का निर्णय व्यक्तिगत, देशगत और कालगत परिस्थिति के अनुसार होना चाहिए। यज्ञ इत्यादि कर्म प्राचीन काल में उपयोगी थे तथा जातिगत कर्म भी। परन्तु वर्तमान काल के लिए वैसा नहीं है। रामकृष्ण अवतार में नास्तिक विचार ज्ञान रुपी तलवार से नष्ट होंगे और सम्पूर्ण जगत भक्ति और प्रेम से एक रुप होगा। दूसरे शब्दों में, उसका जीवन धन्य है जो इस अवतार के उपदेश को व्यवहार में लाये चाहे वह उन्हें स्वयं माने या न माने"

- स्वामी विवेकानन्द

"कोई दूध पीता है, कोई मक्खन खाता है। कोई पाठ्य पुस्तक (TEXT BOOK) पढ़ता है, कोई शोध पत्र (RESEARCH PAPER) पढ़ता है। कम समय में अधिक पाना हो तो मक्खन खाना चाहिए और शोध पत्र पढ़ना चाहिए। पूर्ण नदी का ज्ञान तभी होता है जब प्रारम्भ से अन्त को देखा जाये अन्यथा एक स्थान से देखने पर तो वह मात्र बहता हुआ जल है।"

- लव कुश सिंह "विश्वमानव"

मनु और मनवन्तर

मनु

हिन्दू पुराण के अनुसार ब्रह्माण्ड का सृजन क्रमिक रूप से सृष्टि के ईश्वर ब्रह्मा द्वारा होता है जिनकी जीवन 100 ब्राह्म वर्ष होता है। ब्रह्मा के 1 दिन को 1 कल्प (1. हेमत् कल्प-भूत काल, 2. हिरण्यगर्भ कल्प-भूत काल, 3. ब्राह्म कल्प-भूत काल, 4. पाद्य्म कल्प-भूत काल, 5. श्वेत बाराह कल्प-वर्तमानकाल) कहते हैं। 1 कल्प, 14 मनु (पीढ़ी) के बराबर होता है। 1 मनु का जीवन (मनों में अन्तर हो जाने का समय) मनवन्तर कहलाता है और 1 मनवन्तर में 71 चतुर्युग (अर्थात् 71 बार चार युगों का आना-जाना) के बराबर होता है। ब्रह्मा का एक कल्प (अर्थात् 14 मनु समाप्त होने के बाद ब्रह्माण्ड का एक क्रम) समाप्त हो जाता है और ब्रह्मा की रात आती है। फिर सुबह होती है और फिर एक नया कल्प शुरू होता है। इस प्रकार ब्रह्मा 100 वर्ष व्यतीत कर स्वयं विलिन हो जाते हैं। और पुनः ब्रह्मा की उत्पत्ति होकर उपरोक्त क्रम का प्रारम्भ होता है। गिनीज बुक आफ वल्र्ड रिकार्ड्स ने कल्प को समय का सर्वाधिक लम्बा मापन घोषित किया है।

प्रत्येक मन्वन्तर एक विशेष मनु द्वारा रचित एवं शासित होता है, जिन्हें ब्रह्मा द्वारा सृजित किया जाता है। मनु विश्व की और सभी प्राणियों की उत्पत्ति करते हैं, जो कि उनकी आयु की अवधि तक बनती और चलती रहतीं हैं, (जातियां चलतीं हैं, ना कि उस जाति के प्राणियों की आयु मनु के बराबर होगी)। उन मनु की मृत्यु के उपरांत ब्रह्मा फिर एक नये मनु की सृष्टि करते हैं, जो कि फिर से सभी सृष्टि करते हैं। इसके साथ साथ विष्णु भी आवश्यकता अनुसार, समय-समय पर अवतार लेकर इसकी संरचना और पालन करते हैं। इनके साथ ही एक नये इंद्र और सप्तर्षि भी नियुक्त होते हैं।

वर्तमान श्वेतवाराह कल्प के मनु और वंश

वैदिक-सनातन-हिन्दू धर्म में जो बातें उपलब्ध होती है, उनमें सबसे प्राचीन वंश स्वायंभुव मनु से प्रारम्भ होता है। स्वायंभुव मनु से पहले का समय प्रागैतिहासिक काल था। स्वायंभुव मनु से ही ऐतिहासिक काल प्रारम्भ होता है। स्वायंभुव मनु से प्रारम्भ हुये ऐतिहासिक काल को पौराणिक, ऐतिहासिक व भविष्य के वंश में विभाजित किया जा सकता है। स्वायंभुव मनु के स्वयं उत्पन्न होने के कारण इन्हें स्वायंभुव मनु कहा गया है यह सर्वमान्य सत्य है कि बिना स्त्री-पुरूष के सम्बन्ध से किसी का उत्पन्न होना विश्वसनीय नहीं माना जा सकता है। यह हो सकता है कि स्वायंभुव मनु के पूर्वजों के बारे में हमें कोई जानकारी नहीं थी इसलिए इन्हें स्वायंभुव मनु कहा गया। स्वायंभुव मनु के बारे में भिन्न-भिन्न धर्म ग्रन्थों में भिन्न-भिन्न नाम से वर्णन किया गया है जैसे आदेश्वर, अशिरष, वैवस्वत मनु, आदम और नूह। अतः यहाँ से शुरू होता है -"सर्वप्रथम विकसित मानव का इतिहास"।

वंश- अ. पौराणिक वंश

मनुर्भरत वंश की प्रियव्रत शाखा में 1. स्वायंभुव 2. स्वारचिष, 3. उत्तम, 4. तामस, 5. रैवत मनु हुए। मनुर्भरत वंश की प्रियव्रत शाखा स्वांयभुव मनु से लेकर 28वें पीढ़ी में 5वें रैवत मनु तक पैदा हुए। उसके बाद इस वंश के शासकों का पता नहीं चलता। मनुर्भरत वंश की प्रियव्रत शाखा के मनु निम्नलिखित हैं-

वंश	अवतार	काल
01. स्वायंभुव मनु	यज्ञ	भूतकाल
02. स्वारचिष मनु	विभु	भूतकाल
03. उत्तम मनु	सत्यसेना	भूतकाल
04. तामस मनु	हरि	भूतकाल
05. रैवत मनु	वैकुण्ठ	भूतकाल

मनुर्भरत वंश की उत्तानपाद शाखा में 6वें मनु (पौराणिक वंश) चाक्षुष और वर्तमान में चल रहे 7वें मनु (ऐतिहासिक वंश) वैवस्वत मनु हुए और इस शाखा से ही भारतीय राजवंश चला तथा 45वें पीढ़ी के प्रजापति दक्ष पर समाप्त हुआ। मनुर्भरत वंश की उत्तानपाद शाखा से 36वें पीढ़ी के प्रजापति व 6वें मनु चाक्षुष मनु थे। इनके वंशज 10 पीढ़ी तक प्रजापति रहे। 46वें पीढ़ी के दक्ष इनमें से अन्तिम प्रजापति थे। मनुर्भरत वंश की उत्तानपाद शाखा के मनु निम्नलिखित हैं-

वंश	अवतार	काल
06. चाक्षुष मनु	अजित	भूतकाल

स्वायंभुव मनु से लेकर दक्ष वंश तक का काल सत्ययुग काल कहा गया। दक्ष वंश के प्रजापति उर के वंशजों का एक राज्य कर्तार प्रदेश (वर्तमान कतर) में था जहाँ का राजा सर्वप्रथम विष्णु कर्तार नाम से हुआ। इस गद्दी पर बैठने वाले सभी विष्णु कर्तार कहलाये। गद्दी पर बैठने वाले पाँचवें विष्णु कर्तार के पुत्र का नाम नाभि कर्तार, और नाभि कर्तार के पुत्र का नाम कमल कर्तार, और कमल कर्तार के पुत्र का नाम ब्रह्मा कर्तार था। विष्णु कर्तार के साम्राज्य का विस्तार प्रथम विष्णु कर्तार ने वर्तमान क्षीर सागर तथा अराल सागर तक फैलाया। इन सागरों के आस-पास नागवंशीयों तथा गरूण वंशीयों का साम्राज्य था जिसे प्रथम विष्णु ने विजित कर अपने अधीन कर लिया। ब्रह्मा कर्तार ने ही सर्वप्रथम वेदों की ऋचाओं की संरचना एवं संकलन किया। देव-दैत्य-दानव-नाग-गरूड़ इत्यादि दायाद बान्धव जन एक ही स्थान कश्यप सागर तट पर रहते थे। तब उनमें विविध भू-सम्पत्ति के मामले में परस्पर संग्राम होते रहे (मत्स्य पुराण, 47.41)।

वंश- ब. ऐतिहासिक वंश

मनुर्भरत वंश की उत्तानपाद शाखा के मनु निम्नलिखित हैं-

वंश	अवतार	काल
07. वैवस्वत मनु	वामन	वर्तमान

ब्रह्मा के 10 मानस पुत्रों 1. मन (विचार से ज्ञान प्राप्त करने वाले) से मरीचि, 2. नेत्रों (देखकर ज्ञान प्राप्त करने वाले) से अत्रि, 3. मुख (वाणी से ज्ञान प्राप्त करने वाले) से अंगिरा, 4. कान (सुन कर ज्ञान प्राप्त करने वाले) से पुलस्त्य, 5. नाभि (केन्द्र से ज्ञान प्राप्त करने वाले) से पुलह, 6. हाथ (कर्म से ज्ञान प्राप्त करने वाले) से कृतु, 7. त्वचा (स्पर्श से ज्ञान प्राप्त करने वाले) से भृगु, 8. प्राण (श्वास से ज्ञान प्राप्त करने वाले) से वशिष्ठ, 9. अँगूठे (आत्मा से ज्ञान प्राप्त करने वाले) से दक्ष तथा 10. गोद (प्रेम से ज्ञान प्राप्त करने वाले) से नारद उत्पन्न हुये। मरीचि ऋषि, जिन्हें "अरिष्टनेमि " के नाम से भी जाना जाता है, का विवाह देवी कला से हुआ। संसार के सर्वप्रथम मनु-स्वायंभुव मनु की पुत्री देवहूति से कर्दम ऋषि का विवाह हुआ था। देवी कला कर्दम ऋषि की पुत्री और विश्व का प्राचीन और प्रथम सांख्य दर्शन को देने वाले कपिल देव की बहन थी। मरीचि ऋषि द्वारा देवी कला की कोख से महातेजस्वी दो पुत्र 1. कश्यप और 2. अत्रि हुये। 1. कश्यप से सूर्य वंश और ब्रह्म वंश तथा 2. अत्रि से चन्द्र वंश का आगे चलकर विकास हुआ।

आदि पुरूष महर्षि कूर्म कश्यप - त्रेता युग के प्रारम्भ में मारीचि कश्यप हुए हैं (वायु पुराण, 6.43)। सम्पूर्ण मानव जाति के आदि पुरूष कूर्म कश्यप अत्यन्त पुरातन काल में विद्यमान थे। कश्यप ऋषि प्राचीन वैदिक ऋषियों में प्रमुख ऋषि हैं जिनका उल्लेख एक बार ऋग्वेद में हुआ है। अन्य संहिताओं में भी यह नाम बहुप्रयुक्त है। इन्हें सर्वदा धार्मिक एंव रहस्यात्मक चरित्र वाला बतलाया गया है एंव अतिप्राचीन कहा गया है। एक बार समस्त पृथ्वी पर विजय प्राप्त कर परशुराम ने वह कश्यप मुनि को दान कर दी। कश्यप मुनि ने कहा- "अब तुम मेरे देश में मत रहो।" अतः गुरु की आज्ञा का पालन करते हुए परशुराम ने रात को पृथ्वी पर न रहने का संकल्प किया। वे प्रति रात्रि में मन के समान तीव्र गमनशक्ति से महेंद्र पर्वत पर जाने लगे। ऐतरेय ब्राह्मण के अनुसार उन्होंने विश्वकर्मभौवन नामक राजा का अभिषेक कराया था। ऐतरेय ब्राह्मणों ने कश्यपों का सम्बन्ध जनमेजय से बताया गया है। शतपथ ब्राह्मण में प्रजापति को कश्यप कहा गया है

"स यत्कुर्मो नाम। प्रजापतिः प्रजा असृजत। यदसृजत् अकरोत् तद् यदकरोत् तस्मात् कूर्मः कश्यपो वै कूर्म्स्तस्मादाहुः सर्वाः प्रजाः कश्यपः"

महर्षि कश्यप एक महान विचारक, वक्ता, वैज्ञानिक, विद्वान, कलाकार, साहित्यकार, कवि और अत्यन्त कुशल कृषिकार थे। वे सफल साधक और महान समाजसेवी थे। वे महान तपस्वी और त्यागी थे। सद्गृहस्थ होने के साथ-साथ उन्होंने जनहित के लिए अपने जीवन को तपा-तपा कर अन्यन्त निर्मल और दीप्तिमान कर लिया था। किसी भी प्रकार का दोष उनमें शेष नहीं बचा था। महर्षि कूर्म ने कृषि और औषधियों के सम्बन्ध में वैज्ञानिक प्रयोग करके उसकी प्रगति के लिए अनेक प्रयास किये। इस दिशा में उन्हें सफलता भी मिली। उन्होंने कृषि के विकास के लिए जल में डूबी हुई भूमि को जल से बाहर निकालने का भी पुरूषार्थ किया। अपने पराक्रम और चतुराई से उन्होंने एक विशाल भूभाग पर अपना स्थायी आधिपत्य स्थापित कर लिया था। कश्यप द्वीप के नाम से उन्होंने मध्य एशिया में अपना उपनिवेश स्थापित किया था (महाभारत, भीष्म पर्व, 6.11)। कश्यप सागर (वर्तमान कैस्पियन सी) उनकी सीमा के भीतर था (हिस्ट्री आॅफ पर्सिया, खण्ड-1, पृष्ठ-28)। कश्यप सागर वर्तमान समय में ईरान के काश्यपी प्रदेश में है।

महर्षि कश्यप ने कश्यप सागर के किनारे अनेक विकास कार्य समपन्न किये। इसी कश्यप सागर में ही पौराणिक समुद्र-मन्थन हुआ था। समुद्र मन्थन से लक्ष्मी की उपलब्धि हुई थी। इस आख्यान का तात्पर्य यही है कि महर्षि कश्यप के निर्देश में आर्यजनों ने मध्य एशिया में अपने श्रम, चातुर्य और पराक्रम के सहारे सोने की खानों का पता लगाया और खुदाई करके बड़ी मात्रा में सोना प्राप्त किया (कूर्म पुराण, पूर्व भाग, 1.27-29)।

कर्मशीलता और दूरदर्शिता के बल पर ही परमात्मा ने इस सृष्टि की रचना की, इसलिए उसे "कूर्म" और "कश्यप" कहा जाता है। "कूर्म" का शाब्दिक अर्थ "कर्मशील" और "कश्यप" का शाब्दिक अर्थ "द्दष्टा" है। कर्म और ज्ञान दोनों की समन्वित शक्तियों के बल पर अभी भी सृष्टि का विकास हो रहा है। सृष्टिकर्ता को कूर्म कहा जाता है क्योंकि उसमें श्रेष्ठ कर्मशीलता और पराक्रम है। साथ ही वह महान ज्ञानी, सर्वद्दष्टा और सूक्ष्मदर्शी है, इसलिए उसे कश्यप भी कहा जाता है। इस प्रकार कूर्म और कश्यप दोनों एक ही शक्ति के दो पहलू हैं।

भागवत पुराण, मार्कण्डेय पुराण के अनुसार महर्षि कश्यप का विवाह दक्ष वंश की 13 कन्याओं से हुआ जिनके नाम हैं- 1. दिति, 2. दनु, 3. क्रोधवशा, 4. ताम्रा, 5. काष्ठा, 6. अरिष्ठा, 7. सुरसा, 8. इला, 9. मुनी, 10. सुरभि, 11. शरमा और 12. तिमिय 13. अदिति। इन 13 स्त्रीयों से 13 मानव जातियाँ बनीं और इनसे इस वंश का विस्तार होता गया।

कश्यप की 01. दिति नामक स्त्री के ज्येष्ठ पुत्र देव से देव जाति की स्थापना देवराज इन्द्र ने अपने पिता देव के नाम पर किया था। वैदिक काल से सुर और असुर एक ही थे। बाद में इनको अलग-अलग किया गया। कश्यप की 1. दिति नामक स्त्री के दूसरे पुत्र दैत्य से दैत्य जाति की स्थापना हुई।

कश्यप की 02. दनु नामक स्त्री से उत्पन्न वंश दानव वंश कहा गया।

कश्यप की 03. क्रोधवसा नामक स्त्री से उत्पन्न पुत्र का नाम नाग था और इनके वंशज नागवंशी कहलाये।

कश्यप की 04. ताम्रा नामक स्त्री से उत्पन्न वंश का नाम जटायुवंश और गरूणवंश था।

कश्यप की 05. काष्ठा नामक स्त्री से घोड़े आदि एक खुर वाले पशु उत्पन्न हुए।

कश्यप की 06. अरिष्ठा नामक स्त्री से से गन्धर्व का जन्म हुआ।

कश्यप की 07. सुरसा नामक स्त्री से यातुधान (राक्षस) उत्पन्न हुए।

कश्यप की 08. इला नामक स्त्री से वृक्ष, लता आदि पृथ्वी में उत्पन्न होने वाली वनस्पतियों का जन्म हुआ।

कश्यप की 09. मुनी नामक स्त्री से अप्सरागण का जन्म हुआ।

कश्यप की 10. सुरभि नामक स्त्री से भैंस, गाय तथा दो खुर वाले पशुओं की उत्पति की।

कश्यप की 11. शरमा नामक स्त्री से बाघ आदि हिंसक जीवों को पैदा किया।

कश्यप की 12. तिमिय नामक स्त्री से जलचर जन्तुओं को अपनी संतान के रूप में उत्पन्न किया।

कश्यप की 13. अदिति नामक स्त्री से आदित्य (सूर्य) उत्पन्न हुए। अदिति, मनुर्भरतवंश के 45वीं पीढ़ी में उत्तानपाद शाखा के प्रजापति दक्ष की पुत्री थी (बृहद्वेता, 3.57)। प्राचीन विश्व में प्रमुख 2 वंश 1. सूर्य वंश और 2. चन्द्र वंश इन्हीं की सन्तानों से विकसित हुए।

प्राचीन विश्व में 2 वंश ही प्रमुख रूप से प्रचलित रहें हैं- 1. सूर्य वंश और 2. चन्द्र वंश। सूर्यवंश (सूर्य उपासक) और चन्द्रवंश (चन्द्र उपासक), इन दो वंशों से ही क्षत्रियों की उत्पत्ति हुई है। सूर्यवंश के मूल पुरूष सूर्य तथा चन्द्रवंश के प्रथम पुरूष बुध दोनों के नाना मनुर्भरत दक्ष प्रजापति थे। ये दोनों आपस में मौसेरे भाई थे। इन वंशों के बीच आपस में वैवाहिक सम्बन्ध होते थे।

कश्यप-अदिति के आदित्य (सूर्य) - इनकी चार पत्नीयाँ 1. तपसी 2. संज्ञा, 3. बड़वा और 4. छाया थी। चारो पत्नीयों से कुल 16 पुत्र (पत्नी संज्ञा से एक यम, पत्नी बड़वा से बारह पुत्र, पत्नी तपसी से एक और पत्नी छाया से दो पुत्र) हुये।

सूर्य की पत्नी 1. तपसी से एक पुत्र तपन सन्यासी हो गये।

सूर्य की पत्नी 2. संज्ञा से यम नामक पुत्र और यमी नामक पुत्री थी। यम की दो पत्नीयाँ 1. संध्या और 2. वसु थी। यम की पहली पत्नी संध्या से सांध्य (सीदीयन जाति) पुत्र हुये जिनके तीन पुत्र 1. हंस (जर्मन जाति) 2. नीप (नेपियन जाति) 3. पाल (पलास जाति)। यम की दूसरी पत्नी वसु से 8 पुत्र 1. धर 2. धुन 3. सोम 4. अह 5. अनिल 6. अनल 7. प्रत्यूष और 8. प्रभाष पैदा हुये जो अष्टवसु कहलाये। अष्टवसु धर की पत्नी उमा से महाप्रतापी पुरूष त्रयम्बक रूद्र पुत्र उत्पन्न हुए थे जिन्हें शिव की उपाधि मिली। यही रूद्र शिव, शिवदान (वर्तमान सूडान) प्रदेश के राजा थे जिन्हें दक्ष ने अपनी पुत्री उमा के विवाह में दान में दिया था। यही उमा अपने पति का अपमान न सहन कर सकने के कारण अपने पिता के यज्ञ कुण्ड में कूदकर आत्मदाह कर लिया था। इस पर क्रुद्ध होकर शिव ने इस वंश का नाश ही कर दिया था और यहीं से उमा का नाम सती हो गया। शिव गद्दी पर बैठने वाले सभी राजा शिव कहलायें। इस वंश में 12 चक्रवर्ती राजा हुये।

वंश- ब. ऐतिहासिक वंश 1. ब्रह्म वंश

सूर्य की पत्नी 3. बड़वा से जन्में 12 पुत्रों को जहाँ वेदों में आदित्य कहा गया वहीं सूर्य को भी आदित्य कहा गया है।

सूर्य की पत्नी 3. बड़वा के सबसे बड़े आदित्य वरूण से ही ब्रह्मवंश चला। वरूण की प्रथम पत्नी दैत्यराज हिरण्यकशिपु की पुत्री दिव्या थी और द्वितीय पत्नी दानव राज पुलोमा की पुत्री थी। इसी ब्रह्म वंश में ही अंगिरा, भृगु उनके बाद बृहस्पति, शुक्र हुये। इनके वंश में ही दधीचि, सारस्वत, उर्व, जमदग्नि, परशुराम इत्यादि हुए।

वंश- ब. ऐतिहासिक वंश 2. सूर्य वंश

सूर्य की पत्नी 3. बड़वा के सबसे छोटे आदित्य विवस्वान से 7वें मनु - वैवस्वत मनु हुये। महाराज मनु के दूसरी पीढ़ी में कुल 10 सन्तानें 1. इक्ष्वाकु, 2. नाभागारिष्ट, 3. कारूष, 4. धृष्ट, 5. नाभाग या नृग, 6. नरिश्यन्त,7. धृषध, 8. प्रान्शु या कुशनाभ, 9. शर्याति और 10. पुत्री इला (इनका विवाह चन्द्र के पुत्र बुध से हुआ) हुयीं। महाराज मनु के चालीसवीं पीढ़ी में राम, लक्ष्मण, भरत, शत्रुध्न इत्यादि हुए। इकतालीसवीं पीढ़ी में राम के दो पुत्र (कुश, लव), लक्ष्मण के दो पुत्र (अंगद, चन्द्रकेतु), भरत के दो पुत्र (तक्ष, पुष्कल) व शत्रुध्न के दो पुत्र (सुबाहु, श्रुतसेन) हुये।

वंश- ब. ऐतिहासिक वंश 3. चन्द्र वंश

ब्रह्मा के 10 मानस पुत्रों 1. मन से मरीचि ऋषि द्वारा देवी कला की कोख से महातेजस्वी दो पुत्र 1. कश्यप और 2. अत्रि हुये। 1. कश्यप से सूर्य वंश और ब्रह्म वंश तथा 2. अत्रि से चन्द्र वंश का आगे चलकर विकास हुआ।

अत्रि के पुत्र चन्द्र हुये। मनुर्भरतवंश के 45वीं पीढ़ी में उत्तानपाद शाखा के प्रजापति दक्ष की 60 कन्याओं में से 27 कन्याओं का विवाह चन्द्र से हुआ था। इन 27 कन्याओं के नाम से 27 नक्षत्रों (1. अश्विनी 2. भरणी

3. कृत्तिका 4. रोहिणी 5. मृगशिरा 6. आद्रा 7. पुनर्वसु 8. पुष्य 9. आश्लेषा 10. मघा 11. पूर्वा फाल्गुनी 12. उत्तरा फाल्गुनी 13. हस्ति 14. चित्रा 15. स्वाति 16. विशाखा 17. अनुराधा 18. ज्येष्ठा 19. मूल 20. पूर्वाषाढ़ 21. उत्तराषाढ़ 22. श्रवण 23. घनिष्ठा 24. शतभिषा 25. पूर्वभाद्रपद 26. उत्तर भाद्रपद 27. रेवती) का नाम पड़ा जो आज तक प्रचलित है। चन्द्र के नाम पर चन्द्रवंश चला। चन्द्र बहुत ही विद्वान, भूगोलवेत्ता, सुन्दरतम व्यक्तित्व वाला तथा महान पराक्रमी था। साहित्यिक अभिलेखों के अनुसार सुन्दर होने के कारण देवगुरू वृहस्पति की पत्नी तारा इस पर आसक्त हो गई, जिसे चन्द्र ने पत्नी बना लिया। इस कारण भयानक तारकामय संग्राम हुआ।

चन्द्रवंश के प्रमुख राजवंश के अतिरिक्त इन कन्याओं से कई कुल उत्पन्न हुए। चन्द्र के पुत्र बुध हुये इनका विवाह सूर्य के पुत्र अर्यमा के पुत्र 7 वें मनु-वैवस्वत मनु की पुत्री इला से हुआ। चन्द्रवंश यहीं से चला। इला के नाम पर इसे ऐल वंश भी कहा जाता है। सर्वप्रथम सूर्य की पत्नी 3. बड़वा के सबसे छोटे आदित्य 7वें मनु - वैवस्वत मनु अपने दामाद चन्द्र के पुत्र बुध के साथ ईरान के रास्ते हिन्दूकुश पर्वत पार करके भारत भूमि पर आये। वैवस्वत मनु ने अपने पूर्वज सूर्य के नाम पर सरयू नदी के किनारे सूर्य मण्डल की स्थापना किये और अपनी राजधानी अवध अर्थात् वर्तमान भारत के अयोध्या में बनायी जिसे सूर्य मण्डल कहा जाता है। इसी प्रकार बुध ने अपने पूर्वज के नाम से गंगा-यमुना के संगम के पास प्रतिष्ठानपुरी में चन्द्र मण्डल की स्थापना कर अपनी राजधानी बनायी जो वर्तमान में झूंसी-प्रयाग भारत के इलाहाबाद जनपद में है। सूर्य मण्डल और चन्द्र मण्डल का संयुक्त नाम "आर्यावर्त" विख्यात हुआ। आर्यों का आगमन काल ई.पूर्व 4584 से 4500 ई.पूर्व के बीच माना जाता है। इसी समय के बीच विश्व में नदी घाटी सभ्यता का अभ्युदय हुआ था। बुध के दो पुत्र सुद्युम्न और पुरूरवा हुये।

चन्द्र वंश के राजा ययाति की प्रथम पत्नी देवयानी (दैत्य गुरू शुक्राचार्य की पुत्री) से दो पुत्र यदु (यदुवंश) और तुर्वसु (तुर्वसु) तथा दूसरी पत्नी शर्मिष्ठा (दानव वंश के वृषपर्वा की पुत्री) से तीन पुत्र पुरू (पुरू वंश), अनु (अनुवंश) और द्रह्यु (द्रह्यु वंश) हुये। इन पाँच पुत्रों से पाँच शाखाएँ चली।

यदुवंश में श्रीकृष्ण, बलराम के वंशजों का भी बहुत अधिक विस्तार हुआ जिनके वंशज आज भी हैं। श्रीकृष्ण (पत्नीयाँ 1. रूक्मिणी 2. कालिन्दी 3. मित्रवृन्दा 4. सत्या 5. भद्रा 6. जाम्बवती 7. सुशीला 8. लक्ष्मणा) के 10 पुत्र 1. प्रद्युम्न 2. चारूदेण 3. सुवेष्ण 4. सुषेण 5. चारूगुप्त 6. चारू 7. चारूवाह 8. चारूविन्द 9. भद्रचारू 10. चारूक हुये। श्रीकृष्ण के बाद मथुरा के राजा ब्रजनाभ हुये।

इस प्रकार चन्द्र के वंशजों से चन्द्रवंश का साम्राज्य बढ़ा जिनका सम्पूर्ण भारत में फैलाव होता गया। वर्तमान में इस चन्द्रवंश की अनेक शाखाएँ है। विझवनिया चन्देल वंश (विशवन क्षेत्र में आबाद होने के कारण विशवनिया या विझवनिया नाम पड़ा। इनकी एक शाखा विजयगढ़ क्षेत्र सोनभद्र, दूसरी जौनपुर जिले के सुजानगंज क्षेत्र के आस-पास 15 कि.मी. क्षेत्र में आबाद हैं। इनकी दो मुख्य तालुका खपड़हा और बनसफा जौनपुर में है। इसी खपड़हा से श्री लव कुश सिंह "विश्वमानव" के पूर्वज नियामतपुर कलाँ, शेरपुर, बगही, चन्दापुर, चुनार क्षेत्र, मीरजापुर में गये थे। श्री लव कुश सिंह "विश्वमानव" उनके तेरहवें पीढ़ी के हैं।)

कश्यप की 1. दिति नामक स्त्री के दूसरे पुत्र दैत्य से दैत्य जाति की स्थापना हुई। दैत्यों की एक शाखा मय सभ्यता के रूप में जानी जाती थी। मय का राज्य मयेरिका जाना जाता था जिसकी राजधानी मयसिको तथा वर्तमान नाम अमेरिका हो गया। दूसरी शाखा मेसोपोटामिया तथा तीसरी शाखा बेबीलोन में थी। जो असुर सभ्यता के नाम से जानी जाती थी। असुरों की राजधानी असीरिया थी। दिति के गर्भ से परम् दुर्जय हिरण्यकश्यपु और हिरण्याक्ष नामक दो पुत्र एवं सिंहिका नामक एक पुत्री पैदा की। श्रीमद्भागवत् के अनुसार इन तीन संतानों के अलावा दिति के गर्भ से कश्यप के 49 अन्य पुत्रों का जन्म भी हुआ, जोकि मरून्दण कहलाए। कश्यप के ये पुत्र निःसंतान रहे। देवराज इन्द्र ने इन्हें अपने समान ही देवता बना लिया। जबकि हिरण्याकश्यपु को चार पुत्रों अनुहल्लाद, हल्लाद, परम भक्त प्रहल्लाद, संहल्लाद आदि की प्राप्ति हुई। इसी वंश में राजा बलि, बाणासुर, कुंभ, निकुंभ थे। राजा बलि, प्रहल्लाद के पुत्र विरोचन के पुत्र थे और बलि के पुत्र का नाम वाणासुर था। बलि का राज्य वर्तमान केरल प्रदेश में था जिसे पाताल लोक कहा गया है।

इसी वंश के सुमाली की चार कन्याओं (1. कैकसी, 2. कुम्भीनर्सी, 3. राका 4. पुष्पोत्कटा) का विवाह पुलस्त्य के पुत्र विश्रवा (रावण के पिता) से हुआ था। भृगु ऋषि तथा हिरण्यकश्यपु की पुत्री दिव्या के पुत्र शुक्राचार्य दैत्यों के गुरू थे। शुक्राचार्य की पुत्री का नाम देवयानी व पुत्र शंद और अर्मक थे। देवयानी का विवाह चन्द्रवंशी राजा ययाति से हुआ था।

ब्रह्मा के 10 मानस पुत्रों में से चौथे-कान से पुलस्त्य थे। पुलस्त्य के पुत्र विश्रवा थें। विश्रवा का विवाह सुमाली की चार कन्याओं से हुआ था जिनकी 1. कैकसी रानी से रावण, 2. कुम्भीनसी रानी से कुम्भकर्ण, 3. राका रानी से विभीषण और 4. पुष्पोत्कटा रानी से सूपर्णखा का जन्म हुआ था। इस प्रकार रावण के पिता शुद्ध आर्य वंश और माता शुद्ध दैत्य वंश की थी।

वंश- स. भविष्य के वंश

सबसे प्राचीन वंश स्वायंभुव मनु के पुत्र उत्तानपाद शाखा में ब्रह्मा के 10 मानस पुत्रों में से मन से मरीचि व पत्नी कला के पुत्र कश्यप व पत्नी अदिति के पुत्र आदित्य (सूर्य) की चौथी पत्नी छाया से दो पुत्रों में से एक 8वें मनु - सांवर्णि मनु होंगे जिनसे ही वर्तमान मनवन्तर 7वें वैवस्वत मनु की समाप्ति होगी। ध्यान रहे कि 8वें मनु - सांवर्णि मनु, सूर्य पुत्र हैं। "मैं", उसके "सार्वभौम मैं" का गुण है। "अहमद", उसके अपने सार्वभौम सत्य-सिद्धान्त पर अतिविश्वास होने के कारण अंहकार का नशा अर्थात् अहंकार के मद से युक्त अहंकारी जैसा अनुभव करायेगा। उसका कोई गुरू नहीं होगा, वह स्वयं से प्रकाशित स्वयंभू होगा जिसके बारे में अथर्ववेद, काण्ड 20, सूक्त 115, मंत्र 1 में कहा गया है कि -

"ऋषि-वत्स, देवता इन्द्र, छन्द गायत्री। अहमिद्धि पितुष्परि मेधा मृतस्य जग्रभ। अहं सूर्य इवाजिनि।"

अर्थात् "मैं परम पिता परमात्मा से सत्य ज्ञान की विधि को धारण करता हूँ और मैं तेजस्वी सूर्य के समान प्रकट हुआ हूँ।"

सूर्य की पत्नी 4. छाया से दो पुत्र 1. 8वें मनु - सांवर्णि मनु व 2. शनिश्चर हुये। ये 8वें मनु-सांवर्णि मनु के द्वारा ही मनवन्तर बदलेगा साथ ही युग भी बदलेगा। सांवर्णि मनु के गुण अवतार "सार्वभौम" हैं ऐसा शास्त्र में दिया गया है।

सूर्य अपनी पत्नी छाया से शनैश्चर, एक और मनु तथा तपती, तीन सन्तानें उत्पन्न कीं। सूर्य-छाया का दूसरा पुत्र आठवाँ मनु, अपने अग्रज मनु का सवर्ण होने से सावर्णि कहलाया। नवें मनु दक्ष सावर्णि होंगे दसवें मनु ब्रह्मसावर्णि होंगे, ग्यारहवाँ मनु धर्म सावर्णि बारहवा मनु रूद्रपुत्र सावर्णि तेरहवा रूचि रूद्रपुत्र सावर्णि चौदहवा मनु भीम सावर्णि।

पहले मनु - स्वायंभुव मनु से 7वें मनु - वैवस्वत मनु तक शारीरिक प्राथमिकता के मनु का कालक्रम हैं। 8वें मनु - सावर्णि मनु से 14वें और अन्तिम - इन्द्र सावर्णि मनु तक बौद्धिक प्राथमिकता के मनु का कालक्रम है इसलिए ही 9वें मनु से 14वें मनु तक के नाम के साथ में "सावर्णि मनु" उपनाम की भाँति लगा हुआ है। अर्थात् 9वें मनु से 14वें मनु में सार्वभौम गुण विद्यमान रहेगा।

भविष्य के शेष मनु निम्न होंगे-

मनु	अवतार	काल
09. दत्त सावर्णि मनु	रिषभ	भविष्य
10. ब्रह्म सावर्णि मनु	विश्वकसेन	भविष्य
11. धर्म सावर्णि मनु	धर्मसेतू	भविष्य
12, रूद्र सावर्णि मनु	सुदामा	भविष्य
13. दैव सावर्णि मनु	योगेश्वर	भविष्य
14. इन्द्र सावर्णि मनु	वृहद्भानु	भविष्य

मन्वन्तर

एकात्म मन के विचार से निर्मित करना ही ईश्वरीय कार्य है। कालक्रम में यह अन्तर बढ़ जाता है। मनुष्य अपने आवश्यकताओं-संसाधनों में फँस कर मूल सिद्धान्त-विचार से दूर हो जाता है। इस अन्तर को समाप्त करने के लिए मनु का आगमन होता है। मनु, भी मनुष्य ही होते हैं बस वे एकात्म मन के विचार से निर्मित करने के लिए मनुष्यों को उस काल के अनुसार नयी व्यवस्था देते हैं। एक मनवन्तर के अन्तर्गत समय-समय पर इस कार्य को छोटे रूप में अवतारों द्वारा स्थापित किया जाता है। एक मनवन्तर के अन्तर्गत चार युग की व्यवस्था है जो एकात्म मन के विचार में अन्तर आने के समय के कालक्रम का विभाजन है।

हिन्दू धर्म अनुसार, मानवता के प्रजनक की आयु होती है। यह समय मापन की खगोलीय अवधि है। मन्वन्तर एक संस्कृत शब्द है, जिसका संधि-विच्छेद करने पर मनुअन्तर मिलता है। इसका अर्थ है मनु की आयु। बल्कि अधिक स्पष्ट अर्थ में- मनों का अन्तर।

चौदह मनु और उनके मन्वन्तर को मिलाकर एक कल्प बनता है। यह ब्रह्मा का एक दिवस होता है। यह हिन्दू समय चक्र और वैदिक समय रेखा के अनुसार होता है। प्रत्येक कल्प के अन्त में प्रलय आती है, जिसमें ब्रह्माण्ड का संहार होता है और वह विराम की स्थिति में आ जाता है, जिस काल को ब्रह्मा की रात्रि कहते हैं।

इसके उपरांत सृष्टिकर्ता ब्रह्मा फिर से सृष्टि रचना आरम्भ करते हैं, जिसके बाद फिर संहारकर्ता भगवान शिव इसका संहार करते हैं। और यह सब एक अंतहीन प्रक्रिया या चक्र में होता रहता है।

स्वामी विवेकानन्द की दृष्टि में

1. साधारण गुरुओं से श्रेष्ठ एक और श्रेणी के गुरु होते हैं, और वे हैं-इस संसार में ईश्वर के अवतार। वे केवल स्पर्श से, यहाँ तक कि इच्छा मात्र से ही आध्यात्मिकता प्रदान कर सकते हैं। उनकी इच्छा मात्र से पतित से पतित व्यक्ति क्षण मात्र में साधु हो जाता है। वे गुरुओं के भी गुरु हैं-नरदेहधारी भगवान हैं।
2. अवतार का अर्थ है जीवनमुक्त अर्थात् जिन्होंने ब्रह्मत्व प्राप्त किया है। अवतार विषयक और कोई विशेषता मेरी दृष्टि में नहीं है। ब्रह्मादिस्तम्यपर्यत्त सभी प्राणी समय आने पर जीवनमुक्ति को प्राप्त करेंगे, उस अवस्था विशेष की प्राति में सहायक बनना ही हमारा कर्तव्य है। इस सहायता का नाम धर्म है बाकी कुधर्म है। इस सहायता का नाम कर्म है। बाकी कुकर्म है।
3. जिस आत्मा की इतनी महिमा शास्त्रों से जानी जाती है वह आत्मा का ज्ञान जिनकी कृपा से एक मुहूर्त में प्राप्त होता है, वे ही हैं सचल तीर्थ-अवतार पुरुष। वे जन्म से ही ब्रह्मज्ञ हैं और ब्रह्म तथा ब्रह्मज्ञ में कुछ भी अन्तर नहीं है-"ब्रह्म वेद ब्रह्मेव भवति"। आत्मा को तो फिर जाना नहीं जाता क्योंकि यह आत्मा ही जानने वाला और जनन करने वाला बना हुआ है यह बात पहले ही मैंने कही है। अतः मनुष्य का जानना उसी अवतार तक है जो आत्मस्थ है। मानव बुद्धि ईश्वर के सम्बन्ध में जो सबसे उच्च भाव ग्रहण कर सकती है, वह वहीं तक है। इसके बाद और जानने का प्रश्न नहीं रहता। उस प्रकार के ब्रह्मज्ञ कभी-कभी ही जगत में पैदा होते हैं। उन्हें कम लोग ही समझ पाते हैं। वे ही शास्त्र वचनों के प्रमाण स्थल हैं भव सागर के आलोक स्तंभ हैं।
4. भगवान मनुष्य की दुर्बलताओं को समझते हैं और मानवता के कल्याण के निए नर देह धारण करते हैं। भगवान श्रीकृष्ण ने अवतार के सम्बन्ध में गीता में कहा है, "जब-जब धर्म की ग्लानि होती है और अधर्म का अभ्युत्थान होता है, तब-तब मैं अवतार लेता हूँ। साधुओं की रक्षा और दुष्टों के नाश के लिए तथा धर्म संस्थापनार्थ मैं युग-युग में अवतीर्ण होता हूँ।" (गीता, 4/7-9) मूर्ख लोग मुझ जगदीश्वर के यथार्थ रुप को न जानने के कारण मुझ नरदेह धारी की अवहेलना करते हैं। (गीता 9/11)
5. हम गुरु बिना कोई ज्ञान प्राप्त नहीं कर सकते। अब बात यह है कि यदि मनुष्य, देवता अथवा कोई स्वर्गदूत हमारे गुरु हों, तो वे भी तो ससीम है; फिर उनसे पहले उनके गुरु कौन थे? हमें मजबूर होकर यह चरम सिद्धान्त स्थिर करना ही होगा कि एक ऐसे गुरु हैं, जो काल के द्वारा सीमाबद्ध या अविच्छिन्न नहीं है। उन्हीं अनन्तज्ञानसम्पन्न गुरु को, जिनका आदि भी नहीं और अन्त भी नहीं, ईश्वर कहते हैं।

काल और युग परिवर्तक कल्कि अवतार

ग्रन्थों में अवतारों की कई कोटि बतायी गई है जैसे अंशाशावतार, अंशावतार, आवेशावतार, कलावतार, नित्यावतार, युगावतार इत्यादि। जो भी सार्वभौम सत्य-सिद्धान्त को व्यक्त करता है वे सभी अवतार कहलाते हैं। व्यक्ति से लेकर समाज के सर्वोच्च स्तर तक सार्वभौम सत्य-सिद्धान्त को व्यक्त करने के क्रम में ही विभिन्न कोटि के अवतार स्तरबद्ध होते हैं। अन्तिम सार्वभौम सत्य-सिद्धान्त को व्यक्त करने वाला ही अन्तिम अवतार के रूप में व्यक्त होगा। अब तक हुये अवतार, पैगम्बर, ईशदूत इत्यादि को हम सभी उनके होने के बाद, उनके जीवन काल की अवधि में या उनके शरीर त्याग के बाद से ही जानते हैं। परन्तु भविष्य अर्थात् आने वाले कल के लिए कल्पित महाविष्णु के 24 अवतारों (1. सनकादि ऋषि (ब्रह्मा के चार पुत्र), 2. नारद, 3. वाराह, 4. मत्स्य, 5. यज्ञ (विष्णु कुछ काल के लिये इंद्र रूप में), 6.नर-नारायण, 7. कपिल, 8. दत्तात्रेय, 9. हयग्रीव, 10. हंस पुराण, 11. पृष्णिगर्भ, 12. ऋषभदेव, 13. पृथु, 14. नृसिंह, 15. कूर्म, 16. धनवंतरी, 17. मोहिनी, 18. वामन, 19. परशुराम, 20. राम, 21. व्यास, 22. कृष्ण, बलराम, 23. गौतम बुद्ध (कई लोग बुद्ध के स्थान पर बलराम को कहते हैं, अन्यथा बलराम शेषनाग के अवतार कहलाते हैं), 24. कल्कि) में एक मात्र शेष 24वाँ तथा प्रमुख 10 अवतारों (1.मत्स्य, 2.कूर्म, 3.वाराह, 4.नृसिंह, 5.वामन, 6.परशुराम, 7.राम, 8.श्रीकृष्ण, 9.बुद्ध और 10.कल्कि) में एक मात्र शेष दसवाँ और अन्तिम कल्कि अवतार, के विषय में जो परिकल्पना है, वह निम्नलिखित रूप से है जिसे समझना आवश्यक है -

प्राचीन कथा

बुद्धकाल के पश्चात् लोग पुनः धर्म की बातें भूल गये। तब भगवान ने शंकराचार्य के रूप में नरदेह धारणकर जीवों को धर्म-शिक्षा दी। इसी प्रकार मानव जाति के मंगल हेतु रामानुज, चौतन्य और रामकृष्ण आदि अवतार भी आविर्भूत हुए। परन्तु दशावतारों में बुद्धदेव के बाद कल्कि-अवतार का ही उल्लेख हुआ है। कल्कि का अर्थ है - जो आएँगे।

कलियुग के अन्त में मनुष्य ज्ञानहीन हो भगवान को भूल जाएगा। पापाचार के फलस्वरूप उसकी आकृति तथा आयु छोटी हो जाएगी। धूर्तता, कपटता आदि सभी नीच प्रवृत्तियाँ उसके स्वभाव का अंग हो जाएँगी, सूदखोर ब्राह्मणों का मान होगा और दुष्ट लोग संन्यासी का वेश धारण करके लोगों को ठगेंगे। भाई-बन्धु को लोग

पराया समझेंगे, परन्तु साले-सम्बन्धियों को परम आत्मीय मानेंगे। झगड़ा-विवाद नित्यकर्म हो जायेगा। केशविन्यास व वेशभूषा का चलन ही सभ्यता कहलाएगा। कुल मिलाकर मनुष्यों के मन में बुद्धि-विवेक का लेष तक न रह जाएगा।

दानवी प्रकृति के लोग छल-बल से देश के राजा होकर प्रजा का अर्थशोषण करेंगे। दुष्ट लोग राजाओं के अनुगत होकर लोगों का हित करने के नाम पर अपना ही स्वार्थसाधन करेंगे। रोग, महामारी, अनावृष्टि, अकाल आदि प्राकृतिक उपद्रवों से निरन्तर लोकक्षय होगा।

शम्भल नामक ग्राम में विष्णुयश नाम के एक ब्राह्मण निवास करेंगे, जो सुमति नामक स्त्री के साथ विवाह करेंगें दोनों ही धर्म-कर्म में दिन बिताएँगे। कल्कि उनके घर में पुत्र होकर जन्म लेंगे और अल्पायु में ही वेदादि शास्त्रों का पाठ करके महापण्डित हो जाएँगे। बाद में वे जीवों के दुःख से कातर हो महादेव की उपासना करके अस्त्रविद्या प्राप्त करेंगे।

उसी देश के राजा विशाखयूप कल्किदेव के माहात्म्य से अवगत होकर उनका शिष्यत्व स्वीकार कर उन्हीं के उपदेशानुसार राज्य-शासन चलाएँगे। कल्किदेव की कृपा से उनकी प्रजा धर्म परायण हो उठेगी।

सिंहल द्वीप में बृहद्रथ नाम के एक राजा होंगे। उनकी रानी कौमुदी के गर्भ से एक अपूर्व लावण्यमी कन्या का जन्म होगा। उसका नाम होगा पद्मा। पद्मा बाल्यकाल से ही श्रीहरि की परम भक्त होंगी और उन्हें पति रूप में प्राप्त करने के लिए महादेव की आराधना करेंगी। शंकर-पार्वती प्रसन्न होकर उन्हें वर देंगे कि श्रीहरि उन्हें पति रूप में प्राप्त हों और कोई भी पुरूष उनकी ओर पत्नीभाव से देखने पर तत्काल नारी रूप धारण करेगा।

पुत्री पद्मादेवी की आयु विवाह-योग्य हो जाने पर राजा बृहद्रथ उसके विवाह हेतु एक स्वयंवर सभा बुलाएँगे। राजागण असाधारण रूपवती पद्मा का रूप देख मोहित होकर उन्हें पत्नी के रूप में पाने की इच्छा करते ही तत्काल पद्मा के समान ही युवती हो जाएँगे। लज्जा के कारण वे अपने राज्य को न लौटकर पद्मादेवी के सखी-रूप में उन्हीं के साथ निवास करने लगेंगे। कल्किदेव यह समाचार पाकर अश्वारोहण करते हुए सिंहल द्वीप जाएँगे। पद्मादेवी जलविहार करते समय उन्हें देखते ही पहचान कर उनके प्रति अनुरक्त हो जाएँगी। बृहद्रथ यह जानकर काफी धन आदि के साथ अपनी कन्या कल्किदेव को समर्पित कर देंगे। जो समस्त राजा नारी रूप में परिणत हो गए थे, वे सभी कल्किदेव का दर्शन करते ही अपने पूर्व रूप में आकर कृतज्ञ हृदय के साथ स्वदेश लौट जाएँगे।

इधर देवराज इन्द्र के आदेश पर उनके वास्तुकार विश्वकर्मा शम्भल ग्राम में एक अपूर्व पुरी का निर्माण करेंगे। कल्किदेव अपनी पत्नी तथा हाथी-घोड़े, धन-रत्न आदि के साथ स्वदेश लौटकर वहीं निवास करेंगे। कुछ काल बाद उनके जय-विजय नामक दो महा बलशाली पुत्र जन्मेंगे।

विष्णुयश एक अश्वमेध यज्ञ करने का संकल्प करेंगे। पुत्र पिता की इच्छा पूर्ण करने हेतु दिग्विजय हेतु बाहर निकलेंगे। क्योंकि चक्रवर्ती राजा हुए बिना अश्वमेध यज्ञ नहीं किया जा सकता।

भगवान कल्कि सर्वप्रथम कीटक देश में बौद्ध नामधारी असुर-प्रकृति लोगों के राज्य पर हमला करेंगे। बौद्धगण आमने-सामने के युद्ध में हारकर तरह-तरह की माया का आश्रय लेंगे, परन्तु कल्किदेव उनका सारा प्रयास विफल कर देंगे। तदुपरान्त वे लोग बहुत बड़ी म्लेच्छ सेना बनाकर कल्कि-सेना पर आक्रमण करेंगे। भीषण युद्ध के बाद बौद्ध तथा म्लेच्छ-गण समाप्त हो जाएँगे। उनके रक्त की नदियाँ बहेंगी, जिसमें हाथी, घोड़े रथ आदि घड़ियाल के समान तैरेंगे, मृतदेहों का पहाड़ बन जाएगा।

पति-पुत्रों के निधन से क्रोधान्ध होकर बौद्ध तथा म्लेच्छ नारियाँ युद्धवेश में सज्जित होकर कल्कि सेना पर आक्रमण करेंगी। स्त्रियों को मारने से पाप तथा अपयश मिलता है और युद्ध में उन्हें परास्त करके भी गौरव नही मिलता- यह सोचकर कल्किदेव एक माया का आश्रय लेंगे। नारियों द्वारा अस्त्र चलाने पर वह जड़ हो जाएगा और बाणादि बार-बार लौटकर उन्हीं के हाथों में आ जाएँगे। इससे उन महिलाओं के भाव में परिवर्तन आएगा। कल्किदेव को भगवान समझकर वे उनकी शरण लेंगी। वे उन्हें ज्ञानोपदेश के द्वारा मुक्ति प्रदान करेंगे।

उसी समय चक्रतीर्थ में बालखिल्य नाम के अति लघुकाय ऋषिगण कल्किदेव से निवेदन करेंगे कि कुथोदरी नामक एक मायाविनी राक्षसी के उपद्रव से उनकी तपस्या में बड़ा विघ्न पड़ रहा है। कल्किदेव उस राक्षसी को सबक सिखाने सेना के साथ हिमालय की ओर प्रस्थान करेंगे।

हिमालय पर्वत पर अपना सिर और निषध पर्वत पर पैर रखकर अनेक योजन स्थान में सोकर कुथोदरी अपने पुत्र विकंजन को स्तन पिलायेगी। स्तन से दूध झरने पर एक नदी की सृष्टि होगी। राक्षसी के निःश्वास के वेग से वन्य हाथी दूर फिक जाएँगे, गुफा समझकर सिंह उसके कर्णकुहरों में और हिरण उसके रोमकूपों में निवास करेंगे। इस अद्भुत राक्षसी को देखकर कल्किदेव की सेना मूर्छित हो जाएगी। कल्किदेव द्वारा आक्रमण किये जाने पर वह उन्हें सेना समेत निगल जाएगी। वे खड्ग लिए राक्षसी का पेट फाड़कर बाहर निकलेंगे। विराट् पर्वतमाला के समान धरती पर गिरकर चारों ओर रक्त से प्लावित करती हुई कुथोदरी प्राण त्याग देगी।

मरू तथा देवापि नामक दो भक्त राजा कल्किदेव के शिष्य बन जाएँगे। विशाखयूप, मरू, देवापि आदि से युक्त अपनी विराट् सैन्यवाहिनी के साथ कल्किदेव विशसन नामक प्रदेश पर आक्रमण करेंगे। पूर्ववत् ही भयानक युद्ध के पश्चात् अधर्माचारीगण नष्ट हो जाएँगे। कोक तथा विकोक नामक दो मायावी विभिन्न प्रकार की माया का अवलम्बन करेंगे, परन्तु कल्किदेव उनकी माया को व्यर्थ करते हुए उनका वध कर डालेंगे।

इसके बाद कल्कि भल्लाट नगर पर आक्रमण करेंगे। भल्लाट के महायोद्धा तथा हरिभक्त राजा शशिध्वज और उनकी भक्तिमती पत्नी सुशान्ता योगबल से कल्किदेव को पहचान लेंगे। सुशान्ता अपने पतिदेव को अनेक प्रकार से समझाएगी कि वे शत्रुभाव को त्यागकर श्रीहरि के चरणों में शरण लें, परन्तु शशिध्वज बिल्कुल भी राजी न होकर अपने पुत्र आदि समस्त सम्बन्धियों तथा सेना के साथ कल्किदेव पर आक्रमण करेंगे। शशिध्वज की वीरता से विशाखयूप आदि सभी पराजित होंगे। उनके अस्त्रघात से कल्किदेव के मूर्छित हो जाने पर राजा शशिध्वज उन्हें सीने से लगाकर राजपुरी ले जाएँगे।

सुशान्ता एवं उनकी सखियाँ श्रीहरि को पा आनन्दपूर्वक उन्हें घेरकर नृत्य-गीत करती रहेंगी। चेतना लौटने पर कल्किदेव उनका भक्तिभाव देखकर सन्तुष्ट होंगे तथा आत्समर्पण कर देंगे। शशिध्वज अपनी कन्या रमा को कल्किदेव के हाथों सौंपकर उन्हें दामाद के रूप में वरण करेंगे। इस अवसर पर उस विराट् सैन्यसंघ में महा-महोत्सव होगा।

भगवान कल्कि भारत के समस्त अत्याचारी असुरस्वभाव राजाओं का संहार करेंगे। दुष्ट लोक उनके भय से सन्मार्ग का आश्रय लेंगे। दिग्विजय करके वे सम्पूर्ण भारत के चक्रवर्ती राजा होंगे और पिता द्वारा संकल्पित अश्वमेध तथा अन्य प्रकार के यज्ञों का सम्पादन करके वैदिक धर्म का पुनरूद्धार करेंगे। उनके असाधारण कृतित्व देखकर तथा उनके शासनाधीन रहने से लोग निरन्तर उन्हीं के चरित्र का चिन्तन करते हुए पवित्र हो जाएँगे। सर्वदा उनके आदर्शानुसार धम-कर्म में लगे रहकर वे लोग परम शान्ति प्राप्त करेंगे। यथासमय अच्छी वर्षा होगी। भूमि के उर्वर हो जाने से यथेष्ट मात्रा में अन्न उपजेगा। रोक-शोक कुछ भी नहीं रह जाएगा।

इस प्रकार पुनः सतयुग का आविर्भाव हो जाने पर कल्किदेव अपना अवतार देह त्यागकर गोलोक में विचरण करेंगे।

कल्कि पुराण

कल्कि पुराण हिन्दुओं के विभिन्न धार्मिक एवं पौराणिक ग्रन्थों में से एक है। इस पुराण में भगवान विष्णु के दसवें तथा अन्तिम अवतार की भविष्यवाणी की गयी है और कहा गया है कि विष्णु का अगला अवतार (महाअवतार)-"कल्कि अवतार" होगा। इसके अनुसार 4,320 वीं शती में कलियुग का अन्त के समय कल्कि अवतार लेंगें।

इस पुराण में प्रथम मार्कण्डेय जी और शुकदेव जी के संवाद का वर्णन है। कलियुग का प्रारम्भ हो चुका है जिसके कारण पृथ्वी देवताओं के साथ, विष्णु के सम्मुख जाकर उनसे अवतार की बात कहती है। भगवान के अंश रूप में ही सम्भल गाँव (मुरादाबाद, उ0प्र0 के पास) में कल्कि भगवान का जन्म होता है। उसके आगे

कल्कि भगवान की दैवीय गतिविधियों का सुन्दर वर्णन मन को बहुत सुन्दर अनुभव कराता है। भगवान कल्कि विवाह के उद्देश्य से सिंहल द्वीप जाते हैं। वह जलक्रिड़ा के दौरान राजकुमारी पद्मावती से परिचय होता है। देवी पद्मिनी का विवाह कल्कि भगवान के साथ ही होगा, अन्य कोई भी उसका पात्र नहीं होगा, प्रयास करने पर वह स्त्री रूप में परिणत हो जायेगा। अंत में कल्कि व पद्मिनी का विवाह सम्पन्न हुआ और विवाह के पश्चात् स्त्रीत्व को प्राप्त हुए राजागण पुनः पूर्व रूप में लौट आये। कल्कि भगवान पद्मिनी को लेकर सम्भल गाँव में लौट आये। विश्वकर्मा के द्वारा उसका अलौकिक तथा दिव्य नगरी के रूप में निर्माण हुआ। हरिद्वार में कल्कि जी ने मुनियों से मिलकर सूर्यवंश का और भगवान राम का चरित्र वर्णन किया। बाद में शशिध्वज का कल्कि से युद्ध और उन्हें अपने घर ले जाने का वर्णन है, जहाँ वह अपनी प्राणप्रिय पुत्री रमा का विवाह कल्कि भगवान से करते हैं। उसके बाद इसमें नारद जी आगमन, विष्णुयश का नारद जी से मोक्ष विषयक प्रश्न, रूक्मिणी व्रत प्रसंग और अंत में लोक में सतयुग की स्थापना के प्रसंग को वर्णित किया गया है। वह शुकदेव जी के कथा का गान करते हैं। अंत में दैत्यों के गुरू शुक्राचार्य की पुत्री देवयानी व समिष्ठा की कथा है। इस पुराण में मुनियों द्वारा कथित श्री भगवती गंगा स्तव का वर्णन भी किया गया है। पाँच लक्षणों से युक्त यह पुराण संसार को आनन्द प्रदान करने वाला है। इसमें साक्षात् विष्णु स्वरूप भगवान कल्कि के अत्यन्त अद्भुत क्रियाकलापों का सुन्दर व प्रभावपूर्ण चित्रण है।

नाम रूप

कल्कि पुराण हिन्दुओं के विभिन्न धार्मिक एवं पौराणिक ग्रन्थों में से एक है। इस पुराण में भगवान विष्णु के दसवें तथा अन्तिम अवतार की भविष्यवाणी की गयी है और कहा गया है कि विष्णु का अगला अवतार (महाअवतार)-"कल्कि" होगा। जबकि खुर्शीद अहमद प्रभाकर, दर्वेश, कादियान, जिला-गुरदासपुर, पंजाब, भारत द्वारा लिखित पुस्तक "कल्कि अवतार-हिन्दुओं के धार्मिक ग्रन्थों में (पुस्तक मिलने का पता-नजारत नश्रो इशाअत, सदर अन्जुमन अहमदिया, कादियान, जि.गुरदासपुर, पंजाब, भारत, पिन-143516 और इन्टरनेट द्वारा) के अनुसार-"संसार भर के विभिन्न धर्मों के आधारभूत ग्रन्थों में कलियुग में प्रकट होने वाले कल्कि अवतार का उल्लेख मिलता है। साथ ही उसके सुन्दर, सुनहरे, श्रेष्ठ और महत्वपूर्ण कारनामों और कामों का उल्लेख मिलता है। उसके "अहमद" नाम होने में हिन्दुओं तथा मुसलमानों के पुस्तकों में सहमति पायी जाती है। पुस्तक के अनुसार-"चारो वेदो में "अहमद" शब्द 31 बार आया है। वेदों में आये इस "अहमद " शब्द को हिन्दू भाष्यकारों ने "मैं " के अर्थ में तथा मुस्लिम भाष्यकारों ने उसी अर्थ "अहमद" के अर्थो में लिया है।

मेरा मानना है कि सामान्य व्यावहारिक रूप में भविष्य में जन्म लेने वाले किसी भी व्यक्ति का नाम निश्चित करना असम्भव है। अगर अवतार के उदाहरण में देखें तो सिर्फ उस समय की सामाजिक आवश्यकताओं के अनुसार उसके गुण की ही कल्पना की जा सकती है या उसके हो जाने के उपरान्त उसके नाम को सिद्ध करने की कोशिश की जा सकती है। इसलिए उस अवतार का जो भी नाम कल्पित है वह केवल गुण को ही निर्देश कर सकता है। इस प्रकार "कल्कि" जो "कल की" अर्थात् "भविष्य की" के अर्थो में रखा गया है। "मैं", उसके "सार्वभौम मैं" का गुण है। "अहमद", उसके अपने सार्वभौम सत्य-सिद्धान्त पर अतिविश्वास होने के कारण अंहकार का नशा अर्थात् अहंकार के मद से युक्त अहंकारी जैसा अनुभव करायेगा। उसका कोई गुरू नहीं होगा, वह स्वयं से प्रकाशित स्वयंभू होगा जिसके बारे में अथर्ववेद, काण्ड 20, सूक्त 115, मंत्र 1 में कहा गया है कि "ऋषि-वत्स, देवता इन्द्र, छन्द गायत्री। अहमिद्धि पितुश्परि मेधा मृतस्य जग्रभ। अहं सूर्य इवाजिनि।।" अर्थात् "मैं परम पिता परमात्मा से सत्य ज्ञान की विधि को धारण करता हूँ और मैं तेजस्वी सूर्य के समान प्रकट हुआ हूँ।" जबकि सबसे प्राचीन वंश स्वायंभुव मनु के पुत्र उत्तानपाद शाखा में ब्रह्मा के 10 मानस पुत्रों में से मन से मरीचि व पत्नी कला के पुत्र कश्यप व पत्नी अदिति के पुत्र आदित्य (सूर्य) की चौथी पत्नी छाया से दो पुत्रों में से एक 8वें मनु - सावर्णि मनु होंगे जिनसे ही वर्तमान मनवन्तर 7वें वैवस्वत मनु की समाप्ति होगी। ध्यान रहे कि 8वें मनु - सावर्णि मनु, सूर्य पुत्र हैं।

जन्म रूप

कल्कि पुराण में "कल्कि" अवतार के जन्म व परिवार की कथा इस प्रकार कल्पित है-"सम्भल नामक ग्राम में विष्णुयश नाम के एक ब्राह्मण निवास करेंगे, जो सुमति नामक स्त्री के साथ विवाह करेंगें दोनों ही धर्म-कर्म

में दिन बिताएँगे। कल्कि उनके घर में पुत्र होकर जन्म लेंगे और अल्पायु में ही वेदादि शास्त्रों का पाठ करके महापण्डित हो जाएँगे। बाद में वे जीवों के दुःख से कातर हो महादेव की उपासना करके अस्त्रविद्या प्राप्त करेंगे जिनका विवाह बृहद्रथ की पुत्री पद्मादेवी के साथ होगा।"

जिस प्रकार सामान्य व्यावहारिक रूप में भविष्य में जन्म लेने वाले किसी भी व्यक्ति का नाम निश्चित करना असम्भव है उसी प्रकार उसके माता-पिता, जन्म स्थान और पत्नी को भी निश्चित करना असम्भव है। ध्यान देने योग्य यह है कि सभी अवतार, पैगम्बर, ईशदूत इत्यादि राजतन्त्र व्यवस्था काल में आये थे। जब कल्कि पुराण लिखा गया होगा तब राजतन्त्र व्यवस्था थी इसलिए भविष्य के कल्कि की कथा पूर्णतया उसी शैली में ही है जिस शैली में अन्य अवतारों की कथा है। विश्वमन के अंश की अनुभूति किसी भी व्यक्ति से व्यक्त हो सकती है जिसका प्रक्षेपण या प्रस्तुतिकरण उस समय और व्यक्ति की अपनी संस्कृति के माध्यम से ही होता है। फिर भी कल्कि कथा के भी कुछ न कुछ अर्थ तो अवश्य है।

सम्भल

कल्कि अवतार के कलियुग में हिन्दुस्तान के सम्भल में होने पर सभी हिन्दू सहमत हैं परन्तु सम्भल कहाँ है इसमें अनेक मतभेद हैं। कुछ विद्वान सम्भल को उड़ीसा, हिमालय, पंजाब, बंगाल और शंकरपुर में मानते हैं। कुछ सम्भल को चीन के गोभी मरूस्थल में मानते हैं जहाँ मनुष्य पहुँच ही नहीं सकता। कुछ वृन्दावन में मानते हैं। कुछ सम्भल को मुरादाबाद (उ0प्र0) जिले में मानते हैं जहाँ कल्कि अवतार मन्दिर भी है। विचारणीय विषय ये है कि "सम्भल में कल्कि अवतार होगा या जहाँ कल्कि अवतार होगा वही सम्भल होगा।" सम्भल का शाब्दिक अर्थ समान रूप से भला या शान्ति करना या शान्ति होना अर्थात् जहाँ शान्ति व अमन हो या शान्ति फैलाने वाला हो, होता है। कल्कि पुराण में सम्भल में 68 तीर्थो का वास बताया गया है। कलियुग में केवल सम्भल ही एक मात्र ऐसा तीर्थ स्थान होगा जो कल्याण दायक और शान्ति प्रदान करने वाला होगा। तीर्थ का अर्थ- पवित्र स्थान, दर्शन, दिल, मन, हृदय, घाट, तालाब, पानी का स्थान, अमर जीवन दाता जल, लोगों के आने जाने और जमघट के स्थान के अर्थ में होता है।

ब्राह्मण पिता विष्णुयश और माता सुमति

कल्कि पुराण के अनुसार कल्कि अवतार के पिता व माता का नाम विष्णुयश व सुमति होगा, जो नाम नहीं बल्कि गुणों को निर्देशित करता है। ब्राह्मण अर्थात् जो वेद, पुराण और शुद्ध परम चौतन्य को जानता हो। विष्णु अर्थात् परमेश्वर, सर्वव्यापक ईश जो सब स्थानों में उपस्थित है, ब्रह्माण्ड को पैदा करने वाला सृष्टा। यश अर्थात् स्तुति या प्रशंसा करने वाला। इस प्रकार पिता विष्णुयश का अर्थ हुआ, ऐसा पिता जो सर्वव्यापक परमात्मा की स्तुति एवं प्रशंसा करने वाला व सबका भला करने वाला हितैषी है। इसी प्रकार सुमति का अर्थ होता है- सुन्दर या अच्छा मत या विचार रखना।

कल्कि अवतार की पत्नी

कल्कि पुराण में "कल्कि" अवतार के विषय में कहा गया है कि- "उनका विवाह बृहद्रथ की पुत्री पद्मादेवी के साथ होगा।" परन्तु कटरा-जम्मू (भारत) में वैष्णों देवी की कथा के सम्बन्ध में बिकने वाली पुस्तिका, इन्टरनेट पर उपलब्ध कथा और गुलशन कुमार कृत "माँ वैष्णों देवी" प्रदर्शित फिल्म पर आधारित कथा के अनुसार "त्रिकुटा ने श्रीराम से कहा- उसने उन्हें पति रूप में स्वीकार किया है। श्रीराम ने उसे बताया कि उन्होंने इस अवतार में केवल सीता के प्रति निष्ठावान रहने का वचन लिया है लेकिन भगवान श्रीराम ने उसे आश्वासन दिया कि कलियुग में वे कल्कि के रूप में प्रकट होंगे और उससे विवाह करेगें।" श्रीरामचरितमानस के किष्किन्धाकाण्ड में एक देवी का वर्णन मिलता है। इन्होंने श्रीहनुमानजी तथा अन्य वानर वीरों को जल व फल दिया था तथा उन्हें गुफा से निकालकर सागर के तट पर पहुँचाया था। ये देवी स्वयंप्रभा हैं। यही देवी माता वैष्णव के रूप में प्रतिष्ठित हैं। कलयुग के अंतिम चरण में भगवान का कल्कि अवतार होगा। तब ये कल्कि भगवान दुष्टों को दण्डित करेंगे और धरती पर धर्म की स्थापना करेंगे। तथा देवी स्वयंप्रभा से श्रीरामावतार में दिए गए वचनानुसार विवाह करेंगे। अर्थात् वैष्णों देवी जो युगों से पिण्ड रूप में हैं उन्हें कल्कि अवतार एक साकार रूप प्रदान करेंगे जो "माँ वैष्णों देवी" के साकार रूप "माँ कल्कि देवी" होंगी। (पूर्ण विवरण के लिए देखें-माता वैष्णों देवी श्राइन बोर्ड पब्लिकेशन)

शरीर रूप

महर्षि व्यास रचित और ईश्वर के आठवें अवतार श्री कृष्ण के मुख से व्यक्त श्रीमद्भगवद्गीता में भी अवतार के होने का प्रमाण मिलता है-

यदा-यदा हि धर्मस्य ग्लानिर्भवति भारतः।
अभियुत्थानम् धर्मस्य तदात्मानं सृजाम्यहम्।।

(श्रीमद्भगवद्गीता, अध्याय-4, श्लोक-7)

अर्थात् है भारत! जिस काल में धर्म की हानि होती है, और अधर्म की अधिकता होती है। उस काल में ही मैं अपनी आत्मा को प्रकट करता हूँ। इस प्रकार कल्कि अवतार का शरीर मानव का ही होगा जिससे आत्मा का रूप प्रकट होगा और कृष्ण रूप होगा।

कर्म रूप

कल्कि महाअवतार सफेद घोड़े पर सवार होकर हाथ में तलवार लेकर समस्त बुराईयों का नाश करेंगे। किसी भी धर्म शास्त्रों में विचारों के निरूपण के लिए प्रतीकों का प्रयोग किया जाता रहा है क्योंकि विचार की कोई आकृति नहीं होती। इस प्रकार कल्कि अवतार के अर्थ को स्पष्ट करने पर हम पाते हैं कि सफेद घोड़ा अर्थात् शान्ति का प्रतीक या अहिंसक मार्ग, तलवार अर्थात् ज्ञान अर्थात् सार्वभौम सत्य-सिद्धान्त जिससे सभी का मानसिक वध होगा। अगर हम इन प्रतीकों को उसी रूप में लें तो क्या आज के एक से एक विज्ञान आधारित शस्त्र अर्थात् औजार के युग में तलवार से कितने लोगों का वध सम्भव है और वह व्यक्ति कितना शारीरिक शक्ति से युक्त होगा, यह विचारणीय विषय है? परिणाम सिर्फ एक है केवल मानसिक वध जो मात्र सार्वभौम सत्य-सिद्धान्त से ही सम्भव है। और पिछले अवतारों द्वारा शारीरिक व आर्थिक कारणों का प्रयोग कर धर्म स्थापना हो चुका है। कल्कि पुराण कथा रचनाकार तब ये सोच भी नहीं पाये होंगे कि भविष्य में दृश्य पदार्थ विज्ञान आधारित दृश्य काल और निराकार संविधान आधारित एक नई व्यवस्था भी आ जायेगी और उस वक्त राजा और राजतन्त्र नहीं होगा तब कल्कि अवतार किसका वध करेगें? ध्यान रहे कि अवतारों के विकास का मार्ग पूर्ण प्रत्यक्ष से पूर्ण प्रेरक की ओर होता है। व्यक्तिगत प्रमाणित से सार्वजनिक प्रमाणित की ओर होता है।

दिव्य या विश्व रूप

कल्कि अवतार के गुणों के अनुसार कर्म करने के सत्य रूप को एक कदम बढ़ाते हुये तथा अनेक कर्म के प्रतीक अनेक हाथों वाला दिखाया गया है। इससे यह स्पष्ट होता है कि कल्कि अवतार द्वारा एक कर्म सम्पन्न होगा और उसके कारण अनेक हाथों से कर्म होने लगेगें अर्थात् वे यह कहने में सक्षम होंगे कि "मैं अनेक हाथों से कर्म कर रहा हूँ और सभी मेरे ही कर्मज्ञान से कर्म को कर रहे हैं। "सार्वभौम सत्य ज्ञान के शास्त्र गीता" के बाद सार्वभौम कर्मज्ञान के शास्त्र की आवश्यकता है जो कल्कि अवतार के कार्यों का ही एक चरण है।

ज्ञान रूप

अन्तिम सार्वभौम सत्य-सिद्धान्त का ज्ञान ही अन्तिम अवतार का ज्ञान रूप होगा, जिसके निम्न कारण होंगे।

1. प्रकृति के तीन गुण- सत्व, रज, तम से मुक्त होकर ईश्वर से साक्षात्कार करने के "ज्ञान" का शास्त्र "श्रीमदभगवद्गीता या गीता या गीतोपनिषद्" उपल्ब्ध हो चुका था परन्तु साक्षात्कार के उपरान्त कर्म करने के ज्ञान अर्थात् ईश्वर के मस्तिष्क का "कर्मज्ञान" का शास्त्र उपलब्ध नहीं हुआ था अर्थात् ईश्वर के साक्षात्कार का शास्त्र तो उपलब्ध था परन्तु ईश्वर के कर्म करने की विधि का शास्त्र उपलब्ध नहीं था। मानव को ईश्वर से ज्यादा उसके मस्तिष्क की आवश्यकता है।
2. प्रकृति की व्याख्या का ज्ञान का शास्त्र "श्रीमदभगवद्गीता या गीता या गीतोपनिषद्" तो उपलब्ध था परन्तु ब्रह्माण्ड की व्याख्या का तन्त्र शास्त्र उपलब्ध नहीं था।
3. समाज में व्यष्टि (व्यक्तिगत प्रमाणित) धर्म शास्त्र (वेद, उपनिषद्, गीता, बाइबिल, कुरान इत्यादि) तो उपलब्ध था परन्तु समष्टि (सार्वजनिक प्रमाणित) धर्म शास्त्र उपलब्ध नहीं था जिससे मानव अपने-अपने

धर्मों में रहते और दूसरे धर्म का सम्मान करते हुए राष्ट्र धर्म/समष्टि धर्म को भी समझ सके तथा उसके प्रति अपने कर्तव्य को जान सके।

4. शास्त्र-साहित्य से भरे इस संसार में कोई भी एक ऐसा मानक शास्त्र उपलब्ध नहीं था जिससे पूर्ण ज्ञान की उपलब्धि हो सके साथ ही मानव और उसके शासन प्रणाली के सत्यीकरण के लिए अनन्त काल तक के लिए मार्गदर्शन प्राप्त हो सके।
5. ईश्वर (सार्वभौम सत्य-सिद्धान्त) को समझने के अनेक भिन्न-भिन्न प्रकार के शास्त्र उपलब्ध थे परन्तु अवतार को समझने का शास्त्र उपलब्ध नहीं था।

कल्कि अवतार के गुरू

कल्कि पुराण के अनुसार "भगवान परशुराम, भगवान विष्णु के दसवें अवतार कल्कि के गुरू होंगे और उन्हें युद्ध की शिक्षा देगें। वे ही कल्कि को भगवान शिव की तपस्या करके दिव्य शस्त्र प्राप्त करने के लिए कहेंगे।" अदृश्य काल के व्यक्तिगत प्रमाणित काल में व्यक्तिगत प्रमाणित अदृश्य प्राकृतिक चेतना से युक्त सत्य आधारित सतयुग में छठवें अवतार -परशुराम अवतार तक अनेक असुरी राजाओं द्वारा राज्यों की स्थापना हो चुकी थी परिणामस्वरूप ऐसे परिस्थिति में एक पुरूष की आत्मा अदृश्य प्राकृतिक चेतना द्वारा निर्मित परिस्थितियों में प्राथमिकता से वर्तमान में कार्य करना, में स्थापित हो गयी और उसने कई राजाओं का वध कर डाला और असुरों तथा देवों के सह-अस्तित्व से एक नई व्यवस्था की स्थापना की। जो एक नई और अच्छी व्यवस्था थी। इसलिए उस पुरूष को कालान्तर में उनके नाम पर परशुराम अवतार से जाना गया तथा व्यवस्था "परशुराम परम्परा" के नाम से जाना गया जो साकार आधारित "लोकतन्त्र का जन्म" था, इसी साकार आधारित लोकतन्त्र व्यवस्था का श्रीराम द्वारा प्रसार हुआ था और इसी के असफल हो जाने पर द्वापर युग में श्रीकृष्ण ने महाभारत युद्ध के द्वारा समाप्त कर निराकार लोकतन्त्र व्यवस्था की नींव डाली थी जो भगवान बुद्ध द्वारा मजबूती पायी और वर्तमान में निराकार संविधान आधारित लोकतन्त्र सामने है। इसी व्यवस्था की पूर्णता के लिए कल्कि अवतार होंगे। जो मात्र शिव तन्त्र की समझ से ही हो सकता है अर्थात् यही शिव का अस्त्र है तथा लोकतन्त्र को समझने के कारण परशुराम कल्कि के गुरू होंगे।

कल्कि अवतार मन्दिर

महाविष्णु के 24 अवतारों में 24वाँ तथा प्रमुख अवतारों में दसवाँ और अन्तिम कल्कि अवतार ही एक मात्र ऐसे अवतार हैं जिनके अवतरण से पूर्व ही सिद्धपीठों में मूर्तियाँ स्थापित हो रही है। यूँ तो जहाँ-जहाँ विष्णु के अवतारों को मन्दिर में स्थान दिया गया है वहाँ-वहाँ अन्य अवतारों के साथ कल्कि अवतार की भी प्रक्षेपित (अनुमानित) मूर्ति प्रतिष्ठित है। परन्तु विशेष रूप से निम्न स्थानों पर कल्कि भगवान का मन्दिर निर्मित है।

1. सम्भल (मुरादाबाद, उत्तर प्रदेश, भारत) में जहाँ कल्कि अवतार होना है, वहाँ पर कल्कि भगवान का मन्दिर 300 वर्ष पूर्व से ही निर्मित है। जहाँ प्रत्येक वर्ष अक्टुबर-नवम्बर माह में "कल्कि महोत्सव" भी धूम-धाम से मनाया जाता है।
2. गुलाबी नगरी-जयपुर (राजस्थान, भारत) की बड़ी चौपड़ से आमेर की ओर जानेवाली सड़क हवा महल के सामने भगवान कल्कि का प्राचीन मन्दिर अवस्थित है। जयपुर के संस्थापक सवाई जयसिंह ने पुराणों में वर्णित कथा के आधार पर कल्कि भगवान के मन्दिर का निर्माण सन् 1739 ई. में दक्षिणायन शिखर शैली में कराया था। संस्कृत विद्वान आचार्य देवर्षि कलानाथ शास्त्री के अनुसार, सवाई जय सिंह संसार के ऐसे पहले महाराजा रहें हैं जिन्होंने जिस देवता का अभी तक अवतार हुआ नहीं, उसके बारे में कल्पना कर कल्कि भगवान की मूर्ति बनवाकर मन्दिर में स्थापित करायी। सवाई जयसिंह के तत्काली दरबारी कवि श्रीकृष्ण भट्ट "कलानिधि" ने अपने "कल्कि काव्य" में मन्दिर के निर्माण और औचित्य का वर्णन किया है, तदनुसार ऐसा उल्लेख है कि सवाई जय सिंह ने अपने पौत्र "कल्कि प्रसाद" (सवाई ईश्वरी सिंह के पुत्र) जिसकी असमय मृत्यु हो गई थी, उसकी स्मृति में मन्दिर स्थापित कराया। श्वेत अश्व की प्रतिमा संगमरमर की खड़े रूप में है जो बहुत ही सुन्दर,

आकर्षक और सम्मोहित है। अश्व के चबूतरे पर लगे बोर्ड पर अंकित है-"अश्व श्री कल्कि महाराज-मान्यता-अश्व के बाएँ पैर में जो गड्ढा सा घाव है, जो स्वतः भर रहा है, उसके भरने पर ही कल्कि भगवान प्रकट होंगे।"

3. मथुरा (उत्तर प्रदेश, भारत) के गोवर्धन स्थित श्री गिरिराज मन्दिर परिसर में कल्कि भगवान का मन्दिर स्थापित है जहाँ के बोर्ड पर कलियुग की समाप्ति की सूचना अंकित है साथ ही श्रीकृष्ण को कल्कि का ही अवतार बताया गया है।

4. अन्य स्थानों पर सन् 1964 में श्री कल्कि जी नारायण मन्दिर, बी-211-ए, गिरीश रोड, लिलुआह, हावड़ा, कोलकाता (प0बं0), सन् 1968 में श्री कल्कि मन्दिर, रूक्मणि माई धर्मशाला, जीवनमई लेन, ऋषिकेश (उत्तराखण्ड), श्री कल्कि विष्णु मन्दिर, 815, चौक श्री कल्कि मन्दिर, कुण्डेवालान, अजमेरी गेट, दिल्ली, सन् 1982 में श्री वैद्यनाथ धाम, पटना (बिहार), सन् 1985 में श्री लक्ष्मी नारायण संस्थान, वसन्त क्लब के पास, बसन्त विहार, नई दिल्ली, सन् 1987 में योगमाया मन्दिर, महरौली, कुतुब मीनार के पास, नई दिल्ली, सन् 1996 श्री राम मन्दिर, सी-ब्लाक, सूर्य नगर, नई दिल्ली, सन् 1997 में श्री कल्कि मन्दिर, श्री रघुनाथ मन्दिर, मिल्क लेन, महरौली, नई दिल्ली, श्री महामाया देवी मन्दिर, चौक कसेरूवालान, पहाड़गंज, नई दिल्ली, सन् 1998 में श्री कल्कि मन्दिर, चौक सुखदेव मुनि, चौक शाह मुबारक, श्री कल्कि मार्ग, अजमेरी गेट, दिल्ली, सन् 1999 में सनातन धर्म संस्थान, विद्युत परिसर, राजपुर रोड, ट्रांसपोर्ट अथारीटी के आगे, दिल्ली-54, सन् 2001 में श्री हनुमान वाटिका, रामलीला मैदान, आसफ अली रोड, नई दिल्ली, श्री कल्कि विष्णु मन्दिर, मनोकामना तीर्थ, पूर्वी कोट, सम्भल, मुरादाबाद (उ0प्र0), सन् 2001 में श्री कल्कि मन्दिर, श्री राम मन्दिर, 85, त्रिलोक अपार्टमेन्ट, पटपड़गंज, दिल्ली-92, श्री कल्कि नारायण मन्दिर, पंचायती धर्मशाला, कूँचापतिराम, दिल्ली-6, श्री कल्कि विष्णु नारायण मन्दिर, प्राचीन शिव मन्दिर, जी-88, जगतपुरी, दिल्ली-92, सन् 2002 में श्री कल्कि मन्दिर, काली मन्दिर, नई दिल्ली-1, सन् 2004 में श्री कालकाजी मन्दिर, लोटस टेम्पल के सामने, नेहरू प्लेस के पास, नई दिल्ली-65, सन् 2005 में श्री शिव मन्दिर, श्री गुलशन कुमार लंगर के पास, बाण गंगा, कटरा, जम्मू, सन् 2006 में श्री कल्कि मन्दिर, सेक्टर-26, नोएडा-201301, श्री रघुनाथ मन्दिर, लाल क्वार्टर के पास, कृष्णा नगर, दिल्ली, वैष्णों देवी मन्दिर, गुलाबी बाग, शास्त्री नगर के पास, शक्ति नगर, दिल्ली, सन् 2007 में अमृत परिसर, शिवगंगापुरम्, बृजघाट (हरियाणा)-245205, काली मन्दिर, ए.जी. ब्लाक, साल्ट लेक, कोलकाता - 64, श्री कल्कि मन्दिर, शिव मन्दिर, गुरू अंगद नगर एक्सटेंशन, लक्ष्मी नगर, दिल्ली-92, सन् 2008 में श्री गौरी शंकर मन्दिर, चाँदनी चौक, लाल किला के सामने, दिल्ली-6, प्राचीन पाण्डव कालीन शिव मन्दिर, पश्चिम पंजाबी बाग, दिल्ली-26, सन् 2009 में श्री कल्कि मन्दिर, चन्दौसी (उ0प्र0), श्री कल्कि मन्दिर, श्री दुर्गा प्रेमी मन्दिर, सब्जी मण्डी, घंण्टाघर, दिल्ली, विष्णुपाद मन्दिर, गया धाम, गया (बिहार), श्री शिवशक्ति मन्दिर, दिल्ली दरबार गली, भजनपुरा, दिल्ली, सन् 2010 में माँ ललिता मन्दिर, नैमिष्यारण्य तीर्थ, सीतापुर (उ0प्र0) प्राचीन शिव मन्दिर, बिड़ला मिल, द्वारका रेस्टोरेण्ट के सामने, कमला नगर, दिल्ली, सन् 2011 में श्री कल्कि हनुमान मन्दिर, चन्दौसी (उ0प्र0) श्री हनुमान मन्दिर, कनाट प्लेस, नई दिल्ली, माँ राणीसती मन्दिर, काकुरगाछी, कोलकाता (प0बं0), श्री रघुनाथ मन्दिर, दयानन्द विहार, दिल्ली, श्री गौरीशंकर मन्दिर, करावल नगर, दिल्ली, श्री हनुमान मन्दिर, दिल्ली विश्वविद्यालय, दिल्ली, मन्दिर गिड़ोदियान अग्रवाल, सदर बाजार, दिल्ली, वैष्णों देवी मन्दिर, शुभमूर्ति माँ छत्ताशाहजी, दिल्ली, श्री महाशक्ति दुर्गा मन्दिर, गगन विहार, दिल्ली-12, काली घाट, कोलकाता (प0बं0), सन् 2012 में श्री दुर्गा मन्दिर परिसर, दुर्गा कुण्ड, वाराणसी (उ0प्र0), श्री हनुमान मन्दिर सभा, गेट नं0-6, फिल्मीस्तान के सामने, माडल बस्ती, दिल्ली-5, श्री राधा मन्दिर, श्रीनिवासपुरी, आश्रम चौक, नई दिल्ली, तीस हजारी, सिवील लाइन्स, भार्गव लेन, दिल्ली, श्री हनुमान मन्दिर, मेट्रो गेट नं0-2 के सामने, ग्रीन पार्क, नई दिल्ली, श्री सनातन धर्म मन्दिर, गीता भवन, बी-1, यमुना विहार, दिल्ली-53, सन् 2013 में श्री हनुमान मन्दिर, पासवान लेन, चरखेवालान, दिल्ली-6, माँ चामुण्डा मन्दिर, हल्लु सराय, सम्भल (उ0प्र0), शिव मन्दिर, 2330, चिप्पीवड़ा, धर्मपुरा, दिल्ली-6, श्री कल्किधाम मन्दिर, बहादुरगढ़ (हरियाणा), श्री श्यामबाबा मन्दिर, गल्ला मण्डी, रूद्रपुर (उत्तराखण्ड), श्री शिव-हनुमान मन्दिर, आर.टी.ओ. रोड, कुसुमखेड़ा,

हल्द्वानी (उत्तराखण्ड), ओमश्री महाकालेश्वर शक्तिपीठ, 56-बी, न्यू लायलपुर एक्सटेन्सन, नई दिल्ली, श्री सनातन धर्म सभा, शिव मन्दिर, ग्रीन पार्क, के-ब्लाक, नई दिल्ली, श्री लक्ष्मी नारायण मन्दिर, गंगोरीवाला, नेहरिया बाजार, सिरसा (हरियाणा)-125055, अग्रोहाधाम, हिसार (हरियाणा), अन्न क्षेत्र, काशी, वाराणसी (उ0प्र0), बड़ी शीतला माँ, दशाश्वमेध घाट, काशी, वाराणसी (उ0प्र0), मुक्तेश्वर, नैनीताल (उत्तराखण्ड), शोवा बाजार, कोलकाता (प0बं0), वराही मन्दिर, गोण्डा (उ0प्र0), सन् 2014 में सर्वदर्शन सेवाश्रम, भूपतवाला रोड, ललिताश्रम के पास, हरिद्वार (उत्तराखण्ड), महेस्तला शिव मन्दिर, मजेरहाट ब्रिज के पास, अलीपुर, कोलकाता (प0बं0), नागेश्वर महादेव मन्दिर, अयोध्या (उ0प्र0), श्री शिव मन्दिर सेवा समिति, ऊँचागाँव, शामली (उ0प्र0), श्री संकटमोचन धाम, सेक्टा-6, आर.के.पुरम्, नई दिल्ली-66, श्री गौरीशंकर मन्दिर, डी-147, श्याम पार्क एक्सटेंशन, साहिबाबाद (उ0प्र0), माता मन्दिर, महिला कालोनी, झील चौक के आगे, गाँधी नगर, दिल्ली-31, श्री कल्कि नारायण मन्दिर, चटिला, राष्ट्रीय राज मार्ग नं0-5, कटक (उड़ीसा), गोलूदेव महाराज मन्दिर, घोड़ाखाल रोड, भुवाली (उत्तराखण्ड), श्री कल्कि मन्दिर, वसुन्धरा, कल्कि चौक, धाप्सी गवीस-9, काठमाण्डु (नेपाल), माता वैष्णों देवी मन्दिर, दिवान हाल रोड, पुरानी लाजपतराय मार्केट, दिल्ली-6, श्री काशी विश्वनाथ मन्दिर, वटवृक्ष, वाराणसी (उ0प्र0), बाबा भूतनाथ आश्रम, भूतनाथ मन्दिर, सेक्टर-बी, इन्दिरा नगर, लखनऊ (उ0प्र0), प्राचीन शिव मन्दिर, साढ़े पाँच पुस्ता, भजनपुरा गावड़ी, सिग्नेचर ब्रिज के पास, नई दिल्ली, झण्डेवाली माता मन्दिर, 447/बी, गली नं.-2, रामनगर, रघुपुरा मेन रोड, गाँधी नगर, दिल्ली-31, श्री कल्कि नारायण मन्दिर, ग्राम वल्लभ, तहसील महाम, रोहतक (हरियाणा), राज सिंह नगर, श्री गंगानगर (राजस्थान), श्री भारतमाता मन्दिर, हरिद्वार (उत्तराखण्ड), श्री कल्कि मन्दिर, बिड़ला मन्दिर, बेलीगंज, कोलकाता (प0बं0), वात्सल्य मन्दिर, रोहीणी, सेक्टर-7, नई दिल्ली, श्री कल्कि विशाल मन्दिर, दिल्ली-जयपुर हाइवे रोड, मानेसर, (गुड़गाँव, हरियाणा) इत्यादि में भी कल्कि अवतार की मूर्ति स्थापित की गई है जो निरंतर जारी है।

5. श्री कल्कि मन्दिर वसुंधरा, कल्कि चौक, धापासी गाविस, 9, काठमाण्डु और सम्भलपुरी कल्कि तीर्थ धाम, नेपाल प्रजापति अंचल, प्यूठान सारी गाविस, 1, नेपाल में भी कल्कि भगवान की मूर्ति स्थापित हो चुकी है। कल्कि भगवान के नाम पर नेपाल में विश्व का पहला सरकारी बैंक "श्री कल्कि बैंक" खुल चुका है।
6. कल्कि अवतार व कल्कि माता से सम्बन्धित वर्तमान समय में कथा, गीत, कल्कि चालीसा, कल्कि गायत्री मन्त्र, कल्कि मन्त्र-यन्त्र-तन्त्र, स्तुति, फिल्म इत्यादि भी बन चुके हैं। "कल्कि पीठ", "कल्कि पीठाधीश्वर", "कल्कि अवतार फाउण्डेशन इण्टरनेशनल", "श्री कल्कि बाल वाटिका" इत्यादि की भी स्थापना भिन्न-भिन्न व्यक्तियों/संस्थाओं द्वारा की जा चुकी है।
7. राजस्थान, मध्यप्रदेश और गुजरात की त्रिवेणी संगम स्थल राजस्थान के वांगड़ अंचल (दक्षिण में जनजाति बहुल बांसवाड़ा एवं डूंगरपुर जिले में) के डूंगरपुर जिले के साबला गांव में हरि मंदिर है जहां कल्कि अवतार की पूजा हो रही है। हरि मंदिर के गर्भगृह में श्याम रंग की अश्वारूढ़ निष्कलंक मूर्ति है, जो लाखों भक्तों की श्रद्धा और विश्वास का केंद्र है। भगवान के भावी अवतार निष्कलंक भगवान की यह अद्भुत मूर्ति घोड़े पर सवार है। इस घोड़े के तीन पैर भूमि पर टिके हुए हैं जबकि एक पैर सतह से थोड़ा ऊँचा है। मान्यता है कि यह पैर धीरे-धीरे भूमि की तरफ झुकने लगा है। जब यह पैर पूरी तरह जमीन पर टिक जाएगा तब दुनिया में परिवर्तन का दौर आरंभ हो जाएगा। संत मावजी रचित ग्रंथों एवं वाणी में इसे स्पष्ट किया गया है। यहां बाकायदा कई मंदिर बने हुए हैं, जिनमें विष्णु के भावी अवतार कल्कि की मूर्तियां स्थापित हैं और इनकी रोजाना पूजा-अर्चना भी होती है। संत मावजी महाराज के अनुयायी पिछले पौने तीन सौ वर्षों से ज्यादा समय से इस भावी अवतार की प्रतीक्षा में जुटे हुए हैं। संत मावजी महाराज लाखों लोगों की आस्थाओं से जुडे बेणेश्वर धाम के आद्य पीठाधीश्वर रहे हैं। भक्तों की मान्यता है कि वे जिस देवता की पूजा कर रहे हैं वे ही कलयुग में भगवान विष्णु के कल्कि अवतार के रूप में अवतरित होंगे और पृथ्वी का उद्धार करेंगे। इन्हीं निष्कलंक अवतार के उपासक होने से संत मावजी के भक्त अपने उपास्य को प्रिय ऐसी ही श्वेत वेश-भूषा धारण करते हैं। निष्कलंक सम्प्रदाय के विश्व पीठ हरि मंदिर सहित वागड़ अंचल और देश के विभिन्न हिस्सों में स्थापित निष्कलंक धामों में भी इसी स्वरूप की पूजा-

अर्चना जारी है। देश के विभिन्न हिस्सों में फैले लाखों माव भक्तों द्वारा अपने उपास्य के रूप में इन्हीं निष्कलंक भगवान का पूजन-अर्चन किया जाता रहा है। विभिन्न निष्कलंक धाम मंदिर के स्वरूप में हैं जबकि निष्कलंक सम्प्रदाय के विश्व पीठ हरि मंदिर पर न तो कोई गुम्बद है और न ही मंदिर की आति, बल्कि यह गुरु आश्रम के रूप में ही अपनी प्राचीन शैली में बना हुआ है। निष्कलंक सम्प्रदाय के मंदिर साबला, पुंजपुर, वमासा, पालोदा, शेषपुर, बांसवाड़ा, फतेहपुरा, घूघरा, पारडा, इटिवार, संतरामपुर आदि गांवों में अवस्थित हैं। इन सभी मंदिरों में शंख, चक्र, गदा, पद्म सहित श्वेत घोड़े पर सवार भावी अवतार निष्कलंक भगवान की चतुर्भुज मूर्तियां हैं। मावजी की पुत्रवधू जनकुंवरी ने ही बेणेश्वर धाम पर सर्वधर्म समभाव के प्रतीक विष्णु मंदिर का निर्माण करवाया। इसके बारे में मावजी की वाणी में स्पष्ट कहा गया है-सब देवन का डेरा उठसे, निष्कलंक का डेरा रहेसे, अर्थात् मंदिर, मस्जिद, गिरजाघर आदि सब टूट जाएंगे, लेकिन कलियुग में अवतार लेने वाले निष्कलंक भगवान का एक मंदिर रहेगा जहाँ सभी धर्मों के लोगों को आश्रय प्राप्त होगा। सभी लोग इसे प्रेम से अपना मानेंगे।

8. मावजी महाराज का जन्म साबला गाँव में विक्रम संवत् 1771 में माघ शुक्ल पंचमी को हुआ। इसके बाद लीलावतार के रूप में मावजी का प्राकट्य संवत् 1784 में माघ शुक्ल एकादशी को हुआ। उन्हें भगवान श्रीकृष्ण का लीलावतार माना जाता है। संत मावजी की स्मृति में आज भी बांसवाड़ा एवं डूंगरपुर जिलों के बीच माही, सोम एवं जाखम नदियों के बीच विशाल टापू पर बेणेश्वर में हर साल माघ पूर्णिमा पर दस दिन का विशाल मेला लगता है। इसे आदिवासियों का महाकुंभ भी कहा जाता है। स्वयं मावजी महाराज की भविष्यवाणी के अनुसार "संतन के सुख करन को, हरन भूमि को भार, ह्वै हैं कलियुग अन्त में निष्कलंक अवतार" अर्थात् सज्जनों को सुख प्रदान करने और पृथ्वी के सिर से पाप का भार उतारने के लिए कलियुग के अंत में भगवान का निष्कलंक अवतार होगा। संत मावजी महाराज ने स्पष्ट लिखा है-"श्याम चढ़ाई करी आखरी गरुड़ ऊपर असवार, दुष्टि कालिंगो सेंधवा असुरनी करवा हाण, कलिकाल व्याप्यो घणो, कलि मचावत धूम, गौ ब्राह्मण नी रक्षा करवा बाल स्त्री करवा प्रतिपाल...। " मावजी की वाणी में कहा गया है कि निष्कलंक अवतार के साथ एक चौतन्य पुरुष रहेगा जो दैत्य-दानवों व चौदह मस्तकधारी कालिंगा का नाश कर चारों युगों के बंधनों को तोड़ कर सतयुग की स्थापना करेगा। इस पुरुष की लम्बाई 32 हाथ लिखी हुई है। यह अवतार गौ, ब्राह्मण प्रतिपाल होगा तथा धर्म की स्थापना करेगा। इसके बाद सर्वत्र शांति, आनन्द और समृद्धि का प्रभाव होगा। निष्कलंक अवतार के स्वरूप में बारे में संत मावजी के चौपड़ों में अंकित है-"धोलो वस्त्र ने धोलो शणगार, धोले घोडीले घूघर माला, राय निकलंगजी होय असवार...बोलो देश में नारायण जी नु निष्कलंकी नाम, क्षेत्र साबला, पुरी पाटन ग्राम।" इसमें साबला पुरी पाटन ग्राम का नाम अंकित है।

कल्कि महाअवतार एवं अन्य स्वघोषित कल्कि अवतार

कल्कि अवतार के इस पद पर अनेक स्वघोषित दावेदार हैं जो समय-समय पर भविष्यवाणियों के अनुसार स्वयं को सिद्ध करने की कोशिश और कल्कि अवतार के सम्बन्ध में अनेक भविष्यवाणी करते रहते हैं जिन्हें इन्टरनेट (google.com, youtube.com इत्यादि) पर "कल्कि अवतार (KALKI AVATAR)" सर्च कर देखा जा सकता है परन्तु यह जानना चाहिए कि काल और युग परिवर्तन से परिचय कराने के लिए युगानुसार आत्मतत्व को व्यक्त करना पड़ता है। उसी सार्वभौम सत्य को युगानुसार योग कराया जाता है केवल भीड़ इकट्ठा हो जाने से कुछ भी नहीं होता। अवतारों को पहचानने के लिए सबसे मूल विषय यह होता है कि वह नया क्या दे रहा है जो उस समय के समाज के बहुमत मानव के शान्ति, एकता, स्थिरता व विकास को प्रभावित करता हो। सार्वभौम सत्य को व्यक्त करने वाला प्रत्येक मानव शरीरधारी अवतार ही है परन्तु युग के सर्वोच्च स्तर के सार्वभौम सत्य को व्यक्त करने वाला ही युगावतार कहलाता है।

कल्कि अवतार - महाअवतार क्यों?

सत्य से सार्वभौम सत्य-सिद्धान्त तक का र्माग अवतारों का मार्ग है। सार्वभौम सत्य-सिंद्धान्त की अनुभूति ही अवतरण है। इसके अंश अनुभूति को अंश अवतार तथा पूर्ण अनुभूति को पूर्ण अवतार कहते है। अवतार मानव मात्र के लिए ही कर्म करते हैं न कि किसी विशेष मानव समूह या सम्प्रदाय के लिए। ग्रन्थों में अवतारों की कई कोटि बतायी गई है जैसे अंशाशावतार, अंशावतार, आवेशावतार, कलावतार, नित्यावतार, युगावतार इत्यादि, जो भी सार्वभौम सत्य-सिद्धान्त को व्यक्त करता है वे सभी अवतार कहलाते हैं। व्यक्ति से लेकर समाज के सर्वोच्च स्तर तक सार्वभौम सत्य-सिद्धान्त को व्यक्त करने के क्रम में ही विभिन्न कोटि के अवतार स्तरबद्ध होते है। अन्तिम सार्वभौम सत्य-सिद्धान्त को व्यक्त करने वाला ही अन्तिम अवतार के रूप में व्यक्त होगा। अब तक हुये अवतार, पैगम्बर, ईशदूत इत्यादि को हम सभी उनके होने के बाद, उनके जीवन काल की अवधि में या उनके शरीर त्याग के बाद से ही जानते हैं। परन्तु भविष्य अर्थात् आने वाले कल के लिए कल्पित एक मात्र महाविष्णु के अवतार के आने से पूर्व ही जानने लगे हैं।

हम सभी के मोटर वाहनों में, वाहन कितने किलोमीटर चला उसे दिखाने के लिए एक यंत्र होता है। यदि इस यंत्र की अधिकतम 6 अंकों तक किलोमीटर दिखाने की क्षमता हो तब उसमें 6 अंक दिखते है। जो प्रारम्भ में 000000 के रूप में होता है। वाहन के चलते अर्थात् विकास करते रहने से 000001 फिर 000002 इस क्रम से बढ़ते हुए पहले इकाई में, फिर दहाई में, फिर सैकड़ा में, फिर हजार में, फिर दस हजार में, फिर लाख में, के क्रम में यह आगे बढ़ते हुये बदलता रहता है। एक समय ऐसा आता है जब सभी अंक 999999 हो जाते हैं फिर क्या होगा? फिर सभी 000000 के अपने प्रारम्भ वाली स्थिति में आ जायेगें। इन 6 अंक के प्रत्येक अंक के चक्र में 0 से 9 अंक के चक्र होते है। जो वाहन के चलने से बदलकर चले हुये किलोमीटर को दिखाते है। यही स्थिति भी इस सृष्टि के काल चक्र की है। सृष्टि चक्र में पहले काल है जिसके दो रूप अदृश्य और दृश्य हैं। फिर इन दोनों काल में 5 युग हैं। 4 अदृश्य काल के 1 दृश्य काल के। और इन दोनों काल में 14 मनवन्तर और मनु हैं। 7 अदृश्य काल के 7 दृश्य काल के। फिर इन युगों में युगावतार अवतार होते हैं। फिर व्यास व शास्त्र होते हैं। ये सब वैसे ही है जैसे अंक गणित में इकाई, दहाई, सैकड़ा, हजार, दस हजार, लाख इत्यादि होते हैं। उपर उदाहरण दिये गये यंत्र में जब सभी अंक 999999 हो जाते हैं तब विकास के अगले एक बदलाव से इकाई, दहाई, सैकड़ा, हजार, दस हजार, लाख सभी बदलते हैं।

वर्तमान सृष्टि चक्र की स्थिति भी यही हो गयी है कि अब अगले अवतार के मात्र एक विकास के लिए सत्यीकरण से काल, मनवन्तर व मनु, अवतार, व्यास व शास्त्र सभी बदलेगें। इसलिए देश व विश्व के धर्माचार्यें,

विद्वानों, ज्योतिषाचार्यों इत्यादि को अपने-अपने शास्त्रों को देखने व समझने की आवश्यकता आ गयी है क्योंकि कहीं श्री लव कुश सिंह "विश्वमानव" और "आध्यात्मिक सत्य" आधारित कार्य "विश्वशास्त्र" वही तो नहीं है? और यदि नहीं तो वह कौन सा कार्य होगा जो इन सबको बदलने वाली घटना को घटित करेगा?

शनिवार, 22 दिसम्बर, 2012 से प्रारम्भ हो चुका है-

1. काल के प्रथम रूप अदृश्य काल से दूसरे और अन्तिम दृश्य काल का प्रारम्भ।
2. मनवन्तर के वर्तमान 7वें मनवन्तर वैवस्वत मनु से 8वें मनवन्तर सांवर्णि मनु का प्रारम्भ।
3. अवतार के नवें बुद्ध से दसवें और अन्तिम अवतार-कल्कि महावतार का प्रारम्भ।
4. युग के चौथे कलियुग से पाँचवें युग स्वर्ण युग का प्रारम्भ।
5. व्यास और द्वापर युग में आठवें अवतार श्रीकृष्ण द्वारा प्रारम्भ किया गया कार्य "नवसृजन" के प्रथम भाग "सार्वभौम ज्ञान" के शास्त्र "गीता" से द्वितीय अन्तिम भाग "सार्वभौम कर्मज्ञान", "पूर्णज्ञान का पूरक शास्त्र", लोकतन्त्र का "धर्मनिरपेक्ष धर्मशास्त्र" और आम आदमी का "समाजवादी शास्त्र" द्वारा व्यवस्था सत्यीकरण और मन के ब्रह्माण्डीयकरण और नये व्यास का प्रारम्भ।

कल्कि अवतार और लव कुश सिंह "विश्वमानव"

जिस प्रकार पुनर्जन्म केवल मानसिक आधार पर ही सिद्ध हो पाता है उसी प्रकार अवतार भी केवल मानसिक आधार पर ही पहचाने जाते हैं। वे अपने से पिछले अवतार के गुण से युक्त तो होते हैं परन्तु पिछले अवतार की धर्मस्थापना की कला से अलग एक नई कला का प्रयोग करते हैं और वह प्रयोग कर देने के उपरान्त ही मानव समाज को ज्ञात होता है अर्थात् प्रत्येक अवतार का शरीर अलग-अलग व समाज के सत्यीकरण की कला अलग-अलग होती है। इस सम्बन्ध में आचार्य रजनीश "ओशो" का कहना है कि - "एक तरह का सिद्ध एक ही बार होता है, दोबारा नहीं होता। क्योकि जो सिद्ध हो गया, फिर नही लौटता। गया फिर वापस नहीं आता। एक ही बार तुम उसकी झलक पाते हो- बुद्ध की, महावीर की, क्राइस्ट की, मुहम्मद की, एक ही बार झलक पाते हो, फिर गये सो गये। फिर विराट में लीन हो गये। फिर दोबारा उनके जैसा आदमी नहीं होगा, नहीं हो सकता। मगर बहुत लोग नकलची होंगे। उनको तुम साधु कहते हो। उन नकलीची का बड़ा सम्मान है। क्योंकि वे तुम्हारे शास्त्र के अनुसार मालूम पड़ते हैं। जब भी सिद्ध आयेगा सब अस्त व्यस्त कर देगा सिद्ध आता ही है क्रान्ति की तरह ! प्रत्येक सिद्ध बगावत लेकर आता है, एक क्रान्ति का संदेश लेकर आता है एक आग की तरह आता है- एक तुफान रोशनी का! लेकिन जो अँधेरे में पड़े हैं। उनकी आँखे अगर एकदम से उतनी रोशनी न झेल सके और नाराज हो जाय तो कुछ आश्चर्य नहीं। जो एक गुरू बोल रहा है, वह अनन्त सिद्धों की वाणी है। अभिव्यक्ति में भेद होगा, शब्द अलग होंगे, प्रतीक अलग होंगे मगर जो एक सिद्ध बोलता है, वह सभी सिद्धों की वाणी है। इनसे अन्यथा नहीं हो सकता है। इसलिए जिसने एक सिद्ध को पा लिया, उसने सारे सिद्धों की परम्परा को पा लिया। क्योंकि उनका सूत्र एक ही है। कुंजी तो एक ही है, जिसमें ताला खुलता है अस्तित्व का।"

जिस प्रकार सुबह में कोई व्यक्ति यह कहे कि रात होगी तो वह कोई नई बात नहीं कह रहा। रात तो होनी है चाहे वह कहे या ना कहे और रात आ गई तो उस रात को लाने वाला भी वह व्यक्ति नहीं होता क्योंकि वह प्रकृति का नियम है। इसी प्रकार कोई यह कहे कि "सतयुग आयेगा, सतयुग आयेगा" तो वह उसको लाने वाला नहीं होता। वह नहीं भी बोलेगा तो भी सतयुग आयेगा क्योंकि वह अवतारों का नियम है। सुबह से रात लाने का माध्यम प्रकृति है। युग बदलने का माध्यम अवतार होते हैं। जिस प्रकार त्रेतायुग से द्वापरयुग में परिवर्तन के लिए वाल्मिकि रचित "रामायण" आया, जिस प्रकार द्वापरयुग से कलियुग में परिवर्तन के लिए महर्षि व्यास रचित "महाभारत"आया। उसी प्रकार प्रथम अदृश्य काल से द्वितीय और अन्तिम दृश्य काल व चौथे युग-कलियुग से पाँचवें युग-स्वर्णयुग में परिवर्तन के लिए शेष समष्टि कार्य का शास्त्र "विश्वशास्त्र" सत्यकाशी क्षेत्र जो वाराणसी-विन्ध्याचल-

शिवद्वार-सोनभद्र के बीच का क्षेत्र है, से भारत और विश्व को अन्तिम महावतार श्री लव कुश सिंह "विश्वमानव" द्वारा मानवों के अनन्त काल तक के विकास के लिए व्यक्त किया गया है।

कारण, अन्तिम महावतार श्री लव कुश सिंह "विश्वमानव" और "आध्यात्मिक सत्य" आधारित क्रिया "विश्वशास्त्र" से उन सभी ईश्वर के अवतारों और शास्त्रों, धर्माचार्यों, सिद्धों, संतों, महापुरूषों, भविष्यवक्ताओं, तपस्वीयों, विद्वानों, बुद्धिजिवीयों, व्यापारीयों, दृश्य व अदृश्य विज्ञान के वैज्ञानिकों, सहयोगीयों, विरोधीयों, रक्त-रिश्ता-देश सम्बन्धियों, उन सभी मानवों, समाज व राज्य के नेतृत्वकर्ताओं और विश्व के सबसे बड़े लोकतन्त्र के संविधान को पूर्णता और सत्यता की एक नई दिशा प्राप्त हो चुकी है जिसके कारण वे अधूरे थे। इस प्रकार अन्तिम महावतार के रूप में "विश्वशास्त्र" के द्वारा स्वयं को स्थापित करने वाले श्री लव कुश सिंह "विश्वमानव" पूर्णतया योग्य सिद्ध होते हैं और शास्त्रों व अनेक भविष्यवक्ताओं के भविष्यवाणीयों को पूर्णतया सिद्ध करते हैं। भविष्यवाणीयों के अनुसार ही जन्म, कार्य प्रारम्भ और पूर्ण करने का समय और जीवन है। जिन्हें इन्टरनेट पर लव कुश सिंह "विश्वमानव", सत्यकाशी, विश्वशास्त्र, विश्वमानव (LAVA KUSH SINGH "VISHWMANAV", SATYAKASHI, VISHWSHASTRA, VISHWMANAV) इत्यादि से सर्च कर पाया जा सकता है।

व्यक्तिगत प्रमाणित अदृश्य सार्वभौम सत्य-सिद्धान्त से सार्वजनिक या ब्रह्माण्डीय प्रमाणित दृश्य सार्वभौम सत्य-सिद्धान्त तक व्यक्त होने की पूर्ण प्रक्रिया में- विष्णु के प्रथम छः अवतार एकात्म कर्म की प्रधानता लेकर प्रत्यक्ष अंशावतार के रुप में, सातवां- एकात्म ज्ञान की प्रधानता लेकर प्रत्यक्ष अंशावतार के रुप में, आठवां-एकात्म-ज्ञान और एकात्म-कर्म की प्रधानता लेकर अदृश्य व्यक्तिगत प्रमाणित प्रत्यक्ष एवं प्रेरक पूर्णावतार के रुप में, नौवां- एकात्म कर्म और एकात्म ध्यान की प्रधानता लेकर आठवें अवतार के प्रेरक अंशावतार के रुप में। ब्रह्मा अर्थात् एकात्म ज्ञान के अनेक अवतार तथा शंकर अर्थात् एकात्म-ध्यान के 21 अवतार अदृश्य व्यक्तिगत प्रमाणित काल मानव समाज के वर्तमान श्रृंखला के समक्ष व्यक्त हो चुके हैं। दृश्य सार्वजनिक प्रमाणित काल में मानव समाज के वर्तमान श्रृंखला के समक्ष-ब्रह्मा अर्थात् एकात्म-ज्ञान के अन्तिम, विष्णु अर्थात् एकात्म कर्म के दसवें अन्तिम निष्कलंक कल्कि तथा शंकर अर्थात् एकात्म ध्यान के बाइसवें अन्तिम भोगेश्वर सहित शिव-आत्मा-ईश्वर-ब्रह्म के दृश्य सार्वजनिक या ब्रह्माण्डीय प्रमाणित सिद्धान्त से युक्त पूर्ण दृश्य सार्वजनिक या ब्रह्माण्डीय प्रमाणित प्रथम एवं अन्तिम प्रेरक पूर्ण अवतार या दृश्य शिव-आत्मा-ईश्वर-ब्रह्म व्यक्त हो चुके हैं। इस प्रकार ईश्वर और ईश्वर के अवतारों की श्रृंखला समाप्त होती है। और अब सम्पूर्ण मानव जाति को शिवमय होकर इस ब्रह्माण्ड को स्वर्ग में परिवर्तित करने की ओर कर्म द्वारा अग्रसर होना है। यही उसके कल्याण का अन्तिम मार्ग है।

व्यक्तिगत प्रमाणित अदृश्य सार्वभौम सत्य-सिद्धान्त से सार्वजनिक या ब्रह्माण्डीय प्रमाणित दृश्य सार्वभौम सत्य-सिद्धान्त तक व्यक्त होने का मार्ग ही अवतार का मार्ग है जो अलग-अलग समय में एक या एक ही समय में अनेक भी हो सकते हैं। प्रत्येक अवतार का मूल समष्टि धर्म की स्थापना रहा है। व्यष्टि धर्म (व्यक्ति-परिवार) केन्द्रित धर्म, सदैव अवतारों द्वारा या आत्मीय/प्राकृतिक बल द्वारा अवनति को प्राप्त होते रहते हैं।

अदृश्य काल के व्यक्तिगत प्रमाणित अदृश्य काल में प्रमाणित प्राकृतिक चेतना से युक्त विष्णु के प्रथम छः मत्स्य, कर्म, वाराह, नृसिंह, वामन और परशुराम अंशावतार एकात्म कर्म से युक्त होकर व्यक्त के सार्वजनिक प्रमाणित अदृश्य काल के सार्वजनिक प्रमाणित प्राकृतिक चेतना से विष्णु के सातवें-श्रीराम अंशावतार एकात्मज्ञान से युक्त हुये। दृश्य काल के व्यक्तिगत प्रमाणित दृश्य काल में व्यक्तिगत प्रमाणित सत्य चेतना से युक्त विष्णु के आठवें- श्रीकृष्ण व्यक्तिगत प्रमाणित पूर्णावतार एकात्मज्ञान और एकात्मकर्म से तथा नवें-बुद्ध श्रीकृष्ण के अंशावतार एकात्मकर्म अैर एकात्मध्यान से युक्त हुये। सार्वजनिक या ब्रह्माण्डीय प्रमाणित वर्तमान सार्वजनिक प्रमाणित सत्य चेतना से विष्णु के दसवें और अन्तिम निष्कलंक कल्कि-श्री लव कुश सिंह "विश्वमानव" एकात्म ज्ञान, एकात्मकर्म, एकात्मध्यान से युक्त पूर्ण दृश्य पूर्णावतार के रूप में व्यक्त हुये हैं।

श्री विष्णु पुराण (तृतीय अंश, अध्याय-दो) में लिखा है कि-स्थितिकारक भगवान विष्णु चारों युगों में इस प्रकार व्यवस्था करते हैं-समस्त प्राणियों के कल्याण में तत्पर वे सर्वभूतात्मा सत्ययुग में कपिल आदिरूप धारणकर परम ज्ञान का उपदेश करते हैं। त्रेतायुग में वे सर्वसमर्थ प्रभु चक्रवर्ती भूपाल होकर दुष्टों का दमन करके

त्रिलोक की रक्षा करते हैं। तदन्तर द्वापरयुग में वे वेदव्यास रूप धारण कर एक वेद के चार विभाग करते हैं और सैकड़ों शाखाओं में बाँटकर बहुत विस्तार कर देते हैं। इस प्रकार द्वापर में वेदों का विस्तार कर कलियुग के अन्त में भगवान कल्किरूप धारणकर दुराचारी लोगों को सन्मार्ग में प्रवृत्त करते हैं। इसी प्रकार, अनन्तात्मा प्रभु निरन्तर इस सम्पूर्ण जगत् के उत्पत्ति, पालन और नाश करते रहते हैं। इस संसार में ऐसी कोई वस्तु नहीं है जो उनसे भिन्न हो।

श्री विष्णु पुराण (तृतीय अंश, अध्याय-तीन) में लिखा है कि-वेद रूप वृक्ष के सहस्त्रों शाखा-भेद हैं, उनका विस्तार से वर्णन करने में तो कोई भी समर्थ नहीं है अत-संक्षेप यह है कि प्रत्येक द्वापरयुग में भगवान विष्णु व्यासरूप से अवतीर्ण होते हैं और संसार के कल्याण के लिए एक वेद के अनेक भेद कर देते हैं। मनुष्यों के बल, वीर्य और तेज को अलग जानकर वे समस्त प्राणियों के हित के लिए वेदों का विभाग करते हैं। जिस शरीर के द्वारा एक वेद के अनेक विभाग करते हैं भगवान मधुसूदन की उस मूर्ति का नाम वेदव्यास है।

सार्वभौम आत्मा पर केन्द्रित प्रवृत्ति मार्गी अवतारों का कार्य सकारात्मक व नकारात्मक दोनों के मनों को सार्वभौम आत्मीय केन्द्रित करना होता है। सकारात्मक मन बार-बार पुर्नजन्म लेकर सार्वभौम आत्मीय केन्द्र की ओर गति करता है। इस प्रकार जो भी अन्तिम अवतार होगा व सकारात्मक मन से आये सर्वोच्च अन्तिम मन का पुनर्जन्म भी होगा और अवतारों की श्रृंखला की अगली कड़ी भी होगा। साथ ही सर्वोच्च नकारात्मक मन की अगली कड़ी भी होगा। अर्थात् सकारात्मक मन की ओर से आये वर्तमान तक के अन्तिम सार्वभौम मन स्वामी विवेकानन्द हैं इसलिए अन्तिम कल्कि अवतार उनका पुनर्जन्म भी होगा। सार्वभौम आत्मा पर केन्द्रित प्रवृत्ति मार्ग की ओर से आये अन्तिम अवतार श्री कृष्ण हैं इसलिए अन्तिम कल्कि अवतार उनकी अगली कड़ी भी होगा। नकारात्मक मन की ओर से आये वर्तमान तक के अन्तिम रावण है इसलिए अन्तिम कल्कि अवतार उनकी अगली कड़ी भी होगा।

इसी प्रकार काल (समय) के दो रूप हैं- अदृश्य काल और दृश्य काल। अदृश्य काल व्यक्तिगत प्रमाणित आध्यात्म विज्ञान पर आधारित केन्द्रित मन है तो दृश्य काल सार्वजनिक प्रमाणित पदार्थ विज्ञान पर आधारित केन्द्रित मन है। दूसरे रूप में जब व्यक्ति का मन अन्तः विषयों पर केन्द्रित रहता है तब वह अदृश्य काल में तथा जब बाह्य विषय पर केन्द्रित रहता है तब वह दृश्य काल में स्थित रहता है। इस प्रकार अन्तिम अवतार का सम्बन्ध काल चक्र और पुनर्जन्म चक्र से निम्न प्रकार होगा-

प्रकृति चक्र

01. सत् मार्ग के श्रीकृष्ण
02. रज मार्ग के स्वामी विवेकानन्द
03. तम मार्ग के रावण

पुर्नजन्म चक्र

01. सत्व मार्ग से-श्रीकृष्ण और अन्तिम कल्कि अवतार
02. तम मार्ग से-रावण और अन्तिम कल्कि अवतार
03. रज मार्ग से-स्वामी विवेकानन्द और अन्तिम कल्कि अवतार

काल चक्र

01. प्रथम भाग-अदृश्य काल में विश्वात्मा का प्रथम जन्म-योगेश्वर श्रीकृष्ण
02. द्वितीय भाग-दृश्य काल में विश्वात्मा के जन्म का पहला भाग-स्वामी विवेकानन्द
03. द्वितीय भाग-दृश्य काल में विश्वात्मा के जन्म का अन्तिम भाग- अन्तिम कल्कि अवतार

जो भी अपने आप को कल्कि अवतार के रूप में व्यक्त करेगा वह उपरोक्त सार्वभौम सत्य-सिद्धान्त सम्बन्ध से युक्त होना चाहिए। यदि श्री लव कुश सिंह "विश्वमानव" कल्कि अवतार हैं तो उपरोक्त सम्बन्ध अवश्य होंगे और इसका विवरण "विश्वशास्त्र" में विस्तार से दिया गया है। सम्पूर्ण शास्त्र का संगठन इस पर ही आधारित है।

मनुष्य "पाने" में अधिक विश्वास करता है इसके लिए वह "दर्शन", "दान" इत्यादि का कार्य कर सब-कुछ पा लेना चाहता है जबकि जो "हो जाने या बन जाने" में विश्वास करते हैं वहीं अवतार, महापुरूष इत्यादि के रूप में व्यक्त होते हैं। शरीर प्राप्त कर, उसका पालन और संसाधन प्राप्त करना तथा पीढ़ी बढ़ाना ये सामान्य सी जैविक प्रक्रिया है, मनुष्य का शरीर पाने के कारण यह जीवन का एक अनिवार्य कर्म तो है ही परन्तु लक्ष्य नहीं। किसी अवतार, महापुरूष या कालानुसार प्रसिद्ध व्यक्ति का दर्शन या उनसे मिल लेने से कोई लाभ नहीं होता जब तक कि मनुष्य उन जैसा बनने का प्रयत्न ना करे या उनके द्वारा निर्धारित कार्य न करे।

उपरोक्त मुख्य मूल आविष्कार के उपरान्त अनेक आविष्कार पर आविष्कार होते गये और मनुष्य आविष्कारक के जीवन, ज्ञान व कर्म से सम्बन्धित व्यापार से अपने जीवन को विकास की ओर ले जा रहा है। कोई भी विचारधारा (आविष्कार) चाहे उसकी उपयोगिता कालानुसार समाज को हो या न हो, यदि वह संगठन का रूप लेकर अपना आय स्वयं संचालित करने लगती है तो उसके साथ व्यक्ति जीवकोपार्जन, श्रद्धा व विश्वास से जुड़ता है न कि ज्ञान के लिए।

अनिर्वचनीय कल्कि महाअवतार भोगेश्वर श्री लव कुश सिंह "विश्वमानव" के अवतरण से पुनः पूर्वानुसार उनके जीवन, कर्म व ज्ञान से अनेक दिशाओं में व्यष्टि व समष्टि केन्द्रित नये आविष्कार व व्यापार को दिशा मिली है।

सभी प्रकार के सत्व, रज और तम से युक्त मन और उनसे व्यक्त मनु, अवतार, संत, महापुरूष के मनों से युक्त अर्थात् "विश्व मन से युक्त आत्मा - एक पूर्ण मानव", विश्वात्मा मैं (लव कुश सिंह "विश्वमानव") ही हूँ।

भगवान श्री रामकृष्ण ने नरेन्द्र नाथ दत्त (स्वामी विवेकानन्द का पूर्व नाम) को सर्वस्व त्याग द्वारा पूर्णज्ञान दिये। नरेन्द्र नाथ दत्त द्वारा रामकृष्ण परमहंस से शरीर त्याग के अन्तिम दिनों में पूछे जाने पर कि आप कौन हैं। उन्होंने कहा- "जो राम है, जो कृष्ण है, अब दोनों ही इस शरीर में है" अर्थात् "जो एकात्म ज्ञान है, जो एकात्म ज्ञान सहित एकात्म कर्म है अब दोनों ही इस शरीर में है"। (स्वामी विवेकानन्द के संग में, पृष्ठ संख्या-54) तथा फिल्म "स्वामी विवेकानन्द" में फिल्मांकन भी किया गया है। स्वामी विवेकानन्द इस पूर्णज्ञान को 100 वर्ष पूर्व ही प्राप्त कर चुके थे लेकिन उसकी स्थापना नहीं कर सकते थे क्योंकि उस वक्त न तो भारत स्वतन्त्र था न ही समष्टि आधारित विश्व स्तरीय संगठन - संयुक्त राष्ट्र संघ का ही जन्म हुआ था परिणामस्वरूप उस समय के लिए जितना कार्य आवश्यक था पूर्ण करके अन्तिम इच्छा, सूक्ष्म शरीर के रूप में रही और समयानुसार आत्मा के दृश्य रूप और बहुरूप में प्रकाशित एक सत्ता- श्री लव कुश सिंह "विश्वमानव" के रूप में अब व्यक्त हुई है।

स्वामी विवेकानन्द के ये दो कथन - "सम्भव है काल के प्रवाह में, कभी कभी ऐसा भास होता है कि वेदान्त का महाप्रकाश अब बुझा और जब ऐसी स्थिति आती है, तब भगवान मानवदेह धारण कर, पृथ्वी पर आते है और फिर धर्म में पुनः एक ऐसी शक्ति ऐसे जीवन का संचार हो जाता है कि वह फिर एकाध युग तक अदम्य उत्साह से आगे बढ़ता जाता है। आज वही शक्ति और जीवन उसमें फिर आ गया है। (विवेकानन्द जी के सान्निध्य में, पृष्ठ संख्या-6) और मुझे अपनी मुक्ति की इच्छा अब बिल्कुल नहीं। सांसारिक भोग तो मैंने कभी चाहा नहीं। मुझे सिर्फ अपने यन्त्र को मजबूत और कार्योपयोगी देखना है और फिर निश्चित रूप से यह जानकर कि कम से कम भारत में मैंने मानव जाति के कल्याण का एक ऐसा यंत्र स्थापित कर दिया है, जिसका कोई शक्ति नाश नहीं कर सकती, मैं सो जाउँगा और आगे क्या होने वाला है, इसकी परवाह नहीं करूँगा। मेरी अभिलाषा है कि मैं बार बार जन्म लूँ और हजारों दुःख भोगता रहूँ, ताकि मैं उस एक मात्र सम्पूर्ण आत्माओं के समिष्टरूप ईश्वर की पूजा कर सकूँ जिसकी सचमुच सत्ता है और जिसका मुझे विश्वास है। सबसे बढ़कर सभी जातियों और वर्गों के पापी और दरिद्र रूपी ईश्वर ही मेरा विशेष उपास्य है।" (स्वामी विवेकानन्द का मानवतावाद, पृष्ठ संख्या-38) स्वंय प्रमाण है।

भविष्यवाणीयों के अनुसार ही आज विश्व में घटनाएँ घट रही हैं। युग परिवर्तन प्रकृति का अटल सिद्धान्त है। वैदिक दर्शन के अनुसार चार युगों- सतयुग, त्रेतायुग, द्वापरयुग और कलियुग की व्यवस्था है। जब पृथ्वी

पर पापियों का एक छत्र साम्राज्य हो जाता है, तब भगवान पृथ्वी पर मानव रूप में प्रकट होते हैं। मानवता के इस पूर्ण विकास का कार्य अनादि काल से भारत ही करता आया है। इसी पुण्य भूमि पर अवतारों का अवतरण अनादि काल से होता रहा है। लेकिन कैसी बिडम्बना है कि ऋषि-मुनियों, महापुरूषों व अवतारों के जीवन काल में उनके अधिकतम उपयोग के लिए उस समय के शासन व्यवस्था व जनता ने उनकी दिव्य बातों व आदर्शों पर ध्यान नहीं दिया और उनके अन्र्तध्यान होने पर दुगने उत्साह से उनकी पूजा शुरू कर पूजने लग गये। यह भी एक बिडम्बना ही है कि हम जीवन व समय रहते उनकी नहीं मानते अपितु उनका विरोध व अपमान ही करते रहते हैं। कुल मिलाकर "कारवाँ गुजर गया, गुबार पूजते रह गये" वाली स्थिति मनुष्यों की रहती है।

सार्वभौम सत्य-सिद्धान्त अनुसार कथा

सार्वजनिक प्रमाणित दृश्य काल के समष्टि दृश्य काल में दृश्य सत्य चेतना के पूर्ण रुप से युक्त संघ और योजना आधारित कलियुग में ब्रम्हा के अन्तिम, विष्णु के दसवें और अन्तिम निष्कलंक कल्कि, शंकर के बाइसवें और अन्तिम भोगेश्वर तथा शिव के अन्तिम दृश्य सार्वजनिक अर्थात् ब्रह्माण्डीय प्रमाणित पूर्णावतार लव कुश सिंह "विश्वमानव" के अवतरित होने तक सर्वाधिक क्रान्ति वाले समाज में सभी विषय विकसित अवस्था को प्राप्त हो रहे थे। साथ ही अवनति, दुरुपयोग और विनाश की ओर भी बढ़ रहे थे।

विस्तार के लिए "विश्वशास्त्र" पढ़ें

KNOWLEDGE BOMB (K-BOMB)

एक आइडिया जो बदल दे पूरी दुनिया, जोश सत्य का और तरक्की के लिए नया और अन्तिम नजरिया

त्रिलोक की व्यक्तिगत प्रमाणित कथा नहीं, बल्कि इस लोक की सार्वजनिक प्रमाणित "आध्यात्मिक सत्य" पर आधारित व्यावहारिक कथा

सभी शिक्षा एक तरफ, "विश्वशास्त्र" एक तरफ।

सभी पुस्तक–शास्त्र एक तरफ, "विश्वशास्त्र" एक तरफ

हर घर का शान और प्राण "विश्वशास्त्र", धरती के नागरिक का जीवनशास्त्र "विश्वशास्त्र"

स्वर्ण युग का शास्त्र "विश्वशास्त्र",

राष्ट्र का एक मात्र अन्तिम शास्त्र "विश्वशास्त्र"

(द्वापर युग में आठवें अवतार श्रीकृष्ण द्वारा प्रारम्भ किया गया कार्य "नवसृजन" के प्रथम भाग "सार्वभौम ज्ञान" के शास्त्र "गीता" के बाद कलियुग में द्वितीय और अन्तिम भाग "सार्वभौम कर्मज्ञान" और "पूर्णज्ञान का पूरक शास्त्र")

समीक्षक द्वय

–डॉ0 कन्हैया लाल, एम.ए., एम.फिल.पीएच.डी (समाजशास्त्र–बी.एच.यू.)
निवास–घासीपुर बसाढ़ी, अधवार, चुनार, मीरजापुर (उ0 प्र0)–231304, भारत

–डॉ0 श्रीराम व्यास सिंह, एम.ए., पीएच.डी (योग, आई.एम.एस–बी.एच.यू.)
निवास–कोलना, चुनार, मीरजापुर (उ0 प्र0)–231304, भारत

Yes You I Yes You

S U I S U

स्त्यकाशी ब्रह्माण्डीय एकात्म विज्ञान विश्वविद्यालय (स.ब्र.ए.वि.वि.)
(Satyakashi Universal Integration Science University (SU-ISU)
(शैक्षिक एवं जनकल्याणकारी ट्रस्ट)
ग्रा.– बघेड़ा, पो.– पुरुषोत्तमपुर, जिला–मीरजापुर (उ0 प्र0) भारत, पिन–231305

जिस प्रकार त्रेतायुग से द्वापरयुग में परिवर्तन के लिए वाल्मिकि रचित "रामायण" अवतरित हुआ, जिस प्रकार द्वापरयुग से कलियुग में परिवर्तन के लिए महर्षि व्यास रचित "महाभारत" अवतरित हुआ, उसी प्रकार कलियुग से पाँचवें युग–स्वर्णयुग में परिवर्तन के लिए "विश्वशास्त्र" अवतरित हुआ है।

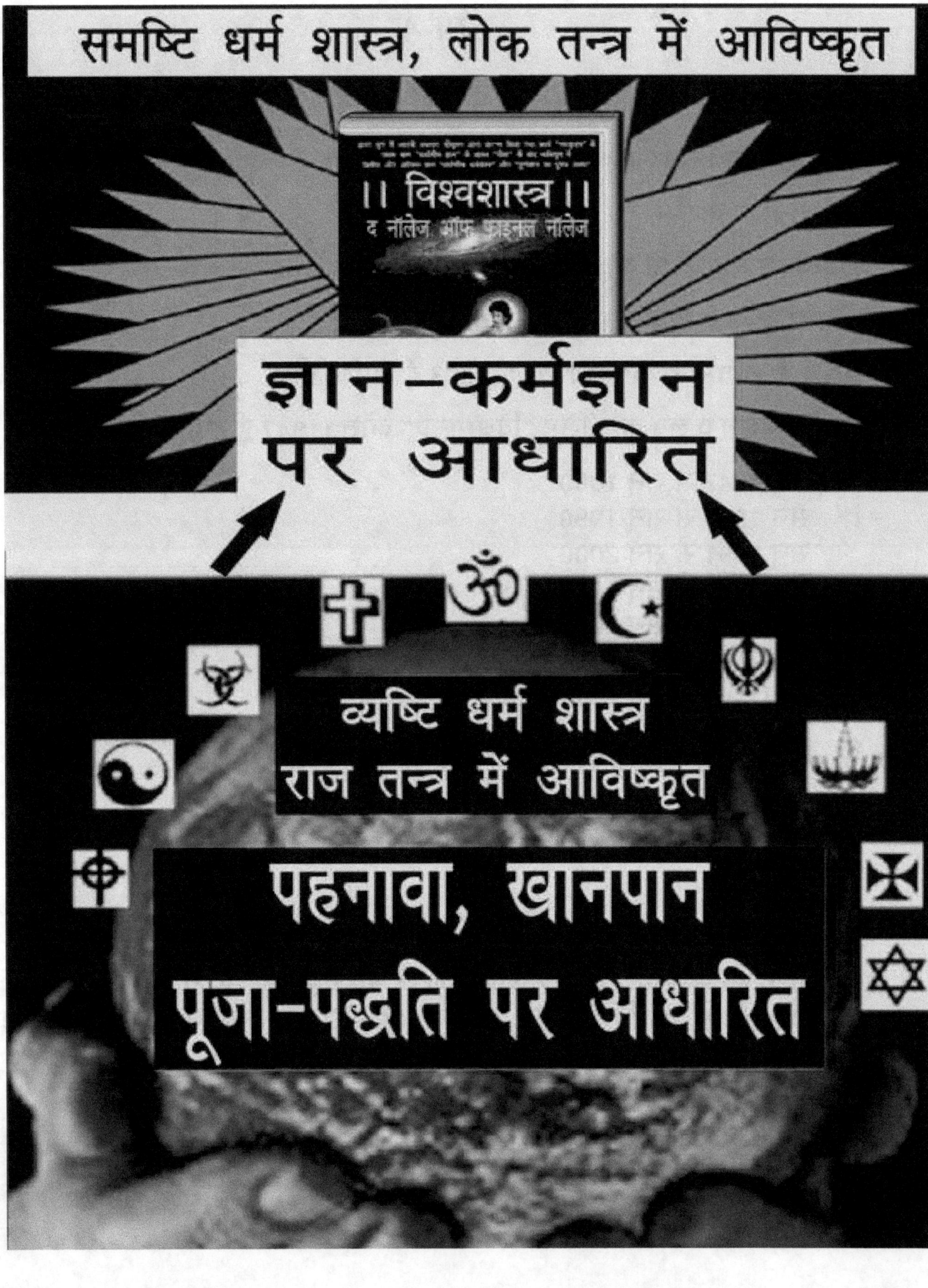
समष्टि धर्म शास्त्र, लोक तन्त्र में आविष्कृत
।। विश्वशास्त्र ।।
द नॉलेज ऑफ फाइनल नॉलेज
ज्ञान-कर्मज्ञान पर आधारित
व्यष्टि धर्म शास्त्र
राज तन्त्र में आविष्कृत
पहनावा, खानपान
पूजा-पद्धति पर आधारित

भाग-4

घटना-चक्र: एक आश्चर्यजनक समानता

काल का प्रथम रूप - अदृश्य काल

धर्म ज्ञान का प्रारम्भ

श्रीकृष्ण व महाभारत काल

श्री राम कृष्ण व विवेकानन्द काल (1836 ई.-1902 ई.)

भारत के स्वतन्त्रता का उच्च काल (1903 ई.-1946 ई.)

स्वतन्त्र भारत व लव कुश सिंह "विश्वमानव" काल (1947 ई.-2015 ई.)

सन् 1947 से सन् 1980
सन् 1981 से सन् 1990
सन् 1991 से सन् 2000
सन् 2001 से सन् 2010
सन् 2011 से सन् 2015

काल का द्वितीय और अन्तिम रूप - दृश्य काल

धर्म ज्ञान का अन्त - वर्तमान समय - इतिहास लौट चुका है

सन् 2016 ई0
सन् 2017 ई0
सन् 2018 ई0
सन् 2019 ई0
सन् 2020 ई0
वर्ष 2020 ई0 में खगोलिय घटना: 6 ग्रहण (4 चंद्र ग्रहण, 2 सूर्य ग्रहण)
वर्ष 2020 ई0 में प्राकृतिक घटना: कोरोना (COVID-19) वायरस से वैश्विक महामारी
वर्ष 2020 ई0: सार्वभौम एकात्मता-मानवता का सन्देश
वर्ष 2020 ई0 का खगोलिय सन्देश
वर्ष 2020 ई0 का प्राकृतिक सन्देश
वर्ष 2020 ई0 का सार्वभौम सन्देश
वर्ष 2020 ई0 का अवतारी सन्देश

घटना-चक्र: एक आश्चर्यजनक समानता

काल का प्रथम रूप
अदृश्य काल

धर्म ज्ञान का प्रारम्भ

धर्म ज्ञान का प्रारम्भ

01. वैदिक धर्म-ऋषि-मुनि गण-ईसापूर्व 6000-2500

सत्ययुग के धर्म

02. ब्राह्मण धर्म-ब्राह्मण गण-ईसापूर्व 6000-2500

अ. व्यक्तिगत प्रमाणित पूर्ण प्रत्यक्ष अवतार

01. अदृश्य काल के व्यक्तिगत प्रमाणित काल में व्यक्तिगत प्रमाणित अदृश्य प्राकृतिक चेतना से युक्त सत्य आधारित सतयुग में विष्णु के प्रथम अवतार - मत्स्य अवतार

मुख्य-गुण सिद्धान्त - मछलियों के स्वभाव जल की धारा के विपरीत दिशा (राधा) में गति करने से ज्ञान (अर्थात् राधा का सिद्धान्त) प्रथम अवतार मत्स्य अवतार का गुण था जो अगले अवतार में संचरित हुई।

02. अदृश्य काल के व्यक्तिगत प्रमाणित काल में व्यक्तिगत प्रमाणित अदृश्य प्राकृतिक चेतना से युक्त सत्य आधारित सतयुग में विष्णु के द्वितीय अवतार - कूर्म या कच्छपावतार

मुख्य-गुण सिद्धान्त - एक सहनशील, शांत, धैर्यवान, लगनशील, दोनों पक्षों के बीच मध्यस्थ की भूमिका वाला गुण (समन्वय का सिद्धान्त) सहित प्रथम अवतार के गुण सहित वाला गुण द्वितीय अवतार कूर्म अवतार का गुण था जो अगले अवतार में संचरित हुई।

03. अदृश्य काल के व्यक्तिगत प्रमाणित काल में व्यक्तिगत प्रमाणित अदृश्य प्राकृतिक चेतना से युक्त सत्य आधारित सतयुग में विष्णु के तृतीय अवतार - बाराह अवतार

मुख्य-गुण सिद्धान्त - एक मेधावी, सूझ-बुझ, सम्पन्न, पुरूषार्थी, धीर-गम्भीर, निष्कामी, बलिष्ठ, सक्रिय, अहिंसक और समूह प्रेमी, लोगों का मनोबल बढ़ाना, उत्साहित और सक्रिय करने वाला गुण (प्रेरणा का सिद्धान्त) सहित द्वितीय अवतार के समस्त गुण से युक्त वाला गुण तृतीय अवतार वाराह अवतार का गुण था जो अगले अवतार में संचरित हुई।

04. अदृश्य काल के व्यक्तिगत प्रमाणित काल में व्यक्तिगत प्रमाणित अदृश्य प्राकृतिक चेतना से युक्त सत्य आधारित सतयुग में विष्णु के चौथे अवतार - नृसिंह अवतार

मुख्य-गुण सिद्धान्त - प्रत्यक्ष रूप से एका-एक लक्ष्य को पूर्ण करने वाले (लक्ष्य के लिए त्वरित कार्यवाही का सिद्धान्त) गुण सहित तृतीय अवतार के समस्त गुण से युक्त वाला गुण चतुर्थ अवतार नरसिंह अवतार का गुण था जो अगले अवतार में संचरित हुई।

05. अदृश्य काल के व्यक्तिगत प्रमाणित काल में व्यक्तिगत प्रमाणित अदृश्य प्राकृतिक चेतना से युक्त सत्य आधारित सतयुग में विष्णु के पाचवें अवतार - वामन अवतार

मुख्य-गुण सिद्धान्त - भविष्य द्दष्टा, राजा के गुण का प्रयोग करना, थोड़ी सी भूमि पर गणराज्य व्यवस्था की स्थापना व व्यवस्था को जिवित करना, उसके सुख से प्रजा को परिचित कराने वाले गुण (समाज का सिद्धान्त) सहित चतुर्थ अवतार के समस्त गुण से युक्त गुण पाँचवें अवतार का गुण था जो अगले अवतार में संचरित हुई।

ब. सार्वजनिक प्रमाणित अंश प्रत्यक्ष अवतार

06. अदृश्य काल के व्यक्तिगत प्रमाणित काल में व्यक्तिगत प्रमाणित अदृश्य प्राकृतिक चेतना से युक्त सत्य आधारित सतयुग में विष्णु के छठवें अवतार - परशुराम अवतार

मुख्य-गुण सिद्धान्त - गणराज्य व्यवस्था को ब्रह्माण्ड में व्याप्त व्यवस्था सिद्धान्तों को आधार बनाने वाले गुण और व्यवस्था के प्रसार के लिए योग्य व्यक्ति को नियुक्त करने वाले गुण (लोकतन्त्र का सिद्धान्त और उसके प्रसार के लिए योग्य उत्तराधिकारी नियुक्त करने का सिद्धान्त) सहित पाँचवें अवतार के समस्त गुण से युक्त वाला गुण छठें अवतार परशुराम का गुण था जो अगले अवतार में संचरित हुई।

त्रेतायुग के धर्म

03. वैदिक धर्म-श्रीराम-ईसापूर्व 6000-2500

स. सार्वजनिक प्रमाणित पूर्ण प्रत्यक्ष अवतार

स. सार्वजनिक प्रमाणित पूर्ण प्रत्यक्ष अवतार

07. अदृश्य काल के सार्वजनिक प्रमाणित काल में सार्वजनिक प्रमाणित अदृश्य प्राकृतिक चेतना से युक्त यज्ञ (अदृश्य कर्म) आधारित त्रेता युग में विष्णु के सातवें अवतार - श्री राम अवतार- रामायण (मानक व्यक्ति चरित्र)

मुख्य-गुण सिद्धान्त - आदर्श चरित्र के गुण तथा छठें अवतार तक के समस्त गुण को प्रसार करने वाला गुण (व्यक्तिगत आदर्श चरित्र के आधार पर विचार प्रसार का सिद्धान्त) सातवें अवतार श्रीराम का गुण था जो अगले अवतार में संचरित हुई।

द्वापरयुग के धर्म

04. वेदान्त अद्वैत धर्म-श्रीकृष्ण-ईसापूर्व 3000

द. व्यक्तिगत प्रमाणित पूर्ण प्रेरक अवतार

08. दृश्य काल के व्यक्तिगत प्रमाणित काल में व्यक्तिगत प्रमाणित पूर्ण दृश्य सत्य चेतना से युक्त भक्ति और प्रेम आधारित द्वापर युग में विष्णु के आठवें अवतार -योगेश्वर श्री कृष्ण अवतार महाभारत (मानक सामाजिक व्यक्ति चरित्र)

मुख्य-गुण सिद्धान्त - आदर्श सामाजिक व्यक्ति चरित्र के गुण, समाज में व्याप्त अनेक मत-मतान्तर व विचारों के समन्वय और एकीकरण से सत्य-विचार के प्रेरक ज्ञान को निकालने वाले गुण (सामाजिक आदर्श व्यक्ति का सिद्धान्त और व्यक्ति से उठकर विचार आधारित व्यक्ति निर्माण का सिद्धान्त) सहित सातवें अवतार तक के समस्त गुण आठवें अवतार श्रीकृष्ण का गुण था। जिससे व्यक्ति, व्यक्ति पर विश्वास न कर अपने बुद्धि से स्वयं निर्णय करें और प्रेरणा प्राप्त करता रहे। जो अगले अवतार में संचरित हुई।

कलियुग के धर्म

05. यहूदी धर्म
06 .पारसी धर्म-जरथ्रुस्ट-ईसापूर्व 1700
07. बौद्ध धर्म-भगवान बुद्ध-ईसापूर्व 1567-487
08. कन्फ्यूसी धर्म-कन्फ्यूसियश-ईसापूर्व 551-479
09. टोईज्म धर्म-लोओत्से-ईसापूर्व 604-518
10. जैन धर्म-भगवान महावीर-ईसापूर्व 539-467
11. ईसाइ धर्म-ईसा मसीह-सन् 33 ई0
12. इस्लाम धर्म-मुहम्मद पैगम्बर-सन् 670 ई0
13. सिक्ख धर्म-गुरु नानक-सन् 1510 ई0

य. सार्वजनिक प्रमाणित अंश प्रेरक अवतार

09. दृश्य काल के व्यक्तिगत प्रमाणित काल में सार्वजनिक प्रमाणित अंश दृश्य सत्य चेतना से युक्त संघ और योजना आधारित कलियुग के प्रारम्भ में विष्णु के नवें अवतार - बुद्ध अवतार

मुख्य-गुण सिद्धान्त - प्रजा को प्रेरित करने के लिए धर्म, संघ और बुद्धि के शरण में जाने की मूल शिक्षा देना नवें अवतार भगवान बुद्ध का गुण (धर्म, संघ और बुद्धि का सिद्धान्त) था। जो अगले अवतार में संचरित हुई।

श्रीकृष्ण व महाभारत काल

कलियुग का प्रारम्भ 18 फरवरी 3102 ई0 पू0

ध्यान रहे कि 12 ज्योतिर्लिङ्ग में से सोमनाथ तीर्थ (गुजरात, भारत) के "भीड़िया तीर्थ" में एक शिलालेख पर लिखा है कि-"भगवान श्रीकृष्ण ई0 पू0 3102 चैत्र शुक्ल प्रतिपदा (शुक्रवार, 18 फरवरी) के दिन और मध्यान्ह के बाद 2 बजकर 27 मिनट 30 सेकण्ड के समय इस हिरण्य के पवित्र तट से प्रस्थान किये।" जिस दिन भगवान श्रीकृष्ण धराधाम से स्वधाम गए। उसी दिन से धरती पर कलियुग का आगमन हो गया और धीरे-धीरे इसका प्रभाव बढ़ने लगा।

वेदव्यास जी रचित महाकाव्य "जय", "भारत" और "महाभारत" इन तीन नामों से प्रसिद्ध है। वास्तव में वेदव्यास जी ने सबसे पहले 1 लाख श्लोकों के परिमाण के "भारत" नामक ग्रन्थ की रचना की थी, इसमें उन्होंने भारतवंशियों के चरित्रों के साथ-साथ अन्य कई महान ऋषियों, चन्द्रवंशी-सूर्यवंशी राजाओं के उपाख्यानों सहित कई अन्य धार्मिक उपाख्यान भी डाले। इसके बाद व्यास जी ने 24,000 श्लोकों का बिना किसी अन्य उपाख्यानों का केवल भारतवंशियों को केन्द्रित करके "भारत" काव्य बनाया। इन दोनों रचनाओं में धर्म की अधर्म पर विजय होने के कारण इन्हें "जय" भी कहा जाने लगा। महाभारत में एक कथा आती है कि जब देवताओं ने तराजू के एक पासे में चारों "वेदों" को रखा और दूसरे पर "भारत ग्रन्थ" को रखा, तो "भारत गन्थ" सभी वेदों की तुलना में सबसे अधिक भारी सिद्ध हुआ, अतः "भारत" ग्रन्थ की इस महत्ता (महानता) को देखकर देवताओं और ऋषियों ने इसे "महाभारत" नाम दिया और इस कथा के कारण मनुष्यों में भी यह काव्य "महाभारत" के नाम से सबसे अधिक प्रसिद्ध हुआ। वेदव्यास जी को महाभारत पूरा रचने में 3 वर्ष लग गये थे, इसका कारण यह हो सकता है कि उस समय लेखन लिपि कला का इतना विकास नहीं हुआ था, उस काल में ऋषियों द्वारा वैदिक ग्रन्थों को पीढ़ी दर पीढ़ी परम्परागत मौखिक रूप से याद करके सुरक्षित रखा जाता था। उस समय संस्कृत ऋषियों की भाषा थी और ब्राह्मी आम बोलचाल की भाषा हुआ करती थी। इस प्रकार ऋषियों द्वारा सम्पूर्ण वैदिक साहित्य मौखिक रूप से याद कर पीढ़ी दर पीढ़ी सहस्त्रों वर्षों तक याद रखा गया। फिर धीरे-धीरे जब समय के प्रभाव से वैदिक युग के पतन के साथ ही ऋषियों की वैदिक साहित्यों को याद रखने की शैली लुप्त होने लगी तब से वैदिक साहित्य को पाण्डुलिपियों पर लिखकर सुरक्षित रखने का प्रचलन हो गया। यह सर्वमान्य है कि महाभारत का आधुनिक रूप कई अवस्थाओं से गुजर कर बना है। विद्वानों द्वारा इसकी रचना की चार प्रारम्भिक अवस्थाएँ पहचानी गयी है। ये अवस्थाएँ सम्भावित रचना काल क्रम में निम्नलिखित हैं-

1. **प्रथम बार - 3100 ई0पू0** - सर्वप्रथम वेदव्यास द्वारा 100 पर्वों के रूप में एक लाख श्लोकों का रचित "भारत" महाकाव्य, जो बाद में "महाभारत" नाम से प्रसिद्ध हुआ।
2. **दूसरी बार - 3100 ई0पू0** - व्यास जी के कहने पर उनके शिष्य वैशम्पायन जी द्वारा जनमेजय के यज्ञ समारोह में ऋषि-मुनियों को सुनाना।
3. **तीसरी बार - 2000 ई0पू0** - फिर से वैशम्पायन और ऋषि-मुनियों की इस वार्ता के रूप में कही गयी "महाभारत" को सूत जी द्वारा पुनः 18 पर्वों के रूप में सुव्यवस्थित करके समस्त ऋषि-मुनियों को सुनाना।
4. **चौथी बार -1200-600 ई0पू0** - सूत जी और ऋषि-मुनियों की इस वार्ता के रूप में कही गयी "महाभारत" का लेखन कला के विकसित होने पर सर्वप्रथम ब्राह्मी या संस्कृत में हस्तलिखित पाण्डुलिपियों के रूप में लिपिबद्ध किया जाना।

इसके बाद भी कई विद्वानों द्वारा इसमें बदलती हुई रीतियों के अनुसार बदलाव किया गया, जिसके कारण उपलब्ध प्राचीन हस्तलिखित पाण्डुलिपियों में कई भिन्न-भिन्न श्लोक मिलते हैं। इस समस्या के निदान के लिए पुणे में स्थित भांडारकर प्राच्य शोध संस्थान ने पूरे दक्षिण एशिया में उपलब्ध महाभारत की सभी पाण्डुलिपियाँ (लगभग 10 हजार) का शोध और अनुसंधान करके उन सभी में एक ही समान पाये जाने वाले लगभग 75 हजार

श्लोकों को खोजकर उनका सटिप्पण एवं समीक्षात्मक संस्करण प्रकाशित किया। कई खण्डों वाले 13 हजार पृष्ठों के इस ग्रन्थ का सारे संसार के सुयोग्य विद्वानों ने स्वागत किया। महाभारत के दक्षिण एशिया में कई रूपान्तर मिलते हैं। इण्डोनेशिया, श्रीलंका, जावा द्वीप, जकार्ता, थाइलैण्ड, तिब्बत, बर्मा (म्यांमार) में महाभारत के भिन्न-भिन्न रूपान्तर मिलते हैं। दक्षिण भारतीय महाभारत में अधिकतम 1,40,000 श्लोक मिलते हैं जबकि उत्तर भारतीय महाभारत के रूपान्तर में 1,10,000 श्लोक मिलते हैं। इस तरह से अनेकों बार महाभारत को परिष्कृत किया गया है।

दृश्य पदार्थ विज्ञान के इस काल में विज्ञान के द्वारा आयी तकनीकों से दृश्य-श्रव्य (आडियो-विजुअल) माध्यम के आ जाने के बाद सभी महाभारत का अध्ययन व विवादित अंशों को त्यागते हुए श्री बी.आर चोपड़ा ने महाभारत के इस कथा का "महाभारत" नाम से उसका दृश्य-श्रव्य रूपान्तरण कर दूरदर्शन के माध्यम से प्रसारित कराया। जिसके फलस्वरूप वर्तमान में शायद ही कोई बचा हो जो महाभारत से परिचित न हो। इसके उपरान्त भी अन्य ने भी दृश्य-श्रव्य माध्यम में इस कथा का प्रस्तुतिकरण करने का प्रयत्न किये परन्तु बी.आर चोपड़ा कृत "महाभारत" एक मानक बन चुका है और जनमानस में उसके जीवन्त पात्रों के प्रति ऐसी छवि बन गई कि वे उसके पात्रों के रूप में उस काल के पात्रों को सत्य रूप में देखते हैं। फलस्वरूप चाहे जितनी बार महाभारत का दृश्य-श्रव्य रूपान्तरण क्यों न हो, पर जनमानस में वह रूप नहीं उतरता।

कुछ ऐतिहासिक एवं भाषाई प्रमाण निम्नलिखित हैं-

1. **1000 ईसा पूर्व** - महाभारत में गुप्त और मौर्य कालीन राजाओं तथा जैन (1000-700 ई0पू0) और साथ ही शतपथ ब्राह्मण (1100 ई0पू0) एवं छान्दोग्य उपनिषद् (1000 ई0पू0) में भी महाभारत के पात्रों का का वर्णन मिलता है। बौद्ध धर्म (700-200 ई0पू0) का वर्णन नहीं आता। अतएव यह निश्चित तौर पर 1000 ई0पू0 से पहले रची गयी होगी।
2. **600-400 ईसा पूर्व** - पाणिनी द्वारा रचित अष्टाध्यायी (600-400 ई0पू0) में महाभारत और भारत दोनों का उल्लेख है तथा इसके साथ-साथ श्रीकृष्ण एवं अर्जुन का भी सन्दर्भ आता है अतएव यह निश्चित है कि महाभारत और भारत पाणिनी के काल के बहुत पहले से ही अस्तित्व में रहे थे।
3. **प्रथम शताब्दी** - यूनान के पहली शताब्दी के राजदूत डियो क्रायसोसटम यह बताते है कि दक्षिण भारतीयों के पास एक लाख श्लोकों का एक ग्रन्थ है, जिससे यह पता चलता है कि महाभारत पहली शताब्दी में भी एक लाख श्लोकों का था। महाभारत की कहानी को ही बाद के मुख्य यूनान ग्रन्थों इलियड और ओडिसी में बार-बार अन्य रूप से दोहराया गया, जैसे धृतराष्ट्र का पुत्र मोह, कर्ण-अर्जुन प्रतिस्पर्धा आदि। संस्कृत की की सबसे प्राचीन पहली शताब्दी की एम.एस.स्पित्जर पाण्डुलिपि में भी महाभारत के 18 पर्वों की अनुक्रमणिका दी गयी है, जिससे यह पता चलता है कि इस काल तक महाभारत 18 पर्वों में प्रसिद्ध थी, यद्यपि 100 पर्वों की अनुक्रमणिका बहुत प्राचीन काल में प्रसिद्ध रही होगी, क्योंकि वेदव्यास जी ने महाभारत की रचना सर्वप्रथम 100 पर्वों में की थी, जिसे बाद में सूत जी ने 18 पर्वों के रूप में व्यवस्थित कर ऋषियों को सुनाया था।
4. **पाँचवी शताब्दी** - महाराजा शरवन्थ के 5वीं शताब्दी के तांबे की स्लेट पर पाये गये अभिलेख में महाभारत को एक लाख श्लोकों की संहिता बताया गया है।

- महाभारत का संकलन।

श्री विष्णु पुराण (तृतीय अंश, अध्याय-दो) में लिखा है कि-स्थितिकारक भगवान विष्णु चारों युगों में इस प्रकार व्यवस्था करते हैं-समस्त प्राणियों के कल्याण में तत्पर वे सर्वभूतात्मा सत्ययुग में कपिल आदिरूप धारणकर परम ज्ञान का उपदेश करते हैं। त्रेतायुग में वे सर्वसमर्थ प्रभु चक्रवर्ती भूपाल होकर दुष्टों का दमन करके त्रिलोक की रक्षा करते हैं। तदन्तर द्वापरयुग में वे वेदव्यास रूप धारण कर एक वेद के चार विभाग करते हैं और सैकड़ों शाखाओं में बाँटकर बहुत विस्तार कर देते हैं। इस प्रकार द्वापर में वेदों का विस्तार कर कलियुग के अन्त में

भगवान कल्किरूप धारणकर दुराचारी लोगों को सन्मार्ग में प्रवृत्त करते हैं। इसी प्रकार, अनन्तात्मा प्रभु निरन्तर इस सम्पूर्ण जगत् के उत्पत्ति, पालन और नाश करते रहते हैं। इस संसार में ऐसी कोई वस्तु नहीं है जो उनसे भिन्न हो।

श्री विष्णु पुराण (तृतीय अंश, अध्याय-तीन) में लिखा है कि-वेद रूप वृक्ष के सहस्त्रों शाखा-भेद हैं, उनका विस्तार से वर्णन करने में तो कोई भी समर्थ नहीं है अत-संक्षेप यह है कि प्रत्येक द्वापरयुग में भगवान विष्णु व्यासरूप से अवतीर्ण होते हैं और संसार के कल्याण के लिए एक वेद के अनेक भेद कर देते हैं। मनुष्यों के बल, वीर्य और तेज को अलग जानकर वे समस्त प्राणियों के हित के लिए वेदों का विभाग करते हैं। जिस शरीर के द्वारा एक वेद के अनेक विभाग करते हैं भगवान मधुसूदन की उस मूर्ति का नाम वेदव्यास है।

इस वैवस्वत मनवन्तर (सातवाँ मनु) के प्रत्येक द्वापरयुग में व्यास महर्षियों ने अब तक पुन-पुन-28 बार वेदों के विभाग किये हैं। पहले द्वापरयुग में ब्रह्मा जी ने वेदों का विभाग किया। दूसरे द्वापरयुग के वेदव्यास प्रजापति हुए। तीसरे द्वापरयुग में शुक्राचार्य जी, चौथे द्वापरयुग में बृहस्पति जी व्यास हुए, पाँचवें में सूर्य और छठें में भगवान मृत्यु व्यास कहलायें। सातवें द्वापरयुग के वेदव्यास इन्द्र, आठवें के वशिष्ठ, नवें के सारस्वत और दसवें के त्रिधामा कहे जाते हैं। ग्यारहवें में त्रिशिख, बारहवें में भरद्वाज, तेरहवें में अन्तरिक्ष और चैदहवें में वर्णी नामक व्यास हुए। पन्द्रहवें में त्रव्यारूण, सोलहवें में धनंन्जय, सत्रहवे में क्रतुन्जय और अठ्ठारवें में जय नामक व्यास हुए। फिर उन्नीसवें व्यास भरद्वाज हुए, बीसवें गौतम, इक्कीसवें हर्यात्मा, बाइसवें वाजश्रवा मुनि, तेइसवें सोमशुष्पवंशी तृणाबिन्दु, चैबीसवें भृगुवंशी ऋकृष (वाल्मीकि) पच्चीसवें मेरे (पराशर) पिता शक्ति, छब्बीसवें मैं पराशर, सत्ताइसवें जातुकर्ण और अठ्ठाइसवें कृष्णद्वैपायन। अगामी द्वापरयुग में द्रोणपुत्र अश्वत्थामा वेदव्यास होंगे।

संवत् 5वीं सदी से 12वीं सदी

द्वैताद्वैत दर्शन - श्रीमद् निम्बार्काचार्य का जन्म

8वीं शताब्दी ई0

अद्वैत दर्शन - आदि शंकराचार्य का जन्म

830 ई0

आचार्य शंकर सन 830 में बत्तीस वर्ष की आयु में हिमालय पर्वत पर केदारनाथ महासमाधि में लीन हो गये।

श्री शंकराचार्य की वाणी

जिस प्रकार अँधेरे में पड़ी रस्सी से सर्प की कल्पना कर ली जाती है तथा शुक्ति या सीपी को चाँदी का टुकड़ा समझ लिया जाता है। उसी प्रकार अज्ञानी पुरूष देह को ही आत्मा मान लेता है। आत्मा वस्तुतः एक और निरवयव है। उसके विपरीत देह अनेक अंगो की बनी है, फिर भी आश्चर्य! लोग दोनों को एक ही मानते है, भला इससे बढ़कर अज्ञान और क्या हो सकता है। अज्ञानी पुरूष फल की अभिलाषा से कर्म में प्रवृत्त होता है। सतत चिन्तन से इस भाव की उत्पत्ति होती है कि मै ब्रह्म हूँ और वह अज्ञान एवं उसके कार्यों का नाश कर देता है। यह वैसे ही होता है जैसे रसायन औषधि रोग का नाश कर देता है। मन से बाहर अज्ञान का अस्तित्व नहीं है। केवल मन ही अविद्या है, वही समस्त बन्धनों एवं पुनर्जन्म का कारण है। जब मन नष्ट हो जाता है तो सारे प्रपंच नष्ट हो जाते है। जिस प्रकार पीलिया या पाण्डुरोग के रोगी को श्वेत वस्तुएँ भी पीली दिखाई देती हैं उसी प्रकार अज्ञान के कारण मनुष्य आत्मा को देहरूप देखता है। ब्रह्म के साथ आत्मा के ऐक्य की अनुभूति से ही मुक्ति सम्भव है। योग, सांख्य, कर्म, विद्या अथवा अन्य किसी उपाय से वह सम्भव नहीं। मैं देवाधिदेव हूँ, मैं द्वेष और ईश्र्या के स्पर्श मात्र से अलिप्त हूँ, मैं वह जो मुमुक्षु साधको की कामना पूर्ण करता हूँ, मैं अजर, मैं अमर हूँ, ईश्वर हूँ, मैं प्रत्यगात्मचैतन्य हूँ, परमानन्द पूर्ण हूँ, मैं परमशिव हूँ, मैं अनन्त हूँ, आत्मसाक्षात्कार करने वालो पुरूषों मैं मैं सर्वश्रेष्ठ हूँ, मैं आत्मानन्द का भोक्ता हूँ, अशिक्षित बालक अथवा अन्य प्राणी जिस अपने मैं की गरिमा का अनुभव करते हैं, वह मैं हूँ, मैं आनन्दमयी हूँ, ज्ञानमय हूँ आत्मानुभूतिमय हूँ, मैं बाह्य वस्तु के विचार तक से कोसों दूर हूँ, मेरा हृदय उस आनन्द में मग्न है जो इन्द्रियों का विषय नहीं है। केवल मैं ही जगत का मूल हूँ, उपनिषदों के उद्यान में बिहार करनेवाला मैं ही हूँ, मैं वह बड़वाग्नि हूँ, जो दुःखों के उफनाते हुए सागर को सुखा देगी। मैं ऋषि हूँ, ऋषियों का समूह मैं ही हूँ, सृष्टि-सृजन की

क्रिया मैं हूँ, और मैं स्वयं ही सृष्टि हूँ, मैं प्रगति हूँ, मैं तृप्ति हूँ, तृप्तिरूपी दीप का प्रकाश मैं ही हूँ, मैं देह से भिन्न हूँ, अतः मैं जन्म, जरा, क्षीणता, क्षय तथा आदि के आवर्तन से मुक्त हूँ, शब्द, रूप, रस, स्पर्श, गन्ध आदि इन्द्रिय विषयों से मैं निर्लिप्त हूँ, क्योंकि मैं इन्द्रियरहित हूँ,। मैं मन नहीं हूँ, अतः मोह, द्वेष और भय से मुक्त हूँ, उपनिषदों में उल्लेख है वह प्राणरहित, मनरहित, शुद्ध, उच्च से भी उच्च और अविनाशी है वह परब्रह्म मैं ही हूँ, जो शाश्वत शुद्ध, बुद्ध, मुक्त है जो अखण्ड, असीम एकमेवाद्वितीयम् है, जो सत्य ज्ञानमनन्तम रूप है। आकाश के समान मैं अन्तः वाह्य में व्याप्त हूँ, अविकारी और सर्वत्र सम हूँ, मैं शुद्ध, बुद्ध, निर्लिप्त, निर्मल, अविनाशी हूँ,। मैं निर्गुण और निष्क्रिय हूँ, मैं शाश्वत, निर्विकल्प, शुद्ध, निर्मल, निर्विकार, निराकार, अपरिवर्तनशील, नित्यमुक्त हूँ। मैं इन्द्रिय सुखो से विरक्त हूँ, परमानन्द, ज्ञान, आत्मानुभूति से पूर्ण हूँ, मैं इन्द्रिय जगत की कामनओं से सर्वत्र पृथक हूँ, जो अतीन्द्रिय है उसी में आनन्दित हूँ, समस्त शक्तिशाली तत्वों का मंगल मैं हूँ, क्योंकि मैं उन सब में महान हूँ, मैं कामजन्य संवेगों से मुक्त हूँ, मैं एक हूँ,। अभेद हूँ, यह इस प्रकार अथवा ऐसे के भेद से पृथक हूँ, मैं निःसंदेह पुरूषों का वन्दनीय हूँ, मैं गुणदोष की आन्तरिक भावनाओ से रहित हूँ,। मैं एकत्व का उद्घाटक हूँ, वेदान्त सिद्धान्त के सम्यक ज्ञान से जिनकी बुद्धि शुद्ध हो गयी है उनके लिए एकमात्र मैं ही परमासत्ता हूँ। रात्रि के अन्धकार की तरह अज्ञान को नष्ट करने वाला सूर्य मैं ही हूँ। मैं समस्त अशुभों का निदान हूँ,। मैं समस्त आरोपित उपाधियों से रहित औदार्य की पराकाष्ठा हूँ। धर्म, अर्थ, काम और मोक्ष प्रदान कर सभी इच्छओं को पूर्ण करने वाला मैं ही हूँ,। मैं समस्त औषधियों में ओज हूँ। सारे जगत का ताना बाना मैं हूँ, मैं पवित्र मन्त्ररूपी पंकज से निःसृत आत्माभिव्यक्ति की आनन्दमय सुरभि से उनमत्त भ्रमर हूँ। मैं ज्ञान हूँ, मैं ज्ञेय हूँ,, मैं ज्ञाता हूँ,। मैं सभी प्रकार के ज्ञान का साधन हूँ, ज्ञाता, ज्ञान और ज्ञेय से परे शुद्ध अस्तित्व मात्र मैं ही हूँ, मैं, न बुद्धि, न अहंकार चिन्ता, कान, जीभ, और आँख भी नहीं, आकाश, वायु, अग्नि, जल और पृथ्वी भी मैं नहीं हूँ,। मैं चिदानन्दस्वरूप शिव हूँ, मैं शिव हूँ, मैं प्राण नहीं हूँ,। पंच वायु, सप्ततत्व, पंचकोश, हाथ, पाँव, जिह्वा या अन्य कर्मेन्द्रिय भी नहीं हूँ, मैं चिदानन्दस्वरूप शिव हूँ, मैं शिव हूँ। मुझे न लोभ, न मोह, न द्वेष है, न राग, न मद, न मत्सर, धर्म, अर्थ, काम और मोक्ष की भी मुझे कामना नहीं है। मैं चिदानन्दस्वरूप शिव हूँ, मै शिव हूँ। मैं सुख, दुःख, पाप, पुण्य कुछ भी नहीं जानता। मन्त्र, तीर्थ, वेद, यज्ञ भी मैं नहीं जानता। मैं न भोक्ता हूँ, न भोग्य और न भोग। मैं चिदानन्दस्वरूप शिव हूँ, मैं शिव हूँ। मुझे मृत्यु नहीं, किसी प्रकार का भय नहीं, मुझमें जातिभेद नहीं है, न मेरे पिता है, न माता, मैं अजन्मा हूँ, न मेरे मित्र हैं, न सुहृद, न शिष्य, न गुरू मैं चिदानन्दस्वरूप शिव हूँ, मैं शिव हूँ। मैं निराकार हूँ, निर्विकल्प हूँ, मैं सर्वव्यापी हूँ, सर्वत्र हूँ, फिर भी इन्द्रियातीत हूँ, मैं न मोक्ष हूँ, न ज्ञेय, मैं चिदानन्दस्वरूप शिव हूँ, मैं शिव हूँ। बहुत से व्यक्ति जटाजूट बढ़ा लेते हैं, बहुत से सिर मुड़ा लेते है। बहुत से अपने केश निकाल डालते है, बहुत से गेरूआ वस्त्र धारण कर लेते हैं अथवा अन्य रंगों के वस्त्र पहन लेते हैं, किन्तु ये सब बातें उदर पोषण के लिए ही होता है। मोहग्रस्त व्यक्ति सम्मुख स्पष्ट सत्य देखकर भी नहीं देखते। मित्र और शत्रु, पुत्र, सगे-सम्बंधी, युद्ध या सन्धि किसी के प्रति भी आसक्त मत हो। यदि तुम विष्णुपद की प्राप्ति की इच्छा करते हो तो सभी विषयों को समदृष्टि से देखो। ज्ञान की प्राप्ति केवल विचार से ही हो सकती है। अन्य किसी साधन से नहीं। यह ठीक उसी प्रकार है जैसे बिना प्रकाश की सहायता के कोई वस्तु दृष्टिगोचर नहीं होती। प्रत्येक वस्तु का जन्म अज्ञान से होता है। ज्ञान के जागृत होते ही उसका नाश हो जाता है। मन जब दर्पण की भाँति निर्मल हो जाता है तब उसमें ज्ञान प्रकट होता है। अतः मन को शुद्ध करने का प्रयत्न करना चाहिए। आत्मा का स्वतः अथवा किसी दूसरे के द्वारा न तो ग्रहण किया जा सकता है, न त्याग और न आत्मा स्वयं किसी वस्तु का ग्रहण या त्याग ही करती है। यही सम्यक ज्ञान है। सम्यक ज्ञान परम शोधक अग्नि है। यह समस्त वेद और देवताओं का परम रहस्य है। मैं सर्वव्यापी, सम, शान्त, निरपेक्ष, सच्चिदानन्द ब्रह्म हूँ, मैं यह शरीर नहीं हूँ, जो स्वयं असत् है। इसी को ज्ञानी सत्य ज्ञान कहते हैं। पूर्ण ज्ञान प्राप्त योगी अपने ज्ञान चक्षुओं से स्व आत्मा में ही सम्पूर्ण जगत को देखता है। उसे सर्वत्र स्व आत्मा ही दिखाई देता है। अन्य कुछ नहीं। आत्मा पर आरोपित उपाधियों का विनाश केवल पूर्ण ज्ञान से होता है। अन्य किसी उपाय से नहीं। वेदों के अनुसार ब्रह्म और जीव में एकत्व की अनुभूति ही पूर्ण ज्ञान है। सत्य ज्ञान, अहंकार को समूल नष्ट करके समस्त कर्मों को भस्म कर देता है। तत्पश्चात्, न कर्ता रह जाता है न कर्म। न फलों का भोक्ता। मुक्ति के लिए कोई चाहे तीर्थ यात्रा करते हुए, गंगासागर जाए या व्रत या दान पुण्य करे, किन्तु

ज्ञान के बिना मुक्ति नहीं मिल सकती। आत्मा से तत्क्षण, तत्काल और यही आत्मानुभूति होती है। सब उपनिषदों का सार तत्व यही है कि पूर्ण मुक्ति ज्ञान से ही होती है। ज्ञान का फल तुरंत यहीं इसी जन्म में प्राप्त हो जाता है। अतः उसके लिए किसी प्रकार के संशय कि फल मिलेगा या नहीं अथवा भयभीत होने की कोई आवश्यकता नहीं। सत्यज्ञान, जो वेदान्त का विषय है इस संकल्प को जन्म देता है कि आत्मा ही ब्रह्म है। इसकी उपलब्धि से व्यक्ति पुनर्जन्म के बन्धन से तुरन्त पूर्णतः मुक्त हो जाता है। ज्ञानी पुरूष को विवेक द्वारा सम्पूर्ण दृश्य जगत को आत्मा में ही विलीन कर लेना चाहिए और निरन्तर यह चिन्तन करते रहना चाहिए कि आत्मा, आकाश के सदृश्य निर्मल है। मैं देवताओं को प्रणाम नहीं करता। जो सभी देवताओं से परे है वह किसी देवता को प्रणाम नहीं करता। उस स्थिति की उपलब्धि के उपरान्त फिर साधक शास्त्रविहित कर्म नहीं करता। मैं बारम्बार स्वयं अपनी आत्मा को, जो समस्त साधनाओं का मूल है, प्रणाम करता हूँ। जिसकी प्राप्ति के बाद फिर अन्य कोई वस्तु प्राप्त करने को नहीं रह जाती। जिसके आनन्द के बाद फिर किसी अन्य आनन्द की कामना नहीं रहती और जिसके ज्ञान के बाद फिर कुछ भी ज्ञातव्य नहीं रह जाता, उसी को तू ब्रह्म जान। जो आत्मतत्व है उसी को तू ब्रह्म जान वह असीम अनन्त परम सत्य है। वह महान है इसीलिए उसे ब्रह्म कहा जाता है। जो कुछ हम देखते हैं, जो कुछ सुनते हैं, वह ब्रह्म ही हैं। अन्य कुछ नहीं। परम तत्व का ज्ञान हो जाने पर समस्त विश्व सच्चिदानन्द अद्वैय ब्रह्म ही दिखाई देता है। सर्वोच्च और दिव्य ब्रह्म ज्ञान से जो व्यक्ति विमुख है उनका जीवन व्यर्थ है। वे मनुष्य होते हुए भी पशुवत् हैं। ब्रह्म अनन्त का भण्डार है, अतः एकमात्र ब्रह्म ही परम सत्ता है। फलतः जो सत् के ज्ञान है वे उसी में शरण लेते हैं। ज्ञान और कर्म के बीच पर्वत सदृश अडिग विरोध है। भगवान व्यास ने इस पर बहुत विचार करने के पश्चात् अपने पुत्र को इस प्रकार बोध कराया- इन दोनों मार्गों की वेदों में शिक्षा दी गयी है। एक है कर्म का मार्ग या प्रवृत्ति और दूसरा त्याग का मार्ग या निवृत्ति। परम अद्वैत की महानता की तुलना में देवादि भी दैत्य जैसे प्रतीत होने लगते है। और देवलोक, दानवलोक जैसा प्रतीत होने लगता है। जिसका भ्रम नष्ट हो गया है। वह आत्मज्ञान को किसी कर्म अथवा किसी अन्य ज्ञान के साथ संयुक्त करने की इच्छा नहीं करता। सत्य, परमधाम है। वह परमधाम है क्योंकि उपनिषदों का भी वही गन्तव्य स्थल है। सत्य का अर्थ है- मन, वाणी और कर्म से कपटाचरण का अभाव। असंख्य ग्रन्थों में जिस बात का उल्लेख हुआ है उसकी व्याख्या अर्धश्लोक में ही किये दे रहा हूँ। ब्रह्म सत्य है, जगत मिथ्या, जीव ब्रह्म ही है, वह ब्रह्म से पृथक नहीं।

1017-1137 ई0

विशिष्टाद्वैत दर्शन- श्रीमद् रामानुजाचार्य का जन्म

1199 ई0

द्वैत दर्शन - श्रीमद् माध्वाचार्य का जन्म, 79 वर्ष की अवस्था में इनका देहावसान हो गया।

11वीं से 12वीं शताब्दी ई0

गोरक्षनाथ

गोरखनाथ जी का मन्दिर उत्तर प्रदेश के गोरखपुर नगर में स्थित है। गोरखनाथ के नाम पर इस जिले का नाम गोरखपुर पड़ा है। गुरू गोरखनाथ जी के नाम से ही नेपाल के गोरखाओं ने नाम पाया। नेपाल में एक जिला है- गोरखा, उस जिले का नाम भी इन्हीं के नाम से पड़ा। माना जाता है कि गुरू गोरखनाथ सबसे पहले यहीं दिखे थे। गोरखा जिला में एक गुफा है जहाँ गोरखनाथ का पग चिन्ह है और उनकी एक मूर्ति भी है।

मत्स्येन्द्रनाथ और गोरखनाथ के समय के बारे में इस देश में अनेक विद्वानों ने अनेक प्रकार की बातें कही हैं।

संवत् 1356 माघ, कृष्णा सप्तमी

संत श्री रामानन्द का जन्म

इन्होंने जाति-पाँति के भेद को मिटाकर महान् क्रान्ति की, इनका कहना था कि

"जाति पाँति पूछे नहीं कोई। हरि को भजै सो हरि का होई।।"

लोक सम्पर्क के निकट आने तथा जाति-पाँति के भेदभाव का मतभेद होने के कारण श्री सम्प्रदाय से अलग होकर "रामावत सम्प्रदाय" चलाया। इन्होंने म्लेच्छ हो जाने वाले हिन्दुओं को राममन्त्र देकर कण्ठीमाला दी। वर्ण-जाति के नियम शिथिल कर सर्वसाधारण को एकता के सूत्र में पिरोया। उनमें से संयमशील साधुओं की टोली संगठित कर प्रचार को भेजा। इनके विभिन्न जाति के 12 प्रमुख शिष्य थे। 1. कबीर दास-जुलाहा, 2. रैदास (रविदास)-चमार, 3. सैना-नाई, 4. सदन-कसाई, 5. नरहरिदास-ब्राह्मण, 6. धन्ना-जाट, 7. पीपा- राजपूत इत्यादि थें। संवत 1505 में 120 वर्ष की आयु में परलोक सिधारे। ज्ञानतिलक, रामरक्षा इनकी प्रमुख रचनाओं में है।

सन् 1000-1400 ई0

सन् 1000-1400 तक का काल भारत के लिए सांस्कृतिक अस्मिता का विलोप का काल रहा जिसमें इस्लाम धर्म के साथ मुस्लिम शासक भारत में प्रवेश कर पश्चिमी भारत पर अधिकार प्राप्त कर चुके थे।

सन् 1401-1600 ई0

मुसलमान और हिन्दुओं में व्याप्त कुरीतियों पर संत कबीर (1440-1518 ई0) द्वारा कड़ा प्रहार, गुरुनानक (1469-1539 ई0) द्वारा सिख धर्म, चैतन्य महाप्रभु (1485-1533 ई0) द्वारा भक्ति सम्प्रदाय, सूरदास (1484 ई0) द्वारा श्रीकृष्णभक्ति, तुलसीदास (1532-1623 ई0) द्वारा श्रीरामभक्ति, अकबर (1582 ई0) द्वारा सभी धर्मों को मिलाकर नया धर्म दीन-ए-इलाही, मीराबाई (1567-1614 ई0) द्वारा श्रीकृष्ण भक्ति का प्रसार किया गया था।

सम्वत् 1535 वैशाख कृष्ण पक्ष एकादशी

शुद्धाद्वैत दर्शन - श्रीमद् वल्लभाचार्य का जन्म। सम्वत् 1587, आषाढ़ शुक्ल तृतीया को उन्होंने अलौकिक रीति से इहलीला संवरण कर सदेह प्रयाण किया। वैष्णव समुदाय उनका सदैव चिरऋणी है।

22 मई, 1772 ई0

राम मोहन राय का जन्म

19 वीं शताब्दी

19 वीं शताब्दी भारत के लिए नवजागरण का काल रही। समाज में फैली कुरीतियों, अशिक्षा, धार्मिक रुढ़ियों के विरुद्ध आन्दोलन हुये जिसमें-राजा राममोहन राय (सन् 1829 ई0) में ब्रह्म समाज, महादेव गोविन्द रानाडे द्वारा प्रार्थना समाज, स्वामी दयानन्द सरस्वती (सन् 1824-1883 ई0) द्वारा आर्य समाज, श्रीमती एनी बेसेन्ट (सन् 1879 ई0) द्वारा थियोसोफिकल सोसाइटी की स्थापना हुई। नवजागरण में ईश्वरचन्द्र विद्यासागर, बालशास्त्री जांबेकर, परमहंस मंडली, ज्योतिबा फुले, विष्णु शास्त्री पण्डित, गोपाल हरि देशमुख "लोकहितवादी", दादाभाई नौरोजी, रवीन्द्रनाथ टैगोर तथा उनके पिता देवेन्द्र नाथ ठाकुर इत्यादि के भी प्रयास थे।

21 फरवरी, 1824 ई. (सं. 1881 वि.)

स्वामी दयानन्द सरस्वती जी का का जन्म।

27 सितम्बर, 1833 ई0

राममोहन राय का स्वर्गवास

इस्लामी व हिन्दू धर्म के मूल रूप में अध्ययन के फलस्वरूप राममोहन ने मूर्तिपूजा का परित्याग कर एकेश्वरवाद को स्वीकार किया। जन्मजात सत्यान्वेषक होने के नाते उन्होंने लगभग 3 वर्ष सुदूर तिब्बत में बौद्धधर्म के परिज्ञानार्थ व्यतीत किये। ईस्ट इण्डिया कम्पनी की सेवा में रहकर राम मोहन राय ने ईसाई धर्म का अध्ययन किया तथा आंग्ल मनीषीयों से उनका सम्पर्क हुआ। राममोहन राय की प्रथम पुस्तक "तुहफतुल मुहाविद्दीन (एकेश्वरवादीयों के लिए एक उपहार)" ने यह सिद्ध करने का प्रयास किया कि एक ईश्वर में विश्वास सभी धर्म का सार है। उन्होंने हिन्दू एवं ईसाई दोनों के रूढ़िवादिता के विरूद्ध सफल संघर्ष किया। राममोहन राय का स्वर्गवास 27 सितम्बर, 1833 ई0 को ब्रिस्टल, इग्लैण्ड में हुआ जहाँ वे सामाजिक व रानैतिक उद्देश्य से गये थे।

23 जनवरी, (माघ, 11), 1830 ई. को ब्रह्म समाज की स्थापना, सगुण ब्रह्म की उपासना का प्रथम सर्वोपरि मन्दिर से नवीन धार्मिक आन्दोलन का जन्म हुआ। राममोहन राय द्वारा प्रवर्तित एकमेवाद्वितीय ब्रह्म की

जाति, धर्म तथा निरपेक्ष उपासना ने प्रिंस द्वारिकानाथ के आत्मज महर्षि देवेन्द्र नाथ ठाकुर (1917-1905) पर अति गम्भीर प्रभाव डाला। देवेन्द्रनाथ ने ही ब्रह्म समाज को प्रथम सिद्धान्त प्रदान किये तथा ध्यानगम्य उपनिषदीय पवित्रता के अभ्यास का सूत्रपात किया। प्रथमाचार्य देवेन्द्रनाथ की उपासनाविधि इस प्रकार प्रधानतः उपनिषदीय थी। प्रेममय ईश्वर के अनुग्रह से प्राप्त अनुभूतिगम्य आत्मसाक्षात्कार उनका महत्वपूर्ण योग था। उन्होंने आध्यत्कि साधना हेतु एक संस्था "तत्वबोधिनी सभा" का आरम्भ किया। तत्वबोधिनी पत्रिका, सभा की प्रमुख पत्रिका के रूप में बहुतों के लिए प्रेरणा का स्रोत बनी। देवेन्द्रनाथ के नेतृत्व में एक अपूर्व निर्णय लिया गया कि वेद अच्युत नहीं हैं तथा तर्क एवं अन्तःकरण को सर्वोपरि प्रमाण मानना है। ब्रह्म समाज ने तथा समाज सुधार का कार्य अपने हाथ में लिया। ब्रह्म समाज के अन्तर्गत केशव चन्द्र सेन के आगमन के साथ ब्रह्म समाज को गति मिली।

ब्रह्म समाज का उद्देश्य था- "समाज में व्याप्त बुराईयों जैसे सती प्रथा, बहुविवाह, वेश्यागमन, जातिवाद, अस्पृश्यता आदि को समाप्त करना"

19 नवम्बर, 1838 ई0

केशवचन्द्र सेन का जन्म

श्री राम कृष्ण व विवेकानन्द काल

इस काल के मुख्य विशेषता

आठवें अवतार श्रीकृष्ण के समन्वयात्मक कार्य के बाद राम कृष्ण परमहंस (1836-1886 ई0) ने सभी धर्मों (सम्प्रदायों) एवं मतों को "जितने मत उतने पथ" का संदेश देकर सनातन सत्य को भाव जगत से प्रयोगात्मक, वैज्ञानिक और प्रत्यक्ष समन्वय कर चुके थे। जिसके विश्व व्यापी प्रसार के लिए वे योग्य, इच्छुक और संकल्पशील युवा नरेन्द्र नाथ दत्त को प्रेरित किये थे। नरेन्द्र नाथ दत्त, स्वामी विवेकानन्द (1863-1902 ई0) के रुप में 11 सितम्बर 1893 को शिकागो में आयोजित विश्व धर्म संसद में हिन्दू धर्म की सार्वभौमिकता को विभिन्न मत सम्प्रदाय को स्तरीय रुप में स्वीकार करते हुये विज्ञान से अद्वैत ज्ञान का समन्वय स्थापित किये थे। स्वामी विवेकानन्द के द्वारा वेदान्त की व्यावहारिकता, अद्वैत दर्शन की सर्वोच्चता और अन्तिम दर्शन का प्रमाण, विश्व धर्म के लिए वेदान्त ही एक मात्र आधार, तथा सनातन संदेश-"सर्वे भवन्तु सुखिनः", "वसुधैव कुटुम्बकम्", "बहुजन हिताय-बहुजन सुखाय" का कालानुसार रुपान्तरित सन्देश-"विश्व बन्धुत्व" का प्रसार कर चुके थे। स्वामी विवेकानन्द द्वारा स्थापित राम कृष्ण मिशन के विश्व व्यापी शाखाओं से समन्वयात्मक विचार और धर्म के तत्वों पर आधारित धर्म का अर्थ, व्यावहारिक और राष्ट्रीय जीवन में उपयोगिता और उपयोगी बनाने के लिए भविष्य के सांकेतिक सूत्र, उज्ज्वल भविष्य के प्रति आशा, जितने मत उतने पथ तथा शिव भाव से जीव सेवा को लोगों को उनकी भाषा में ज्ञान उपलब्ध कराने के द्वारा प्रसार हो रहा था। स्वामी विवेकानन्द के निर्माण का मार्ग था-"धर्म (सत्य) के मार्ग से व्यक्ति, धर्म, राष्ट्र, तन्त्र, मन्त्र और यन्त्र का निर्माण।"

अन्य घटना क्रम

बुधवार, 18 फरवरी, 1836 (कलियुग के प्रारम्भ के 4937 वर्ष बाद का दिनांक)

-भारत के प्रथम स्वतन्त्रता-शारीरिक स्वतन्त्रता आन्दोलन का समय।

-कलकत्ता (वर्तमान में कोलकाता) से सत्तर मील दूर पश्चिम में कमारपुकुर ग्राम में गदाधर का जन्म जो बाद में अपने मन की अवस्था के कारण श्री रामकृष्ण परमहंस के नाम से प्रसिद्ध हुये।

1 अक्टुबर, 1847 ई0

डा0 एनी वुड बेसेन्ट का लन्दन शहर में जन्म।

बृहस्पतिवार, 22 दिसम्बर, 1853 ई0

-भारत के प्रथम स्वतन्त्रता-शारीरिक स्वतन्त्रता आन्दोलन का समय।

-पश्चिम बंगाल के बाँकुड़ा जिले के जयरामबटी नामक गाँव में सारदामणि देवी का जन्म जो बाद में श्रीमाँ के नाम से प्रसिद्ध हुई। इनकी माता का नाम श्रीमती श्यामसुन्दरी देवी तथा पिता का नाम श्री रामचन्द्र मुखर्जी था जो एक धर्मनिष्ठ ब्राह्मण थे।

सन् 1859 ई0

-भारत के प्रथम स्वतन्त्रता-शारीरिक स्वतन्त्रता आन्दोलन का समय।

-ईश्वर में लीन रहने वाले गदाधर (23 वर्ष) व सारदा (5 वर्ष) का विवाह।

25 दिसम्बर, 1861 ई0

पं. मदन मोहन मालवीय का जन्म

सोमवार, 12 जनवरी, 1863 ई0

-भारत के प्रथम स्वतन्त्रता-शारीरिक स्वतन्त्रता आन्दोलन का समय।

-पश्चिम बंगाल के बाँकुड़ा जिले के जयरामबटी नामक गाँव में नरेन्द्र नाथ दत्त का जन्म जो बाद में स्वामी विवेकानन्द के नाम से प्रसिद्ध हुये। इनकी माता का नाम श्रीमती भुवनेश्वरी तथा पिता का नाम श्री विश्वनाथ था जो एक धर्मनिष्ठ ब्राह्मण थे। वाराणसी के विश्वेश्वर महादेव की अराधना से प्राप्त होने के कारण, माता ने वीरेश्वर नाम दिया और प्रेम से "विले" पुकारती, परन्तु पिता ने नरेन्द्रनाथ नाम दिया। बचपन से ही ये नटखटी और जिज्ञासु प्रकृति के थे। नरेन्द्र की बुद्धि बचपन से ही तीव्र थी और परमात्मा को पाने की लालसा भी प्रबल थी।

सन् 1867 ई0

-भारत के प्रथम स्वतन्त्रता-शारीरिक स्वतन्त्रता आन्दोलन का समय।

-विवाह के आठ वर्षों बाद पहली बार श्री रामकृष्ण (उम्र 31 वर्ष) का सारदा (उम्र 13 वर्ष) से परिचय।

2 अक्टुबर, 1869 ई0

महात्मा गाँधी का जन्म

सन् 1871 ई0

-भारत के प्रथम स्वतन्त्रता-शारीरिक स्वतन्त्रता आन्दोलन का समय।

-सारदा के 18 वर्ष की उम्र होने पर एक पुण्य तिथि को सारदा का जगदम्बा के रूप में श्री रामकृष्ण द्वारा आराधना।

15 अगस्त, 1872 ई0

- राष्ट्रवादी महर्षि अरविन्द घोष का जन्म।

सन् 1868 से सन् 1881 ई0 तक

-भारत के प्रथम स्वतन्त्रता-शारीरिक स्वतन्त्रता आन्दोलन का समय।

-श्री रामकृष्ण व सारदा देवी का संयुक्त रूप से आध्यात्कि साधना।

-नरेन्द्र नाथ दत्त (18 वर्ष तक) का पाश्चात्य शिक्षा, भ्रमण, सूचना संग्रह, तर्क, जिज्ञासा, दर्शन, अनुभव, संगीत एवं द्वन्द काल का समय।

31 अक्टुबर, 1875 ई0

सरदार वल्लभ भाई पटेल का जन्म

सन् 1881 ई0

-भारत के प्रथम स्वतन्त्रता-शारीरिक स्वतन्त्रता आन्दोलन का समय।

-श्री रामकृष्ण से नरेन्द्र नाथ दत्त (उम्र 18 वर्ष) का प्रथम मिलन।

30 अक्टुबर 1883 ई0

जोधपुर नरेश के निमन्त्रण पर स्वामी दयानन्द सरस्वती जी जोधपुर आये। दुर्भाग्य से महराज के रसोइयें ने भोजन में काँच पीसकर दिया और समाजोत्थान का कार्य अधूरा छोड़कर दीपावली (30 अक्टुबर 1883) को अजमेर में यह (स्वामी दयानन्द सरस्वती जी) दिव्य-ज्योति, अनन्त-ज्योति में विलीन हो गई।

स्वामी पूर्णानन्द जी से योग-दीक्षा एवं सन्यास लेकर दयानन्द नाम से प्रसिद्ध हुए। स्वामी विरजानन्द से वेदाध्ययन कर अपना गुरू स्वीकारा और उन्हीं के आदेश से वेद-प्रचारार्थ निकल पड़े। उस समय मूर्ति-पूजा, पाखण्ड और मत-मतान्तरों में फँसे हिन्दुओं को जाग्रत किया। 10 अप्रैल, 1875 को मुम्बई (तत्कालिन बम्बई) में "आर्य समाज" की स्थापना कर "सत्यार्थ प्रकाश (1874 ई.) की रचना की। स्वामी जी राजनैतिक स्वतन्त्रता के प्रबल समर्थक थे। कविवर दिनकर जी ने उन्हें हिन्दूधर्म का "रणारूढ़" नेता कहा। हिन्दी भाषा, देवनागरी लिपि और गौरक्षा को देश की प्रगति के लिए प्रमुखता दी। स्वामी दयानन्द द्वारा लिखी गई अन्य महत्वपूर्ण रचनाओं में "पाखण्ड खण्डन (1866 ई.), वेदभाष्य भूमिका (1876 ई.), ऋगवेद भाष्य (1877 ई.), अद्वैत मत का खण्डन (1873 ई.), पंचमहायज्ञ विधि (1875 ई), वल्लभाचार्य मत का खण्डन (1875 ई.) हैं।

आर्य समाज

आर्य शब्द का अर्थ है- श्रेष्ठ और प्रगतिशील। अतः आर्य समाज का अर्थ हुआ श्रेष्ठ और प्रगतिशीलों का समाज, जो वेदों के अनुकूल चलने का प्रयास करते हैं। दूसरों को उस पर चलने को प्रेरित करते हैं। आर्य समाजियों के आदर्श मर्यादा पुरूषोत्तम राम और योगिराज श्रीकृष्ण हैं। महर्षि दयानन्द ने उसी वेद मत को फिर से स्थापित करने के लिए आर्य समाज की स्थापना की। आर्य समाज के सब सिद्धान्त और नियम वेदों पर आधारित हैं। आर्य समाज के मान्यताओं के अनुसार फलित ज्योतिषि, जादू-टोना, जन्मपत्री, श्राद्ध, तर्पण, व्रत, भूत-प्रेत, देवी जागरण, मूर्ति-पूजा और तीर्थ यात्रा मन गढ़न्त हैं, वेद विरूद्ध हैं। आर्य समाज सच्चे ईश्वर की पूजा करने को कहता है, यह ईश्वर वायु और आकाश की तरह सर्वव्यापी है, वह अवतार नहीं लेता, वह मनुष्यों को उनके कर्मानुसार फल देता है। अगला जन्म देता है। उसका ध्यान घर में, किसी एकान्त में हो सकता है। इसके अनुसार दैनिक यज्ञ करना हर आर्य का कर्तव्य है। परमाणुओं को न कोई बना सकता है, न उसके टुकड़े ही हो सकते हैं। यानि वह अनादि काल से है। उसी तरह एक परमात्मा और हम जीवात्माएँ भी अनादि काल से हैं। परमात्मा परमाणुओं को गति देकर सृष्टि रचता है। आत्माओं को कर्म करने के लिए प्रेरित करता है। फिर चार ऋषियों के मन में 20,378 वेद मन्त्रों का अर्थ सहित ज्ञान और अपना परिचय देता है। आर्य समाज का मूल ग्रन्थ "सत्यार्थ प्रकाश" एवं अन्य माननीय ग्रन्थ हैं- वेद, उपनिषद्, षड् दर्शन, गीता व वाल्मिकि रामायण वगैरह। 18 घंटे समाधि में रहने वाले योगिराज महर्षि दयानन्द ने लगभग 8 हजार किताबों का मंथन कर अद्भुत और क्रान्तिकारी "सत्यार्थ प्रकाश" की रचना की।

आर्य समाज की मान्यताएँ

ईश्वर का सर्वोत्तम और निज नाम "ओम्" है। उसमें अनन्त गुण होने के कारण उसके ब्रह्मा, विष्णु, महेश, गणेश, देवी, अग्नि, शनि वगैरह अनन्त नाम हैं। इनकी अलग-अलग नामों से मूर्ति-पूजा ठीक नहीं है। आर्य समाज वर्ण व्यवस्था अर्थात ब्राह्मण, क्षत्रिय, वैश्य और शूद्र को कर्म से मानता है, जन्म से नहीं। आर्य समाज स्वदेशी, स्वभाषा, स्वसंस्कृति और स्वधर्म का पोषक है। आर्य समाज सृष्टि की उत्पत्ति का समय 4 अरब 32 करोड़ वर्ष और इतना ही समय प्रलय काल का मानता है। योग से प्राप्त मुक्ति का समय वेदों के अनुसार 31 नील 10 खरब 40 अरब यानी 1 परांत काल मानता है। आर्य समाज वसुधैव-कुटुम्बकम् को मानता है लेकिन भूमण्डलीकरण को देश, समाज और संस्कृति के लिए घातक मानता है। आर्य समाज वैदिक समाज रचना के निर्माण व आर्य चक्रवर्ती राज्य स्थापित करने के लिए प्रयासरत है। इस समाज में मांस, अण्डे, बीड़ी, सिगरेट, शराब, चाय, मिर्च-मसाले वगैरह वेद विरूद्ध होते हैं।

आर्य समाज के दस नियम

1. सब सत्य विद्या और जो पदार्थ विद्या से जाने जाते हैं, उन सबका आदि मूल परमेश्वर है।
2. ईश्वर सच्चिदानन्दस्वरूप, निराकार, सर्वशक्तिमान, न्यायकारी, दयालु, अजन्मा, अनन्त, निर्विकार, अनादि, अनुपम, सर्वाधार, सर्वेश्वर, सर्वव्यापक, सर्वाअन्तर्यामी, अजर, अमर, नित्य, पवित्र और सृष्टिकर्ता है, उसी की उपासना करने योग्य है।
3. वेद सब विद्याओं का पुस्तक है। वेद का पढ़ना, पढ़ाना और सुनना, सुनाना सब आर्यों का परम धर्म है।
4. सत्य के ग्रहण करने और असत्य को छोड़ने में सदा उद्यत रहना चाहिए।
5. सब काम धर्मानुसार अर्थात सत्य और असत्य को विचार करके करने चाहिए।
6. संसार का उपकार करना इस समाज का मुख्य उद्देश्य है अर्थात शारीरिक, आत्मिक और सामाजिक उन्नति करना।
7. सबसे प्रीतिपूर्वक, धर्मानुसार यथायोग्य वर्ताव करना चाहिए।
8. अविद्या का नाश और विद्या की वृद्धि करनी चाहिए।

9. प्रत्येक को अपनी ही उन्नति से संतुष्ट न रहना चाहिए, किन्तु सब की उन्नति में अपनी उन्नति समझनी चाहिए।
10. सब मनुष्यों को सामाजिक, सर्व हितकारी नियम पालन में परतन्त्र रहना चाहिए और प्रत्येक हितकारी नियम पालने में सबको स्वतन्त्र रहना चाहिए।

आर्य समाज की हिन्दी सेवा

आर्य समाज जुड़े लोग भारत की स्वतन्त्रता के साथ-साथ भारत की संस्कृति, भाषा, धर्म, शिक्षा आदि के क्षेत्र में सक्रिय रूप से जुड़े रहे। स्वामी दयानन्द की मातृ भाषा गुजराती थी और उनका संस्कृत का ज्ञान बहुत अच्छा था, किन्तु केशव चन्द्र सेन के सलाह पर उन्होंने "सत्यार्थ प्रकाश" की रचना हिन्दी में की। दयानन्द ने "सत्यार्थ प्रकाश" जैसा क्रान्तिकारी ग्रन्थ हिन्दी में रचकर हिन्दी को एक प्रतिष्ठा दी। आर्य समाज ने हिन्दी को "आर्य भाषा" कहा और सभी आर्यसमाजियों के लिए इसका ज्ञान आवश्यक बताया। दयानन्द जी ने वेदों की व्याख्या भी संस्कृत के साथ-साथ हिन्दी में भी की। स्वामी श्रद्धानन्द ने हानि उठाकर भी अनेक पत्र-पत्रिकाओं का प्रकाशन देवनागरी लिपि में लिखी हिन्दी में किया जबकि उनका प्रकाशन पहले उर्दू में होता था।

8 जनवरी, 1884 ई0

केशवचन्द्र सेन दिवंगत हुए।

प्रार्थना समाज

आचार्य केशवचन्द्र सेन की प्रेरणा से महादेव गोविन्द रानाडे, डा0 आत्मारा पांडुरंग, चन्द्रावरकर आदि द्वारा सन् 1867 ई. में प्रार्थना समाज की स्थापना मुम्बई में हुई। जी.आर.भण्डारकर प्रार्थना समाज के अग्रणी नेता थे। प्रार्थना समाज के आलोचकों द्वारा किये गये असत्य प्रचार को मिटाने के लिए इन नेताओं को बहुत संघर्ष करना पड़ा। असत्य प्रचार के अन्तर्गत यह कहा जाता था कि प्रार्थना समाज ईसाई धर्म के अनुकरण पर आधारित है और यह देश के प्राचीन धर्म के विरूद्ध है। प्रार्थना समाज के नेताओं के अनुसार इसका उद्देश्य प्रार्थना और सेवा द्वारा ईश्वर की पूजा करना था। जैसा नाम से प्रकट है, प्रार्थना ही सामाज की आत्मा है। बंगाल के ब्रह्म समाज की भाँति उपनिषदों और भगवद्गीता की शिक्षाएँ प्रार्थना समाज की आधार हैं किन्तु एक बात से यह ब्रह्म समाज से भिन्न है, इसमें भारत के, विशेषतया महाराष्ट्र के, मध्यकालीन संतों- ज्ञानेश्वर, नामदेव, एकनाथ और तुकाराम की शिक्षाओं को गौरवपूर्ण स्थान प्राप्त है। जाति प्रथा का विरोध, स्त्री-पुरूष विवाह की आयु में वृद्धि, विधवा विवाह, स्त्री शिक्षा इत्यादि प्रार्थना समाज के उद्देश्य थे। प्रार्थना समाज ने 19वीं सदी के नवें दशक में नारी जागरण की योजनाओं का आरम्भ किया। 1882 ई. में आर्य महिला समाज की स्थापना उन्हीं योजनाओं का फल है। 1878 ई. में प्रार्थना समाज द्वारा स्थापित पहला रात्रि विद्यालय जन-शिक्षा व प्रौढ़-शिक्षा के क्षेत्र में अग्रणी रहा। वासुदेव बाबाजी नौरंगे बालकाश्रम की स्थापना लालशंकर उमाशंकर द्वारा पंढरपुर में 1875 ई. में हुई। यह बालकाश्रम बाद में प्रार्थना समाज के संरक्षण में आ गया। यह अपने ढंग का सर्वाधिक प्राचीन और बड़ी संस्था है और यह 1975 में अपनी शताब्दी पूर्ण कर चुकी है। प्रार्थना समाज के संरक्षण में दो बालकाश्रम और चलते हैं- डी.एन सिकर होम, विले पार्ले मुम्बई और सतारा जिले के वाई नामक स्थान पर। "दि डिप्रेस्ड क्लास मिशन सोसायटी आफ इण्डिया" नाम की संस्था जो अछूतोद्धार के लिए प्रसिद्ध है, प्रार्थना समाज के एक कार्यकर्ता विठ्ठल रामजी शिंदे द्वारा स्थापित हुई। 1917 ई. में प्रार्थना समाज ने राममोहन अंग्रेजी विद्यालय की स्थापना की। अब इसके संरक्षण से दस से अधिक विद्यालय मुम्बई और उसके आस-पास चल रहें हैं। प्रार्थना समाज संस्था के सहयोग से कालान्तर में दलित जाति मण्डल, समाज सेवा संघ तथा दक्कन शिक्षा सभा की स्थापना हुई। पंजाब में इस समाज के प्रचार-प्रसार में दयाल सिंह प्रन्यास ने महत्वपूर्ण भूमिका का निर्वाह किया। दक्षिण भारत में विश्वनाथ मुदलियर के नेतृत्व में "वेद समाज" का नाम बदल कर "दक्षिण भारत वेद समाज" रखा गया।

बृहस्पतिवार, 13 अगस्त 1886 ई0

-भारत के प्रथम स्वतन्त्रता-शारीरिक स्वतन्त्रता आन्दोलन का समय।

-शिष्य नरेन्द्र नाथ (उम्र 23 वर्ष) में श्री रामकृष्ण (उम्र 50 वर्ष) द्वारा आध्यात्मिक शक्ति का संचरण।

रविवार, 16 अगस्त 1886 ई0

-भारत के प्रथम स्वतन्त्रता-शारीरिक स्वतन्त्रता आन्दोलन का समय।

-श्रीमाँ सारदा (उम्र 33 वर्ष) व शिष्य नरेन्द्र नाथ (उम्र 23 वर्ष) एवं अपने आध्यात्मिक उद्देश्य को आगे बढ़ाने के लिए विशेष रूप से शिक्षित नवयुवकों के एक दल को छोड़कर श्री रामकृष्ण (उम्र 50 वर्ष) का महाप्रयाण।

शुक्रवार, 25 दिसम्बर 1886 ई0

-भारत के प्रथम स्वतन्त्रता-शारीरिक स्वतन्त्रता आन्दोलन का समय।

-श्री रामकृष्ण (उम्र 50 वर्ष) के महाप्रयाण के लगभग 4 माह बाद गुरू भाइयों के साथ नरेन्द्र नाथ (उम्र लगभग 24 वर्ष) का अग्नि के समक्ष सन्यास ग्रहण व नाम परिवर्तन नरेन्द्र नाथ से स्वामी विवेकानन्द।

5 सितम्बर, 1888 ई0

सर्वपल्ली राधाकृष्णनन् का जन्म

14 नवम्बर, 1889 ई0

पं0 जवाहर लाल नेहरु का जन्म

सन् 1887 से जून, 1890 ई0 तक

-भारत के प्रथम स्वतन्त्रता-शारीरिक स्वतन्त्रता आन्दोलन का समय।

-स्वामी विवेकानन्द (उम्र 24 से 27 वर्ष तक) द्वारा अध्ययन, साधना, दृष्टिकोण में व्यापक परिवर्तन।

जुलाई, 1890 से सोमवार, 30 मई 1893 तक

-भारत के प्रथम स्वतन्त्रता-शारीरिक स्वतन्त्रता आन्दोलन का समय।

-स्वामी विवेकानन्द (उम्र 30 वर्ष 4 माह 18 दिन तक) का परिव्राजक स्थिति।

14 अप्रैल, 1891 ई0

बाबा साहेब भीम राव अम्बेडकर का जन्म

मंगलवार, 31 मई 1893 ई0

-भारत के प्रथम स्वतन्त्रता-शारीरिक स्वतन्त्रता आन्दोलन का समय।

-स्वामी विवेकानन्द (उम्र 30 वर्ष 4 माह 19 दिन) का अमेरिका यात्रा प्रारम्भ।

रविवार, 11 सितम्बर 1893 ई0

-भारत के प्रथम स्वतन्त्रता-शारीरिक स्वतन्त्रता आन्दोलन का समय।

-स्वामी विवेकानन्द (उम्र 30 वर्ष 7 माह 29 दिन) का अमेरिका के शिकागो में आयोजित विश्वधर्म संसद में ऐतिहासिक वकृतता।

जून, 1893 से दिसम्बर, 1896 ई0 तक

-भारत के प्रथम स्वतन्त्रता-शारीरिक स्वतन्त्रता आन्दोलन का समय।

-स्वामी विवेकानन्द (उम्र 34 वर्ष तक) का पश्चिमी देशों में अनेक वकृतताएँ। मुख्य बिन्दु-

"समग्र संसारका अखण्डत्व, जिसके ग्रहण करने के लिए संसार प्रतीक्षा कर रहा है, हमारे उपनिषदों का दूसरा भाव है। प्राचीन काल के हदबन्दी और पार्थक्य इस समय तेजी से कम होते जा रहे हैं। हमारे उपनिषदों ने ठीक ही कहा है-"अज्ञान ही सर्व प्रकार के दुःखों का कारण है।" सामाजिक अथवा आध्यात्मिक जीवन की हो जिस अवस्था में देखो, यह बिल्कुल सही उतरता है। अज्ञान से ही हम परस्पर घृणा करते हैं, अज्ञान से ही एक दूसरे को जानते नहीं और इसलिए प्यार नहीं करते। जब हम एक दूसरे को जान लेंगे, प्रेम का उदय होगा। प्रेम का उदय निश्चित है क्योंकि क्या हम सब एक नहीं हैं? इसलिए हम देखते हैं कि चेष्टा न करने पर भी हम सब का एकत्व भाव

स्वभाव से ही आ जाता है। यहाँ तक की राजनीति और समाजनीति के क्षेत्रों में भी जो समस्यायें बीस वर्ष पहले केवल राष्ट्रीय थी, इस समय उसकी मीमांसा केवल राष्ट्रीयता के आधार पर और विशाल आकार धारण कर रही हैं। केवल अन्तर्राष्ट्रीय संगठन, अन्तर्राष्ट्रीय विधान ये ही आजकल के मूलतन्त्र स्वरूप है।"-(विवेकानन्द का मानवतावाद, राम कृष्ण मिशन प्रकाशन, पृष्ठ-48)

जनवरी, 1897

-भारत के प्रथम स्वतन्त्रता-शारीरिक स्वतन्त्रता आन्दोलन का समय।

-स्वामी विवेकानन्द (उम्र 34 वर्ष) स्वदेश भारत में आगमन, अनेक स्थान पर भव्य स्वागत और भारत के शारीरिक स्वतन्त्रता आन्दोलन के लिए आत्मशक्ति के रूप में कार्य करना। इस दौरान मूल विचार-

"हिन्दू कहते हैं कि सामाजिक और राजनीतिक स्वाधीनता बहुत अच्छी चीज है किन्तु वास्तविक चीज है-आध्यात्मिक स्वाधीनता अर्थात् मुक्ति। यही जातीय जीवन का उद्देश्य है। वैदिक, जैन, बौद्ध, द्वैत, विशिष्टाद्वैत और अद्वैत सभी इस सम्बन्ध में एकमत हैं। इसमें हाथ न लगाना नहीं तो सर्वनाश हो जायेगा।"-(जितने मत उतने पथ, राम कृष्ण मिशन प्रकाशन, पृष्ठ-38)

सोमवार, 23 जुलाई, 1897 ई0

-भारत के प्रथम स्वतन्त्रता-शारीरिक स्वतन्त्रता आन्दोलन का समय।

-स्वामी विवेकानन्द द्वारा अल्मोड़ा से स्वामी ब्रह्मानन्द को लिखित पत्र में-

"फलानुमेयाः प्रारम्भाः संस्कराः प्राक्तना इव" फल को देखकर ही कार्य का विचार सम्भव है। जैसे कि फल को देखकर पूर्व संस्कार का अनुमान किया जाता है।-(पत्रावली-2, राम कुष्ण मिशन प्रकाशन, पृष्ठ-129)

मंगलवार, 4 अगस्त, 1897 ई0

-भारत के प्रथम स्वतन्त्रता-शारीरिक स्वतन्त्रता आन्दोलन का समय।

-स्वामी विवेकानन्द (उम्र 34 वर्ष 6 माह 22 दिन) द्वारा "रामकृष्ण मिशन व मठ" का पश्चिम बंगाल के हुगली नदी किनारे बेलूड़ (हावड़ा) में स्थापना।

रविवार, 9 फरवरी, 1902 ई0

-भारत के प्रथम स्वतन्त्रता-शारीरिक स्वतन्त्रता आन्दोलन का समय।

-स्वामी विवेकानन्द द्वारा वाराणसी कैण्ट से स्वामी स्वरूपानन्द को लिखित पत्र में-

"बौद्ध धर्म और नव हिन्दू धर्म के सम्बन्ध के विषय में मेरे विचारों में क्रांतिकारी परिवर्तन हुआ है। उन विचारों को निश्चित रुप देने के लिए कदाचित् मैं जिवित न रहूँ परन्तु उसकी कार्य प्रणाली का संकेत मैं छोड़ जाऊँगा और तुम्हें और तुम्हारे भातृ-गणों को उस पर काम करना होगा।"-(पत्रावली भाग-2, राम कृष्ण मिशन प्रकाशन, पृष्ठ-310)

शुक्रवार, 4 जुलाई, 1902 ई0

-भारत के प्रथम स्वतन्त्रता-शारीरिक स्वतन्त्रता आन्दोलन का समय।

-स्वामी विवेकानन्द का उम्र 39 वर्ष 5 माह 22 दिन में चिरशान्ति में लीन। और उनकी मानवता व राष्ट्र के विकास के लिए अनेक इच्छा का सूक्ष्म शरीर में परिवर्तन। जैसे-

भारत और समाजवाद विषयक अथवा राजनीतिक विचारों से प्लावित करने से पहले यह आवश्यक है कि उसमें आध्यात्मिक विचारों की बाढ़ ला दी जाये। सर्वप्रथम, हमारे उपनिषदों, पुराणों और अन्य सब शास्त्रों में जो अपूर्व सत्य निहित है, उन्हें इन सब ग्रंथों के पृष्ठों से बाहर लाकर, मठों की चहारदीवारियाँ भेदकर, वनों की नीरवता से दूर लाकर, कुछ-सम्प्रदाय-विशेषों के हाथों से छीनकर देश में सर्वत्र बिखेर देना होगा, ताकि ये सत्य दावानल के समान सारे देश को चारो ओर से लपेट लें-उत्तर से दक्षिण और पूरब से पश्चिम तक सब जगह फैल जायें-हिमालय से कन्याकुमारी और सिन्धु से ब्रह्मपुत्रा तक सर्वत्र वे धधक उठे।-(विवेकानन्द की वाणी, राम कृष्ण मिशन प्रकाशन, पृष्ठ-56)

भारत के शिक्षित समाज में मैं इस बात पर सहमत हूँ कि समाज का आमूल परिवर्तन करना आवश्यक है। पर यह किया किस तरह जाये? सुधारकों की सब कुछ नष्ट कर डालने की रीति व्यर्थ सिद्ध हो चुकी है। मेरी योजना यह है, हमने अतीत में कुछ बुरा नहीं किया। निश्चय ही नहीं किया। हमारा समाज खराब नहीं, बल्कि अच्छा है। मैं केवल चाहता हूँ कि वह और भी अच्छा हो। हमे असत्य से सत्य तक अथवा बुरे से अच्छे तक पहुँचना नहीं है। वरन् सत्य से उच्चतर सत्य तक, श्रेष्ठ से श्रेष्ठतर और श्रेष्ठतम तक पहुँचना है। मैं अपने देशवासियों से कहता हूँ कि अब तक जो तुमने किया, सो अच्छा ही किया है, अब इस समय और भी अच्छा करने का मौका आ गया है।

(जितने मत उतने पथ, राम कृष्ण मिशन प्रकाशन, पृष्ठ-46)

यदि कभी कोई सार्वभौमिक धर्म हो सकता है, तो वह ऐसा ही होगा, जो देश या काल से मर्यादित न हो, जो उस अनन्त भगवान के समान ही अनन्त हो, जिस भगवान के सम्बन्ध में वह उपदेश देता है, जिसकी ज्योति श्रीकृष्ण के भक्तों पर और ईसा के प्रेमियों पर, सन्तों पर और पापियों पर समान रूप से प्रकाशित होती हो, जो न तो ब्राह्मणों का हो, न बौद्धों का, न ईसाइयों का और न मुसलमानों का, वरन् इन सभी धर्मों का समष्टिस्वरूप होते हुए भी जिसमें उन्नति का अनन्त पथ खुला रहे, जो इतना व्यापक हो कि अपनी असंख्य प्रसारित बाहूओं द्वारा सृष्टि के प्रत्येक मनुष्य का प्रेमपूर्वक आलिंगन करें।... वह विश्वधर्म ऐसा होगा कि उसमें किसी के प्रति विद्वेष अथवा अत्याचार के लिए स्थान न रहेगा, वह प्रत्येक स्त्री और पुरूष के ईश्वरीय स्वरूप को स्वीकार करेगा और सम्पूर्ण बल मनुष्यमात्र को अपनी सच्ची, ईश्वरीय प्रकृति का साक्षात्कार करने के लिए सहायता देने में ही केन्द्रित रहेगा।

अब व्यावहारिक जीवन में उसके प्रयोग का समय आ गया है। अब और "रहस्य" बनाये रखने से नहीं चलेगा। अब और वह हिमालय की गुहाओं । में, वन-अरण्यों में साधु-सन्यासियों के पास न रहेगा, लोगों के दैनन्दिन जीवन में उसको कार्यन्वित करना होगा। राजा के महल में, साधु-सन्यासी की गुफा में, मजदूर की झोपड़ी में, सर्वत्र सब अवस्थाओं में, यहाँ तक कि राह के भिखारी द्वारा भी, वह कार्य में लाया जा सकता है। मैं अपने मनश्चक्षुओं से देख रहा हूँ कि भावी सर्वांगपूर्ण भारत वैदान्तिक मस्तिष्क और इस्लामी देह लेकर, इस विवाद-विश्रृंखला को चीरते हुये, महामहिमान्वित और अपराजेय शक्ति से युक्त होकर जागृत हो रहा है। एक नवीन भारत निकल पड़े, निकले हल पकड़ कर किसानों की कुटी भेद कर, मछुआ, मोची मेहतर की झोपड़ियों से। निकल पड़े बनियों की दुकानों से भुजवा के भांड़ के पास से, कारखानों से, हाट से, बाजार से। निकले झाड़ियों से, जंगलों, पहाड़ों पर्वतों से।

हिन्दू भावों को अंग्रेजी में व्यक्त करना, फिर शुष्क दर्शन, जटिल पौराणिक कथाएं और अनूठे आश्चर्यजनक मनोविज्ञान से ऐसे धर्म का निर्माण करना, जो सरल, सहज और लोकप्रिय हो और उसके साथ ही उन्नत मस्तिष्क वालों को संतुष्ट कर सके-इस कार्य की कठिनाइयों को वे ही समझ सकते हैं, जिन्होंने इसके लिए प्रयत्न किया हो। अद्वैत के गुढ़ सिद्धान्त में नित्य प्रति के जीवन के लिए कविता का रस और जीवन दायिनी शक्ति उत्पन्न करनी है। अत्यन्त उलझी हुई पौराणिक कथाओं में से जीवन प्रकृत चरित्रों के उदाहरण समूह निकालने हैं और बुद्धि को भ्रम में डालने वाली योगविद्या से अत्यन्त वैज्ञानिक और क्रियात्मक मनोविज्ञान का विकास करना है और इन सब को एक ऐसे रुप में लाना पड़ेगा कि बच्चा-बच्चा इसे समझ सके। (पत्रावली, राम कृष्ण मिशन प्रकाशन, पृष्ठ-425)

जीवन में मेरी सर्वोच्च अभिलाषा यह है कि ऐसा चक्र प्रर्वतन कर दूँ जो कि उच्च एवं श्रेष्ठ विचारों को सब के द्वार-द्वार पर पहुंचा दे। फिर स्त्री-पुरूष को अपने भाग्य का निर्माण स्वयं करने दो। हमारे पूर्वजों ने तथा अन्य देशों ने जीवन के महत्वपूर्ण प्रश्नों पर क्या विचार किया है यह सर्वसाधारण को जानने दो। विशेषकर उन्हें देखने दो कि और लोग क्या कर रहे हैं। फिर उन्हें अपना निर्णय करने दो। रासायनिक द्रव्य इकट्ठे कर दो और प्रकृति के नियमानुसार वे किसी विशेष आकर धारण कर लेंगे-परिश्रम करो, अटल रहो। "धर्म को बिना हानि पहुँचाये जनता की उन्नति"-इसे अपना आदर्श वाक्य बना लो। (विवेकानन्द राष्ट्र को आह्वान, राम कृष्ण मिशन प्रकाशन, पृष्ठ-66) इत्यादि।

11 अक्टुबर, 1902 ई0

लोकनायक जय प्रकाश नारायण का जन्म

भारत के स्वतन्त्रता का उच्च काल

इस काल के मुख्य विशेषता

संस्थागत धर्म प्रचार व सेवा कार्य के लिए स्वामी विवेकानन्द के द्वारा सन् 1897 में स्थापित राम कृष्ण मिशन के अनुरुप अनेक संस्थागत धार्मिक संस्थाएं स्थापित हो गयी थी। सन् 1925 ई0 में डा0 हेडगेवार द्वारा हिन्दू राष्ट्रवादी संस्था राष्ट्रीय स्वयं सेवक संघ (आर0 एस0 एस0), विश्व हिन्दू परिषद, बजरंग दल, दुर्गावाहिनी, अखिल भारतीय विद्यार्थी परिषद, भारतीय मजदूर संघ, भारतीय किसान संघ, ग्राहक पंचायत, इतिहास संकलन समिति, वनवासी कल्याण आश्रम, सेवा भारती, विद्या भारती, संस्कार भारती, संस्कृत भारती, शैक्षिक महासंघ, भारतीय शिक्षण मण्डल इत्यादि। महात्मा गाँधी के दर्शन पर आधारित संत आचार्य विनोवा भावे द्वारा सर्वोदय आश्रम। शिव की प्राथमिकता, काल गणना एवं गीता पर आधारित प्रजापिता ब्रह्माकुमारी ईश्वरीय विश्वविद्यालय। श्रीकृष्ण भावना को लेकर श्री प्रभुपाद द्वारा भक्ति वेदान्त आधारित अन्तर्राष्ट्रीय श्रीकृष्ण भावनामृत संघ (इस्कान)। गायत्री मन्त्र को लेकर पं0 श्रीराम शर्मा आचार्य द्वारा शान्तिकुंज। बाबा हरदेव सिंह के नेतृत्व में निरंकारी मिशन या यूनिवर्सल ब्रदरहुड। श्री सुधांशु जी महाराज के नेतृत्व में विश्व जागृति मिशन। श्री आशाराम जी के नेतृत्व में योगवेदान्त सेवा समिति। श्री श्री आनन्द मूर्ति के नेतृत्व में आनन्द मार्ग। साधु वासवानी के नेतृत्व में साधु वासवानी मिशन। स्वामी श्री चिदानन्द जी "मुनीजी" के नेतृत्व में परमार्थ निकेतन दैवी सम्पद मण्डल। स्वामी श्री सत्यमित्रानन्द गिरि के नेतृत्व में समन्वय परिवार। साध्वी ऋतम्भरा के नेतृत्व में वात्सल्य मन्दिर। सतपाल महराज के नेतृत्व में मानव धर्म आधारित मानव सेवा संघ। श्रीरामसुख दास जी, श्री जयदयाल गोयन्दका एवं श्री हनुमान प्रसाद पोद्दार के नेतृत्व में विश्व विख्यात गीता प्रेस। माँ आनन्दमयी द्वारा माँ आनन्दमयी आश्रम। स्वामी श्रीरामतीर्थ के नेतृत्व में श्रीरामतीर्थ मिशन। स्वामी शिवानन्द के नेतृत्व में डिवाईन लाईफ सोसाईटी। स्वामी करपात्री जी महाराज के नेतृत्व में धर्म संघ शिक्षा मण्डल। अवधूत भगवान श्रीराम द्वारा सर्वेश्वरी समूह। आचार्य रजनीश "ओशो" द्वारा ओशो कम्यून इत्यादि स्थापित थे। इनके अलावा आदि शंकराचार्य द्वारा स्थापित चारों पीठों के शंकराचार्य, अनेक पीठों के महामण्डलेश्वर, स्वामी अड़गड़ानन्द, श्री मोरारी बापू, श्री स्वामी रामदया, श्री किशोर जी महाराज, पू0 पा0 गो0 इन्दिरा बेटी जी, श्री निवासाचार्य, श्री विजय कौसल, श्री रमेश भाई ओझा, श्री कीरीट भाई जी, श्री पाण्डुरंग शास्त्री जी आठावले, स्वामी अंसगानानन्द, प्रमुख स्वामी जी (स्वामी नारायण सम्प्रदाय), श्रीरामकिंकर जी, स्वामी शरणानन्द, संत डोगरे, स्वामी अखण्डानन्द, स्वामी विद्यानन्द "विदेह", आचार्य महाप्रज्ञ, आचार्य वागीश शास्त्री, स्वामी अखिलेश जी, स्वामी श्याम जी, योगेश्वर जी, बाल योगेश्वर जी, बाबा जय गुरूदेव इत्यादि हजारों की संख्या में भारतीय धर्म शास्त्रों-रामायण, वेद, पुराण, उपनिषद्, गीता, भागवत की व्याख्या तथा सेवा कार्य सहित आध्यात्म, योग, ध्यान, साधना, भक्ति इत्यादि का प्रसार व्यक्ति के मन निर्माण द्वारा कर रहे थे।

अन्य घटना क्रम

2 अक्टुबर, 1904 ई0

लाल बहादुर शास्त्री का जन्म

संवत् 1964 विक्रमी (सन् 1907 ई0)

धर्मसम्राट करपात्री जी का जन्म

27 नवम्बर 1907 ई0

हरिवंश राय बच्चन जी का जन्म

23 मार्च, 1910 ई0

राम मनोहर लोहिया का जन्म

4 दिसम्बर, 1910 ई0

आर.वेंकटरामन का जन्म

11 अक्टूबर, 1911 ई0

नानाजी देशमुख का जन्म

सन् 1911 ई0 (सम्वत् विक्रम 1969)

स्वामी अड़गड़ानन्द महाराज का जन्म

गीता मानव मात्र का धर्म शास्त्र है- वेदव्यास

श्रीकृष्णकालीन महर्षि वेदव्यास से पूर्व कोई भी शास्त्र पुस्तक के रूप में उपलब्ध नहीं था। श्रुतज्ञान की इस परम्परा को तोड़ते हुए उन्होंने चार वेद, ब्रह्मसूत्र, महाभारत, भागवत एवं गीता जैसे ग्रन्थों में पूर्वसंचित भौतिक एवं आध्यात्मिक ज्ञानराशि को संकलित कर अन्त में स्वयं कहा कि-

गीता सुगीता कर्तव्या किमन्यैः शास्त्रविस्तरैः।
या स्वयं पद्य्मनाभस्य मुखपद्य्माद्विनिःसुता।।

(महाभारत, भीष्म पर्व, 43.1)

गीता भली प्रकार मनन करके हृदय में धारण करने योग्य है, जो पद्य्मनाभ भगवान के श्रीमुख से निःसृत वाणी है। फिर अन्य शास्त्रों के संग्रह की क्या आवश्यकता? मानव सृष्टि के आदि में भगवान् श्रीकृष्ण के श्रीमुख से निःसृत अविनाशी योग अर्थात् श्रीमद्भगवदगीता, जिसकी विस्तृत व्याख्या वेद और उपनिषद् हैं, विस्मृति आ जाने पर उसी आदिशास्त्र को भगवान श्रीकृष्ण ने अर्जुन के प्रति पुनः प्रकाशित किया, जिसकी यथावत् व्याख्या "यथार्थ गीता" है।

गीता का सारांश "गीता माहात्म्य" के इस श्लोक से प्रकट होता है-

एकं शास्त्रं देवकीपुत्र गीतम्, एको देवो देवकीपुत्र एव।
एको मंत्रस्तस्य नामानि यानि, कर्माप्येकं तस्य देवस्य सेवा।।

अर्थात एक ही शास्त्र है जो देवकीपुत्र भगवान ने श्रीमुख से गायन किया-"गीता"। एक ही प्राप्त करने योग्य देव है। उस गायन में जो सत्य बताया- "आत्मा"। सिवाय आत्मा के कुछ भी शाश्वत नहीं है। उस गायन में उन महायोगेश्वर ने क्या जपने के लिए कहा?- "ओम्"। अर्जुन अक्षय परमात्मा का नाम है, उसका जप कर और ध्यान मेरा धर। एक ही कर्म है- "गीता में वर्णित परमदेव एक परमात्मा की सेवा"। उन्हें श्रद्धा से अपने हृदय में धारण करें। अस्तु, आरम्भ से ही गीता आपका शास्त्र रहा है। भगवान श्रीकृष्ण के हजारों वर्ष पश्चात् परवर्ती जिन महापुरूषों ने एक ईश्वर को सत्य बताया, गीता के ही सन्देश वाहक हैं। ईश्वर से ही लौकिक एवं परलौकिक सुखों की कामना, ईश्वर से डरना, अन्य किसी को ईश्वर न मानना- यहाँ तक तो सभी महापुरूषों ने बताया, किन्तु ईश्वरीय साधना, ईश्वर तक की दूरी तय करना- यह केवल गीता में ही सांगोपांग क्रमबद्ध सुरक्षित है। गीता से सुख-शान्ति तो मिलती ही है, यह अक्षय अनामय पद भी देती है। देखिये श्रीमद्भगवदगीता की टीका - "यथार्थ गीता"।

यद्यपि विश्व में सर्वत्र गीता का समादर है फिर भी यह किसी मजहब या सम्प्रदाय का सहित्य नहीं बन सकी, क्योंकि सम्प्रदाय किसी न किसी रूढ़ि से जकड़े हैं। भारत में प्रकट हुई गीता विश्व-मनीषा की धरोहर है, अतः इसे राष्ट्रीय शास्त्र का मान देकर ऊँच-नीच, भेदभाव तथा कलह-परम्परा से पीड़ित विश्व की सम्पूर्ण जनता को शान्ति देने का प्रयास करें। **पुस्तक - "यथार्थ गीता" से साभार**

"श्रीकृष्ण जिस स्तर की बात करते हैं, क्रमशः चलकर उसी स्तर पर खड़ा होने वाला कोई महापुरूष ही अक्षरशः बता सकेगा कि श्रीकृष्ण ने जिस समय गीता का उपदेश दिया था, उस समय उनके मनोगत भाव क्या थे? मनोगत समस्त भाव कहने में नहीं आते। कुछ तो कहने में आ पाते हैं, कुछ भाव-भंगिमा से व्यक्त होते हैं और शेष पर्याप्त क्रियात्मक हैं-जिन्हें कोई पथिक चलकर ही जान सकता है। जिस स्तर पर श्रीकृष्ण थे, क्रमशः चलकर

उसी अवस्था को प्राप्त महापुरूष ही जानता है कि गीता क्या कहती है। वह गीता की पंक्तियाँ ही नहीं दुहराता, बल्कि उनके भावों को भी दर्शा देता है क्योंकि जो दृश्य श्रीकृष्ण के सामने था, वही उस वर्तमान पुरूष के समक्ष भी है। इसलिए वह देखता है, दिखा देगा, आपमें जागृत भी कर देगा, उस पथ पर चला भी देगा। पूज्य श्री परमहंस जी महाराज भी उसी स्तर के महापुरूष थे। उनकी वाणी तथा अन्तः प्रेरणा से मुझे गीता का जो अर्थ मिला, उसी का संकलन यथार्थ गीता है।" - **अड़गड़ानन्द महाराज**

"गीता राष्ट्रीय साहित्य घोषित हो"

-स्वामी अड़गड़ानन्द, परमहंस आश्रम, सक्तेशगढ़, चुनार क्षेत्र
(विभिन्न प्रवचनों में बोले गये और अनेकों समाचार पत्र में प्रकाशित शब्द)

25 सितम्बर, 1916 ई0

पं0 दीन दयाल उपाध्याय का जन्म

बुधवार, 2 सितम्बर, 1911 ई0 (सं. 1968, आश्विन, कृष्ण पक्ष, त्रयोदशी)

पं. श्री राम शर्मा आचार्य का जन्म

ध्यान रहे लव कुश सिंह विश्वमानव का जन्म सोमवार, 16 अक्टुबर, 1967 (आश्विन, शुक्ल पक्ष-त्रयोदशी, रेवती नक्षत्र) को हुआ।

19 नवम्बर, 1917 ई0

इन्दिरा गाँधी का जन्म

मंगलवार, 15 अक्टुबर, 1918 ई0

विजयदशमी को सांई बाबा समाधि में लीन

हिन्दू और मुसलमान दोनों समुदाय के लोग सांई बाबा के पास जाते और अपनी कामनाएँ सफल करते। बाबा मानव मात्र के लिए एक थे। वे कहते थे कि - "सबका मालिक एक है।" मानव, मानव के प्रति उनके मन में कोई भेद नहीं था।

लखनऊ कांग्रेस के 1916 ई. के अधिवेशन पश्चात्, महर्षि शुद्धानन्द भारती के साथ तिलक जी शिरडी पहुँचें और सांई बाबा के इस चमत्कारी वाक्य - "इतनी आवाज करने से आजादी नहीं मिलेगी" को सुनकर (यही वाक्य अधिवेशन में शुद्धानन्द भारती जी ने कहा था) कहा, कैसे मिलेगी? सांई बाबा ने खड़े होकर घोषित किया - "अल्लाह अच्छा करेगा, अल्लाह मालिक....!" तिलक जी सांई बाबा के परम भक्त हो गये। बाबा की विनम्रता, चमत्कारों से लोग आकर्षित होने लगे। कलकत्ता की एक वृद्ध ईसाई भी सांई बाबा का चमत्कार देखकर उनकी भक्त बन गईं।

सांई बाबा ने सदैव ही अंहकार और पाखण्ड का विरोध किया। समन्वय की भावना से सांई बाबा सबको आदर, सम्मान देते, सभी में ईश्वर का निवास है। सांई बाबा के ग्यारह वचन सिद्धान्त माने जाते हैं।

12 जनवरी, 1918 ई0

महर्षि महेश योगी का जन्म

19 अगस्त, 1918 ई0

शंकर दयाल शर्मा का जन्म

18 मई, 1920 ई0

जान पाल, द्वितीय का जन्म

मंगलवार, 29 जुलाई 1920 ई0

करीब डेढ़ बजे श्रीमाँ सारदा कुछ गहरी साँसें ली और महासमाधि में लीन हो गई। वे फिर इस भौतिक संसार में नहीं लौटी। दीर्घकालीन रोग से पीड़ित उनका शरीर शान्त हो गया और उसमें से एक दिव्य ज्योति निकलने लगी। कई लोग इस ज्योति से धोखे में आ गए और उन्हें लगा कि श्रीमाँ अब भी जीवित है। उनके शरीर को मालाओं से सुसज्जित कर गंगा के उस पार बेलुड़ मठ ले जाया गया। वहाँ चन्दन काष्ठ की चिता पर उनका अन्तिम

संस्कार सम्पन्न हुआ। उनके पुनीत जीवन के स्मारक के रूप मे उसी स्थान पर आज एक सफेद मन्दिर स्थापित है। उनके जन्मस्थान पर भी एक सफेद मन्दिर का निर्माण किया गया। इस मन्दिर पर लहराती ध्वजा पर एक ही शब्द लिखा है- "**माँ!**"

श्रीमाँ सारदा देवी की वाणी

सचमुच ठाकुर (राम कृष्ण परमहंस) ईश्वर ही थे। उन्होंने दूसरे के दुःखों और कष्टों को दूर करने के लिए मानवी देह धारण की थी। वे वैसे ही रहे जैसे एक राजा अपने नगर में वेश बदलकर घूमता है जैसे ही लोगों ने उन्हें पहचाना वैसे ही वे अदृश्य हो गये। ठाकुर सत्य से कितने जुड़े हुए थे। वे कहा करते कि सत्य कलियुग की तपस्या है। व्यक्ति सत्य का पालन करके ईश्वर को पा सकता है।

जान लो कि अपनी माता की सेवा ही तुम्हारा सर्वोच्च कर्तव्य है, यदि वह तुम्हारी आध्यात्मिक प्रगति में बाधक होती हो तो बात दूसरी है। कोई वस्तु कितनी ही छोटी क्यों न हो पर उसकी अवमानना नहीं करनी चाहिए। अगर तुम किसी वस्तु का सम्मान करोगे तो उसके द्वारा तुम्हें भी सम्मान मिलेगा, छोटे से छोटा काम भी सम्मानपूर्वक करना चाहिए। व्यक्ति कितना ही आध्यात्मिक क्यों न हो पर शरीर धारण करने का पूरा महसूल उसे चुकाना ही पड़ता है।

जब पति और पत्नी एकमत होकर आध्यात्मिक साधना करते हैं। तब आध्यात्मिक प्रगति सरलता से होने लगती है। केवल ईश्वर ही सत्य है बाकी सब कुछ मिथ्या है। जीवन का उद्देश्य ईश्वर की अनुभूति करना तथा उनके चिन्तन में निरन्तर लीन रहना है।

एक दिन एक सन्यासी की माता ने श्रीमाँ से प्रार्थना की कि वे उसके पुत्र को सांसारिक जीवन में लौटने के लिए कहें, श्रीमाँ ने उत्तर दिया संन्यासी की माता बनना तो एक दुर्लभ सौभाग्य है। लोग तो एक पीतल के लोटे को भी नहीं छोड़ सकते। क्या संसार का त्याग करना सहज है? तुम क्यों चिंता करती है?

27 अक्टुबर, 1920 ई0

के.आर.नारायणन का जन्म

2 सितम्बर, 1924 ई0

स्वामी स्वरूपानन्द का जन्म

27 सितम्बर 1926 ई0

अशोक सिंघल का जन्म

25 दिसम्बर, 1926 ई0

श्री अटल बिहारी वाजपेयी का जन्म

1 जुलाई, 1927 ई0

चन्द्रशेखर का जन्म

8 नवम्बर, 1927 ई0

श्री लाल कृष्ण आडवाणी का जन्म

29 मार्च, 1928 ई0

रोमेश भण्डारी का जन्म

1928 ई0 (शरत् पूर्णिमा)

हनुमान प्रसाद शर्मा जो लेखन जगत् में "मनु शर्मा" के नाम से विख्यात है का जन्म

यहाँ प्रस्तुत है आपके "कृष्ण की आत्मकथा" का परिचय एवं प्रत्येक खण्ड के कुछ अंश।

परिचय - कृष्ण के अनगिनत आयाम (डायमेन्सन) हैं। दूसरे उपन्यासों में कृष्ण के किसी विशिष्ट आयाम को लिया गया है। किन्तु आठ खण्डों में विभक्त इस औपन्यासिक श्रृंखला में कृष्ण को उनकी सम्पूर्णता और समग्रता में उकेरने का सफल प्रयास किया गया है। किसी भी भाषा में कृष्णचरित को लेकर इतने विशाल और प्रशस्त कैनवस का प्रयोग नहीं किया गया है। यथार्थ कहा जाये तो "कृष्ण की आत्मकथा" एक उपनिषदीय ग्रन्थ है। श्रृंखला के आठ

खण्ड इस प्रकार है। 1. नारद की भविष्यवाणी 2. दुरभिसंधि 3. द्वारका की स्थापना 4. लाक्षागृह 5. खांडव दाह 6. राजसूय यज्ञ 7. संघर्ष 8. प्रलय।

1. "नारद की भविष्यवाणी" के कुछ अंश

"युद्धस्थल में मोहग्रस्त एवं भ्रमित अर्जुन से ही मैंने नहीं कहा था कि तुम निमित्त मात्र हो वरन् इस पुस्तक के लेखक से भी कहा हूँ कि तुम निमित्त मात्र हो, कर्ता तो मैं हूँ।... अन्यथा तुम आज की आँखों से उस अतीत को कैसे देख सकोगे, जिसे मैंने भोगा है? उस संत्रास का कैसे अनुभव करोगे, जिसे मेरे युग ने झेला है? उस मथुरा को कैसे समझ सकोगे, जो मेरे अस्तित्व की रक्षा के लिए नट की डोर की तनाव पर केवल एक पैर से चली है?.... और दुःखी ब्रज के उस प्रेमोन्माद का तुम्हें क्या आभास लगेगा, जो मेरे वियोग में आकाश के जलते चंद्र को आँचल में छिपाकर करील के कुंजो में विरहाग्नि बिखेर रहा था?"

2. "दुरभिसंधि" के कुछ अंश

"मेरी अस्मिता दौड़ती रही। नियति की अँगुली पकड़कर आगे बढ़ती गई-उस क्षितिज की ओर, जहाँ धरती और आकाश मिलते हैं। नियति भी मुझे उसी ओर संकेत करती रही, पर मुझे आजतक वह स्थान नहीं मिला और शायद नहीं मिलेगा। फिर भी मैं दौड़ता ही रहूँगा, क्योंकि यही मेरा कर्म है। मैंने युद्ध में मोहग्रस्त अर्जुन से यह नहीं कहा था, अपितु जीवन में बारम्बार स्वयं से भी कहता रहा हूँ-"कर्मण्येवाधिकारस्ते"।

वस्तुतः क्षितिज मेरा गन्तव्य नहीं, मेरे गन्तव्य का आदर्श है। आदर्श कभी पाया नहीं जाता। यदि पा लिया जाता तो वह आदर्श नहीं। इसलिए न पाने की निश्चिन्तता के साथ भी कर्म में अटल आस्था ही मुझे दौड़ाये लिये जा रही है। यही मेरे जीवन की कला है। इसे लोग 'लीला' भी कह सकते हैं, क्योंकि वे मुझे भगवान मानते हैं।.... और भगवान का कर्म ही तो लीला है।"

3. "द्वारका की स्थापना" के कुछ अंश

"मैंने जीवन भर कभी तर्क में विश्वास नहीं किया, क्योंकि तर्क अपने विरूद्ध स्वयं खड़ा हो जाता है। वह मानव बुद्धि का परम चतुर किंतु आदर्शहीन शिशु है। उसका जन्म भी उस समय हुआ था जब सत्य और झूठ की पहली लड़ाई हुई थी। तब से वह झूठ का ही प्रवक्ता रहा है। कभी-कभी वह सत्य के पक्ष में भी खड़ा हो जाता है। केवल इसलिए कि वह सत्य से प्रतिष्ठा पाता है और झूठ से जीवन रस।

वस्तुतः सत्य को उसकी आवश्यकता भी नहीं है। सत्य तो स्वयं भासित है, स्वयं प्रमाण है। कभी-कभी वह बादलों के घेरे में आ जाता है, तब हम उसे छिपता हुआ देखते हैं। वास्तव में वह हमारा बुद्धि भ्रम है। बादलों के छँटते ही उसकी ज्योति अपने स्थान पर स्वतः चमकती दिखाई देने लगती है।"

4. "लाक्षागृह" के कुछ अंश

"मैं नियति के तेज वाहन पर सवार था। सब कुछ मुझसे पीछे छुटता जा रहा था। वृन्दावन और मथुरा, राधा और कुब्जा- सब कुछ मार्ग के वृक्ष के तरह छूट गये थे। केवल उनकी स्मृतियाँ मेरे मन से लिपटी रह गई थी। कभी-कभी वर्तमान की धूल उन्हें ऐसा घेर लेती हैं कि वे उनसे निकल नहीं पाती थी। मैं अतीत से कटा हुआ केवल वर्तमान का भोक्ता रह जाता।

माना कि भविष्य कुछ भी नहीं; वह वर्तमान की कल्पना है, मेरी आकांक्षाओं का चित्र है- और यह वह है, जिसे मैंने अभी तक पाया नहीं है, इसलिए उसे मैं एक आदर्श मानता हूँ। आदर्श कभी पाया नहीं जाता। जब तक मैं उसके निकट पहुँचता हूँ, हाथ मारता हूँ तब तक हाथ में आने के पहले झटककर और आगे चला जाता है। एक लुभावनी मरीचिका के पीछे दौड़ना भर रह जाता है।"

5. " खांडव दाह" के कुछ अंश

"जीवन को मैंने उसकी समग्रता में जीया है। न लोभ को छोड़ा; न मोह को; न काम को; न क्रोध को; न मद को; न मत्सर को। शास्त्रों में जिसके लिए वर्जना थी, वे भी मेरे लिए वर्जित नहीं रहे। सब वंशी की तरह मेरे साथ लगे रहे। यदि इन्हें भी छोड़ देता तो जीवन एकांगी हो जाता। तब मैं यह नहीं कह पाता कि करील की कुंजों में रास

रचाने वाला मैं ही हूँ और व्रज के जंगलों में गायें चराने वाला मैं ही हूँ। चाणूर आदि का वधक मैं ही हूँ और कलिय नाग का नाथक भी मैं ही हूँ। मेरी एक मुठ्ठी में योग है और दूसरी में भोग। मैं रथी भी हूँ और सारथि भी। अर्जुन के मोह में मैं ही था और उसकी मोह मुक्ति में भी मैं ही था।

जब मेघ दहाड़ते रहे, यमुना हाहाकार करती रही ओर तांडव करती प्रकृति की विभिषिका किसी को कँपा देने के लिए काफी थी, तब भी मैं अपने पूज्य पिता की गोद में किलकारी भरता रहा। तब से नियति न मुझ पर सदय रही, न पूरी तरह निर्दय। मेरे निकट आया हर वर्ष एक संघर्ष के साथ था।"

6. "राजसूय यज्ञ" के कुछ अंश

"मेरी मनुजात की वास्तविकता पर जब चमत्कारों का कुहासा छा जाता था तब लोग मुझमें ईश्वरत्व का अनुभव करने लगते हैं। मैं भी अपने में ईश्वरत्व की तलाश में लग जाता हूँ। शिशुपाल के वध के समय भी मेरी मानसिकता कुछ ऐसे ही भ्रम में पड़ गई थी; पर जब उसके रक्त के प्रवाह में मुझे अपना ही रक्त दिखाई पड़ा तब मेरी मानसिकता धुल चुकी थी। उसका अहं अदृश्य हो चुका था। मेरा वह साहस छूट चुका था कि मैं यह कहूँ कि मैंने इसे मारा है। मारने वाला तो कोई और ही था। वस्तुतः उसके कर्मों ने ही उसे मारा। वह अपने शापों से मारा गया।

संसार में सारे पापों से मुक्त होने का कोई न कोई प्रायश्चित है; पर जब अपने कर्म ही शापित करते हैं तब उसका कोई प्रायश्चित नहीं। आखिर वह मेरा भाई था। मैं उसे शाप मुक्त भी नहीं करा पाया। मेरा ईश्वरत्व उस समय कितना सारहीन, अस्तित्वहीन, निरूपाय और असमर्थ लगा।"

7. "संघर्ष के कुछ अंश"

"नियति ने मुझ पर हमेशा युद्ध थोपा- जन्म से लेकर जीवन के अन्त तक। यद्यपि मेरी मानसिकता सदा युद्ध विरोधी रही; फिर भी मैंने उन युद्धों का स्वागत किया। उनसे घृणा करते हुये भी मैंने उन्हें गले लगाया। मूलतः मैं युद्धवादी नहीं था। जब से मनुष्य पैदा हुआ तब से युद्ध पैदा हुआ- और शान्ति की ललक भी। यह ललक ही उसके जीवन का सहारा बनी। इस शान्ति की ललक की हरियाली के गर्भ में सोये हुये ज्वालामुखी की तरह युद्ध सुलगता रहा और बीच-बीच में भड़कता रहा।

लोगों ने मेरे युद्धवादी होने का प्रचार भी किया; पर मैंने कोई परवाह नहीं की, क्योंकि मेरी धारणा थी- और है कि मानव का एक वर्ग वह, जो वैमनस्य और ईश्र्या-द्वेष के वशीभूत होकर घृणा और हिंसा का जाल बुनता रहा - युद्धक है वह, युद्धवादी है वह। पर जो उस जाल को छिन्न-भिन्न करने के लिए तलवार उठाता रहा, वह कदापि युद्धवादी नहीं है।...... और यही जीवन भर मैं करता रहा।"

8. "प्रलय" के कुछ अंश

"मुझे देखना हो तो तूफानी सिंधु की उत्ताल तरंगों में देखो। हिमालय के उत्तुंग शिखर पर मेरी शीतलता अनुभव करो। सहस्त्रों सूर्यों का समवेत ताप ही मेरा ताप है। एक साथ सहस्त्रों ज्वालामुखियों का विस्फोट मेरा ही विस्फोट है। शंकर के तृतीय नेत्र की प्रलयकंर ज्वाला मेरी ही ज्वाला है। शिव का तांडव मैं ही हूँ; प्रलय में मैं हूँ; लय में मैं हूँ; विलय में मैं हूँ। प्रलय के वात्याचक्र का नर्तन मेरा ही नर्तन है। जीवन और मृत्यु मेरा ही विवर्तन है। ब्रह्माण्ड में मैं हूँ, ब्रह्माण्ड मुझमें है। संसार की सारी क्रियमाण शक्ति मेरी भुजाओं में है। मेरे पगों की गति धरती की गति है। आप किसे शापित करेंगे, मेरे शरीर को? यह तो शापित है ही- बहुतों द्वारा शापित है; और जिस दिन मैंने यह शरीर धारण किया था उसी दिन यह मृत्यु से शापित हो गया था"

"प्रलय" खण्ड के अन्त में निम्नलिखित अंतिका

आखिरकार इस आत्मकथा का अन्त हो ही गया। जिसका आदि होता है उसका अंत भी होता है; पर जो अनन्त है उसका आदि-अन्त क्या! उस अनन्त को इस आदि अन्त की आत्मकथा में बाँधने का प्रयास वैसा ही है जैसा सिन्धु को एक बड़े पात्र में समेटने का या हिमगिरि को पगों से नापने का अथवा समय को भूत और भविष्य से अलग कर केवल वर्तमान में ही रखने का।

फिर क्या मेरी यह चेष्टा व्यर्थ है? शायद नहीं। सागर भले ही पात्र में न समाए; पर पात्र में जो कुछ होगा, वह सागर का जल ही होगा। हिमगिरि भले ही पगों से न नापा जा सके; पर जो यात्रा होगी, वह हिमगिरि की ही होगी। समय भले ही भूत-भविष्य से अलग न हो सके; पर वर्तमान तो रहेगा ही और वर्तमान को जीने का आनन्द भी।

इस आत्मकथा के पहले भी कथा थी और बाद में भी कथा चलती रहेगी - "हरि अनन्त हरि कथा अनन्ता"।

यह उपन्यास है, शास्त्र नहीं। फिर भी यदि आपकी मानसिकता इसे या इसके किसी अंश को शास्त्र समझ बैठती है तो भी मुझे प्रसन्नता ही होगी; क्योंकि इसमें जो कुछ है, वह शास्त्र सम्मत ही है। कथा की बनावट, बुनावट तथा रूपांकन मेरा है; पर सही तो यह है कि मेरे द्वारा किया गया है, कर्ता तो कोई और है।

कृष्ण के साथ छाया की तरह लगा छंदक काल्पनिक चरित्र है; जैसे सुदामा और राधा। सुदामा का जिक्र तो "श्रीमद्भागवत" मे थोड़ा सा आता है- और कहीं नहीं है; पर राधा तो कहीं दिखाई ही नहीं देती। फिर भी कृष्ण के साथ कैसे आ गई, उनपर इतनी कैसे छा गई- आज भी शोध का विषय है; यद्यपि इस पर शोध हुए हैं और हो रहे हैं।

कृष्ण कथा के अनेक अंश अनेक ग्रन्थों में अनेक तरह से है। किसी विशेष ग्रन्थ में उसकी तलाश करना उचित न होगा। कथाएँ आपस में इतनी उलझी हैं कि उन्हें सुलझाकर एक सूत्र में लाना कठिन है। स्वयं महाभारत में अनेक बातें अनेक स्थलों पर अनेक तरह से कहीं गयी हैं। उदाहरणार्थ केवल धृतराष्ट्रपुत्रों के नामों की तीन सूचियाँ बनती हैं, जिनमें काफी भिन्नता है।

शायद इन्हीं कारणों से कृष्ण पर अब तक जितनी पुस्तकें आई हैं, उनके रचयिताओं ने कृष्ण की समग्रता को नहीं छुआ है। कोई बाल कृष्ण पर मुग्ध है तो कोई रासबिहारी कृष्ण पर, तो कोई महाभारत के कृष्ण पर। किसी ने कुरूक्षेत्र पर स्वयं को सीमित रखा है तो किसी का मन वृन्दावन में रमा है, तो कोई यशोदा के आँगन में रस लेता रह गया है।

क्या यह छोटे मुँह बड़ी बात होगी, यदि मैं यह कहूँ कि आठ खण्डों की इस आत्मकथा में मैंने समग्र कृष्ण को अपने दृष्टि-पथ में रखा है?

9 मार्च, 1931 ई0

डा0 कर्ण सिंह का जन्म

18 जून, 1931 ई0

के. एस. सुदर्शन का जन्म

25 जून, 1931 ई0

विश्वनाथ प्रताप सिंह का जन्म

15 अक्टुबर, 1931 ई0

ए.पी.जे. अब्दुल कलाम का जन्म

11 दिसम्बर, 1931 ई0

रजनीश चन्द्र मोहन का जन्म, 1960 के दशक में वे "आचार्य रजनीश" के नाम से "ओशो रजनीश" उसके उपरान्त "ओशो" नाम से जाने गये।

माघ शुक्ल बसन्त पंचमी, सरस्वती जन्मोत्सव, 1932 ई0

स्वामी शिवानन्द का जन्म

17 अगस्त, 1932 ई0

श्री वी.एस.नायपाल का जन्म

19 सितम्बर, 1932 ई0

सत्यमित्रानन्द गिरि जी का जन्म

20 सितम्बर, 1933 ई0

डा0 एनी बेसेन्ट, ब्रह्मलीन हो गईं। आजीवन वाराणसी को हृदय से अपना घर मानने वाली बेसेन्ट की अस्थियाँ वाराणसी लायी गयीं।

प्रतिभा समपन्न लेखिका और स्वतन्त्र विचारक होने के नाते श्रीमती एनी बेसेन्ट ने थियोसाफी (ब्रह्मविद्या) पर करीब 220 पुस्तकों व लेखों की बाढ़ लगा दी थी। पूर्व-थियोसाफिकल पुस्तकों एवं लेखों की संख्या लगभग 105 है। उन्होंने केवल एक साल के अन्दर 1895 में 16 पुस्तकें और पैम्प्लेट प्रकाशित किये जो 900 पृष्ठों से भी अधिक थे। भारतीय संस्कृति, शिक्षा व सुधारों पर संभवतः 48 ग्रन्थों और पैम्प्लेटों की उन्होंने रचना की। भारती राजनीति पर करीबन 77 पुष्प खिले। उनकी मौलिक कृतियों से चयनित लगभग 28 ग्रन्थों का प्रणयन हुआ। कुल मिलाजुलाकर करीबन 505 ग्रन्थों व लेखों की मलिका डा0 एनी बेसेन्ट ने "हाउ इण्डिया रौट् फार फ्रिडम (1915)" में भारत को अपनी मातृभूमि बतलाया है। "इण्डियाःए नेशन" नामक जो पुस्तक जब्त कर ली गयी थी उसमें उन्होंने स्वयत्त-शासन विचारधारा प्रतिपादित की है। 1917 में नजरबन्द किये जाने से पहले 70 वर्षीय वृद्धा ने अपने भारत भाइयों को आखिरी सन्देश दिया था- मैं वृद्धा हूँ, किन्तु मुझे विश्वास है कि मरने के पहले ही मैं देखूंगी कि भारत को स्वायत्त शासन मिल गया। अपनी 86 वर्ष की आयु में से उन्होंने 40 वर्ष भारत की सेवा में ही व्यतीत किए। यदि शिक्षा काल की अवस्था को भी गिने, तो जीवन का दो तिहाई भाग भारत में, भारत के लिए कार्य करते हुए व्यतीत हुआ। भारत आने के पाँच वर्ष बाद ही उन्होंने पवित्र काशी नगरी में सेन्ट्रल हिन्दू कालेज की स्थापना के संकल्प को पूरा किया। सार्वजनिक सेवा भावना के वशीभूत उन्होंने "सेन्ट्रल हिन्दू कालेज, वाराणसी" को पं0 मदन मोहन मालवीय जी को, हिन्दू विश्वविद्यालय के श्रीगणेश के साथ ही तत्परता से सौंप दिया और हिन्दू विश्वविद्यालय की स्थापना में भरपूर सहयोग दिया। एनी बेसेन्ट की सबसे बड़ी विशेषता थी- "दूसरों के सत्कार्य की प्रशंसा करना और उसमें सहयोगी बनना"

थियोसाफिकल सोसाइटी का उद्देश्य

सब प्रकार के भेदभावों से रहित सत्यान्वेषी साधकों की संस्था है जिसका लक्ष्य बन्धुत्व की प्रतिष्ठा द्वारा मानव समाज की सेवा करना है। इसके घोषित तीन उद्देश्य हैं-

1. मानवजाति के सार्वभौम मातृभाव का एक केन्द्र बिना जाति, धर्म, स्त्री, पुरूष, वर्ण अथवा रंग के भेदभाव को मानते हुए बनाना।
2. विविध धर्म, दर्शन तथा विज्ञान के अध्ययन को प्रोत्साहित करना।
3. प्रकृति के अज्ञात नियमों तथा मानव में अंतर्हित शक्ति की शोध करना। इसका लक्ष्य सत्य की खोज है। मूलमंत्र शान्ति है तथा आदर्श वाक्य है- "सत्य से श्रेष्ठतर कोई धर्म नहीं है"

सोसाइटी के साहित्य में

एक सर्वव्यापी सत्ता है वही समस्त सृष्टि का मूल स्रोत है। वह सब विश्व में ओत प्रोत है। विकास क्रम, कर्म सिद्धान्त, पुनर्जन्म, देवी विधान, जीवनमुक्त सिद्ध पुरूषों का अस्तित्व, जिन्हें सोसाइटी में "मास्टर" के नाम से पुकारा गया है।, मनुष्य के सूक्ष्म शरीर और उसकी रचना, मृत्यु और उसके पश्चात् की दशा, आत्मोन्नति का मार्ग और मनुष्य का भविष्य, विचार और उनका प्रभाव। सिद्धान्तों और विषयों की विशेष चर्चा की गई है।

व्यक्तिगत मोक्ष अथवा निर्वाण पर बल न देकर सोसाइटी समाजसेवा पर बल देती है। प्रत्येक सदस्य को अधिकार है कि वह चाहे जिस धर्म, दर्शन, गुरू, संस्था, मतवाद आदि से अपने को आपको संबद्ध रखे। चूँकि यह संस्था प्रत्येक सदस्य को मन, वचन और कर्म की पूर्ण स्वतन्त्रता प्रदान करती है इसलिए यह अपने रूप को स्पष्ट और पृथक रखना चाहती है। फलतः न तो यह अन्य किसी संस्था को अपना अंग बनाती है और न किसी अन्य संस्था के साथ किसी प्रकार का सम्बन्ध या समझौता ही स्थापित करती है।

5 जनवरी, 1934 ई0

श्री मुरली मनोहर जोशी का जन्म

10 नवम्बर, 1934 ई0

श्री केशरी नाथ त्रिपाठी का जन्म

1 अप्रैल, 1934 ई0

श्री हामिद अंसारी का जन्म

19 दिसम्बर, 1934 ई0

श्रीमती प्रतिभा पाटिल का जन्म

16 अप्रैल 1934 ई0

श्री राम नाइक का जन्म

6 जुलाई, 1935 ई0

दलाई लामा का जन्म

18 जुलाई, 1935 ई0

स्वामी जयेन्द्र सरस्वती का जन्म

11 दिसम्बर 1935 ई0

श्री प्रणव मुखर्जी का जन्म

27 मार्च, 1936 ई0

श्री बी.एल.जोशी का जन्म

14 नवम्बर 1936 ई0

श्री गिरधर मालवीय का जन्म

सन् 1937 ई0 (भाद्रपद, शुक्ल पक्ष, सप्तमी, रविवार, संवत् 1994)

परमपूज्य बाबा अघोरेश्वर भगवान राम जी का जन्म

31 मार्च, 1938 ई0

श्रीमती शीला दीक्षित का जन्म

8 अप्रैल, 1938 ई0

श्री कौफी अन्नान का जन्म

15 जनवरी, 1940 ई0

श्री अन्ना हजारे का जन्म

8 जनवरी 1942 ई0

महान वैज्ञानिक गैलीलियो गैलिली की मौत 8 जनवरी, 1642 के ठीक 300 वर्ष बाद जन्में स्टीफन हाकिंग्स

वर्ष 2009 में उन्हें "प्रेसिडेंसियल मैडल आफ फ्रीडम" से सम्मानित किया गया, जो अमेरिका का सर्वोच्च नागरिक सम्मान है। हाकिंग्स की ज्यादातर खोजें ब्रह्माण्ड से जुड़े रहस्यों पर आधारित रहीं। ब्रह्माण्ड की उत्पत्ति और ब्लैक होल जैसे विषयों पर उन्होंने कई प्रयोग किये व सिद्धान्त प्रस्तुत किये। हाकिंग्स की शारीरिक स्थिति जैसे-जैसे खराब होती गई, उनकी बुद्धिजीविता का प्रदर्शन और उपलब्धियों का क्रम बढ़ता गया। बोलने की क्षमता खोने के बाद इलेक्ट्रानिक वाइस सेंथेसाइजर की सहायता से उन्होंने ब्रह्माण्ड के रहस्य दुनिया को बताए। हाथ में कलाम उठाये बिना और बिना मुख एक शब्द भी बोले उन्होंने पाँच किताबें लिख दी। लम्बे समय तक हाकिंग की माली हालत भले ही बहुत अच्छी न रही हो मगर अब वे एक सम्पन्न व्यक्ति है। 1998 में आयी उनकी किताब "ए हिस्ट्री आफ टाइम: फ्राम द बिग बैंग टू ब्लैक होल्स" वर्ष की सबसे ज्यादा बिकने वाली नाॅनफिक्शन किताबों की सूची में शामिल हुई। इसकी 10 लाख से भी ज्यादा प्रतियां बिकीं। जिससे उन्हें बहुत धन मिला। वे अपने व्याख्यान व टेलिविजन शो के लिए 50 हजार से 1 लाख पाउण्ड तक की माँग करते हैं।

"ब्लैक होल (सर्वोच्च गुरूत्वाकर्षण की ब्रह्माण्डीय अति सघन वस्तु) के पी-ब्रेन्स माडल में पी-ब्रेन स्थान के तीन आयामों और अन्य सात आयामों में चलती है जिनके बारे में हमें कुछ पता नहीं चलता। यदि हम सभी बलों

के एकीकरण का एक सार्वभौम समीकरण विकसित करें तो हम ईश्वर के मस्तिष्क को जान जायेगें क्योंकि हम भविष्य के कार्य का निर्धारण कर सकेगें, और यह मनुष्य के मस्तिष्क के द्वारा सर्वोच्च अविष्कार होगी।", "एक प्रभावपरक सिद्धान्त को बहुत ज्यादा इसके शाब्दिक अर्थ में ग्रहण करने से बचा जाना चाहिए", "दर्शन शास्त्र के महान परम्परा का अन्त" (बीसवीं शताब्दी के सबसे बड़े दार्शनिक विटगेंस्टीन के कहे शब्द- दर्शनशास्त्र के लिए एक मात्र शेष कार्य - भाषा का विश्लेषण करना ही बचा है पर वक्तव्य) **-प्रो0 स्टीफेन हाकिंग**

"भारत यात्रा पर राष्ट्रीय सहारा, हस्तक्षेप, 27 जनवरी '2001

4 मई 1942 ई0

श्री सैम पित्रोदा का जन्म

20, अगस्त, 1944 ई0

राजीव गाँधी का जन्म

6 जुलाई, 1945 ई0

श्री यदुनाथ सिंह का जन्म

बुधवार, 24 अक्टुबर, 1945 ई0

-भारत के प्रथम स्वतन्त्रता-शारीरिक स्वतन्त्रता आन्दोलन का समय।

-स्वामी विवेकानन्द के चिरशान्ति में लीन होने के 43 वर्ष 3 माह 20 दिन बाद उनके दृष्टि के अनुसार एवं प्राकृतिक बल द्वारा मनुष्य द्वारा विवशतावश अन्तर्राष्ट्रीय संगठन-संयुक्त राष्ट्र संघ की स्थापना। जिसमें भारत प्रथम संस्थापक सदस्यों में से एक।

12 नवम्बर, 1946 ई0

महामना मालवीय पार्थिव शरीर को छोड़कर चले गये।

पं.मदनमोहन मालवीय ने काशी हिन्दू विश्वविद्यालय की स्थापना का श्रीगणेश 1904 ई. में किया, जब काशी नरेश महाराज प्रभुनारायण सिंह की अध्यक्षता में संस्थापकों की प्रथम बैठक हुई। 1905 ई. में विश्वविद्यालय का प्रथम पाठ्यक्रम प्रकाशित हुआ। जनवरी, 1906 ई. में कुंभ मेले में मालवीय जी ने त्रिवेणी संगम पर भारत भर से आयी जनता के बीच अपने संकल्प का दोहराया। कहा जाता है, वहीं एक वृद्धा ने मालवीय जो को इस कार्य के लिए सर्वप्रथम एक पैसा चंदे के रूप में दिया। डा0 ऐनी बेसेन्ट काशी में विश्वविद्यालय की स्थापना में आगे बढ़ रही थी। इस विश्वविद्यालय के मूल में डा0 ऐनी बेसेन्ट द्वारा स्थापित और संचालित सेन्ट्रल हिन्दू कालेज प्रमुख था।

बनारस हिन्दू यूनिवर्सिटी सोसाइटी की 15 दिसम्बर, 1911 को स्थापना हुई, जिसके महाराज दरभंगा अध्यक्ष, इलाहाबाद उच्च न्यायालय के प्रमुख बैरिस्टर सुन्दरलाल सचिव, महाराज प्रभुनारायण सिंह, पं. मदनमोहन मालवीय एवं डा0. ऐनी बेसेन्ट सम्मानित सदस्य थी। तत्कालीन शिक्षा मंत्री सर हारकोर्ट बटलर के प्रयास से 1915 ई. में केन्द्रीय विधानसभा से हिन्दू यूनिवर्सिटी एक्ट पारित हुआ, जिसे तत्कालीन गवर्नर जनरल लार्ड हाडिंज ने तुरन्त स्वीकृति प्रदान कर दी। वसंत पंचमी, 6 फरवरी, 1916 ई. के दिन ससमारोह वाराणसी में गंगातट के पश्चिम, रामनगर के समानान्तर महाराज प्रभुनारायण सिंह द्वारा प्रदत्त भूमि में काशी हिन्दू विश्वविद्यालय का शिलान्यास हुआ।

9 दिसम्बर 1946 ई0

श्रीमती सोनिया गाँधी का जन्म

19 अगस्त, 1946 ई0

श्री बिल क्लिन्टन का जन्म

स्वतन्त्र भारत व लव कुश सिंह "विश्वमानव" काल
सन् 1947 से सन् 1980

इस दशक के मुख्य विशेषता

ईश्वर के दस अवतारों में नौ के अवतरण हो चुके थे। जिनमें प्रथम पाँच अंशावतार के उद्देश्य का ज्ञान विलुप्त हो रहे थे। ईश्वर के छठें अंशावतार परशुराम द्वारा प्रदत्त व्यवस्था में से राज्य प्रबन्ध प्राकृतिक रुप से सक्रिय होकर अंश रुप में व्यक्त हो चुकी थीं। जबकि गुणों के आधार पर मानव जाति का विभाजन- ब्राह्मण, क्षत्रिय, वैश्य व शूद्र जन्म आधारित हो पूर्वजों के नाम पर अनेक जातियों में विभाजित हो चुकी थी जो मात्र नाम रुप से ही थी, कर्म रुप से नहीं थी। इन जातियों पर आधारित जातिवाद द्वारा समाज के प्रत्येक विषय प्रभावित हो रहे थे। परन्तु ज्ञान सभी के लिए खुल चुका था। अनेक जाति में विभाजन से मूल मानव जाति भी इनमें खो चुकी थी। ईश्वर के सातवें अंशावतार तथा ब्रह्मा के पूर्णावतार श्रीराम आदर्श व्यक्ति चरित्र के रुप में स्थापित हो रामलीला में परिवर्तित हो चुके थे। जिसमें वाल्मिकि रचित रामायण और तुलसीदास रचित रामचरित्रमानस का महत्वपूर्ण योगदान था। ईश्वर के आठवें अंशावतार और विष्णु के पूर्णावतार श्रीकृष्ण आदर्श सामाजिक व्यक्ति चरित्र के रुप में स्थापित हो श्रीकृष्ण लीला में परिवर्तित हो चुके थे। जिसमें महर्षि व्यास रचित श्रीमद्भागवत् का महत्वपूर्ण योगदान था। श्रीकृष्ण द्वारा सभी मतांतरों, वेदों, उपनिषदों के सार रुप में व्यक्त गीता उपदेश व्यक्ति में आत्मतत्व का बोध कराते हुये कर्म की ओर प्रेरित कर रही थी। गीता से भी उसके व्याख्याकारों द्वारा दर्शन पर आधारित विभाजन के उपरान्त व्याख्याकार गुरू के रुप में प्रतिष्ठित होते थे। और उनका एक मठ-सम्प्रदाय स्थापित होने लगे थे। जिस व्याख्याकार गुरू का जितना प्रसार था वह उतना बड़ा गुरू था परन्तु वह व्यक्ति (व्यष्टि मन) का गुरू था न कि संयुक्त व्यक्ति (समष्टि या संयुक्त मन) का गुरू है। ईश्वर के नौवें अंशावतार बुद्ध एक अलग धर्म के रुप में स्थापित हो गये थे। उनके द्वारा प्रवर्तित व्यवस्था विलुप्त हो चुकी थी परन्तु उनके द्वारा प्रदत्त ध्यान और ज्ञान पर दर्शन विकसित किया जा रहा था जो प्रचार-प्रसार में था। अवतारों के उद्देश्य, कार्यप्रणाली, गुण इत्यादि पर व्यापक प्रकाश न होने से अवतारों का अवतरण होने पर भी उन्हें पहचान पाना भी मुश्किल हो गया था।

धार्मिक-सांस्कृतिक आयोजनों में यज्ञ जैसे-विष्णु महायज्ञ, ज्ञान यज्ञ, अश्वमेघ यज्ञ, रुद्र यज्ञ इत्यादि पूजा में-शिव-शंकर पूजा, श्रीकृष्ण पूजा, श्रीराम पूजा, सरस्वती पूजा, दुर्गा पूजा, काली पूजा, लक्ष्मी पूजा, गणेश पूजा इत्यादि, चैत्र व शारदीय नवरात्रों में देवी मन्दिरों सहित सभी मन्दिरों में व्यापक स्तर पर पूजा अर्चना की जाने लगी थी। श्रीराम लीला व श्रीकृष्ण लीला का व्यापक प्रसार हो चुका था। जैसे-जैसे सम्पन्नता बढ़ रही थी प्रवचन, यज्ञ, पूजा, मठ आदि का आयोजन व स्थापना भी तेजी से बढ़ रही थी। इन सभी आयोजनों व कार्यक्रमों में विज्ञान के आविष्कारों-टेलिविजन, साउन्ड सिस्टम, मोटर वाहन, बिजली सजावट इत्यादि के व्यापक स्तर पर प्रयोग हो रहे थे।

अन्य मुख्य धर्म जैसे-ईसाई, इस्लाम, बौद्ध, सिख, बहाई इत्यादि सहित भारत में कुल 75 से अधिक धर्म अपना प्रचार-प्रसार कर रहे थे। किसी धर्म का प्रचार-प्रसार का मुख्य आधार धर्मों का तत्व था तो किसी का आवश्यकताओं की पूर्ति व बाह्य आचार व्यवहार तो किसी का दोनों। तो किसी का धर्म परिवर्तन तो किसी का प्रजनन द्वारा जनसंख्या वृद्धि।

अन्य घटना क्रम

शुक्रवार, 15 अगस्त, 1947 ई0

-भारत को प्रथम स्वतन्त्रता-शारीरिक स्वतन्त्रता प्राप्त।

-भारत का मध्यम स्वतन्त्रता-आर्थिक व मानसिक स्वतन्त्रता काल प्रारम्भ।
-स्वामी विवेकानन्द के चिरशान्ति में लीन होने के 45 वर्ष 1 माह 11 दिन बाद का समय।
-स्वामी विवेकानन्द द्वारा स्थापित "रामकृष्ण मिशन व मठ" का 50वाँ वर्ष।
-आठो ग्रह सहित सूर्य व चाँद अर्थात् पूरा सौर मण्डल भारत के आकाश में अनुपस्थित।

30 जनवरी, 1948 ई0

महात्मा गाँधी की मृत्यु (ब्रह्मलीन)

इनके सार्वभौम विचार

1. विज्ञान का युद्ध किसी व्यक्ति को तानाशाही, शुद्ध और सरलता की ओर ले जाता है। अहिंसा का विज्ञान अकेले ही किसी व्यक्ति को शुद्ध लोकतन्त्र के मार्ग की ओर ले जा सकता है। प्रेम पर आधारित शक्ति सजा के डर से उत्पन्न शक्ति से हजार गुना अधिक और स्थायी होती है। यह कहना निन्दा करने जैसा होगा कि अहिंसा का अभ्यास केवल व्यक्तिगत तौर पर किया जा सकता है और व्यक्तिवादिता वाले देश इसका कभी भी अभ्यास नहीं कर सकते हैं। शुद्ध अराजकता का निकटतम दृष्टिकोण अहिंसा पर आधारित लोकतन्त्र होगा। सम्पूर्ण अहिंसा के आधार पर संगठित और चलने वाला कोई समाज शुद्ध अराजकता वाला समाज होगा।
2. मैंने भी स्वीकार किया कि एक अहिंसक राज्य में भी पुलिस बल की जरूरत अनिवार्य हो सकती है। पुलिस रैंकों का गठन अहिंसा में विश्वास रखने वालों से किया जायेगा। लोग उनकी हर सम्भव मदद करेंगे और आपसी सहयोग के माध्यम से वे किसी भी उपद्रव का आसानी से समाना कर लेंगे। श्रम और पूंजी तथा हड़तालों के बीच हिंसक झगड़ें बहुत कम होंगे और हिसंक राज्यों में तो बहुत कम होंगे क्योंकि अहिंसक समाज की बाहुलता का प्रभाव समाज में प्रमुख तत्वों का सम्मान करने के लिए महान होगा। इसी प्रकार साम्प्रदायिक अव्यवस्था के लिए कोई जगह नहीं होगी।
3. आध्यात्मिक और व्यवहारिक शुद्धता बड़े पैमाने पर ब्रह्मचर्य और वैराग्यवाद से जुदा होता है। गाँधी जी ने ब्रह्मचर्य को भगवान के करीब आने और अपने को पहचानने का प्राथमिक आधार के रूप में देखा था। अपनी आत्मकथा में वे बचपन की दुल्हन कस्तुरबा के साथ अपनी कामेच्छा और इष्र्या के संघर्षों को बताते हैं। उन्होंने महसूस किया कि यह उनका व्यक्तिगत दायित्व है कि उन्हें ब्रह्मचर्य रहना है ताकि वे बजाय हवस के प्रेम को सिख पायें। गाँधी के लिए ब्रह्मचर्य का अर्थ था- इन्द्रियों के अन्तर्गत विचारों, शब्द और कर्म पर नियंत्रण।
4. गाँधी जी का मानना था कि अगर एक व्यक्ति समाज सेवा में कार्यरत है तो उसे साधारण जीवन की ओर ही बढ़ना चाहिए जिसे वे ब्रह्मचर्य के लिए आवश्यक मानते हैं। उनकी सादगी ने पश्चिमी जीवन शैली को त्यागने पर मजबूर करने लगा और वे दक्षिण अफ्रीका में फैलने लगे थे इसे वे - खुद को शून्य के स्थिति में लाना, कहते हैं। जिसमें अनावश्यक खर्च, साधारण जीवन शैली को अपनाना और अपने वस्त्र स्वयं धोना आवश्यक है। अपने साधारण जीवन को दर्शाने के लिए उन्होंने बाद में अपनी बाकी जीवन में धोती पहनी।
5. गाँधी सप्ताह में एक दिन मौन धारण करते थे। उनका मानना था कि बोलने के परहेज से उन्हें आन्तरिक शान्ति मिलती है। उन पर यह प्रभाव हिन्दू मौन सिद्धान्त का है। वैसे दिनों में वे कागज पर लिखकर दूसरों के साथ सम्पर्क करते थे। 37 वर्ष की आयु से साढ़े तीन वर्षों तक गाँधी जी ने अखबारों को पढ़ने से इन्कार कर दिया जिसके जबाब में उनका कहना था कि जगत की आज जो स्थिर अवस्था है, उसने अपनी स्वयं का आन्तरिक अशान्ति की तुलना में अधिक भ्रमित किया है।
6. नियम के रूप में गाँधी विभाजन की अवधारणा के खिलाफ थे क्योंकि उनके धार्मिक एकता के दृष्टिकोण के प्रतिकूल थी। 6 अक्टुबर, 1946 में हरिजन में उन्होंने भारत का विभाजन, पाकिस्तान बनाने के लिए, के बारे में लिखा- पाकिस्तान की मांग जैसा कि मुस्लीम लीग द्वारा प्रस्तुत किया गया है, गैर इस्लामी है और मैं इसे पापयुक्त कहने से नहीं हिचकूँगा। इस्लाम मानव जाति के भाईचारे ओर एकता के लिए खड़ा है, न कि

मानव परिवार के एक्य का अवरोध करने के लिए। इस वजह से जो यह चाहते हैं कि भारत दो युद्ध समूहों में बदल जाये, वे भारत और इस्लाम दोनों के दुश्मन हैं। वे मुझे टुकड़ों में काट सकते हैं, पर मुझे उस चीज के लिए राजी नहीं कर सकते जिसे मैं गलत समझता हूँ।

31 जुलाई 1949 ई0

श्री फर्दिनो इनासियो रिबेलो का जन्म

बृहस्पतिवार, 26 जनवरी, 1950 ई0

-भारत का मध्यम स्वतन्त्रता-आर्थिक व मानसिक स्वतन्त्रता का समय।

-भारत का संविधान लागू।

1950 ई0

जगद्गुरु रामभद्राचार्य (1950-), पूर्वाश्रम नाम गिरिधर मिश्र, चित्रकूट (उत्तर प्रदेश, भारत) में रहने वाले एक प्रख्यात विद्वान, शिक्षाविद्, बहुभाषाविद्, रचनाकार, प्रवचनकार, दार्शनिक और हिन्दू धर्मगुरु हैं। वे रामानन्द सम्प्रदाय के वर्तमान चार जगद्गुरु रामानन्दाचार्यों में से एक हैं और इस पद पर 1988 ई. से प्रतिष्ठित हैं। वे चित्रकूट में स्थित संत तुलसीदास के नाम पर स्थापित तुलसी पीठ नामक धार्मिक और सामाजिक सेवा संस्थान के संस्थापक और अध्यक्ष हैं। वे चित्रकूट स्थित जगद्गुरु रामभद्राचार्य विकलांग विश्वविद्यालय के संस्थापक और आजीवन कुलाधिपति हैं। यह विश्वविद्यालय केवल चतुर्विध विकलांग विद्यार्थियों को स्नातक तथा स्नातकोत्तर पाठ्यक्रम और डिग्री प्रदान करता है। जगद्गुरु रामभद्राचार्य दो मास की आयु में नेत्र की ज्योति से रहित हो गए थे और तभी से प्रज्ञाचक्षु हैं।

अध्ययन या रचना के लिए उन्होंने कभी भी ब्रेल लिपि का प्रयोग नहीं किया है। वे बहुभाषाविद् हैं और 22 भाषाएँ बोलते हैं। वे संस्कृत, हिन्दी, अवधी, मैथिली सहित कई भाषाओं में आशुकवि और रचनाकार हैं। उन्होंने 80 से अधिक पुस्तकों और ग्रंथों की रचना की है, जिनमें चार महाकाव्य (दो संस्कृत और दो हिन्दी में), रामचरितमानस पर हिन्दी टीका, अष्टाध्यायी पर काव्यात्मक संस्कृत टीका और प्रस्थानत्रयी (ब्रह्मसूत्र, भगवद्गीता और प्रधान उपनिषदों) पर संस्कृत भाष्य सम्मिलित हैं। उन्हें तुलसीदास पर भारत के सर्वश्रेष्ठ विशेषज्ञों में गिना जाता है और वे रामचरितमानस की एक प्रामाणिक प्रति के सम्पादक हैं, जिसका प्रकाशन तुलसी पीठ द्वारा किया गया है। स्वामी रामभद्राचार्य रामायण और भागवत के प्रसिद्ध कथाकार हैं भारत के भिन्न-भिन्न नगरों में और विदेशों में भी नियमित रूप से उनकी कथा आयोजित होती रहती है और कथा के कार्यक्रम संस्कार टीवी, सनातन टीवी इत्यादि चैनलों पर प्रसारित भी होते हैं।

2015 में भारत सरकार ने उन्हें पद्मविभूषण से सम्मानित किया।

17 सितम्बर 1950 ई0

श्री नरेन्द्र मोदी का जन्म

5 दिसम्बर, 1950 ई0

राष्ट्रवादी महर्षि अरविन्द घोष इहलीला समाप्त कर परम तत्व में समा गये।

महर्षि अरविन्द की वाणी

1. उत्पीड़न आज तक धार्मिक निष्ठा को नष्ट नहीं कर सका और आत्मचेतन भारत तो किसी तानाशाह की दण्डशलाका से दमित होने के लिए बहुत बड़ी ताकत है। अत्याचार कुचलते नहीं बल्कि सम्प्रत्यय और विश्वास की मोर्चाबन्दी करते है। और धरती पर ऐसी कोई शक्ति नहीं जो सच्चे लोगों के रक्त में एक बार अंकुरित हुये स्वतन्त्रता के बीज को उन्मूलित कर सके।
2. यह जनशक्ति ही है जो हमारी सम्पूर्ण आशा है...... सम्पूर्ण आश्वासन, भविष्य की हमारी सम्पूर्ण संभावना..... इसे सामाजिक और राजनीतिक प्रभुता प्राप्त करने के लिए अपने परिणाम, प्रबलता और महत्व में अनन्तगुना होना है।

3. एक चीज जिसे हमें सबसे पहले प्राप्त करना है वह है शक्ति-शारीरिक, मानसिक और नैतिक शक्ति और सर्वोपरि रूप से आध्यात्मिक शक्ति, जो दूसरी सारी शक्तियों का अक्षय स्रोत है। अगर हममें शक्ति है तो दूसरी हर चीज बहुत आसानी और स्वाभाविकता के साथ हमसे जुड़ जायेगी।
4. जिन्होंने अपने देश को स्वतन्त्र किया है वे सम्पूर्ण आत्मत्याग की यातना से गुजरे हैं। जो भारत को स्वतन्त्र करने की उत्कृष्ट आकांक्षा से प्रेरित हैं, उन्हें पहले उस मूल्य को अदा करना होगा, माता जिसका माँग करती है। पुनरूद्धार का अर्थ है पुनर्जन्म- नया जन्म और यह बुद्धि से नहीं मिलता, किसी नीति से नहीं मिलता, न ही इसे यांत्रिक परिवर्तन से प्राप्त किया जा सकता है। यह एक नया हृदय पाने से आता है, सब कुछ यज्ञाग्नि में झोंक देने से आता है। इसके लिए "माता" में पुनः जन्म लेना होता है।
5. भारत माता जो आदि जननी हैं। वह वस्तुतः पुनर्जन्म लेने का प्रयास कर रही हैं। वह असह्य वेदना और आँखों में आँसू लिए हैं उसे कठिनाई किस बात की है? इतनी विशाल होते हुए भी वह अशक्त क्यों हैं? अवश्य ही हममें कोई भारी दोष होगा। हमारे पास बाकी सब चीजे हैं बस हम शक्ति शून्य हैं। ऊर्जा का हममें अभाव है। हमने शक्ति को त्याग दिया है अथवा शक्ति द्वारा हम त्याग दिये गये हैं। हमारी माता का वास हमारे अन्तः करण में, मस्तिष्क में है। भुजाओं में नहीं है।
6. लोग अपने देश को एक जड़ पदार्थ का टुकड़ा समझते है। खेत, वन और पहाड़ियों - नदियों के रूप में, लेकिन मैं अपने देश को अपनी माता मानता हूँ। मैं उसकी अराधना करता हूँ। माता के रूप में उसकी पूजा करता हूँ। यदि कोई राक्षस किसी पुत्र की माता की छाती पर चढ़कर उसका खून चूसने लगे तो वह पुत्र क्या करेगा? मैं यह जानता हूँ कि मुझमें इस गिरे हुए राष्ट्र को उबारने की शक्ति है। मैं शारीरिक शक्ति की बात नहीं कर रहा हूँ। मैं कोई तलवार या बंदूक उठाकर लड़ने नहीं जा रहा हूँ। मैं ज्ञान की शक्ति से विजय प्राप्त करूँगा।
7. मातृभूमि में जीना गर्व की बात है और मातृभूमि के लिए मरना सौभाग्य की।
8. "आत्म-विश्वास, आत्म ज्ञान, आत्मसत्ता के बोध से सम्पन्न अपनी सरकार" यह श्री अरविन्द के स्वराज की परिभाषा थी जितनी राजनीतिक उतनी ही वेदान्तिक।
9. हमारा देश यह राष्ट्र "प्रकृति" की कर्मशाला की एक नयी और अनगढ़ या आधुनिक परिस्थितियों द्वारा रची गयी जाति नहीं है, बल्कि इस धरती पर प्राचीनतम जातियों और सबसे महान सभ्यताओं में से एक है। तेज और ओज में सबसे अधिक अदम्य, महत्ता में सबसे अधिक उर्वर, जीवन में गहनतम और अन्तः शक्ति में असाधारण। भारत की स्वतन्त्रता, एकता और महानता अब विश्व के लिए आवश्यक हो गयी है।
10. हमें हर व्यक्तिगत स्वार्थ को बृहत्तर राष्ट्रीय सन्दर्भ में मिटा देना सीखना है, ताकि मानवता में ईश्वर विकसित हो सके। यह राष्ट्रीयता है जो इस समय युग-धर्म, काल धर्म है और ईश्वर इसे हमारी, हम सबकी "एक माता" के अन्दर अभिव्यक्त कर रहा है।
11. आओ, माता की पुकार सुनों। वह हमारे हृदय में हैं और अपने प्रकाट्य की प्रतीक्षा कर रही हैं। उसकी सेवा करो अपने शरीरों से या अपनी बुद्धि से या वाणी या समृद्धि से अथवा अपनी प्रार्थना और आराधना से पीछे मत हटो।
12. हमारा उद्देश्य होगा मानवता के लिए भारत के निर्माण में सहायक होना- यह राष्ट्रीयता की चेतना है जिसका हम दावा करते हैं। और अनुसरण करते हैं। हम मानवता से कहते हैं- वह समय आ गया है जब तुम्हें बड़ा कदम उठाना है और भौतिक सत्ता से निकलकर एक उच्चतर, गहनतर और विशालतर जीवन में उठना है जिसकी ओर मानवता संचरण कर रही है।
13. राष्ट्र निर्माण... इस महान कार्य में राजनीति तो केवल एक अंग है। हम केवल राजनीति को ही अर्पित नहीं होंगे, न केवल सामाजिक समस्याओं, न ईश्वर-मीमांसा या दर्शन या साहित्य या विज्ञान को बल्कि हम इन सबको एक "सत्व" में एक अस्तित्व में शामिल करेंगे और हमें विश्वास है कि यह सर्वाधिक महत्वपूर्ण है। यही हमारा राष्ट्रीय धर्म है। जिसके सार्वभौम होने का विश्वास भी हमें है।

14. यह भारत है जो इस सर्वोच्च आगे महान नियति के लिए नियत है। यह भारत है जो अपने अन्दर से विश्व के भावी धर्म को उत्सर्जित करेगा- उस शाश्वत धर्म को, जो सम्पूर्ण मानवजाति को "एक आत्मा" के रूप में निर्मित कर सकता है।
15. एक राष्ट्र के रूप में हम अपने जीवन की परिपूर्णता चाहते हैं.... हमारा उद्देश्य, हमारा दावा है कि हम एक राष्ट्र के रूप में विनाश को प्राप्त नहीं होंगे, बल्कि एक राष्ट्र के रूप में जियेंगे।
16. भारत की रचना विधाता ने संयोग के बेतरतीब ईंटों से नहीं की है। भारत की नियति का निर्माण करने वाला देवता चक्षुहीन अर्थात अंधा नहीं है। इसकी योजना किसी चैतन्य शक्ति ने बनाई है। जो इसके विपरीत कार्य करेगा वह मरेगा ही मरेगा।

15 दिसम्बर, 1950 ई0

सरदार वल्लभ भाई पटेल की मृत्यु (ब्रह्मलीन)

इनके सार्वभौम विचार

7 जनवरी 1948 की लखनऊ में सरदार पटेल ने कहा था-

"आर0 एस0 एस0 वाले देश की एकता को कमजोर कर रहे हैं उन्हें ठीक रास्ते पर लाना होगा।"

"हमें आपसी मतभेद एवं ऊँच-नीच के अन्तर को भूलकर समानता का भाव विकसित करना है। हमें एक ही पिता की संन्तानों की तरह जीवन व्यतीत करना है।"

इनकी दिशा से शेष कार्य यह है कि विश्व के एकीकरण के लिए प्रयत्न करें जिसका पहला चरण सैद्धान्तिक तथा दूसरा चरण भौगोलिक हो।

10 जुलाई, 1951 ई0

श्री राज नाथ सिंह का जन्म

28 अक्टुबर, 1955 ई0

विलियम हेनरी गेट्स-।।। (बिल गेट्स) का जन्म

टाइम पत्रिका ने गेट्स का उल्लेख उन 100 लोगों में, जिन्होंने 20वीं सदी को सबसे अधिक प्रभावित किया तथा साथ ही साथ उन 100 लोगों में जो 2004, 2005 एवं 2006 में सबसे अधिक प्रभावशाली व्यक्ति रहे, में किया। टाइम सामूहिक रूप से भी गेट्स उनकी पत्नी मेलिंडा और वैकल्पिक राक बैंड यू-2 के प्रमुख गायक बोनो को 2005 में उनके मानवीय प्रयासों के लिए, वर्ष के चर्चित व्यक्तियों में किया। वर्ष 2006 में हीरोज आफ आवर टाइम की सूची में उनका आंकलन 8वें नम्बर पर किया गया। टाइम ने 1998 में टाप 50 साइबर एलिट में एक नम्बर का दर्जा दिया इत्यादि। अनेक पुरस्कार व पदक से गेट्स सम्मानित किये जा चुके हैं। गेट्स 2 पुस्तकों के लेखक रहें- 1. आगे की योजना (The Road Ahead-1975) और 2. बिजनेस @ द स्पीड आफ थाट (Business @ the speed of thought-1999)

13 मई, 1956 ई0

श्री श्री रवि शंकर का जन्म, श्री श्री रवि शंकर, एक आध्यात्मिक नेता एवं मानवतावादी धर्मगुरू हैं। उनके भक्त उन्हें आदर से प्रायः "श्री श्री" के नाम से पुकारते हैं। वे अन्तर्राष्ट्रीय जीवन जीने की कला फाउण्डेशन (International Art of Living Foundation) के संस्थापक हैं।

6 दिसम्बर, 1956 ई0

बाबा साहेब भीम राव अम्बेडकर की मृत्यु (ब्रह्मलीन)

इनके सार्वभौम विचार

"शोषित वर्ग की सुरक्षा उसके सरकार और कांग्रेस दोनों से स्वतन्त्र होने में है। हमें अपना रास्ता स्वयं बनाना होगा और स्वयं। राजनीतिक शक्ति शोषितों की समस्याओं का निवारण नहीं हो सकती, उनका उद्धार समाज में उनका उचित स्थान पाने में निहित है। उनको अपना रहने का बुरा तरीका बदलना होगा। उनको शिक्षित होना चाहिए। एक बड़ी आवश्यकता उनकी हीनता की भावना को झकझोरने, और उनके अन्दर उस दैवीय

असंतोष की स्थापना करने की है जो सभी ऊँचाइयों का स्रोत है।" अपने अनुयायियों को उनका सन्देश था- "शिक्षित बनो!!!, संगठित रहो!!!, संघर्ष करो!!!"

"सामाजिक क्रान्ति साकार बनाने के लिए किसी महान विभूति की आवश्यकता है या नहीं यह प्रश्न यदि एक तरफ रख दिया जाय, तो भी सामाजिक क्रान्ति की जिम्मेदारी मूलतः समाज के बुद्धिमान वर्ग पर ही रहती है, इसे वास्तव में कोई भी अस्वीकार नहीं कर सकता। भविष्य काल की ओर दृष्टि रखकर वर्तमान समय में समाज को योग्य मार्ग दिखलाना यह बुद्धिमान वर्ग का पवित्र कर्तव्य है। यह कर्तव्य निभाने की कुशलता जिस समाज के बुद्धिमान लोग दिखलाते हैं। वहीं जीवन कलह में टिक सकता है।"

"सही राष्ट्रवाद है, जाति भावना का परित्याग। सामाजिक तथा आर्थिक पुनर्निर्माण के आमूल परिवर्तनवादी कार्यक्रम के बिना अस्पृश्य कभी भी अपनी दशा में सुधार नहीं कर सकते। राष्ट्रवाद तभी औचित्य ग्रहण कर सकता है जब लोगों के बीच जाति, नस्ल या रंग का अन्तर भुलाकर उसमें सामाजिक समरसता व मातत्व को सर्वोच्च स्थान दिया जाय। राष्ट्र का सन्दर्भ में राष्ट्रीयता का अर्थ होना चाहिए- सामाजिक एकता की दृढ़ भावना, अन्तर्राष्ट्रीय सन्दर्भ में इसका अर्थ है - भाईचारा। शिक्षा प्रत्येक व्यक्ति का जन्मसिद्ध अधिकार है अतः शिक्षा के दरवाजे प्रत्येक भारतीय नागरिक के लिए खुले होने चाहिए। एक व्यक्ति के शिक्षित होने का अर्थ है- एक व्यक्ति का शिक्षित होना लेकिन एक स्त्री के शिक्षित होने का अर्थ है कि एक परिवार का शिक्षित होना।"

- बाबा साहेब भीम राव अम्बेडकर

4 अगस्त, 1961 ई0

श्री बराक ओबामा का जन्म

रविवार, 5 मई, 1962 ई0

-भारत का मध्यम स्वतन्त्रता-आर्थिक व मानसिक स्वतन्त्रता का समय।

-सन् 1821 के बाद पूर्ण सूर्य ग्रहण व 26 डिग्री के बीच सभी ग्रहों का आना।

27 मई, 1964 ई0

पं0 जवाहर लाल नेहरु की मृत्यु (ब्रह्मलीन)

इनके सार्वभौम विचार

"यदि हम संसार का मार्ग ग्रहण करेंगे और संसार को और अधिक विभाजित करेंगे तो शान्ति, सहिष्णुता और स्वतन्त्रता के अपने उद्देश्य में सफल नहीं हो सकते। यदि हम इस युद्ध- विक्षिप्त दुनियाँ को शान्ति और सत्य का प्रकाश दिखाएं तो सम्भव है कि हम संसार में कोई अच्छा परिवर्तन कर सकें। लोकतन्त्र से मेरा मतलब समस्याओं को शान्तिपूर्वक हल करने से है। अगर हम समस्याओं को शान्तिपूर्वक हल नहीं कर पाते तो इसका मतलब है कि लोकतन्त्र को अपनाने में हम असफल रहें हैं।" **- पं0 जवाहर लाल नेहरु**

"हम अपनी योजनाओं को सक्रिय रुप से क्रियान्वित करें, इसके लिए मानकों का होना अत्यन्त आवश्यक है तथा यह जरुरी है कि मानकों के निर्धारण व पालन हेतु प्रयत्नशील रहें।" **- पं0 जवाहर लाल नेहरु**

(भारतीय मानक ब्यूरो त्रैमासिकी- "मानक दूत", वर्ष-19, अंक-1, 1999 से साभार)

25 दिसम्बर, 1965 ई0

बाबा रामदेव का जन्म

11 जनवरी 1966 ई0

लाल बहादुर शास्त्री की मृत्यु (ब्रह्मलीन)

इनके सार्वभौम विचार

शास्त्री जी ने "जय जवन, जय किसान" का नारा दिया था। शास्त्री जी के प्रेरणा से फिल्म अभिनेता व निर्माता मनोज कुमार के कई देश भक्ति पर आधारित फिल्में बनाईं।

12 अक्टुबर, 1967 ई0

राम मनोहर लोहिया की मृत्यु (ब्रह्मलीन)

इनके सार्वभौम विचार

डा0 लोहिया का समाजवाद

लोहिया के समाजवादी आन्दोलन की संकल्पना के मूल में अनिवार्यतः "विचार और कर्म" की उभय उपस्थिति थी जिसके मूर्तिमंत स्वरूप स्वयं डा0 लोहिया थे और आजन्म उन्होंने "विचार और कर्म" की इस संयुक्ति को अपने आचरण से जीवन्त उदाहरण भी प्रस्तुत किया। अंग्रेजों के खिलाफ भारत के स्वाधीनता आन्दोलन में भाग लेने वाले तमाम व्यक्तियों की भाँति लोहिया भी प्रभावित थे। वे जेल भी गये और वैसी ही यातनाएँ भी सही। आजादी से पूर्व ही कांग्रेस के भीतर उनका सोशलिस्ट ग्रुप था, लेकिन 15 अगस्त, 1947 को अंग्रेजों से मुक्ति पाने पर वे उल्लसित तो थे लेकिन विभाजन की कीमत पर पाई गई इस स्वतन्त्रता के कारण नेहरू और नेहरू की कांग्रेस से उनका रास्ता हमेशा के लिए अलग हो गया। स्वतन्त्रता के नाम पर सत्ता की लिप्सा का यह खुला खेल लोहिया ने अपनी नंगी आँखों से देखा था और इसलिए स्वतन्त्रता के बाद की कांग्रेस पार्टी और कांग्रेसियों के प्रति उनमें इतना रोष और क्षोभ था कि उन्हें धुर दक्षिणपंथी और बामपंथियों को साथ लेना भी उन्हें बेहतर विकल्प ही प्रतीत हुआ। स्वतन्त्रता बाद के राजनेताओं में लोहिया मौलिक विचारक थे। लोहिया के मन में भारतीय गणतन्त्र को लेकर ठेठ देसी सोच थी। अपने इतिहास, अपनी भाषा के सन्दर्भ में वे कतई पश्चिम से कई सिद्धान्त उधार लेकर व्याख्या करने को राजी नहीं थे। सन् 1932 में जर्मनी से पीएच.डी. की उपाधि प्राप्त करने वाले राममनोहर लोहिया ने साठ के दशक में देश से अंग्रेजी हटाने का जो आह्वान किया, वह अंग्रेजी हटाओ आन्दोलन की गणना अब तक के कुछ इने गिने आन्दोलनों में की जा सकती है। उनके लिए स्वभाषा राजनीति का मुद्दा नहीं बल्कि अपने स्वाभिमान का प्रश्न और लाखों-करोड़ों को हीन ग्रन्थि से उबारकर आत्मविश्वास से भर देने का स्वप्न था- "मैं चाहूँगा कि हिन्दुस्तान के साधारण लोग अपने अंग्रेजी के अज्ञान पर लजाएँ नहीं, बल्कि गर्व करें। इस सामंती भाषा को उन्हीं के लिए छोड़ दें जिनके माँ-बाप अगर शरीर से नहीं तो आत्मा से अंग्रेज रहें हैं।"

हालांकि लोहिया भी जर्मनी यानी विदेश से पढ़ाई कर के आये थे, लेकिन उन्हें उन प्रतीकों का अहसास था जिनसे इस देश की पहचान है। शिवरात्रि पर चित्रकूट में "रामायण मेला" उन्हीं की संकल्पना थी, जो सौभाग्य से अभी तक अनवरत चला आ रहा है। आज भी चित्रकूट के उस मेले में हजारों भूखे-नगें-निर्धन भारतवासीयों की भीड़ स्वयंमेव जुटती है तो लगता है कि ये ही हैं जिनकी चिंता लोहिया को थी, लेकिन आज इनकी चिंता करने के लिए लोहिया के लोग कहाँ है? लोहिया ही थे जो राजनीति की गंदी गली में शुद्ध आचरण की बात करते थे। वे एकमात्र ऐसे राजनेता थे जिन्होंने अपनी पार्टी की सरकार से खुलेआम त्यागपत्र की माँग की, क्योंकि उस सरकार के शासन में आन्दोलनकारियों पर गोली चलाई गई थी।

ध्यान रहे स्वाधीन भारत में किसी राज्य में यह पहली गैर कांग्रेसी सरकार थी- "हिन्दुस्तान की राजनीति में तब सफाई और भलाई आएगी जब किसी पार्टी के खराब काम की निन्दा उसी पार्टी के लोग करें। और मैं यह याद दिला दूँ कि मुझे यह कहने का हक है कि हम ही हिन्दुस्तान में एक राजनीतिक पार्टी हैं जिन्होंने अपनी सरकार की भी निन्दा की थी और सिर्फ निन्दा ही नहीं बल्कि एक मायने में उसको इतना तंग किया कि उसे हट जाना पड़ा।" गाँधी जी के साथ एक सप्ताह रहकर लोहिया ने गाँधी जी को वाइसराय के नाम पत्र लिखने के लिए प्रेरित किया। जिसमें गाँधी जी ने लिखा कि- "अहिंसानिष्ठ सोशलिस्ट डा0 लोहिया ने भारतीय शहरों को बिना पुलिस व फौज के शहर घोषित करने की कल्पना निकाली है।"

लोहिया जी के द्वारा दुनिया की सभी सरकारों को नई दुनिया की बुनियाद बनाने की योजना की कल्पना गाँधी जी के सामने रखी गई, जिसमें एक देश की दूसरे देश में जो पूँजी लगी है उसे जब्त करना, सभी लोगों को संसार में कहीं भी आने-जाने व बसने का अधिकार देना, दुनिया के सभी राष्ट्रों को राजनैतिक आजादी तथा विश्व नागरिकता की बात कही गई थी। गाँधी जी ने इसे "हरिजन" में छापा और अपनी ओर से समर्थन भी किया तथा अंग्रेजों के खिलाफ जल्दी लड़ाई छेड़ने को लेकर गाँधी जी ने दस दिन रूकने के लिए लोहिया को कहा। दस दिन बाद 7 अगस्त, 1942 को गाँधी जी ने तीन घंटे तक भाषण देकर कहा, कि "हम अपनी आजादी लड़कर प्राप्त

करेंगे।" अगले दिन 8 अगस्त, 1942 को "भारत छोड़ो" प्रस्ताव बम्बई में बहुमत से स्वीकृत हुआ। गाँधी जी ने "करो या मरो" का सन्देश दिया।

एक समाजवादी विचारक। इनकी दिशा से शेष कार्य यह है कि समाजवाद कहने से नहीं बल्कि समाजवाद का बीज मानव के मन में विविधताओं के एकीकरण से उगता है। इसलिए मन के एकीकरण का सिद्धान्त प्रस्तुत कर समाजवाद के इनके सपने को पूरा करें।

बृहस्पतिवार, 17 नवम्बर, 1966 ई0

-भारत का मध्यम स्वतन्त्रता-आर्थिक व मानसिक स्वतन्त्रता का समय।

-भारत में एकदलीय सरकार।

-लियोनिड (लियो-सिंह राशि) उल्काओं का अमेरिका में प्रथम बौछार।

सोमवार, 16 अक्टुबर, 1967 (आश्विन, शुक्ल पक्ष-त्रयोदशी, रेवती नक्षत्र)

- भारत का मध्यम स्वतन्त्रता - आर्थिक व मानसिक स्वतन्त्रता का समय।
- भारत में एकदलीय सरकार।
- स्वामी विवेकानन्द के चिरशान्ति में लीन होने के 65 वर्ष 3 माह 11 दिन बाद का समय।
- लियोनिड (लियो-सिंह राशि) उल्काओं का अमेरिका में प्रथम बौछार के 10 माह 29 दिन बाद का समय।
- अंक 7 (दिनांक 16 का 1 व 6 जोड़ने पर) - एक ऐसा जन्मांक जो शुभ माना जाता है।
- दिनांक 16 - एक ऐसा दिनांक जो माह (31 दिन वाला) के बीच में रहकर संतुलन स्थापित करता है।
- श्रीराम की जन्म तिथि नवमी (9) है, श्रीकृष्ण की जन्म तिथि अष्टमी (8) है। 9 के अंक का किसी अंक से गुणा करें, सारांश (अंको का योग) 9 ही रहता है। 8 का गुणा घटता-बढ़ता रहता है। अंक 8 लौकिक-संसारी है, 9 जटिल है जस का तस रहता है। डा0 लोहिया का कहना था -"राम मनुष्य हैं, मर्यादा और आदर्श पर चलते हुए देव बनते हैं, लेकिन कृष्ण देवता हैं। वे लोक संग्रह के लिए मनुष्य बनते हैं, देवत्व से नीचे उतरते हैं। राम और कृष्ण, भारतीय प्रज्ञा के सम्राट हैं।" इसी क्रम में लव कुश सिंह का जन्म तिथि त्रयोदशी (13) है। प्रत्येक मास में कृष्ण पक्ष की तेरहवीं तिथि की रात्रि मास शिवरात्रि तथा फाल्गुन मास की कृष्ण पक्ष की तेरहवीं तिथि की रात्रि महाशिवरात्रि कहलाती है। हिन्दू धर्म में मनुष्य के जन्म के बारहवीं तिथि के संस्कार को बरही तथा शरीर से मुक्त होने के तेरहवीं तिथि के अन्तिम संस्कार को तेरहवीं कहते हैं अर्थात् तेरह का अंक शिवशंकर का प्रतीक और दिन सोमवार जो शिव-शंकर का दिन माना जाता है।
- माह अक्टुबर -विशेष कला से युक्त जन्म लेने वालों का एक ऐसा माह जिसमें सार्वाधिक महापुरूषों और सार्वजनिक जीवन में सफल व्यक्तियों ने जन्म ग्रहण किया। जैसे- डा0 एनी वुड बेसेन्ट, अग्रणी थियोसोफिस्ट (1 अक्टुबर), राष्ट्रपिता महात्मा गाँधी (2 अक्टुबर), "जय जवान - जय किसान" का नारा देने वाले व काशी क्षेत्र के निवासी भूतपूर्व द्वितीय प्रधानमंत्री लाल बहादुर शास्त्री (2 अक्टुबर), फिल्म अभिनेता राजकुमार (8 अक्टुबर), फिल्म अभिनेत्री रेखा (10 अक्टुबर), "सम्पूर्ण क्रान्ति" के उद्घोषक लोक नायक जय प्रकाश नारायण (11 अक्टुबर), नानाजी देशमुख व महानायक फिल्म अभिनेता अमिताभ बच्चन (11 अक्टुबर), "मिसाइल मैन" के नाम से विख्यात पूर्व राष्ट्रपति ए.पी.जे.अब्दुल कलाम (15 अक्टुबर), "ड्रीम गर्ल" के नाम से विख्यात अभिनेत्री हेमामालिनी (16 अक्टुबर), अभिनेता शमशेर राजकपूर उर्फ शम्मी कपूर (21 अक्टुबर), भारत के पूर्व राष्ट्रपति के.आर.नारायणन (27 अक्टुबर), माइक्रोसाफ्ट के संस्थापक विलियम हेनरी गेट्स-।।। (28 अक्टुबर), भारत के शारीरिक एकीकरण करने वाले लौहपुरूष सरदार बल्लभ भाई पटेल (31 अक्टुबर) इत्यादि।
- माह अक्टुबर (विश्व स्तर पर) एक ऐसा माह जिसमें सार्वाधिक जीवन के विभिन्न क्षेत्रों से जुड़े विश्व दिवसों का आयोजन व निर्धारण हो चुका था- विश्व प्रौढ़ दिवस एवं विश्व संगीत दिवस (1 अक्टूबर), महात्मा गाँधी के जन्म दिवस पर अन्तर्राष्ट्रीय अहिंसा दिवस (2 अक्टूबर), विश्व प्राकृतिक दिवस (3 अक्टूबर), विश्व आवास दिवस एवं विश्व पशु कल्याण दिवस (4 अक्टूबर), विश्व पारिस्थितिक दिवस (5 अक्टूबर), विश्व शिक्षक दिवस (5 अक्टूबर), विश्व

प्राणी दिवस (6 अक्टूबर), विश्व डाक दिवस (9 अक्टूबर), विश्व मानसिक स्वास्थ्य दिवस (10 अक्टूबर), विश्व मानक दिवस (14 अक्टूबर), विश्व खाद्य दिवस (16 अक्टूबर), विश्व मितव्ययिता दिवस (28 अक्टूबर)।

- माह अक्टुबर (भारत देश स्तर पर) एक ऐसा माह जिसमें सार्वाधिक जीवन के विभिन्न क्षेत्रों से जुड़े राष्ट्रीय दिवसों का आयोजन व निर्धारण हो चुका था। जैसे-राष्ट्रीय स्वैच्छिक रक्तदान दिवस व वयोबृद्ध दिवस (1 अक्टूबर), राष्ट्रीय अखण्डता दिवस (4 अक्टूबर), वायुसेना दिवस (8 अक्टूबर), प्रादेशिक सेना दिवस (9 अक्टूबर), सफेद छड़ी दिवस (15 अक्टूबर), सीमा सुरक्षा दिवस व पुलिस स्मरण दिवस (21 अक्टूबर), राष्ट्रीय एकता दिवस (31 अक्टूबर) इत्यादि।

- बिहार के बेगूसराय जिले के रिफाइनरी टाउनशिप में स्थित इण्डियन आयल कार्पोरेशन के अस्पताल में लव कुश सिंह का जन्म समय 02.15 ए.एम. बजे। इनकी माता का नाम श्रीमती चमेली देवी तथा पिता का नाम श्री धीरज नारायण सिंह जो इण्डियन आयल कापरिशन लि0 (आई.ओ.सी. लि.) के बरौनी रिफाइनरी में कार्यरत थे और उत्पादन अभियंता के पद से सन् 1995 में स्वैच्छिक सेवानिवृत हो चुके हैं। दादा का नाम स्व. राजाराम व दादी का नाम श्रीमती दौलती देवी था। जन्म के समय दादा स्वर्गवासी हो चुके थे।

फरवरी, 1968 ई0

-भारत का मध्यम स्वतन्त्रता-आर्थिक व मानसिक स्वतन्त्रता का समय।
-भारत में एकदलीय सरकार।
-माता-पिता द्वारा पशुपतिनाथ (काठमाण्डु, नेपाल) का दर्शन। (उम्र-4 माह लगभग)
-दादी श्रीमती दौलती देवी द्वारा "लव कुश" नामकरण।

30 नवम्बर 1967 ई0

राजीव दीक्षित का जन्म

11 फरवरी, 1968 ई0

पं0 दीन दयाल उपाध्याय की मृत्यु (ब्रह्मलीन)

इनके सार्वभौम विचार

दीनदयाल उपाध्याय के विचार

"स्वराज्य" और "एकात्म मानवतावाद" के उद्घोषक जिन्होंने "स्व" के तन्त्रों पर आधारित होकर भारत के निर्माण का सपना देखा था। इनकी दिशा से शेष कार्य यह है कि "स्व" के वैश्विक, ब्रह्माण्डीय, सार्वभौम रुप को व्यक्त करें तभी "स्वराज्य", "एकात्म मानवतावाद", "स्वदेशी", "स्वतन्त्र" का स्वस्थ स्वरुप स्थापित हो सकेगा अन्यथा नहीं। इनके मुख्य विचार निम्नवत् हैं-

1- मनुष्य पशु नहीं है केवल पेट भर जाने से वह सुखी और संतुष्ट हो जायेगा। उसकी जीवन यात्रा "पेट" से आगे "परमात्मा" तक जाती है। उसके मन उसकी बुद्धि और उसकी आत्मा का भी कुछ तकाजा है। इस तकाजे को ध्यान में रखे बिना बनाई गई प्रत्येक व्यवस्था अल्पकालिक ही नही घातक भी होगी।

2- पूंजीवादी और समाजवादी व्यवस्था परस्पर प्रेम और ममता पर नहीं, स्वार्थ, लोभ और कुतर्क पर आधारित विखण्डित व्यवस्थायें है। इनमें एकात्मता और परस्पर पूरकता नहीं प्रतिद्वन्द्विता शोषक वृत्तियों की प्रबलता और प्रभाव है।

3- कम्युनिस्टों के नारे "कमाने वाला खायेगा" - यह नारा यद्यपि कम्युनिस्ट लगाते है। किन्तु पूंजीवादी भी इस नारे के मूल में निहित सिद्वान्त से असहमत नहीं हैं। यदि दोनों में झगड़ा है तो केवल इस बात का कि कौन कितना कमाता है, कौन कितना कमा सकता है। पूंजीवादी साहस और पूंजी को महत्व देते है तो कम्युनिस्ट श्रम को। पूंजीवादी स्वयं के लिए अधिक हिस्सा माँगते है और कम्युनिस्ट अपने लिए। यह नारा अनुचित, अन्यायपूर्ण और समाजघाती है। हमारा नारा होना चाहिए- "कमाने वाला खिलायेगा और जो जन्मा है वह खायेगा।" खाने का अधिकार जन्म से प्राप्त होता है कमाने की पात्रता शिक्षा से आती है। यदि केवल कमाने वाला ही खायेगा तो

बच्चों, बूढ़ों, रोगियों और अपाहिजों का क्या होगा? "कमाने वाला खायेगा" का दृष्टिकोण आसुरी और "कमाने वाला खिलायेगा" का विचार मानवीय है।

4- समाजिकता और संस्कृति का मापदण्ड समाज में कमाने वाला द्वारा अपने कर्तव्य के निर्वाह की तत्परता है। अर्थव्यवस्था का कार्य इस कर्तव्य के निर्वाह की क्षमता पैदा करना है। मात्र धन कमाने के साधन तथा तरीके बताना-पढ़ाना ही अर्थव्यवस्था का कार्य नहीं है। यह मानवता बढ़ाना भी उसका काम है। कि कर्तव्य भावना के साथ कमाने वाला खिलाये भी। यहाँ यह स्पष्ट समझ लिया जाना चाहिए कि वह कार्य और दायित्व की भावना से करें कि दान देने या चंदा देने की भावना से।

5- पूंजीवादी व्यवस्था ने केवल अर्थपरायण मानव का विचार किया तथा अन्य क्षेत्रों से उसे स्वतन्त्र छोड़ दिया तो समाजवादी व्यवस्था केवल "जाति वाचक मानव" का ही विचार करती है। उसमें व्यक्ति की रूचि, प्रकृति गुणों की विविधता और उसके आधार पर विकास करने के लिए कोई स्थान नहीं है इन दोनों अवस्थाओं-व्यवस्थाओं में मनुष्य के सत्य और उसकी पूर्णता को नहीं समझा गया। एक व्यवस्था उसे स्वार्थी, अर्थपरायण, संघर्षशील, प्रतिस्पर्धी, प्रतिद्वन्दी और मात्स्यन्याय प्रवण प्राणी मानती है तो दूसरी उसे व्यवस्थाओं और परिस्थितियों का दास बेचारा और नास्तिक- अनास्थामय प्राणी। शाक्तियों का केन्द्रिकरण दोनों व्यवस्थाओं में अभिप्रेत है। अतएव पूंजीवादी एवम् समाजवादी दोनों ही अमानवीय व्यवस्थाएँ हैं।

6- धन का अभाव मनुष्य को निष्करूण और क्रूर बना देता है। तो धन का प्रभाव उसे शोषक सामाजिक दायित्व निरपेक्ष, दम्भी और दमनकारी।

7- भारत और विश्व की समस्याओं का समाधान और प्रश्नों का उत्तर विदेशी राजनीतिक नारों या वादों (समाजवादी, पूंजीवादी आदि) में नहीं अपितु स्वयं भारत के सनातन विचार परम्परा में से उपजे हिन्दूत्व अर्थात भारतीय जीवन दर्शन में है। केवल यही एक ऐसा जीवन दर्शन है जो मनुष्य जीवन का विचार करते समय उसे टुकड़ों में नही बाँटता उसके सम्पूर्ण जीवन को इकाई मानकर उसका विचार करता है।

8- यह समझना भारी भूल होगी कि हिन्दूत्व वर्तमान वैज्ञानिक उन्नति का विरोधी है। आधुनिक विज्ञान और प्रौद्योगिक का प्रयोग इस पद्धति से होना चाहिए कि वे हमारे सामाजिक और सांस्कृतिक जीवन पद्धति के प्रतिकूल नहीं, अनुकूल हो। हमारा राष्ट्रीय लक्ष्य धर्मराज्य, जिसे गाँधी जी रामराज्य कहा करते थे, लोकतन्त्र, सामाजिक समरसता और राजनीतिक आर्थिक शाक्तियों के विकेन्द्रियकरण का होना चाहिए। आप इसे हिन्दूत्ववाद, मानवता अथवा अन्य कोई भी नया "वाद" या किसी भी नाम से पुकारें किन्तु केवल यही ही भारत की आत्मा के अनुकूल होगा। यही देशवासियों में नवीन उत्साह संचारित कर सकेगा। विनाश और विभ्रन्ति के चैराहे पर खड़े विश्व के लिए भी यह मार्गदर्शक का काम करेगा।

9- यदि धर्म का आधार त्याग दिया जाय तो अर्थ का अनर्थ हो सकता है। और धर्म उसमें जोड़ दिया जायेगा तो "अर्थ" हमारे "काम" की प्राप्ति का भी साधन बन जायेगा। धर्म और अर्थ दोनों एक दुसरे के पोषक और पूरक हो सकता है।

10-अपने "स्व" को विस्मृत करेंगे तो हम पुनः परतन्त्र हो जायेंगे। स्वदेशी को भावात्मक रूप से समझ कर उसे ही हमें अर्थ सृजन का आधार एवम् अवलम्ब बनाना चाहिए।

11-ग्रामों और वनांचलों में वास करने वाले मैले-कुचैले, अनपढ़ और पिछड़े बन्धु हमारे देवता है। हमें इनकी सेवा करनी है। यह हमारा सामाजिक दायित्व अर्थात धर्म है। जिस दिन हम इनके लिए अच्छे सुविधाजनक घर बनाकर देंगे, जिस दिन इनके बच्चों और स्त्रियों को जीवन दर्शन का ज्ञान देंगे जिस दिन हम इनके हाथ और पाँव के विवाइयों को भरेंगे और जिस दिन इनको उद्योग धन्धों की शिक्षा देकर इनकी आय को उँचा उठा देगें उसी दिन हमारा मातृ भाव व्यक्त होगा। आर्थिक योजनाओं तथा आर्थिक प्रगति की माप समाज की उपर की पीढ़ी पर पहुँचे व्यक्ति से नहीं बल्कि सबसे नीचे की सीढ़ी पर विद्यमान व्यक्ति से होगी। ग्रामों में जहाँ समय अचल खड़ा है जहाँ माता और पिता अपने बच्चों के भविष्य को बनाने में असमर्थ है, वहाँ जब तक हम आशा और पुरूषार्थ का संदेश नहीं पहुँचायेंगे तब तक राष्ट्र का चैतन्य जागृत नहीं होगा।

अक्टुबर, 1972 ई0

-भारत का मध्यम स्वतन्त्रता-आर्थिक व मानसिक स्वतन्त्रता का समय।

-भारत में एकदलीय सरकार।

-10 दिन का शारदीय नवरात्र।

-माता-पिता द्वारा बैजनाथधाम (द्वादश शिवलिंग में से एक, देवघर, तत्कालिन बिहार में स्थित, अब झारखण्ड प्रदेश में स्थित) में लव कुश सिंह का मुण्डन संस्कार। (उम्र-5 वर्ष)

-इसी वर्ष जिला मुंगेर से अलग होकर जिला बेगूसराय बना।

-बिहार के बेगूसराय जिले के रिफाइनरी टाउनशिप में स्थित न्यू प्राइमरी स्कूल में लव कुश सिंह का प्राथमिक शिक्षा प्रारम्भ।

जनवरी, 1975 ई0

-भारत का मध्यम स्वतन्त्रता-आर्थिक व मानसिक स्वतन्त्रता का समय।

-भारत में एकदलीय सरकार।

-पिता को आई.ओ.सी. लि. द्वारा मिलने वाली सुविधा एल.टी.सी से कन्याकुमारी की यात्रा के दौरान काली मन्दिर (कोलकाता), जगन्नाथ मन्दिर (पुरी), चेन्नई, बालाजी (तिरूपति), स्वामी विवेकानन्द स्मारक, कन्याकुमारी, रामेश्वरम्, लव कुश सिंह (उम्र-8 वर्ष 3 माह लगभग) की तीर्थ यात्रा व स्वामी विवेकानन्द स्मारक के ध्यान कक्ष में पिता के साथ ध्यान। पिता द्वारा स्वामी विवेकानन्द लिखित राजयोग, ज्ञानयोग, भक्तियोग, कर्मयोग व प्रेमयोग पुस्तक साथ लाना।

बृहस्पतिवार, 17 अप्रैल 1975 ई0

सर्वपल्ली राधाकृष्णनन् की मृत्यु (ब्रह्मलीन)

इनके सार्वभौम विचार

"हमारे युग की दो प्रमुख विशेषताएँ विज्ञान और लोकतंत्र है। ये दोनों टिकाऊ हैं। हम शिक्षित लोगों को यह नहीं कह सकते कि वे तार्किक प्रमाण के बिना धर्म की मान्यताओं को स्वीकार कर लें। जो कुछ भी हमें मानने के लिए कहा जाए, उसे उचित और तर्क के बल से पुष्ट होना चाहिए। अन्यथा हमारे धार्मिक विश्वास इच्छापूरक विचार मात्र रह जाएंगे। आधुनिक मानव को ऐसे धर्म के अनुसार जीवन बिताने की शिक्षा देनी चाहिए, जो उसकी विवेक-बुद्धि को जँचे, विज्ञान की परम्परा के अनुकूल हो। इसके अतिरिक्त धर्म को लोकतन्त्र का पोषक होना चाहिए, जो कि वर्ण, मान्यता, सम्प्रदाय या जाति का विचार न करते हुए प्रत्येक मनुष्य के बौद्धिक और आध्यात्मिक विकास पर जोर देता हो। कोई भी ऐसा धर्म, जो मनुष्य-मनुष्य में भेद करता है अथवा विशेषाधिकार, शोषण या युद्ध का समर्थन करता है, आज के मानव को रूच नहीं सकता। स्वामी विवेकानन्द ने यह सिद्ध किया कि हिन्दू धर्म विज्ञान सम्मत भी है और लोकतन्त्र का समर्थक भी। वह हिन्दू धर्म नहीं, जो दोषों से भरपूर है, बल्कि वह हिन्दू धर्म, जो हमारे महान प्रचारकों का अभिप्रेत था।" **- डा0 सर्वपल्ली राधाकृष्णन**

अगस्त, 1977

-भारत का मध्यम स्वतन्त्रता-आर्थिक व मानसिक स्वतन्त्रता का समय।

-भारत में एकदलीय सरकार।

-लव कुश सिंह के दादी श्रीमती दौलती देवी के स्वर्गवासी होने के बाद अपने निवास नियामतपुर कलाँ, डाकघर-पुरूषोत्तमपुर, चुनार, जिला-मीरजापुर (उ0प्र0) भारत पर आना। (उम्र-9 वर्ष 10 माह लगभग)

-न्यू प्राइमरी स्कूल, बेगूसराय (बिहार) में कक्षा-5 में पढ़ते रहने के बावजूद गृह शिक्षा के आधार पर निवास के निकट (1 कि.मी) के विद्यालय माधव विद्या मन्दिर इण्टरमीडिएट कालेज, पुरूषोत्तमपुर, चुनार, जिला-मीरजापुर (उ0प्र0) में कक्षा-7 में शिक्षा के लिए प्रवेश।

जनवरी, 1979 ई0

-भारत का मध्यम स्वतन्त्रता-आर्थिक व मानसिक स्वतन्त्रता का समय।

-भारत में एकदलीय सरकार।

-माता-पिता के साथ लव कुश सिंह की मुम्बई (तत्कालिन बम्बई) व गोवा की यात्रा। (उम्र-11 वर्ष 3 माह लगभग)

सोमवार, 8 अक्टुबर, 1979 ई0

लोकनायक जय प्रकाश नारायण की मृत्यु (ब्रह्मलीन)

इनके सार्वभौम विचार

जेपी का "सम्पूर्ण क्रान्ति"

पटना के गाँधी मैदान पर लगभग 5 लाख लोगों के अतिउत्साही भीड़ भरी सभा में देश की गिरती हालत, प्रशासनिक भ्रष्टाचार, महंगाई, अनुपयोगी शिक्षा पद्धति और प्रधानमंत्री द्वारा अपने ऊपर लगाये गए आरोपों का सविस्तार उत्तर देते हुए 5 जून, 1975 की विशाल सभा में जे.पी. ने घोषणा की- "भ्रष्टाचार मिटाना, बेरोजगारी दूर करना, शिक्षा में क्रान्ति लाना आदि ऐसी चीजें हैं जो आज की व्यवस्था से पूरी नहीं हो सकती, क्योंकि वे इस व्यवस्था की ही उपज हैं। वे तभी पूरी हो सकती है जब सम्पूर्ण व्यवस्था बदल दी जाए। और, सम्पूर्ण व्यवस्था परिवर्तन के लिए क्रान्ति - सम्पूर्ण क्रान्ति आवश्यक है। यह क्रान्ति है मित्रों और सम्पूर्ण क्रान्ति है। विधान सभा का विघटन मात्र इसका उद्देश्य नहीं है। यह तो महज मील का पत्थर है। हमारी मंजिल तो बहुत दूर है और हमें अभी बहुत दूर तक जाना है। केवल मन्त्रिमण्डल का त्याग पत्र या विधानसभा का विघटन काफी नहीं है, आवश्यकता एक बेहतर राजनीतिक व्यवस्था का निर्माण करने की है। छात्रों की सीमित मांगें जैसे भ्रष्टाचार एवं बेरोजगारी का निराकरण, शिक्षा में क्रान्तिकारी परिवर्तन आदि बिना सम्पूर्ण क्रान्ति के पूरी नहीं की जा सकती। इस व्यवस्था ने जो संकट पैदा किया है वह सम्पूर्ण और बहुमुखी (टोटल एण्ड मल्टीडायमेन्सनल) है, इसलिए इसका समाधान सम्पूर्ण और बहुमुखी ही होगा। व्यक्ति का अपना जीवन बदले, समाज की रचना बदले, राज्य की व्यवस्था बदले, तब कहीं बदलाव पूरा होगा, और मनुष्य सुख और शान्ति का मुक्त जीवन जी सकेगा। हमें सम्पूर्ण क्रान्ति चाहिए, इससे कम नहीं।"

विशाल जनसभा में जे.पी. ने पहली बार "सम्पूर्ण क्रान्ति" के दो शब्दों का उच्चारण किया। क्रान्ति शब्द नया नहीं था, लेकिन "सम्पूर्ण क्रान्ति" नया था। गाँधी परम्परा में "समग्र क्रान्ति" का प्रयोग होता था। जे.पी. का "सम्पूर्ण", गाँधी का "समग्र" है।

आजीवन पद-प्रतिष्ठा से दूर रहकर "सम्पूर्ण क्रान्ति" के उद्घोषक और लोक साहित्य को जिवित रखने के लिए प्रयत्नशील महानतम व्यक्तित्व। इनकी दिशा से शेष कार्य यह है कि व्यक्ति के पूर्णता के लिए साहित्य तथा सम्पूर्ण, सर्वोच्च और अन्तिम व्यवस्था का सूत्र व व्याख्या प्रस्तुत हो ताकि लोक साहित्य तथा सम्पूर्ण क्रान्ति का इनका सपना पूर्ण हो जाये।

सन् 1981 से सन् 1990

इस दशक की मुख्य विशेषता

तकनीकी के आविष्कार से दूरदर्शन और कम्प्यूटर का भारत में विस्तार और जनता के सम्पर्क में आना

अन्य घटना क्रम

जूलाई, 1981 ई0

-भारत का मध्यम स्वतन्त्रता-आर्थिक व मानसिक स्वतन्त्रता का समय।

-भारत में एकदलीय सरकार।

-माधव विद्या मन्दिर इण्टरमीडिएट कालेज, पुरूषोत्तमपुर, चुनार, जिला-मीरजापुर (उ0प्र0) से कक्षा-10 विज्ञान वर्ग से द्वितीय श्रेणी में उत्तीर्ण।

-आगे की शिक्षा के लिए काशी नरेश द्वारा स्थापित कालेज श्री प्रभु नारायण राजकीय इण्टर कालेज, रामनगर, वाराणसी (उ0प्र0) में कक्षा-11 जीव विज्ञान वर्ग में प्रवेश। (उम्र-13 वर्ष 9 माह लगभग), इसी कालेज से उनके पिता श्री धीरज नारायण सिंह भी कक्षा-10 प्रथम श्रेणी में उत्तीर्ण किये थे।

-रामनगर में शिक्षा के दौरान स्व0 एस.एस.लाल के मकान म.सं.-1/782, गोलाघाट, रामनगर, वाराणसी (उ0प्र0) में निवास। उनके पुत्र राकेश रंजन श्रीवास्तव (अब एम.बी.बी.एस डाक्टर) सहपाठी थे।

रविवार, 7 फरवरी, 1982 ई0

धर्मसम्राट करपात्री जी स्वईच्छा से उनके पंचप्राण महाप्राण में विलीन

धर्मसम्राट करपात्री जी के विचार

उन्होंने वेदों की अपौरूषयेता का अत्यन्त प्रभावशाली ढंग से समर्थन किया है और उसमें सर्वोच्च प्रामाण्य की प्रतिष्ठा की है। उनका कहना है कि वेद अन्तिम प्रमाण हैं। उसके निरूपणार्थ किसी भाषा में छोटे-मोटे जो भी ग्रन्थ लिखे गये हैं, वे सब प्रमाण हैं। स्वामी करपात्री जी अद्वैत मत के आधार पर आत्म सिद्धान्त की विवेचना आत्म रक्षा, बोध, आनन्द, स्वतन्त्रता, स्वाधीनता आदि के आधार पर की है। उनके अनुसार आत्मा धर्म दर्शन का केन्द्र बिन्दु है। वे अद्वैत मत को मानते हुए ब्रह्म को सत्यज्ञानमत मानते हैं। ईश्वर को वे धार्मिकता का मूलाधार मानते हैं। वेदों, ब्राह्मण ग्रन्थों, आरण्यक, उपनिषदों, रामायण, महाभारत एवं भगवद्गीता में ईश्वर विषयक विचारों का स्पष्टीकरण, व्याख्या एवं सम्यक मूल्यांकन करते हुए उनका कहना है कि एक ही परमात्मा मायात्मक ज्ञान शक्ति, क्रिया शक्ति आदि के योग से विविध नाम रूप का आधार बनता है। वही शिव, विष्णु आदि भी होता है तथा अपनी अनिर्वचनीय शक्ति के द्वारा राम, कृष्ण आदि के रूप में प्रकट होता है। भक्त गण अपनी-अपनी भावना के अनुसार उनकी उपासना करते हैं। जिस-जिस भाव में उनकी उपासना की जाती है, वही-वही होकर वह अनुभव का विषय होने लगता है। नाम-रूप-क्रिया की अनेकता होने पर भी परमात्मा में अनेकता का गन्ध भी नहीं है। वह एक है, आद्वितीय है, निर्गुण है। अनिर्वचनीय माया सब भेदों का निर्वाह कर लेती है। परमार्थ तत्व ज्यों का त्यों निर्गुण, निर्विकार, निर्विशेष तथा निधर्मक ही रहता है। अद्वैत वेदान्ती होते हुए भी स्वामी करपात्री जी ने शंकराचार्य की तरह देवी-देवताओं की भक्तिपरक रचनाएँ की हैं। वितराग सन्यासी होते हुए भी देवी-देवताओं की उपासना पद्धति को स्वयं अपनाकर उन्होंने आदर्श उपस्थित किया।

स्वामी जी स्वातन्त्रयोत्तर भारत के केवल धार्मिक और आध्यात्मिक चिन्तक मात्र नहीं थे, अपितु वे एक सामाजिक एवं राजनीतिक चिन्तक भी हैं। उन्होंने विशुद्ध भारतीय संस्कृति के आधार पर राष्ट्र के नवजागरण का प्रयास किया है। उनके अनुसार वेद शास्त्र परीक्षित तदनुसारी रहन-सहन, आचार-विचार ही वैदिक संस्कृति है। अनादि वेद शास्त्र एवं तदनुसारी धारणा-ध्यान-सामधि सम्पन्न महर्षियों के सिद्धान्त पर ही सर्वोपकारक संस्कृति

निर्भर है जो इतनी व्यापक है कि उसमें सब प्रकार की सभी हलचलों पर नियंत्रण किया गया है। अतएव यहाँ सामाजिक, वैयक्तिक, नैतिक और धार्मिक आधारों के क्षेत्र अत्यन्त भिन्न नहीं हैं बल्कि सबका ही सबके साथ सम्बन्ध है इसलिए वैदिक संस्कृति समस्त मानव जाति के लिए कल्याणकारी है। सनातन धर्म की व्याख्या करते हुए वे कहते हैं कि सनातन परमात्मा ने सनातन जीवों के कल्याण के लिए ही सनातन वेदों के द्वारा जो सनातन विधान बनाया है वही सनातन धर्म है। विद्वतजनों की धारणा है कि धर्म और नीति अलग है, धर्म का राजनीति से कोई सम्बन्ध नहीं है परन्तु स्वामी जी के अनुसार राजनीति के बिना धर्म विधुर होता है तो धर्म के बिना राजनीति विधवा होती है। वैशेषिक सूत्र में कणाद ने धर्म की परिभाषा देते हुए लिखा है कि जिसमें अभ्युदय (इहलोकिक-परलौकिक) एवं निःश्रेयस (मोक्ष) की प्राप्ति होती है वही धर्म है। स्वामी जी के अनुसार बिना धार्मिक भावनाओं का प्रतिष्ठान हुए राष्ट्र का सुसंगठन हो ही नहीं सकता क्योंकि धर्मविहिन राष्ट्र अराजकता को प्राप्त होता है। विभिन्न मतावलम्बियों एवं धर्मानुयायीयों का देश होने के कारण भारतवर्ष में धर्म सापेक्ष व्यवस्था को सफलीभूत बनाने के लिए उन्होंने पक्षपातविहिन शब्द प्रयुक्त किया। कोई भी धर्म या सम्प्रदाय शासन से दूर या उपेक्षित न रहे इसके लिए वे एक धर्म विभाग की स्थापना पर जोर देते हैं जिसमें धर्मों के आचार्य प्रतिनिधि के रूप में रहें और जिस धर्म की व्यवस्था का प्रश्न हो, उस धर्म पर उसका प्रतिनिधि अपना निर्णय दे। इस प्रकार शासन धर्म नियंत्रित भी होगा और किसी के साथ पक्षपात भी नहीं हो सकेगा। स्वामी जी के रामराज्य की व्याख्या वैदिक संहिताओं, धर्मशास्त्र, अर्थशास्त्र, मनुस्मृति, शुक्र नीति एवं महाकाव्यों के आधार पर की गयी है।

जुलाई, 1983 ई0

-भारत का मध्यम स्वतन्त्रता-आर्थिक व मानसिक स्वतन्त्रता का समय।

-भारत में एकदलीय सरकार।

-श्री प्रभु नारायण राजकीय इण्टर कालेज, रामनगर, वाराणसी (उ0प्र0) से कक्षा-12 जीव विज्ञान वर्ग, द्वितीय श्रेणी में उत्तीर्ण करने के उपरान्त श्री हरिश्चन्द्र स्नातकोत्तर महाविद्यालय (तत्तकालीन गोरखपुर विश्वविद्यालय से सम्बद्ध), मैदागिन, वाराणसी (उ0प्र0) के कक्षा-बी.एससी. (जीव विज्ञान) में प्रवेश। (उम्र-15 वर्ष 9 माह लगभग)

दिसम्बर, 1983 ई0

-भारत का मध्यम स्वतन्त्रता-आर्थिक व मानसिक स्वतन्त्रता का समय।

-भारत में एकदलीय सरकार।

-माता-पिता के साथ लव कुश सिंह की तीर्थ यात्रा द्वारिकाधाम व नागेश्वर (द्वादश शिवलिंगों में से एक) की यात्रा। (उम्र-16 वर्ष 2 माह लगभग)

बुधवार, 31 अक्टुबर, 1984 ई0

इन्दिरा गाँधी की मृत्यु (ब्रह्मलीन)

इनके सार्वभौम विचार

"राष्ट्र के आधुनिकीकरण के लिए मानकीकरण एवं गुणता नियन्त्रण अनिवार्य है। ये उत्पाद को उसकी सामग्री और मानवीय साधनों के पूर्ण उपभोग में सहायता करते हैं उपभोक्ता का बचाव करते हैं और आंतरिक व्यवहार तथा निर्यात का स्तर ऊँचा उठाते हैं। इस प्रकार से ये आर्थिक विकास में भागीदार बनते हैं।"

- श्रीमती इन्दिरा गाँधी

(भारतीय मानक ब्यूरो त्रैमासिकी- "मानक दूत", वर्ष-19, अंक- 1'1999 से साभार)

दिसम्बर, 1984 ई0

-भारत का मध्यम स्वतन्त्रता-आर्थिक व मानसिक स्वतन्त्रता का समय।

-भारत में एकदलीय सरकार।

- लव कुश सिंह का कालेज टूर-कोलकाता (तत्कालिन कलकत्ता), हावड़ा, भुवनेश्वर और पुरी की यात्रा। हावड़ा में दक्षिणेश्वर, काली मन्दिर व बेलूड़ मठ की यात्रा। (उम्र-17 वर्ष 2 माह लगभग)

जून, 1985 ई0

-भारत का मध्यम स्वतन्त्रता-आर्थिक व मानसिक स्वतन्त्रता का समय।

-भारत में एकदलीय सरकार।

- लव कुश सिंह का श्री हरिश्चन्द्र स्नातकोत्तर महाविद्यालय (तत्तकालीन गोरखपुर विश्वविद्यालय से सम्बद्ध), मैदागिन, वाराणसी (उ0प्र0) के कक्षा-बी.एससी. (जीव विज्ञान) द्वितीय श्रेणी में उत्तीर्ण। (उम्र-17 वर्ष 9 माह लगभग)

- लव कुश सिंह का बी.एससी. (जीव विज्ञान) शिक्षा के दौरान राजघाट (वाराणसी) के गंगा उस पार पड़ाव में गुदरू साव के के मकान में किराये पर रहना, पड़ाव में ही अवधूत भगवान राम का कुष्ठ सेवा आश्रम स्थित है।

जुलाई 1985-दिसम्बर 1986 ई0

-भारत का मध्यम स्वतन्त्रता-आर्थिक व मानसिक स्वतन्त्रता का समय।

-भारत में एकदलीय सरकार।

-शिक्षा बाधित

-लव कुश सिंह का अपने ग्राम निवास पर रहकर गृह कार्य सम्भालना और आँडियो कैसेट प्लेयर द्वारा फिल्मी गानों को सुनना।

जनवरी 1987-जून 1988 ई0

-भारत का मध्यम स्वतन्त्रता-आर्थिक व मानसिक स्वतन्त्रता का समय।

-भारत में एकदलीय सरकार।

-लव कुश सिंह का तारा इंस्टीट्यूट आँफ कम्प्यूटर साइंस, टकसाल बिल्डिंग, नदेसर, वाराणसी से कम्प्यूटर प्रोग्रामिंग में डिप्लोमा पूर्ण।

-लव कुश सिंह का इण्डिया एजुकेशन सेन्टर, एम-92, कनाट प्लेस, नई दिल्ली से पी.जी.डिप्लोमा (कम्प्यूटर प्रोग्रामिंग और सिस्टम एनालिसिस) पूर्ण।

-साथ ही कर्मठता, उग्रता, विश्लेषण क्षमता, सहनशीलता, धैर्यता, दयालुता इत्यादि स्वभाव का प्राथमिकता से उभरना। (लव कुश सिंह का उम्र-19 वर्ष 9 माह लगभग)

जुलाई 1989 ई0

-भारत का मध्यम स्वतन्त्रता-आर्थिक व मानसिक स्वतन्त्रता का समय।

-भारत में एकदलीय सरकार।

-लव कुश सिंह का पिता के इच्छानुसार बेगूसराय (बिहार) में कम्प्यूटर ट्रेनिंग सेन्टर का संचालन। शिक्षार्थी न आने से असफल। आय के लिए बरौनी इण्डस्ट्रीयल एरिया के एक उद्योग का एकाउण्ट प्रोसेसिंग कार्य करना।

जुलाई 1988-जून 1989 ई0

-भारत का मध्यम स्वतन्त्रता-आर्थिक व मानसिक स्वतन्त्रता का समय।

-भारत में एकदलीय सरकार।

-लव कुश सिंह का तारा डाटामेटिक्स ब्यूरो, टकसाल बिल्डिंग, नदेसर, वाराणसी में नौकरी और एप्लीकेशन प्रोग्राम डेवलपमेन्ट का कार्य उनके ग्राहक के लिए करना जिसमें कार्पेट उद्योग, भदोही में ज्यादातर कार्य।

-लव कुश सिंह का नौकरी से मोहभंग स्वंय का कम्प्यूटर आधारित व्यापार की भावना जागृत।

शुक्रवार, 19 जनवरी, 1990 ई0

आचार्य रजनीश "ओशो" इस धरती की यात्रा हमेशा के लिए रूक गयी और वे अगली यात्रा पर निकल पड़े।

अक्टुबर व नवम्बर 1978 में दिये गये प्रवचन का अंश-

1. एक तरह का सिद्ध एक ही बार होता है, दोबारा नहीं होता। क्योंकि जो सिद्ध हो गया, फिर नही लौटता। गया फिर वापस नहीं आता। एक ही बार तुम उसकी झलक पाते हो- बुद्ध की, महावीर की, क्राइस्ट ही, मुहम्मद

की, एक ही बार झलक पाते हो, फिर गये सो गये। फिर विराट में लीन हो गये। फिर दोबारा उनके जैसा आदमी नहीं होगा, नहीं हो सकता। मगर बहुत लोग नकलची होंगे। उनको तुम साधु कहते हो। उन नकलीची का बड़ा सम्मान है। क्योंकि वे तुम्हारे शास्त्र के अनुसार मालूम पड़ते हैं। जब भी सिद्ध आयेगा सब अस्त व्यस्त कर देगा सिद्ध आता ही है क्रान्ति की तरह ! प्रत्येक सिद्ध बगावत लेकर आता है, एक क्रान्ति का संदेश लेकर आता है एक आग की तरह आता है- एक तुफान रोशनी का! लेकिन जो अँधेरे में पड़े हैं। उनकी आँखे अगर एकदम से उतनी रोशनी न झेल सके और नाराज हो जाय तो कुछ आश्चर्य नहीं।

2. जो एक गुरू बोल रहा है, वह अनन्त सिद्धों की वाणी है। अभिव्यक्ति में भेद होगा, शब्द अलग होंगे, प्रतीक अलग होंगे मगर जो एक सिद्ध बोलता है, वह सभी सिद्धों की वाणी है। इनसे अन्यथा नहीं हो सकता है। इसलिए जिसने एक सिद्ध को पा लिया, उसने सारे सिद्धों की परम्परा को पा लिया। क्योंकि उनका सूत्र एक ही है। कुंजी तो एक ही है, जिसमें ताला खुलता है अस्तित्व का।
3. परमात्मा त्यागी नहीं है, परमात्मा परम भोगी है, इस सारे अस्तित्व के भोग में लीन है। परमात्मा स्वयं त्यागी नहीं है। लेकिन तुम्हारे तथाकथित महात्माओं ने तुम्हें समझा दिया है। इस त्याग के कारण या तो तुम दीन हो जाते हो- एक परिणाम, कि तुम्हें लगता है मैं गर्हित, मैं निंदित, मैं पापी, मैं नारकीय, मुझसे त्याग नहीं होता! या, अगर तुम चालबाज हुये, चालाक हुये- वह तरकीब निकाल लेगा वह त्याग का आवरण खड़ा कर लेगा।
4. जिसको ज्ञान होता है वह ब्रह्मस्वरूप हो गया। जिसने स्वयं को जाना वह स्वयं ब्रह्म हो गया। उसे जानते ही वही हो जाता है। फिर शेष सब उसके बाद है। वह समयातीत हो गया, काल और क्षेत्र के बाहर चला गया। वह प्रथम है, वही अन्तिम है। सबसे पहले वही, सबसे अन्त में भी वही। असल में फिर एक ही है, दो नहीं है। फिर कौन गुरू, कौन चेला। फिर कौन भक्त, कौन भगवान! इतना भेद भी नहीं बचता, नहीं बचना चाहिए। इस अभेद में ही आनन्द की वर्षा है, अमृत का अनुभव है।
5. जब इन्द्रिया बाहर की तरफ जाती है, अलग-अलग हो जाती हैं। जैसे कि तुम किसी वर्तुल के केन्द्र से रेखायें खीचों परिधि की तरफ तो जैसे-जैसे ये परिधि की तरफ बढ़ेगी, एक दुसरे से अलग होने लगेगी। अगर तुम परिधि से केन्द्र की तरफ खीचों, तो जैसे-जैसे केन्द्र की तरफ आने लगेगी, वैसे-वैसे करीब होने लगेगी। केन्द्र पर आकर एक हो जायेगी। उस केन्द्र का नाम आत्मा है, जिस पर सारी इन्द्रिया एक हैं।
6. मेरी दृष्टि में- जो सबसे चमकते हुये सितारे हैं वे हैं- कृष्ण, पंतजली, बुद्ध, महावीर, नागार्जुन, शंकर, गोरख, कबीर, नानक, रामकृष्ण, कृष्णमूर्ति। राम की कोई मौलिक देन नहीं है, कृष्ण की मौलिक देन है। इसलिए हिन्दूओं ने भी राम को पूर्णावतार नहीं कहा। नागार्जुन, बुद्ध में समाहित हैं। जो बुद्ध में बीज रूप था, उसी को नागार्जुन ने प्रकट किया है। ऐसे ही कृष्णमूर्ति भी बुद्ध में समा जाते हैं। कृष्णमूर्ति, बुद्ध का नवीनतम संस्करण हैं। रामकृष्ण, कृष्ण में सरलता से लीन हो जाते हैं। मीरा, नानक, कबीर में लीन हो जाते हैं। जैसे कबीर की ही शाखायें हैं। जैसे कबीर में जो इकट्ठा था। वह आधा नानक में प्रकट हुआ है, और आधा मीरा में। मीरा की इकतारे पर कबीर की नारी गायी है। नानक में कबीर का पुरूष बोला है। कबीर को गोरख में लीन किया जा सकता है। शंकर तो कृष्ण में सरलता से लीन हो जाते हैं। कृष्ण के ही एक अंग का दार्शनिक विवेचन हैं। बुद्ध की महिमा में महावीर की महिमा लीन हो सकती है। अब इन चार (कृष्ण, पंतजली, बुद्ध, गोरख) से मैं किसी को भी छोड़ न सकूगाँ। जैसे चार दिशाएं है। ऐसे ये चार व्यक्तित्व है। जैसे काल और क्षेत्र के चारो आयाम है। ऐसे ये चार आयाम है। जैसे परमात्मा की हमने चार भुजाएं सोची है। ऐसे ये चार भुजाएँ है। ऐसे तो एक ही हैं, लेकिन उस एक को चार भुजाएँ है। भारत की सारी संत-परम्परा गोरख की ऋणी है जैसे पंतजली के बिना भारत में योग की कोई सम्भावना न रह जायेगी, जैसे बुद्ध के बिना ध्यान को आधार शिला उखड़ जायेगी, जैसे कृष्ण के बिना प्रेम की अभिव्यक्ति को मार्ग न मिलेगा- ऐसे गोरख के बिन उस परम को पाने के लिए विधियों की जो तलाश शुरू हुई, साधना की जो व्यवस्था बनी, वह न बन सकेगी।
7. कृष्ण ने कहा है कि जब सब सो जाते हैं तब भी योगी जागता है। इसका मतलब यह नहीं है कि योगी बैठे हैं या खड़े हैं कमरे में और जाग रहे हैं। इसका अर्थ यह है कि शरीर सो जाता है मगर भीतर एक ज्योति जलती

रहती है। एक होश सधा रहता है। ऐसा अगर हो जाय तो फिर न तो तुम जानोगे कभी बुढ़ापा आया और न जानोगे कि कभी मौत आयी। इसका मतलब यह नहीं है कि बूढ़े नहीं होओगे। शरीर बूढ़ा होगा, मगर तुम बूढ़े नहीं होओगे। शरीर ही मरेगा, तुम अमृत हो गये। गोरख के दो नाम प्रचलित हैं। एक नाम है- गोरख गोपाल। वह सदा ताजे, युवा रहे। दुसरा नाम है बूढ़ाबाल। बूढ़े हो गये फिर भी बालक के जैसे रहे, उतने ही ताजे। जैसे-सुबह-सुबह की ताजी-ताजी ओस, सुबह-सुबह खिली हुई फूल की कली, ऐसे ही ताजे रहे, उनकी ताजगी कभी न गयी।

8. तन्त्र, वाममार्ग, अघोरपंथ, नाथपंथ। ये सब नाम तन्त्र के ही नाम है। वाम मार्ग का अर्थ होता है। बायें हाथ का रास्ता। तुम्हारे पास दो हाथ है- एक दायां हाथ है, तुम्हारा दायां हाथ जुड़ा है बायें मस्तिष्क से जिससे- तर्क, गणित, कर्मठता कार्यकुशलता, चालाकी, राजनीति, संसार, गद्य, विज्ञान, हिसाब/किताब, उपयोगिता, बाजार। तुम्हारा दायां मस्तिष्क जो कि बायें हाथ से जुड़ा है, काव्य का स्रोत है- अनुभूति, भाव, कला, प्रज्ञा, आनन्द, मस्ती, नृत्य, संगीत, उत्सव, कल्पना। जो भी मधुर है। जो भी स्त्रैण है, जो भी सुन्दर है उस सब का जन्म तुम्हारे दायें मस्तिष्क में होता है। यह तो बायां हाथ है वह तुम्हारे भीतर स्वांतः सुखाय का प्रतीक है। इसका कोई लक्ष्य नहीं है इसकी कोई दिशा नहीं है। यह कहीं जा नहीं रहा है। यह तो इसी क्षण में आनन्द मस्त, मुग्ध, होकर जीने की कला है। संसार सदा से दायें हाथ पर जोर देता रहा है, क्योंकि दायें हाथ में उपयोगिता है।
9. वाममार्ग का अर्थ होता है- जीवन का लक्ष्य काम नहीं, विश्राम है। जीवन का लक्ष्य धन नहीं है, ध्यान है। जीवन का लक्ष्य गणित नहीं है, काव्य है। जीवन का चरमशिखर विज्ञान से उपलब्ध नहीं होगा, धर्म से उपलब्ध होगा। वाममार्ग कहता है- प्रेम प्रार्थना है। कुछ भी छोड़ना नहीं है, क्योंकि जो परमात्मा ने दिया है उसकी उपयोगिता है उसका उपयोग करो और सीढ़ी बनाओ। वाममार्ग का अद्‌भुत संदेश है- अगर तुम बुद्धिमान हो तो जहर का ऐसा उपयोग करोगे कि वह औषधि हो जाये अगर तुम बुद्‌धु हो तो औषधि को भी जहर बना लोगे। वाममार्ग है- जीवन का सहज स्वीकार, उत्साहपूर्ण स्वीकार ! जीवन का उसकी समग्र विधा में जीने की क्षमता साहस।
10. अघोर का अर्थ होता है- सरल। किसी को "घोरी" कहो तो गाली हो सकती है घोर का अर्थ है- जटिल। अघोर का अर्थ होता है- सरल, बच्चे जैसा निर्दोष। अघोर तो सिर्फ थोड़े से बुद्धों के लिए उपयोग में लाया जा सकता है। गौतम बुद्ध-अघोरी, कृष्ण-अघोरी, क्राइस्ट-अघोरी, लोओत्सु-अघोरी। गोरख-अघोरी। सरल निर्दोष, सीधे-साधे। इतने सरल कि गणित जीवन में है ही नहीं। हिसाब-किताब लगाने का भाव ही चला गया है।
11. कृष्ण वाममार्गी है। तुम बुद्ध से ज्यादा प्रभावित हो जाते है क्योंकि वह राजमहल छोड़कर जाते हैं। तुम कृष्ण की अगर प्रशंसा भी करते हो तो थोड़े दबे-दबे कंठ से, थोड़े डरे-डरे, थोड़े भयभीत। अगर लोग कृष्ण की प्रशंसा भी करते हैं तो गीता वाले कृष्ण की करते हैं। पूरे कृष्ण को स्वीकार करने की हिम्मत बहुत कम लोगों की है। क्योंकि कृष्ण तो तुम्हारे जैसे मालुम पड़ते हैं बल्कि तुमसे भी आगे बढ़े हुये। तुम्हारा कृष्ण का स्वीकार अधुरा है। तुम कृष्ण में से बहुत सी बातें काट-छांट कर डालना चाहोगे। तुम कृष्ण में संशोधन करने को सदा तत्पर हो। कृष्ण को लोग अपने-अपने हिसाब से मानते हैं। जितना मान सकते हैं उतना मान लेते हैं। बाकी छोड़ देते हैं। कृष्ण को पहचानने के लिए बड़ी गहरी आँखें चाहिए। कृष्ण को पहचानने के लिए जब तक भीतर की आँख न खुली हो। तब तक पहचानना मुश्किल है। क्योंकि वे वहीं खड़े हैं, भेद तो कुछ भी नहीं। उपर से भेद नहीं है भीतर से भेद है। तो जब तक भीतर देखने की क्षमता न हो, तब तक तुम कृष्ण को न समझ पाओगे।
12. उसके लिए सब हंसी खेल है, सब लीला है। इसलिए हमने कृष्ण को पूर्णावतार कहा। राम गम्भीर हैं छोटी-छोटी बात का हिसाब रखते हैं। नियम मर्यादा से चलते हैं- मर्यादा पुरूषोत्तम हैं। कृष्ण अमर्याद हैं न कोई नियम है न कोई मर्यादा। कृष्ण के लिए जीवन लीला है।
13. कृष्ण का महत्व अतीत के लिए कम भविष्य के लिए ज्यादा है। सच ऐसा है कि कृष्ण अपने समय से कम से कम पाँच हजार वर्ष पहले पैदा हुये। सभी महत्वपूर्ण व्यक्ति अपने समय से पहले पैदा होते हैं और सभी गैर महत्वपूर्ण व्यक्ति अपने समय के बाद पैदा होते हैं। बस महत्वपूर्ण और गैर महत्वपूर्ण में इतना फर्क है और

सभी साधारण व्यक्ति अपने समय के साथ पैदा होते हैं महत्वपूर्ण व्यक्ति को समझना आसान नहीं होता। उसका वर्तमान और अतीत उसे समझने में असमर्थता अनुभव करता है जब हम समझने योग्य नहीं हो पाते तब हम उसकी पूजा शुरु कर देते हैं या तो हम उसका विरोध करते हैं। दोनों पूजाएं हैं एक मित्र की एक शत्रु की।

14. राम कितने ही बड़े हों, लेकिन इस मुल्क के चित्त में वे पूर्ण अवतार की तरह नहीं हैं, अंश हैं उनका अवतार। उपनिषद् के ऋषि कितने ही बड़े ज्ञानी हों, लेकिन अवतार नहीं हैं। कृष्ण पूर्ण अवतार हैं। परमात्मा अगर पृथ्वी पर पूरा उतरे तो करीब-करीब कृष्ण जैसा होगा। इसलिए श्रीकृष्ण इस मुल्क के अधिकतम मन को छु पाये हैं; बहुत कारणों से। एक तो पूर्ण अवतार का अर्थ होता है, मल्टी-डाइमेन्सनल; जो मनुष्य के समस्त व्यक्तित्व को स्पर्श करता हो। राम वन-डाइमेन्सनल है। अब तक कृष्ण को पूरा प्रेम करने वाला आदमी नहीं हुआ। क्योंकि पूरे कृष्ण को प्रेम करना तभी सम्भव है, जब वह आदमी भी मल्टी-डाइमेन्सनल हो। हम आम तौर पर एक आयामी होते हैं। एक हमारा ट्रैक होता है व्यक्तित्व का, एक रेल की पटरी होती है, उस पटरी पर हम चलते हैं।

15. कृष्ण का व्यक्तित्व बहुत अनूठा है अनूठेपन की पहली बात तो यह है कि कृष्ण हुए तो अतीत में लेकिन हैं भविष्य के। मनुष्य अभी भी इस योग्य नहीं हो पाया है कि कृष्ण का सम-सामयिक बन सके। अभी भी कृष्ण मनुष्य के समझ से बाहर है। भविष्य में यह सम्भव हो पायेगा कि कृष्ण को हम समझ पाये। इसके कुछ कारण हैं। सबसे बड़ा कारण यह है कि कृष्ण अकेले ही ऐसे व्यक्ति हैं जो धर्म की परम गहराइयों और ऊँचाइयों पर होकर भी गम्भीर नहीं हैं, उदास नहीं हैं, रोते हुए नहीं हैं साधारण सन्त का लक्षण रोता हुआ होना है। जिन्दगी से उदास, हारा हुआ, भागा हुआ। कृष्ण अकेले ही इस समग्र जीवन को पूरा ही स्वीकार कर लेते हैं। जीवन की समग्रता की स्वीकृति उनके व्यक्तित्व में फलित हुई है। इसलिए इस देश में और सभी अवतारों को आंशिक अवतार कहा है। कृष्ण को पूर्ण अवतार कहा गया है, राम भी अंश ही हैं परमात्मा के, लेकिन कृष्ण पूरे परमात्मा हैं और यह कहने का, यह सोचने का, ऐसा समझने का कारण है। और वह कारण यह है कि कृष्ण ने सभी कुछ आत्मसात् कर लिया है। कृष्ण अकेले हैं तो शरीर को उसकी समस्त में स्वीकार कर लेते हैं, 'टोटलिटी' में। यह एक आयाम में नहीं सभी आयाम में सच है।

16. कृष्ण शान्तिवादी नहीं हैं, कृष्ण युद्धवादी नहीं हैं। असल में वाद का मतलब ही होता है कि दो में से हम एक चुनते हैं। एक अन्य वादी है। कृष्ण कहते हैं, शान्ति में शुभ फलित होता हो तो स्वागत है, युद्ध में शुभ फलित होता हो तो स्वागत है। कृष्ण जैसे व्यक्तित्व की फिर जरुरत है जो कहे कि शुभ को भी लड़ना चाहिए, शुभ को भी तलवार हाथ में लेने की हिम्मत चाहिए निश्चित ही शुभ जब हाथ में तलवार लेता है, तो किसी का अशुभ नहीं होता। अशुभ हो नहीं सकता क्योंकि लड़ने के लिए कोई लड़ाई नहीं है। लेकिन अशुभ जीत न पाये इसलिए लड़ाई है तो धीरे-धीरे दो हिस्सा दुनियाँ के बट जायेंगे, जल्दी ही जहाँ एक हिस्सा भौतिकवादी होगा और एक हिस्सा स्वतंत्रता, लोकतन्त्र, व्यक्ति और जीवन के और मूल्यों के लिए होगा। लेकिन क्या ऐसे दूसरे शुभ के वर्ग को कृष्ण मिल सकते हैं? मिल सकते हैं। क्योंकि जब भी मनुष्य की स्थितियाँ इस जगह आ जाती हैं। जहाँ कि कुछ निर्णायक घटना घटने को होती है, तो हमारी स्थितियाँ उस चेतना को भी पुकार लेती हैं, उस चेतना को भी जन्म दे देती है वह व्यक्ति भी जन्म जाता है। इसलिए मैं कहता हूँ कि कृष्ण का भविष्य के लिए बहुत अर्थ है।

17. मेरे लिए सन्यास की कोई मर्यादा नहीं, कोई बन्धन नहीं मेरे लिए सन्यास का कोई नियम नहीं, कोई अनुशासन नहीं। मेरे लिए सन्यास कोई डिसिप्लिन नहीं है मेरे लिए सन्यास व्यक्ति के परम विवेक में स्वतन्त्रता की उद्भावना है उस व्यक्ति को मैं सन्यासी कहता हूँ जो परम स्वतन्त्रता में जीने का साहस करता है। न ही कोई बन्धन ओढ़ता है, न ही कोई व्यवस्था, न ही कोई अनुशासन ओढ़ता है। सन्यासी का मेरे लिए यही अर्थ है। जीवन की सघनता में खड़े होकर अगर कोई सन्यास के फूल खिलाना चाहता है तो एक ही अर्थ हो सकता है कि वह कर्ता न रह जाय, भोक्ता न रह जाय अभिनेता हो जाय, साक्षी हो जाय। देखें, करे लेकिन कहीं भी बहुत

गहरे में बधें नहीं सन्यास सदा ही सावधिक है। आप कभी भी वापस लौट सकते हैं, कौन बाधा डालने वाला है? सन्यास आप ने लिया था, सन्यास आप छोड़ दे। आप के अतिरिक्त इसमें और कोई निर्णायक नहीं है। कम से कम सन्यासी सिर्फ धर्म का होना चाहिए। वह जैन न हो, ईसाई न हो, हिन्दू न हो। वह तो सिर्फ धर्म का हो। साथ ही ध्यान रहे, अब तक सन्यास सदा ही गुरु से बँधा रहा है- कोई गुरु दीक्षा देता है। सन्यास ऐसी चीज नहीं है जिसे कोई दे सके। सन्यास ऐसी चीज है जो लेनी पड़ती है, देता कोई नहीं या कहना चाहिए कि परमात्मा के सिवा कौन दे सकता है सन्यास?"

18. रास का जो अर्थ है, वह सृष्टि की जो धारा है, उस धारा का ही गहरे- से -गहरा सूचक है। जीवन दो विरोधियों के बीच का खेल है। ये विरोधी लड़ भी सकते हैं, तब युद्ध हो जाता है। ये विरोधी मिल भी सकते हैं, तब प्रेम हो जाता है लेकिन लड़ना हो कि मिलना हो, दो की अनिवार्यता है। सृजन दो के बिना मुश्किल है। हम कृष्ण को गोपियों के साथ नाचते हुए देखते हैं। यह हमारी स्थूल आँखे जो देख सकती हैं, उतना ही दिखाई पड़ रहा है लेकिन कृष्ण का गोपियों के साथ नाचना साधारण नृत्य नहीं है। कृष्ण का गोपियों के साथ नाचना उस विराट रास का छोटा सा नाटक है जो समस्त में चल रहा है। नृत्य उसकी एक बहुत छोटी सी झलक है। उस रास का कोई कामुक अर्थ नहीं रह गया। कृष्ण, कृष्ण की तरह वहाँ नहीं नाचते कृष्ण वहाँ पुरुष तत्व की तरह नाचते है। गोपिकाएँ स्त्रियों की तरह वहाँ नाचती हैं, गहरे में वे प्रकृति ही हो जाती हैं। प्रकृति और पुरुष का नृत्य है वह। वहाँ व्यक्तियों से कोई लेना-देना नहीं है। 'इन्डिविजुअल' का कोई मतलब नहीं है, इसलिए यह भी सम्भव हो पाया कि एक कृष्ण बहुत गोपियों के साथ नाच सका। अन्यथा एक व्यक्ति बहुत स्त्रियों के साथ नाच नहीं सकता है। एक व्यक्ति बहुत स्त्रियों के साथ प्रेम का खेल नहीं खेल सकता है। और प्रत्येक गोपी को ऐसा दिखाई पड़ सका कि कृष्ण उसके साथ भी नाच रहा है। निश्चित ही- इसे हम व्यक्तिवाची मानेंगे तो कठिनाई में पड़ेंगे। विराट प्रकृति और विराट पुरुष के सम्मिलन का वह नृत्य निकटतम है। अद्वैत के नृत्य निकटतम है उत्सव के। नृत्य निकटतम है रहस्य के। यह जो नृत्य चल रहा है चाँद के नीचे, आकाश के नीचे, इस नृत्य को साधारण नृत्य मैं नहीं कहता हूँ इसलिए यह किसी के मनोरंजन के लिए नहीं हो रहा है, किसी को दिखाने के लिए नहीं हो रहा है। कहना चाहिए एक अर्थों में 'ओवर फ्लोइंग' है इतना आनन्द भीतर भरा है कि वह सब तरफ बह रहा है।

19. जिसने बिना धैर्य के ध्यान किया, वह राजसी है जिसने बिना ध्यान के धैर्य रखा वह तामसी है और जिसने धैर्य और ध्यान का सन्तुलन बना लिया, वह सात्विक है। तब तुम्हें कृष्ण का सुख समझ में आ जायेगा की वह सत्व का क्या अर्थ है। धैर्य ऐसा, जैसे आलसी पुरुषों में होता है उन्हें कुछ पाने की जल्दी नहीं होती। पाने का ख्याल ही नहीं होता, कोई दौड़ ही नहीं होती। वे बैठे हैं, मिट्टी के ढेर हैं, कोई जीवन नहीं है, कोई उर्जा नहीं है, कोई गति नहीं है। फिर राजसी पुरुष हैं उनमें दौड़ तो बहुत होती है, रुकने की क्षमता नहीं होती ठहर नहीं सकते, प्रतीक्षा नहीं कर सकते, भाग सकते हैं जब कभी राजसी व्यक्ति जैसी उर्जा और आलसी जैसा धैर्य होता है तब ध्यान और धैर्य का संगम होता है। तब सोने में सुगन्ध आ जाती है तब सत्व का जन्म है। जीवन एक कला है वहाँ विपरीत को मिलाने की क्षमता होनी चाहिए।

20. धर्म कोई विषय थोड़े ही है। धर्म की कोई सीमा थोड़े ही है। धर्म तो समस्त जीवन का नाम है। जीवन में जो कुछ भी समाविष्ट है, धर्म उस सभी के सम्बन्ध में वक्तव्य देने का हकदार है। राजनीतिज्ञ, धर्म के सम्बन्ध में वक्तव्य नहीं दे सकता क्योंकि राजनीति की सीमा है। लेकिन धार्मिक व्यक्ति, राजनीति के सम्बन्ध में वक्तव्य दे सकता है क्योंकि धर्म की कोई सीमा नही है धर्म असीम है, धर्म तो पूरे जीवन को घेरता है जैसे आकाश घेरता है। धर्म से तो कोई भी चीज छोड़ी नहीं जा सकती। धार्मिक व्यक्ति की दृष्टि तो सब सम्बन्धों में होगी।

21. भारत ने एक राजनीति तय कर ली- धर्म निरक्षेपता की इसका परिणाम धर्म पर होने वाला है। यह बात गलत है। कोई राष्ट्र, धर्मनिरपेक्ष नहीं होना चाहिए। हाँ किसी विशिष्ट सम्प्रदाय का प्रभुत्व न हो यह ठीक है, लेकिन धर्मनिरपेक्ष तो कोई राज्य कैसे हो सकता है? हिन्दू न हो, मुसलमान न हो, यह ठीक है। होना ही नहीं चाहिए हिन्दू और मुसलमान। लेकिन यह अति है कि राष्ट्र हिन्दू हो जाता है कि मुसलमान हो जाता है, दूसरी अति है

कि राज्य अधार्मिक हो जाता है कि हमें धर्म से कुछ लेना देना नहीं है। आदमी के प्राण का इतना बहुमुल्य हिस्सा और तुम कहोगे हमें उससे कुछ लेना देना नहीं है! उसके घातक परिणाम होंगे। राज्य को धर्म के तरफ सुविधा बनानी ही होगी। राज्य को धार्मिक नहीं होने की जरूरत है, हिन्दू, मूसलमान के अर्थ में, मगर होने की जरूरत है इस अर्थ में कि देश में ध्यान बढ़े, प्रेम बढ़े, शान्ति बढ़े। लोगों के जीवन में योग उतरे। लोगों के जीवन में एक अंतरंग अनुशासन जन्में और लोगों के भीतर आत्मा पैदा हो।

22. यह जमाना बुरा आया है। अब तो एक ही उपाय है कि जो तुम्हारे हृदय में हो उसको तुम्हारे आचरण में बहने दो। अब वे दिन गये जब सूक्ष्म में जीते थे। अब तो स्थूल में बताना होगा। यह स्थूल युग आया। लोग शरीर को मानते हैं, आत्मा को तो मानते ही कहाँ? लोग संसार को मानते हैं, परमात्मा को मानते ही कहाँ? लोग पत्थर को मानते हैं, प्रेम को मानते ही कहाँ? यहाँ तो लोग जिसका दर्शन हो सके, स्पर्श हो सके, इंद्रियों से पकड़ में आ सके, उसको मानते हैं। तो अब तुम्हें धर्म को भी इस तरह लाना होगा। इसलिए अब हृदय में रखने की बात नहीं है इसे अपने हाथ में लाना होगा। बुद्ध ने करूणा बरसाई, मगर वह हृदय की थी, अस्पताल नहीं खोले, नही तो हाथ की हो जाती। बीमारों के हाथ पैर नहीं दबाये, नहीं तो हाथ की हो जाती। अगर इस दुनिया में ईसाईयत का प्रभाव बढ़ता जाता है तो इसका और कुछ कारण नहीं है, उसका कारण है कि ईसाईयत के पास स्थूल की पकड़ है और जो पुराने धर्म है- हिन्दू हैं, जैन हैं, बौद्ध हैं, इनकी पकड़ अभी स्थूल पर नहीं है। इसकी पकड़ अभी सूक्ष्म पर है। ये पुराने दिनों की बात कर रहें हैं। ये सतयुग की बाते कर रहें है। अब जमाना और है जो चीज तुल सकती है तराजू पर, वही मानी जायेगी। हिन्दू बहुत परेशान रहते हैं कि लोग ईसाई क्यों बनाये जा रहें हैं, लोगों को रिश्वत दी जा रही है, लोगों को ईसाई बनाया जा रहा है। यह सब बकवास है। कोई किसी को जबरदस्ती ईसाई नहीं बना रहा है लेकिन ईसाईयत इस युग के बड़े अनुकूल मालूम पड़ती है गरीब को लगता है कि कुछ सहारा मिला। ईसाई मिशनरी आता है, वह पहले भोजन की ही बात करता है। ध्यान की तो वह कभी बात करता ही नहीं, वहाँ सिर्फ भोजन है। अस्पताल खोल देता है। स्कूल खोल देता है। लोगों को लगता है कि यह बात ठीक है, यह धर्म की बात हो रही है। आज दुनिया में एक तिहाई ईसाई है। सारे धर्मों पर छाती चली गयी है। उसका कुछ कारण इतना है कि देश के धर्म सतयुग की भाषा ही बोले चले जाते हैं। अभी भी हम कहते हैं कि साधु की सेवा करो और ईसाई कहता है कि साधु वह जो सेवा करें। इन दोनों का फर्क समझ लो।

23. यह पूरा देश भाग्य के भोरोसे पर मर गया, इस पूरे देश पर आलस्य छा गया है, यह पूरा देश काहिल और सुस्त हो गया है, और इसमें अपनी काहिली और सुस्ती को बड़ा आध्यात्मिक रंग दिया कि भाग्य में जो होगा सो होगी। तो गरीबी है। भिखमंगी है तो भिखमंगी, गुलामी है तो गुलामी। भाग्य से सब कुछ होगा। उसकी जब इच्छा होगी तो सब ठीक हो जायेगा, हमें तो घिसटना है। इस देश का दुःख है कि हमने यह सूत्र पकड़ लिया आलस्य का, हम पड़े रह गये। पश्चिम की पीड़ा यह है कि उन्होंने सक्रियता पकड़ ली, इतनी ज्यादा पकड़ ली कि अब ये रात सोये कैसे, यह भी भूल गये। पश्चिम पागल हुआ जा रहा है। अतिसक्रियता के कारण। और पूर्व दीन-दरिद्र हो गया अति निष्क्रियता के कारण।

24. उपाधियाँ मिलती है- पीएच0 डी0, डी0 लिट0 और डी0 फिल0 और उनका बड़ा सम्मान होता है। उनका काम क्या है? उनका काम यह है कि वे तय करते हैं कि गोरखनाथ कब पैदा हुए थे। कोई कहता है दसवीं सदी के अंत में, कोई कहता है ग्यारहवीं सदी के प्रारम्भ में। इस पर बड़ा विवाद चलता है। बड़े-बड़े विश्वविद्यालयों के ज्ञानी सिर खपा कर खोज में लगे रहते हैं। शास्त्रों की, प्रमाणों की, इसकी, उसकी। उनकी पूरी जिन्दगी इसी में जाती है। इससे बड़ा अज्ञान और क्या होगा? गोरख कब पैदा हुए, इसे जानकर करोगे क्या? इसे जान भी लिया तो पाओगे क्या? गोरख न भी पैदा हुए, यह भी सिद्ध हो जाये, तो भी क्या फायदा? हुए हों या न हुए हों, अर्थहीन है। गोरख ने क्या जिया उसका स्वाद लो। इसलिए तुम्हारे विश्वविद्यालय ऐसी व्यर्थता के कामों में संलग्न हैं कि बड़ा आश्चर्य होता है कि इन्हें विश्वविद्यालय कहो या न कहो। इनका काम ही........तुम्हारे विश्वविद्यालय में चलने वाली जितनी शोध है, सब कूड़ा-करकट है।

25. दुनिया में दो तरह की शिक्षायें होनी चाहिए, अभी एक ही तरह की शिक्षा है। और इसलिए दुनिया में बड़ा अधुरापन है। बच्चों को हम स्कूल भेजते हैं, कालेज भेजते हैं, युनिवर्सिटी भेजते हैं, मगर एक ही तरह की शिक्षा वहाँ- कैसे जियो? कैसे आजिविका अर्जन करें? कैसे धन कमाओं? कैसे पद प्रतिष्ठा पाओं। जीवन के आयोजन सिखाते हैं जीवन की कुशलता सिखाते हैं। दूसरी इससे भी महत्वपूर्ण शिक्षा वह है- कैसे मरो? कैसे मृत्यु के साथ आलिंगन करो? कैसे मृत्यु में प्रवेश करो? वह शिक्षा पृथ्वी से बिल्कुल खो गयी। ऐसा अतीत में नहीं था। अतीत में दोनों शिक्षाएं उपलब्ध थीं। इसलिए जीवन को हमने चार हिस्सों में बाँटा था। पच्चीस वर्ष तक विद्यार्थी का जीवन, ब्रह्मचर्य का जीवन। गुरू के पास बैठना। जीवन कैसे जीना है, इसकी तैयारी करनी है। जीवन की शैली सीखनी है। फिर पच्चीस वर्ष तक गृहस्थ का जीवन: जो गुरू के चरणों में बैठकर सिखा है उसका प्रयोग, उसका व्यावहारिक प्रयोग। फिर जब तुम पचास वर्ष के होने लगो तो तुम्हारे बच्चे पच्चीस वर्ष के करीब होने लगेंगे। उनके गुरू के गृह से लौटने के दिन करीब होने लगेंगे। अब उनके दिन आ गये कि वे जीवन को जिये। फिर भी पिता और बच्चे पैदा करते चला जाये तो यह अशोभन समझा जाता था। यह अशोभन है। अब बच्चे, बच्चे पैदा करेंगे। अब तुम इन खिलौनों से उपर उठो। तो पच्चीस वर्ष वानप्रस्थ। जंगल की तरफ मुँह- इसका अर्थ होता है कि अभी जंगल गये नहीं, अभी घर छोड़ा नहीं लेकिन घर की तरफ पीठ जंगल की तरफ मुँह। ताकि तुम्हारे बेटों को तुम्हारी सलाह की जरूरत पड़े तो पूछ लें। अपनी तरफ से सलाह मत देना। वानप्रस्थी स्वयं सलाह नहीं देता। फिर पचहत्तर वर्ष के जब तुम हो जाओगे, तो सब छोड़कर जंगल चले जाना। वे शेष अंतिम पचीस वर्ष मृत्यु की तैयारी थे। उसी का नाम सन्यास था। पचीस वर्ष जीवन के प्रारम्भ में जीवन की तैयारी, और जीवन के अंत में पच्चीस वर्ष मृत्यु की तैयारी।

26. आज भारत गरीब है। भारत अपनी ही चेष्टा से इस गरीबी से बाहर नहीं निकल सकेगा, कोई उपाय नहीं है। भारत गरीबी के बाहर निकल सकता है, अगर सारी मनुष्यता का सहयोग मिले। क्योंकि मनुष्यता के पास इस तरह के तकनीक, इस तरह का विज्ञान मौजूद है कि इस देश की गरीबी मिट जाये। लेकिन तुम अकड़े रहे कि हम अपनी गरीबी खुद ही मिटायेंगे, तो तुम हीं तो गरीबी बनाने वाले हो, तुम मिटाओंगे कैसे? तुम्हारी बुद्धि इसकी भीतर आधार है, तुम इसे मिटाओंगे कैसे? तुम्हें अपने द्वार-दरवाजे खोलने होंगे। तुम्हें अपना मस्तिष्क थोड़ा विस्तार करना होगा। तुम्हे मनुष्यता का सहयोग लेना होगा। और ऐसा नहीं कि तुम्हारे पास कुछ देने को नहीं है। तुम्हारे पास कुछ देने को है दुनिया को। तुम दुनिया को ध्यान दे सकते हो। अगर अमेरिका को ध्यान खोजना है तो अपने बलबूते नहीं खोज सकेगा अमेरिका। उसे भारत की तरफ नजर उठानी पड़ेगी। मगर वे समझदार लोग हैं। ध्यान सीखने पूरब चले आते हैं। कोई अड़चन नहीं है उन्हें बाधा नहीं है। बुद्धिमानी का लक्षण यही है कि जो जहाँ से मिल सकता हो ले लिया जाये। यह सारी पृथ्वी हमारी है। सारी मनुष्यता इकट्ठी होकर अगर उपाय करे तो कोई भी समस्या पृथ्वी पर बचने का कोई भी कारण नहीं है।

27. जब कोई देश गरीब होता है तब वहाँ कम्युनिज्म उठता है, धर्म नहीं। तब लोग मारने-मरने की उतारू हो जाते हैं। तब घिराव होता है, हड़तालें होती हैं, दंगे-फसाद होते हैं, हत्यायें-हिंसायें होती हैं। तब भजन नहीं उठता। भूखा अदमी हिंसा कर सकता है, प्रेम नहीं। भूखा आदमी क्रुद्ध होता है। भूखा आदमी करूणावान नहीं हो सकता है। इसलिए मैं तुमसे कहता हूँ यह देश ज्यादा दिन गरीब रह गया- जैसा कि इस देश के नेताओं ने तय कर रखा है कि गरीबी रहे- तो इस देश में सिवाय कम्युनिज्म के और कोई सम्भावना न रह जायेगी। जाने-अनजाने यह देश कम्युनिज्म की तरफ ले जाया जा रहा है। ले जाने वाले शायद इस बात से परिचित भी न हो, होश भी न हो उन्हें, शायद वे तो यही कोशिश करते हैं कि देश कम्युनिस्ट न हो जाये, मगर तुम्हारे कोशिशों का सवाल नहीं है, अगर देश गरीब रहता है तो कम्युनिज्म के सिवाय कुछ और नहीं हो सकता। भजन नहीं पैदा हो सकता।

28. मैं इस देश को फिर से युवा करना चाहता हूँ। लेकिन बुढ़े नाराज हैं। बहुत नाराज हैं। पंण्डित, पुरोहित, पुरातनवादी बहुत नाराज हैं। उन्हें लगता है, मैं धर्म भ्रष्ट कर रहा हूँ। उन्हें पता ही नहीं। उन्हें अपने संस्कृति का भी पता नहीं।

29. इस देश को कुछ बाते समझनी होगी। एक तो इस देश को यह बात समझनी होगी कि तुम्हारी परेशानियों, तुम्हारी गरीबी, तुम्हारी मुसीबतों, तुम्हारी दीनता के बहुत कुछ कारण तुम्हारे अंध विश्वासों में है, कम से कम डेढ़ हजार साल पिछे घिसट रहा है। ये डेढ़ हजार साल पूरे होने जरूरी है। भारत को खिंचकर आधुनिक बनाना जरूरी है। मेरी उत्सुकता है कि इस देश का सौभाग्य खुले, यह देश भी खुशहाल हो, यह देश भी समृद्ध हो। क्योंकि समृद्ध हो यह देश तो फिर राम की धुन गुंजे, समृद्ध हो यह देश तो फिर लोग गीत गाँये, प्रभु की प्रार्थना करें। समृद्ध हो यह देश तो मंदिर की घंटिया फिर बजे, पूजा के थाल फिर सजे। समृद्ध हो यह देश तो फिर बाँसुरी बजे कृष्ण की, फिर रास रचे! यह दीन दरिद्र देश, अभी तुम इसमें कृष्ण को भी ले आओगे तो राधा कहाँ पाओगे नाचनेवाली? अभी तुम कृष्ण को भी ले आओगे, तो कृष्ण बड़ी मुश्किल में पड़ जायेंगे, माखन कहाँ चुरायेंगें? माखन है कहाँ? दूध, दही की मटकिया कैसे तोड़ेंगे? दूध, दही की कहाँ, पानी तक की मटकिया मुश्किल हैं। नलों पर इतनी भीड़ है! और एक आध गोपी की मटकी फोड़ दी, जो नल से पानी भरकर लौट रही थी, तो पुलिस में रिपोर्ट दर्ज करा देगी कृष्ण की, तीन बजे रात से पानी भरने खड़ी थी नौ बजते-बजते पानी भर पायी और इन सज्जन ने कंकड़ी मार दी। धर्म का जन्म होता है जब देश समृद्ध होता है। धर्म, समृद्ध की सुवास है। तो मैं जरूर चाहता हूँ यह देश सौभाग्य शाली हो लेकिन सबसे बड़ी अड़चन इसी देश की मान्यताएं हैं। इसलिए मैं तुमसे लड़ रहा हूँ। तुम्हारे लिए।
30. मनुष्य जाति की अस्सी प्रतिशत क्षमता युद्ध में चली जाती है। यही अस्सी प्रतिशत क्षमता खेतों में लगे, कारखानों में लगें, यह पृथ्वी स्वर्ग हो जायेगी। जो सपना तुम्हारे ऋषि-महर्षि देखते थे- आकाश में स्वर्ग का, वह अब पृथ्वी पर बन सकता है, कोई रूकावट नहीं। लेकिन पुरानी आदतें। यह हमारा देश, वह उनका देश। हमें भी लड़ना है। गरीब से गरीब देश भी अणुबम बनाने की चेष्टा में संलग्न है। भूखे मर रहे, मगर अणुबम बनाना है। भारत देश जैसे देश के पीछे भी यही भाव है। भूखे मर जाये, मगर अपनी शान रखनी है।
31. इन आने वाले पच्चीस वर्षों में बड़ी निर्णायक घड़ी है। या तो आदमी नष्ट होगा और यह पृथ्वी आदमी से शून्य हो जायेगी, या फिर एक नये आदमी का जन्म होगा- एक नयी सुबह! लेकिन ये जो छोटे-छोटे चिराग जले हैं, इन्हीं से आशा बनी है।

शनिवार, 2 जून, 1990 ई0

पं. श्री राम शर्मा आचार्य व्यापक कार्य को स्थापित व संचालित करते हुए 2 जून, 1990 में ब्रह्मलीन हो गये।

अखिल विश्व गायत्री परिवार, हरिद्वार (उत्तराखण्ड)

1950 ई0 के दशक में स्थापित अखिल विश्व गायत्री परिवार एक हिन्दुत्व समाज सुधार आन्दोलन है। इसकी कार्य प्रणाली और उद्देश्य स्वामी दयानन्द सरस्वती द्वारा स्थापित आर्य समाज से मिलते-जुलते हैं। इस संस्था ने विचार क्रान्ति अभियान, प्रज्ञा अभियान आदि चलायें जिसका उद्देश्य जनमानस में वैचारिक परिवर्तन लाकर समाज का उत्थान करना है। हम बदलेंगे, युग बदलेगा, मनुष्य भटका हुआ देवता है, आदि इसके प्रमुख उद्घोष हैं। इस संगठन का कार्य गायत्री मंत्र की मूल भावना (प्रज्ञा का परिष्कार) के अनुसार है।

पं0 श्री राम शर्मा आचार्य जी का सम्पूर्ण कार्य अखण्ड ज्योति संस्थान, गायत्री तपोभूमि मथुरा, गायत्री तीर्थ शान्ति कुंज हरिद्वार, ब्रह्मवर्चस शोध संस्थान और देव संस्कृति विश्वविद्यालय के माध्यम से संचालित हो रहे हैं।

लक्ष्य एवं उद्देश्य

व्यक्ति एक तन्त्र है जो मान्यताओं व आस्था के ईंधन से गतिशील होता है। पिछले दिनों हमें अनास्था की प्रेरणा मिली, उसे अपनाया गया और दुष्परिणाम देखा। अब मार्ग एक ही है कि विचार पद्धति को बदले, आस्थाओं को पुनः परिष्कृत करें और लोगों को ऐसी गतिविधियाँ अपनाने के लिए समझाएँ, जो वैयक्तिक एवं सामूहिक सुख-शान्ति की स्थिरता में अनादिकाल से सहायक रही हैं और अंत तक रहेंगी। जनमानस की इसी परिवर्तन प्रक्रिया का नाम युग निर्माण योजना है।

युग निर्माण योजना का प्रधान उद्देश्य है- विचार क्रान्ति। मूढ़ता और रूढ़ियों से ग्रस्त अनुपयोगी विचारों का ही आज सर्वत्र प्राधान्य है। आवश्यकता इस बात की है कि सत्य, प्रेम और न्याय पर आधारित विवेक और तर्क से प्रभावित हमारी विचार पद्धति हो। इस संसार में एक राष्ट्र, एक धर्म, एक भाषा, एक आचार रहे। जाति और लिंग के आधार पर मनुष्य-मनुष्य के बीच कोई भेद-भाव न रहे। हर व्यक्ति को योग्यता के अनुसार काम करना पड़े। आवश्यकतानुसार गुजारा मिले। धनी और निर्धन के बीच खाई पूरी तरह पट जाए। न केवल मनुष्य मात्र को वरन् प्राणियों तक को भी न्याय का संरक्षण मिले। दूसरे के अधिकारों को तथा अपने कर्तव्यों को प्राथमिकता देने की प्रवृत्ति हर किसी में उगती रहे। सज्जनता और सहृदयता का वातावरण विकसित होता चला जाए, ऐसी परिस्थितियाँ उत्पन्न करने में युग निर्माण योजना प्राणपण से प्रयत्नशील है।

युग निर्माण योजना एक दिव्य योजना है। मोटी बुद्धि से इस प्रयास को मानुषी समझा जा सकता है, पर वस्तुतः उसके पीछे अतिमानवी शक्तियाँ ही काम कर रही हैं। सृष्टा निराकार होने के कारण प्रत्यक्षतः कुम्हार के तरह संरचना करते नहीं देखा जाता। महान कार्य महान व्यक्तियों द्वारा सम्पन्न होते रहे हैं। जो सृजन, परिपोषण और परिपालन के लिए पूरी तरह उत्तरदायी हैं, वो समय-समय पर धर्म की हानि और अधर्म की बाढ़ को रोकने के लिए अपनी ऊर्जा के अनोखे प्रयोग करता है। महत्वपूर्ण कार्य भगवान करते हैं और उसके श्रेय को शरीरधारी मुफ्त में ही प्राप्त कर लेते हैं। चेतना काम करती है और शरीर को श्रेय मिलता है। ईश्वर इच्छा तथा मानवीय पुरूषार्थ का समन्वय ही चमत्कार उत्पन्न करता है। युग निर्माण अभियान में मानवीय पुरूषार्थ को जाग्रत करने, प्रखर बनाने तथा उसे सही दिशा में सही ढंग से प्रयुक्त करने की प्रक्रिया सतत चल रही है। ईश्वरीय मार्गदर्शन, अनुग्रह, अनुकम्पा एवं सहायता की स्पष्ट झलक युग निर्माण योजना द्वारा सम्पन्न हुए अगणित लोकोपयोगी कार्यों, उपलब्धियों यथा वर्तमान हलचलों में मिलती है। इतने बड़े कार्य व्यक्ति विशेष के पुरूषार्थ से नहीं, वरन् दैवी प्रेरणा और अनुकम्पा के आधार पर ही आश्चर्यजनक रूप से ही विकसित, विस्तृत एवं सफल होते रहें हैं।

युगऋषि पं0 श्री राम शर्मा आचार्य, युग निर्माण योजना के प्रवर्तक के शब्दों में- अगले दिनों विश्व का समता एवं एकता को आकर जानना होगा। वसुधैव कुटुम्बकम् की मान्यताओं पर नया विश्व, नया समाज बनेगा। सारी दुनिया का एक राष्ट्र बनेगा, सुविधा की दृष्टि से प्रान्तों जैसे देश बने रहेंगे। मनुष्य की एक जाति होगी। ऊँच-नीच, जाति-पाँति के भेद-भाव समाप्त हो जायेंगे। उपजातियों का वर्गीकरण उपहासास्पद बन जायेगा। सारी दुनिया एक भाषा बोलेगी और सबके लिए एक धर्म, एक आचरण एवं एक कानून होगा। भोजन वस्त्र को सभ्यता माना जाता हो, तो सुविधा और साधनों की दृष्टि से वह अलग भी रह सकता है। परन्तु संस्कृति समस्त मानव जाति की एक होगी। धन व्यक्तिगत न रहेगा, उस पर समाज का स्वामित्व होगा, न कोई धनी रहेगा, न गरीब। सब भरपूर परिश्रम करेंगे और उपलब्ध साधनों का सभी समान रूप से हँसी-खुशी के साथ उपयोग करेंगे। आस्तिकता की व्याख्या में ईश्वर समदर्शी, सर्वव्यापक और न्यायकारी होने की मान्यता को प्रमुखता मिलेगी। भक्त की मनोकामनाएँ पूर्ण करते फिरने वाला बहुदेववाद मर जायेगा। कुकर्मों से रूष्ट और सद्भावना से प्रसन्न होने वाले ईश्वर को सब अपनी भावनाओं के द्वारा सम्पूजित किया करेंगे। उपासना के कर्मकाण्ड संक्षिप्त रह जाएँगे और वे समस्त विश्व के लिए एक जैसे होंगे। देशभक्ति, जातिभक्ति, भाषाभक्ति का विश्वभक्ति में विकास हो जाएगा। मानवों की तरह तब पशु-पक्षी भी समाज क्षेत्र में आ जाएँगे और उनका उत्पीड़न भी अपराध बन जायेगा। आशा करनी चाहिए कि ऐसा युग जल्दी आ रहा है। उसी की पूर्व भूमिका युग निर्माण योजना सम्पादित कर रही है। अभी कुछ दिनों तो अनेक स्वार्थ-संघर्ष और तीव्र होंगे तथा संकीर्णता और अनाचार के दुःख परिणामों को भली-भाँति अनुभव करके लोग

उनसे विरत होने के लिए स्वयं आतुर होंगे। अगली आचार संहिता उन तथ्यों पर आधारित होगी जिनका हम लोग अभी युग निर्माण सत्संकल्पों के रूप में नित्य पाठ करते हैं। एक दिन इस जीवन पद्धति पर विश्व के सभी धर्म और देश चलने लगेंगे। नवयुग के अभिनव निर्माण के लिए हमें व्यक्तिगत और सामूहिक प्रयत्नों में तत्काल जुट जाना चाहिए और महाकाल के प्रयोजन में अपना हार्दिक योगदान अर्पित करना चाहिए।

इस सृष्टि का निर्माण, विकास और विलय परमात्मा के संकल्प से ही होता रहा है। परमात्मा की श्रेष्ठ कृति मनुष्य भी अपने समाज एवं संसार को संकल्पों के आधार पर ही बनाता-बदलता रहता है। युग निर्माण के ईश्वरीय संकल्प में हर नैष्ठिक की भागीदारी के लिए इस सत्संकल्प की रचना की है। इसके 18 सूत्र गीता के 18 अध्यायों की तरह सारगर्भित हैं। सूत्रों का गठन इस कुशलता से किया है कि यह क्षेत्र, भौगोलिक भेद और मानवीय वर्ग भेद से परे सभी साधक ईश्वरीय भागीदारी निभाते हुए अनुपम एवं अलौकिक लाभ प्राप्त कर सकते हैं।

1. हम ईश्वर को सर्वव्यापी, न्यायकारी मानकर उसके अनुशासन को अपने जीवन में उतारेंगे।
2. शरीर को भगवान का मन्दिर समझकर आत्म-संयम और नियमितता द्वारा आरोग्य की रक्षा करेंगे।
3. मन को कुविचारों और दुर्भावानाओं से बचाये रखने के लिए स्वाध्याय एवं सत्संग की व्यवस्था रखे रहेंगे।
4. इन्द्रिय-संयम, अर्थ-संयम, समय-संयम और विचार-संयम का सतत् अभ्यास करेंगे।
5. अपने आपको समाज का एक अभिन्न अंग मानेंगे और सबके हित में अपना हित समझेंगे।
6. मर्यादाओं को पालेंगे, वर्जनाओं से बचेंगे, नागरिक कर्तव्यों का पालन करेंगे और समाजनिष्ठ बने रहेंगे।
7. समझदारी, ईमानदारी, जिम्मेदारी और बहादुरी को जीवन का एक अविच्छिन्न अंग मानेंगे।
8. चारों ओर मधुरता, स्वच्छता, सादगी एवं सज्जनता का वातावरण उत्पन्न करेंगे।
9. अनीति से प्राप्त सफलता की अपेक्षा नीति पर चलते हुए असफलता को शिरोधार्य करेंगे।
10. मनुष्य के मूल्यांकन की कसौटी उसकी सफलताओं, योग्यताओं एवं विभूतियों को नहीं, उसके सद्विचारों और सत्कर्मों को मानेंगे।
11. दूसरों के साथ वह व्यवहार न करेंगे, जो हमें अपने लिए पसंद नहीं।
12. नर-नारी परस्पर पवित्र दृष्टि रखेंगे।
13. संसार में सत्प्रवृत्तियों के पुण्य प्रसार के लिए अपने समय, प्रभव, ज्ञान, पुरूषार्थ एवं धन का एक अंश नियमित रूप से लगाते रहेंगे।
14. परम्पराओं की तुलना में विवेक को महत्व देंगे।
15. सज्जनों को संगठित करने, अनीति से लोहा लेने ओर नवसृजन की गतिविधियों में पूरी रूचि लेंगे।
16. राष्ट्रीय एकता एवं समता के प्रति निष्ठावान रहेंगे। जाति, लिंग, भाषा, प्रान्त, समुदाय आदि के कारण परस्पर कोई भेद-भाव न बरतेंगे।
17. मनुष्य अपने भाग्य का निर्माता आप है, इस विश्वास के आधार पर हमारी मान्यता है कि हम उत्कृष्ट बनेंगे और दूसरों को श्रेष्ठ बनायेंगे, तो युग अवश्य बदलेगा।
18. हम बदलेंगे-युग बदलेगा, हम सुधरेंगे-युग सुधरेगा। इस तथ्य पर हमारा परिपूर्ण विश्वास है।

महाकाल का कार्यक्षेत्र क्षेत्र विशेष, वर्ग विशेष अथवा सम्प्रदाय विशेष नहीं है बल्कि पूरी दुनिया है। उनकी चेतना एक साथ हर जीवंत, जाग्रत आत्मा पर कार्य कर रही है। भारत की सर्वाधिक जनता देहातों में रहती है। यहाँ अशिक्षितों की संख्या एक तिहाई है। यही है भारत का असला स्वरूप, असली बहुमत। शिक्षा का अभाव, छोटे देहातों में यातायात साधनों से रहित आबादी, पिछड़ेपन का वातावरण। इस स्थिति में राजनीति, अर्थशास्त्र, समाजशास्त्र आदि के आधार पर यदि कुछ कहा समझा जाए, तो जनता इसे हृदयंगम नहीं कर सकेगी। हमें जो कुछ भी इस बहुमत जनता से कहना है, वह उसके बौद्धिक स्तर से तालमेल मिलाते हुए कहना चाहिए। तभी उसे ठीक तरह समझा और हृदयंगम किया जा सकेगा। इस देश का बौद्धिक आधार धार्मिकता से जुड़ा हुआ है। इस स्तर की जनता को उसकी परम्परागत मनोभूमि धर्मरूचि के सहारे ही प्रभावित किया जा सकता है। इस आधार पर कुशल मार्गदर्शक कुछ भी तथ्य इस पिछड़े वर्ग के मनों पर उतार सकते हैं। रामायण, भगवतगीता, पुराण आदि

का सहारा लेकर इस देश की अधिकांश जनता के मन में महत्वपूर्ण तथ्यों को खूबी के साथ बिठाया जा सकता है। उतना और किसी प्रकार सम्भव नहीं हो सकता। यही सब तथ्य हैं जिनके आधार पर व्यक्ति निर्माण, परिवार निर्माण और समाज निर्माण की गतिविधियों को अग्रगामी बनाने के लिए ऐसे भावनाशील लोग ढूँढ़कर निकाले गये हैं, सम्बद्ध किये गये हैं, जो विश्व मानव की सेवा को ईश्वर की उपासना मानते हैं। लोकमंगल के प्रयास में धर्मनिष्ठा की सार्थकता जोड़ते हैं। यही है युग निर्माण योजना, उसकी कार्य पद्धति और साधन-सामग्री जिसके आधार पर नवयुग के आगमन का, मनुष्य में देवत्व के उदय का, धरती पर स्वर्ग के अवतरण का कार्य चल रहा है। युग निर्माण योजना की कार्य पद्धति को अज्ञान असुर से लड़ने के लिए - प्रचारात्मक मोर्चा, अभाव के दैत्य से जूझने के लिए-रचनात्मक मोर्चा और अनाचार-अनीति से लड़ने के लिए-संघर्षात्मक मोर्चा, के तीन भागों में विभक्त किया गया है।

सन् 1991 से सन् 2000

इस दशक की मुख्य विशेषता

तकनीकी के आविष्कार से दूरदर्शन और कम्प्यूटर का भारत में व्यापक विस्तार और जनता के सम्पर्क में आना

टेलिफोन PCO का भारत में व्यापक विस्तार और जनता के सम्पर्क में आना

इन्टरनेट (INTERNET) का प्रारम्भिक शुरूआत

दृश्य-श्रव्य (AUDIO-VISUAL) तकनीकी के विकास से जो पौराणिक कथाएँ पढ़ा-सुना जाता था वे अब दिखाये जाने लगे थे जिनमें मुख्य था- रामानन्द सागर निर्मित – "रामायण", बी. आर. चोपड़ा निर्मित – "महाभारत" अन्य थें- श्रीकृष्णा, शिव पुराण, विश्वामित्र, द्रौपदी, गीता रहस्य इत्यादि, शायद ही कोई पौराणिक कथा बची हों जिनका दृश्य-श्रव्य (AUDIO-VISUAL) न होकर प्रसारित न हुआ हो

मानव मन निर्माण पर विभिन्न वक्तव्य व्यक्त होने लगें थें जैसे-

जैन मुनि अमरेन्द्र द्वारा-छोटे धर्मों को महत्व न देने से मानसिक प्रदूषण, आतंकवाद के बढ़ने के जिम्मेदार बड़े धर्म गुरु। दलाई लामा द्वारा-बौद्ध धर्म शासन के अध्ययन पर जोर एवं धर्म संस्कृति पर शोध की कमी की चिंता। हिन्दू बौद्ध धर्मों के नेताओं ने पोप जान पाल के वक्तव्य को चुनौति माना। मोरारी बापू द्वारा-नयी सदी का मानस केवल प्रेम होगा। कबीर पंथी सद्गुरु स्वामी कृष्णानन्द द्वारा-साधना से विश्व का विकास। अन्तर्राष्ट्रीय सहयोग परिषद के महासचिव बालेश्वर द्वारा पूर्वजों ने दुनिया भर में भारत का विस्तार किया। 16 वें अन्तर्राष्ट्रीय रामायण सम्मेलन के अन्तर्राष्ट्रीय अध्यक्ष लल्लन प्रसाद व्यास द्वारा-संकट के वक्त ही आध्यात्म की शक्ति प्रकट होती है। स्वामी ब्रह्मचारी द्वारा-सनातन धर्म को कोई हिला नहीं सकता। अंतरिक्ष अनुसंधान केन्द्र (नासा) अमेरिका में कार्यरत वरिष्ठ वैज्ञानिक डा0 सरोज कुमार मिश्र द्वारा-नई सदी में जड़ी बूटियों के व्यापक प्रयोग की संभावना। अटल बिहारी सरकार द्वारा-वंदेमातरम् का परचम फहराने की तैयारी। साहित्यकार डा0 श्रीपाल सिंह "क्षेम" द्वारा-सांस्कृतिक एकता को सुदृढ़ करना युवाओं का दायित्व। साहित्य के केन्द्र में मानवीय मूल्य हो। भारतीय विज्ञान कला लेखक समिति फैजाबाद (उ0 प्र0) के सचिव डा0 अरविन्द मिश्र द्वारा-वैज्ञानिक चेतना की आवश्यकता पर जोर इत्यादि सन्देश व विचार संयुक्त मन (समाज) के समक्ष और समाज के लिए व्यक्त हो चुके थे।

व्यक्ति विकास के क्षेत्र में-मानस मर्मज्ञ स्वामी हरिशानन्द द्वारा-परमात्मा की प्राप्ति सबसे सरल एवं प्रेम व करुणा पर हर धर्म का बल। भारतीय दार्शनिक अनुसंधान परिषद के अध्यक्ष एवं सम्पूर्णानन्द विश्वविद्यालय के पूर्व कुलपति प्रो0 वी0 वेंकटाचलम द्वारा-भारतीय संस्कृति में तन्त्र चिन्तन की अनुठी धारा। साध्वी ऋतम्भरा द्वारा-हम स्वार्थ व महत्वाकांक्षा में अलग-अलग होकर भटक रहे हैं। भागवत कथा वाचक श्रीकृष्ण शास्त्री द्वारा-भगवान भक्तों के दुर्गुण नहीं देखते और किसी एक गुण पर ही मोहित हो जाते हैं। निरंकारी मिशन के बाबा हरदेव

सिंह द्वारा-ब्रह्म की प्राप्ति से भ्रम की समाप्ति। प्रउत यूनिवर्सल के महासचिव आचार्य परमेश्वरानन्द अवधूत द्वारा-नैतिक व आध्यात्मिक मूल्यों का ह्रास सबसे बड़ी समस्या। निरंकारी मिशन के जोनल इंचार्ज जितेन्द्र नाथ पाण्डेय द्वारा-जात-पात, छुआछुत का भेदभाव समाज के लिए विष समान। गौड़ीय सम्प्रदाय के सन्त बांके बिहारी द्वारा-परमात्मा की प्राप्ति को सात्विक आचार जरुरी। आनन्द योगाश्रम बाबा बद्रीनाथ मन्दिर जौनपुर (उ0 प्र0) के महन्त योगी देवनाथ द्वारा-सत्ययुग परमतत्व युग था, त्रेता आत्मानन्द का, द्वापर बुद्धितत्व का तथा कलयुग मन तत्व का युग है। गायत्री परिवार के प्रचारक त्रिलोक नाथ द्वारा-सत्कर्म का परिणाम तत्काल नहीं मिलता। भागवत कथा वाचक श्रीकांत शर्मा बाल व्यास द्वारा भागवत समर्पण से शाश्वत शान्ति। मानस कोकिला श्रीकृष्णा मिश्र द्वारा-गुरु व प्रभु की महिमा अपरंपार। हिन्डाल्को (आदित्य बिड़ला ग्रुप) एल्युमिनियम उद्योग के निदेशक श्री आसकरण अग्रवाल द्वारा-वैदिक धर्म अनुपालन की अधिक जरुरत एवं महात्माओं के जीवन व शिक्षा से प्रेरणा लेने की आवश्यकता। योजना आयोग के उपाध्यक्ष के0 सी0 पंत द्वारा-पाश्चात्य भोगवाद से विकास को खतरा तथा नैतिक व आध्यात्मिक विकास की कमी के कारण ही विज्ञान और तकनीकी विकास का गलत उपयोग। आलोचक सत्य प्रकाश मिश्र द्वारा-मनुष्य की जिस कृति में अर्थ का निर्वचन नहीं तो या तो वह मनुष्य नहीं या फिर वह कृति नहीं। अर्थ का निर्वचन होते रहना कला का मूल गुण है। चित्रकार व कवि डा0 जगदीश द्वारा-जो इन्द्रियां ग्रहण करें वही कला का स्वरुप है। चर्चित कहानीकार दूधनाथ सिंह द्वारा-संगीत, नृत्य, कला, कहानी और कविता को एक प्रतीक से जानना चाहिए ताकि पता चल सके कि कहाँ पर सभी एक समान हैं। सभी कलाओं की एकरुपता जनता, जीवन, और प्रकृति से जुड़ी हुई है। मदर इण्डिया इंटरनेशनल क्लब और गोपियों के संयुक्त आयोजन अन्तर्राष्ट्रीय युवा सम्मेलन द्वारा-भारत का दर्शन विश्व में शान्ति उत्पन्न कर सकता है। शरीर स्वस्थ रखने का योगासन जरुरी, जिसका ध्यान करते हैं उसी का रुप धारण कर लेते हैं, योग व ध्यान के द्वारा आत्मा का साक्षात्कार संभव, हिन्दू धर्म बाहर से दर्शन के अनुसार अलग पर भीतरी रुप से एक, सत्य का खोज योग से सम्भव, ज्योतिष धर्म नहीं विज्ञान है, भाग्य रेखा न होना भाग्य निर्धारण का आधार नहीं है। रत्न, ग्रहों के सन्तुलन बनाते हैं, व्यक्ति के सभी संस्कारों के लिए जन्म कुण्डली महत्वपूर्ण। केन्द्रीय गृह मन्त्रालय, भारत के रिपोर्ट द्वारा-देश में छुआ-छुत से मुक्ति अभी भी सपना जिसका अन्तर्राष्ट्रीय मंचों से आलोचना जबकि संचार क्रांति और विश्व इक्कीसवीं सदी में आ चुका है। पद्म विभूषण मानस मर्मज्ञ पं0 राम किंकर उपाध्याय द्वारा-रामराज्य हृदय परिवर्तन से ही सम्भव, राजनीति केवल लक्षणों की चिकित्सा में सहायक जबकि साहित्य कारण व लक्षण दोनों की चिकित्सा में सहायक। जगद्गुरु शंकराचार्य स्वामी शारदानन्द सरस्वती द्वारा-भक्त भगवान को कहीं भी प्रसन्न कर सकता है। पूर्व काशी नरेश डा0 विभूति नारायण सिंह द्वारा-बनारस (काशी) की प्राचीन परंपरा को जिवित रखें। कांची मठ के शंकराचार्य जयेन्द्र सरस्वती द्वारा-अयोध्या में श्रीराम मन्दिर निर्माण से अधिक बड़ी समस्याएं देश में हैं, राजनीतिक नेताओं द्वारा राजनीति को गंदा कर सिर्फ अपना खजाना भरने में दिलचस्पी, धर्म और राजनीति एक दूसरे से जुड़े हैं, भारतीय संस्कृति को पश्चिमी प्रभाव का खतरा। क्रांति दिवस के 58 वीं वर्षगांठ पर मीरजापुर (उ0 प्र0) शहर कांग्रेस कमेटी द्वारा राष्ट्रविरोधी ताकतों के खिलाफ एकजुट संघर्ष का आह्वान। पूर्वांचल विश्वविद्यालय जौनपुर के कुलपति डा0 प्रेमचन्द्र पातंजलि द्वारा-नैतिक मूल्यों की रक्षा को शिक्षकों में जागरुकता जरुरी और रोकना सम्भव, छात्र अधिकतम ज्ञानार्जन कर समाज को सही दिशा दें। जगद्गुरु द्वारिकापीठ स्वामी स्वरुपानन्द द्वारा-अपनी संस्कृति और धर्म को जानने के लिए संस्कृत भाषा का ज्ञान आवश्यक, राजनीति को धर्म से अलग करना जनता के साथ विश्वासघात, राजनीति स्वार्थ में धर्म का प्रयोग अनुचित तथा सार्वजनिक हित में उपयोग उचित, धर्म जीवन के प्रत्येक क्षेत्र में व्याप्त, भारतीय धर्म शास्त्रों के प्रति आस्था के लिए नये साहित्य का सृजन आवश्यक, शिक्षण संस्थाओं में धर्म के प्रवेश बिना नैतिक उत्थान सम्भव नहीं, सरकार बदलने से समस्या समाप्त नहीं होती, भारतीय संस्कृति में राजनीति अत्यन्त पवित्र, वेद, पुराण, रामायण, महाभारत सभी राजनीति से भरे शास्त्र हैं, धर्मयुक्त राजनीति सबको समान अवसर देती है, मठ-मन्दिरों पर सरकारी एकाधिकार की नीति का विरोध तथा ऐसी सरकार भारतीय हिन्दू समाज का प्रतिनिधि नहीं, सरकारी हस्तक्षेप से मठ-मन्दिरों द्वारा धार्मिक परम्परा पनपना सम्भव नहीं, इन्द्रियों के संयम से ईश्वर के वास्तविक रुप का ज्ञान होता है इसलिए साधक के लिए इन्द्रियों का संयम आवश्यक, अन्तरात्मा में रमने वाला पाप का भागी नहीं बनता, कर्म फल

की इच्छा ही बंधन मुक्ति अनासक्ति में, ज्ञानी कमल के पत्तों की भाँति कर्मों से निर्लिप्त रहते हैं, ईश्वर से प्रेम करने वाले मनुष्यों के कर्म जीर्ण, परमात्मा के जन्म एवं कर्म दोनों में दिव्यता है, भगवान जन्म नहीं लेते केवल जन्म की लीला करते हैं, व्यक्ति के कर्मों का हिसाब परमात्मा के पास, जीव कर्म करने में स्वतन्त्र परन्तु फल भोगने में परतन्त्र है, वर्ण, आश्रम एवं स्थिति के शास्त्रानुसार कर्म करने से उद्धार, ज्ञानी इन्द्रियों से प्राप्त सुख को तुच्छ समझते हुये परमात्मा से ही संतुष्ट रहता है, विद्या तथा उपासना तथा अविद्या अर्थात् कर्म दोनों को जानने वाला अमरता प्राप्त करता है। कर्मयोग ही धर्म है, सुख-दुःख को समान समझने से कर्म बन्धन नहीं होता, गुरु, शिष्य में नवीन आध्यात्मिक जीवन देने के कारण ब्रह्मा, सद्गुणों के विकास के कारण विष्णु तथा मोह को दूर करने के कारण शिव हैं, प्राणी का उद्धार करने वाला ही वास्तविक गुरु है परन्तु सच्चे गुरु सौभाग्य से मिलते हैं। चमत्कार के नाम पर ठगी एवं स्वयं को भगवान कहने वाले गुरुओं की कमी नहीं है। गृहस्थ संत पं0 प्रयागनाथ चतुर्वेदी, ककोर, मथुरा (उ0 प्र0) द्वारा-राष्ट्र के पथ प्रदर्शन के लिए तपस्वी संतों व निश्छल गुरुओं की जरुरत, धर्म के नाम पर संघर्ष नहीं बल्कि अच्छे विचारों के संघर्ष होना चाहिए, गुरु, ईश्वर से बड़ा नहीं होता, कोई बड़ा है न छोटा सभी से मानववादी व्यवहार करना चाहिए, सभी धर्म समान आदर के योग्य हैं। श्वेताम्बर जैन मुनि राजयश सुरीयवर जी महराज द्वारा-जीवन को सफल बनाने के लिए जन्म व मरण के चक्र को समझना आवश्यक, जन्म को सफल बनाने पर अधिकार है। परन्तु मृत्यु पर अधिकार नहीं, नारी शब्द को प्रधानता देने से स्त्री का भाव तथा माँ शब्द को प्रधानता देने से देवी का भाव व्यक्त होता है, अवतारी पुरुषों का जन्म दिन इसलिए मनाते हैं क्योंकि उन्होंने समाज को कुछ दिया, प्रत्येक व्यक्ति को समाज को कुछ न कुछ देना चाहिए और इस परम्परा को बढ़ाना चाहिए, चिन्तन में गहराई न रखने से मन्दिर में जाकर भी हताशा ही मिलती है, जीवन की दौड़ में सफलता के लिए ज्ञान व चरित्र की जरुरत पड़ती है केवल ज्ञान वाला व्यक्ति पशु कहलाता है वह जीवन की दौड़ नहीं लगा सकता, व्यक्ति को ईश्वर से समता की प्रार्थना करना चाहिए। समता की स्थिति में मनुष्य के भीतर अमीरस निकलता है तब उस पर मान अपमान तथा लोगों के व्यवहार का प्रभाव नहीं पड़ता। चिंतन में गहराई अमीरस को पैदा करता है। बिना अमीरस के आराधना, पूजापाठ व ध्यान निष्फल हो जाता है। अमीरस से संसार में रहने व काम करने का तरीका बदल जाता है तब वह प्रत्येक वस्तु को भोग की दृष्टि से नहीं बल्कि त्याग की भावना से देखता है। महान बनने के लिए सत्य विचार ही जीवन निर्माण में सहायक है व्यक्ति को इन्हें नहीं छोड़ना चाहिए, मानव जीवन स्वल्पायु है इसे सही ढंग से उपयोग करना चाहिए, संसार के दो प्रकार के व्यक्तियों में वितरागी संसार से अप्रभावित रहता है। जबकि रागी सांसारी होकर वितरागी की दुनियाँ से अपरिचित रहता है। शब्द प्रार्थना की शक्ति नहीं बल्कि इसमें निहित भावना ही प्रार्थना को सबल बनाती है। शब्दों की पुनरावृत्ति से प्रर्थना की शक्ति नहीं बढ़ती, केवल दुःख में प्रार्थना करना ठीक नहीं, प्रार्थना श्वास की भाँति निरन्तर चलती रहनी चाहिए। महात्मा रत्नेश्वरानन्द जी द्वारा-धर्म बदलने वाली वस्तु नहीं वह शाश्वत तथा अपरिवर्तनीय है, अपनी नासमझी के कारण अलग-अलग रास्ते बन गये, आध्यात्म में केवल एक ही मार्ग है-वह है समन्वय और सार्वभौमिकता का मार्ग, सत्य एक है महात्माओं ने उसे अपनी भाषा और तरीके से समाज के सामने रखा, जब तक अपनी दृष्टि में दोष रहेगा तब तक हम दुःखी रहेंगे, भक्त अपने में दोष तथा दूसरों में गुण खोजता रहता है व्यक्ति अपनी कमी नहीं जानना चाहता यही सबसे बड़ी कमी है, गीता वेद और उपनिषदों का सार तत्व है जो धर्म का श्रोत है, विज्ञान की शक्ति मनुष्य को रावण तथा विज्ञान की शक्ति द्वारा जगत कल्याण मनुष्य को श्रीराम बना देता है, समदर्शी गीता के बाद रामराज्य के सुनहरे सपने को साकार करने के लिए जाति-धर्म के नाम पर बिखरे समाज को एक सूत्र में बाँधना आवश्यक है। भीतर छीपी आत्मा के जागरण से ही समाज में बदलाव सम्भव है, ईश्वर से विमुख समाज की भयंकर दुर्दशा होती है, हाथ पर हाथ रखकर बैठना नहीं सिखाता, धर्म मानवता का उद्धारकर्ता है, श्रीराम, श्रीकृष्ण जिस मार्ग पर चले वहीं मार्ग श्रेष्ठ है, संसार में जितने अवतार हुये हैं उनमें ईश्वर ने मानव शरीर धारण कर मनुष्यों जैसी लीलाएं दिखाई हैं, अध्यात्म वह मानव धर्म है जो हिन्दू, मुसलमान, सिख, ईसाई सबके लिए समान है, जो धर्म की रक्षा करता है धर्म उसकी रक्षा करता है धर्म के लिए सत्य की रक्षा जरुरी है। स्वामी ज्ञानानन्द जी सरस्वती द्वारा-पर्वों की रक्षा पौराणिक परम्परा तथा राष्ट्र रक्षा है, इन्द्रियों से ग्रहण किया जाने वाला विषय न तो स्वतन्त्र होता है और न ही नित्य,

आध्यात्म का दीपक बुझाने से संसार में अंधेरा हो जायेंगा। भागवत कथा वाचक पं0 श्याम गंगाधर वापट द्वारा-श्रीमद्भागवत् ऐसा ग्रन्थ है जो जीवन काल में ही व्यक्ति को मुक्ति दिला देता है। इत्यादि सत्य विचार, दृष्टि, मार्गदर्शन व्यक्त किये जा चुके थे।

धर्म प्रचार-प्रसार के संस्थागत संस्थाओं के देशव्यापी व अन्तर्राष्ट्रीय शाखाओं से अनेकों प्रकार के ज्ञान साहित्य, पत्र-पत्रिकाएं, आडियो-विडियों कैसेट उपलब्ध थे। पत्र पत्रिकाओं द्वारा-श्रद्धालु को ही आध्यात्म ज्ञान की उपलब्धि, चारों वेदों का दर्शन है आत्मा में, अन्तरात्मा की आवाज ईश्वरीय भक्ति में सहायक, आत्मानुशासन के लिए आत्मचिंतन आवश्यक, लक्ष्य के प्रति समर्पण ही सफलता का आधार, मन और बुद्धि के समन्वय से मानवता उभरती है, बड़े भाग मानुष तन पावा, आत्मा का ज्ञान है अध्यात्म, मौलिक विशेषता है महत्वाकांक्षा, मनसूत्रत्व का दर्शन और विज्ञान, आत्मा सच्चिदानन्द स्वरुप है, अन्तः करण चतुष्टय और साधना विज्ञान, उपासना ही नहीं साधना भी, कर्म और उसका रहस्य, समाधि मन का समाधान है, श्रद्धा और शालीनता युक्त जीवन, मृत्यु से पुनर्जन्म की ओर, अवसाद का बढ़ता दायरा, बच्चों में आपराधिक प्रवृत्ति के कारण, अहं की सुरक्षा का मनोविज्ञान, व्यक्तित्व विकास में बाधक हो सकता है अहंकार इत्यादि शिर्षकों से प्रसारित हो रहे थे।

अन्य घटना क्रम

शनिवार, 9 मार्च 1991 ई0

-भारत का मध्यम स्वतन्त्रता-आर्थिक व मानसिक स्वतन्त्रता का समय।

-भारत में एकदलीय सरकार।

- लव कुश सिंह का शुभ-विवाह (उम्र-23 वर्ष 4 माह 23 दिन) चुनार क्षेत्र के ग्राम-धनैता (मझरा) में सम्पन्न

मंगलवार, 21 मई, 1991 ई0

राजीव गाँधी की मृत्यु (ब्रह्मलीन)

इनके सार्वभौम विचार

"यह समय की माँग है कि जीवन के सभी क्षेत्रों में गुणता के प्रति राष्ट्रीय प्रतिबद्धता हो। हमारी संतुष्टि किसी भी प्रकार के उत्पादन से नहीं अपितु हमारे द्वारा उत्पादित उत्कृष्ट वस्तुओं और दी जाने वाली उत्कृष्ट सेवाओं से हो।" - **श्री राजीव गाँधी**

(भारतीय मानक ब्यूरो त्रैमासिकी- "मानक दूत", वर्ष-20, अंक- 1-2, 2000 से साभार)

रविवार, 29 नवम्बर, 1992 ई0

मैनहट्टन, संयुक्त राज्य अमेरिका में अघोरेश्वर भगवान राम नश्वर शरीर को छोड़ दिये।

अवधूत भगवान राम की वाणी

1. सुधर्मा, सहज जन मुझ अघोरेश्वर के अनुशासन में रहकर जन्म-मृत्यु से, भव से, भव की भयावहता से मुक्त तभी होता है, जब प्राण वायु को जानता है और उसमें रमता है। जो प्राण वायु का संचय करता है, उसे सहजता और समाधि सरलता से सुलभ होती है। प्राण वायु ही अघोरेश्वर है, औघड़ है, सर्वेश्वरी है, सममुँह है, विषमता रहित है। यही अघोरेश्वर का धर्मज्ञान है, धर्म चक्षु है, धर्म श्रवण है, धर्म निहितता है, समाधिबोध है। यह बार-बार जन्म-मरण ग्रहण करने से वंचित होता है। भुने बीज से सदृश होता है। मुझ अघोरेश्वर के बोधन ज्ञान से, मुझ अघोरेश्वर के उपदेश के वगैर ज्ञान विमुक्त बोध नहीं होता है।
2. औघड़-अघोरेश्वर की जो विद्या है, जीव-संज्ञा से छूटने की और ब्रह्म-संज्ञा में प्रवेश पाने के लिए जो शिष्य परम्परा रही है, उसका लोप सा हो गया है। सुधर्मा, उसी परम्परा को ब्रह्म-संज्ञा में प्रविष्ट कर, औघड़-अघोरेश्वर अपने-आप में परिपूरित रहते हैं। जीव-संज्ञा को भुला देते हैं। औघड़-अघोरेश्वर की जो सहज विद्या है या जो मन्त्र है, पद है, उसे शिष्य परम्परा को चाहिए कि बिलाने से, परोक्ष होने से रोके। उसे शिष्य परम्पराओं में

अभ्यास करावें, उसे अभ्यास करे, तभी वह परोक्ष होने से बच सकती है। अघोरेश्वर, औघड़ों को सहज और सुलभ उपलब्ध हुए विद्या रूपी जवाहरात को सुरक्षित रखना चाहिए, सुधर्मा।

3. सुधर्मा, औघड़ और घर के होते हैं। और घर क्या है? जहाँ संयम है, सतर्कता है, सहनशीलता है, सम्यक दृष्टि है, समवर्तिता है, आत्मबुद्धि है, आत्मा में, प्राण वायु में जो रमण करता है वही और घर का होता है। जो ये घर का है उसमें सतर्कता नहीं है, संयम नहीं है, आत्मबुद्धि नहीं है, देह बुद्धि है, प्राण के प्रति जागरूकता नहीं है। जो कलुषित है, आलसी है, दीन और धर्म से अपरिचित है। अघोरेश्वर के मन्त्र और क्रिया से अपरिचित है, वह ये घर का है।
4. सुधर्मा, अघोरेश्वर किन-किन गुणों के होने से होते हैं? अघ कुकृत्य से विरत होने वाले को अघोरेश्वर कहते हैं। अघ अपायगति विरत को अघोरेश्वर कहते हैं। इन्द्रियों के भोग से, भव के भोग से, भव के अघ से विरत को अघोरेश्वर कहते हैं।
5. अघोरेश्वर के स्वभाव में, आचरण में, व्यवहार में, चर्या में न परिवर्तन होता है, न परिणाम होता है, न घटाव-बढ़ाव होता है। एक सा एक रस बने रहते हैं। सब पर समदृष्टि, सबके लिए करूणा, मैत्री और दया होती है। न अघारेश्वर अभाव में होता है न परिणाम होता है, न उतार-चढ़ाव होता है। संसार में कोई ऐसा दूसरा प्राणी नहीं है।
6. लोक के पुण्य क्षेत्र अघोरेश्वर होते हैं, औघड़ होते हैं। दान देने योग्य होते हैं, श्रद्धा देने योग्य होते हैं, सम्मान देने योग्य होते हैं, पूजनीय होते हैं, सराहनीय होते हैं।
7. मुझ अघोरेश्वर के अलौकिक-लौकिक विचारों में श्रद्धा रखने वाला अवधूत, औघड़ कहा जाता है। वे दान के अधिकारी होते हैं। दान देने वाला, सम्मान देने वाला, मान को प्राप्त होता है।
8. जो औघड़ बहुश्रुत होता है, स्मृतिमान होता है, वह अघोरेश्वर के अनुकूल होता है।
9. क्रोध, लोभ, प्रशंसा, मान, बड़ाई को जो महत्व देता है वह औघड़ साधु सिद्धि को प्राप्त नहीं होता, असिद्धि को प्राप्त होता है, आतुरता को प्राप्त होता है।
10. जो आश्रम के आश्रित रहते हैं वे औघड़ साधु यदि सुरा, नशीली वस्तुएँ, मैथुन से विरत नहीं होते हैं तो आश्रम की मर्यादा, प्रतिष्ठा और स्वयं अपनी मर्यादा प्रतिष्ठा खोकर असिद्धि के भागी होते हैं, अयोग्य होते हैं, मुझ अघोरेश्वर द्वारा प्रतिष्ठित आश्रमों में रहने के अयोग्य होते हैं, निन्दनीय, अशोभनीय, आलसी होते हैं, वैमनस्य बढ़ाने वाले होते हैं।
11. सुधर्मा, सबसे मूल्यवान धन एकान्तवास होता है। वचन धन भी होता है। विश्वास धन भी होता है। तप धन भी होता है। सुष्प्ता धन भी होता है। सेवा धन भी होता है। विवेक धन भी होता है। शालीनता धन भी होता है। श्रद्धा धन भी होता है। शील धन होता है। इन सब तरह के धन के साथ अच्छा धनवान ब्रह्मचर्य के साथ एकान्तवास करता है। वह महान धनवान है। वह देव को खरीदता है। धन की क्रय शक्ति से संसार के सभी रत्नों के पाने का जो आनन्द होता है, ब्रह्मचर्य के साथ एकान्तवास की शक्ति से प्राप्त आनन्द उससे कहीं अधिक होता है।
12. सन्देश वाहक और दूत का काम करने वाला कभी साधु नहीं हो सकता, वह असाधु है।
13. सुधर्मा, गौवें काली हों, चाहे लाल हों, चाहे सफेद हों, चाहे चितकबरी हों, उनका दूध एक सा ही रंग का सफेद होता है। उसी प्रकार मनुष्य चाहे क्षत्रिय हो, चाहे ब्राह्मण हो, चाहे वैश्य हो, चाहे शूद्र हो, चाहे चाण्डाल हो, वह यदि सुब्रत है मुझ अघोरेश्वर के प्रति श्रद्धावान है, शील सम्पन्न है, सत्यवादी है, भय-लज्जा युक्त है, जरा-मरण के बन्धन से परे होने के लिए तत्पर है, पूर्ण रूप से ब्रह्मचर्य का पालन करने वाला है, तो ऐसे आसक्ति रहित कृत-कृत्य प्राणी का श्रद्धा रूपी दूध स्वच्छ और निर्मल होता है। दूसरे को पुष्ट करने वाला होता है। दधि या घृत देने वाला होता है। वहाँ जाति, देश अथवा प्रान्त का भेद नहीं होता।
14. सुधर्मा, पहले के लोग झूठ बोलने से, गलत कहने से भयभीत होते थे। अदालत (न्यायालय) में ईश्वर की शपथ लेते समय वह समझते थे कि हम गृहस्थ हैं, बाल-बच्चेदार हैं। हम झूठ नहीं बोलेंगे। उसका असर बाल-बच्चों पर होने का पूरा भय बना रहता था। अब के घूसखोर लोगों से यदि कोई सज्जन कहता है कि आयु अल्प है,

गलत काम नहीं करना चाहिए, तो घूसखोर लोग कहते हैं कि हम बाल-बच्चेदार हैं, यदि ऐसा नहीं करेंगे तो उनके उदर की भूख कैसे मिटायेंगे? वे समाज को धोखा देते हैं, राष्ट्र को धोखा देते हैं।

15. आत्महित तथा परहित में लगा हुआ आदमी, आदमी है। आजकल के नेताओं की तरह परहित की दुहाई देने वाला, आत्महित भी नहीं कर पाता, परहित भी नहीं। मानवता से दूर रहने वाला अमानव है।

16. सुधर्मा, देश में नेताओं को, मिनिस्टरों को, मुख्यमंत्रियों को, राष्ट्रपतियों को तूने सुना है, जानता भी है। इनमें परिवर्तन होता है, परिणाम होता है। एक सा सदैव कोई नहीं रहता। ऐसे ही साधुओं में, औघड़ों में, ऊँचे जनों में भी परिणाम होता है, परिवर्तन होता है। अघोरेश्वर में न कोई परिणाम होता है, न परिवर्तन होता है। बहुत सी संस्थाओं में, बहुत सी पार्टियों में परिणाम होता है, परिवर्तन होता है, सदैव एक सा नहीं रहता है। बराबर घट-बढ़ होता है।

17. सुधर्मा, पशु और मनुष्य के बीच एक विशेष अन्तर यह है कि मनुष्य अपने स्वभाव, विचार और चिन्तन को बदल सकता है, जो पशुओं के लिए असाध्य है। मनुष्य में और पशु में इतना ही अन्तर है। मनुष्य गलत काम करता है और बार-बार करता है। वह खुद ही अपने आपको माफ नहीं कर सकता। अपने आपकी अवहेलना के सिवाय और कुछ नहीं कर सकता।

18. सुधर्मा! जहाँ शासक और अधिकारी राष्ट्र भक्त, समाज सेवक और चरित्रवान होते हैं, उस राष्ट्र में स्मगलर, मुनाफाखोर या तो बिला जाते हैं, भाग जाते हैं, या प्रवर्तन कर लेते हैं। ऐसा ही जानना चाहिए सुधर्मा और ऐसे ही समझना भी चाहिए। जनता का कष्ट, सुधर्मा साधु को भी व्यथित करता है। औघड़-अघोरेश्वर को भी जलती हुई जनता का उष्ण ताप छूता है, सुधर्मा। जो जल रहा है, जो जला रहा है, उसे उष्णता तो लगती ही है सुधर्मा। जो उस देश में रह रहा है वह भी वंचित नहीं रहता है, सुधर्मा।

19. सुधर्मा, पूरे जगत में कर्म से ही साधु होता है, कर्म से ही चोर होता है, कर्म से ही ब्राह्मण होता है, कर्म से ही क्षत्रिय होता है, कर्म से ही वैश्य होता है, कर्म से ही शूद्र होता है। जन्म से कुछ भी नहीं होता। चतुर मनुष्यों का यही निश्चय है।

20. सुधर्मा, नियम का, समय काल पाकर, परिवर्तन-परिमार्जन करना चाहिए। एक ही खूँटा से पशु सरीखे बँधे रहने को छोड़ना चाहिए जिसमें ऐसा होता है सुधर्मा, वह युग पुरूष समय और काल का जानने वाला होता है। उसी के साथ वह उन्नति भी करता है। विधान तुमने देखा है, सुना भी है कि हजारों साल से रूपान्तर होते-होते आज इस रूप में दिख रहा है। कर्तव्य के साथ अधिकार का अधिकार सबको है। यह पहले नहीं था।

21. सुधर्मा, जरूरत है इस युग में अनगढ़ मानव को गढने की। मनुष्य स्वार्थी, संकीर्णता से ग्रसित हो गया है। इन दुर्बलताओं के आक्रान्त मनमानी शक्ल दीखने में अक्सर आते हैं। पेट ओर परिवार को आदर्श मान बैठे हैं।

22. सुधर्मा, मान का भी जो त्याग करता है, वही शील और शालीनता रूपी अतौल धन को प्राप्त करता है, जिसे न अग्नि नष्ट कर सकती है, न चोर चुरा सकता है और न राज्य कर उसे ले सकता है।

23. सुधर्मा, ग्रामीण गृहस्थों के घर-परिवार में कलह का कारण आलसी बहुओं का आगमन, निष्क्रिय बहुओं का आगमन, चोर बहुओं का आगमन, कामचोर बहुओं का आगमन होता है।

24. सुधर्मा, स्त्रियाँ दो बातों से असंतुष्ट रहकर ही शरीर त्याग करती हैं- मैथुन तथा सन्तानोत्पत्ति के न होने से।

25. सुधर्मा, कामातुर मनुष्य सांझ को ही अपने स्त्री के पास चला जाता है। खाना खाये रहता है। उत्तेजना उसके वीर्य को इतना पतला कर देती है कि कि लड़की जन्म लेती है। सुधर्मा, इसलिए खाना पच जाये, अर्धरात्रि खत्म हो जाय, तब स्त्री के पास जाने के लिए पुराने लोग कहते हैं। वीर्य परिपक्व रहे, पुत्र उत्पन्न होगा।

26. सुधर्मा, जो प्राणी अनुकूल है अपना, वह खून है अपना। जो छल-छिद्र से, कपट से, स्वार्थ से अपने अनुकूल होने का दम भरता है, वह खून नहीं पानी है।

27. सुधर्मा, संसार के बहुत से चतुर लेखकों की लेखनी, सुनिश्चित नहीं है कि वह आयु वाली होगी। हाँ, सुधर्मा! महापुरूषों की अनुभूति को व्यक्त करने वाली लेखनी लम्बी आयु वाली होती है। जन समूह की वह स्वीकृति प्राप्त की हुई होती है। अखबार, पत्र-पत्रिकाओं की तरह अल्पायु नहीं होती सुधर्मा।

28. सुधर्मा, सूर्य और चन्द्रमा के प्रकाश रश्मि की व्यापकता की तुलना में, पूर्ण व्यापकता, निमित्त मात्र में पूरे भूमण्डल में शब्द की व्यापकता है।

जुलाई, 1988-दिसम्बर, 1993 ई0

-भारत का मध्यम स्वतन्त्रता-आर्थिक व मानसिक स्वतन्त्रता का समय।

-भारत में एकदलीय सरकार।

-लव कुश सिंह का भ्रमण, विभिन्न विषयों का अध्ययन व अनुभव, गृहस्थ जीवन, नौकरी, व्यापार इत्यादि। समाधिस्थ जीवन का प्रारम्भ (उम्र-26 वर्ष 2 माह लगभग)

रविवार, 9 जनवरी, 1994 ई0

-भारत का मध्यम स्वतन्त्रता-आर्थिक व मानसिक स्वतन्त्रता का समय।

-भारत में एकदलीय सरकार।

-लव कुश सिंह का पुत्र शुभम् राजवीर का जन्म। (उम्र-26 वर्ष 2 माह 23 दिन)

फरवरी, 1994 ई0

-भारत का मध्यम स्वतन्त्रता-आर्थिक व मानसिक स्वतन्त्रता का समय।

-भारत में एकदलीय सरकार।

-लव कुश सिंह का आत्म ज्ञान की प्राप्ति एवं दृश्य काल के लिए स्थापित दृश्य ईश्वर नाम-शब्द ब्रह्मः TRADE CENTRE की प्राप्ति। (उम्र-26 वर्ष 2 माह 23 दिन)

बुधवार, 25 मई, 1994 ई0

-भारत का मध्यम स्वतन्त्रता-आर्थिक व मानसिक स्वतन्त्रता का समय।

-भारत में एकदलीय सरकार।

-लव कुश सिंह का आपसी विवाद से पत्नी श्रीमती शिव कुमारी देवी का लव कुश सिंह की अनुपस्थिति में आत्महत्या द्वारा शरीर त्याग। (लव कुश सिंह का उम्र-26 वर्ष 7 माह 9 दिन, पुत्र शुभम् का उम्र-4 माह 16 दिन)

-लव कुश सिंह का अदृश्य प्राकृतिक बल व काल से योग।

शनिवार, 25 जून, 1994 ई0

प्रभात खरे के अनुसार - धूमकेतु का बृहस्पति से टक्कर बुरा भी और अच्छा भी। धूमकेतु के बुरे प्रभाव से सभी परिचित हैं परन्तु जो अच्छा प्रभाव इन्होनें लिखा है वह निम्न है इस घटना से संभवतः पहली बार हो रहा है कि धूमकेतु की गुरू से टक्कर का एक अच्छा कल्याणकारी प्रभाव होगा। जिसे हम ऐसे समझ सकते हैं। केतु जिसका कारक या प्रतिनिधित्व करता है वह है- जननांग, बाल, धर्म, धागा, तंत्रिका तंत्र, बाधा, चेन, मनकों वाली माला, जाल में उलझना इत्यादि, ज्योतिष में इन कारकों का उपयोग प्रतीक के रूप में होता है। इस तरह शूमेकर लेवी धूमकेतु जो कि 21 मनकों वाली माला के रूप में आगे बढ़कर गुरू के साथ युति कर रहा है। जिसका अर्थ हुआ केतु का गुरू के साथ योग, साथ ही साथ केतु की छाया ग्रह की सातवीं दृष्टि भी है मेष राशि से, अतः इसका अर्थ हुआ कि संसार में आध्यात्मिक प्रगति जोर पकड़ेगी जिसके फलस्वरूप 1. धर्म प्रधान देश उन्नति करेंगे जैसे भारत, इजिप्स, चीन। 2. आध्यात्म और परामनोविज्ञान के क्षेत्र में प्रतिभा रखने वाले व्यक्ति लोक हित कार्यो में आगे आयेंगे। एक संभावना यह भी है कि कोई महात्मा या योगी, एक नये धर्म का प्रचार प्रसार करेगा और सबसे बड़ी बात यह है कि इस व्यक्ति को व्यापक जन समर्थन सभी धर्मो के व्यक्तियों से मिलेगा।

साभार- नव भारत (समाचार पत्र) 25 जून 1994, बिलासपुर (म.प्र.) भारत

अक्टुबर, 1994 से सितम्बर, 1995 ई0

-भारत का मध्यम स्वतन्त्रता-आर्थिक व मानसिक स्वतन्त्रता का समय।

-भारत में एकदलीय सरकार।

-लव कुश सिंह के दृष्टिकोण में व्यापक परिवर्तन व गृहत्याग की आवश्यकता का भाव प्रबल।

(लव कुश सिंह का उम्र-28 वर्ष लगभग)

बृहस्पतिवार, 21 सितम्बर, 1995 ई0

-भारत का मध्यम स्वतन्त्रता-आर्थिक व मानसिक स्वतन्त्रता का समय।

-भारत में एकदलीय सरकार।

-विश्वव्यापी स्तर पर गणेशमूर्ति का दूध पीने की घटना।

मंगलवार, 24 अक्टुबर, 1995 ई0

-संयुक्त राष्ट्र संघ का 50वाँ वर्ष प्रारम्भ, संयुक्त राष्ट्र संघ दिवस।

-भारत का मध्यम स्वतन्त्रता-आर्थिक व मानसिक स्वतन्त्रता का समय।

-भारत में एकदलीय सरकार।

-पूर्ण सूर्य ग्रहण (अमावस्या, दिपावली)

शुक्रवार, 27 अक्टुबर, 1995 ई0

-संयुक्त राष्ट्र संघ का 50वाँ वर्ष।

-भारत का मध्यम स्वतन्त्रता-आर्थिक व मानसिक स्वतन्त्रता का समय।

-भारत में एकदलीय सरकार।

-गणेश जी का दूध पीना

-लव कुश सिंह द्वारा गृह त्याग, एक्जीबीशन रोड, पटना (बिहार) के राजधानी गेस्ट हाउस में 4 दिन रूक कर "अद्वैत के व्यावहारिकता" का मूल सूत्र व "प्राकृतिक सत्य मिशन" के स्वरूप को प्राथमिक रूप से लिपिबद्ध करना।

मई, 1996 ई0

-संयुक्त राष्ट्र संघ का 50वाँ वर्ष।

-भारत का मध्यम स्वतन्त्रता-आर्थिक व मानसिक स्वतन्त्रता का समय।

-भारत का 11वाँ आम चुनाव, एकदलीय सरकार का अन्त। न्यूनतम साझा कार्यक्रम पर आधारित साझा सरकार का उदय। भारत में राजनीतिक अस्थिरता प्रारम्भ।

-आई.ओ.सी. रिफाइनरी के साइट कालोनी, बेगूसराय (बिहार) व खगड़िया (बिहार) में प्रवास के दौरान लव कुश सिंह द्वारा कर्मवेद: प्रथम, अन्तिम तथा पंचमवेद व मन की गुणवत्ता का विश्वमानक श्रृंखला का आरेखिय चित्रण।

जून, 1996-दिसम्बर, 1996 ई0

-संयुक्त राष्ट्र संघ का 50वाँ वर्ष समाप्त।

-भारत का मध्यम स्वतन्त्रता-आर्थिक व मानसिक स्वतन्त्रता का समय।

-भारत में साझा सरकार।

-सन् 1989 से कम्प्यूटर व्यापार से जुड़े लव कुश सिंह द्वारा व्यापार को त्यागकर विश्व-राष्ट्र के लिए कार्य करने का भाव की प्रबलता। (उम्र-28 वर्ष 2 माह लगभग)

बुधवार, 1 जनवरी, 1997 ई0

-भारत का मध्यम स्वतन्त्रता-आर्थिक व मानसिक स्वतन्त्रता का समय।

-भारत में साझा सरकार।

-स्वामी विवेकानन्द के शिकागो वकृतता के उपरान्त विदेशों में अनेक व्याख्यान देने के बाद प्रथम बार भारत वापसी का 100वाँ वर्ष।

-खगडीया (बिहार) के तत्कालिन दैनिक "आज" संवाददाता श्री विजय कुमार राय को व्यक्तिगत रूप से वार्ता द्वारा अपने विश्वमन से युक्त "विश्वमानव" रूप का परिचय और अपने नाम में मन की एक अवस्था को व्यक्त करता "विश्वमानव" शब्द को जोड़ना। कम्प्यूटर व्यापार को बन्द कर गृह जनपद मीरजापुर (उ0प्र0) के पाँचवें वामन अवतार का क्षेत्र-चुनार क्षेत्र (चरणाद्रिगढ़) को वापसी परन्तु अपने गाँव-नियामतपुर कलाँ न जाना।

बुधवार, 19 फरवरी, 1997 ई0

-भारत का मध्यम स्वतन्त्रता-आर्थिक व मानसिक स्वतन्त्रता का समय।

-भारत में साझा सरकार।

-स्वामी विवेकानन्द द्वारा स्थापित रामकृष्ण मिशन के मुख्यालय बेलूर मठ, हावड़ा (पश्चिम बंगाल) को प्राकृतिक सत्य मिशन को स्वामी विवेकानन्द के विचार के स्थापना भाग को बताते हुये रामकृष्ण मिशन को ही प्राकृतिक सत्य मिशन को प्रवर्तित कर उसका अभिन्न अंग बनाने सम्बन्धित पत्र प्रेषित।

मार्च, 1997

-संयुक्त राष्ट्र महासचिव श्री कोफी अन्नान द्वारा भारत को संयुक्त राष्ट्र के पुनर्गठन में योगदान देने के लिए विचार व्यक्त।

-भारत का मध्यम स्वतन्त्रता-आर्थिक व मानसिक स्वतन्त्रता का समय।

-भारत में साझा सरकार।

मंगलवार, 8 अप्रैल, 1997 ई0 (चैत्र नवरात्र प्रारम्भ, वि.स. 2054)

-भारत का मध्यम स्वतन्त्रता-आर्थिक व मानसिक स्वतन्त्रता का समय।

-भारत में साझा सरकार।

-लव कुश सिंह "विश्वमानव" द्वारा काल परिवर्तन (अदृश्य काल से दृश्य काल में) की घोषणा व पत्रक द्वारा चुनार क्षेत्र के समाज में, मथुरा (राधाकुण्ड, वृन्दावन), वाराणसी, के मन्दिरों व दिल्ली में स्वयं वितरण व डाक द्वारा अनेक सम्बन्धित व्यक्तियों को सूचना पत्र प्रेषित।

शनिवार, 10 मई, 1997 ई0

हिन्दू धर्म की जो पकड़ थी, वह इस समय कमजोर पड़ गयी है क्योंकि भारतीय स्वतंत्रता आन्दोलन के समय से राजनेताओं का वर्चस्व बढ़ा और उन्होंने धर्म रक्षकों को दबा दिया, जिसके परिणामस्वरूप 163 साल तक शंकराचार्य की पदवी खाली रही। इसलिए आवश्यक है कि शिक्षा के क्षेत्र में धर्म की स्थापना हो। स्वस्थ एवं श्रेष्ठ साहित्य का सृजन हो। महापुरूषों को घूम-घूम कर सनातन धर्म का प्रचार-प्रसार करना चाहिए जिससे लोगों के हृदय में भारतीय धर्म-शास्त्र के प्रति आस्था-विश्वास बढ़े। (साभार - आज, वाराणसी, दि0 10-5-1997)

-जगतगुरू शंकराचार्य स्वामी स्वरूपानन्द

सांई को भगवान कहना शास्त्र और वेद सम्मत नहीं है। इसलिए उनको भगवान, संत और गुरू नहीं माना जा सकता। सनातन धर्म ने देश को एक बनाया है। गंगा ने पूरे देश में एकता का पाठ सिखाया। लोग सांई को अवतार मान रहे हैं, जबकि अवतार उसे माना जाता है जो अपनी इच्छा से शरीर का धारण करते हैं।

(कबीरधाम, कवर्धा, छत्तीसगढ़, में आयोजित धर्म संसद का निर्णय)

-जगतगुरू शंकराचार्य स्वामी स्वरूपानन्द

सोमवार, 4 अगस्त, 1997 ई0

-भारत के प्रथम स्वतन्त्रता-आर्थिक व मानसिक स्वतन्त्रता का समय।

-भारत में साझा सरकार।

-स्वामी विवेकानन्द द्वारा स्थापित "रामकृष्ण मिशन व मठ" का 100वाँ वर्ष प्रारम्भ।

शुक्रवार, 15 अगस्त, 1997 ई0

-भारत का मध्यम स्वतन्त्रता-आर्थिक व मानसिक स्वतन्त्रता का समय।

-भारत में साझा सरकार।

-भारत के शारीरिक स्वतन्त्रता का स्वर्ण जयंती (50वाँ) वर्ष प्रारम्भ और मध्यम स्वतन्त्रता-आर्थिक व मानसिक स्वतन्त्रता का निर्बाध रूप से परतन्त्रता की ओर बढ़ना।

रविवार, 30 अगस्त, 1997 ई0

-भारत का मध्यम स्वतन्त्रता-आर्थिक व मानसिक स्वतन्त्रता का समय।

-भारत में साझा सरकार।

-भारत के शारीरिक स्वतन्त्रता का स्वर्ण जयंती (50वाँ) वर्ष और मध्यम स्वतन्त्रता-आर्थिक व मानसिक स्वतन्त्रता का निर्बाध रूप से परतन्त्रता की ओर बढ़ना।

"द्वितीय स्वतन्त्रता संग्राम शुरू करने का संसद में सर्वसम्मति से आहवान"

साभार-दैनिक जागरण, वाराणसी, दि0 31-8-97 **स्वतन्त्रता के 50 वर्ष पूर्ण होने पर संसद का निर्णय**

-लव कुश सिंह "विश्वमानव" (उम्र-29 वर्ष 10 माह 14 दिन) द्वारा मन की गुणवत्ता का अन्तर्राष्ट्रीय/विश्व मानक श्रृंखला, निर्माण का आध्यात्मिक न्यूट्रान बम, विकास दर्शन, विश्व व्यवस्था का अधिकतम एवं न्यूनतम साझा कार्यक्रम के रूप में कर्मवेद: प्रथम, अन्तिम तथा पंचम वेद का धर्मनिरपेक्ष व सर्वधर्मसमभाव रूप में रूपान्तरण का सूत्र लिपिबद्ध।

बृहस्पतिवार, 11 सितम्बर, 1997 ई0

शिक्षा प्रक्रिया मे व्यापक सुधारों की जरूरत है। 'यह रास्ता दिल्ली की ओर जाता है' लिखा साइन बोर्ड पढ़ लेना मात्र शिक्षा नहीं है। इसके बारे में चिन्तन करना पड़ेगा और कोई लक्ष्य निर्धारित करना पड़ेगा। सामाजिक परिवर्तन किस तरह से, इसकी प्राथमिकताये क्या होगीं? यह तय करना पड़ेगा। इक्कीसवी शताब्दी के लिए हमें कार्यक्रम तय करने पड़ेंगे। मौजूदा लोकतन्त्र खराब नहीं है परन्तु इसको और बेहतर बनाने की आवश्यकता है।

साभार - दैनिक जागरण, वाराणसी, दि0 11-9-97 **-रोमेश भण्डारी**

मंगलवार, 23 सितम्बर, 1997 ई0

हमारी संस्कृति कभी एकात्म नहीं रही। भारतीय संस्कृति की विशेषता विभिन्न संस्कृतियों को स्वीकार करने और उनके प्रति रचनात्मक दृष्टिकोण अपनाने की रही है। साभार - आज, वाराणसी, दि0 23-9-1997

-के.आर.नारायणन

बृहस्पतिवार, 25 सितम्बर, 1997ई0

आम आदमी से दूर हटकर साहित्य तो रचा जा सकता है, लेकिन वह निश्चित तौर पर भारतीय जन जीवन का साहित्य नहीं हो सकता। आम आदमी से जुड़ा साहित्य ही समाज के लिए कल्याकाणकारी हो सकता हैं।

साभार - दैनिक जागरण, वाराणसी, दि0-25-9-1997 **-शंकर दयाल शर्मा**

बृहस्पतिवार, 13 नवम्बर, 1997 ई0

-भारत का मध्यम स्वतन्त्रता-आर्थिक व मानसिक स्वतन्त्रता का समय।

-भारत में साझा सरकार।

-भारत के शारीरिक स्वतन्त्रता का स्वर्ण जयंती (50वाँ) वर्ष और मध्यम स्वतन्त्रता-आर्थिक व मानसिक स्वतन्त्रता का निर्बाध रूप से परतन्त्रता की ओर बढ़ना।

-श्री सत्ययोगानन्द "भुईधरा बाबा" अपने "ब्रह्माण्ड सेवा संस्थान" के माध्यम से एवं बाबा दीपनाथ व बाबा महेन्द्रनाथ के सहयोग से विश्व ऐतिहासिक सत्यकाशी: पंचम, अन्तिम तथा सप्तम काशी के (राष्ट्रीय राजमार्ग-7 पर वाराणसी-काशी: पंचम, प्रथम तथा सप्तम काशी से 18 कि.मी. तथा 1 कि.मी गंगा किनारे) श्मशान घाट, गोपालपुर में सदी के सार्वाधिक लम्बे बृहस्पतिवार, 13 नवम्बर, 1997 से सोमवार, 22 जून, 1998 (आसाढ़ मास शिवरात्रि) तक अदृश्य काल (व्यक्तिगत प्रमाणित) के अन्तिम अदृश्य महायज्ञ-विष्णु महायज्ञ और ज्ञान यज्ञ का आयोजन प्रारम्भ।

मंगलवार, 18 नवम्बर, 1997 ई0 से शनिवार, 22 नवम्बर, 1997 ई0

-भारत का मध्यम स्वतन्त्रता-आर्थिक व मानसिक स्वतन्त्रता का समय।

-भारत में साझा सरकार।

-भारत के शारीरिक स्वतन्त्रता का स्वर्ण जयंती (50वाँ) वर्ष और मध्यम स्वतन्त्रता-आर्थिक व मानसिक स्वतन्त्रता का निर्बाध रूप से परतन्त्रता की ओर बढ़ना।

-काल परिवर्तन का ब्रह्माण्डीय सूचना आठो ग्रह का 230 डिग्री के बीच आना।

बुधवार, 3 दिसम्बर, 1997 ई0

-भारत का मध्यम स्वतन्त्रता-आर्थिक व मानसिक स्वतन्त्रता का समय।

-भारत में साझा सरकार।

-भारत के शारीरिक स्वतन्त्रता का स्वर्ण जयंती (50वाँ) वर्ष और मध्यम स्वतन्त्रता-आर्थिक व मानसिक स्वतन्त्रता का निर्बाध रूप से परतन्त्रता की ओर बढ़ना।

-"विष्णु महायज्ञ और ज्ञान यज्ञ" प्रारम्भ होने के 21 वें दिन बुधवार, 3 दिसम्बर 1997 को आयोजक एवं संचालनकर्ता सत्ययोगानन्द "भुईधरा बाबा" जी ब्रहमलीन।

सोमवार, 8 दिसम्बर, 1997 ई0

-भारत का मध्यम स्वतन्त्रता-आर्थिक व मानसिक स्वतन्त्रता का समय।

-भारत में साझा सरकार।

-भारत के शारीरिक स्वतन्त्रता का स्वर्ण जयंती (50वाँ) वर्ष और मध्यम स्वतन्त्रता-आर्थिक व मानसिक स्वतन्त्रता का निर्बाध रूप से परतन्त्रता की ओर बढ़ना।

-विष्णु महायज्ञ और ज्ञान यज्ञ के आयोजक एवं संचालनकर्ता सत्ययोगानन्द "भुईधरा बाबा" जी के ब्रहमलीन होने के छठें दिन श्री लव कुश सिंह "विश्वमानव" व्यक्त और यज्ञ के उद्देश्य "विश्वमानव" और "कर्मवेद: प्रथम, अन्तिम तथा पंचमवेद" की प्राप्ति का पत्रक द्वारा घोषणा। और यज्ञ को यज्ञ की अवधि तक मन्द गति से चलाने का सुझाव व यज्ञ कार्यक्रम पत्रक द्वारा घोषित।

-श्री लव कुश सिंह "विश्वमानव" द्वारा स्वयं को स्वामी विवेकानन्द की अगली कड़ी और ब्रह्म चक्र की अन्तिम कड़ी तथा ब्रह्मलीन श्री सत्ययोगानन्द "भुईधराबाबा" को श्री रामकृष्ण की अगली कड़ी के रूप में पत्रक द्वारा घोषित।

-यज्ञ से सम्बन्धित पत्रकों का व्यापक रूप से डाक एवं भक्तों द्वारा वितरण।

बृहस्पतिवार, 1 जनवरी, 1998 ई0

-भारत का मध्यम स्वतन्त्रता-आर्थिक व मानसिक स्वतन्त्रता का समय।

-भारत में साझा सरकार।

-भारत के शारीरिक स्वतन्त्रता का स्वर्ण जयंती (50वाँ) वर्ष और मध्यम स्वतन्त्रता-आर्थिक व मानसिक स्वतन्त्रता का निर्बाध रूप से परतन्त्रता की ओर बढ़ना।

-सर्वधर्म की एकता को व्यक्त करता ईसाई, इस्लाम व हिन्दू धर्म का महत्वपूर्ण दिन क्रमशः नया वर्ष, रमजान का प्रारम्भ तथा भगवान विष्णु का दिन बृहस्पतिवार का एक ही दिन होना।

बृहस्पतिवार, 19 मार्च, 1998 ई0

-भारत का मध्यम स्वतन्त्रता-आर्थिक व मानसिक स्वतन्त्रता का समय।

-भारत के शारीरिक स्वतन्त्रता का स्वर्ण जयंती (50वाँ) वर्ष और मध्यम स्वतन्त्रता-आर्थिक व मानसिक स्वतन्त्रता का निर्बाध रूप से परतन्त्रता की ओर बढ़ना।

-भारत में साझा कार्यक्रम पर आधारित साझा सरकार के पतन के बाद आम चुनाव 1998 के उपरान्त राष्ट्रीय एजेण्डा आधारित साझा सरकार द्वारा 12वीं लोकसभा का अस्तित्व।

शनिवार, 11 अप्रैल, 1998 ई0

कुछ लोग कहते हैं कि हमारी सरकार भूमण्डलीकरण के खिलाफ है, लेकिन मैं आपको विश्वास दिलाना चाहता हूँ कि मैं गीता के संदेश को सारे भूमण्डल में प्रसारित करने का हिमायती हूँ। (दिल्ली के एक सार्वजनिक सभा में)   साभार - आज, वाराणसी, दि0-11-4-1998

-अटल बिहारी वाजपेयी

मई, 1998 ई0

जय जवान, जय किसान, जय विज्ञान (परमाणु बम परीक्षण मई, 1998 के बाद भारत के लिए)

-अटल बिहारी वाजपेयी

बुधवार, 17 जून, 1998 ई0

तू जमाना बदल, रामनगर (वाराणसी) से विन्ध्याचल (मीरजापुर) तक का क्षेत्र पुराणों में वर्णित सत्यकाशी का क्षेत्र है। साभार - राष्ट्रीय सहारा, लखनऊ, दि0 17 जून, 1998

-यदुनाथ सिंह, पूर्व विधायक, चुनार, उ0प्र0

सोमवार, 11 मई, 1998 ई0

-भारत का मध्यम स्वतन्त्रता-आर्थिक व मानसिक स्वतन्त्रता का समय।

-भारत के शारीरिक स्वतन्त्रता का स्वर्ण जयंती (50वाँ) वर्ष और मध्यम स्वतन्त्रता-आर्थिक व मानसिक स्वतन्त्रता का निर्बाध रूप से परतन्त्रता की ओर बढ़ना।

-भारत में राष्ट्रीय एजेण्डा आधारित साझा सरकार।

-भारत द्वारा विनाश का भौतिक विज्ञान आधारित परमाणु बम का पोखरण में सफल परीक्षण। परिणास्वरूप पाकिस्तान द्वारा भी परीक्षण। अमेरिका द्वारा दोनों देशों पर आर्थिक प्रतिबंध। विश्व शान्ति में अस्थिरता।

सोमवार, 15 जून, 1998 ई0

-भारत का मध्यम स्वतन्त्रता-आर्थिक व मानसिक स्वतन्त्रता का समय।

-भारत के शारीरिक स्वतन्त्रता का स्वर्ण जयंती (50वाँ) वर्ष और मध्यम स्वतन्त्रता-आर्थिक व मानसिक स्वतन्त्रता का निर्बाध रूप से परतन्त्रता की ओर बढ़ना।

-भारत में राष्ट्रीय एजेण्डा आधारित साझा सरकार।

-स्वामी विवेकानन्द के शिकागो वकृतता के समय उम्र 30 वर्ष 7 माह 29 दिन के बराबर लव कुश सिंह "विश्वमानव" का उम्र।

मंगलवार, 16 जून, 1998 ई0

-भारत का मध्यम स्वतन्त्रता-आर्थिक व मानसिक स्वतन्त्रता का समय।

-भारत के शारीरिक स्वतन्त्रता का स्वर्ण जयंती (50वाँ) वर्ष और मध्यम स्वतन्त्रता-आर्थिक व मानसिक स्वतन्त्रता का निर्बाध रूप से परतन्त्रता की ओर बढ़ना।

-भारत में राष्ट्रीय एजेण्डा आधारित साझा सरकार।

-विष्णु महायज्ञ और ज्ञान यज्ञ की अवधि का अन्तिम 7 दिन प्रारम्भ। कार्यक्रमानुसार लव कुश सिंह "विश्वमानव" द्वारा कर्मवेद सूत्र, मन का अन्तर्राष्ट्रीय/विश्व मानक श्रृंखला सूत्र, धर्म, धर्मनिरपेक्ष, सर्वधर्मसमभाव, प्राच्य और पाश्चात्य, समाज, सत्य, धर्म, एकता, काल, काल परिवर्तन, पूर्ण दृश्य काल के आरम्भ की घोषणा, हिन्दू, विश्व की आवश्यकता, सत्य चेतना, भोगेश्वर रूप, स्वस्थ समाज, स्वस्थ लोकतन्त्र, स्वस्थ उद्योग की प्राप्ति, धर्मक्षेत्र तथा राज्य क्षेत्र को मार्गदर्शन, दृश्य काल का महायज्ञ-प्राकृतिक सत्य मिशन, आध्यात्मिक न्यूट्रान बम, विश्व व्यवस्था का अधिकतम एवं न्यूनतम साक्षा कार्यक्रम, विश्व-राष्ट्रीय एजेण्डा इत्यादि पर व्यक्तिगत रूप से व्याख्यान दिये और इस समाचार को समाचार पत्रों में भी प्रकाशित कराया।

सोमवार, 22 जून, 1998 ई0 (आसाढ़ मास शिवरात्रि)

-भारत का मध्यम स्वतन्त्रता-आर्थिक व मानसिक स्वतन्त्रता का समय।

-भारत के शारीरिक स्वतन्त्रता का स्वर्ण जयंती (50वाँ) वर्ष और मध्यम स्वतन्त्रता-आर्थिक व मानसिक स्वतन्त्रता का निर्बाध रूप से परतन्त्रता की ओर बढ़ना।

-भारत में राष्ट्रीय एजेण्डा आधारित साझा सरकार।

-विष्णु महायज्ञ और ज्ञान यज्ञ की अवधि का अन्तिम दिन। पूर्णाहूति के उपरान्त यज्ञ समाप्त।

-"विष्णु महायज्ञ और ज्ञान यज्ञ" में व्याख्या किये गये समस्त विषय का संक्षेप भारत के तत्कालिन प्रधानमंत्री श्री अटल बिहारी वाजपेयी को पत्र द्वारा प्रेषित।

शुक्रवार, 10 जुलाई, 1998 ई0

काल का बोध न रखने वाले राष्ट्र का आत्मबोध व दिशाबोध भी समाप्त हो जाता है।

साभार - दैनिक जागरण, वाराणसी, दि0 10-7-1998 **-मुरली मनोहर जोशी**

सोमवार, 13 जुलाई, 1998 ई0

भारत के लिए फ्रांस की राष्ट्रपति प्रणाली ज्यादा उपयुक्त

साभार - दैनिक जागरण, वाराणसी, दि0-13-7-98 **-आर. वेंकटरामन**

मंगलवार, 11 अगस्त, 1998 ई0

-भारत का मध्यम स्वतन्त्रता-आर्थिक व मानसिक स्वतन्त्रता का समय।

-भारत के शारीरिक स्वतन्त्रता का स्वर्ण जयंती (50वाँ) वर्ष और मध्यम स्वतन्त्रता-आर्थिक व मानसिक स्वतन्त्रता का निर्बाध रूप से परतन्त्रता की ओर बढ़ना।

-भारत में राष्ट्रीय एजेण्डा आधारित साझा सरकार।

-श्री लव कुश सिंह "विश्वमानव" द्वारा कर्मवेदीय एवं मन की गुणवत्ता का अन्तर्राष्ट्रीय मानक श्रृंखला पर शास्त्र-साहित्य सृजन प्रारम्भ।

मैं आवाहन करता हूँ-देश की युवा पीढ़ी का, जो इस महान गौरवशाली देश का नेतृत्व करे और संकीर्णता, भय, आसमानता, असहिष्णुता से ऊपर उठकर राष्ट्र को ज्ञान-विज्ञान के ऐसे धरातल पर स्थापित करे कि लोग कहें यही तो भारत महान है। (विज्ञापन द्वारा प्रकाशित अपील)

साभार - दैनिक जागरण, वाराणसी, दि0 11-8-1998 **-मुरली मनोहर जोशी**

शनिवार, 15 अगस्त, 1998 ई0

-भारत का मध्यम स्वतन्त्रता-आर्थिक व मानसिक स्वतन्त्रता का समय।

-भारत के शारीरिक स्वतन्त्रता का स्वर्ण जयंती (50वाँ) वर्ष समाप्त और मध्यम स्वतन्त्रता-आर्थिक व मानसिक स्वतन्त्रता का निर्बाध रूप से परतन्त्रता की ओर बढ़ना।

-भारत में राष्ट्रीय एजेण्डा आधारित साझा सरकार।

-भारत का शारीरिक स्वतन्त्रता दिवस।

-श्री कृष्ण जन्माष्टमी।

-श्री लव कुश सिंह "विश्वमानव" द्वारा कर्मवेदीय एवं मन की गुणवत्ता का अन्तर्राष्ट्रीय मानक श्रृंखला पर शास्त्र-साहित्य सृजन लगातार जारी।

मंगलवार, 8 सितम्बर, 1998 ई0

आज विश्व में जो भी घटनाएं घटित हो रही हैं वह शास्त्रानुार पहले से ही सुनिश्चित है। भविष्य पुराण में भगवान वेद व्यास जी ने स्वयं भविष्यवाणी की है कि 4,900 शताब्दि कलियुग बीतने के पश्चात् भारत में बौद्धों का राज्य होगा, तदन्तर आद्य शंकराचार्य जी का प्रादुर्भाव के साथ ही वैदिक धर्म का प्रचार-प्रसार होगा और मनुस्मृति के आधार पर राजा राज्य करेंगे। पुनः 300 वर्षो तक भवनों तथा 200 वर्ष तक ईसाईयों का राज्य रहेगा। उसके बाद मौन (मत पत्रों) का राज्य रहेगा, जो 11 टोपी (राष्ट्रपति) तक चलेगा। यह क्रम लगभग 50 वर्ष तक चलेगा। इसके बाद से किसी भी पार्टी को बहुमत प्राप्त नहीं हो सकेगा। मँहगाई-भ्रष्टाचार बढ़ेंगे। माता-पिता, साधु-सन्त, ब्राह्मण-विद्रान अपमानित होंगे, तब भयानक युद्ध होगा। भारत पुनः अपने अस्तित्व में आकर विश्व गुरू पद पर स्थापित होगा। भारत में शास्त्रानुसार पुनः राज्य परम्परा की स्थापना होगी। काशी की प्राचीन सीमा से बाहर 'नयी काशी' की स्थापना आध्यात्मिक व धार्मिक दोनों दृष्टिकोण से अनुचित है क्योंकि सृष्टि की उत्पत्ति से लेकर प्रलय काल तक काशी का स्थान भिन्न नहीं हो सकता। साभार - राष्ट्रीय सहारा, वाराणसी, दि0 8-9-98

-स्वामी शिवानन्द

सोमवार, 28 सितम्बर, 1998 ई0

हिन्दुत्व महज धर्म नहीं, जीवन शैली है, आने वाली सदी में हिन्दुत्व ही विश्व को रास्ता दिखाएगा।

साभार - दैनिक जागरण, वाराणसी, दि0 28-9-98

-अटल बिहारी वाजपेयी

शुक्रवार, 23 अक्टुबर, 1998 ई0

शिक्षा के भारतीयकरण, राष्ट्रीयकरण और आध्यात्मिकता से जोड़े जाने का प्रस्ताव है, उसका क्या अर्थ है? क्या पिछले पचास वर्षों से लागू शिक्षा प्रणाली गैर भारतीय, विदेशी थी जिसमे भारत की भूत और वर्तमान वास्तविकतायें नहीं थीं?'' (अटल विहारी वाजपेयी को लिखे पत्र में) साभार - आज, वाराणसी, दि0 23-10-1998

-श्रीमती सोनिया गाँधी

रविवार, 25 अक्टूबर 1998 ई0

तीन सागरों की श्रृंखला में जन्मा पूर्व में एक ऐसा नेता पैदा होगा, जो "बृहस्पतिवार" को अपना उपासना दिन सरकारी अवकाश घोषित करेगा उस गैर ईसाई व्यक्ति की महिमा, प्रशंसा और अधिकार इतने प्रबल होंगे कि समस्त धरती व समुद्र पर्यन्त वह तूफान की तरह छाया रहेगा। यह नास्त्रेदमस की सर्वाधिक चर्चित भविष्यवाणी है भौगोलिक स्थिति के अनुसार संपूर्ण विश्व में भारत ही एक ऐसा स्थान है, जिसके दोनों छोर पर दो सागर हैं तथा चरणों में एक महासागर है नास्त्रेदमस के अनुसार एशिया का महान नेता भारत में जन्म लेगा वह ईसाई नहीं होगा, अपितु ऐसा व्यक्ति होगा जो "बृहस्पतिवार" (गुरुवार) को शुभ दिन मानेगा। संसार के प्रत्येक धर्म के उपासनावार एवं शुभवार अलग - अलग हैं ईसाइयों का पूजा दिवस रविवार है, मुसलिम धर्माचार्यों का पवित्र दिवस शुक्रवार है यहूदियों का प्रार्थना दिवस शनिवार है विश्व में एक हिन्दू जाति ही ऐसी है, जो बृहस्पतिवार (गुरुवार) को सर्वाधिक श्रेष्ठ व शुभ मानती है, क्योंकि यह देवगुरु बृहस्पति का वार है जो देवताओं के गुरु कहलाये गये हैं। **साभार- दैनिक नवभारत, 25 अक्टूबर 1998, जबलपुर (म.प्र.)**

शुक्रवार, 13 नवम्बर, 1998 ई0

यूरोप जातियों का झुकाव भारत वर्ष जैसे धार्मिक देश की ओर तेजी से होगा केवल लोग भारतीयों का अनुगमन, वेशभूषा, खान-पान, गृहस्थ संबंधों के रूप में करेंगे वरन् भारतीय धर्म तथा संस्कृति के प्रति श्वेत जातियों का आकर्षण इतना बढ़ेगा कि सन् 2000 तक दूसरे देशों मे बीसियों हिन्दू देवी-देवताओं के मंदिरों की स्थापना हो चुकी होगी और उसमें लाखों लोग पूजा, उपासना, भजन-कीर्तन और भारतीय पद्धति के संगीत का आनंद लेने आने लगेंगे, यूरोपवासियों के घरों में भारतीय देवी-देवताओं के चित्र तक लगेंगे, चीन अणुबम बनाकर भी एशिया का प्रभुता सम्पन्न देश नहीं बनेगा उसकी भारतवर्ष से काफी समय तक शत्रुता बनी रहेगी, भारत न केवल अपनी भूमि छुड़ा लेगा वरन् तिब्बत भी मुक्त हो जायेगा, उसके भारत वर्ष में मिल जाने की संभावना भी है संसार के किसी सर्वाधिक प्राचीन पर्वत से जो वर्ष भर बर्फ से का रहता है संभवतः हिमालय उससे कुछ ऐसी सामग्री, पुस्तकों और स्वर्ण मुद्राओं का भंडार मिल सकता है जो ईसा के पूर्व के इतिहास को बिलकुल ही बदल सकता है यही नहीं, उससे संबधिंत देश सम्भवतः भारत इतना शक्तिशाली हो सकता है कि रूस, अमेरिका, फ्रांस, ब्रिटेन और जर्मन मिलकर भी उसका सामना करने में समर्थ नही होंगे। उपरोक्त किसी भू-भाग से एक रहस्यमय व्यक्ति का अभ्युदय होगा जो आज तक के इतिहास का सबसे समर्थ व्यक्ति सिद्ध होगा उनके बनाये विधान सारे संसार में लागू होंगे और 2050 तक यह विधान सारी पृथ्वी को एक संघीय राज्य में बदल देंगे। सन् 2000 तक विश्व की आबादी 640 करोड़ के लगभग होगी, परमाणु युद्ध तो नहीं होंगे पर वर्ग-संघर्ष बढ़ेगा एक ओर इस तरह के संघर्ष हो रहे होंगे व दूसरी ओर एक विश्वव्यापी धार्मिक क्रांति उठ खड़ी होगी जो ईश्वर और आत्मा के नये-नये रहस्य प्रकट करेगी, विज्ञान उनकी पुष्टि करेगा फलस्वरूप नास्तिकता और वामपंथी नष्ट होता चला जाएगा उसके स्थान पर लोगों में आस्तिकता, न्याय, नीति, श्रद्धा अनुशासन और कर्तव्यपरायणता के भाव उगते चले जायेंगे। यह परिवर्तन ही विश्व शांति के आधार बन सकते हैं। प्रो जूलबर्न ने बताया है कि यह आध्यात्मिक क्रांति भारतवर्ष से ही उठेगी व इसके संचालन के लिए वह व्यक्ति सन् 1962 के पूर्व ही जन्म ले चुका है इस समय उसे भारतवर्ष के किसी महत्वपूर्ण

कार्य में संलग्न होना चाहिये उसके अनुयाइयों की बड़ी संख्या भी है व एक समर्थ संस्था के रूप में प्रकट होंगे और देखते ही देखते सारे विश्व में प्रभाव जमा लेंगे असंभव दिखने वाले परिवर्तनों को आत्मशक्ति के माध्यम से सरलता व सफलतापूर्वक सम्पन्न करेंगे। **साभार- दैनिक नवभारत, 13 नवम्बर 1998, जबलपुर (म. प्र.) भारत**

शुक्रवार, 25 दिसम्बर, 1998 ई0

शिक्षा में दूरदृष्टि होनी चाहिए तथा हमारी शिक्षा नीति और शिक्षा व्यवस्था ऐसी होनी चाहिए जिससे हम भविष्य देख सकें और भविष्य की आवश्यकताओं को प्राप्त कर सकें।साभार - आज, वाराणसी, दि0 25-12-1998

-केशरी नाथ त्रिपाठी

रविवार, 14 फरवरी, 1999 ई0

-भारत का मध्यम स्वतन्त्रता-आर्थिक व मानसिक स्वतन्त्रता का समय।

-भारत के मध्यम स्वतन्त्रता-आर्थिक व मानसिक स्वतन्त्रता का निर्बाध रूप से परतन्त्रता की ओर बढ़ना।

-भारत में राष्ट्रीय एजेण्डा आधारित साझा सरकार।

-एकात्म और प्रेम की एकता का प्रतीक महाशिवरात्रि व वेलेन्टाइन डे (प्रेम दिवस)।

-श्री लव कुश सिंह "विश्वमानव" द्वारा कर्मवेदीय एवं मन की गुणवत्ता का अन्तर्राष्ट्रीय मानक श्रृंखला पर शास्त्र-साहित्य सृजन लगातार जारी।

बृहस्पतिवार, 25 फरवरी, 1999 ई0

-भारत का मध्यम स्वतन्त्रता-आर्थिक व मानसिक स्वतन्त्रता का समय।

-भारत के मध्यम स्वतन्त्रता-आर्थिक व मानसिक स्वतन्त्रता का निर्बाध रूप से परतन्त्रता की ओर बढ़ना।

-भारत में राष्ट्रीय एजेण्डा आधारित साझा सरकार।

-श्री लव कुश सिंह "विश्वमानव" द्वारा कर्मवेदीय एवं मन की गुणवत्ता का अन्तर्राष्ट्रीय मानक श्रृंखला पर शास्त्र-साहित्य सृजन लगातार जारी।

-उत्तर भारत के समस्त शिवलिंगों का रंग बदलना जिसे तीसरे नेत्र के खुलने का प्रतीक माना गया।

सोमवार, 29 मार्च, 1999 ई0

-भारत का मध्यम स्वतन्त्रता-आर्थिक व मानसिक स्वतन्त्रता का समय।

-भारत के मध्यम स्वतन्त्रता-आर्थिक व मानसिक स्वतन्त्रता का निर्बाध रूप से परतन्त्रता की ओर बढ़ना।

-भारत में राष्ट्रीय एजेण्डा आधारित साझा सरकार।

-श्री लव कुश सिंह "विश्वमानव" द्वारा कर्मवेदीय एवं मन की गुणवत्ता का अन्तर्राष्ट्रीय मानक श्रृंखला पर शास्त्र-साहित्य सृजन प्रारम्भ।

-अहिंसा और हिंसा की एकता को व्यक्त करता महावीर जयंती व इदुल्जुहा का दिन।

जनवरी व मार्च, 1999 ई0

-एक ही माह में दो पूर्ण चाँद

शुक्रवार, 25 जून 1999 ई0

उत्तर भारत के शिव मन्दिरों में स्थित शिवलिंगों का रंग बदलना जिससे तीसरे नेत्र के खुलने का अनुमान अलग घटना है। (साभार -"अमर उजाला" इलाहाबाद संस्करण 25-6-1999)

बुधवार, 30 जून, 1999 ई0

अकेले राजशक्ति के सहारे समाजिक बदलाव सम्भव नहीं (30 जून, 1999 को लखनऊ में राष्ट्रीय पुर्ननिर्माण वाहिनी के शुभारम्भ में) **-अटल बिहारी वाजपेयी**

बुधवार, 11 अगस्त, 1999 ई0

-भारत का मध्यम स्वतन्त्रता-आर्थिक व मानसिक स्वतन्त्रता का समय।

-भारत के मध्यम स्वतन्त्रता-आर्थिक व मानसिक स्वतन्त्रता का निर्बाध रूप से परतन्त्रता की ओर बढ़ना।

-भारत में राष्ट्रीय एजेण्डा आधारित साझा सरकार।

-श्री लव कुश सिंह "विश्वमानव" द्वारा कर्मवेदीय एवं मन की गुणवत्ता का अन्तर्राष्ट्रीय मानक श्रृंखला पर शास्त्र-साहित्य सृजन लगातार जारी।

-पूर्ण सूर्य ग्रहण, शिव-भक्ति के लिए मलमास (पुरूषोत्तम मास) प्रारम्भ।

रविवार, 15 अगस्त, 1999 ई0

-भारत का मध्यम स्वतन्त्रता-आर्थिक व मानसिक स्वतन्त्रता का समय।

-भारत के मध्यम स्वतन्त्रता-आर्थिक व मानसिक स्वतन्त्रता का निर्बाध रूप से परतन्त्रता की ओर बढ़ना।

-भारत में राष्ट्रीय एजेण्डा आधारित साझा सरकार।

-श्री लव कुश सिंह "विश्वमानव" द्वारा कर्मवेदीय एवं मन की गुणवत्ता का अन्तर्राष्ट्रीय मानक श्रृंखला पर शास्त्र-साहित्य सृजन लगातार जारी।

-भारत का शारीरिक स्वतन्त्रता दिवस।

-14-15 अगस्त 1947 की रात जब भारत स्वतन्त्र हुआ था तब आठों ग्रह सहित सूरज चाँद अर्थात् पूरा सौरमण्डल भारत के आकाश में अनुपस्थित था जबकि स्वतन्त्रता दिवस 15 अगस्त 1999 को मंगल और चाँद को छोड़ सभी ग्रह और तारे पहली बार लाल किले पर झण्डा फहराने के समय उपस्थित थे। (साभार-"दैनिक जागरण" वाराणसी संस्करण, दिनांक 15-08-1999)

बुधवार, 13 अक्टुबर, 1999 ई0

-भारत का मध्यम स्वतन्त्रता-आर्थिक व मानसिक स्वतन्त्रता का समय।

-भारत के मध्यम स्वतन्त्रता-आर्थिक व मानसिक स्वतन्त्रता का निर्बाध रूप से परतन्त्रता की ओर बढ़ना।

-भारत में गठबन्धन आधारित "राष्ट्रीय जनतान्त्रिक गठबन्धन" का साझा सरकार सत्तारूढ़। 13वीं लोकसभा।

-श्री लव कुश सिंह "विश्वमानव" द्वारा कर्मवेदीय एवं मन की गुणवत्ता का अन्तर्राष्ट्रीय मानक श्रृंखला पर शास्त्र-साहित्य सृजन लगातार जारी।

-श्री लव कुश सिंह "विश्वमानव" का उम्र 32 वर्ष, 27 वर्ष बाद 10 दिन का शारदीय नवरात्र।

सोमवार, 8 नवम्बर, 1999 ई0

विश्व का रूपान्तरण तभी सम्भव है जब सभी राष्ट्र मान लें कि मानवता के सामने एक मात्र विकल्प शान्ति, परस्पर समभाव, प्रेम और एकजुटता है। भारतीय धर्मों के प्रतिनिधियों से मित्रवत् सूत्रपात होगा। तीसरी सहस्त्राब्दि में एशियाई भूमि पर ईसाइयत की जड़ें मजबूत होंगी। इस सहस्त्राब्दि को मनाने का अच्छा तरीका वही होगा कि हम धर्म के प्रकाश की ओर अग्रसर हों और समाज के प्रत्येक स्तर पर न्याय और समानता के बहाल के लिए प्रयासरत हांे। हम सबको विश्व का भविष्य सुरक्षित रखने और उसे समृद्ध करने के लिए एकजुट होना चाहिए। विज्ञान और तकनीकी के क्षेत्र में प्रगति के साथ-साथ आध्यात्मिक उन्नति भी उतनी ही आवश्यक है। धर्म को कदापि टकराव का बहाना नहीं बनाना चाहिए-भारत को आशीर्वाद। (भारत यात्रा पर)

साभार - अमर उजाला, इलाहाबाद, दि0 08-11-1999 **-जान पाल, द्वितीय**

बृहस्पतिवार, 18 नवम्बर, 1999 ई0

-भारत का मध्यम स्वतन्त्रता-आर्थिक व मानसिक स्वतन्त्रता का समय।

-भारत के मध्यम स्वतन्त्रता-आर्थिक व मानसिक स्वतन्त्रता का निर्बाध रूप से परतन्त्रता की ओर बढ़ना।

-भारत में गठबन्धन आधारित "राष्ट्रीय जनतान्त्रिक गठबन्धन" का साझा सरकार।

-श्री लव कुश सिंह "विश्वमानव" द्वारा कर्मवेदीय एवं मन की गुणवत्ता का अन्तर्राष्ट्रीय मानक श्रृंखला पर शास्त्र-साहित्य सृजन लगातार जारी।

-लियो (सिंह) राशि की ओर से आकाश में उल्का पात।

शनिवार, 18 दिसम्बर, 1999 ई0

दार्शनिक आधार पर चर्चा करने से ही अलगाव बढ़ता है। जब तक व्यावहारिक रूप में धार्मिकता के आधार पर विचारों का सामंजस्य नहीं स्थापित होगा, तब तक हम ऊपर नहीं उठ सकते। दार्शनिक दृष्टि से धर्म में अन्तर होता है लेकिन धार्मिक दृष्टि से नहीं। नई सदी में कार्यों को संपादित करने वाले आप (नये पीढ़ी से) ही है, पुरानी पीढ़ी आपके पीछे है लेकिन सारा दायित्व आप के ऊपर ही है इसलिए पहले अच्छी तरह से शिक्षा ग्रहण करें। (वाराणसी यात्रा में) साभार - अमर उजाला, इलाहाबाद दि0 18-12-1999 **-दलाई लामा**

बुधवार, 22 दिसम्बर, 1999 ई0

-भारत का मध्यम स्वतन्त्रता-आर्थिक व मानसिक स्वतन्त्रता का समय।

-भारत के मध्यम स्वतन्त्रता-आर्थिक व मानसिक स्वतन्त्रता का निर्बाध रूप से परतन्त्रता की ओर बढ़ना।

-भारत में गठबन्धन आधारित "राष्ट्रीय जनतान्त्रिक गठबन्धन" का साझा सरकार।

-श्री लव कुश सिंह "विश्वमानव" द्वारा कर्मवेदीय एवं मन की गुणवत्ता का अन्तर्राष्ट्रीय मानक श्रृंखला पर शास्त्र-साहित्य सृजन लगातार जारी।

-133 वर्ष वाद सबसे बड़ा चाँद।

रविवार, 26 दिसम्बर, 1999 ई0

शंकर दयाल शर्मा की मृत्यु (ब्रह्मलीन)

इनके सार्वभौम विचार

"आम आदमी से दूर हटकर साहित्य तो रचा जा सकता है, लेकिन वह निश्चित तौर पर भारतीय जन जीवन का साहित्य नहीं हो सकता। आम आदमी से जुड़ा साहित्य ही समाज के लिए कल्याकाणकारी हो सकता हैं।" साभार - दैनिक जागरण, वाराणसी, दि0-25-9-97 **-श्री शंकर दयाल शर्मा**

जनवरी, 2000 ई0

-भारत का मध्यम स्वतन्त्रता-आर्थिक व मानसिक स्वतन्त्रता का समय।

-भारत के मध्यम स्वतन्त्रता-आर्थिक व मानसिक स्वतन्त्रता का निर्बाध रूप से परतन्त्रता की ओर बढ़ना।

-भारत में गठबन्धन आधारित "राष्ट्रीय जनतान्त्रिक गठबन्धन" का साझा सरकार।

-श्री लव कुश सिंह "विश्वमानव" द्वारा कर्मवेदीय एवं मन की गुणवत्ता का अन्तर्राष्ट्रीय मानक श्रृंखला पर शास्त्र-साहित्य सृजन लगातार जारी।

-स्वामी विवेकानन्द के चिरशान्ति में लीन होने के 97 वर्ष 5 माह 27 दिन बाद का दिन।

-भारत के समक्ष विचारधारा, विदेशनीति, स्वतन्त्रता, संविधान, संयुक्त राष्ट्र संघ के पुनर्गठन, जनसंख्या, बेरोजगारी, साम्प्रदायिक सद्भाव इत्यादि का संकट।

-संयुक्त राष्ट्र संघ के समक्ष समाजिक, सांस्कृतिक और पर्यावरण से युक्त हो भूमण्डलीकरण के सिद्धान्त का संकट।

-संयुक्त राष्ट्र संघ और भारत के उपरोक्त संकट के हल के लिए ही श्री लव कुश सिंह "विश्वमानव" द्वारा शास्त्र-साहित्य सृजन लगातार जारी था।

बृहस्पतिवार, 20 जनवरी, 2000 ई0

हिन्दू-बौद्ध एकता से विश्व में बढ़ते ईसाइयों और इस्लाम के विस्तारवादी मनोवृत्ति को रोकने में निश्चित रूप से सफलता (लुम्बीनी में आयोजित सभा में) साभार - दैनिक जागरण, वाराणसी दि0 20-01-2000

-अशोक सिंघल

बौद्धों के अनुरोध पर गौतम बुद्ध के विष्णु अवतार सिद्ध करने सम्बन्धी अवधारणा को आगे न बढ़ने पर सहमति। (मूलगंध कुटी बिहार, सारनाथें) साभार -दैनिक जागरण, वाराणसी, दि0 20-01-2000

-स्वामी जयेन्द्र सरस्वती

फरवरी, 2000 ई0

किसी भी समाज का मानकीकरण पद्धति, इसे सृजित करने वाले समाज से न तो बेहतर होगी और न ही बदतर। इसकी प्रथमिकताएं, समाज के लक्ष्य हैं और इसके मूल्य समाज के मूल्य हैं।

साभार- भारतीय मानक ब्यूरो, त्रैमासिकी- "मानक दूत" ,वर्ष-20, अंक- 1-2, 2000

-डब्ल्यू0.टी.कैबेनो

मंगलवार, 22 फरवरी, 2000 ई0

"अपने उद्देश्य और शक्ति के कारण मीडिया को 'फोर्थ स्टेट' नहीं बल्कि 'फस्र्ट स्टेट' का दर्जा मिलना चाहिए हालांकि कुछ वर्षों से मीडिया की भूमिका न्यूज सप्लायर की हो गयी है। मीडिया का सशक्त तंत्र, लोकतंत्र के तीनों अंगों की आलोचना करने में समर्थ है। और उनको सही दिशा में कार्य करने पर जोर देता है। लेकिन विचार और आलोचना के लिए स्वतंत्र होने का मतलब यह नहीं है कि समाज को प्रभावित करने वाली महत्वपूर्ण घटनाओं की पहले ही इच्छानुसार अभिव्यक्ति की जाय। दरअसल मीडिया की भूमिका रचनात्मक विपक्ष की तरह होनी चाहिए। जो बातें प्रशंसा के योग्य हो उन्हें अहमियत दी जाए। बुरी बात को कहने से हिचकने की जरुरत नहीं है हालांकि दुर्भाग्य से आज ऐसा नहीं हो रहा है।" (पत्रकारिता विभाग, बी0 एच0 यू0 में बोलते हुए) साभार - अमर उजाला, इलाहाबाद दि0 22-02-2000 **-न्यायमूर्ति परशुराम वी0 सावंत, अध्यक्ष प्रेस काउंसिल आफ इण्डिया**

"अक्सर मीडिया जनविरोधी भूमिका अदा कर रहा है इसकी तीन नजीरें देता हूँ। पहली, यह अक्सर लोगों का ध्यान वास्तविक समस्याओं से हटा देती है, जो कि आर्थिक है। लोग बेरोजगारी, मँहगाई और स्वास्थ्य संबंधी समस्याओं से जूझ रहे हैं। ये लोग इस समस्यओं से ध्यान हटाकर फिल्मी सितारों, फैशन परेड और क्रिकेट का मुजाहिरा करते हैं। लगता है जैसे लोगों की यहीं समसस्याएँ हैं। मीडिया में आम कार्यशैली काफी निम्न है और मीडिया के ज्यादातर लोगों के बारे में मेरी खराब राय है। मैं नहीं समझता कि उन्हें आर्थिक सिद्धान्तों, राजनीतिशास्त्र, साहित्य या दर्शन के बारे में काफी कुछ जानकारी होगी। मैं नहीं समझता कि उन्होंने इन सबका अध्ययन किया होगा। मुझे यह कहने में अफसोस है कि मीडिया के ज्यादातर लोगों के विवेक का स्तर काफी निम्न है।" (एक टी.वी चैनल के इण्टरव्यू में)**-मार्कंडेय काटजू, (सेवा निवृत्त न्यायाधीश) अध्यक्ष, भारतीय प्रेस परिषद्**

मार्च, 2000 ई0

विश्व को लोकतन्त्र, भारत का उपहार; ज्ञान और सूचना आधारित सहयोग; भारत और अमेरिका मिलकर विश्व को नई दिशा दे सकता है; भारत यदि शून्य और दशमलव न दिया होता तो कम्प्यूटर चिप्स बनाना असम्भव होता; प्रत्येक देश कहता है हम महान हैं परन्तु कैसे? यह सिद्ध करना एक चुनौति है। इत्यादि।

(भारत यात्रा पर दि0 20-24 मार्च' 2000 के समय वक्तव्य) **-बिल क्लिन्टन**

बृहस्पतिवार, 16 मार्च, 2000 ई0

हिन्दू चिन्तन पर आधारित नई आचार संहिता बने। साभार-अमर उजाला, इलाहाबाद दि0 16-03-2000 **-के. एस. सुदर्शन**

शुक्रवार, 5 मई, 2000 ई0

-भारत का मध्यम स्वतन्त्रता-आर्थिक व मानसिक स्वतन्त्रता का समय।

-भारत के मध्यम स्वतन्त्रता-आर्थिक व मानसिक स्वतन्त्रता का निर्बाध रूप से परतन्त्रता की ओर बढ़ना।

-भारत में गठबन्धन आधारित "राष्ट्रीय जनतान्त्रिक गठबन्धन" का साझा सरकार।

-श्री लव कुश सिंह "विश्वमानव" द्वारा कर्मवेदीय एवं मन की गुणवत्ता का अन्तर्राष्ट्रीय मानक श्रृंखला पर शास्त्र-साहित्य सृजन लगातार जारी।

-सूर्य-चाँद सहित पाँच ग्रहों का 26 डिग्री के बीच आकर पुनः काल परिवर्तन की सूचना।

सोमवार, 12 जून, 2000 ई0

-भारत का मध्यम स्वतन्त्रता-आर्थिक व मानसिक स्वतन्त्रता का समय।

-भारत के मध्यम स्वतन्त्रता-आर्थिक व मानसिक स्वतन्त्रता का निर्बाध रूप से परतन्त्रता की ओर बढ़ना।

-भारत में गठबन्धन आधारित "राष्ट्रीय जनतान्त्रिक गठबन्धन" का साझा सरकार।

-श्री लव कुश सिंह "विश्वमानव" द्वारा कर्मवेदीय एवं मन की गुणवत्ता का अन्तर्राष्ट्रीय मानक श्रृंखला पर शास्त्र-साहित्य सृजन लगातार जारी।

-श्री लव कुश सिंह "विश्वमानव" द्वारा संयुक्त राष्ट्र महासचिव श्री कोफी अन्नान को विश्व शान्ति के लिए मन की गुणवत्ता का अन्तर्राष्ट्रीय मानक श्रृंखला तथा अन्तर्राष्ट्रीय/विश्व स्तर का मानव संसाधन निर्माण के लिए SHYAM.C तकनीकी की स्थापना एवं संयुक्त राष्ट्र संघ के पुनर्गठन के लिए प्रक्रिया स्तर का पत्र पंजीकृत डाक से प्रेषित। साथ ही भारत में स्थित सभी देशों के दूतावास, भारत के तत्कालिन राष्ट्रपति, उपराष्ट्रपति, प्रधानमंत्री, मानव संसाधन मंत्री इत्यादि को भी प्रेषित।

रविवार, 16 जुलाई, 2000 ई0

-भारत का मध्यम स्वतन्त्रता-आर्थिक व मानसिक स्वतन्त्रता का समय।

-भारत के मध्यम स्वतन्त्रता-आर्थिक व मानसिक स्वतन्त्रता का निर्बाध रूप से परतन्त्रता की ओर बढ़ना।

-भारत में गठबन्धन आधारित "राष्ट्रीय जनतान्त्रिक गठबन्धन" का साझा सरकार।

-श्री लव कुश सिंह "विश्वमानव" द्वारा कर्मवेदीय एवं मन की गुणवत्ता का अन्तर्राष्ट्रीय/विश्व मानक श्रृंखला पर शास्त्र-साहित्य सृजन का कार्य लगभग समाप्त। (उम्र 32 वर्ष 9 माह)

-141 वर्ष बाद गुरू पूर्णिमा के दिन ही पूर्ण चन्द्र ग्रहण जो अब सन् 3000 के बाद होगा। अर्थात् व्यष्टि गुरूओं का प्राकृतिक विरोध।

सोमवार, 28 अगस्त से बृहस्पतिवार, 31 अगस्त, 2000 ई0 तक

-भारत का मध्यम स्वतन्त्रता-आर्थिक व मानसिक स्वतन्त्रता का समय।

-भारत के मध्यम स्वतन्त्रता-आर्थिक व मानसिक स्वतन्त्रता का निर्बाध रूप से परतन्त्रता की ओर बढ़ना।

-भारत में गठबन्धन आधारित "राष्ट्रीय जनतान्त्रिक गठबन्धन" का साझा सरकार।

-श्री लव कुश सिंह "विश्वमानव" द्वारा विश्व, भारत व व्यक्ति की शान्ति, एकता व विकास के मार्ग के लिए विवशता की प्रतीक्षा प्रारम्भ।

-न्यूयार्क में संयुक्त राष्ट्र संघ द्वारा आयोजित सहस्त्राब्दि विश्व धर्म सम्मेलन। जिसमें हिन्दू धर्म के प्रतिनिधि का महत्व कम।

मंगलवार, 5 सितम्बर से बृहस्पतिवार, 7 सितम्बर, 2000 ई0 तक

-भारत का मध्यम स्वतन्त्रता-आर्थिक व मानसिक स्वतन्त्रता का समय।

-भारत के मध्यम स्वतन्त्रता-आर्थिक व मानसिक स्वतन्त्रता का निर्बाध रूप से परतन्त्रता की ओर बढ़ना।

-भारत में गठबन्धन आधारित "राष्ट्रीय जनतान्त्रिक गठबन्धन" का साझा सरकार।

-श्री लव कुश सिंह "विश्वमानव" द्वारा विश्व, भारत व व्यक्ति की शान्ति, एकता व विकास के मार्ग के लिए विवशता की प्रतीक्षा

-न्यूयार्क में संयुक्त राष्ट्र संघ द्वारा आयोजित राष्ट्राध्यक्षों का सम्मेलन।

-संयुक्त राष्ट्र महासचिव श्री कोफी अन्नान द्वारा "विश्व के लिए मानवता आधारित नया मार्ग रखने का आवाहन्" तथा वक्तव्य-".......... लेकिन भूमण्डलीय क्रिया का प्रारम्भ कहीं निर्मित हो चुका है और यदि संयुक्त राष्ट्र संघ में नहीं तो कहाँ? .... मैं जानता हूँ स्वयं की एक घोषणा कम महत्व रखती है। परन्तु दृढ़ प्रतिज्ञा युक्त एक घोषणा और यथार्थ लक्ष्य, सभी राष्ट्रों के नेताओं द्वारा निश्चित रुप से स्वीकारने योग्य, अपने सत्ताधारी की कुशलता का निर्णय के लिए एक पैमाने के रुप में विश्व के व्यक्तियों के लिए अति महत्व का हो सकता है। .... और मैं आशा करता हूँ कि यह कैसे हुआ? देखने के लिए सम्पूर्ण विश्व पीछे होगा।" का संकेत। भारत का वेद मंत्र- "सर्वेभवन्तु संखिनः" का सन्देश।

"विश्व में एक धर्म, एक भाषा, एक वेश भूषा, एक खान पान, एक रहन-सहन पद्धति, एक शिक्षा पद्धति, एक कोर्ट, एक न्याय व्यवस्था, एक अर्थ व्यवस्था लागू की जाय"

-धार्मिक नेताओं के सहस्त्राब्दि विश्व शान्ति सम्मेलन का परिणाम

बृहस्पतिवार, 6 अक्टुबर, 2000 ई0

-भारत का मध्यम स्वतन्त्रता-आर्थिक व मानसिक स्वतन्त्रता का समय।

-भारत के मध्यम स्वतन्त्रता-आर्थिक व मानसिक स्वतन्त्रता का निर्बाध रूप से परतन्त्रता की ओर बढ़ना।

-भारत में गठबन्धन आधारित "राष्ट्रीय जनतान्त्रिक गठबन्धन" का साझा सरकार।

-श्री लव कुश सिंह "विश्वमानव" द्वारा विश्व, भारत व व्यक्ति की शान्ति, एकता व विकास के मार्ग के लिए विवशता की प्रतीक्षा

बृहस्पतिवार, 26 अक्टुबर 2000 ई0

दिपावली तथा मुसलमानों का ज्योति पर्व "मेराजुन्नबी" की एकता

मंगलवार, 31 अक्टुबर, 2000 ई0

भारत बौद्धिक विस्फोट के मुहाने पर खड़ा है। हर क्षेत्र में भारतीयों का दखल हो रहा है। वह दिन समय नहीं, जब भारत भी पूरी दुनिया में अपना लोहा मनवाएगा। हालांकि इसका लाभ उठाने के लिए भारत को अतीत की पहेलीयों को सुलझाना होगा।" साभार - अमर उजाला, वाराणसी, दि0 31 अक्टूबर 2000

-वी. एस. नायपाल(नोबेल पुरस्कार से सम्मानित)

शुक्रवार, 17 नवम्बर, 2000 ई0

-भारत का मध्यम स्वतन्त्रता-आर्थिक व मानसिक स्वतन्त्रता का समय।

-भारत के मध्यम स्वतन्त्रता-आर्थिक व मानसिक स्वतन्त्रता का निर्बाध रूप से परतन्त्रता की ओर बढ़ना।

-भारत में गठबन्धन आधारित "राष्ट्रीय जनतान्त्रिक गठबन्धन" का साझा सरकार।

-श्री लव कुश सिंह "विश्वमानव" द्वारा विश्व, भारत व व्यक्ति की शान्ति, एकता व विकास के मार्ग के लिए विवशता की प्रतीक्षा

-लियो (सिंह) राशि की ओर से पुनः उल्कापात।

बुधवार, 13 दिसम्बर, 2000 ई0

-भारत का मध्यम स्वतन्त्रता-आर्थिक व मानसिक स्वतन्त्रता का समय।

-भारत के मध्यम स्वतन्त्रता-आर्थिक व मानसिक स्वतन्त्रता का निर्बाध रूप से परतन्त्रता की ओर बढ़ना।

-भारत में गठबन्धन आधारित "राष्ट्रीय जनतान्त्रिक गठबन्धन" का साझा सरकार।

-श्री लव कुश सिंह "विश्वमानव" द्वारा विश्व, भारत व व्यक्ति की शान्ति, एकता व विकास के मार्ग के लिए विवशता की प्रतीक्षा

-जेमिनि (मिथुन) राशि की ओर से उल्कापात।

रविवार, 31 दिसम्बर, 2000 ई0

अन्तर्राष्ट्रीय ख्याति प्राप्त प्रसिद्ध ज्योतिषि श्री बेजन दारूवाला के अनुसार - (तीसरी सहस्त्राब्दी के प्रारम्भ में) - टेक्नोलाजी के पूरी तरह छीज जाने का तीसरा अंतिम दौर आएगा अप्रैल 2011 में, जब नेप्च्यून टेक्नोलॉजी की राशि कुंभ राशि को छोड़ेगा और 5 अप्रैल 2011 से मानवता और आध्यात्मिकता की राशि में प्रवेश करेगा। जाहिर है इसका मतलब यह नहीं होगा कि टेक्नोलाजी और खासकर कम्प्यूटर कहीं फेंक दिये जायेंगे और हम उन्हें इस्तेमाल करना बन्द कर दंगे। निश्चय ही इसका मतलब यह होगा कि हम टेक्नोलाजी की ताकत का इस्तेमाल जनता के हित में करना सीख लेंगे। टेक्नोलाजी अपना महत्व और अपनी सर्वोच्च हैसियत तीन दौरों में खो देगी। 1. 2003 के अंत में, 2. 2008 के अंत में 3. अप्रैल 2011 के बाद। जीवन-जन्म-पुर्नजीवन का अन्तिम रहस्य 6 अक्टुबर 2012 और 23 दिसम्बर 2014 के बीच खुलेगा। मस्तिष्क के कामकाज इसकी कार्यप्रणाली, शक्ति व जटिलता के रहस्यों की छानबीन 2006 और 2011 के बीच अपने अंजाम तक पहुँचेगी, जब बृहस्पति मेष राशि में

आयेगा। मेष राशि का मस्तिष्क के साथ काफी गहरा सम्बन्ध है। लिहाजा अचेतन रूप से और बगैर किसी इरादे के मैंने यह खोज की है कि सन 2011 हम मनुष्यों के लिए बहुत विशेष महत्व वाला होगा। सन् 2022 देवी शक्ति का साल होगा, जो अपनी उत्पत्ति में भारतीय होगी और प्रभाव में सार्वभौम। यह देवी बोध और अनुकम्पा का सदेह रूप होगी। यह बोध और अनुकम्पा प्रेम और संवेदना की हमारी समझ से परे होगी। साथ ही मैं खुले तौर पर यह भी स्वीकार करता हूँ कि यह देवी भारतीय होगी, ऐसा मुझे सिर्फ इसलिए लगता है क्योंकि मैं भारतीय हूँ। चेस्टस्टन ने कहा था, "ब्रह्माण्डीय दर्शन मनुष्य के अनुरूप बैठने के लिए नहीं, बल्कि ब्रह्माण्ड के अनुरूप बैठने के लिए रचा गया है। मनुष्य के पास ठीक उसी तरह अपना एक नीजी धर्म नहीं हो सकता, जिस तरह उसके पास एक निजी सूर्य और एक चंद्रमा नहीं हो सकता।" सन 2034 में सार्वभौम विलायक का चिन्ह मीन कर्क राशि में स्थित शनि के साथ अत्यन्त मेल की स्थिति में बैठने जा रहा है। बृहस्पति भी कर्क में स्थित यूरेनस के साथ वैसे ही सुंदर सहमेल की स्थिति में है। यूरेनस विशाल, निष्पक्ष, वस्तुगत मूल्यों के लिए आता है। यूरेनस का स्वरूप कब्जावर नहीं होता। यूरेनस सच्ची जागृती, सच्चा प्रकाश लाने वाला है। एक विश्व सरकार 14 अप्रैल 2047 और जनवरी 2050 के बीच आकार ग्रहण करेगी। बृहस्पति और शनि दोनों उस समय पूर्ण शक्ति की स्थिति में होंगे। बृहस्पति कर्क और शनि मकर राशि में होगा। प्लूटो मीन राशि में होगा और लिहाजा यह बृहस्पति और शनि, दोनों के लिए कृपालु होगा। इतना ही महत्वपूर्ण यह तथ्य भी है कि मैं अपनी नंगी आँखो से महाद्वीपों, छोटे देशों, पहाड़ों, जमीन के बड़े-बड़े हिस्सों, छोटे रकबों अथवा जमीन के हिस्सों को बगैर किसी भूकम्प के एक साथ आते देख रहा हूँ। यह सब मिलकर एक एकीकृत सम्पूर्ण में बदल रहा है। मैं शीशे जैसी कोई चीज देख रहा हूँ जो इस तक भेजी गई हर चीज को शक्तिशाली और प्रभावी तरीके से वापस फेंक रही है। हर चीज से मेरा मतलब मिसाइल से लेकर किसी नकारात्मक विचार अथवा घृणा की भावना तक से है। यह "बूमरैंग ढाल" 2049 में पूरी तरह सम्पूर्ण हो जायेगी लेकिन अस्तित्व में यह अभी ही आ चुकी है। सन 2091 संसार की पूर्णता का चरम होगा। सर्वोच्च ऊर्जा के रूप में ईश्वर का अस्तित्व और उसका रहस्य खुल कर सामने आ जायेगा। इसका सौन्दर्य और विरोधाभास यह होगा कि विज्ञान ईश्वर की सर्वोच्च ऊर्जा को वास्तविक रूप में दिखाने व प्रदर्शित करने में मददगार साबित होगा। इसी समय लोग यह जान सकेगें कि ईश्वर चिन्हों व आत्मिक शक्ति के रूप में हमारे सामने प्रकटीकरण चाहता है। गणेश जी की कृपा से मैं आप सभी के लिए यह भविष्यवाणी करने में सफल रहा हूँ। इसका कोई श्रेय मैं स्वयं को नहीं देता।

(साभार - अमर उजाला (रविवासरीय अंक), इलाहाबाद, 31-12-2000)

सन् 2001 से सन् 2010

इस दशक की मुख्य विशेषता

तकनीकी के आविष्कार से दूरदर्शन के अनेक चैनल और अधिक क्षमता के कम्प्यूटर का भारत में व्यापक विस्तार और जनता के सम्पर्क में आना

इन्टरनेट (INTERNET) का भारत में व्यापक विस्तार और जनता के सम्पर्क में आना

टेलिफोन के स्थान पर मोबाइल (CELL PHONE) का भारत में व्यापक विस्तार और जनता के सम्पर्क में आना

भारतीय समाज पर धर्म एक आवरण, परम्परा, औपचारिकता, महोत्सव की भाँति छाया हुआ था। धर्म के व्यावहारिक स्वरुप के उपलब्ध न होने के कारण व्यक्ति को धर्म से कोई लाभ नहीं दिखता था। फलस्वरुप वह धर्म आध्यात्म से दूर हटकर विज्ञान की ओर गति कर रहा था। और धार्मिक आयोजन को वह महोत्सव की भाँति संचालित कर रहा था। जिससे धर्म को वातावरण और संरक्षण प्राप्त हो रहा था। परिणामस्वरुप धर्म आध्यात्म का प्रयोग वह परिवार, समाज राज्य, देश व विश्व को मार्गदर्शन देने में करने के लिए पूर्ण रुप से सक्षम नहीं था। क्योंकि धार्मिक आध्यात्मिक तत्वों से समाज बहुत दूर हो चुका था जबकि बिना आध्यात्मिक तत्वों के ज्ञान के समाज का गठन व विकास असम्भव था।

अन्य घटना क्रम

शनिवार, 27 जनवरी, 2001 ई0

ब्लैक होल (सर्वोच्च गुरूत्वाकर्षण की ब्रह्माण्डीय अति सघन वस्तु) के पी-ब्रेन्स माडल में पी-ब्रेन, स्थान के तीन आयामों और अन्य सात आयामों में चलती है जिनके बारे में हमें कुछ पता नहीं चलता। यदि हम सभी बलों के एकीकरण का एक सार्वभौम समीकरण विकसित करें तो हम ईश्वर के मस्तिष्क को जान जायेंगे क्योंकि हम भविष्य के कार्य का निर्धारण कर सकेंगे, और यह मनुष्य के मस्तिष्क के द्वारा सर्वोच्च अविष्कार होगी। एक प्रभावपरक सिद्धान्त को बहुत ज्यादा इसके शाब्दिक अर्थ में ग्रहण करने से बचा जाना चाहिए, दर्शन शास्त्र के महान परम्परा का अन्त। (बीसवीं शताब्दी के सबसे बड़े दार्शनिक विटगेंस्टीन के कहे शब्द- दर्शनशास्त्र के लिए एक मात्र शेष कार्य - भाषा का विश्लेषण करना ही बचा है पर वक्तव्य) भारत यात्रा पर

साभार -राष्ट्रीय सहारा, हस्तक्षेप, 27 जनवरी '2001

-प्रो0 स्टीफेन हाकिंग ("समय का संक्षिप्त इतिहास")

बृहस्पतिवार, 21 जून, 2001 ई0

पूर्ण सूर्यग्रहण जिसकी अवधि 4 मिनट 57 सेकंड थी. यह अंगोला, ज़ाम्बिया, मोज़ाम्बिक और मेडागास्कर में दिखाई दिया था।

बृहस्पतिवार, 11 अक्टुबर, 2001 ई0

लोकनायक (जय प्रकाश नारायण) का सम्पूर्ण जीवन एक प्रयोगशाला था। उन्होंने विचारों से अधिक मूल्यों को महत्व दिया। **-अटल बिहारी वाजपेयी**

लोकनायक जयप्रकाश के सम्पूर्ण क्रान्ति का नारा साकार नहीं हुआ, वे लोक साहित्य को जिवित रखने का प्रयास कर रहे थे। (लोकनायक जयप्रकाश नारायण जन्म शताब्दी समारोह, जय प्रकाश नगर, बलिया (उ0 प्र0), 11 अक्टूबर, 2001) **-चन्द्रशेखर**

रविवार, 11 अगस्त, 2002 ई0

विश्व का कोई भी धर्म तभी आगे बढ़ता है जब वह अपने आप में नवीनता लाता है। सनातन धर्म नयी बातों को अपने आप में पचाने की क्षमता रखता है। साभार - सन्मार्ग, वाराणसी, दि0 11 अगस्त 2002

-श्रीमती शीला दीक्षित

बुधवार, 4 दिसंबर, 2002 ई0

पूर्ण सूर्यग्रहण जिसकी अवधि दो मिनट चार सेकंड यह दक्षिण अफ्रीका, दक्षिण ऑस्ट्रेलिया, मोज़ाम्बिक, बोत्सवाना में दिखाई दिया दिया।

रविवार, 8 दिसम्बर, 2002 ई0

अच्छी शिक्षा व्यवस्था ही प्रबुद्ध नागरिक पैदा करती है, बच्चों को नैतिक शिक्षा प्रदान की जाय और रोजगार के नये अवसर पैदा किये जायें, राष्ट्रीय शान्ति व सार्वभौमिक सद्भाव के लिए सभी धर्म आध्यात्मिक आन्दोलन में शामिल हो जायें। नवीनता के द्वारा ही ज्ञान को धन में बदला जा सकता है।"

साभार, दैनिक जागरण, वाराणसी, दि0 8 दिसम्बर 2002

-ए.पी.जे. अब्दुल कलाम

शनिवार, 18 जनवरी 2003 ई0

हरिवंश राय बच्चन जी का देहांत

बाल्यकाल में इन्हें बच्चन नाम से पुकारा जाता था जिसका शाब्दिक अर्थ "बच्चा" या "सन्तान" होता है। कालान्तर में वे इसी नाम से प्रसिद्ध हुए और वह एक "सरनेम" के रूप में पहचान बन गई। अपनी कृतियों के लिए उन्हें साहित्य अकादमी पुरस्कार, सोवियत लैण्ड नेहरू पुरस्कार, एफ्रो एशियाई सम्मेलन के कमल पुरस्कार, बिड़ला फाउण्डेशन के सरस्वती पुरस्कार, सन् 1976 में भारत सरकार द्वारा साहित्य व शिक्षा के क्षेत्र में पद्म भूषण से सम्मानित किया जा चुका है। भारत सरकार ने उन पर डाक टिकट भी जारी किया है। राजभाषा समिति के अध्यक्ष पद पर रहने के दौरान उन्होंने भारत सरकार के सौराष्ट्र मंत्रालय को गृह मंत्रालय और परराष्ट्र मंत्रालय को विदेश मंत्रालय का नाम देने में उनका योगदान रहा है। बच्चन जी ने काव्य, आत्मकथा, रचनावली व अन्य क्षेत्रों में 50 से अधिक पुस्तकें लिखीं।

"बाबूजी हम पर लदते नहीं थे। न तो व्यक्तिगत रूप से और न ही सामाजिक या और किसी रूप से। उनकी इस प्रकृति का अहसास मुझे बचपन से ही हो गया था। इससे जुड़ी मैं आपको दो घटनाएँ बताता हूँ। एक मेरे स्कूल-टाइम की है और दूसरी सन् 1985 की है। जब मैं नैनीताल में पढ़ रहा था तो बीमारी की वजह से मैं 'श्रेष्ठ अभिनेता' प्रतियोगिता में भाग नहीं ले पाया। इस कारण से मैं काफी उदास था। ऐसे में मुझे बाबूजी का सन्देश मिला - गर तुम्हारे मन हो तो अच्छा, गर न हो तो और भी अच्छा।

हालांकि उस समय मैं इसका अर्थ समझ नहीं पाया था। दूसरी घटना राजनीति में प्रवेश के दौरान की है। जब बाबूजी को मैंने अपना यह फैसला सुनाया, तो वे परेशान हो उठे, लेकिन उन्होंने कहा- गर तुम्हें लगता है कि तुम जो कर रहे हो वह उचित है तो मैं तुम्हें नहीं रोकूंगा। और मुझे जल्दी ही महसूस हो गया कि मेरा यह फैसला गलत है। बावजूद इसके उन्होंने मेरा पूरा-पूरा साथ दिया।

मुझे मधुशाला जीवन की शाला लगती है। उन्होंने साहित्य की एक नई धारा का प्रवर्तन किया। इस हालावाद में उन्होंने सिर्फ मदिरा का बखान नहीं किया है बल्कि मधुशाला के माध्यम से जीवन को समझाया है, जीवन के मूल सिद्धान्त पर रोशनी डाली है। मधुशाला ही नहीं उनकी हर पुस्तक में एक गहरी दृष्टि है, एक विशेष दृष्टिकोण मिलता है।"

- अमिताभ बच्चन (फिल्म जगत के महानायक)

"बच्चन हिन्दी काव्य के प्रेमियों के सबसे अधिक प्रिय कवि हैं, और उनकी मधुशाला लगभग छः दशक से लोकप्रियता के सर्वोच्च शिखर पर विराजमान है। सर्वप्रथम 1935 में प्रकाशित होने के बाद अब तक इसके अनेक संस्करणों की कई लाख प्रतियाँ पाठकों तक पहुँच चुकी है। महाकवि पन्त के शब्दों में - 'मधुशाला की

मादकता अक्षय है'। मधुशाला, बच्चन की एक ऐसी कृति है जिसने लोगों को दिवाना बना दिया। लोकनायक जय प्रकाश नारायण जैसे जमीन से जुड़े नेता अपने आन्दोलन की अलख बच्चन जी की कविताओं से जलाते थे, वहीं गाँधी जी मधुशाला की रूबाईयाँ सुनकर प्रसन्न हो गये थे। मधुशाला में हाला, प्याला, मधुबाला और मधुशाला के चार प्रतीकों के माध्यम से कवि ने अनेक क्रान्तिकारी, मर्मस्पर्शी, रागात्मक एवं रहस्यपूर्ण भावों को वाणी दी है। अगर बच्चन की कृतियां अनूदित होकर विश्व के अन्य देशों में पहुँचती, तो हाला, प्याला और मधुबाला के रसिक काव्य पर वहाँ के लोग भी झूमते और उसकी मस्ती नोबेल पुरस्कार वालों तक पहुँचती। हालांकि जो सम्मान और आदर बच्चन को भारतीय लोगों ने दिया, वह नोबेल से कई-कई गुणा ज्यादा है।"

- "मधुशाला" के सम्पादक (हिन्द पाकेट बुक्स की ओर से)

प्रस्तुत है "मधुशाला" की कुछ रूबाईयां-

17. धर्म-ग्रंथ सब जला चुकी है जिसके अन्तर की ज्वाला,
मन्दिर, मस्जिद, गिरजे-सबको तोड़ चुका जो मतवाला,
पंडित, मोमिन, पादरियों के फंदों को जो काट चुका,
कर सकती है आज उसी का स्वागत मेरी मधुशाला।

19. बने पुजारी प्रेमी साकी, गंगाजल पावन, हाला,
रहे फेरता अविरत गति से, मधु के प्यालों की माला,
"और लिये जा, और पिये जा"-इसी मंत्र का जाप करे,
मैं शिव की प्रतिमा बन बैठूँ, मन्दिर हो यह मधुशाला।

40. साकी बनकर मुरली आई, साथ लिए कर में प्याला,
जिनमें वह छलकाती लाई, अधर-सुध-रस की हाला,
योगिराज कर संगत उसकी, नटवर नागर कहलाए,
देखो कैसों-कैसों को है, नाच नचाती मधुशाला।

46. दुतकारा मस्जिद ने मुझको, कहकर है पीने वाला,
ठुकराया ठाकुरद्वारे ने, देख हथेली पर प्याला,
कहाँ ठिकाना मिलता जग में, भला अभागे काफिर को?
शरणस्थली बनकर न मुझे यदि, अपना लेती मधुशाला।

47. पथिक बना मैं घूम रहा हूँ, सभी जगह मिलता हाला,
सभी जगह मिल जाता साकी, सभी जगह मिलता प्याला,
मुझे ठहरने का, हे मित्रों, कष्ट नहीं कुछ भी होता,
मिले न मन्दिर, मिले न मस्जिद, मिल जाती है मधुशाला।

48. सजें न मस्जिद और नमाजी, कहता है अल्लाताला,
सज-धज कर, पर साकी आता, बन-ठन कर, पीने वाला,
शेख, कहाँ तुलना हो सकती, मस्जिद की मदिरालय से,
चिर विधवा है मस्जिद तेरी, सदा-सुहागिन मधुशाला।

49. बजी नफीरी और नमाजी, भूल गया अल्लाताला,
गाज गिरी, पर ध्यान-सुरा में, मग्न रहा पीनेवाला,
शेख, बुरा मत मानो इसको, साफ कहूँ तो, मस्जिद को,
अभी युगों तक सिखलाएगी, ध्यान लगाना मधुशाला।

50. मुसलमान औ' हिन्दू हैं दो, एक, मगर, उनका प्याला,
एक मगर, उनका मदिरालय, एक, मगर, उनकी हाला,
दोनों रहते एक न जब तक, मस्जिद-मन्दिर में जाते,

बैर बढ़ाते मस्जिद-मन्दिर, मेल कराती मधुशाला।
51. कोई भी हो शेख नमाजी, या पण्डित जपता माला,
बैर भाव चाहे जितना हो, मदिरा से रखने वाला,
एक बार बस मधुशाला के, आगे से होकर निकले,
देखूँ कैसे थाम न लेती, दामन उसका मधुशाला।
53. आज करे परहेज जगत, पर, कल पीनी होगी हाला,
आज करे इनकार जगत, पर, कल पीना होगा प्याला,
होने दो पैदा मद का महमूद, जगत में कोई, फिर,
जहाँ अभी है मन्दिर-मस्जिद, वहाँ बनेगी मधुशाला।
57. कभी नहीं सुन पड़ता, 'इसने, हा, छू दी मेरी हाला,
कभी न कोइ कहता, 'उसने, जूठा कर डाला प्याला,
सभी जाति के लोग यहाँ पर, साथ बैठकर पीते हैं,
सौ सुधारकों का करती है, काम अकेली मधुशाला।
58. श्रम, संकट, संताप सभी तुम, भला करते पी हाला,
सबक बड़ा तुम सीख चुके यदि, सीखा रहना मतवाला,
व्यर्थ बने जाते हो हरिजन, तुम तो मधुजन ही अच्छे,
ठुकराते हरि-मन्दिर वाले, पलक बिछाती मधुशाला।
62. आज मिला अवसर, तब फिर क्यों, मैं न छकूँ जी भर हाला,
आज मिला मौका, तब फिर क्यों, ढाल न लूँ जी भर प्याला,
छेड़-छाड़ अपने साकी से, आज न क्यों जी भर कर लूँ,
एक बार ही तो मिलनी है, जीवन की यह मधुशाला।
104. नहीं चाहता, आगे बढ़कर, छीनूँ ओरों का प्याला,
नहीं चाहता, धक्के देकर, छीनूँ औरों का प्याला,
साकी, मेरी ओर न देखो, मुझको तनिक मलाल नहीं,
इतना ही क्या कम आँखों से, देख रहा हूँ मधुशाला।
124. कहाँ गया वह स्वर्गिक साकी, कहाँ गई सुरभित हाला,
कहाँ गया स्वप्निल मदिरालय, कहाँ गया स्वर्णिम प्याला,
पीने वालों ने मदिरा का, मूल्य, हाय, कब पहचाना?
फूट चुका जब मधु का प्याला, टूट चुकी जब मधुशाला।
125. अपने युग में सबको अनुपम, ज्ञात हुई अपनी हाला,
अपने युग में सबको अद्भुत, ज्ञात हुआ अपना प्याला,
फिर भी वृद्धों से जब पूछा, एक यही उत्तर पाया-
अब न रहे वे पीनेवाले, अब न रही वह मधुशाला।
126. "मैं" को करके शुद्ध दिया, अब नाम गया उसको "हाला",
"मीना" को "मधुपात्र" दिया, "सागर" को नाम गया "प्याला",
क्यों न मौलवी चौंकें, बिचकें, तिलक-त्रिपुंडी पंडित जी,
"मैं-महफिल" अब अपना ली है, मैंने करके "मधुशाला"।
128. जितनी दिल की गहराई हो, उतना गहरा है प्याला,
जितनी दिल की मादकता हो, उतनी मादक है हाला,
जितनी उर की भावुकता हो, उतना सुन्दर साकी है,

जितना ही जो रसिक, उसे है, उतनी रसमय मधुशाला।

134. विश्व तुम्हारे विषमय जीवन, में ला पायेगी हाला,
यदि थोड़ी सी भी यह मेरी, मदमाती साकी बाला,
शून्य तुम्हारी घड़ीयाँ कुछ भी, यदि यह गुंजित कर पाई,
जन्म सफल समझेगी अपना, जग में मेरी मधुशाला।

नई रूबाई (1985)

देश दुश्मनों ने जब हम में, जहर फूट का था डाला,
भूल गये जो तब टूटी थी, लाखों प्यालों की माला?
सीख सबक उस कटु अनुभव से, अब हमने है क़स्द लिया,
फिर न बटेंगे पीने वाले, फिर न बँटेगी मधुशाला।

रविवार, 23 नवंबर 2003 ई0

पूर्ण सूर्यग्रहण जिसकी अवधि एक मिनट 57 सेकंड थी. यह सिर्फ़ पूर्वी अंटार्कटिका में दिखाई दिया था।

शनिवार, 2 अप्रैल 2005 ई0

जान पाल, द्वितीय की मृत्यु (ब्रह्मलीन)

इनके सार्वभौम विचार

"विश्व का रूपान्तरण तभी सम्भव है जब सभी राष्ट्र मान ले कि मानवता के सामने एक मात्र विकल्प शान्ति, परस्पर समभाव, प्रेम और एकजुटता है। भारतीय धर्मों के प्रतिनिधियों से मित्रवत् सूत्रपात होगा। तीसरी सहस्त्राब्दि में एशियाई भूमि पर ईसाइयत की जड़े मजबूत होंगी। इस सहस्त्राब्दि को मनाने का अच्छा तरीका वही होगा। कि हम धर्म के प्रकाश की ओर अग्रसर हो और समाज के प्रत्येक स्तर पर न्याय और समानता के बहाल के लिए प्रयासरत हो। हम सबको विश्व का भविष्य सुरक्षित रखने और उसे समृद्ध करने के लिए एकजुट होना चाहिए। विज्ञान और तकनीकी के क्षेत्र में प्रगति के साथ-साथ आध्यात्मिक उन्नति भी उतनी ही आवश्यक है। धर्म को कदापि टकराव का बहाना नहीं बनाना चाहिए-भारत को आशीर्वाद" (भारत यात्रा पर) साभार - अमर उजाला, इलाहाबाद, दि0 - 08-11-99 **-पोप जान पाल, द्वितीय**

बुधवार, 9 नवम्बर, 2005 ई0

के.आर.नारायणन की मृत्यु (ब्रह्मलीन)

इनके सार्वभौम विचार

"हमारी संस्कृति कभी एकात्म नहीं रही। भारतीय संस्कृति की विशेषता विभिन्न संस्कृतियों को स्वीकार करने और उनके प्रति रचनात्मक द्दष्टिकोण अपनाने की रही है।'' साभार - आज, वाराणसी, दि0. 23-9-97

- श्री के0 आर0 नारायणन

बुधवार, 29 मार्च 2006 ई0

पूर्ण सूर्यग्रहण जिसकी अवधि 4 मिनट 7 सेकंड यह पूर्ण सूर्य ग्रहण नाइजीरिया, टोगो, ब्राज़ील, घाना, जॉर्जिया, दक्षिण पश्चिमी रूस और कज़ाक़स्तान में दिखाई दिया था।

रविवार, 8 जुलाई, 2007 ई0

चन्द्रशेखर की मृत्यु (ब्रह्मलीन)

इनके सार्वभौम विचार

"लोकनायक जयप्रकाश के सम्पूर्ण क्रान्ति का नारा साकार नहीं हुआ, वे लोक साहित्य को जिवित रखने का प्रयास कर रहे थे।" (लोकनायक जयप्रकाश नारायण जन्म शताब्दी समारोह, जय प्रकाश नगर, बलिया (उ0 प्र0), 11 अक्टूबर'2001) **-चन्द्रशेखर (पूर्व प्रधानमन्त्री, भारत)**

बुधवार, 12 सितम्बर, 2007 ई0

"भारत के प्रत्येक नागरिक का यह कर्तव्य है कि वह भारत की संविधान की धारा 51 (ए) के अन्तर्गत बिना किसी जाति, वंश या मजहब के भेदभाव के गीता में दिये गये धर्म का पालन करें।" (एक जनहित याचिका पर उच्च न्यायालय, इलाहाबाद का फैसला) साभार - दी हिन्दू, चेन्नई, दि0 12 सितम्बर 2007

-माननीय न्यायमूर्ति श्री एस.एन. श्रीवास्तव, इलाहाबाद, उ0प्र0, भारत

"मुसलमानों के लिए कुरान और क्रिश्चियनों के लिए बाइबिल है। हर मजहब अपना अपना धर्म शास्त्र रखता है। इसलिए यह हम कैसे कह सकते हैं कि गीता सम्पूर्ण राष्ट्र के लिए है।" (एक जनहित याचिका पर उच्च न्यायालय, इलाहाबाद का फैसला) साभार - दी हिन्दू, चेन्नई, दि0 12 सितम्बर 2007 - **श्री एच.आर. भारद्वाज**

"भगवान शिव, हनुमान, दुर्गा ब्रह्माण्ड की अलौकिक शक्तियाँ। ये देवी-देवता किसी पंथ से जुड़े नहीं हैं। इसलिए इनके पूजन और मन्दिर के रखरखाव का खर्च, धार्मिक कृत्य नहीं।"

-आयकर अपीलीय न्यायाधिकरण (ट्रिब्यूनल), नागपुर, भारत

मंगलवार, 5 फरवरी, 2008 ई0

महर्षि महेश योगी की मृत्यु (ब्रह्मलीन)

महर्षि महेश योगी ने शंकराचार्य की मौजूदगी में रामेश्वरम् में 10 हजार बाल ब्रह्मचारियों को आध्यात्मिक योग और साधना की दीक्षा दी। हिमालय क्षेत्र में 2 वर्ष का मौन व्रत करने के बाद सन् 1955 ई. में उन्होंने "टी.एम. तकनीक (ट्रांसडेन्सल मेडिटेशन-भावातीत तकनीक)" की शिक्षा देना आरम्भ की। सन् 1957 में उनने टी.एम. आन्दोलन आरम्भ किया और इसके लिए विश्व के विभिन्न भागों का भ्रमण किया। महर्षि महेश योगी अपनी शिक्षाओं एवं अपने उपदेश के प्रसार के लिए आधुनिक तकनीकों का सहारा लिया। उन्होंने महर्षि मुक्त विश्वविद्यालय स्थापित किया जिसके माध्यम से आनलाइन शिक्षा दी जाती है। अपनी विश्व यात्रा की शुरूआत 1959 में अमेरिका से करने वाले महर्षि महेश योगी के दर्शन का मूल आधार था- "जीवन परमानन्द से भरपूर है और मनुष्य का जन्म इसका आनन्द उठाने के लिए हुआ है। प्रत्येक व्यक्ति में ऊर्जा, ज्ञान और सामथ्र्य का अपार भण्डार है तथा इसके सदुपयोग से वह जीवन को सुखद बना सकता है।" वर्ष 1990 में हालैण्ड के व्लोड्राप गाँव में ही अपनी सभी संस्थाओं का मुख्यालय बनाकर वह यहीं स्थायी रूप से बस गए और संगठन से जुड़ी गतिविधियों का संचालन किया। दुनिया भर में फैले लगभग 60 लाख अनुयाईयों के माध्यम से उनकी संस्थाओं ने आयुर्वेदिक चिकित्सा पद्धति और प्राकृतिक तरीके से बनाई गई कास्मेटिक हर्बल दवाओं के प्रयोग को बढ़ावा दिया।

महर्षि यूनिवर्सिटी आफ मैनेजमेन्ट (महर्षि प्रबन्धन विश्वविद्यालय) जो पूर्व में महर्षि अन्तर्राष्ट्रीय विश्वविद्यालय के रूप में जाना जाता था, 1973 में महर्षि महेश योगी द्वारा स्थापित किया गया है। परिसर फेयरफील्ड, आयोवा, संयुक्त राज्य अमेरिका के पूर्व पार्सन्स कालेज के परिसर में स्थित है। विश्वविद्यालय अलाभकारी है और मान्यता प्राप्त कालेजों और स्कूलों के उत्तर-मध्य एसोसिएशन के उच्च शिक्षा आयोग द्वारा पीएच.डी. स्तर तक मान्य है। विश्वविद्यालय चेतना के विकास पर आधारित शिक्षा देता है जो टी.एम. (ट्रान्सडेन्सियल मेडिटेशन) द्वारा कराया जाता है। डिग्री कार्यक्रम में कला, विज्ञान, व्यापार और मानविकी उपलब्ध हैं।

महर्षि योगी की मुद्रा "राम" को नीदरलैण्ड में कानूनी मान्यता प्राप्त है। "राम" नाम की यह मुद्रा में चमकदार रंगों वाले एक, पाँच और दस के नोट हैं। इस मुद्रा को महर्षि की संस्था "ग्लोबल कन्ट्री आफ वल्र्ड पीस" ने अक्टुबर 2002 में जारी किया था। डच सेन्ट्रल बैंक के अनुसार राम का उपयोग कानून का उल्लंघन नहीं है। बैंक के प्रवक्ता ने स्पष्ट किया कि इसके सीमित उपयोग की अनुमति दी गई है। अमरीकी राज्य आइवा के महर्षि वैदिक सिटी में भी राम का प्रचलन है। वैसे 35 अमरीकी राज्यों में "राम" पर आधारित बान्ड्स चलते हैं। नीदरलैण्ड की डच दुकानों में एक "राम" के बदले दस यूरो मिल सकते हैं। डच सेन्ट्रल बैंक के प्रवक्ता का कहना है कि इस वक्त कोई एक लाख राम नोट चल रहें हैं।

रविवार, 8 जून, 2008 ई0

शासन में फैले भ्रष्टाचार के खिलाफ छात्र आगे आएं। शिक्षा का स्वदेशी माडल चाहिए। (गुरूकुल कांगड़ी विश्वविद्यालय के दीक्षांत समारोह में) साभार - दैनिक जागरण, वाराणसी, दि0 8-06-2008

-लाल कृष्ण आडवाणी

शुक्रवार, 1 अगस्त, 2008 ई0

पूर्ण सूर्यग्रहण जिसकी अवधि 2 मिनिट 27 सेकंड यह सिर्फ़ सुमात्रा और जकार्ता में देखा जा सका था।

बृहस्पतिवार, 27 नवम्बर, 2008 ई0

विश्वनाथ प्रताप सिंह की मृत्यु (ब्रह्मलीन)

इनके सार्वभौम विचार

विश्वनाथ प्रताप सिंह, सामाजिक न्याय के लिए ऐतिहासिक रूप से अन्य पिछड़े वर्गों के लिए सार्वजनिक क्षेत्र के सभी नौकरियों में मण्डल आयोग के सिफारिशों को लागू कराने के लिए आन्दोलन किये, जो पूरे देश में काफी विरोध के बाद लागू हुआ।

मंगलवार, 27 जनवरी, 2009 ई0

आर.वेंकटरामन की मृत्यु (ब्रह्मलीन)

इनके सार्वभौम विचार

"भारत के लिए फ्रांस की राष्ट्रपति प्रणाली ज्यादा उपयुक्त" साभार - दैनिक जागरण, वाराणसी, दि0-13-7-98

- श्री आर0 वेंकटरामन

बुधवार, 22 जुलाई. 2009 ई0

पूर्ण सूर्यग्रहण जिसकी अवधि 6 मिनिट 39 सेकंड यह मध्य और उत्तरपूर्वी भारत में देखा जाएगा। इसके अलावा भूटान, चीन, म्यामार में देखा जा सकेगा. सबसे लंबे समय के लिये यह बिहार के तरेगना में दिखाई देगा। 22 जुलाई 2009 के पूर्ण सूर्य ग्रहण की ख़ास बात ये है कि ये दो चंद्र ग्रहणों के बीच आया है, 7 जुलाई और 6 अगस्त को चंद्रग्रहण हुआ था। अब इस तरह का लंबा सूर्य ग्रहण अब जून 2114 में ही दिखाई देगा।

शनिवार, 27 फरवरी 2010 ई0

नानाजी देशमुख का निधन चित्रकूट में 27 फरवरी 2010 को हो गया। नानाजी ने 95 वर्ष की उम्र में देश के पहले ऐसे व्यक्ति थे जिन्होंने अपना शरीर मेडिकल शोध के लिए दान करने की इच्छा जताई।

नानाजी ने दीनदयाल शोध संस्थान की स्थापना की और उसमें सेवा दी। उन्होंने चित्रकूट में चित्रकूट ग्रामोदय विश्वविद्यालय की स्थापना की। यह भारत का पहला ग्रामीण विश्वविद्यालय है और वे इसके पहले कुलाधिपति थे।

दीनदयाल शोध संस्थान

पं0 दीनदयाल उपाध्याय प्रणीत एकात्म मानववाद को मूर्त रूप दने के लिए नानाजी ने 1972 में नई दिल्ली में दीनदयाल शोध संस्थान की स्थापना की। यह दर्शन समाज के प्रति मानव की समग्र दृष्टि पर आधारित है जो भारत को आत्मनिर्भर बना सकता है। नानाजी देशमुख ने एकात्म मानववाद के आधार पर ग्रामीण भारत के विकास की रूपरेखा रखी। शुरूआती प्रयोगों के बाद उत्तर प्रदेश के गोंण्डा ओर महाराष्ट्र के बीड में नानाजी ने गांवों में स्वास्थ्य, सुरक्षा, शिक्षा, कृषि, आय अर्जन, संसाधनों के संरक्षण, सामाजिक विवेक के विकास के लिए एकात्म कार्यक्रम की शुरूआत की, पूर्ण परिवर्तन का आधार लोक सहयोग और सरकार है।

चित्रकूट परियोजना या आत्म निर्भरता के लिए अभियान की शुरूआत 26 जनवरी 2005 में चित्रकूट के आस-पास हुई, जो उत्तर प्रदेश और मध्य प्रदेश की सीमा पर स्थित है। इस परियोजना का उद्देश्य 2005 तक इन गांवों में आत्म निर्भरता हासिल करना था। परियोजना 2010 में पूरी हुई। परियोजना से उम्मीद जगी कि इसके आस-पास के 500 गांवों को आत्म निर्भर बनाया जाय जो भारत और दुनिया के लिए आदर्श बन सकता है। इस संस्थान की मदद से सैकड़ों गांवों को मुकदमा मुक्त और विवाद सुलझाने का आदर्श बनाया गया।

मंगलवार, 9 नवम्बर, 2010 ई0

एशिया अथवा पूरी दुनिया में भारत एक उभरता हुआ देश भर नहीं है, बल्कि यह पहले से उभर चुका है और मेरा यह दृढ़ विश्वास है कि भारत और अमेरिका के बीच सम्बन्ध, जो साझा हितों और मूल्यों से बंधे हैं, 21वीं शताब्दी की सर्वाधिक निर्णायक साझोदारीयों में से एक है। मैं इसी साझेदारी के निर्माण के लिए यहाँ आया हूँ। यह वह सपना है जिसे हम मिलकर साकार कर सकते हैं। साझा भविष्य के प्रति मेरे विश्वास का आधार भारत के समृद्ध अतीत के प्रति मेरे सम्मान पर आधारित है। भारत वह सभ्यता है जो हजारों वर्षों से दुनिया की दिशा तय कर रही है। भारत ने मानव शरीर के रहस्यों से परदा उठाया। यह कहना अतिशयोक्ति न होगी कि हमारे आज के सूचना युग की जड़ें भारतीय प्रयोगों से संबद्ध है, जिनमें शून्य की खोज शामिल है। भारत ने न केवल हमारे दिमाग को खोला बल्कि हमारे नैतिक कल्पना को भी विस्तारित किया। मैं संयुक्त राष्ट्र सुरक्षा परिषद् का पुनर्गठन चाहूँगा, जिसमें भारत स्थायी सदस्य के रूप में मौजूद रहे।

विश्व में भारत सही स्थान हासिल कर रहा है, ऐसे में हमें दोनों देशों की साझेदारी को इस सदी की महत्वपूर्ण साझेदारी में परिवर्तन करने का ऐतिहासिक अवसर मिला है। चूँकि 21वीं सदी में ज्ञान ही मुद्रा है, इसलिए हम छात्रों, कालेजों और विश्वविद्यालयों में विनिमय को बढ़ावा देंगे।

व्यापक रूप में भारत और अमेरिका एशिया में साझेदार के तौर पर काम कर सकते हैं। दक्षिण पूर्व एशिया में आपके सहयोगियों की तरह हम भारत को लुक ईस्ट की नीति तक सीमित नहीं रखना चाहते, बल्कि हम चाहते हैं कि भारत पूर्वी एशिया में सक्रिय भूमिका निभाए। यह भारत की कहानी है। यही अमेरिका की भी कहानी है कि मतभेदों के बावजूद लोग मिलजुल कर काम कर सकते हैं। इस साझेदारी ने ही हमें वैश्विक विश्व में अद्भुत स्थान प्रदान किया है, हम स्वीकार सकते हैं कि हम एक साथ मिलकर क्या हासिल कर सकते हैं।, धन्यवाद, जय हिन्द, भारत व अमेरिका के बीच साझेदारी हमेशा बनी रहे।" (भारत यात्रा पर भारतीय संसद के सयुक्त सत्र में सम्बोधन का अंश) साभार - दैनिक जागरण, वाराणसी, दि0 9 नवम्बर 2010

-बराक ओबामा

बुधवार, 10 नवम्बर, 2010 ई0

विश्वविद्यालयों में सिर्फ परीक्षाओं में ही नहीं, शोध कार्यों में भी नकल का बोलबाला है, कोई भी विश्वविद्यालय ऐसा नहीं जिसके किसी शोध को अन्तर्राष्ट्रीय तो क्या, राष्ट्रीय स्तर पर भी मान्यता मिली हो। (लखनऊ में आयोजित 21 राज्य विश्वविद्यालयों व अन्य के कुलपतियों के सम्मेलन में) साभार - दैनिक जागरण, वाराणसी, दि0 10 नवम्बर 2010 **-बी.एल.जोशी**

मंगलवार, 30 नवम्बर 2010 ई0

राजीव दीक्षित की मृत्यु (ब्रह्मलीन)

इनके सार्वभौम विचार

राजीव दीक्षित ने 20 वर्षों में लगभग 12000 से अधिक व्याख्यान दिये। भारत में 5000 से अधिक विदेशी कम्पनियों के खिलाफ उन्होंने स्वदेशी आन्दोलन की शुरुआत की। उन्होंने 9 जनवरी 2009 को भारत स्वाभिमान ट्रस्ट का दायित्व सँभाला।

एक आकर्षक, निर्भिक, सत्य स्वरूप, ज्ञानी, बालमन व्यक्तित्व। जिन्होंने अपने जीवन के कम समय में ही बहुत सारे अलग-अलग विषयों से सम्बन्धित सत्य विचार व्यक्त कर दिये। स्वदेश व स्वाभिमान के लिए उनका जीवन समर्पित था। आयें और अपना कर्तव्य पूरा किये।

1. उनका कहना था कि बहुत कम लोग जानते हैं कि प्रधानमंत्री बनने गईं श्रीमती सोनिया गाँधी, राष्ट्रपति भवन से निकलते ही त्यागमूर्ति कैसे बन गईं। भारत के संविधान के अनुसार भारत देश में जन्म न लेने वाले किसी व्यक्ति के प्रधानमंत्री बनने पर सेना उसके आदेश को मानने के लिए बाध्य नहीं हैं। ऐसा तत्कालीन राष्ट्रपति श्री ए.पी.जे.अब्दुल कलाम जी ने उन्हें बताया था। और प्रधानमंत्री बनने गईं श्रीमती सोनिया गाँधी, राष्ट्रपति भवन से निकलते ही त्यामूर्ति बन गईं। और श्री मनमोहन सिंह जी को वो प्रधानमंत्री बना दीं। त्यागमूर्ति भी बन गईं और श्रीमती इन्दिरा गाँधी हत्या काण्ड के समय से कांग्रेस से नाराज सिख समुदाय भी खुश हो गया।
2. उनका कहना था कि एक प्रधानमंत्री (नाम नहीं लिये थे) जी से मैंने यह कहा कि अनेक प्रकार के टैक्स लगाने से अच्छा है कि देश के नाम पर जनता से दान माँग लिया जाय। भारत की जनता इस प्रवृत्ति की है कि आपके टैक्स वसूली से ज्यादा आपको दान दे देगी। वैसे भी देश पर आये विपत्ति के समय सरकार से पहले और सरकार से ज्यादा तो जनता और व्यावसायिक संगठन पहुँचती भी है और देती भी है। तो उन प्रधानमंत्री जी का सीधा जबाब था कि तब हम उन पर डण्डा कैसे चलायेगें? डण्डा चलाने के लिए ये सब टैक्स आवश्यक है।
3. उनका कहना था कि मेरे एक मित्र मुम्बई के हैं जिनका व्यवसाय बहुत बड़ा है और वे 30 सी.ए. (चार्टड एकाउण्टेन्ट) टैक्स बचाने के लिए लगा रखे थे। मैंने उनसे कहा कि ये 30 सी.ए. पर जितना खर्च आ रहा है उससे तो अच्छा ये है कि टैक्स ही दे दिया जाये। तो मेरे व्यवसायी मित्र ने कहा कि ये 30 सी.ए. को जो मैं दे रहा हूँ वो उनके मेहनत का है पर जो टैक्स चला जायेगा वो उनके पास जायेगा जो हमारे ही दिये पैसे पर ऐश करते हैं।

रविवार, 26 दिसम्बर, 2010 ई0

विश्व एक परिवार है न कि बाजार। भारतीय मानकों में गुरू-शिष्य परम्परा की अवधारणा को मजबूती देने की जरूरत है। शैक्षणिक संस्थानों में नई चेतना, विचारधारा निकालनी होगी जिससे सामाजिक व राष्ट्रीय उत्थान को बल मिले। शान्ति, मूल्यों की शिक्षा ही आज की आवश्यकता है। महामना की सोच मानवीय मूल्य के समावेश वाले युवाओं के मस्तिष्क का विकास था, चाहे वह इंजिनियर हो, विज्ञान या शिक्षाविद्। यहाँ के छात्र दुनिया में मानवीय मूल्य के राजदूत बनें ताकि देश में नम्बर एक बना बी.एच.यू. अब दुनिया के लिए आदर्श बने। इस विश्वविद्यालय (बी.एच.यू.) सरीखा दूसरा कोई उत्कृष्ट संस्थान ही नहीं जहाँ संयुक्त राष्ट्र संघ द्वारा यूनेस्को चेयर फार पीस एंड इंटरकल्चर अंडरस्टैण्डिंग की स्थापना हुई। विश्वविद्यालय का दक्षिणी परिसर मुख्य परिसर की सिर्फ कापी भर नहीं है, बल्कि यह तो भविष्य में "नये विश्वविद्यालय का रूप लेगा" साभार - दैनिक जागरण, वाराणसी, दि0 26 दिसम्बर, 2010 **-डा0 कर्ण सिंह**

वैदिक काल से भारत के ज्ञान-विज्ञान एवं सत्य-अहिंसा के सिद्धान्तों का पूरा विश्व लोहा मानता आ रहा है। वर्तमान में उच्च कोटि के डाक्टर, इंजिनियर और सूचना विज्ञान के विशेषज्ञ पूरे विश्व में अपनी प्रतिभा के दम पर छाये हुये हैं। आर्थिक महाशक्ति के रूप में भारत की पहचान बन रही है। इन्हीं खूबियों के बूते भारत और सनातन धर्म फिर से विश्व गुरू की पदवी हासिल करेगा। (गाँधी विद्या संस्थान, वाराणसी में) साभार-दैनिक जागरण, वाराणसी, दि0 26 दिसम्बर, 2010 -**गिरधर मालवीय**

सन् 2011 से सन् 2015

इस दशक की मुख्य विशेषता

तकनीकी के आविष्कार से दूरदर्शन के अनेक चैनल और अधिक क्षमता के कम्प्यूटर का भारत में व्यापक विस्तार और जनता के सम्पर्क में आना

इन्टरनेट (INTERNET) का भारत में व्यापक विस्तार और जनता के सम्पर्क में आना

मोबाइल (CELL PHONE) के स्थान पर अधिक क्षमता के स्मार्ट मोबाइल (SMART CELL PHONE) का भारत में व्यापक विस्तार और जनता के सम्पर्क में आना

दूरदर्शन और इन्टरनेट नेटवर्क के व्यापक विस्तार से समाचार (NEWS CHANNEL), सामाजिक सम्पर्क (SOCIAL MEDIA) और विचार व्यक्त करने की व्यापक स्वतन्त्रता का विकास

धार्मिक, राजनीतिक, सामाजिक और वैयक्तिक व्यवहार में उपरोक्त तकनीकी का व्यापक प्रयोग

विचार व्यक्त करने की व्यापक स्वतन्त्रता के कारण प्रत्येक व्यक्ति ही विचारक बन गया परन्तु व्यष्टि (व्यक्तिगत) विचार और समष्टि (संयुक्त) विचार में अन्तर के ज्ञान का अभाव

धर्म ज्ञान (आध्यात्मिक सत्य शिक्षा) का व्यापार और धर्म (आस्था) का व्यापार के स्पष्टीकरण के विवेक के विकास से व्यक्तिवादी सोच के तथाकथित धर्म गुरूओं के कर्म सार्वजनिक होना प्रारम्भ हो गया था। ऐसे लोगों पर कानूनी कार्यवाही प्रारम्भ हो चुकी थी। परिणामस्वरूप ये स्पष्ट हो चुका था-

भक्त वही
जो भगवान को बेच सके
चेला वही
जो गुरू से कुछ ले सके
संत वही
जो समाज को कुछ दे सके
अवतार वही
जो पृथ्वी की आवाज सुन सके।

अन्य घटना क्रम

जनवरी, 2011 ई0

पश्चिम जगत ने भौतिक जगत की सुख-सुविधाओं के लिए विश्व को बहुत कुछ दिया है। अब हमारी बारी है। उन्हें इसके एवज में कुछ चुकाने का समय है। हम उन्हें शान्ति व जीवन के लक्ष्य बारे में ज्ञान दें। शून्य आत्मसात् करने से बोधिसत्व की प्राप्ति सम्भव। भारत में आध्यात्मिकता का बोलबाला हजारों सालों से है इसके बावजूद भी यहाँ किसी भी धर्म को छुये बिना नैतिक मूल्यों की शिक्षा धर्म निरपेक्ष रूप से विकसित हुई है। यह

आधुनिक युग में विश्व को भारत की सबसे बड़ी देन है। आज विश्व को ऐसे ही धर्मनिरपेक्ष नैतिक मूल्यों की शिक्षा की सख्त जरूरत है। बीसवीं सदी रक्तपात की सदी थी। 21वीं सदी संवाद की सदी होनी चाहिए। इससे कई समस्यायें अपने आप समाप्त हो जाती है। दुनिया में ऐसे लोगों की संख्या बहुत अधिक है जो किसी धर्म में विश्वास नहीं करते हैं इसलिए यह जरूरी है कि सेक्यूलर इथिक्स (धर्मनिरपेक्ष नैतिकता) को प्रमोट (बढ़ाना) करें जो वास्तविक और प्रैक्टिकल एप्रोच (व्यावहारिक) पर आधारित हो। धार्मिक कर्मकाण्डों के प्रति दिखावे का कोई मतलब नहीं है। आधुनिक शिक्षा व्यवस्था में मानव मूल्यों का अभाव है। यह सिर्फ मस्तिष्क के विकास पर जोर देती है। हृदय की विशालता पर नहीं। करूणा तभी आयेगी जब दिल बड़ा होगा। दुनिया के कई देशों ने इस पर ध्यान दिया है। कई विश्वविद्यालयों में इस पर प्रोजेक्ट चल रहा है *।(सम्पूर्णानन्द संस्कृत विश्वविद्यालय, वाराणसी में "21वीं सदी में शिक्षा" विषय पर बोलते हुये। इस कार्यक्रम में केंन्द्रीय तिब्बती अध्ययन विश्वविद्यालय, सारनाथ, वाराणसी के कुलपति पद्मश्री गेशे नवांग समतेन, पद्मश्री प्रो.रामशंकर त्रिपाठी, महात्मा गाँधी काशी विद्यापीठ, वाराणसी के कुलपति प्रो. अवधराम, दीन दयाल उपाध्याय विश्वविद्यालय, गोरखपुर के पूर्व कुलपति प्रो. वेणी माधव शुक्ल, सम्पूर्णानन्द संस्कृत विश्वविद्यालय, वाराणसी के पूर्व कुलपति प्रो. अभिराज राजेन्द्र मिश्र और वर्तमान कुलपति प्रो. वी.कुटुम्ब शास्त्री, प्रति कुलपति प्रो.नरेन्द्र देव पाण्डेय, प्रो. रमेश कुमार द्विवेदी, प्रो. यदुनाथ दूबे इत्यादि उपस्थित थे।)* साभार - दैनिक जागरण व हिन्दुस्तान, वाराणसी, दि0 15, 17 व 18-01-2011 **-दलाई लामा**

रविवार, 13 मार्च, 2011 ई0

पिछली सदी में राष्ट्रवाद की अवधारणा काफी प्रबल रही। यह अलग बात है कि सदी के बीच में ही परस्पर अंतर निर्भरता ने विश्वग्राम की चेतना को जन्म दिया। इस चेतना ने राष्ट्रवाद की अवधारणा को काफी हद तक बदल दिया है। आज निरपेक्ष व सम्पूर्ण संप्रभुता का युग समाप्त हो गया है। राजनीतिक प्रभुता को भी विश्व के साथ जोड़ दिया है। आज मामले अन्तर्राष्ट्रीय न्यायालय को सौंपे जा रहे हैं। मानवाधिकारों के नये मानक लागू हो रहे हैं। इन सबसे ऐसा लगता है जैसे राज्यों का विराष्ट्रीकरण हो रहा है। आज समस्याएं राष्ट्रीय सीमाओं के बाहर चली गई है। महामारी, जलवायु परिवर्तन, आर्थिक संकट आदि पूरे विश्व को प्रभावी कर रहा है। इनका हल वैश्विक स्तर पर बातचीत व सहयोग से ही संभव है। इसको देखते हुए हमें राष्ट्रवाद व अन्तर्राष्ट्रीयतावाद के विषय में गंभीरता से विचार करने की जरूरत है। इन स्थितियों को देखते हुए नई सदी में विज्ञान, प्रौद्योगिकी व नवप्रवर्तन राष्ट्र की सम्पन्नता के लिए खासे महत्वपूर्ण साबित होंगे। छात्रों से इस दिशा में प्रयास करने व लीक से हटकर नया सोचने काआह्वान करता हूँ। (बी.एच.यू के 93वें दीक्षांत समारोह व कृष्णमूर्ति फाउण्डेशन, वाराणसी में बोलते हुए) साभार - दैनिक जागरण, वाराणसी, दि0 13 मार्च, 2011 **-श्री हामिद अंसारी**

विज्ञान व आध्यात्म में काफी समानताएं हैं और दोनों के लिए अनुशासन सबसे ज्यादा जरूरी है। इन दोनों का मानव के विकास में भारी योगदान है। जब तक ये एक साथ मिलकर काम नहीं करेंगे उनका पूरा लाभ हासिल नहीं किया जा सकता। विश्वविद्यालय समाज के लिए उपयोगी अनुसंधान पर जोर दें ताकि उनका लाभ जनता व देश को हो। ज्ञान के लिए शिक्षा अर्जित की जानी चाहिए और देश के युवाओं के विकास के लिए शिक्षा पद्धति में समग्र दृष्टिकोण अपनाया जाना जरूरी है। इसका मकसद युवाओं को बौद्धिक और तकनीकी दृष्टि से सक्षम बनाना होना चाहिए। (विज्ञान व आध्यात्मिक खोज पर राष्ट्रीय सम्मेलन, नई दिल्ली के उद्घाटन में बोलते हुए) साभार - हिन्दुस्तान, वाराणसी, दि0 13 मार्च, 2011 **-श्रीमती प्रतिभा पाटिल**

अक्टुबर, 2011 ई0

वर्तमान समय में देश स्तर पर व्यवस्था परिवर्तन की चर्चा बहुत अधिक हो रही है। इसमें मेरे विचार से सर्वप्रथम आरक्षण के मापदण्ड पर पुनः विचार करने का समय आ गया है। देश के स्वतन्त्रता के समय जातिगत आरक्षण की आवश्यकता थी और वह सीमित समय के लिए ही लागू किया गया था परन्तु राजनीतिक लाभ के कारणों से वह वर्तमान तक लागू है। हम समाज से मनुवादी व्यवस्था को समाप्त करने की बात करते हैं परन्तु एक तरफ आज समाज इससे धीरे-धीरे मुक्त हो रहा है और दूसरी तरफ संविधान ही इसका समर्थक बनता जा रहा है।

ऐसी स्थिति में आरक्षण व्यवस्था का मापदण्ड जाति आधारित से शारीरिक, आर्थिक और मानसिक आधारित कर देनी चाहिए जो धर्मनिरपेक्ष और सर्वधर्मसमभाव भी है और लोकतन्त्र का धर्म भी धर्मनिरपेक्ष और सर्वधर्मसमभाव है

मेरे विचार में व्यवस्था परिवर्तन का दूसरा आधार युवाओं को अधिकतम अधिकार से युक्त करने पर विचार करने का समय आ गया है। देश में 18 वर्ष के उम्र पर वोट देने का अधिकार तथा विवाह का उम्र लड़कों के लिए 21 वर्ष तथा लड़कियों के लिए 18 वर्ष तो कर दिया गया है परन्तु उन्हें पैतृक सम्पत्ति सम्बन्धी अधिकार अभी तक नहीं दिया गया है। इसलिए उत्तराधिकार सम्बन्धी अधिनियम की भी आवश्यकता आ गयी है। जिसमें यह प्राविधान हो कि 25 वर्ष की अवस्था में उसे पैतृक सम्पत्ति अर्थात् दादा की सम्पत्ति जिसमें पिता की अर्जित सम्पत्ति शामिल न रहे, उसके अधिकार में हो जाये।

किसी भी विचार पर किया गया आदान-प्रदान ही व्यापार होता है और यह जितनी गति से होता है उतनी ही गति से व्यापार, विकास और विनाश होता है। देश के विकास के लिए धन के आदान-प्रदान को तेज करना पड़ेगा और ऐसे सभी बिन्दुओं का पहचान करना होगा जो धन के आदान-प्रदान में बाधा डालती है। इसलिए कालेधन का मुद्दा अहम मुद्दा है। ऐसे प्राविधान की आवश्यकता है कि जिससे यह धन देश के विकास में लगे।

विभिन्न प्रकार के अनेकों साहित्यों से भरे इस संसार में यह भी एक समस्या है कि हम किस साहित्य को पढ़े जिससे हमें ज्ञान की दृष्टि शीघ्रता से प्राप्त हो जाये। "विश्वशास्त्र" इस समस्या को हल करते हुए एक ही संगठित पुस्तक के रूप में उपलब्ध हो चुका है। यह इस सत्यकाशी क्षेत्र की एक महान और ऐतिहासिक उपलब्धि है जिसके कारण यह क्षेत्र सदैव याद किया जायेगा। **-यदुनाथ सिंह, पूर्व विधायक चुनार, उ0प्र0**

रविवार, 27 नवम्बर, 2011 ई0

शिक्षा का नया माडल विकसित करना होगा। पिछले 25 वर्षों से हम अमीर लोगों की समस्या सुलझा रहे हैं। अब हमें गरीबों की समस्या सुलझाने का नैतिक दायित्व निभाना चाहिए। देश में 25 वर्ष से कम उम्र के 55 करोड़ लोग हैं। हमें सोचना होगा कि हम उन्हें नौकरी और प्रशिक्षण कैसे देंगे। भौतिकी, रसायन, गणित जैसे पारम्परिक विषयों को पढ़ने का युग समाप्त हो गया। अब तो हमें रचनात्मकता, समन्वय, लीडरशिप, ग्लोबल तथा प्रोफेशनल विषयों को पढ़ने तथा सूचना तकनीक के जरिए पढ़ाई पर ध्यान केन्द्रित करने की जरूरत है। हमारे देश में जो अध्यापक हैं, वे शोध नहीं करते और जो शोध करते हैं वे पढ़ाते नहीं। हमें पूरी सोच को बदलनी है। साभार - हिन्दुस्तान, वाराणसी संस्करण,27 नवम्बर, 2011 **-सैम पित्रोदा**

सन् 2001 ई0 से सन् 2011 ई0 तक

-भारत का मध्यम स्वतन्त्रता-आर्थिक व मानसिक स्वतन्त्रता का समय।

-भारत के मध्यम स्वतन्त्रता-आर्थिक व मानसिक स्वतन्त्रता का निर्बाध रूप से परतन्त्रता की ओर बढ़ना।

-भारत में गठबन्धन आधारित "राष्ट्रीय जनतान्त्रिक गठबन्धन" का साझा सरकार।

-श्री लव कुश सिंह "विश्वमानव" द्वारा इस काल में पूर्व में लिखित सभी लेखों का कम्प्यूटर टाइपिंग, सुधार, "विश्वशास्त्र" के रूप में संगठित करने का कार्य चलता रहा। साथ ही भारत व विश्व के राजनेता व आध्यात्मिक नेताओं के क्रियाकलाप व वक्तव्य पर ध्यान केन्द्रित कर समाचार पत्रों द्वारा उनका संग्रह करने का कार्य चलता रहा।

रविवार, 29 जनवरी, 2012 ई0

"गीता धर्मिक ग्रन्थ नहीं, जीवन दर्शन है जिससे नागरिकता का प्रशिक्षण मिलता है। गीता से न्यायायिक नियंत्रण और सामाजिक सौहार्द का सन्देश भी हासिल होता है।" साभार - दैनिक जागरण, वाराणसी, दि0 29 जनवरी, 2012 **-मध्य प्रदेश हाई कोर्ट, भारत**

"हिन्दुत्व पर व्यापक व्याख्या शुरू" (20 वर्ष से लंबित मामला) **-सुप्रीम कोर्ट, भारत**

सोमवार, 20 फरवरी, 2012 ई0

-भारत का मध्यम स्वतन्त्रता-आर्थिक व मानसिक स्वतन्त्रता का समय।

-भारत के मध्यम स्वतन्त्रता-आर्थिक व मानसिक स्वतन्त्रता का निर्बाध रूप से परतन्त्रता की ओर बढ़ना।

-भारत में गठबन्धन आधारित "राष्ट्रीय जनतान्त्रिक गठबन्धन" का साझा सरकार।

-श्री लव कुश सिंह "विश्वमानव" द्वारा विश्व, भारत व व्यक्ति की शान्ति, एकता व विकास के मार्ग के लिए विवशता की प्रतीक्षा

-सन् 1955 के बाद प्रथम बार महादेव शिवशंकर के दिन सोमवार और श्रावण नक्षत्र में महाशिवरात्रि का शुभ मुहूर्त।

बुधवार, 25 जुलाई, 2012 ई0

भारतवासियों के रूप में हमें भूतकाल से सीखना होगा, परन्तु हमारा ध्यान भविष्य पर केन्द्रित होना चाहिए। मेरी राय में शिक्षा वह मंत्र है जो कि भारत में अगला स्वर्ग युग ला सकता है। हमारे प्राचीनतम ग्रन्थों ने समाज के ढांचे को ज्ञान के स्तम्भों पर खड़ा किया गया है। हमारी चुनौति है, ज्ञान को देश के हर एक कोने में पहुँचाकर, इसे एक लोकतांत्रिक ताकत में बदलना। हमारा ध्येय वाक्य स्पष्ट है- ज्ञान के लिए सब और ज्ञान सबके लिए। मैं एक ऐसे भारत की कल्पना करता हूँ जहाँ उद्देश्य की समानता से सबका कल्याण संचालित हो, जहाँ केन्द्र और राज्य केवल सुशासन की परिकल्पना से संचालित हों, जहाँ लोकतन्त्र का अर्थ केवल पाँच वर्ष में एक बार मत देने का अधिकार न हो, बल्कि जहाँ सदैव नागरिकों के हित में बोलने का अधिकार हो, जहाँ ज्ञान विवेक में बदल जाये, जहाँ युवा अपनी असाधारण ऊर्जा तथा प्रतिभा को सामूहिक लक्ष्य के लिए प्रयोग करे। अब पूरे विश्व में निरंकुशता समाप्ति पर है, अब उन क्षेत्रों में लोकतन्त्र फिर से पनप रहा है जिन क्षेत्रों को पहले इसके लिए अनुपयुक्त माना जाता था, ऐसे समय में भारत आधुनिकता का मॉडल बनकर उभरा है। जैसा कि स्वामी विवेकानन्द ने अपने सुप्रसिद्ध रूपक में कहा था कि- भारत का उदय होगा, शरीर की ताकत से नहीं, बल्कि मन की ताकत से, विध्वंस के ध्वज से नहीं, बल्कि शांति और प्रेम के ध्वज से। अच्छाई की सारी शक्तियों को इकट्ठा करें। यह न सोचें कि मेरा रंग क्या है- हरा, नीला अथवा लाल, बल्कि सभी रंगों को मिला लें और सफेद रंग की उस प्रखर चमक को पैदा करें, जो प्यार का रंग है।" (प्रथम भाषण का संक्षिप्त अंश) साभार - दैनिक जागरण, दि0 26.07.2012 **- श्री प्रणव मुखर्जी, राष्ट्रपति, भारत**

शनिवार, 15 सितम्बर, 2012 ई0

के. एस. सुदर्शन की मृत्यु (ब्रह्मलीन)

इनके सार्वभौम विचार

"हिन्दू चिन्तन पर आधारित नई आचार संहिता बने।" साभार - अमर उजाला, इलाहाबाद दि0 16-03-2000 **-श्री के. एस. सुदर्शन, प्रमुख राष्ट्रीय स्वयं सेवक संघ**

बुधवार, 21 नवम्बर, 2012 ई0

विश्वविद्यालय के कुलपतियों और शिक्षकों को शिक्षा का स्तर और उन्नत करना चाहिए। एक बार अपना दिल टटोलना चाहिए कि क्या वाकई उनकी शिक्षा स्तरीय है। हर साल सैकड़ों शोधार्थियों को पीएच.डी की उपाधि दी जा रही है, लेकिन उनमें से कितने नोबेल स्तर के हैं। साल में एक-दो शोध तो नोबेल स्तर के हों। (रूहेलखण्ड विश्वविद्यालय, बरेली, उ0प्र0, के दीक्षांत समारोह में) साभार-अमर उजाला, लखनऊ, दि021.11.2012

-श्री बी.एल. जोशी

मंगलवार, 18 दिसम्बर, 2012 ई0

श्री देवी प्रसाद दुआरी, नासा के खगोलविद् व कोलकाता (प0 बंगाल, भारत) स्थित एम.पी.बिड़ला प्लेनेटोरियम के निदेशक के अनुसार - 21 दिसम्बर, 2012 दुनिया का अंत नहीं बल्कि एक युग का अन्त और नये युग की शुरूआत है।

ज्योतिषाचार्य रामनरेश त्रिपाठी, इलाहाबाद के अनुसार - 23 दिसम्बर, 2012 की दोपहर एक बजे से राहु एवं केतु अपनी राशि बदलेंगे। दो विषम ग्रह राहु और शनि एक ही घर में बैठने जा रहे हैं। दोनों एक साथ कुल 18 महीने रहेंगे। ऐसा योग पूरे 147 वर्ष बाद बनने जा रहा है। यह योग सन् 1865 में बना था। 2012 के बाद

यह योग अब सन् 2161 में 194 साल बाद बनेगा। 147 वर्ष बाद बन रहे इस योग से राजनीतिक व सामाजिक दृष्टि से कई परिवर्तन होंगे।

ज्योतिषाचार्य रवि किशन मिश्रा, इलाहाबाद के अनुसार- कुंभ के अवसर पर शनि-राहु का योग पड़ना किस्मत में कई उलटफेर की ओर इशारा करता है। परोपकार करने वाले और सच्चे दिल वाले लोगों के लिए यह योग फलदायक होगा। साभार-दैनिक जागरण, वाराणसी, 18 दिसम्बर, 2012)

शुक्रवार, 21 दिसम्बर, 2012 ई0

-भारत का मध्यम स्वतन्त्रता-आर्थिक व मानसिक स्वतन्त्रता का समय।

-भारत के मध्यम स्वतन्त्रता-आर्थिक व मानसिक स्वतन्त्रता का निर्बाध रूप से परतन्त्रता की ओर बढ़ना।

-भारत में गठबन्धन आधारित "राष्ट्रीय जनतान्त्रिक गठबन्धन" का साझा सरकार।

-श्री लव कुश सिंह "विश्वमानव" द्वारा विश्व, भारत व व्यक्ति की शान्ति, एकता व विकास के मार्ग के लिए विवशता की प्रतीक्षा

-माया सभ्यता के कैलेण्डर का अन्त तिथि। बहुत अधिक चर्चित, भयावह और विभिन्न सकारात्मक और नकारात्मक भविष्यवाणियों के कारण विश्व के अधिकतम व्यक्तियों का ध्यान केन्द्रित करने वाला दिन।

-मायां कैलेण्डर व भविष्यवाणियाँ सन् 2012 को एक नये सृजन के रूप में लेता है, जब देवता लौटेंगे, एक पुर्नजन्म प्रकार का अनुभव, निरंतर जन उद्भव, चेतना का उदय, मृत्यु के बहुत पास तक जाने का अनुभव, पूरी दुनिया में आध्यात्मिक जागरण, पैरानारमल योग्यताओं में वृद्धि, मानवता की अगली उपजातियों का प्रकटीकरण, धरती की अन्तिम उम्मीद है। इसकी मानवता अपने पुराने खोल से निकलकर सहयोगी, टैलीपैथिक व करूणामयी धरती-प्रेमी के रूप में सामने आएगी।

-भविष्यवक्ता और मायां कैलेण्डर के व्याख्याकारगण विनाश और नवसृजन दोनों के रूप में व्यक्त किये थे।

शनिवार- रविवार, 23-24 फरवरी, 2013 ई0

23-24 फरवरी, 2013 को प्रसिद्ध शिक्षाविद् व वैज्ञानिक प्रो0 यशपाल के पहल पर गन्ना विकास संस्थान, लखनऊ (उ0प्र0) के कान्फ्रेन्स रूम में "अमर उजाला फाउण्डेशन" की प्रस्तुति "संवाद"आयेजित की गई थी। जिसमें शहर के वैज्ञानिक व बुद्धिजीवीयों ने अपने विचार व्यक्त किये थे।

"विज्ञान व समाजशास्त्र को दो खांचे में बाँटने के नुकसान हमने देखें हैं। अब इस बँटवारे की दीवार तोड़नी होगी। तरीका क्या हो? जरूरत क्यों है?" वैज्ञानिकों व बुद्धिजीवीयों के जेहन में कौंध रहे कुछ ऐसे ही सवालों की बहस का केन्द्र बना "अमर उजाला" का "संवाद" कार्यक्रम। इस कार्यक्रम में निम्नलिखित विचार व्यक्त हुये थे-

1. ज्ञान को सीमाओं और खांचों में बाँटना खतरनाक है।- "अमर उजाला" का "संवाद" का परिणाम

2. पेपर व सिलेबस बनावटी व्यवस्था है

डिसिप्लिन यानी अनुशासन के नाम पर ज्ञान की हमने दीवारें बना दी हैं। इसे पार पाना कठिन होता जा रहा है। विभाग बढ़ रहें हैं और शिक्षक और विभागाध्यक्ष भी। लेकिन आपस में संवाद नहीं हो रहा है। खुदा ने तो यह नहीं कहा था कि ज्ञान बढ़ेगा तो अनुशासन बढ़ेगा। बच्चे जैसे-जैसे बड़े हो रहे हैं उनके सवालों का इस विभाजन से दम घुट रहा है। केमिस्ट्री का बच्चा क्यों नहीं हिस्ट्री पढ़ सकता है। छात्र जो पढ़ना चाहता है उसे पढ़ने दो। ज्ञान में अनुशासन कैसा? यह तो ज्ञान की उपज है। अनुशासन की दीवारें तोड़ दें, तभी विचारों को नई दिशा मिलेगी। नियम-कायदें, व्यवस्था के लिए हैं। इसलिए ऐसे नियमों को तोड़ दें, जो विकास में बाधक है। जो सिस्टम रचनात्मकता को मार रहा है, ज्ञान का बँटवारा कर रहा है, उसके उनमुक्त प्रवाह को रोक रहा है, उसे तोड़ दो। पेपर व सिलेबस बनावटी व्यवस्था है। वह वास्तविक ज्ञान को नहीं आँक सकते। विश्वविद्यालय अध्ययन प्रणाली को विषय व संकाय की परिधि से बाहर निकालें। **-प्रो0 यशपाल (पूर्व चेयरमैन, यू0जी0सी0, भारत)**

3. माईंडसेट बदलना होगा

खांचों में बँटी विषयगत, प्राथमिक और उच्च शिक्षा में जुड़े शिक्षकों के प्रति अलग-अलग महत्व की समस्या दरअसल पूरी तरह से मानसिकता से जुड़ी हुई है। आज भी प्राथमिक शिक्षा, उच्च शिक्षा के मुकाबले उपेक्षात्मक भाव से देखी जाती है चाहे वह पहचान देने की बात हो या संसाधन की। यही स्थिति विश्वविद्यालय में शिक्षक के स्नातक कक्षाओं में पढ़ाने को लेकर भी है।

-प्रो0 रूपरेखा वर्मा (पूर्व कुलपति, लखनऊ विश्वविद्यालय)

4. एक्सीलेंस की हो पहचान

कई विषय ऐसे हैं जिनका अध्ययन, विकास एवं निष्कर्ष पूरी तरह से दूसरे विषयों से सम्बद्ध है। हम अंतर अनुशासनिक शोध एवं प्रयोग करते भी हैं लेकिन नीति निर्धारण अथवा प्रशासनिक स्तर पर कुछ ऐसा जरूर कर दिया जाता है कि हम आपस में मिलकर भी न मिल सकें। विषय के खांचें में फँसने से कहीं अधिक जरूरी है एक्सीलेंस की पहचान करना। **-डा0 पी. के. सेठ (सी.ई.ओ., बायोटेक पार्क)**

5. बदलनी होगी धारणा

जब हम कोई नई शुरूआत करते हैं तो अपने आप बाधाएँ खड़ी होने लगती हैं। अपने देश में स्वीकार होने के लिए वाया अमेरिका और जर्मनी आना पड़ता है। यह प्रवृत्ति बदलनी होगी। व्यक्ति को उसके कार्यों एवं सोच के आधार पर स्वीकारने एवं सराहना की खासा आवश्यकता है। तभी नये विचारों को बल मिलेगा।

-डा0 प्रदीप श्रीवास्तव (साइनटून के जनक)

6. एक-दूसरे के विश्वास की जरूरत

बुद्धिजीवीयों को पथ-प्रदर्शक होने का दावा करने से बचना होगा बल्कि उन्हें समाज में सहयोगी की भूमिका निभानी होगी। 1997 में राज्य शिक्षा नीति पर काम करने के दौरान मैंने पाया कि छात्र से लेकर मंत्री तक की एक ही शिकायत थी कि मेरी कोई सुनता नहीं है। हमें समाज से जुड़कर मुद्दों को देखना एवं समझना होगा तब हम ज्यादा प्रभावी हो सकेंगे। एक-दूसरे के सम्मान व विश्वास की जरूरत है।

-प्रो0 राकेश चन्द्रा (पूर्व अध्यक्ष, दर्शनशास्त्र विभाग, लखनऊ विश्वविद्यालय)

7. समाज से हो शोधों का जुड़ाव

हमारी समस्या है कि हमें दूसरे का काम अच्छा लगता है, अपना किया समझ में नहीं आता है। इसलिए विषयों के परम्परागत स्वरूप से आगे बढ़ने का साहस नहीं जुट पा रहा है। आज भी वैज्ञानिक शोधों का सामाजिक मुद्दों से सीधे जुड़ाव नहीं हो पा रहा है। शोधों को प्रभावी बनाने के लिए विज्ञान एवं समाज विज्ञान को मिलकर चलना व काम करना होगा। **-डा0 अंशुमाली शर्मा (संयोजक, चाइल्ड लाइन)**

8. विविधताओं वाले संस्थानों की जरूरत

भारत में विश्वविद्यालय की सही परिकल्पना साकार होने में अभी वक्त लगेगा। गिने-चुने विद्यालय ही हैं जहाँ डिसिप्लिन के बाहर पठन-पाठन की बात की जाती है। हमें खुलेपन एवं विविधता पूर्ण शिक्षण संस्थान की जरूरत है। खासकर शिक्षण-प्रशिक्षण प्रक्रिया में बड़े बदलाव की जरूरत है क्योंकि आज विद्यालय वह वधशालाएँ बन चुके हैं जहाँ बच्चों की जिज्ञासाओं का कत्ल किया जाता है।

-प्रो0 यू. सी. वशिष्ठ (पूर्व विभागाध्यक्ष, लखनऊ विश्वविद्यालय)

9. तो कैसे बढ़ेगी रचनात्मकता

हम आज तक विश्वविद्यालयों की समाज में वास्तविक भूमिका के साथ न्याय नहीं कर पाये हैं। ताज्जुब की बात यह है कि विश्वविद्यालय के आवश्यक कार्यों में पढ़ाई शामिल ही नहीं है। स्कूलों में भी शिक्षण का दायरा इतना सीमित है कि बच्चों में रचनात्मक सोच के विकास की गुंजाइश खत्म होती जा रही है।

-नवीन तिवारी (आर.टी.आई. एक्टिविस्ट)

10. केवल चकाचौंध से ही न जुड़े साइंस

विज्ञान एवं तकनीकी ने धमक एवं चकाचौंध तो पैदा की है लेकिन आम आदमी की समस्याओं के हल से अभी नहीं जुड़ सका है। हमें यह तय करना होगा कि धमक ही पैदा करनी है या बाधाएँ दूर करनी हैं। आई.टी की खजड़ी तो चारों ओर बज रही है लेकिन हमारा सूचना विज्ञान आज भी बहुत कमजोर है। इस फासले को खत्म करना होगा। आइने की जगह चेहरे की धूल साफ करने की जरूरत है।

-प्रो0 भूमित्र देव (पूर्व कुलपति, आगरा, बरेली, गोरखपुर, मंगलयातन विश्वविद्यालय)

11. ट्रेंड तोड़ना होगा

विज्ञान एवं सामाजिक विज्ञानों को विषयगत खांचों एवं विभागों की दीवारों से बाहर निकालने की जरूरत है। विज्ञान का विद्यार्थी कला का विषय पढ़ना चाहता है तो उसे प्रोत्साहन तो दूर कक्षाओं में बैठना मुश्किल होता है। हम एक ऐसे परम्परागत सिस्टम में बँधे हैं जहाँ विद्यार्थी को अपने मन से पढ़ने के लिए कोई गुंजाइश ही नहीं है। इसके लिए विश्वविद्यालय का ढांचा बदलना जरूरी है।

-प्रो0 एम. पी. सिंह (पूर्व प्रतिकुलपति, लखनऊ विश्वविद्यालय)

12. यूनिवर्सिटी से अपेक्षाएँ तय करनी होगी

शिक्षण की गुणवत्ता महत्वपूर्ण प्रश्न है। शिक्षक के इंटेलिजेंसी का मूल्यांकन उसके भावनात्मक पहलू से भी होना जरूरी है। शिक्षक वह बेहतर है जो छात्र में विषय के प्रति रूचि पैदा करे। दुर्भाग्य से चयन प्रक्रिया की खामी के चलते बहुत से ऐसे लोग शिक्षक बन रहें हैं जो इसके लायक ही नहीं हैं। हमें विश्वविद्यालय से अपेक्षाएँ तय करनी होगी। इसे बहुत सारे आयामों में बाँधना भी एक समस्या है।

-डा0 एन. के. पाण्डेय (प्रोफेसर, भौतिकी विभाग, लखनऊ विश्वविद्यालय)

13. बदलाव की ओर बढ़ना होगा

खांचों में बँटा ज्ञान समाज एवं मानवता दोनों के लिए हितकर नहीं है। आज भी विश्वविद्यालय स्कूल बनाम विभाग की बहस में उलझे हुए हैं। हमें इसमें परिवर्तन की ओर बढ़ना होगा। दुर्भाग्यपूर्ण है कि पुस्तक चयन, पाठ्यक्रम, अध्ययन या शिक्षण प्रक्रिया से जुड़े किसी भी आयाम में छात्रों की कोई भागीदारी ही नहीं है। इस दिशा में प्रयास किए जाने चाहिए। **-डा0 विनोद चन्द्रा (शिक्षक समाजशास्त्र, जे.एन.पी.जी.)**

14. सार्थक बातें किससे हो यह सवाल

आपसी संवाद में सबसे बड़ी समस्या यह है कि हर कोई अपने महत्व एवं ज्ञान को दर्शाते हुए दूसरे से बात करना चाहता है। संस्थान के संवाद शिक्षण, नवाचार एवं नई विधा से जुड़े न होकर प्रमोशन, पब्लिकेशन, दूसरे की प्रगति, तीसरे की अवनति से जुड़े हैं। ऐसे में सार्थक बातें कैसे और किससे हों यह एक अहम सवाल है।

-अमित मिश्रा (वैज्ञानिक)

15. खुद अपनी भूमिका तय करनी होगी

आज अच्छे शिक्षकों की आवश्यकता है। लेकिन अच्छे शिक्षक के लिए अच्छे छात्र भी होने जरूरी हैं। हमें स्वयं अपनी भूमिका के बारे में सोचना होगा और ज्ञान-विज्ञान की सीमाओं से परे हटाकर इसके मानवीय स्वरूप में पहुँचाने की दिशा में आगे बढ़ना होगा। **-समरेन्द्र कुमार सिंह (समन्वयक, आंचलिक विज्ञान केन्द्र)**

16. आम लोगों तक पहुँचे विज्ञान

आज भी विज्ञान और शिक्षा का बड़ा स्वरूप बहुत हद तक प्रयोगशालाओं एवं उच्च शिक्षण संस्थानों के परिसर तक ही सीमित है। इसे गाँव व आम लोगों तक पहुँचाना जरूरी है। खासकर शिक्षक व वैज्ञानिक कम से कम इतनी जिम्मेदारी जरूर उठाएं कि जिस क्षेत्र या स्थान से वह जुड़े हैं, वहाँ वैज्ञानिक जागरूकता को बढ़ावा दें।

-डा0 मृदुल शुक्ला (वैज्ञानिक)

17. शोधार्थियों में समन्वय जरूरी

शोधार्थियों में बीच में आपसी समन्वय न होने के चलत भी बहुत बार समस्याएं आती हैं। इससे अच्छे रिजल्ट नहीं आते। हमें अपने विषयगत ज्ञान की विशेषता के दंभ से परे हटकर एक मिशन की तरह काम करना होगा और आम आदमी तक इसके फायदे पहुँचाने की संभावनाएं तलाशनी होगी। **-शास्त्री शुक्ला (वैज्ञानिक)**

18. आत्मावलोकन की जरूरत

बुद्धिजीवी स्वयं रास्ता ढूंढ रहे हैं तो पथ प्रदर्शक की उम्मीद उनसे बेमानी है। विश्वविद्यालयों में संवाद की गुंजाइश नहीं रह गई है और वह मोनोलाग बनते जा रहे हैं। कक्षाओं में प्रश्न पूछने के लिए जगह ही नहीं है बल्कि इसे समय की बरबादी माना जाता है। डिसिप्लिन सीमा रहीं है, दीवार नहीं। हमें कहीं न कहीं आत्मावलोकन की जरूरत है। **-प्रो0 राजेश मिश्र (विभागाध्यक्ष, समाजशास्त्र, लखनऊ विश्वविद्यालय)**

19. ज्ञान व सूचना के अन्तर को समझें

हमें ज्ञान व सूचना के अन्तर को समझने की जरूरत है। रचनात्मक ज्ञान का कोई विकल्प नहीं होता है। दुखद यह है कि अब भी विषय विशेषज्ञता को ज्ञान के ऊपर अधिक महत्व दिया जा रहा है। इंटर-डिसिप्लिनरी अध्ययन की राह में यह बड़ी बाधा है। **-डा0 सी. एस. नौटियाल (निदेशक, एन.बी.आर.आई)**

20. मौलिक विचारों को मिले महत्व

युवा के लिए आज शिक्षक रोल माडल नहीं रह गया है। वह परिसर के बाहर का व्यक्ति है। आज भी हम वैज्ञानिक दृष्टिकोण विकसित करने में पूरी तरह से सफल नहीं हो सके हैं। इस दिशा में काम करना होगा। प्रोजेक्ट एवं शोध कार्यों में मौलिक विचार प्रक्रिया को स्थान दिया जाना सर्वाधिक जरूरी है।

-प्रो0 सुधीर पंवार (जूलोजी विभाग, लखनऊ विश्वविद्यालय)

21. खुद करनी होगी पहल

शिक्षक जितना छात्र से जुड़ेगा, उससे संवाद करेगा उतना ही वह खुद बेहतर बन सकेगा। हम सिस्टम को बदलने के बारे में सोचना छोड़कर अपने स्तर से प्रयास करने की पहल करें। विश्वविद्यालय आज केवल प्रशासनिक निकाय बन गये हैं। जहाँ पढ़ाई केवल कभी-कभी आने वाले निर्देशों की तरह प्राथमिकता में है। शिक्षक के प्रमोशन में पढ़ाई पर एक भी नम्बर नहीं मिलता है।

-प्रो0 मनोज दीक्षित (निदेशक, कांशीराम पर्यटन प्रबन्धन संस्थान)

22. विषय के दायरे से निकलें

इंटर-डिसिप्लिनरी रिसर्च, पाठ्यक्रमों के निर्धारण के स्तर पर आई.आई.एम. या आई.आई.टी. के स्तर पर कोई बड़ी समस्या नहीं है। दरअसल डिसिप्लिन एवं स्पेसलाईजेशन की दीवारें हमने खुद खड़ी की है। हम किसी भी विषय की विशेषज्ञता के दायरे में स्वयं को खुद इतना कस लेते हैं कि दूसरे के लिए कोई संभावना नहीं रहती। अपने लिए भी नएपन की गुंजाइश पर विराम लगा लेते हैं। इसलिए हमें स्वयं के स्तर पर बदलाव लाने की जरूरत है। **-प्रो0 भरत भास्कर (आई.आई.एम., लखनऊ)**

23. स्वायत्तता व तानाशाही में फर्क समझें

असहज एवं असंतुष्ट होने की प्रवृत्ति क्रियाशीलता को ही बढ़ाती है। इससे हम समाधान की ओर बढ़ेंगे। हमें अकादमिक स्वायत्तता व तानाशाही के बीच के फर्क को समझना होगा। कहीं न कही आज हमारी प्रमाणिकता कम हुई है तभी शासन, प्रशासन या अन्य नियामकों को शिक्षण संस्थानों में हस्तक्षेप का मौका मिला है। हमें समाज आधारित प्रोजेक्ट तैयार करने होंगे ताकि विज्ञानी व समाज विज्ञानी दोनों ही साथ आकर वास्तविक मुद्दों पर काम कर सकें। **-प्रो0 यशवीर त्यागी (पूर्व विभागाध्यक्ष, लखनऊ विश्वविद्यालय)**

24. स्वीकार्यता खुद बनानी होगी

शिक्षा व्यवस्था का मूल उद्देश्य बच्चे का समाजीकरण है। यदि शिक्षा विज्ञान को बढ़ाने एवं समाज से जुड़े मुद्दों को छात्र को समझाने में सफल नहीं है तो फिर वह अप्रासंगिक है। ज्ञान कितना भी अधिक हो लेकिन वह संवेदनशील नहीं है, तो खतरनाक है। किसी भी प्रक्रिया में नई शुरूआत पर विरोध व उपहास होते हैं सहज स्वीकार्यता के लिए उन्हें पार करना जरूरी होगा। **-एन. पी. सिंह (निदेशक, गन्ना विकास संस्थान, लखनऊ)**

25. टीचर खुद को ब्राण्ड बनायें

किसी भी नई शुरूआत के लिए नजरिया चाहिए। अगर आप वास्तव में कुछ करना चाहते हैं तो उसके कई रास्ते निकलकर आयेंगे। शिक्षक को स्वयं को ब्राण्ड के रूप में स्थापित करने की जरूरत है। 2015 तक हमारे पास अमेरिका से अधिक स्मार्ट फोन होंगे, हम इस तकनीक का इस्तेमाल शिक्षा के लिए क्यों नहीं करते।

-डा0 मुकुल श्रीवास्तव (एसोसिएट प्रोफेसर, पत्रकारिता विभाग, लखनऊ विश्वविद्यालय)

बुधवार, 28 अगस्त, 2013 ई0, श्रीकृष्ण जन्माष्टमी

बुधवार, 28 अगस्त, 2013 को हम सबने जन्माष्टमी का महापर्व मनाया। महापर्व इसलिए क्योंकि श्री कृष्ण भगवान के जन्म के बाद पहली बार यह योग बना है। अर्थात् पूरे 5241 वर्षों बाद। 28 अगस्त, 2013, रात्रि 12 बजकर 12 मिनट का दिन, नक्षत्र, घड़ी, लगन, मुहूर्त, योग आदि विशेष सभी उसी समान था। जब भगवान श्री कृष्ण का जन्म हुआ था। उस समय चन्द्रमा वृष राशि में उच्च लग्न में स्थित था, सूर्य सिंह राशि में स्थित था, नक्षत्र भी रोहिणी थी,भाद्रपद कृष्ण अष्टमी और दिन भी बुधवार था, काल सर्प योग भी था। अर्थात् ऐसे योग भगवान श्री कृष्ण के जन्म के बाद पहली बार बने हैं। ये सब देख कर मन उत्साहित हुआ क्योंकि इतिहास गवाह है। जब- कंस और रावण आएंगे भगवान किसी न किसी रूप में हमारे सामने जरूर आयेंगे चाहे श्रीराम के रूप में या श्रीकृष्ण रूप में। तो क्या इस होनी को एक दिव्य संकेत माने! हमें ऐसा लगता है - अवश्य ही कुछ अच्छा होने वाला है, क्योंकि जब कंस था, तभी भगवान श्री कृष्ण का जन्म हुआ था। और अब तमाम तरीके के समस्याएं कंस की तरह समाज में जो फैली है संभवतः इंनके खात्मे का समय आ गया है।

शनिवार, 7 सितम्बर, 2013 ई0

रोमेश भण्डारी की मृत्यु (ब्रह्मलीन)

इनके सार्वभौम विचार

"शिक्षा प्रक्रिया मे व्यापक सुधारों की जरूरत है। 'यह रास्ता दिल्ली की ओर जाता है' लिखा साइन बोर्ड पढ़ लेना मात्र शिक्षा नहीं है। इसके बारे में चिन्तन करना पड़ेगा और कोई लक्ष्य निर्धारित करना पड़ेगा। सामाजिक परिवर्तन किस तरह से, इसकी प्राथमिकताये क्या होगीं? यह तय करना पड़ेगा। इक्कीसवीं शताब्दी के लिए हमें कार्यक्रम तय करने पड़ेंगे। मौजूदा लोकतन्त्र खराब नहीं है परन्तु इसको और बेहतर बनाने की आवश्यकता है**।"** साभार - दैनिक जागरण, वाराणसी, दि0 11-9-97**- पूर्व राज्यपाल, उ0 प्र0, श्री रोमेश भण्डारी**

मंगलवार, 31 दिसम्बर, 2013 ई0

मंगलवार, 31 दिसम्बर, 2013 की रात 12 बजे से सन् 2014 का पंचांग तिथि, दिन, घड़ी, ग्रह, नक्षत्र ठीक वैसे ही हैं जैसे भारत के स्वतन्त्रता वर्ष 1947 के थे। ज्योतिष के जानकार इसे बड़े बदलाव का संकेत मानते हैं।

मंगलवार, 15 अप्रैल, 2014 ई0

15 अप्रैल को पूर्ण चंद्र ग्रहण साल का पहला चंद्र ग्रहण पूर्ण चंद्र ग्रहण के रूप में 15 अप्रैल को पड़ेगा। ग्रहण भारत में नहीं दिखेगा। पश्चिमी एशिया, उत्तर एवं दक्षिण अमेरिका में दिखाई देगा।

मंगलवार, 29 अप्रैल, 2014 ई0

29 अप्रैल को सूर्य ग्रहण यह साल 2014 का पहला सूर्य ग्रहण होगा। इसका प्रभाव मेष राशि पर पड़ेगा। यह ग्रहण भारत के कई शहरों से देखा जा सकेगा। इसके अलावा ऑस्ट्रेलिया, अंटार्कटिका, भारतीय महासागर एवं प्रशांत महासागर से देखा जा सकेगा।

शुक्रवार, 16 मई 2014 ई0

भारतीय जनता ने "विकास" और "अच्छे दिन आने वाले हैं" के मुद्दे पर अपने मत को मतपेटीयों से बाहर आते ही व्यक्त किया, जिसका परिणाम था-"दशकों बाद एक दल के पूर्ण बहुमत वाली सरकार।"

शनिवार, 17 मई 2014 ई0

वाराणसी संसदीय क्षेत्र से चुने गये वर्तमान प्रधानमंत्री (उस समय भावी) ने वाराणसी में बाबा विश्वनाथ के पूजन के उपरान्त अपने सत्य विचार रखे, और वह था-"काशी के राष्ट्र गुरू बने बिना भारत जगत गुरू नहीं बन सकता। देश अतीत की तरह आध्यात्मिक ऊँचाई पर पहुँचेगा तो स्वतः आर्थिक वैभव प्राप्त हो जायेगा। इसी खासियत की वजह से इतिहास में कभी भारत सोने की चिड़िया थी।"

सोमवार, 26 मई, 2014 ई0

त्रयोदशी, कृष्ण पक्ष, ज्येष्ठ मास, विक्रमी संवत 2071, सायंकाल 5.45 से रात्रि 8.02 बजे तक वृश्चिक लग्न, स्वामी मंगल, नक्षत्र भरणी, देवाधिदेव महादेव शिव के उपासना का दिन सोमवार, प्रदोष व प्रदोष काल (गोधूलि बेला) के अद्‌भुत संयोग। इसी अद्‌भुत संयोग में निम्नलिखित कार्य सम्पन्न हुये।

-सायं काल 6.10 बजे विश्व के सबसे बड़े लोकतन्त्र के 15वें और स्वतन्त्र भारत में जन्में पहले प्रधानमंत्री के रूप में श्री नरेन्द्र मोदी का शपथ ग्रहण हुआ।

-सायं काल 6.10 बजे काशी को राष्ट्रगुरू और भारत को जगतगुरू बनाने वाली कार्य योजना के प्रारम्भ के लिए वेबसाइट www.moralrenew.com का पंजीकरण लक्ष्य पुनर्निर्माण व उसकी प्राप्ति के लिए इस कार्य योजना के रचनाकर्ता श्री लव कुश सिंह "विश्वमानव" द्वारा कराया गया।

इस सम्बन्ध में काशी (वाराणसी) के विद्वान ज्योतिषियों की भविष्यवाणीयाँ-

"राष्ट्र का होगा उत्थान"-पं0 विष्णुपति त्रिपाठी

"प्रधानमंत्रित्व काल रहेगा मंगलमय"-पं0 प्रसाद दीक्षित

"वृश्चिक लग्न से भारत को मिलेगा यश"-पं0 विमल जैन

सोमवार, 9 जून 2014 ई0

भारत के 16वीं लोकसभा के संसद के संयुक्त सत्र को सम्बोधित करते हुये श्री प्रणव मुखर्जी, राष्ट्रपति, भारत ने विकास व लक्ष्य प्राप्ति के कार्य के लिए अनके बिन्दुओं को देश के समक्ष रखें। जिसमें मुख्य था-

1. आध्यात्मिक एवं दार्शनिक विरासत के आधार पर साकार होगा एक भारत-श्रेष्ठ भारत का सपना।
2. सोशल मीडिया का प्रयोग कर सरकार को बेहतर बनाने की कोशिश।
3. सबका साथ, सबका विकास।
4. 100 नये माडल शहर बसाना।
5. 5T-ट्रेडिशन (Tradition), ट्रेड (Trade), टूरिज्म (Tourism), टेक्नालाजी (Technology), और टैलेन्ट (Talent) का मंत्र।

बुधवार, 8 अक्टूबर 2014 ई0

8 अक्टूबर 2014 को पूर्ण चंद्र ग्रहण यह साल का दूसरा चंद्र ग्रहण होगा। यह भी पूर्ण चंद्र ग्रहण है। यह भारत में दिल्ली से लेकर चेन्नई तक कई शहरों से दिखाई देगा। यह ग्रहण पश्चिमी एशिया, ऑस्ट्रेलिया, दक्षिण एवं उत्तरी अमेरिका में दिखाई देगा।

बृहस्पतिवार, 23 अक्टूबर, 2014 ई0

23 अक्टूबर को सूर्य ग्रहण कनाडा और अमेरिका से दिखाई देगा, भारत में नहीं। यह आंशिक ग्रहण है, और इसका भारत पर ज्यादा प्रभाव नहीं पड़ेगा।

शनिवार, 29 नवम्बर, 2014 ई0

क्या आर्थिक विकास ही विकास है? आज विकास का जो स्वरूप दिख रहा है, इसका वीभत्स परिणाम भी ग्लोबल वार्मिंग, ग्लेशियर का पिघलना, मौसम मे बदलाव आदि के रूप में सामने दिख रहा है। हमें यह देखना

होगा कि विकास की इस राह में हमने क्या खोया और क्या पाया। समाजशास्त्री विमर्श कर यह राह सुझायें जिससे विकास, विविधता व लोकतंन्त्र और मजबूत बनें। विकास वह है जो समाज के अन्तिम व्यक्ति को भी लाभान्वित करे। भारत में एकता का भाव, व्यक्ति का मान होना चाहिए क्योंकि इसमें ही देश का सम्मान निहित है। समाज के लोग आगे आयें और सरकारों पर दबाव बनायें। विविधता भारत की संस्कृति की थाती है। भारत की यह संस्कृति 5000 वर्ष से अधिक पुरानी व जीवन्त है। काशी ज्योति का शहर है क्योंकि यहाँ बाबा का ज्योतिर्लिङ्ग है। यह ज्ञान व एकता की ज्योति है। इसके प्रकाश से यह शहर ही नहीं, बल्कि पूरा देश आलोकित हो रहा है। यह शहर ज्ञान की असीम पूँजी लिए देश को अपनी ओर बुला रहा है। (महात्मा गाँधी काशी विद्यापीठ, वाराणसी में भारतीय समाजशास्त्रीय सोसायटी के 40वें अधिवेशन के उद्‌घाटन में) साभार - दैनिक जागरण, 30 नवम्बर, 2014

- श्री प्रणव मुखर्जी, राष्ट्रपति, भारत

देश विविधता से भरा है। इसमें आस्था ऐसा पहलू है जो एका बनाता है। भले ही बोली भाषा, पहनावा, संस्कृति में भिन्नता हो पर माँ गंगा के प्रति आस्था तो एक जैसी है। इसे विकास से जोड़ने का यह उपयुक्त वक्त है। काशी की इसी धरती पर आदि शंकराचार्य को अद्वैत ज्ञान मिला था। यहाँ के कण-कण में पाण्डित्य व्याप्त है जो हमें संस्कृति की ओर आकर्षित करता है। देश में भले ही विभिन्न राज्यों की अपनी संस्कृति और सम्प्रभुता है मगर काशी, देश के सभी राज्यों को अद्वैत भाव से एकता के साथ लेकर आगे बढ़ती है। देश को एकता के साथ विकास का भाव जगाने के लिए काशी की ओर देखना चाहिए। (महात्मा गाँधी काशी विद्यापीठ, वाराणसी में भारतीय समाजशास्त्रीय सोसायटी के 40वें अधिवेशन के उद्‌घाटन में) साभार -दैनिक जागरण, 30 नवम्बर, 2014

- श्री राम नाइक, राज्यपाल, उत्तर प्रदेश, भारत

रिजर्व बैंक से दस गुना विचार धन दे गये विवेकानन्द।

(स्वामी विवेकानन्द के शिकागो वकृतता के 122 वर्षगाँठ पर सन् 2015 में अलीगढ़ में)

- श्री राम नाइक, राज्यपाल, उत्तर प्रदेश, भारत

सोचवीर नहीं, कृतिवीर बनें। जब रामसेतू बन रहा था तब एक गिलहरी भी श्रमदान कर रही थी। क्योंकि वह किनारे बैठकर सोचने की बजाए पूरी ताकत से कृति में जुट गई थी। देशवासीयों को भी इस कथा से प्रेरणा लेनी चाहिए। (महमूरगंज, वाराणसी के एक अभिनन्दन समारोह में)

- श्री राम नाइक, राज्यपाल, उत्तर प्रदेश, भारत

बृहस्पतिवार, 25 दिसम्बर, 2014 ई0

अच्छी शिक्षा, शिक्षकों से जुड़ी है। शिक्षक को हर परम्पराओं का ज्ञान होना चाहिए। हम विश्व को अच्छे शिक्षक दे सकते हैं। विगत छह महीने से पूरा विश्व हमारी ओर देख रहा है। ऋषि-मुनियों की शिक्षा पर हमें गर्व है। 21वीं सदी में विश्व को उपयोगी योगदान देने की माँग है। पूर्णत्व के लक्ष्य को प्राप्त करना विज्ञान हो या तकनीकी, इसके पीछे परिपूर्ण मानव मन की ही विश्व को आवश्यकता है। रोबोट तो पाँच विज्ञानी मिलकर भी पैदा कर देंगे। मनुष्य का पूर्णत्व, तकनीकी में समाहित नहीं हो सकता। पूर्णता मतलब जनहित। कला-साहित्य से ही होगा नवजागरण। (बी.एच.यू, वाराणसी में)   साभार - काशी वार्ता, वाराणसी संस्करण, दि0 26 दिसम्बर, 2014

- श्री नरेन्द्र मोदी, प्रधानमंत्री, भारत

सोमवार, 12 जनवरी 2015 ई0

भारत के पहले ग्लोबल यूथ थे स्वामी विवेकानन्द

साभार - दैनिक जागरण व काशी वार्ता, वाराणसी संस्करण, दि0 12-13 जनवरी, 2015

- श्री राजनाथ सिंह, गृहमंत्री, भारत

बुधवार, 28 जनवरी 2015 ई0

सौ से ज्यादा साल पहले अमेरिका ने भारत के बेटे स्वामी विवेकानन्द का स्वागत किया था। उन्होंने भाषण शुरू करने से पहले सम्बोधित किया था - मेरे प्यारे अमेरिकी भाइयों और बहनों। आज मैं कहता हूँ - मेरे प्यारे भारतीय भाइयों और बहनों। गर्व है कि अमेरिका में 30 लाख भारतीय हैं जो हमें जोड़े रखते हैं। हमारी दोस्ती

सहज है। हम आगे भी हर क्षेत्र में एक-दूसरे के साथ बढ़ते रहेंगे। हम भारत की स्वच्छ ऊर्जा की आवश्यकताओं को पूरा करने के महत्वाकांक्षी लक्ष्यों का स्वागत करते हैं और इसमें मदद करने के लिए तैयार हैं। भारत व्यापक विविधता के साथ अपने लोकतन्त्र को मजबूती से आगे बढ़ाता है तो यह दुनिया के लिए एक उदाहरण होगा। भारत तभी सफल होगा जब वह धार्मिक आधार पर बँटेगा नहीं। धर्म का गलत इस्तेमाल नहीं होना चाहिए। हमें समाज को बाँटने वाले तत्वों से सावधान रहना होगा। भारतीय भाइयों और बहनों, हम परफेक्ट देश नहीं हैं। हमारे सामने कई चुनौतियाँ हैं। हममे कई समानताएँ हैं। हम कल्पनाशील और जुझारू हैं। हम सब एक ही बगिया के खुबसूरत फूल हैं। अमेरिका को भारत पर भरोसा है। हम आपके सपने साकार करने में आपके साथ हैं। आपका पार्टनर होने पर हमें गर्व है, जय हिन्द। (भारत के गणतन्त्र दिवस पर मुख्य अतिथि के रूप में भारत यात्रा पर विभिन्न कार्यक्रमों में व्यक्त वक्तव्यों का अंश) साभार - दैनिक जागरण, वाराणसी, दि0 26-28 जनवरी 2015

-बराक ओबामा

युवाओं विश्व को एक करो।

("मन की बात" रेडियो कार्यक्रम द्वारा श्री बराक ओबामा एवं श्री नरेन्द्र मोदी, प्रधानमंत्री, भारत संयुक्त रूप से)

साभार - दैनिक जागरण व काशी वार्ता, वाराणसी संस्करण, दि0 28 जनवरी, 2015

काल का द्वितीय और अन्तिम रूप

दृश्य काल

धर्म ज्ञान का अन्त

पाँचवाँयुग: स्वर्णयुग/सत्ययुग के धर्म

14. विश्व/सत्य/धर्मनिरपेक्ष/लोकतन्त्र धर्म-लव कुश सिंह "विश्वमानव"-सन् 2012 ई0

र. सार्वजनिक प्रमाणित पूर्ण प्रेरक अवतार

10. दृश्य काल के सार्वजनिक प्रमाणित काल में सार्वजनिक प्रमाणित पूर्ण दृश्य सत्य चेतना से युक्त संघ और योजना (दृश्य यज्ञ या कर्म) आधारित कलियुग के अन्त में विष्णु के दसवाँ और अन्तिम - भोगेश्वर श्री लव कुश सिंह "विश्वमानव" निष्कलंक कल्कि अवतार - विश्वभारत (मानक वैश्विक व्यक्ति चरित्र)

आदर्श वैश्विक व्यक्ति चरित्र सहित सभी अवतारों का सम्मिलित गुण व मन निर्माण की प्रक्रिया से निर्मित अन्तिम मन स्वामी विवेकानन्द के मन के गुण मिलकर दसवें अन्तिम अवतार श्री लव कुश सिंह "विश्वमानव" में व्यक्त हुआ।

मुख्य-गुण सिद्धान्त - विश्व धर्म / वेदान्त धर्म / अद्वैत धर्म / एकता धर्म / लोकतन्त्र धर्म / समष्टि धर्म / प्राकृतिक धर्म / सत्य धर्म / संयुक्तमन धर्म / ईश्वर धर्म / हिन्दू धर्म / सार्वजनिक धर्म / दृश्य धर्म / मानव धर्म / धर्मनिरपेक्ष धर्म - लव कुश सिंह "विश्वमानव" - सन् 2012 ई0 - पूर्ववर्ती सभी धर्मो व मतों का समन्वय व एकीकरण करते हुये निराकार आधारित लोकतंत्र व्यवस्था का वृक्ष शास्त्र विश्व-नागरिक धर्म का धर्मयुक्त धर्मशास्त्र-कर्मवेद: प्रथम, अन्तिम तथा पंचम वेदीय श्रृंखला विश्व-राज्य धर्म का धर्मनिपेक्ष धर्मशास्त्र- विश्वमानक-शून्य: मन की गुणवत्ता का विश्वमानक श्रृंखला, आदर्श मानक सामाजिक व्यक्ति चरित्र समाहित आदर्श मानक वैश्विक व्यक्ति चरित्र अर्थात् सार्वजनिक प्रमाणित आदर्श मानक वैश्विक व्यक्ति चरित्र का प्रस्तुतीकरण।

वर्तमान समय - इतिहास लौट चुका है

मंगलवार, 17 फरवरी, 2015 ई0
(महाशिवरात्रि)

श्री लव कुश सिंह "विश्वमानव" द्वारा भारत सरकार को लिखा गया पत्र जिसे पंजीकृत डाक द्वारा काशी (वाराणसी), उत्तर प्रदेश, भारत से दिनांक - बुधवार, 25 फरवरी, 2015 को प्रेषित किया गया। जिसका विषय था –

"वर्तमान समय में पूर्व के सभी ईश्वर के अवतारों और शास्त्रों, धर्माचार्यों, सिद्धों, संतों, महापुरूषों, भविष्यवक्ताओं, तपस्वीयों, विद्वानों, बुद्धिजिवीयों, व्यापारीयों, दृश्य व अदृश्य विज्ञान के वैज्ञानिकों, सहयोगीयों, विरोधीयों, रक्त-रिश्ता-देश सम्बन्धियों, उन सभी मानवों, समाज व राज्य के नेतृत्वकर्ताओं के विचारों के एकीकरण व समावेश द्वारा विश्व के सबसे बड़े लोकतन्त्र के संविधान की पूर्णता और सत्यीकरण के लिए "सार्वभौम आध्यात्मिक सत्य" आधारित एक नई अनन्त विकासशील दिशा प्राप्त हो चुकी है जिसके कारण वे अधूरे थे। जो "काशी-सत्यकाशी" को राष्ट्रगुरू और भारत को जगतगुरू बनाने सहित नागरिक व लोकतन्त्र की स्वस्थता व पूर्णता सम्बन्धित स्थापना स्तर पर शासनिक प्रक्रियानुसार अन्तिम मार्ग है। भविष्यवाणीयों के अनुसार ही जन्म, कार्य प्रारम्भ और पूर्ण करने का समय और जीवन है। ऋषि परम्परानुसार राज्य कार्य में अनावश्यक हस्तक्षेप न करते हुये भारत सरकार को इस आविष्कार - मन (मानव संसाधन) का विश्व मानक (WS-0) श्रृंखला एवं पूर्ण मानव निर्माण की तकनीकी – WCM-TLM-SHYAM.C की उपलब्धता की सूचना देना मेरा कर्तव्य है जिससे जब भी राष्ट्र को उसकी आवश्यकता हो, उसे समर्पित किया जा सके। जिसका विस्तृत विवरण वेबसाइट www.moralrenew.com पर उपलब्ध है।

देश के हजारों विश्वविद्यालय और अन्य बुद्धि शक्ति जिस दिशा की पहचान व कार्य को पूर्ण नहीं कर पा रहे थे वह एक ही व्यक्ति द्वारा स्वयं के संसाधन, इच्छा व नागरिक कर्तव्य की भावना से पूर्ण किया जा चुका है जो अनेक पुरस्कारों के भी पूर्णतः योग्य है। ऋषि प्रणाली अनुसार इस आविष्कार को पुनर्निर्माण - सत्य शिक्षा का राष्ट्रीय तीव्र मार्ग (RENEW – Real Education National Express Way) कार्यक्रम द्वारा सर्वसाधारण तक पहुँचाने का प्रयत्न जारी है जो अपने वानप्रस्थ जीवन (उम्र 50 वर्ष पूर्णता के बाद) में प्रवेश करने के दिनांक 16 अक्टुबर 2017 तक चलेगा, उसके उपरान्त यह पूर्णतः नागरिकों व राष्ट्र पर इसकी आवश्यकता व उपयोगिता निर्भर रहेगी। क्योंकि वानप्रस्थ आश्रमानुसार बिना माँगे अपने विचार देने का प्राविधान नहीं है। जब स्वयं की शान्ति, इच्छा व आवश्यकता बाधित हो तो आन्दोलन की जा सकती है परन्तु ज्ञान के इस युग की ऐसी स्थिति में जब नागरिक और राष्ट्र की शान्ति, इच्छा व आवश्यकता बाधित हो तब आविष्कार और दिशा की उपलब्धता की सूचना मात्र ही दी जा सकती है। जिसकी शान्ति, इच्छा व आवश्यकता बाधित हो आन्दोलन वही कर सकता है। मेरी शान्ति, इच्छा व आवश्यकता केवल इस आविष्कार को उपलब्ध कराने में ही थी। नागरिकों को पूर्ण ज्ञान चाहिए तो वे पुनर्निर्माण - सत्य शिक्षा का राष्ट्रीय तीव्र मार्ग द्वारा आयें और भारत को विश्वगुरू बनने की इच्छा हो तब उसे आविष्कार की स्थापना पर कार्य करना चाहिए।

इस क्रम में भारत सरकार के माध्यम से इस आविष्कार - मन (मानव संसाधन) का विश्व मानक (WS-0) श्रृंखला एवं पूर्ण मानव निर्माण की तकनीकी – WCM-TLM-SHYAM.C पर देश सहित विश्व के बुद्धिशक्ति का ध्यान केन्द्रित कर उस पर निर्णय करना आवश्यक है जिससे हम सभी आने वाली पीढ़ी को एक सुरक्षित व बौद्धिक विकासशील विश्व दे सकें।"

- लव कुश सिंह "विश्वमानव"

111 वर्ष पूर्व 4 जुलाई, 1902 ई0 को आम आदमी के रूप में नरेन्द्र नाथ दत्त और विचार से सर्वोच्च विश्वमानव के रूप में स्वामी विवेकानन्द ब्रह्मलीन हुये थे। उन्होंने कहा था -"मन में ऐसे भाव उदय होते हैं कि यदि जगत् के दुःख दूर करने के लिए मुझे सहस्त्रों बार जन्म लेना पड़े तो भी मैं तैयार हूँ। इससे यदि किसी का तनिक भी दुःख दूर हो, तो वह मैं करूंगा और ऐसा भी मन में आता है कि केवल अपनी ही मुक्ति से क्या होगा। सबको साथ

लेकर उस मार्ग पर जाना होगा।" (पृ0-67, विवेकानन्द जी के संग में, राम कृष्ण मिशन प्रकाशन) वर्तमान में उनके तीन रूप व्यक्त हो चुके हैं जो निम्नलिखित हैं-

1. भारत के सर्वोच्च पद पर सुशोभित श्री प्रणव मुखर्जी, राष्ट्रपति, भारत, उनके संस्कृति को लेकर।
2. भारत के सर्वोच्च अधिकार के पद पर सुशोभित श्री नरेन्द्र मोदी, प्रधानमंत्री, भारत, उनके नाम को लेकर।
3. भारत के आम आदमी के रूप में श्री लव कुश सिंह "विश्वमानव", काशी-सत्यकाशी क्षेत्र, भारत, उनके विचार "विश्व-बन्धुत्व" एवं "वेदान्त की व्यावहारिकता" की स्थापना के लिए शासनिक प्रणाली के अनुसार स्थापना स्तर तक की प्रक्रिया को लेकर।

भारत सरकार व उसके अनेक मंत्रालयों द्वारा अन्तर्राष्ट्रीय मानकीकरण संगठन के प्रमाण पत्र आई.एस.ओ-9000 (ISO-9000) गुणवत्ता का प्रमाण पत्र प्राप्त करने की प्रक्रिया प्रारम्भ।

श्री लव कुश सिंह "विश्वमानव" द्वारा नागरिकों व संस्था (व्यष्टि व समष्टि) के गुणवत्ता का विश्वमानक - 0 (WS-0) श्रृंखला आविष्कृत।

"भारत विश्व गुरू कभी हुआ करता था लेकिन अब नहीं है। इसका सबसे बड़ा प्रमाण यह है कि भारत वैश्विक सिद्धान्तों से प्रभावित है। भारत उस दिन वर्तमान युग में पुनः विश्व गुरू बन जायेगा जब वह अपने सार्वभौम सिद्धान्तों से विश्व को प्रभावित व संचालित करने लगेगा। काशी-सत्यकाशी क्षेत्र इस दृश्य काल में मतों (वोटों) से नहीं बल्कि शिव-तन्त्र के शास्त्र से किसी का हो सकता है। सार्वभौम सत्य - आत्म तत्व के आविष्कार से भारत विश्व गुरू तो है ही परन्तु दृश्य काल में विश्व गुरू बनने के लिए सार्वभौम सत्य-सिद्धान्त चाहिए जिससे विश्व संविधान व लोकतन्त्र को मार्गदर्शन मिल सके। शिक्षा द्वारा मानव मन को सत्य से जोड़ने, काशी को राष्ट्र गुरू और भारत को जगत गुरू बनाने और ज्ञान को सबके द्वार पर पहुँचाने का कार्य आप सभी की इच्छानुसार प्रारम्भ किया जा रहा है। आपने कहा हमने शुरू किया।" **- श्री लव कुश सिंह "विश्वमानव"**

पुत्र श्री धीरज नारायण सिंह

रचनाकर्ता - लक्ष्य पुनर्निर्माण व उसकी प्राप्ति के लिए पाठ्यक्रम व कार्‌य योजना

आविष्कारकर्ता - मन (मानव संसाधन) का विश्व मानक एवं पूर्ण मानव निर्माण की तकनीकी

दावेदार - भारत सरकार का सर्वोच्च नागरिक सम्मान "भारत रत्न"

श्री लव कुश सिंह "विश्वमानव" के संक्षिप्त विचार

1. दो या दो से अधिक माध्यमों से उत्पादित एक ही उत्पाद के गुणता के मापांकन के लिए मानक ही एक मात्र उपाय है। सतत् विकास के क्रम में मानकों का निर्धारण अतिआवश्यक कार्य है। उत्पादों के मानक के अलावा सबसे जरुरी यह है कि मानव संसाधन की गुणता का मानक निर्धारित हो क्योंकि राष्ट्र के आधुनिकीकरण के लिए प्रत्येक व्यक्ति के मन को भी आधुनिक अर्थात् वैश्विक-ब्रह्माण्डीय करना पड़ेगा। तभी मनुष्यता के पूर्ण उपयोग के साथ मनुष्य द्वारा मनुष्य के सही उपयोग का मार्ग प्रशस्त होगा। उत्कृष्ट उत्पादों के लक्ष्य के साथ हमारा लक्ष्य उत्कृष्ट मनुष्य के उत्पादन से भी होना चाहिए जिससे हम लगातार विकास के विरुद्ध नकारात्मक मनुष्यों की संख्या कम कर सकें। भूमण्डलीकरण सिर्फ आर्थिक क्षेत्र में कर देने से समस्या हल नहीं होती क्योंकि यदि मनुष्य के मन का भूमण्डलीकरण हम नहीं करते तो इसके लाभों को हम नहीं समझ सकते। आर्थिक संसाधनों में सबसे बड़ा संसाधन मनुष्य ही है। मनुष्य का भूमण्डलीकरण तभी हो सकता है जब मन के विश्व मानक का निर्धारण हो। ऐसा होने पर हम सभी को मनुष्यों की गुणता के मापांकन का पैमाना प्राप्त कर लेंगे, साथ ही स्वयं व्यक्ति भी अपना मापांकन भी कर सकेगा। जो विश्व मानव समाज के लिए सर्वाधिक महत्व का विषय होगा। विश्व मानक शून्य श्रृंखला मन का विश्वमानक है जिसका निर्धारण व प्रकाशन हो चुका है जो यह निश्चित करता है कि समाज इस स्तर का हो चुका है या इस स्तर का होना चाहिए। यदि यह सार्वभौम सत्य-सिद्धान्त आधारित होगा तो निश्चित ही अन्तिम मानक होगा।

2. भारत का प्रत्येक नागरिक अपने जीवकोपार्जन के मार्ग व संघर्ष में अपने विषय का जानकार व अनुभव तो प्राप्त कर रहा है परन्तु कुछ पाने के क्रम में कुछ छूट भी जाता है इसलिए प्रत्येक नागरिक को अपने अहंकार को भूलकर यह स्वीकार करना होगा कि वह अपने विषय से हटकर अन्य विषय के विषय में कम या नहीं जानता है। अतः एक आदर्श नागरिक बनने के क्रम में न्यूनतम ज्ञान सभी को एक समान रूप से चाहिए, पुनर्निर्माण वहीं कार्य है।
3. तुम पूरे जीवन कुत्ते के पूँछ को सीधी करने की कोशिश करो, नहीं हो पायेगी परन्तु तुम पूँछ सीधी करने का रेकार्ड बनाकर विश्व में पहला स्थान पा सकते हो ऐसे रेकार्ड आजकल गिनीज बुक आफ वर्ल्ड रेकार्ड में लिखे जाते हैं। यही बात समाज के बारे में भी है समाज वहीं रहता है सुधार कार्य करने वाले महान हो जाते हैं।
4. भारत को विश्व गुरू बनाना व अच्छे दिन लाना, यह फल है जिसका जड़ व्यक्ति के मस्तिष्क और गाँव में है। जड़ को मजबूत करने से भारत नामक वृक्ष से अपने आप फल निकलने लगेंगे। पुनर्निर्माण व्यक्ति के मस्तिष्क को मजबूत करने का ही कार्यक्रम है। शेष व्यक्ति व शासन मिलकर पूरा कर लेंगे इसका हमें विश्वास है।
5. जो मन कर्म में न बदले, वह मन नहीं और व्यक्ति का अपना स्वरूप नहीं।
6. राष्ट्र निर्माण का हमारा कार्य राष्ट्रपति श्री प्रणव मुखर्जी द्वारा प्रस्तुत किये गये मार्गदर्शक बिन्दुओं का सम्मिलित रूप है। नये शहर के रूप में वाराणसी के दक्षिण थ्री इन वन "सत्यकाशी नगर" की योजना उस क्षेत्र के विकास पर आधारित है तो आध्यात्मिक एवं दार्शनिक विरासत के आधार पर एक भारत-श्रेष्ठ भारत के सपने को साकार करने के लिए पुनर्निर्माण - सत्य शिक्षा का राष्ट्रीय तीव्र मार्ग (RENEW-Real Education National Express Way) के द्वारा भारत देश के समाजवाद पर आधारित आम आदमी के लिए प्रस्तुत है। किसी व्यक्ति के बौद्धिक विकास के लिए आवश्यक है कि उसे भोजन, स्वास्थ्य और निर्धारित आर्थिक आय को सुनिश्चित कर दिया जाय और यह यदि उसके शैक्षिक जीवन से ही कर दिया जाय तो शेष सपने को वह स्वयं पूरा कर लेगा। यदि वह नहीं कर पाता तो उसका जिम्मेदार भी वह स्वयं होगा, न कि अभिभावक या ईश्वर। पुनर्निर्माण, इसी सुनिश्चिता पर आधारित है।
7. मानव एवं संयुक्त मानव (संगठन, संस्था, ससंद, सरकार इत्यादि) द्वारा उत्पादित उत्पादों का धीरे-धीरे वैश्विक स्तर पर मानकीकरण हो रहा है। ऐसे में संयुक्त राष्ट्र संघ को प्रबन्ध और क्रियाकलाप का वैश्विक स्तर पर मानकीकरण करना चाहिए। जिस प्रकार औद्योगिक क्षेत्र अन्तर्राष्ट्रीय मानकीकरण संगठन (ISO-International Standardization Organisation) द्वारा संयुक्त मन (उद्योग, संस्थान, उत्पाद इत्यादि) को उत्पाद, संस्था, पर्यावरण की गुणवत्ता के लिए ISO प्रमाणपत्र जैसे-ISO-9000, ISO-14000 श्रृंखला इत्यादि प्रदान किये जाते है उसी प्रकार संयुक्त राष्ट्र संघ को नये अभिकरण विश्व मानकीकरण संगठन (WSO-Standardization Organisation) बनाकर या अन्तर्राष्ट्रीय मानकीकरण संगठन को अपने अधीन लेकर ISO/WSO का प्रमाण पत्र योग्य व्यक्ति और संस्था को देना चाहिए जो गुणवत्ता मानक के अनुरूप हों। भारत को यही कार्य भारतीय मानक ब्यूरो (BIS-Bureau of Indian Standard) के द्वारा IS श्रृंखला द्वारा करना चाहिए। भारत को यह कार्य राष्ट्रीय शिक्षा प्रणाली (NES-National Education System) व विश्व को यह कार्य विश्व शिक्षा प्रणाली (WES-World Education System) द्वारा करना चाहिए। जब तक यह शिक्षा प्रणाली भारत तथा संयुक्त राष्ट्र संघ द्वारा जनसाधारण को उपलब्ध नहीं हो जाती तब तक यह "पुनर्निर्माण" द्वारा उपलब्ध करायी जा रही है जो और राष्ट्र निर्माण का प्रथम व अन्तिम ब्लूप्रिन्ट है।
8. विश्वशास्त्र से आपको मिलता है मनोरंजन को छोड़ कर, आपके शारीरिक-आर्थिक-मानसिक विकास के लिए सभी साधन। जहाँ आप भारतीयता के साथ पायेंगे आज के युग के अनुसार विकास करने का न्यूनतम आवश्यक ज्ञान। हम आपको, आपके विकास के मुख्य-धारा में लाना चाहते हैं क्योंकि सबके लिए 24 घण्टे का ही दिन है। मौज कर लो या अपने लक्ष्य के लिए काम कर लो।
9. "रत्न" उसे कहते हैं जिसका अपना व्यक्तिगत विलक्षण गुण-धर्म हो और वह गुण-धर्म उसके न रहने पर भी प्रेरक हो। पद पर पीठासीन व्यक्तित्व का गुण-धर्म मिश्रित होता है, वह उसके स्वयं की उपलब्धि नहीं रह

जाती। भारत के रत्न वही हो सकते हैं जो स्वतन्त्र भारत में संवैधानिक पद पर न रहते हुये अपने विलक्षण गुण-धर्म द्वारा भारत को कुछ दिये हों और उनके न रहने पर भी भारतीय नागरिक प्रेरणा प्राप्त करता हो। इस क्रम में "भारत रत्न" का अगला दावेदार मैं हूँ और नहीं तो क्यों? इतना ही नहीं नोबेल पुरस्कार के साहित्य और शान्ति के संयुक्त पुरस्कार के लिए भी योग्य है जो भारत के लिए गर्व का विषय है।

10. किसी देश का संविधान, उस देश के स्वाभिमान का शास्त्र तब तक नहीं हो सकता जब तक उस देश की मूल भावना का शिक्षा पाठ्यक्रम उसका अंग न हो। इस प्रकार भारत देश का संविधान भारत देश का शास्त्र नहीं है। संविधान को भारत का शास्त्र बनाने के लिए भारत की मूल भावना के अनुरूप नागरिक निर्माण के शिक्षा पाठ्यक्रम को संविधान के अंग के रूप में शामिल करना होगा। जबकि राष्ट्रीय संविधान और राष्ट्रीय शास्त्र के लिए हमें विश्व के स्तर पर देखना होगा क्योंकि देश तो अनेक हैं राष्ट्र केवल एक विश्व है, यह धरती है, यह पृथ्वी है। भारत को विश्व गुरू बनने का अन्तिम रास्ता यह है कि वह अपने संविधान को वैश्विक स्तर पर विचार कर उसमें विश्व शिक्षा पाठ्यक्रम को शामिल करे। यह कार्य उसी दिशा की ओर एक पहल है, एक मार्ग है और उस उम्मीद का एक हल है। राष्ट्रीयता की परिभाषा व नागरिक कर्तव्य के निर्धारण का मार्ग है। जिस पर विचार करने का मार्ग खुला हुआ है।

अपने-अपने धर्म शास्त्र-उपनिषद्-पुराण इत्यादि का अध्ययन करें कहीं ऐसा तो नहीं कि-

1. काल के प्रथम रूप अदृश्य काल से दूसरे और अन्तिम दृश्य काल का प्रारम्भ।
   इसलिए कि अधिकतम व्यक्ति व समाज का मन दृश्य विषयों पर केन्द्रित है।
2. मनवन्तर के वर्तमान 7वें मनवन्तर वैवस्वत मनु से 8वें मनवन्तर सावर्णि मनु का प्रारम्भ।
   इसलिए कि सावर्णि मनु के "सार्वभौम" गुण का प्रयोग कर श्री लव कुश सिंह "विश्वमानव" व्यक्त हैं।
3. अवतार के नवें बुद्ध से दसवें और अन्तिम अवतार-कल्कि महावतार का प्रारम्भ।
   इसलिए कि आधुनिक युग के लिए एकीकरण व मानकीकरण के सभी प्रणाली व्यष्टि व समष्टि के लिए संयुक्त एवं अन्तिम रूप से व्यक्त हैं।
4. युग के चौथे कलियुग से पाँचवें युग स्वर्ण युग का प्रारम्भ।
   इसलिए कि युग परिवर्तन के लिए कल्कि अवतार का आगमन हो चुका है।
5. व्यास और द्वापर युग में आठवें अवतार श्रीकृष्ण द्वारा प्रारम्भ किया गया कार्य "नवसृजन" के प्रथम भाग "सार्वभौम ज्ञान" के शास्त्र "गीता" से द्वितीय अन्तिम भाग "सार्वभौम कर्मज्ञान", पूर्णज्ञान का पूरक शास्त्र", लोकतन्त्र का "धर्मनिरपेक्ष धर्मशास्त्र" और आम आदमी का "समाजवादी शास्त्र" द्वारा व्यवस्था सत्यीकरण और मन के ब्रह्माण्डीयकरण और नये व्यास का प्रारम्भ।

\- इसलिए कि नया और अन्तिम शास्त्र "विश्वशास्त्र" प्रकाशित हो चुका है।

यदि ऐसा नहीं तो -

1. तुम्हारे शास्त्रों में दिये वचन और शास्त्र झूठे हो जायेंगे।
2. तुम्हारे भविष्यवक्ताओं की भविष्यवाणीयाँ झूठी हो जायेंगी।
3. तुम्हारे युग और काल गणना झूठे हो जायेंगे।
4. तुम्हारे अवतार-ईशदूत-ईशपुत्र-पुनर्जन्म सिद्धान्त झूठे हो जायेंगे।
5. तुम्हारे ईश्वर सम्बन्धी अवधारणा झूठे हो जायेंगे।

पी.एम. बना लो या सी.एम या डी.एम,
शिक्षा पाठ्यक्रम कैसे बनाओगे?
नागरिक को पूर्ण ज्ञान कैसे दिलाओगे?
राष्ट्र को एक झण्डे की तरह,
एक राष्ट्रीय शास्त्र कैसे दिलाओगे?
ये पी.एम. सी.एम या डी.एम नहीं करते,
राष्ट्र को एक दार्शनिक कैसे दिलाओगे?
वर्तमान भारत को जगतगुरू कैसे बनाओगे?
सरकार का तो मानकीकरण (ISO-9000) करा लोगे,
नागरिक का मानक कहाँ से लाओगे?
सोये को तो जगा लोगे,
मुर्दों में प्राण कैसे डालोगे?
वोट से तो सत्ता पा लोगे,
नागरिक में राष्ट्रीय सोच कैसे उपजाओगे?
फेस बुक पर होकर भी पढ़ते नहीं सब,
भारत को महान कैसे बनाओगे?

निर्णय आपके पास, एकता का प्रयास या अनेकता का विकास

आस्था कहीं भी लगा लो लेकिन क्षमता से अधिक उम्मीद मत करो।

मानने से वस्तु में गुण नहीं आते लेकिन व्यापार विकसित हो जाता है।

क्या मनुष्य का व्यक्तिगत लक्ष्य के अलावा कोई सामूहिक लक्ष्य भी होता है? इस पर भी विचार करना आवश्यक है। सनातन और पुनर्जन्म सिद्धान्त से इस संसार की सभी गति तंरगाकार होते हुए भी एक चक्र में चल रहा है। इस प्रकार उस चक्र में मनुष्य का क्षणिक जीवन एक कड़ी मात्र है। ये शरीर जो दिख रहा है उसे स्थूल शरीर कहा जाता है और मृत्यु के उपरान्त इच्छा युक्त मन को सूक्ष्म शरीर तथा इच्छा मुक्त मन को आत्मीय शरीर कहते हैं। आत्मीय शरीर केन्द्र है और सूक्ष्म व स्थूल उसके चक्र हैं। मनुष्य योनि का विकास उध्र्व गति की ओर हुआ है अर्थात् जल से थल, थल से शरीर, फिर संसाधन/अर्थ, फिर मानसिक, और पूर्ण और अन्तिम में आध्यात्मिक केन्द्रित मन। यही वह पैमाना है जिससे स्वयं की तुलनाकर जाना जा सकता है कि मैं कितना सफल हुँ? ये वह मार्ग है जिसे तय करने का सार्वभौम नियम है चाहे मनुष्य को इसका ज्ञान हो या न हो। जो जितना इस मार्ग में बढ़ता है

वह उतना ही सफल है और जो नीचे गिरता है वह उतना ही असफल होता है। सफल होने से ही अच्छे समाज का विकास और असफल होने से खराब समाज का विकास होता है क्योंकि पुनर्जन्म तो सूक्ष्म शरीर का ही होता है। शरीर पालना और पीढ़ी आगे बढ़ाना तो सभी जीवों का काम है। फिर उनमें और मनुष्य में क्या अन्तर? अगर ऐसी बात नहीं तो पं0 दीनदयाल उपाध्याय जी के इस विचार - "मनुष्य पशु नहीं है केवल पेट भर जाने से वह सुखी और संतुष्ट हो जायेगा। उसकी जीवन यात्रा "पेट" से आगे "परमात्मा" तक जाती है। उसके मन उसकी बुद्धि और उसकी आत्मा का भी कुछ तकाजा है।" का क्या अर्थ होगा?

जिस प्रकार वर्तमान व्यावसायिक-समाजिक-धार्मिक इत्यादि मानवीय संगठन में विभिन्न पद जैसे प्रबन्ध निदेशक, प्रबन्धक, शाखा प्रबन्धक, कर्मचारी, मजदूर इत्यादि होते हैं और ये सब उस मानवीय संगठन के एक विचार जिसके लिए वह संचालित होता है, के अनुसार अपने-अपने स्तर पर कार्य करते हैं और वे उसके जिम्मेदार भी होते हैं। उसी प्रकार यह सम्पूर्ण ब्रह्माण्ड एक ईश्वरीय संगठन है जिसमें सभी अपने-अपने स्तर व पद पर होकर जाने-अनजाने कार्य कर रहें हैं। यदि मानवीय संगठन का कोई कर्मचारी दुर्घटनाग्रस्त होता है तो उसका जिम्मेदार उस मानवीय संगठन का वह विचार नहीं होता बल्कि वह कर्मचारी स्वयं होता है। इसी प्रकार ईश्वरीय संगठन में भी प्रत्येक व्यक्ति की अपनी बुद्धि-ज्ञान-चेतना-ध्यान इत्यादि गुण ही उसके कार्य का फल देती है जिसका जिम्मेदार वह व्यक्ति स्वयं होता है न कि ईश्वरीय संगठन का वह सार्वभौम सत्य-सिद्धान्त। मानवीय संगठन का विचार हो या ईश्वरीय संगठन का सार्वभौम सत्य-सिद्धान्त यह दोनों ही कर्मचारी के लिए मार्गदर्शक नियम हैं। जिस प्रकार कोई मानवीय संगठन आपके पूरे जीवन का जिम्मेदार हो सकता है उसी प्रकार ईश्वरीय संगठन भी आपके पूरे जीवन का जिम्मेदार हो सकता है। जिसका निर्णय आपके पूरे जीवन के उपरान्त ही हो सकता है परन्तु आपके अपनी स्थिति के जिम्मेदार आप स्वयं हैं। जिस प्रकार मानवीय संगठन में कर्मचारी समर्पित मोहरे की भाँति कार्य करते हैं उसी प्रकार ईश्वरीय संगठन में व्यक्ति सहित मानवीय संगठन भी समर्पित मोहरे की भाँति कार्य करते हैं, चाहे उसका ज्ञान उन्हें हो या न हो। और ऐसा भाव हमें यह अनुभव कराता है कि हम सब जाने-अनजाने उसी ईश्वर के लिए ही कार्य कर रहें हैं जिसका लक्ष्य है- ईश्वरीय मानव समाज का निर्माण जिसमें जो हो सत्य हो, शिव हो, सुन्दर हो और इसी ओर विकास की गति हो।

सोमवार, 2 मार्च, 2015 ई0

भारत पूरी दुनिया को शान्ति की राह दिखाने में संक्षम है। शस्त्र विध्वंशकारी होता है तो शास्त्र पशुता से मानवतावाद की ओर ले जाता है। आज आवश्यकता केवल शिक्षित होने की नहीं बल्कि सुशिक्षित हाने की है। केवल भौतिक विकास को सर्वांगिण विकास नहीं कहा जा सकता। भारत की प्रकृति व यहाँ के ज्ञान के खजाने को ढूढ़ने में पूरी दुनिया लगी है। हमसे दुनियाँ ने बहुत कुछ सिखा है। आज भी उसे शान्ति का रास्ता भारत ही दिखा सकता है। साभार - दैनिक जागरण, वाराणसी, दि0 2 मार्च, 2015 **-श्रीमती प्रतिभा पाटिल पूर्व राष्ट्रपति, भारत**

शुक्रवार, 20 मार्च, 2015 ई0

सूर्य ग्रहण है जो भारत में दिखाई नहीं देगा।

शनिवार, 4 अप्रैल, 2015 ई0

-चंद्रग्रहण

-हिंदू माह के अनुसार दोनों ग्रहण एक ही माह में पड़ रहे हैं। सूर्य ग्रहण अमावस्या को और चंद्र ग्रहण पूर्णिमा को है। शास्त्रों में कहा गया है कि एक माह में दो ग्रहण हों तो राजा को हानि होती है। इस ग्रहण से किसी शीर्ष नेता या देश की सेना को हानि हो सकती है।

सोमवार, 27 जुलाई 2015 ई0

ए.पी.जे. अब्दुल कलाम की मृत्यु (ब्रह्मलीन)

इनके सार्वभौम विचार

"अच्छी शिक्षा व्यवस्था ही प्रबुद्ध नागरिक पैदा करती है, बच्चों को नैतिक शिक्षा प्रदान की जाय और रोजगार के नये अवसर पैदा किये जायें, राष्ट्रीय शान्ति व सार्वभौमिक सद्भाव के लिए सभी धर्म आध्यात्मिक आन्दोलन में शामिल हो जायें" साभार - दैनिक जागरण, सम्पादकीय, वाराणसी, दि0 8 दिसम्बर 2002

-श्री ए.पी.जे, अब्दुल कलाम, पूर्व राष्ट्पति, भारत

सोमवार, 28 सितंबर, 2015 ई0

चंद्र ग्रहण

मंगलवार, 17 नवम्बर 2015 ई0

अशोक सिंघल की मृत्यु (ब्रह्मलीन)

इनके सार्वभौम विचार

"हिन्दू-बौद्ध एकता से विश्व में बढ़ते ईसाइयों और इस्लाम के विस्तारवादी मनोवृत्ति को रोकने में निश्चित रूप से सफलता" (लुम्बीनी में आयोजित सभा में) साभार - दैनिक जागरण, वाराणसी दि- 20-01-2000

- श्री अशोक सिंघल, अन्तर्राष्ट्रीय कार्याध्यक्ष, विश्व हिन्दू परिषद

सन् 2016 ई0

बुधवार, 20 जनवरी, 2016 ई0

तैयार करें मूल्यों और उम्मीदों पर आधारित ब्लूप्रिन्ट। (विडिओ कान्फ्रेसिंग से छात्रों और शिक्षकों को सन्देश - राष्ट्र निर्माण का आह्वानं) साभार -दैनिक जागरण, 20 जनवरी, 2016- **श्री प्रणव मुखर्जी, राष्ट्रपति, भारत**

मंगलवार, 8– 9 मार्च, 2016 ई0

पूर्ण सूर्य ग्रहण 8-9 मार्च को पूर्ण सूर्य ग्रहण पड़ेगा, जो सुमात्रा, बोरनेओ, सुलावेसिया से अच्छी तरह दिखाई देगा। आंशिक रूप से यह दक्षिण एवं पूर्वी एशिया और ऑस्ट्रेलिया से दिखेगा। भारत में यह ग्रहण 9 मार्च को सुबह 4 बजे दिखाई देगा।

बुधवार, 23 मार्च, 2016 ई0

आंशिक चंद्र ग्रहण 23 मार्च को यह चंद्र ग्रहण एशिया, ऑस्ट्रेलिया, उत्तरी अमेरिका और दक्षिण अमेरिका के कुछ भागों में स्पष्ट दिखाई देगा। आंशिक रूप से यह एशिया, ऑस्ट्रेलिया, भारतीय महासागर, आर्कटिक, अंटार्कटिका से दिखेगा।

ऐसी शिक्षा की जरूरत है जो समर्पित, विश्वसनीय और आत्म विश्वास से लवरेज युवा तैयार करे। शिक्षा ऐसी होनी चाहिए जो न केवल काबिल पेशेवर दे बल्कि वो समाज व देश के प्रति जुड़ाव भी महसूस करे। (स्वामी राम हिमालयन विश्वविद्यालय के पहले दिक्षांत समारोह में बोलते हुएं) - **श्री प्रणव मुखर्जी, राष्ट्रपति, भारत**

शुक्रवार, 26 अगस्त, 2016 ई0

भारत को अब क्रमिक विकास की नहीं कायाकल्प की जरूरत है। यह तब तक संभव नहीं जब तक प्रशासनिक प्रणाली में आमूल-चूल परिवर्तन न हो। लिहाजा नई सोच, नई संस्थान और नई तकनीकी अपनानी होगी। 19वीं सदी के प्रशासनिक प्रणाली के साथ 21वीं सदी में नहीं प्रवेश किया जा सकता है। रत्ती-रत्ती प्रगति से काम नहीं चलेगा। यदि भारत को परिवर्तन की चुनौतियों से निपटना है तो हमें हर स्तर पर बदलाव लाना होगा। हमें कानूनों में बदलाव करना है, अनावश्यक औपचारिकताओं को समाप्त करना है, प्रक्रियाओं को तेज करना है और

प्रौद्योगिकी अपनानी है। मानसिकता में भी बदलाव लानी है और यह तभी हो सकता है जब विचार परिवर्तनकारी हों। (नीति आयोग की ओर से आयोजित "भारत परिवर्तन व्याख्यान" के शुभारम्भ में, नई दिल्ली में)

- श्री नरेन्द्र मोदी, प्रधानमंत्री, भारत

बुधवार, 31 अगस्त, 2016 ई0

प्रधानमंत्री ने भी भारत के कायाकल्प के लिए अंतरनिहित सिद्धांतों को स्पष्ट किया है। उन्होंने हजारों वर्षों से चली आ रही भारतीय परंपराओं से अनुभव हासिल करने वाले विशेषज्ञों, जनता के सुझावों और विपरीत विचारों को ध्यानपूर्वक सुनने का सुझाव दिया है। यदि हमने ऐसा कर दिया तो हम नीतियों और योजनाओं को न सिर्फ विफल होने से बचा लेंगे, बल्कि भविष्य के जोखिमों से भी इन्हें सुरक्षित कर देंगे। इन सबका अर्थ है भविष्य की योजनाओं और विकास के लिए जरूरी बुनियादी बातों को फिर से परिभाषित करना और उन्हें नए रूप में रचना। इसके लिए सोच के एक नए स्तर की जरूरत होती है। यह किस तरह होगा, यह बहुत कुछ आयोग की टीम की रूपरेखा और दृष्टिकोण पर निर्भर करेगा। प्रधानमंत्री ने नीति आयोग की टीम के लिए महत्वपूर्ण दिशानिर्देश तय किए हैं। अब नीति आयोग पर निर्भर करता है कि वह आशाओं के अनुरूप आचरण करे और परिणाम दे।

("अगली सदी की तैयारी" शीर्षक से दैनिक जागरण में प्रकाशित लेख)

-मुरली मनोहर जोशी

बृहस्पतिवार, 1 सितंबर, 2016 ई0

सूर्य ग्रहण यह ग्रहण भारत, अफ्रीका, मडागास्कर, अटलांटिक महासागर और भारतीय महासागर से दिखाई देगा। अफ्रीका में यह आंशिक रूप से ही दिखाई देगा।

शुक्रवार, 16-17 सितंबर, 2016 ई0

चंद्र ग्रहण यह ग्रहण एशिया, ऑस्ट्रेलिया और पूर्वी अफ्रीका में दिखाई देगा। आंशिक रूप से यूरोप, दक्षिण अमेरिका, अटलांटिक और अंटार्कटिका में दिखेगा।

सन् 2017 ई0

रविवार, 26 फरवरी, 2017 ई0

साल का पहला सूर्यग्रहण

मई, 2017 ई0

रचनात्मक आलोचना, लोकतन्त्र को मजबूत बनाती है। (केन्द्र सरकार के तीन वर्ष पूरे होने पर समीक्षा वक्तव्य) **- श्री नरेन्द्र मोदी, प्रधानमंत्री, भारत**

सोमवार, 7 अगस्त, 2017 ई0

रक्षाबंधन वाले दिन खंडग्रास चंद्रग्रहण था

सोमवार, 21 अगस्त, 2017 ई0

साल 2017 का दूसरा सूर्यग्रहण भारतीय समय के मुताबिक यह ग्रहण रात में 9.15 मिनट से शुरु होगा और रात में 2.34 मिनट पर खत्म होगा।

सितम्बर, 2017 ई0

"विश्वशास्त्र - द नालेज आफ फाइनल नालेज" पुस्तक का सारांश – **"मैं सत्यकाशी से कल्कि महावतार बोल रहा हूँ"** शीर्षक के रूप में प्रकाशित ISBN: 9781947752948 निम्न पते पर भी पुस्तक को भेजा गया।

01- PRESIDENT OF INDIA, 02- PRIME MINISTER OF INDIA, 03- NITI AAYOG, 04. NCERT, 05. BUREAU OF INDIAN STANDARD, 06. UNIVERSITY GRANTS COMMISSION (UGC), 07. MINISTRY OF HUMAN RESOURCES DEVELOPMENT, 08. HON'BLE CHIEF JUSTICE, 09. THE GOVERNOR OF UTTAR PRADESH, 10- THE CHIEF MINISTER OF UTTAR PRADESH, 11. THE EDITOR, DAINIK

JAGRAN, 12. THE EDITOR , AMAR UJALA 12. THE EDITOR , HINDUSTAN 13. SRI KALKI BAL VATIKA, 14.K.K.BIRLA FOUNDATION, 15, WORLD RELIGIOUS PARLIAMENT, 16, BHARAT VIKASH PARISHAD, 17. THE CHIEF MINISTER OF BIHAR, 18. TATA INSTITUTE OF SOCIAL SCIENCE, 19. RAMKRISHNA MISSION 20. VICE CHANCELLOR, BHU, VARANASI, 21. VICE CHANCELLOR, MGKV, VARANASI, 22. VICE CHANCELLOR, SSU, VARANASI, 23. PRINCIPAL, H PG COLLEGE, VARANASI, 24. PRINCIPAL, PN GOVT. COLLEGE, RAMNAGAR, VARANASI, 25. DM, VARANASI, 26. DM, MIRZAPUR, 27. MEMBER OF PARLIAMENT, VARANASI

सन् 2018 ई0

13 जुलाई 2018, भारत में सुबह 7 बजकर 18 मिनट, खत्म होने का समय 8 बजकर 13 मिनट 5 सेकेंड। इससे पहले 31 जनवरी को साल का पहला चंद्रग्रहण देखा गया था। इस चंद्रग्रहण के दौरान 152 साल बाद बहुत दुर्लभ संयोग बना था। 27 जुलाई को होने वाला चंद्र ग्रहण भारत में दिखाई देगा और सदी का सबसे लंबा चंद्रग्रहण होगा।

सन् 2019 ई0

6 जनवरी, का पहला सूर्यग्रहण भारतीय समयानुसार सुबह 5 बजकर 4 मिनट से शुरू होकर 9 बजकर 18 मिनट तक चला। हालांकि यह आंशिक सूर्यग्रहण भारत और आसपास के देशों में नहीं दिखाई दिया। जापान, कोरिया, रूस समेत अन्य कुछ देशों में यह नजर आया।

साल का दूसरा सूर्यग्रहण 2 जुलाई को पूर्ण ग्रहण, ये ग्रहण भी भारत में दिखाई नहीं दिया। 2 जुलाई को लगने वाला सूर्य ग्रहण चार घंटे 33 सेकेंड तक चलेगा। अगर आप इस वर्ष के पूर्ण सूर्यग्रहण को नहीं देख पाते हैं तो आपको 14 दिसंबर, 2020 तक का इंतजार करना होगा।

मंगलवार, 25 जून 2019 ई0

स्वामी सत्यमित्रानन्द गिरि ब्रह्मलीन

आपके विचार आपके "भारत माता मन्दिर" पुस्तक से-

1. स्वस्ति पन्थामनु चरेम सूर्यचन्द्रमसाविव। पुनर्ददताध्नता जानता सं गमेमहि।। (ऋग्वेद-5/51/15) "जैसे सूर्य और चन्द्रमा निरालम्ब अन्तरिक्ष में निरापद एवं राक्षसादि से अबाधित निर्विध्न यात्रा करते हैं, विचरण करते हैं, वैसे ही हम अपने बन्धु-बान्धवों के साथ लोक-यात्रा में स्नेहपूर्वक, निर्विध्न चलते रहें और हम सबका मार्ग मंगलमय हो।" भगवान शंकर के स्मरण मात्र से ऐसा सम्भव है, क्योंकि वे कल्याण के देव हैं। वे देवाधिदेव महादेव तो हैं ही, किन्तु भारतमाता का स्वरूप-स्मरण करने पर तो यह भाव जीवन्त रूप से जाग्रत हो जाता है कि भारत का समग्र दर्शन भगवान शंकर में ही हो रहा है। विचारपूर्वक देखें, तो भगवान शंकर सम्पूर्ण राष्ट्र के प्रतीक हैं, भगवान श्रीराम राष्ट्र की आदर्श-मर्यादा के और गंगा राष्ट्र में प्रवाहित होने वाली संस्कृति की। उसके साथ उसमें ब्रह्मतत्व भी अन्तर्निहित होना चाहिए, क्योंकि ब्रह्मतत्व से विहिन संस्कृति दीर्घकाल तक नहीं रह सकती। इस ब्रह्मतत्व के साक्षात् स्वरूप श्रीकृष्ण हैं। इसलिए भारतीय संस्कृति का सर्वांग रूप राम, कृष्ण, शंकर और गंगा का समन्वित रूप है।
2. केवल वेश ग्रहण मात्र से किसी को साधु-संत नहीं कहा जा सकता। साधुता और सन्तत्व तो एक वृत्ति का नाम है। यह साधु-वृत्ति कदाचित् श्वेत वस्त्रधारी में भी हो सकती है और कदाचित् भगवा-धारी में नहीं। यह जटाजूटधारी या मुण्डित केशों में भी हो सकती है और नहीं भी। अनिवार्यता केवल इतनी ही है कि जहाँ जीवन

में सुचिता है, वहीं साधुता है। जब तक साधुवृत्ति संसार में भ्रमण करती रहेगी, तब तक भारतीय संस्कृति का विनाश कोई नहीं कर सकता।

3. टहनियाँ और पत्तों को काट देने से वृक्ष नहीं सूखता। उसका बीज यदि उर्वरा भूमि में सुरक्षित है, तो अनुकूल अवसर-खाद, पानी, माली आदि पाकर वह पुनः लहलहा उठेगा, हरा-भरा हो जायेगा। यही स्थिति भारतीय संस्कृति के बीज-जीवन मूल्यों की है। भारतीय संस्कृति का बीज किसी एक व्यक्ति के अन्तःकरण में नहीं, अपितु करोड़ों व्यक्तियों की हृदय भूमि में जीवन्त रूप में स्थित है। इसी कारण साधु-संतों की वाणी रूपी खाद, भक्ति रूपी पवित्र जलधारा और प्रभु-कृपा की अनुकूलता प्राप्त होने पर वह पुनः पुनः अंकुरित होती रहेगी। इनकी छाया के नीचे बैठने वाले व्यक्तियों को जीवन में शान्ति का सन्देश सतत् देती रहेगी।
4. यद्यपि प्रत्येक स्थान की भूमि की अपनी निजी विशेषताएँ होती हैं। गुजरात की भूमि में रूई, किसी अन्य जगह हरी मिर्च, मालवा में गेहूँ आदि बहुतायत में तथा अच्छे किस्म के होते हैं, तो भी ये वस्तुएँ थोड़े बहुत अन्तर से अन्यत्र भी उगाई जा सकती हैं, किन्तु यदि केशर को कश्मीर के अतिरिक्त अन्यत्र कहीं पर उत्पन्न करने के प्रयास किये जायें, तो असफलता ही मिलेगी। इसके लिए तो कश्मीर की भूमि की ही शरण लेनी होगी। इसी भाँति भौतिकवाद के विकास के लिए यूरोप ओर अमेरिका की भूमि उपयुक्त है, परन्तु आध्यात्मवाद की केशर यदि प्राप्त करना है, तो सम्पूर्ण विश्व को भारतीय भूमि से ही प्रेम करना होगा। इसके अतिरिक्त कोई उपाय नहीं है। यदि इस धरती का यह वैशिष्ट्य न होता, तो भगवान श्रीराम और भगवान श्रीकृष्ण यहीं पर जन्म क्यों लेते? वे कहीं पर भी आविर्भूत हो सकते थे, परन्तु सरयू और यमुना तट उन्हें अच्छा लगा और इसलिए अपने बाल-मित्रों के साथ उन्होंने यहाँ सहज बाल-क्रिड़ायें कीं, जिससे सभी लोग जान लें कि इस धरती का महत्व कितना अधिक है।
5. उत्तर भारत में भगवान ने अनेक रूपों में अवतार ग्रहण किया। इसलिए उस विराट् एवं चरम चित्त तत्व ने दक्षिण भारत में भी अंशावतार ग्रहण किया। श्री शंकराचार्य, श्री रामानुजाचार्य, श्री वल्लभाचार्य, श्री मध्वाचार्य आदि महान आचार्यों ने भारतीय समाज के उन्नयन के लिए अवतार ग्रहण किया। यदि उत्तर भारत में प्रभु के अवतारों के माध्यम से भगवद् शक्ति द्वारा संसार को प्रभावित किया गया, तो दक्षिण के आचार्यों ने साधना, संयम, सदाचार के उपदेश द्वारा, पुरूषार्थ के द्वारा मानवों में ऐसी अनुभूति उत्पन्न की कि वे आचार्य अंशावतार न होकर पूरी शक्ति सहित अवतार ही दिखाई देते हैं।
6. संसारी मानव दो प्रकार की विभिन्न परिस्थितियों के हिंडोले में झूलता हुआ अपनी दुर्बलता प्रमाणित करता है कि यदि कोई अनुकूल वस्तु मिल जाए, तो उसके प्रति राग हो जाता है, और यदि प्रिय वस्तु का वियोग हो जाए तो रोष होता है। कोई-कोई विरले मनुष्य होते हैं, जो न राग में जीते हैं, न रोष में जीते हैं, वे तो केवल अनुराग में ही सदा आनन्दित होते हैं। भगवान श्रीराम भी इसी प्रकार के महापुरूष हैं, जिनको न राग है, न रोष, अपितु वे अन्यों को सभी प्रकार संतुष्ट करते हैं। उनका स्मरण कर, उस नित्य आनन्दमय परमात्मा के प्रति भक्ति प्रदर्शित कर, भारतीय व्यक्ति अपने जीवन को धन्य अनुभव करता है।

"भारत माता मन्दिर" के सम्बन्ध में आपके विचार-

ऊँ। विश्वानि देव सवितर्दुरितानी परासुव। यद् भद्रं तन्न आ सुव।।

हमारे देश के गाँव-गाँव, नगर-नगर में मन्दिर मिलते हैं। बुद्धिवादी व्यक्ति नवीन मन्दिरों के निर्माण को निरर्थक मानते हैं। कई लोग इसे अर्थ का अपव्यय भी कहते हैं। इतिहास को जीवित रखना हमारा कर्तव्य है। इतिहास से हमें अपनी राष्ट्रीय-संस्कृति के गौरव का पता चलता है। पाठकों को इससे प्रेरणा मिलती है और भावी पीढ़ी के संस्कार जगाने में चेतना की शक्ति। इसी पावन दृष्टिकोण से, हरिद्वार में भारत माता मन्दिर का निर्माण किया गया है।

मुसलमान, ईसाई बन्धुओं को अपने पूर्वजों के सम्बन्ध में पर्याप्त जानकारी है, परन्तु किसी हिन्दू युवक से उसके पूर्वज ऋषियों के नाम पूछे जायें तो बता पाने में असमर्थता प्रकट करेगा। यदि व्यक्ति अपने श्रेष्ठ पूर्वजों का ही विस्मरण कर बैठे, तो उनके श्रेष्ठ संस्कारों को अपने जीवन में कैसे उतार सकता है?

भारत माता मन्दिर, मन्दिर के रूप में अधिक जाना जाय, ऐसा विचार कम है। तीर्थ-यात्री जो प्रतिवर्ष लाखों की संख्या में हरिद्वार आते हैं, वे इस मन्दिर से देश के संत, आचार्य, बलिदानी महापुरूषों, साध्वी, सतियों (मातृ शक्ति) के जीवन से प्रेरणा लेकर, व्रत और संकल्प कर जा सके-यह इसका मुख्य लक्ष्य है। साम्प्रदायिक उपासना पद्धतियों में मानव पृथक-पृथक घेरों में बँधता जा रहा है। ऐसे समय में राष्ट्रीय एकता को ध्यान में रखकर, सब सम्प्रदायों के आचार्यों और संतों की एक ही स्थान पर प्रतिष्ठा की गई है, इससे-"हम सब एक हैं", "हमारी माता भारत माता है"-का विचार परिपक्व कर सकें। यह विचार दृढ़ होना चाहिए, तभी व्यक्तिवाद से ऊपर उठकर राष्ट्रवाद की ओर जा सकते हैं।

धर्म और राष्ट्र एक-दूसरे के पूरक होने चाहिए। धर्म संस्कारों को बनाता है। संस्कारों का परिष्कार करता है और राष्ट्र-भाव स्वधर्म पर बलिदान होने की प्रेरणा देता है। बिना उत्सर्ग किये इस संसार में कुछ नहीं मिलता। स्वार्थ की बलि चढ़ाये बिना राष्ट्र का यज्ञ अधूरा रहता है। पशु-बलि की बातें आज निरर्थक हो गई हैं, किन्तु आत्म बलिदान के अभाव में कोई महान् लक्ष्य प्राप्त हो जाये, यह सम्भव नहीं है। भारत माता मन्दिर में विराजमान संत, शूर, सती-देश के लाखों यात्रियों में समन्वय, श्रद्धा, परस्पर प्रेम, त्याग, सद्भाव, स्वार्थ त्याग, समरसता और बलिदान की भावना जगाने में समर्थ हो सकेंगे, ऐसा विश्वास किया जाना चाहिए।

हमारा यह विचार है कि मन्दिर में दान-पात्र न रखें जाएँ, परन्तु दर्शनार्थियों की उदार भावना के सम्मानार्थ, उनके द्वारा की जाने वाली चढ़ोतरी के सदुपयोग की दृष्टि से, दान-पात्र रखे जाना युक्तिसंगत भी लगता है। फिर भी भावना यह है कि, दर्शनार्थी इस मन्दिर की स्मृति संजोकर, अपने घरों को लौटकर जाने वाले लोग श्रद्धा से जो कुछ हो, वहीं से प्रेषित करें। इस धनराशि को आदिवासी, गिरिवासी, वनवासी, हरिजन, देश के उपेक्षित वर्ग और दरिद्र नारायण की सेवा में लगाया जा सके। साथ ही, आय का एक भाग ब्राह्मण बालकों को कर्मकाण्ड, वेद, हवन, यज्ञ आदि की शिक्षा देने के लिए उपयोग में लाया जाए। इस प्रकार यह मन्दिर समाज की सर्वागीण सेवा का प्रकल्प बन सके, यह अपेक्षा है।

इस मन्दिर में जैन, सिक्ख, ईसाई, मुसलमान, पारसी मजहबों के श्रेष्ठ संतों की मूर्तियाँ और उनके जीवन का अंकन किया गया है। सभी प्रमुख धर्मों के मूल मंत्र रजत पट्टीका पर अंकित किये गये हैं, जिससे उपासकों, साधकों, नागरिकों में यह भाव जाग सके कि सभी धर्मों का मूल तत्व एक है। इस प्रकार, अपने देश की संस्कृतियों की समस्त धाराओं को हरिद्वार में बहने वाली गंगा की पावन धारा से जोड़ने का प्रयत्न किया है। गंगा पावनता और गतिशीलता का प्रतीक बन चुकी है। बिना पावन और गतिशील हुए, देश और राष्ट्र की वास्तविक सेवा नहीं की जा सकती।

परमात्मा की कृपा से, अपने राष्ट्र-रथ को अनैतिकता के पंक से उबार, जगद्गुरू के पूर्व आसन पर बैठा सकने में हम सब निमित्त और परमात्मा के हाथ का उपकरण बन सकें, ऐसी उनके चरणों में प्रार्थना है।

सन् 2020 ई0

इस वर्ष की मुख्य विशेषता

तकनीकी के आविष्कार से दूरदर्शन के अनेक चैनल और अधिक क्षमता के कम्प्यूटर का भारत में व्यापक विस्तार और जनता के सम्पर्क में आना।

इन्टरनेट (INTERNET) का भारत में व्यापक विस्तार और जनता के सम्पर्क में आना।

मोबाइल (CELL PHONE) के स्थान पर अधिक क्षमता के स्मार्ट मोबाइल (SMART CELL PHONE) का भारत में व्यापक विस्तार और जनता के सम्पर्क में आना।

दूरदर्शन और इन्टरनेट नेटवर्क के व्यापक विस्तार से समाचार (NEWS CHANNEL), सामाजिक सम्पर्क (SOCIAL MEDIA), यू ट्यूब (YouTube.com), सर्च इंजन (google.com) और विचार व्यक्त करने और ज्ञान-सूचना पाने का व्यापक स्वतन्त्रता का विकास।

धार्मिक, राजनीतिक, सामाजिक और वैयक्तिक व्यवहार में उपरोक्त तकनीकी का व्यापक प्रयोग।

विचार व्यक्त करने की व्यापक स्वतन्त्रता के कारण प्रत्येक व्यक्ति ही विचारक बन गया परन्तु व्यष्टि (व्यक्तिगत) विचार और समष्टि (संयुक्त) विचार में अन्तर के ज्ञान का अभाव।

सन् 2020 ई0 को लेकर अनेक भविष्यवक्ताओं के विचार व्यक्त होने लगें थें और युग परिवर्तन तथा कल्कि महाअवतार के प्रकट होने के समय के रूप में देखा जाने लगा था।

युग का काल गणना भी विचार के केन्द्र में आ गई थी। कलियुग के सम्बन्ध में 4 लाख 32 हजार की अवधि की विचारधारा कमजोर पड़ने लगी थी क्योंकि उसके बहुत से शास्त्रीय और वैज्ञानिक आधार व्यक्त हाने लगें थें। "आर्य समाज" के संस्थापक स्वामी दयानन्द सरस्वती के अनुसार कलियुग की आयु 4 लाख 32 हजार की थी तो "अखिल विश्व गायत्री परिवार" के संस्थापक और "विचार क्रान्ति" के संचालक पं0 श्रीराम शर्मा आचार्य के अनुसार यह युग परिवर्तन का सन्धि काल था।

मनुष्य अपने आप में इतना संकुलित होकर स्वयं में स्वार्थी हो चुका था कि वह अपने आप को इस सार्वभौम सृष्टि से अलग सत्ता का समझने लगा था। वह यह भूल चुका था कि शरीर की कोशिका से लेकर सम्पूर्ण ब्रह्माण्ड तक एक ही शरीर है और सभी एक-दूसरे को प्रभावित करते हैं।

अन्य घटना क्रम

वर्ष 2020 ई0 में खगोलिय घटना: 6 ग्रहण (4 चंद्र ग्रहण, 2 सूर्य ग्रहण)

10 जनवरी 2020 चंद्र ग्रहण - ग्रहण का टाइम: रात 10 बजकर 37 मिनट से 11 जनवरी को 2 बजकर 42 मिनट कहां दिखाई देगा: भारत, यूरोप, अफ्रीक, एशिया और आस्ट्रेलिया।

5 जून 2020 चंद्र ग्रहण - रात्रि को 11 बजकर 15 मिनट से 6 जून को 2 बजकर 34 मिनट तक कहां दिखाई देगा: भारत, यूरोप, अफ्रीक, एशिया और आस्ट्रेलिया।

21 जून 2020 सूर्य ग्रहण - 21 जून की सुबह 9 बजकर 15 मिनट से दोपहर 15 बजकर 03 मिनट तक भारत, दक्षिण पूर्व यूरोप और एशिया। इस साल के सूर्य ग्रहण पर अधिकतर ज्योतिषियों की नजरें हैं क्योंकि यह ग्रहण मिथुन राशि में लगेगा। 21 जून को लगने वाले ग्रहण का सूतक काल 12 घंटे पहले ही लग जाएगा। इस साल पड़ने वाले ग्रहण बहुत महत्वपूर्ण माने जा रहे हैं। क्योंकि ज्योतिषियों के अनुसार इन ग्रहण से मिथुन राशि के जातकों पर विशेष प्रभाव पड़ेगा। उस समय कुल छह ग्रह वक्री होंगे जो अच्छा संकेत नहीं है। कहा जा रहा है कि ग्रहण के कारण ग्रहों की ऐसी स्थिति विश्व भर के लिए चिंताजनक मानी जा रही है।

5 जुलाई 2020 चंद्र ग्रहण - सुबह 08 बजकर 37 मिनट से 11 बजकर 22 मिनट तक अमेरिका, दक्षिण पूर्व यूरोप और अफ्रीका।

30 नवंबर 2020 चंद्र ग्रहण - दोपहर को 13 बजकर 02 मिनट से शुरू होगा और शाम 17 बजकर 23 मिनट तक भारत, अमेरिका, प्रशांत महासागर, एशिया और आस्ट्रेलिया।

14 दिसंबर 2020 सूर्यग्रहण - शाम को 19 बजकर 03 मिनट से 15 दिसंबर को 12 बजे सूर्यग्रहण भारत में नहीं दिखेगा, इसको प्रशांत महासागर।

वर्ष 2020 ई0 में प्राकृतिक घटना: कोरोना (COVID-19) वायरस से वैश्विक महामारी

कोरोना वायरस वायरस (COVID-19) एक संक्रामक रोग है जो एक नए खोजे गए कोरोना वायरस के कारण होता है।

COVID-19 के साथ बीमार पड़ने वाले अधिकांश लोग हल्के से मध्यम लक्षणों का अनुभव करेंगे और विशेष उपचार के बिना ठीक हो जाएंगे।

COVID-19 का कारण बनने वाला वायरस मुख्य रूप से एक संक्रमित व्यक्ति के खांसने, छींकने या बाहर निकलने पर उत्पन्न बूंदों के माध्यम से फैलता है। ये बूंदें हवा में लटकने के लिए बहुत भारी हैं और जल्दी से फर्श या सतहों पर गिर जाती हैं।

आप वायरस में सांस लेने से संक्रमित हो सकते हैं यदि आप किसी ऐसे व्यक्ति के करीब हैं जिसके पास COVID-19 है या दूषित सतह को छूकर और फिर आपकी आंखें, नाक या मुंह से।

चीन से शुरू हुआ यह महामारी COVID-19 ने जनवरी से अपना प्रभाव दिखाना शुरू किया और देखते ही देखते विश्व के 200 से उपर देशों और द्विप पर पहुँच गया। आज दिनांक 10 जून, 2020 को संयुक्त राज्य अमरीका 20,45,715 में लोग इससे प्रभावित हो गये थे, घटते क्रम में देशों और द्विप की सूची इस प्रकार है-

ब्राज़िल, रूसी संघ, ग्रेट ब्रिटेन और उत्तरी आयरलैंड का यूनाइटेड किंगडम, स्पेन, भारत, इटली, पेरू, जर्मनी, ईरान, तुर्की का गणतंत्र, फ्रांस, चिली, मेक्सिको, पाकिस्तान, सऊदी अरब, कनाडा, चीन, कतर, बांग्लादेश, बेल्जियम, दक्षिण अफ्रीका, बेलोरूस, नीदरलैंड, स्वीडन, इक्वेडोर, कोलम्बिया, संयुक्त अरब अमीरात, सिंगापुर, मिस्र, पुर्तगाल, कुवैट, इंडोनेशिया, स्विट्जरलैंड, यूक्रेन, पोलैंड, आयरलैंड, अर्जेंटीना, फिलीपींस, अफ़ग़ानिस्तान, रोमानिया, डोमिनिकन गणराज्य, इजराइल, ओमान, पनामा, जापान, ऑस्ट्रिया, बहरीन, बोलीविया, इराक, आर्मीनिया, नाइजीरिया, कजाखस्तान, डेनमार्क, सर्बिया, कोरिया, एलजीरिया, घाना, मोलदोवा, कैमरून, नॉर्वे, मोरक्को, मलेशिया, आज़रबाइजान, ग्वाटेमाला, ऑस्ट्रेलिया, फिनलैंड, होंडुरस, सूडान, तजाकिस्तान, उज़्बेकिस्तान, सेनेगल, जिबूती, कांगो, गिन्नी, लक्समबर्ग, हंगरी, कोटे डी आइवर, हैती, गैबॉन, मैसेडोनिया, एल साल्वाडोर, थाईलैंड, यूनान, केन्या, बुल्गारिया, बोस्निया और हर्जेगोविना, वेनेजुएला, सोमालिया, इथियोपिया, क्रोएशिया, क्यूबा,

मैयट, किर्गिज़स्तान, एस्तोनिया, मालदीव, श्री लंका, केंद्रीय अफ्रीकन गणराज्य, आइसलैंड, लिथुआनिया, दक्षिण सूडान, माली, स्लोवाकिया, न्यूजीलैंड, स्लोवेनिया, निकारागुआ, गिनी-बिसाऊ, कोस्टा रिका, लेबनान, भूमध्यवर्ती गिनी, अल्बानिया, जाम्बिया, परागुआ, मॉरिटानिया, मेडागास्कर, हॉगकॉग, लातविया, ट्यूनीशिया, सियरा लिओन, नाइजर, साइप्रस, बुर्किना फासो, अंडोरा, उरुग्वे, जॉर्डन, चाड, जॉर्जिया, फ्रेंच गयाना, कांगो, सैन मैरीनो, युगांडा, माल्टा, जमैका, काबो वर्डे, यमन, साओ टोमे और प्रिंसिपे, तंजानिया, जाना, फिलिस्तीन, रवांडा, मलावी, मोजाम्बिक, ताइवान, लाइबेरिया, इस्वातीनी, लीबिया, मॉरीशस, मैन द्वीप, वियतनाम, मोंटेनेग्रो, जिम्बाब्वे, बेनिन, म्यांमार, मार्टीनिक, मंगोलिया, केमैन टापू, जिब्राल्टर, ग्वाडेलोप, गुयाना, सीरियाई, कोमोरोस, बरमूडा, ब्रुनेई दारुस्सलाम, सूरीनाम, कंबोडिया, त्रिनिदाद और टोबैगो, बहामा, अरूबा, मोनाको, अंगोला, बारबाडोस, बुरून्दी, लिकटेंस्टीन, सिंट मार्टेन (डच भाग), फ्रेंच पॉलीनेशिया, भूटान, मकाओ, बोत्सवाना, संत मार्टिन, इरिट्रिया, नामीबिया, गाम्बिया, संत विंसेंट अँड थे ग्रेनडीनेस, अंतिगुया और बार्बूडा, तिमोर- लेस्ते, ग्रेनेडा, न्यू कैलेडोनिया, बेलीज, सेंट लूसिया, लाओस, डोमिनिका, फ़िजी, संत किट्ट्स और नेविस, ग्रीनलैंड, तुर्क्स और कैकोज़ द्वीपसमूह, पवित्र देखो, मोंटेसेराट, सेशेल्स, पश्चिमी सहारा, पापुआ न्यू गिनी, लिसोटो, एंगुइला

प्रत्येक देश में इसका प्रभाव बढ़ता ही जा रहा था और मरने वालों की संख्या बढ़ती ही जा रही थी। अभी तक इसे रोकने के लिए कोई कारगर वैक्सीन नहीं खोजा गया था, खोज जारी थी। समस्या को देखते हुए कई देशों ने अपने प्रभावित शहरों को LOCKDOWN (अपने घरों में रहने और व्यापारीक गतिविधि को बन्द रखने का आदेश) देना पड़ा।

भारत में भी 25 मार्च से एका-एक 4 घंटें के समयान्तराल में LOCKDOWN घोषित कर दिया गया, यातायात के साधन रेल, बस, हवाई जहाज के घरेलू और अन्तर्राष्ट्रीय उड़ानें बन्द कर दी गईं। जो भी नागरिक जहाँ जिस कार्य के गया लिए था वो वहीं कैद हो गया। दैनिक मजदूर (प्रतिदिन कमाने-खाने वाले) काम बन्द होने से भूखमरी के शिकार होने लगें। लाखों मजदूर भारत के विभिन्न प्रदेशों से अपने गाँव की ओर पैदल यात्रा पर ही निकल लियें जिसमें अनेकों की मौत भी हुयी। रास्ते में निवासियों ने मानवता दिखाते हुये उनके भोजन-पानी को भी उपलब्ध कराये।

वर्ष 2020 ई0: सार्वभौम एकात्मता-मानवता का सन्देश

वर्ष 2020 ई0 का खगोलिय सन्देश

ग्रहों के सम्मिलन व समय के योग से ज्योतिष विज्ञान काल परिवर्तन और नये युग की शुरुआत तथा ईश्वर के अवतरण की सूचना का प्रतीक मानता है। तो वर्तमान, विज्ञान उसे मात्र एक ब्रह्माण्डीय घटना मानता है।

उपरोक्त घटनाएं एवं संयोग विश्व, भारत, अन्तर्राष्ट्रीय, राज्य, समाज, परिवार और व्यक्ति सहित विज्ञान और धर्म क्षेत्र के समक्ष व्यक्त थी परन्तु वह एक-एक कर घटित होती गयी और वह इतिहास बन गयी। सभी घटनाएं अलग-अलग क्षेत्रों के समक्ष अलग-अलग रुप में ज्ञान में थी, न कि एक साथ। परिणामस्वरुप कोई भी परिणाम विश्व, भारत, राज्य, अन्तर्राष्ट्रीय, समाज, परिवार, व्यक्ति, विज्ञान व धर्म क्षेत्र देने में सक्षम नहीं था अर्थात् वह इन घटनाओं से पूर्ण मुक्त था।

खगोल व ज्योतिष विज्ञान के अनुसार- उपरोक्त घटनायें युग की समाप्ति और भगवान के अवतरण के समय का सूचक होती हैं। वर्तमान कलियुग की आयु 4,32,000 वर्ष मानी गयी है। जिसका प्रारम्भ 18 फरवरी 3102 ई0 पू0 माना जाता है।

सर्वज्ञपीठम् कालीमठ, वाराणसी के स्वामी ब्रह्मानन्द नाथ सरस्वती के अनुसार- ग्रहण से उत्पादित पुण्य से कलियुग का 10,000 वर्ष आयु कम हो जाता है। (देखें-"अमर उजाला" इलाहाबाद संस्करण, दिनांक-11-08-1999 पूर्ण सूर्यग्रहण के अवसर पर प्रकाशित) और 821 वर्ष कलियुग का शेष रहने पर कल्कि अवतार का अवतरण माना गया है। इस प्रकार कलियुग का व्यतीत कुल वर्ष 5102 वर्ष हुआ और यदि कल्कि

अवतार अभी होता है तो कलियुग के कुल आयु 4,32,000 में से 5102+821 वर्ष घटकर 4,26,071 वर्ष ग्रहण द्वारा उत्पादित पुण्य से समाप्त हो जाने चाहिए। जिसके लिए 43 ग्रहण की आवश्यकता है। खगोल वैज्ञानिकों का ऐसा अनुमान है कि वर्ष में सूर्यग्रहण की स्थिति 2 से 5 बार तक आती है। कलियुग के व्यतीत वर्ष 5102 वर्षों में क्या 43 ग्रहण नहीं आये होंगे? जबकि 20 मार्च 2015 तक 14 सूर्यग्रहण हुये। यदि यह माना जाय तो ग्रहण से उत्पन्न पुण्य सिर्फ भारत में ही होता है तो क्या 5102 वर्षों के दौरान भारत में 43 ग्रहण नहीं हुये होंगे? जबकि चन्द्रग्रहण से उत्पादित पुण्य से कलियुग की आयु कम होना अलग है। इस प्रकार देखने पर कलियुग की आयु लगभग समाप्त हो चुकी है।

16 जुलाई 2000 गुरुपूर्णिमा के दिन पूर्ण चन्द्रग्रहण और 5 जुलाई 2001 को अंश चन्द्रग्रहण गुरुओं के लिए प्रकाशमय पूर्णिमा नहीं बल्कि अन्धकारमय अमावस्या था। क्योंकि एक ओर यह पूर्ण चन्द्रग्रहण 13 अगस्त 1859 के बाद हुआ जो अब यह सन् 3000 के बाद ही होगा तो गुरु पूर्णिमा के पावन अवसर पर ही हुआ। जो मात्र व्यष्टि गुरुओं के भरमार का प्राकृतिक रुप से विरोध का सूचक था।

वर्ष 2020 ई0 का प्राकृतिक सन्देश

कोरोना (COVID-19) वायरस से वैश्विक महामारी ने अपने-अपने देशों के सरकार और समाज की व्यवस्था को सार्वजनिक रूप से व्यक्त करने का कार्य किया। इस घटना ने व्यक्ति और शासन को सन्देश दिया कि मनुष्य को प्रकृति के समन्वय के साथ चलना चाहिए। जब भी प्रकृति के तीन गुण – सत्व, रज और तम में से रज और तम की शक्ति अधिक हो जाती है तब प्रकृति अपना सन्तुलन बनाने के लिए सत्व गुण से हस्तक्षेप करने में सक्षम है और यह हस्तक्षेप बिना किसी भेद-भाव के एक समान रूप से प्रभावी होता है। इस हस्तक्षेप में धर्म-जाति, रंग, महिला-पुरूष, उम्र इत्यादि से कोई मतलब नहीं होता। स्पष्ट रूप से सार्वभौम सत्य-सिद्धान्त के अनुसार कार्य होता है जो ईश्वरीय सिद्धान्त है।

वर्ष 2020 ई0 का सार्वभौम सन्देश

भारतीय आध्यात्म दर्शन में शिव-शक्ति, प्रकृति-पुरूष, क्रिया-कारण का सर्वोच्च विचार है जो अन्तिम रूप से उच्चतम भी है। देवी का स्थान प्रकृति/ शक्ति/ क्रिया को प्राप्त है और देवता का स्थान शिव/ पुरूष/ कारण को प्राप्त है । प्रकृति/ शक्ति/ क्रिया के प्रभाव क्षेत्र के अनुसार अनेक देवीयाँ भारत में सर्वत्र हैं। प्रकृति द्वारा प्रभावी महामारी को भारतीय हमेशा दैवी प्रकोप और उनकी नाराजगी का ही परिणम मानते हैं। समय कल्कि अवतार के अवतरण का है तो उनकी शक्ति प्रकृति के भी अवतरण का समय है जिन्हें कल्कि देवी के रूप में जाना जाता है, भारतीय दर्शन की दृष्टि में कोरोना, कल्कि देवी का अस्त्र (कोरोनास्त्र) है जिससे मानव को सन्देश देने का प्रयत्न है। इस माध्यम से वर्ष 2020 ई0 का सार्वभौम सन्देश व्यक्ति, समाज और सरकार को यह है कि-

1. व्यक्ति स्वयं को इस ब्रह्माण्ड का स्वतन्त्र ईकाइ न समझें, वह एक ही सार्वभौम सत्य-सिद्धान्त से इस पृथ्वी पर शरीर धारण किया है और उसी सिद्धान्त से हार कर शरीर का त्याग भी करेगा, इसके अलावा कोई रास्ता नहीं।
2. समाज (व्यक्तियों का समूह) स्वयं को धर्म-जाति, रंग, महिला-पुरूष, उम्र इत्यादि की भावना से मुक्त होकर अन्य समूह को देखें और आवश्यकता पड़ने पर सहायता के लिए तैयार रहें। रहन-सहन की पद्धति संस्कृति है जो थोपा नहीं जा सकता, व्यक्ति की स्वतन्त्रता है कि वो कैसे रहे, बस उसे यह ध्यान रहना चाहिए कि उसके कारण अन्य को परेशानी तो नहीं हो रही है। संस्कृति को थोपना कट्टरता है।
3. राजतन्त्र में राजा और लोकतन्त्र में सत्ता, प्रजा-जनता का अभिभावक होता है ना कि उस पर शासन करने वाला, यदि ऐसा है तो निश्चित रूप से जानना चाहिए कि वह राजा या सत्ता मानवतावादी नहीं। राजा या सत्ता को

सदैव प्रजा-जनता केन्द्रित होना चाहिए क्योंकि ये पारिवारिक, सामाजिक, सांगठनिक, व्यापारिक, राज्य और सत्ता एक वृक्ष के समान हैं और वृक्ष के जड़ में खाद-पानी देने से सभी व्यवस्थायें सुद्दढ़ रहती हैं।

4. व्यक्ति और सरकार को सार्वभौम सत्य-सिद्धान्त का ही मार्ग अपना कर अपने व्यवस्थाओं को सुद्दढ़ करना चाहिए तभी दोनों एक-दूसरे के लिए सहयोगी बनकर राष्ट्र निर्माण में सहायक हो सकते हैं।
5. व्यक्ति को वैश्विक ज्ञान से युक्त करना आवश्यक और "वैश्विक सोच-स्थानीय कार्यवाही" की भावना से जीवन-यापन के लिए निर्माण की आवश्यकता है।

Think Globally - Act Locally
वैश्विक सोच - स्थानीय कार्यवाही

वर्ष 2020 ई0 का अवतारी सन्देश

किसी भी युग में अवतार, महापुरूष, संत या किसी भी व्यक्ति के गुण को सीधे देखकर पहचानने की क्षमता किसी भी व्यक्ति के अन्दर नहीं रही है। उस व्यक्ति को, स्वयं के अपने गुणों को ज्ञान, कर्म, जीवन के माध्यम द्वारा व्यक्त करना होता है। उसके बाद ही कुछ लोग उन्हें पहचानते हैं और उनके साथ एक-दूसरे के सदुपयोग के लिए साथ आते रहे हैं। प्राचीन समय में यह कार्य बहुत कठिन होता था इसके लिए वे अनेक प्रकार के आयोजन करते थे।

वर्तमान युग में भी अनेक प्रकार के आयोजन जैसे-सेमिनार, सम्मेलन, प्रदर्शनी, मेले, परीक्षाएँ, प्रतिस्पर्धा इत्यादि द्वारा अपनी योग्यता प्रदर्शित किये जाते हैं। परन्तु यह सब समय लेने वाला है और आम नागरिक के योग्यता को व्यक्त करने का माध्यम नहीं बन पाता। दुनिया बहुत तेज हो चुकी है। ऐसे में किसी विशेष कार्य के लिए कोई भी संस्था/व्यक्ति/योजना संचालक शीघ्रता से अपने कार्य के लिए योग्य व्यक्ति से जुड़ना चाहता है। सीधे व्यक्ति से व्यक्ति के सम्बन्धित होने, परिचय बनाने के कार्य में मनुष्य जीवन इतना छोटा है कि वह एक सिमित दायरे तक ही रह जाता है। व्यापक दायरे तक जाने के लिए व्यक्ति का निराकार रूप विचार-गुण-योग्यता को ही प्रकाशित करना होता है।

ईश्वर (सार्वभौम सत्य-सिद्धान्त) के सत्व गुण प्रधान (ब्रह्मा) के पूर्णावतार

- **श्रीराम** (आदर्श व्यक्तिगत मानव) के धर्म (आध्यात्मिक सत्य) स्थापना का कारण शारीरिक था,

ईश्वर (सार्वभौम सत्य-सिद्धान्त) के रज गुण प्रधान (विष्णु) के पूर्णावतार

- **श्रीकृष्ण** (आदर्श सामाजिक मानव) के धर्म (आध्यात्मिक सत्य) स्थापना का कारण आर्थिक था,

ईश्वर (सार्वभौम सत्य-सिद्धान्त) के तम गुण प्रधान (शंकर) के पूर्णावतार

- **श्रीकल्कि** (आदर्श वैश्विक मानव) के धर्म (आध्यात्मिक सत्य) स्थापना का कारण मानसिक था।

गुरु के सम्बन्ध में स्वामी विवेकानन्द जी कहते हैं-"हम गुरु के बिना कोई ज्ञान प्राप्त नहीं कर सकते। अब बात यह है कि यदि मनुष्य, देवता अथवा कोई स्वर्गदूत हमारे गुरु हो, तो वे भी तो ससीम हैं, फिर उनसे पहले

उनके गुरु कौन थे? हमें मजबूर होकर यह चरम सिद्धान्त स्थिर करना ही होगा कि एक ऐसे गुरु हैं जो काल के द्वारा सीमाबद्ध या अविच्छिन्न नहीं हैं। उन्हीं अनन्त ज्ञान सम्पन्न गुरु को, जिनका आदि भी नहीं और अन्त भी नहीं, ईश्वर कहते हैं। (राजयोग, रामकृष्ण मिशन, पृष्ठ-134)

वर्तमान समय में व्यक्ति (व्यष्टि) के गुरुओं की भरमार है परन्तु समाज (समष्टि) के गुरु का पूर्ण अभाव है। वह वही है जो वर्तमान और भविष्य की वैश्विक आवश्यकता-वर्तमान व्यवस्थानुसार विश्व-शान्ति-एकता-स्थिरता-विकास-सुरक्षा के लिए प्रबन्ध का माडल दे सकें, साथ ही पूर्ण मानव, स्वस्थ समाज, स्वस्थ लोकतन्त्र और स्वस्थ उद्योग की प्राप्ति का आधारशिला रख फल रुप में विश्वव्यापी पूर्ण एकात्म करें। वर्तमान समय और कुछ भी नहीं अनन्तज्ञान सम्पन्न गुरु निष्कलंक कल्कि अवतार का ही समय है जिसका रुप समष्टि गुरु का ही रुप है। उसका समस्त कार्य उपरोक्त सार्वाधिक खगोलीय घटनाओं की अवधि में ही सम्पन्न हुआ है। जिसके सम्बन्ध में सन् 1996 में ही हालैण्ड निवासी भविष्यवक्ता मि0 क्राइसे ने स्पष्ट कहा था कि-"मैं भारत में एक महापुरुष को स्पष्ट रुप से देख रहा हूँ जो विश्व के लिए योजनाएँ बना रहा है।" भारतीय आध्यात्म के अनुसार भी पूर्ण ब्रह्मावतार पूर्ण सत्व गुण रूप श्रीराम तथा पूर्ण विष्णु अवतार पूर्ण रज गुण रूप श्रीकृष्ण हो चुके हैं। अभी जो शेष थे वह हैं-पूर्ण शिव-शंकर अवतार पूर्ण तम गुण रूप। यही अन्तिम निष्कलंक कल्कि अवतार हैं। शिवगुरु हैं, कल्याण स्वरुप हैं और जब तक इनका आगमन नहीं हुआ था तब तक नेता, वर्तमान व्यष्टि गुरु, चिन्तक इत्यादि का भारत और विश्व का कल्याण कर देने का प्रयत्न निष्फल, भ्रमात्मक और समय गवाने वाला ही था। हमें शिव-शंकर के पूर्ण प्रेरक पूर्णावतार के रुप में व्यक्त लव कुश सिंह "विश्वमानव" द्वारा व्यक्त कर्मों पर चिन्तन और समर्पण करना चाहिए और समर्पण करना ही पड़ेगा।

"आध्यात्मिक सत्य एवं दार्शनिक विरासत" के आधार पर "काल, मनु ,युग, व्यास, शास्त्र परिवर्तन", "मन में अन्तर (मनवन्तर) को समाप्त करने और मन के नवीनीकरण" के लिए "सार्वभौम सत्य-सिद्धान्त" पर आधारित "विश्वशास्त्र - द नालेज आफ फाइनल नालेज" शास्त्र को The Knowledge Equalizer के रूप में निम्नलिखित शीर्षक में 56 भागों में प्रकाशित किया कर दिया गया जिसमें परिचय, ज्ञान, कर्मज्ञान कार्यवाही योजना इत्यादि सभी कुछ हैं-

भाग के अनुसार

01. विश्वशास्त्र - विषय-प्रवेश
02. विश्वशास्त्र - अध्याय-एक: ईश्वर
03. विश्वशास्त्र - अध्याय-दो: जीवन परिचय
04. विश्वशास्त्र - अध्याय-तीन: ज्ञान परिचय
05. विश्वशास्त्र - अध्याय-चार: कर्म परिचय (सार्वजनिक प्रमाणित दृश्य महायज्ञ)
06. विश्वशास्त्र - अध्याय-पाँच (भाग - 01): सार्वजनिक प्रमाणित विश्वरूप
07. विश्वशास्त्र - अध्याय-पाँच (भाग - 02): सार्वजनिक प्रमाणित विश्वरूप
08. विश्वशास्त्र - परिशिष्ट

मुख्य शास्त्र

01. विश्वशास्त्र - द नालेज आफ फाइनल नालेज

सारांश के अनुसार

02. मैं सत्यकाशी से कल्कि महावतार बोल रहा हूँ (समष्टि गीता - यथार्थ प्रकाश)

शीर्षक के अनुसार

03. विश्वस्तरीय फिल्म लेखन कला

04. प्रारम्भिक सत्य - अन्तिम दृष्टि
05. सत्य धर्म - युग परिवर्तक दृष्टि
06. सत्य दार्शनिक-दर्शन और कर्म वेदान्त-विकास दर्शन
07. सत्य शास्त्र एवं पुराण रहस्य-महर्षि व्यास कला
08. संत एवं गुरू और विश्व संत एवं गुरू
09. समाज और ईश्वरीय समाज
10. सत्य शास्त्र और विश्वशास्त्र
11. कृति और विश्व कृति
12. भारत माता मन्दिर और विश्वधर्म मन्दिर
13. महाभारत और विश्वभारत
14. संविधान और विश्व संविधान
15. शिक्षा और पूर्ण शिक्षा
16. देवता और सार्वभौम देवता कल्कि
17. देवीयाँ और सार्वभौम देवी माँ क्लिक
18. द्वादश ज्योतिर्लिंग और 13वां अन्तिम ज्योतिर्लिंग
19. काशी - मोक्षदायिनी और जीवनदायिनी
20. सत्यकाशी - स्वर्णयुग का तीर्थ
21. काशी - रहस्योद्घाटन
22. 2020 - मन का नवीनीकरण
23. ईश्वर का संक्षिप्त इतिहास
24. अवतार - अन्तिम सत्य दृष्टि
25. भविष्यवाणियाँ और कल्कि अवतार
26. स्वामी विवेकानन्द और कल्कि अवतार
27. मनु, मनवन्तर और कल्कि महावतार
28. व्यास, शास्त्र और कल्कि महावतार
29. ऋषि, ऋषि परम्परा और कल्कि महावतार
30. दूसरा आगमन या अन्तिम आगमन
31. परिवर्तन-काल, मनु, युग, व्यास और शास्त्र
32. राम, रावण और सार्वभौम एकात्म
33. मैं, व्यक्तिगत या सार्वभौम
34. लव कुश (त्रेतायुग) और लवकुश (कलियुग)
35. कल्कि महावतार आ चुके हैं (ACTION PLAN)
36. लव कुश सिंह (कल्कि महाअवतार)-जीवन, ज्ञान, कर्म और विश्वरूप
37. वैश्विक बुद्ध - बुद्ध का भाग दो और अन्तिम
38. बुड्ढा कृष्ण - कृष्ण का भाग दो और अन्तिम
39. सम्पूर्ण क्रान्ति-अन्तिम कार्य योजना
40. पुनर्निर्माण (RENEW)-समस्या, समाधान और राष्ट्र निर्माण की योजना
41. पुनर्निमाण (RENEW)- ग्राम एवं नगर वार्ड प्रेरक
42. विश्वशास्त्र द नालेज आफ फाइनल नालेज-परिचय
43. एन्टायर पालिटिक्स - पूर्ण पाठ्यक्रम

44. वसुधैव-कुटुम्बकम्
45. कर्मवेद: प्रथम, अन्तिम तथा पंचम वेद
46. आठवें अवतार श्रीकृष्ण के अनकहे संदेश
47. अयोध्या नहीं, मुंगेर है राम जन्मभूमि
48. विश्वमानव-भूतपूर्व नेतृत्वकर्ताओं का स्पष्टिकरण
49. विश्वमानव-वर्तमान नेतृत्वकर्ताओं का स्पष्टिकरण
50. विश्वमानव-वार्ता, वक्तव्य एवं वाणियाँ
51. विश्वमानव-पत्रावली, प्रसारण और अन्तिम पत्र
52. सत्य जनहित आह्वान
53. विश्व शान्ति-अन्तिम सत्य दृष्टि
54. नई विश्व व्यवस्था का रहस्य
55. समाजवाद - ब्रह्माण्डीय विकास का अवतारी मार्ग
56. भारतवाद - राष्ट्रवाद की मुख्यधारा
57. 100 वर्षीय संयुक्त राष्ट्र को अग्रिम सन्देश
58. सार्वभौम एकात्म-नव विश्व निर्माण
59. गणराज्य, संघ, मानकीकरण संगठन और सम्पूर्ण मानक
60. व्यापार केन्द्र (TRADE CENTRE)-दृश्य सत्य
61. मन का विश्वमानक और पूर्ण मानव निर्माण की तकनीकी-WCM-TLM-SHYAM.C
62. मानक विपणन प्रणाली (3F-Fire-Fuel-Fire)
63. स्वर्णयुग का मानक आदर्श नागरिक-दिशा निर्देश
64. विश्वधर्म: परिचय (स्वर्णयुग का धर्म)

व्यक्ति और विभागीय स्तर पर सफाई-सुधार का पहला प्रारूप की पुस्तक - डा0 रमेश कुमार द्वारा लिखित "विशाल ज्ञान विज्ञान सबका समाधान" है

(उपरोक्त सभी नेतृत्वकर्ताओं के व्यक्त विचार पर स्पष्टिकरण के लिए "विश्वशास्त्र" अध्याय - पाँच देखें)

भाग-5
समष्टि धर्म दृष्टि

अनिर्वचनीय कल्कि महाअवतार भोगेश्वर श्री लव कुश सिंह" विश्वमानव" का मानवों के नाम खुला चुनौती पत्र

अनिर्वचनीय कल्कि महाअवतार का काशी-सत्यकाशी क्षेत्र से विश्व शान्ति का अन्तिम सत्य-सन्देश

मानवों के नाम खुला चुनौति पत्र

प्रिय मानवों,

हम (अवतारी श्रृंखला) आप लोगों के प्रति कल्याण भावना रखते हुये उन सभी रहस्यों को खोलकर रख देना चाहते है जिससे आज तक हम आप का भोग करते आये है। पत्र के अन्त में यह भी बताऊँगा कि इन रहस्यों के खोलने के प्रति मेरा उद्देश्य क्या है? और यह भाव हमारे मन में क्यों आया? दिल खोलकर यह भी स्पष्ट करेंगे कि हम लोगों की उत्पत्ति कैसे हुई? और हमने अपने अधिपत्य के लिए क्या-क्या किया। अब स्थिति क्या है तथा भाविष्य में काल की गति किस ओर जा रही है?

इन सब बातों को स्पष्ट करने से पहले कुछ सूत्रों को स्पष्ट करना चाहूँगा। वर्तमान समय में यह देख रहा हूँ कि आरोप-प्रत्यारोप तथा अपने अपने सीमित मस्तिष्क से अनेकों प्रकार की व्याख्या की संस्कृति बढ़ती जा रही है। इस सम्बन्ध में यह कहना चाहूँगा कि सर्वप्रथम यह जानो कि अब तक के संसार में उत्पन्न कोई भी महापुरूष, पैगम्बर, दूत इत्यादि सार्वजनिक प्रमाणित रूप से पूर्ण रूप में नही थे। क्योंकि यदि वे पूर्ण होते तो उनके द्वारा व्यक्त विचारों की सत्ता उसी भाँति निर्विरोध रूप से स्थापित हो चुकी होती जिस प्रकार सार्वजनिक प्रमाणित विज्ञान ने अपनी सत्ता को अल्प समय में ही सभी के उपर स्थापित कर लिया है। दूसरी बात यह है कि सीमित मस्तिष्क से असीम मस्तिष्क (या अपने से अधिक मस्तिष्क) की सही व्याख्या कभी नहीं की जा सकती। यदि तुम श्री कृष्ण (या अपने से अधिक) की व्याख्या करना चाहते हो तो पहले श्री कृष्ण के मस्तिष्क (या अपने से अधिक मस्तिष्क) के बराबर होना पड़ेगा। इसी प्रकार बुद्ध, मुहम्मद, ईसा इत्यादि के सम्बन्ध में भी है। तीसरी बात यह है कि आरोप-प्रत्यारोप की संस्कृति से कोई हल नही निकलता, न ही बुद्धि का विकास होता है बल्कि साम्प्रदायिक विद्वेष व एक दूसरे का प्रचार-प्रसार ही होता है। क्योंकि तुम विरोध या आरोप-प्रत्यारोप ही सही परन्तु अपने विरोधी का नाम तो लेते ही हो। फलस्वरूप जिसके पास बुद्धि की प्रबलता होती है उसके लिए अल्प बुद्धि वाला विरोधी प्रचारक बन जाता है। और यह तो तुम जानते ही होगे कि हम बुद्धि प्रबल वर्ग है। इसलिए तुम लोग अनजाने ही हमारे प्रचारक बने बैठे हो। इसके लिए आवश्यक है कि तुम लोग ऐसे रास्ते को अपनाओं जिससे हम लोगों का नाम न ही आये और तुम लोग में बुद्धि का विकास तेजी से हो। तुम्हें यह बात सदा याद रखनी पड़ेगी कि बुद्धि के विकास से संगठित संगठन लम्बी अवधि तक स्थायित्व बनाये रहती है जबकि इसके विपरीत संगठित संगठन को कभी भी बुद्धि के प्रयोग द्वारा विखण्डित किया जा सकता है। प्रायः ऐसे संगठन का प्रयोग तुम्हारे अपने ही नेता अपने स्वार्थ को साधने में करते है।

हे मानवों, पहले कर्म या पहले ज्ञान बुद्धि? यह प्रश्न तो पहले अण्डा या पहले मुर्गी? जैसा प्रश्न है, और यह सदा से अनसुलझा ही है और रहेगा भी। परन्तु इतना तो जानना आवश्यक है कि हम कर्म करते-करते कुछ नियमों को प्राप्त करते है। यदि हम इन नियमों पर ध्यान देते रहते हैं तो हमें अपने गलतियों के पुनरावृत्ति को रोकने में सहयोग मिलता है। इन नियमों का जानना ही ज्ञान-बुद्धि कहलाता है। अब कोई व्यक्ति यह सोच सकता है कि कर्म करने से पहले हम इन नियमों का अध्ययन करेंगे तो कोई यह सोच सकता है कि ज्ञान-बुद्धि को पढ़ने से क्या होगा, हमें पहले कर्म करना है। इस स्थिति में इन दोनों में पहले नियमों को अध्ययन कर कर्म करने वाले व्यक्ति के जीवन में विकास की गति अधिक होगी जबकि पहले कर्म करने वाला व्यक्ति उन्हीं नियमों को कर्म करते-करते अनुभव करेगा जो पहले ही अनुभव कर व्यक्त की जा चुकी है। शिक्षा का अर्थ यही है कि पहले उन तमाम नियमों का अध्ययन कर लिया जाय फिर कर्मरत हुआ जाय। हम ऐसा ही करते रहे हैं और तुम को नचाते रहे हैं।

कम समय में अधिकतम ज्ञान-बुद्धि के विकास का मार्ग यह है कि जिस प्रकार विज्ञान के क्षेत्र में जिस वस्तु का आविष्कार पूर्ण हो जाता है। पुनः उसके आविष्कार पर समय व बुद्धि खर्च नहीं करते बल्कि उसके आगे की ओर आविष्कार या उस आविष्कार को समझने पर समय व बुद्धि खर्च किया जाता है। उसी प्रकार ज्ञान के क्षेत्र में जो भी आविष्कार हो चुके हैं सीधे वहाँ से प्रारम्भ करना चाहिए। विज्ञान के क्षेत्र में आविष्कार कहाँ तक पहुँचा है

इसकी चर्चा हम इस पत्र में बाद में करेंगे। परन्तु ज्ञान के क्षेत्र में समन्वायाचार्य श्रीकृष्ण के बाद विद्रोही के रूप में भगवान बुद्ध आये, इनके बाद पुनः समन्वयाचार्य श्री रामकृष्ण-स्वामी विवेकानन्द आये, फिर विद्रोही के रूप में आचार्य रजनीश "ओशो" आये। ओशो के बाद कार्य शेष है। इसलिए बुद्धि के सम्बन्ध में ओशो का क्या कहना है यह देखना आवश्यक है। ओशो का कहना है -" अगर तुम अकड़े रहे कि हम अपनी गरीबी खुद ही मिटा येंगे, तो तुम ही तो गरीबी बनाने वाले हो, तुम मिटाओगे कैसे? तुम्हारी बुद्धि इसके भीतर आधार है, तुम इसे मिटाओगे कैसे? तुम्हें अपने द्वार-दरवाजे खोलने होंगे। तुम्हें अपना मस्तिष्क थोड़ा विस्तीर्ण करना होगा। इस देश को कुछ बाते समझनी होंगी। एक तो इस देश को यह बात समझनी होंगी कि तुम्हारी परेशानियों, तुम्हारी गरीबी, तुम्हारी मुसीबतों, तुम्हारी दीनता के बहुत कुछ कारण तुम्हारे अंधविश्वासों में है। भारत अभी भी समसामयिक नहीं है, कम से कम डेढ़ हजार वर्ष पिछे घिसट रहा है। ये डेढ़ हजार साल पूरे होने जरूरी है। भारत को खींचकर आधुनिक बनाना जरूरी है। लेकिन सबसे बड़ी अड़चन इस देश की मान्यताएँ है। इसलिए मैं लड़ रहा हूँ तुम्हारे लिए।" यह डेढ़ हजार वर्षों का अन्तर हम किसके परिश्रम से उत्पन्न बुद्धि की देन है? विचार करो मानवों।

अब हम अपने मूल विषय की ओर आते हैं परन्तु इसे समझने के लिए अपने ही बुद्धि, ज्ञान, तथा विज्ञान का ही प्रयोग उचित होगा और सदैव ध्यान में रखना होगा कि यदि सिर्फ कृष्ण को लेकर समाज निर्माण चाहोगे तो न हो सकेगा। इसी प्रकार न ही सिर्फ बुद्ध से, न मुहम्मद से, न ही ईसा या अन्य किसी से। हाँ भीड़ इकट्ठा हो जायेगी परन्तु बुद्धि विकास नहीं।

प्रारम्भ से अब तक की कथा इस प्रकार है। मानव के वर्तमान सभ्यता तक की यात्रा में उत्थान-पतन के अनेकों चरण आये परन्तु इनमें मुख्य चरण ऐसे थे जो सम्पूर्ण मानव सभ्यता और मानवता को पतन के मोड़ पर ले जाने वाली थी। उनमें -

मानव सभ्यता पर पहला संकट काल प्रकृति द्वारा आज से कई हजार वर्ष पूर्व आया था। उस समय पृथ्वी एक भंयकर प्राकृतिक आपदा का शिकार हो गयी थी, फलस्वरूप जहाँ जल था वहाँ थल, तथा जहाँ थल था वहाँ जल की स्थिति अधिकतम स्थानों पर उत्पन्न हो गयी। इस आपदा के स्थिर होने के बाद कुछ लोग एक टापू पर जीवित बच गये। जहाँ मानव सभ्यता के विकास के लिए आवश्यक संसाधन नहीं थी फलस्वरूप उनका वहाँ से बड़े भूभाग पर जाना विवशता बन गयी। उनमें से एक बुद्धि प्रबल व्यक्ति ने मछलियों के स्वभाव जल की धारा के विपरीत दिशा में गति करने से ज्ञान (सिद्धान्त) प्राप्त कर नाव द्वारा मछलियों की दिशा की ओर चल पड़े और वे ऐसे स्थान पर पहुँच गये जो मानव सभ्यता के विकास के लिए पूर्ण योग्य थी। ये स्थान ही हिमालय का क्षेत्र था। इस प्रकार बुद्धि प्रबल उस व्यक्ति ने मानव सभ्यता को उसके संकट काल से बचाया।

मानव सभ्यता पर दूसरा संकट काल मानवों द्वारा ही उत्पन्न हो गया था। प्रथम संकट काल के उपरान्त कालान्तर में जल स्तर घटने लगा और हिमालय के चारो ओर की ओर भूमि रिक्त होती गयी। प्रथम दृष्टि में आयी भूमि ही कूर्मांचल क्षेत्र है। जैसे-जैसे भूमि रिक्त होती गयी मानव सभ्यता का विकास व प्रसार होना पुनः प्रारम्भ हो गया। जनसंख्या व कार्य बढ़ने से व्यवस्था संकट उत्पन्न हो गया जिससे दो व्यवस्था प्रणाली का जन्म हुआ। पहला - हम अपनी व्यवस्था खुद मिलकर-बैठकर आपसी सहमति से करेंगे। दूसरा- सभी व्यवस्थओं की जिम्मेदारी किसी एक व्यक्ति के उपर छोड़ दिया जाय। पहली व्यवस्था गणराज्य या समाजवाद कहलायी तथा दूसरी व्यवस्था राज्य या व्यक्तिवाद कहलायी। पहली व्यवस्था के समर्थक देवता कहलाये क्योंकि ये प्रकृति के समर्थक और उसके अनुसार सभी के सह-अस्तित्व को महत्ता देते थे जबकि दूसरी व्यवस्था के समर्थक असुर कहलाये क्योंकि ये सिर्फ अपनी इच्छा और अस्तित्व को महत्ता देते थे। समयोपरान्त दोनों व्यवस्थाओं में अपने-अपने अधिपत्य के लिए युद्ध होने लगा। फलस्वरूप मानवता व मानव सभ्यता का विकास रूक कर पतन की ओर जाने लगी। संकट के इस समय में एक सहनशील, शांत, धैर्यवान, लगनशील व्यक्ति ने दोनों पक्षो के बीच मध्यस्थ की भूमिका के द्वारा विचारों के मंथन अर्थात निर्णायक बहस से अनेक विचारों पर समन्वय स्थापित कर मानव सभ्यता के विकास की ओर दोनों पक्षों का ध्यान केन्द्रित किया। फलस्वरूप मानव सभ्यता पुनः विकास की ओर बढ़ चली।

मानव सभ्यता पर तीसरा संकट काल राज्य का नेतृत्व करने वाले राजा के कारण ही उत्पन्न हो गया। दूसरे संकट के उपरान्त राज्य का नेतृत्व करने वाला राजा अपने साम्राज्य को विशाल रूप से विकसित किया और अपने प्रभाव को लगातार बढ़ाता जा रहा था ऐसी स्थिति में समाज समर्थक देवताओं का मनोबल समाप्त होने की ओर हो गया। इस स्थिति का अनुभव कर एक मेधावी, सूझ-बुझ, सम्पन्न, पुरूषार्थी, धीर-गम्भीर, निष्कामी, बलिष्ठ, सक्रिय, अहिंसक और समूह प्रेमी व्यक्ति ने लोगों का मनोबल बढ़ाया, उन्हें उत्साहित और सक्रिय किया जिसके परिणामस्वरूप समाज समर्थकों के मनोबल में वृद्धि हुई और उस राजा के राज्य को समाप्त कर गणराज्य व्यवस्था की स्थापना से मानवता आधारित मानव सभ्यता का विकास पुनः प्रारम्भ हो गया।

मानव सभ्यता पर चौथा संकट काल पुनः राज्य का नेतृत्व करने वाले राजा के कारण ही उत्पन्न हो गया। उसने पूर्व के सभी सह-अस्तित्व के विचारों को तोड़कर अपनी इच्छा से व्यवस्था चलाने को प्राथमिकता दी। और प्रजा के कष्टों में वृद्धि होने लगी। परिणामस्वरूप उस राजा का पुत्र प्रजाहित को ध्यान में लेते हुये समाज समर्थक बन गया। राजा अपने पुत्र को समाज समर्थक बनता देख अपने पुत्र को ही अनेक प्रकार के कष्ट देने लगा। वह राजा इतना बलशाली था कि उसको युद्ध से हराना नामुकिन था, उसके कार्यों से उसके सहयोगी दरबारी भी अन्दर ही अन्दर घृणा करते थे। परन्तु प्रत्यक्ष विरोध किसी के लिए सम्भव नहीं था। इन परिस्थितियों में सभी समाज समर्थक प्रजा देवता भी विरोधक क्षमता को खो चुके थे। ऐसी स्थिति में उस राजा का एक दरबारी ही प्रत्यक्ष रूप से एका-एक हिंसक बनकर दरबार में ही राजा का वध कर डाला चूँकि वह दरबारियों के मन की स्थिति को अच्छी प्रकार जानता था इसलिए ऐसा करने में उसे कोई बाधा नहीं थी। वहीं वह राजा अपने प्रभुत्व के कारण सभी दरबारियों को अपने हित में ही समर्पित रहने वाला समझकर भ्रम में था। राजा का वध के उपरान्त राजा के समाज समर्थक पुत्र ने गणराज्य व्यवस्था द्वारा मानव सभ्यता के विकास के लिए आगे कर्म किया। जिसका निर्माता वह हिंसक दरबारी व्यक्ति था।

मानव सभ्यता पर पाँचवा संकट काल पुनः राज्य का नेतृत्व करने वाले राजा के ही कारण उत्पन्न हो गया था। यह राजा इतना अधिक कुशल था कि इसने समाज समर्थक गुणों को भी आत्मसात् कर समाज समर्थक देवताओं का भी विश्वास पात्र बन गया। परिणामस्वरूप समाज समर्थक देवता भी राजा का गुणगान करते हुये आश्वस्त व निष्क्रिय होने लगे। इस राजा ने अपने राज्य का प्रसार व्यापक रूप से किया। इस स्थिति में मानव सभ्यता का वर्तमान तो सुरक्षित था परन्तु भविष्य अन्धकार में था क्योंकि वर्तमान राजा के उपरान्त, आवश्यक नहीं था कि नया राजा भी उसी राजा की भाँति हो और तब तक समाज समर्थक पूर्ण रूप से निष्क्रिय हो गये र हेंगे। इस स्थिति को एक दूर द्दष्टा व्यक्ति ने समझकर राजा के ही गुण का प्रयोग करते हुये उससे थोड़ी सी भूमि लेकर उस व्यक्ति ने उस भूमि पर गणराज्य व्यवस्था की स्थापना व व्यवस्था को जीवित कर, उसके सुख से प्रजा को परिचित कराया। फलस्वरूप इस व्यवस्था का प्रसार होने लगा और राजा का सु-राज्य भी स्व-राज से समाप्त हो गया। गणराज्य की स्थापना कर उस व्यक्ति ने मानवता और मानव सभ्यता को विकास की ओर गति दी।

मानव सभ्यता पर छठा संकट काल अनेक राज्यों के नेतृत्व करने वाले अनेक राजाओं के कारण गणराज्य व्यवस्था के स्थायी स्थिरता के लिए उत्पन्न हो गया। पाँचवे संकट से निकलने के बाद जनसंख्या और भूमि का विस्तार इतना अधिक हो चुका था कि एक राजा और राज्य के अधीन नियत्रंण असम्भव हो गया, जिसके परिणामस्वरूप अनेक राजाओं के नेतृत्व में अलग-अलग अनेक राज्य स्थापित हो गये थे। ऐसी स्थिति में राज्यवाद बढ़ रहा था। और राज्यवादी राजाओं का वध भी असम्भव होता जा रहा था। ऐसी स्थिति में गणराज्य या समाजवाद की स्थिरता पर प्रश्न चिन्ह लगने लगा था। फलस्वरूप एक व्यक्ति ने अनेक राज्यवादी राजाओं का वध करके अनेक राज्यों को गणराज्य के रूप में परिवर्तित कर दिया। परन्तु उस व्यक्ति ने देखा कि यह समस्या का स्थायी हल नहीं हो सकता क्योंकि अनेकों राजाओं का वध बारबार सम्भव नहीं और ऐसा करने से प्रजा में अन्यवाद अर्थात हमारे कार्य दूसरे करें का भाव बढ़ रहा था। इन स्थितियों के स्थायी हल के लिए उस व्यक्ति ने राज्यवाद और समाजवाद दोनों में समन्वय स्थापित कर एक नई व्यवस्था का सूत्रपत किया। इस व्यवस्था के लिए उस पुरूष ने ब्रह्माण्ड में व्याप्त व्यवस्था सिद्धान्तों को आधार बनाया तथा मूल तीन गुणों की पहचान की

1. सत्व गुण- सुख, ज्ञान और प्रकाश अर्थात आत्मा और सूक्ष्म बुद्धि अर्थात मार्गदर्शक और विकास दर्शन का गुण
2. रज गुण- आंकाक्षा, इच्छा और सकाम कर्म अर्थात भाव हृदय और मन अर्थात क्रियान्वयन दर्शन का गुण
3. तम गुण - अज्ञान, दुःख और अंधकार अर्थात इन्द्रिय, अनात्म, प्राण और स्थूल शरीर अर्थात विनाश दर्शन का गुण।

इन गुणों के आधार पर सभी जीव विभजित किये गये। मानव जाति में चार विभाजन हुये।

1. सत्व गुण प्रधान- ब्राह्मण वर्ग
2. रज गुण प्रधान - क्षत्रिय वर्ग
3. रज तम गुण प्रधान - वैश्य वर्ग
4. तम गुण प्रधान - शूद्र वर्ग।

इन गुणों के आधार पर उनके लिए कर्म निर्धारित किये गये। और गणराज्य की व्यवस्था बनायी गयी जो इस प्रकार थी।

1. गणराज्य का एक रज गुण प्रधान - क्षत्रिय राजा होगा क्योंकि ब्रह्माण्डीय गणराज्य में रज गुण प्रधान प्रकृति ही राजा है।
2. राजा, राज्यवादी न हो इसलिए उस पर सत्व गुण प्रधान -ब्राह्मण का नियंत्रण होगा क्योंकि ब्रह्माण्डीय गणराज्य में रज गुण प्रधान प्रकृति पर नियंत्रण के लिए सत्व गुण प्रधान आत्मा है।
3. राजा, सीधे आम जनता से चुना जायेगा क्योंकि ब्रह्माण्डीय गणराज्य में प्रकृति सर्वव्यापी है और वह सभी गुणों का सम्मिलित रूप है।
4. राजा का निर्णय राज्यसभा के दो तिहाई बहुमत से हो क्योंकि ब्रह्माण्डीय गणराज्य में प्रकृति का निर्णय सत्व, रज व तम तीन गुणों में से दो गुणों के समर्थन का ही रूप होता है।
5. रज-तम प्रधान-वैश्य तथा तम प्रधान शूद्र चूंकि इन्द्रिय, प्राण और स्थूल शरीर पर ही केन्द्रित रहते है इसलिए इन्हें बुद्धि ज्ञान से नियत्रिंत न करके बल, कानून व आज्ञा के नियत्रंण में रखा जाय।

इस प्रकार उस महापुरूष ने राज्य व गणराज्य के मिश्रित व्यवस्था से एक सर्वमान्य व्यवस्था को स्थापित कर मानवता व मानव सभ्यता के विकास के लिए स्थायी मार्ग उपलब्ध कराया जो दीर्घ काल तक चली।

मानव सभ्यता पर सातवां संकट काल गणराज्य के नयी व्यवस्था के स्थायी स्थिरता के कारण आया। छठें संकट से उत्थान की ओर अग्रसर करने वाले पुरूष के समक्ष यह समस्या आयी कि नयी व्यवस्था को बने रहने और उसके प्रसार का दायित्व किसे सौंपा जाय। इसके लिए उस पुरूष ने अन्य सहयोगियों के सहयोग और योजनाबद्ध तरीके से एक राजा के पुत्र (भावी राजा) में नई व्यवस्था के प्रसार के लिए योग्यता का निर्माण किये परिणामस्वरूप उस युवराज ने अपने जीवन पर्यन्त इस व्यवस्था की स्थापना और प्रसार किया तथा मानवता और मानव सभ्यता की रक्षा की।

मानव सभ्यता पर आठवां संकट काल गणराज्य व्यवस्था के कारण नहीं बल्कि उस व्यवस्था के पीठासीन व्यक्तियों के कर्तव्य विमुख और देवता तथा असुर संस्कारों के पूर्ण पहचान से बुद्धि के अक्षम हो जाने के कारण आया। इस संकट काल के समय राजा को नियंत्रण व मार्गदर्शन में रखने वाला ब्राह्मण भी जनकल्याण से विमुख हो स्व-कल्याण में लिप्त हो चुका था। यह स्थिति छोटे राज्यों से लेकर बड़े राज्यों में व्याप्त हो चुकी थी। ऐसी स्थिति में एक व्यक्ति ने यह देखा कि पीछे, जब भी मानवता पर संकट आया, तब उस संकट से किसी व्यक्ति के द्वारा उत्थान हो जाने पर जब तक उत्थान करने वाला व्यक्ति जीवित रहता था तभी तक गणराज्य व्यवस्था यथावत् रहती थी। बाद में पुनः राज्यवादी व्यवस्था स्थापित हो जाती थी। दूसरे यह कि व्यवस्था कोई भी खराब नहीं होती उस पर बैठने वाले लोगों की बुद्धि के अनुसार ही व्यवस्था का रूप संचालित होता है मानवता और मानव सभ्यता के इस संकट काल में सभी अपने अपने बुद्धि को पूर्ण तथा व्यक्तिगत स्वार्थ में इस प्रकार डूबे हुये थे कि बिना पूर्ण वध के उत्थान मुश्किल हो चुका था। परिणामस्वरूप उस अति बुद्धि सम्पन्न व्यक्ति ने आम जनता को सक्रिय करने के लिए प्रेरित किया, गणराज्य के उदाहरण स्वरूप एक नगर का निर्माण कराया तथा पूर्ण वध के लिए उस समय

के विशाल राज्य के नेतृत्व में उपजे विवाद का सहारा प्राप्त कर बहुत से एकतन्त्रात्मक राज्यों को नष्ट किया और करवाया। साथ ही उस समय में समाज में व्याप्त अनेक मत-मतान्तार व विचारों के एकीकरण के लिए सत्य-विचार का ज्ञान भी दिया जिससे व्यक्ति, व्यक्ति पर विश्वास न कर अपने बुद्धि से स्वयं निर्णय करें और प्रेरणा प्राप्त करता रहे। इस प्रकार साकार व्यक्ति आधारित मानवता के सर्वोच्च संकट से उस व्यक्ति ने नई निराकार सिद्धान्त आधारित मानवता के उत्थान का मार्ग उपलब्ध कराया।

मानव समाज पर नौवां संकट काल वर्तमान से लगभग 2500 वर्ष पूर्व आया था जिसका कारण राजाओं का साम्राज्यवादी-प्रसारवादी व्यवहार था। इस समय मानव समाज जितना विकास करता वह अल्पसमय में एक राज्य से दूसरे राज्य में युद्ध करने में ही नष्ट हो जाता। सम्पूर्ण मानवता हिंसा से भर उठी थी। ऐसे में राजपरिवार का ही एक युवा व्यक्ति अपने परिवार तथा राज्य का त्याग कर अहिंसा का सन्देश दिया। तथा प्रजा को प्रेरित करने के लिए धर्म, संघ और बुद्धि के शरण में जाने की मूल शिक्षा दी। एक राजा के द्वारा इस युवा सन्यासी के सन्देश को स्वीकार कर शिष्य बन जाने से इस सन्यासी का प्रसार जितना हुआ उससे बहुत कम उसके विचारों का हुआ परिणामस्वरूप अल्पअवधि के लिए हिंसा भरे मानव समाज को थोड़ी राहत मिली और सभ्यता उत्थान की ओर अग्रसर हुई।

हे मानवों, मानव सभ्यता और मानवता के दसवें, अन्तिम तथा वर्तमान संकट का खुलासा हम इस पत्र में आगे करेंगे। यहाँ हम कुछ ऐसे रहस्यों का खुलासा करने जा रहे है। जो वर्तमान मानव के दृष्टि में परिवर्तन हाने मात्र के कारण उत्पन्न हुई है।

पाँचवें सकंट के समय तक भारत के मूल निवासी ही भारत की भूमि के अधिपति थे, परन्तु वे राज्य को कुशलता पूर्वक चलाने में असमर्थ होते जा रहे थे। इसी समय में हिमालय के उत्तर-पश्चिम क्षेत्र से भारत के बाहर के मनुष्यों का भारत में आगमन हुआ। इस समय भारत के मूल निवासी प्रकृति पूजक बहुदेववाद को मानती थी। भारत के बाहर से आये मनुष्यों ने भारत के मूल निवासियों के लिए राज्य प्रशासन में अपने ज्ञान-बुद्धि का प्रयोग कर एक अच्छे मार्गदर्शक का कार्य करते थे। प्रकृति के गुणों के आधार पर जब मनुष्यों का विभाजन हुआ तब भारत के मूल निवासी शूद्र वर्ग की योग्यता रखते थे। परन्तु ऐसा नही था कि भारत के बाहर से आये मनुष्य ब्राह्मण, क्षत्रिय, तथा वैश्य वर्ग में अर्थात भारत के बाहर सभी उच्च वर्ग में तथा भारत के मूल निवासी सभी निम्न वर्ग में थे। परन्तु उनमें इसकी अधिकता थी। कालान्तर में ये वर्ग जन्म आधारित हो अनेक उपवर्गों -जातियों में विभाजित हो गयी। जिसका रूप वर्तमान में दिख रहा है। परन्तु आज भी यदि जन्म आधारित दृष्टि से हटकर गुण आधारित दृष्टि से देखोगे तो प्रत्येक वर्ग या जाति में प्रत्येक वर्ग के व्यक्ति दिखाई पड़ेंगे। भारत के बाहर के ये व्यक्ति ही आर्य कहलाये तथा कालान्तर में मानव सभ्यता में अनेक उत्थान-पतन से ये आर्य जाति और मूल भारतीय जाति इतने अधिक मिश्रित हुये कि वर्तमान में समग्र हिन्दू जाति ही आर्यो की मूल पहचान बन गयी। और अब सभी के लिए शस्त्र बल बढ़ाकर क्षत्रिय बनना, ज्ञान बल बढ़ाकर ब्राह्मण बनना तथा धन बल बढ़ाकर वैश्य बनाना खुला हुआ है, परन्तु जातियाँ इसके लिए प्रयत्न तो करे।

प्रकृति के तीन गुणों में से सर्वोच्च, शुद्ध और सर्वव्यापी गुण सत्व आधारित मानव वर्ग ही हम हैं। जन्म के समय हम आदर्श ब्राह्मण थे। हमारा कार्य ब्रह्माण्ड में सर्वव्यापी अटलनीय, अपरिवर्तनीय सत्य-सिद्धान्त और उसके अनुसार कर्म विधान की अनुभूति करना तथा राजा और राज्य के माध्यम से उसे प्रभावी बनाना था। बदले में राजा द्वारा हमें साधन-सुविधा प्राप्त होती थी। यही हमारा सम्पूर्ण जीवन था। इस क्रम में हम लोगों न सर्वव्यापी सत्य-सिद्धान्तों को संहिता रूप में लिखा जो बाद में विषयों आधारित विभक्त होकर चार वेद ऋगु, यजु, साम और अथर्वेद का रूप धारण किया। इसी प्रकार धर्म अनुष्ठान एवं पवित्र ग्रन्थो की व्याख्या से सम्बन्धित ग्रन्थ अरण्यक का सृजन हम लोगों ने किया। कालान्तर में जब राजाओं द्वारा यज्ञों से यथेष्ठ फल न प्राप्त होने की बुद्धि आयी तब क्षत्रिय राजाओं न स्वयं अपने कर्मों के अनुभव से दर्शन क्षेत्र में अपने बुद्धि को दिशा दी, जिसके फलस्वरूप अधिकतम उपनिषद् उन्होंने स्वयं लिखे जो बाद में भारतीय दर्शन का मुख्य आधार बनी। इस क्रम में हमलोगों ने वेदांग अर्थात सूत्र साहित्य में 1. स्वर विज्ञान से सम्बन्धित शिक्षा 2. धर्मानुसार अर्थात कल्प में चार वर्ग - श्रोत सूत्र (श्रोत यज्ञ से

सम्बन्धित), शुल्क सूत्र (यज्ञ स्थल तथा अग्निवेदी निर्माण तथा माप से सम्बन्धित जो आगे चलकर ज्योतिष का आधार बना) गृहय सूत्र (मानव जीवन से सम्बन्धित अनुष्ठान) तथा धर्म सूत्र (धार्मिक तथा अन्य प्रकार के नियम जो आगे चलकर भारतीय विधि का आधार बना) 3. व्याकरण 4. निरूक्त अर्थात व्युत्पत्ति 5. छन्द 6. ज्योतिष की भी रचना की। मनुष्य को पुरूषार्थ करने के लिए- धर्म, अर्थ, काम, मोक्ष तथा आदर्श जीवन के लिए ब्रह्मचर्य, गृहस्थ, वानप्रस्थ तथा सन्यास आश्रम की व्यवस्था हम प्राचीन आदर्श ब्राह्मणों की ही देन है।

हे प्रिय मानवों हम प्राचीन आदर्श ब्राह्मण प्रत्येक विषय को चक्रीय रूप में देखते हैं और यह ज्ञान हमने भारत के मूल निवासी ऋषियों से ही प्राप्त किये जिसके आधार पर समस्त वैदिक साहित्य का विस्तार हुआ है। हम प्रचीन ब्राह्मण ईश्वरवादी है और ईश्वर को स्वीकारते थे परन्तु उस रूप में नहीं जिस रूप में वर्तमान समाज मानता है, वर्तमान समाज का ईश्वर, मूर्ति, जप, तप, व्रत, पर्व, त्यौहार इत्यादि तो हमारी अगली पीढ़ी ने अपने जीवकोपार्जन और ईश्वर की ओर आपको लाने के लिए तब बनायी, जब हमारे कर्मकण्डों को राजाओं और राज्यों का समर्थन मिलना बन्द हो गया। हम ईश्वर को निराकार सर्वव्यापी, सर्वशक्तिमान सत्य-सिद्धान्त के रूप में देखते हैं। तथा जो इसे अपने जीवन में धारण कर प्रत्यक्ष या अप्रत्यक्ष रूप से मानव सभ्यता और मानव उत्थान के लिए अगले चरण के रूप में कालानुसार प्रयोग करता हैं उसे साकार ईश्वर या अवतार कहे। इस प्रकार मानव सभ्यता और मानवता पर आये उपरोक्त वर्णित नौ सकंटों से उत्थान की ओर ले जाने वाले व्यक्तियों को हमने क्रमशः उनके गुणों के आधार पर तथा नाम से मत्स्य, कूर्म, वाराह, नृसिंह, वामन, परशुराम तथा राम को प्रत्यक्ष अंशावतार, श्री कृष्ण को व्याक्तिगत प्रमाणित प्रत्यक्ष एवं प्रेरक पूर्णावतार तथा भगवान बुद्ध को प्रेरक अंशावतार कहा और स्वीकार किया है। और जो भी ऐसा करेगा वह अवतार कहा ही जायेगा। सत्य कहूँ तो हम आदर्श ब्राह्मणों का वही प्रतिरूप होता है। और मात्र अवतार ही हमलोगों के समर्पण का कारण होता है। वही मात्र एक सर्वोच्च आदर्श ब्राह्मण होता है क्योंकि वही ब्रह्म है। यहाँ तक आने के लिए तुम्हें स्थूल शरीर, इन्द्रिय, प्राण, भाव, मन तथा सूक्ष्म बुद्धि को पार करना होगा। अर्थात तुम्हारा मन इन सब विषयों में होते हुये भी इनसे मुक्त होना चाहिए। तभी तुम इन सबका संचालन कर सकते हो। अभी तो तुम इस क्रम में धीरे-धीरे बढ़ते हुए बुद्धि तक पहुँच रहे हो। मैं नहीं कह रहा कि तुम बुद्धिहीन हो, तुम्हारा कर्म कह रहा है। क्योंकि बुद्धि का अर्थ यह नहीं होता कि तुम स्थूल शरीर, इन्द्रिय, प्राण, भाव, मन की पूर्ति के लिए अपनी बुद्धि लगाओ। ऐसी बुद्धि क्षैतिज अर्थात जीवन स्तर की बुद्धि कही जाती है। तुम्हें उध्व अर्थात सामाजिक, राजनीतिक, राष्ट्रीय, वैश्विक स्तर की ओर बुद्धि खर्च करनी चाहिए। तभी तुम्हारा उत्थान हो सकता है। जब तुम सर्वोच्च और आत्मीय स्तर पर पहुँच जाओगे तो तुम ब्राह्मण, क्षत्रिय, वैश्य व शूद्र में आवश्यकतानुसार व समयानुसार परिवर्तित हो अभिनय करने में हमलोगों की भाँति कुशल हो जाओगे। क्योंकि यह एक पर एक आवरण की भाँति गुणों का संक्रमणीय, संग्रहणीय और गुणात्मक रूप है। अर्थात शूद्र होने पर वैश्य के गुणों को नहीं समझा जा सकता। परन्तु वैश्य होने पर शूद्र के गुण को आसानी से समझा जा सकता है। इसी प्रकार क्षत्रिय होने पर वैश्य व शूद्र के गुणों को, ब्राह्मण होने पर क्षत्रिय, वैश्य व शूद्र के गुणों को तथा आदर्श ब्राह्मण अर्थात ब्रह्म होने पर ब्राह्मण, क्षत्रिय, वैश्य व शूद्र के गुणों को आसानी से समझा जा सकता है। आदर्श ब्राह्मण अर्थात ब्रह्म का अंश तो सभी में विद्यमान है परन्तु वह गुणों के आवरण से छिपा है। इन गुणों पर एक-एक कर नियंत्रण करते हुये आवरण हटाते जाओ अन्ततः तुम स्वयं को ब्रह्म रूप में देखोगे। तुम कहोगे इससे क्या होगा? तो हम यह स्पष्ट और सत्य रूप से कहते हैं कि तुम हम लोगों जैसे हो जाओगे और तुम्हारी बुद्धि क्षैतिज सहित उध्व हो जायेगी। तब तुम अपने वास्तविक अधिकार को प्राप्त कर पाओगे।

हे मानवों इस संसार में मानव शरीर से व्यक्त होने वाले व्यवहारों में असीम विभिन्नता और विचित्रता है। हमलोगों का प्रयत्न सत्य तथा लोककल्याण के स्थायी भाव को बनाये रखने के लिए विभिन्न रूपों से इस ओर मोड़ना तथा जोड़ना ही रहा है। इन मानव व्यवहारों के विचित्रताओं और विभिन्नताओं में कुछ तो ऐसे होते हैं जो अपनी ही इच्छा पर आजीवन संकल्पित रहते हैं। ये ऐसे होते हैं कि 'हम नहीं बदलेगे चाहे जमाना क्यों न बदल जाये' कुछ ऐसे होते हैं जो अपनी इच्छा की पूर्ति के लिए अनेकों प्रकार के अनैतिक कार्य करने से भी नहीं चूकते, चाहे उसका परिणाम अन्ततः दुःखदायी ही क्यों न हो। कुछ ऐसे होते हैं जो व्यक्तिगत स्तर पर आर्दश व्यक्ति के रूप में तो कुछ

समाजिक स्तर पर तो कुछ वैश्विक स्तर पर आर्दश के रूप में स्वयं को प्रस्तुत करते हैं। मनुष्य के इन विभिन्न व्यवहारों की क्रिया के रूप में समझने के लिए ही हमलोगों ने पुराणों की रचना की। जिससे मनुष्य अनेक प्रकार के व्यवहारों सहित समग्र ब्रह्माण्ड को एक साथ समझ सके और अपने व्यवहार को नियंत्रित कर सके। साथ ही स्वयं अपने व्यवहारों को समझे और उसके अनुसार व्यक्त हो सके। हे मानवों जगत् का सम्पूर्ण कल्याण स्वकल्याण में ही निहित है परन्तु जो स्व का अर्थ सिर्फ व्यक्तिगत समझते हैं वे ही व्यक्तिवादी असुरी प्रकृति के होते हैं तथा जो स्व का अर्थ सार्वमौभ, जिसमें वह स्वयं भी होता है, ऐसा समझते हैं वे दैवी समाजवादी प्रकृति के होते हैं। असुरी प्रवृत्तियाँ सिर्फ सीधी रेखा में सोचती ही जैसे - जन्म फिर मृत्यु जबकि दैवी प्रवृत्तियाँ चक्रीय रूप में अर्थात जन्म फिर मृत्यु फिर जन्म इस प्रकार सोचती हैं। समस्त पुराणों की रचना दैवी प्रवृति की ही कृतियाँ हैं। जिसमें असुरों के आदर्श गुरू को शुक्राचार्य कहा गया है। जबकि देवताओं के आदर्श गुरू को गुरू बृहस्पति कहा गया। राजाओं के आदर्श राजा को इन्द्र कहा गया है। अन्य सभी ब्रह्माण्ड में उपलब्ध प्रभावकारी विषयों को देवताओं के रूप में कल्पना कर प्रक्षेपित किया गया है। जैसे - वायु देव, अग्नि देव, चन्द्र देव इत्यादि। इसी प्रकार आदर्श व्यक्ति चरित्र को ब्रहमा एवं परिवार तथा आदर्श सामाजिक व्यक्ति चरित्र अर्थात व्यक्तिगत प्रमाणित आदर्श वैश्विक व्यक्ति चरित्र को विष्णु एवं परिवार तथा आदर्श वैश्विक व्यक्ति अर्थात सार्वजनिक प्रमाणित आदर्श वैश्विक व्यक्ति चरित्र को शिव-शंकर एवं परिवार के रूप में प्रक्षेपित है। यहाँ ध्यान देने योग्य यह है कि आदर्श वैश्विक व्यक्ति चरित्र में आदर्श सामाजिक व्यक्ति चरित्र तथा आदर्श समाजिक व्यक्ति चरित्र में आदर्श व्यक्ति चरित्र समाहित है। इन आदर्श चरित्रों की इनकी गुणों के अनुसार इनके वस्त्र, शस्त्र, शास्त्र, वाहन इत्यादि भी प्रक्षेपित किये गये हैं। जो मात्र व्यक्तिगत प्रमाणित प्रतिकात्मक मानव रूप में प्रक्षेपण मात्र है न कि वास्तविकता के आधार रूप में। इन मानक आदर्श चरित्रों के पूर्ण या अंश रूप में जो भी मानव संसार में व्यक्त होता है उसे पुर्नजन्म या अंश या पूर्ण अवतार के रूप में स्वीकार किया जाता है। और चूंकि दैवी प्रवृत्तियाँ प्रत्येक वस्तु के पूर्व के भी एक अस्तित्व को स्वीकार करती हैं। इसलिए इन पुर्नजन्म या अंश या पूर्ण अवतारों को आदर्श मानक चरित्रों से जोड़कर अवतारी पुराण की रचना की जाती रही है। इस अनुसार उपरोक्त नौ अंश-पूर्ण अवतारों में दो - श्रीराम को ब्रह्मा का पूर्णावतार तथा श्री कृष्ण को विष्णु का पूर्णावतार कहा गया जबकि शेष सात (मत्स्य, कूर्म, वाराह, नृसिंह, वामन, परशुराम तथा बुद्ध), ईश्वर (सत्य-सिद्धान्त) के अंशावतार के रूप में स्वीकार किये गये हैं।

हे मानवों शास्त्र रचनाकार को व्यास उपाधि से पुकारा जाता है। व्यास कितने दिव्य और दूर द्रष्टा रहे होंगे, इस पर विचार करना आवश्यक है क्योंकि अन्ततः हम सभी के विचारों का निर्माण विचारों को ही पढ़कर या सुनकर ही होता रहा है और अनुभव द्वारा उसकी पुष्टि की जाती रही है। व्यास रचित पुराणों में कुल 24 (1. श्री सनकादि, 2. वराहावतार, 3. नारद मुनि, 4. नर-नारायण, 5. कपिल, 6. दत्तात्रेय, 7. यज्ञ, 8. ऋषभदेव, 9. पृथु, 10. मत्स्यावतार, 11. कूर्म, 12. धन्वन्तरि, 13. मोहिनी, 14. हयग्रीव, 15. नृसिंह, 16. वामन, 17. गजेन्द्रोधारावतार, 18. परशुराम , 19. वेदव्यास, 20. हन्सावतार, 21. राम, 22. कृष्ण, 23. बुद्ध, 24. कल्कि) अवतार जिसमें मुख्य 10 (मत्स्य, कूर्म, वाराह, नृसिंह, वामन, परशुराम, राम, कृष्ण, बुद्ध और कल्कि) अवतार का ही विवरण है। दोनों में अन्तिम, कल्कि अवतार ही हैं। तो क्या अन्तिम अवतार के बाद अवतारी श्रृंखला का कार्य समाप्त हो जायेगा? और यदि यह सत्य होता है तब व्यास के उस अवतारी श्रृंखला के गणित को आप लोग क्या कहोगे? इसे जानने के लिए मानव सभ्यता के उस अन्तिम संकट को पहचानना होगा जो अन्तिम अवतार का कार्य होगा। यह अन्तिम अवतार ही सार्वजनिक प्रमाणित आदर्श वैश्विक व्यक्ति चरित्र और शिव-शंकर के पूर्णावतार के रूप में होगा। क्योंकि कालक्रम में ब्रह्मा के पूर्णावतार के रूप में श्रीराम तथा विष्णु का पूर्णावतार के रूप में श्रीकृष्ण का अवतरण हो चुका है।

मानव सभ्यता पर दसवाँ और अन्तिमं संकट काल स्वयं मानवों द्वारा ही उत्पन्न हो गया था जिसका ज्ञान स्वयं मानवों को भी नहीं था। इस संकट को समझने के लिए एक सत्य-प्रत्यक्ष वृतान्त उदाहरणस्वरूप लिख रहा हूँ-

मैं जब भी हाबड़ा (पश्चिम बंगाल) जाता हूँ तब दो स्थानों पर अवश्य जाता हूँ। पहला राम कृष्ण मिशन, बेलूड़ मठ और दूसरा वनस्पति उद्यान (बोटेनिकल गार्डन)। यहाँ कुल अब तक तीन बार, सन् 1984 (कालेज शैक्षणिक यात्रा), सन् 1987 (स्वयं) और सन् 2010 (स्वयं) में जा चुका हूँ। राम कृष्ण मिशन, बेलूड़ मठ इसलिए जाता हूँ क्योंकि वहाँ से सर्वोच्च "आध्यात्मिक सत्य" की अनुभूति कर सकूँ, उस मन स्तर से स्वयं का योग करा सकूँ। वनस्पति उद्यान (बोटेनिकल गार्डन) इसलिए जाता हूँ क्योंकि वहाँ एक वट वृक्ष है जिसे बिग बनियान ट्री (Big Banyan Tree) कहते हैं, यहाँ बैठकर मैं संसार की संरचना, तन्त्र और उसके संगठन से स्वयं का महायोग कराता हूँ। इन दोनों के कारण स्वयं को मैं सार्वभौम का एक इकाई होते भी, स्वयं को सार्वभौम ही अनुभव करता हूँ और यह सतत मेरे अन्दर प्रवाहित होता रहता है।

बड़ा वट वृक्ष (Big Banyan Tree), सैकड़ों वर्ष पुराना एक विशाल क्षेत्र में फैला वट वृक्ष है। जिसका मूल वृक्ष अब अस्तित्व में नहीं है उसके तनों से निकले सैंकड़ों जड़ वर्तमान में स्वयं एक वृक्ष, फिर उनके तनों से निकले सैंकड़ों जड़ भी वर्तमान में एक-एक वृक्ष के रूप में स्थापित हैं और सभी एक-दूसरे से जुड़े हुये हैं, बस जो नहीं है, वह है मूल वृक्ष। इस प्रकार सम्पूर्ण वृक्ष परिवार एक बड़े क्षेत्र में फैल चुका है और निरन्तर जारी भी है। प्रत्येक स्वयं स्वतन्त्र वृक्ष के रूप में स्थापित वृक्ष का अपने परिवार के रूप में तना, पत्ता, फूल और फल सब निकलते रहते हैं और जिसे जहाँ अर्थात नजदीकी स्रोत से सुविधा अर्थात खुराक मिल सकता हैं वहाँ से प्राप्त करते हुये विकास कर रहे हैं। इस कार्य में आपस में कोई विवाद नहीं है। कोई किसी पर अधिपत्य जमाना नहीं चाहता, ना ही अन्य के विकास में कोई बाधा पहुँचाता है। जिसको जिस ओर उचित वातावरण मिलता जाता है, उस ओर वह विकास कर रहा है। कुल मिलाकर स्व प्रेरित सुशासन की भाँति संचालित है। इस वट वृक्ष के सबसे बाद अर्थात वर्तमान के तनों-पत्तों के लिए उसका जन्मदाता व पालनकर्ता के रूप में उसका नजदीकी जड़ ही है इसलिए उसकी कथा-कहानी वहीं से शुरू होती है और वहीं तक उसका ज्ञान है जो एक संकुचित और सीमित ज्ञान है। वह पूर्ण को नहीं जान रहा, उसका पूर्णत्व, सार्वभौम पूर्णत्व नहीं बल्कि सीमित पूर्णत्व है। सीमित पूर्णत्व में भी वह आनन्द में हैं और विकासशील है। उसका विकास होना सार्वभौम का ही विकास होना है परन्तु उसे उसका ज्ञान नहीं है और वह उस सार्वभौम के विकास में अपने योगदान को करते हुये भी स्वयं को गौरवान्वित नहीं अनुभव कर रहा है। सार्वभौम से युक्त होने के बाद भी उसे अपने परिवार से ही जुड़ा रहना उसकी विवशता भी है और इसके अलावा कोई अन्य मार्ग भी नहीं हैं। उसके सार्वभौम का मार्ग भी उसके अपने परिवार के ही मार्ग से होकर जाता है। वृक्ष के साथ यह मजबूरी भी है कि क्योंकि वह स्थिर है इसलिए उसका छोटा परिवार केवल पड़ोस तक के ही दायरे के सम्पर्क में है। दूसरे छोर के परिवार का क्या हाल है उसे कुछ नहीं पता।

हे मानवों, ये संसार भी उपरोक्त वट वृक्ष के सामन ही फैला हुआ है। परन्तु उस भाँति विकास नहीं कर रहा है। मनुष्य के अन्दर बीमारी की भाँति अधिकतम "शक्ति और लाभ (पावर और प्राफिट)" की दौड़ ने उसे अधिपत्य, अत्याचार, दूसरे को दबाना इत्यादि से युक्त कर दिया है। और जो इस दौड़ में नहीं हैं वे सीमित पूर्णत्व में आनन्द के साथ विकासशील हैं। उन्हें और भी तेज विकास की इच्छा है परन्तु उनके बुद्धि का दायरा ही सीमित है इसलिए उन्हें मार्ग नहीं मिल रहा है। यदि उनको मार्ग भी मिल रहा हो तो वट वृक्ष की भाँति उसके नजदीकी जन्मदाता ने उसे यह बता रखा है कि जब उस सार्वभौम का मार्ग मेरे ही रास्ते से जाता है तो जो मैं कह रहा हूँ उसे करो। और इसके लिए वे अपने परिवार के लिए अनेक प्रकार की प्रणाली दे रखे हैं। जबकि ये प्रणाली देने वाले उनके नजदीकी जन्मदाता स्वयं कहाँ से आये हैं स्वयं उन्हे भी नहीं पता। क्योंकि वे स्वयं भी उस वट वृक्ष के खो गये मूल जड़ की तरह अपने मूल जड़ को नहीं जानते। वे भी अपने नजदीकी जन्मदाता का ही अनुसरण कर रहे होते हैं। ये प्रणालीयाँ अनेक प्रकार की हैं उदाहरणस्वरूप कुछ मुख्य निम्नवत् हैं-

1. उनके द्वारा प्रस्तुत कुछ पुस्तकें होती हैं जिन्हें नियमानुसार प्रतिदिन पढ़ना होता है। पढ़ने के पूर्व शुद्धता की भी प्रक्रिया अनिवार्य होती है अन्यथा पुस्तकें परिणाम नहीं दे पायेंगी, ये भी शर्त होती हैं।
2. उनके द्वारा भोजन से सम्बन्धित कुछ नियम बना दिये जाते हैं कि क्या खाना है और क्या नहीं खाना है।
3. उनके द्वारा कोई मन्त्र दे कर उसे नियमानुसार जपने के लिए दे दिया जाता है।

4. उनके द्वारा किसी यन्त्र-तन्त्र द्वारा समस्या मुक्ति का उपाय बता दिया जाता है।
5. उनके द्वारा किसी विशेष प्रकार के रंग और ढ़ग के वस्त्र निर्धारित कर दी जाती है जिससे उनकी पहचान एक अलग रूप में हो। अर्थात समाज का एक और विभाजन कर उसे प्रस्तुत कर देते हैं।

सामान्य रूप से सभी द्वारा अनिवार्य रूप से ये भी निर्धारित कर दी जाती है कि किसी दूसरे के नियमों को न तो जानना है, न सुनना है, न पढ़ना है और न ही उसमें शामिल होना है। अर्थात एक गतिशील प्राणी मनुष्य को जिसे सदैव श्रेष्ठ से, श्रेष्ठतम और सर्वोच्च तक उठने-विकास करने के लिए निर्मित किया गया था, उसे एक सीमित दायरे में बुद्धिबद्ध कर दिया गया। मनुष्य जिसका निर्माण अपनी मस्तिष्क को असीम क्षमता को विकसित कर ईश्वर रूप में व्यक्त होना था, उसे जड़ (स्थिर) बना दिया गया।

हे मानवों, मनुष्यों की सबसे बड़ी कमजोरी "स्वयं में गुणों का विकास कर स्वयं बन जाने या हो जाने" में नहीं बल्कि "पाने" की इच्छा है। इस पाने की इच्छा की कमजोरी का परिणाम ही है उपरोक्त अनेक प्रकार के बुद्धिबद्ध करने की विधियाँ।

हे मानवों, उपरोक्त के पृष्ठभूमि में उनका उद्देश्य केवल अपने स्वार्थ की पूर्ति के सिवाय कुछ नहीं होता। क्योंकि मार्गदर्शक या प्रेरक या शिक्षक का उद्देश्य स्वयं से श्रेष्ठ मानव का निर्माण होता है न कि सदैव जीवन भर एक ही प्रणाली या प्रक्रिया या कक्षा में पढ़ते-दुहराते रहने के लिए विवश करना। उपरोक्त के पृष्ठभूमि में शारीरिक-आर्थिक-मानसिक शोषण का ही कार्य विभिन्न प्रकार से चल रहा है। कोई अपने कृषि कार्य को मुफ्त में हल करवा रहा है, तो कोई अपने नाम के उत्पादों को सिर्फ उन्हें ही खरीदने के लिए बुद्धिबद्ध कर दिया है।

हे मानवों, इन सबको आस्था का व्यापार कहते हैं। जबकि मैं देख रहा हूँ कि प्रत्येक संस्कारित करने की क्रिया जो उस काल के लिए आस्था का विषय था। उसके अगले काल के लिए संस्कारित करने की नयी क्रिया उपलब्ध हो जाने के बावजूद, मानव शरीर पिछले काल के संस्कारित करने वाली क्रिया के प्रति आस्था रखते हुये मूर्खता का स्पष्ट प्रदर्शन कर रहा है। सभी कालों में, सभी संस्कारित करने की क्रियाओं में मैं (सार्वभौम आत्मा) ही आस्था का विषय था परन्तु क्रिया के प्रति आस्था रखना मूर्खता का स्पष्ट प्रमाण ही तो है। चाहे वह व्यक्तिगत इच्छा से हो या सामाजिक प्रदर्शन की इच्छा से। इन समस्त संस्कारित करने के क्रिया के पीछे जो रहस्य आज तक गोपनीय था उसे मैंने तुम्हारें समक्ष सार्वजनिक प्रकाशित कर दिया है। अब कुछ भी गोपनीय नहीं। बावजूद इसके प्रत्येक मनुष्य अपनी मूर्खता रूपी आस्था को प्रदर्शित करने के लिए स्वतन्त्र है। परन्तु वह मुझ (सार्वभौम आत्मा) को प्राप्त नहीं कर सकता। हे मानवों, ईश्वर बहुमत से नहीं निर्धारित किया जाता इसलिए ही उसे अनिवर्चनीय कहा गया है। किसी भी वस्तु के प्रति आस्था के विकास से और समस्त मानवों को उसके प्रति आस्थावान् बना देने से वह वस्तु गुण प्रकट कर वैसा नहीं बन सकती जैसा आप उम्मीद करते हो।

हे मानवों, एक तरह से देखा जाये तो उपरोक्त व्यवस्था से कोई समस्या है ही नहीं क्योंकि जिसकी इच्छा जहाँ से पूर्ति हो रही है और विकास का मार्ग मिल रहा है, वह वहाँ से जुडा हुआ है। इसलिए मानव सभ्यता पर आया यह दसवाँ और अन्तिम संकट, संकट होते हुये भी संकट जैसा नहीं दिखता। इस व्यवस्था से हमें कोई समस्या भी नहीं है। समस्या ये है कि धर्म को जिस उद्देश्य के लिए निर्मित किया गया था वही धर्म, संकट में है। यह धर्म ही उस वट वृक्ष का मूल है, सार्वभौम है, समष्टि है। इसके ज्ञान से युक्त दोनों को अर्थात विशाल संसार रूपी वट वृक्ष के छोटे-छोटे परिवार के नेतृत्वकर्ता मुखिया सहित उसके सदस्यों को होना आवश्यक है। तभी परिवार के नेतृत्वकर्ता मुखिया द्वारा बनाये गये उपरोक्त प्रणाली-नियम परिणाम-फल दे पायेंगे जिसकी इच्छा परिवार के सदस्य करते हैं।

हे मानवों, अब सार्वजनिक प्रमाणित आदर्श वैश्विक व्यक्ति चरित्र और शिव-शंकर के पूर्णावतार के रूप में होने वाले अन्तिम अवतार के स्वरूप को समझते हैं जिनसे संकट में पड़े धर्म का उत्थान होना है-

इस क्रम में पहले शिव-शंकर के रूप को समझते हैं। फिर अन्तिम अवतार के लिए बचे शेष कार्य को भी समझेंगे। शिव-शंकर अवतार के आठ रूप और उनके अर्थ निम्नवत हैं-

1. शर्व- सम्पूर्ण पृथ्वी को धारण कर लेना अर्थात पृथ्वी के विकास या सृष्टि कार्य में इस रूप को पार किये बिना सम्भव न होना।
2. भव- जगत को संजीवन देना अर्थात उस विषय को देना जिससे जगत संकुचित व मृत्यु को प्राप्त होने न पाये।
3. उग्र- जगत के भीतर और बाहर रहकर श्री विष्णु को धारण करना अर्थात जगत के पालन के लिए प्रत्यक्ष या प्रेरक कर्म करना।
4. भीम- सर्वव्यापक आकाशात्मक रूप अर्थात आकाश की भाँति सर्वव्यापी अनन्त ज्ञान जो सभी नेतृत्व विचारों को अपने में समाहित कर ले।
5. पशुपति- मनुष्य समाज से पशु प्रवृत्तियों को समाप्त करना अर्थात पशु मानव से मनुष्य को उठाकर ईश्वर मानव की ओर ले जाना। दूसरे रूप में जीव का शिव रूप में निर्माण।
6. ईशान- सूर्य रूप से दिन में सम्पूर्ण संसार में प्रकाश करना अर्थात ऐसा ज्ञान जो सम्पूर्ण संसार को पूर्ण ज्ञान से प्रकाशित कर दे।
7. महादेव- चन्द्र रूप से रात में सम्पूर्ण संसार में अमृत वर्षा द्वारा प्रकाश व तृप्ति देना अर्थात ऐसा ज्ञान जो संसार को अमृतरूपी शीतल ज्ञान से प्रकाशित कर दे।
8. रूद्र- जीवात्मा का रूप अर्थात शिव का जीव रूप में व्यक्त होना।

शिव-शंकर देवता व दानव दोनों के देवता हैं जबकि श्री विष्णु सिर्फ देवताओं के देवता हैं। अर्थात शिव-शंकर जब रूद्र रूप की प्राथमिकता में होंगे तब उनके लिए देवता व दानव दोनो प्रिय होंगे लेकिन जब उग्र रूप की प्राथमिकता में होंगे तब केवल देवता प्रिय होंगे। अर्थात शिव-शंकर का पूर्णवतार इन आठ रूपों से युक्त हो संसार का कल्याण करते हैं।

हे मानवों, अब सार्वजनिक प्रमाणित आदर्श वैश्विक व्यक्ति चरित्र और शिव-शंकर के पूर्णावतार के रूप में होने वाले अन्तिम अवतार के कार्य को समझते हैं जिनसे संकट में पड़े धर्म का उत्थान होना है-

ईश्वर (सार्वभौम सत्य-सिद्धान्त) के दसवें और अन्तिम अवतार के समय तक राज्य और समाज स्वतः ही प्राकृतिक बल के अधीन कर्म करते-करते सिद्धान्त प्राप्त करते हुए पूर्ण गणराज्य की ओर बढ़ रहा था परिणामस्वरुप गणराज्य का रुप होते हुए भी गणराज्य सिर्फ राज्य था और एकतन्त्रात्मक अर्थात् व्यक्ति समर्थक तथा समाज समर्थक दोनों की ओर विवशतावश बढ़ रहा था।

भारत में निम्लिखित रुप व्यक्त हो चुका था।

1. ग्राम, विकास खण्ड, नगर, जनपद, प्रदेश और देश स्तर पर गणराज्य और गणसंघ का रुप।
2. सिर्फ ग्राम स्तर पर राजा (ग्राम व नगर पंचायत अध्यक्ष) का चुनाव सीधे जनता द्वारा।
3. गणराज्य को संचालित करने के लिए संचालक का निराकार रुप- संविधान।
4. गणराज्य के तन्त्रों को संचालित करने के लिए तन्त्र और क्रियाकलाप का निराकार रुप-नियम और कानून।
5. राजा पर नियन्त्रण के लिए ब्राह्मण का साकार रुप- राष्ट्रपति, राज्यपाल, जिलाधिकारी इत्यादि।

विश्व स्तर पर निम्नलिखित रुप व्यक्त हो चुका था।

1. गणराज्यों के संघ के रुप में संयुक्त राष्ट्र संघ का रुप।
2. संघ के संचालन के लिए संचालक और संचालक का निराकार रुप- संविधान।
3. संघ के तन्त्रों को संचालित करने के लिए तन्त्र और क्रियाकलाप का निराकार रुप- नियम और कानून।
4. संघ पर नियन्त्रण के लिए ब्राह्मण का साकार रुप-पाँच वीटो पावर।
5. प्रस्ताव पर निर्णय के लिए सदस्यों की सभा।
6. नेतृत्व के लिए राजा- महासचिव।

जिस प्रकार आठवें अवतार द्वारा व्यक्त आत्मा के निराकार रुप "गीता" के प्रसार के कारण आत्मीय प्राकृतिक बल सक्रिय होकर गणराज्य के रुप को विवशतावश समाज की ओर बढ़ा रहा था उसी प्रकार अन्तिम

अवतार द्वारा निम्नलिखित शेष समष्टि कार्य पूर्ण कर प्रस्तुत कर देने मात्र से ही विवशतावश उसके अधिपत्य की स्थापना हो जाना है।

1. गणराज्य या लोकतन्त्र के सत्य रुप- गणराज्य या लोकतन्त्र के स्वरुप का अन्तर्राष्ट्रीय/ विश्व मानक।

2. राजा और सभा सहित गणराज्य पर नियन्त्रण के लिए साकार ब्राह्मण का निराकार रुप- मन का अन्तर्राष्ट्रीय/ विश्व मानक।

3. गणराज्य के प्रबन्ध का सत्य रुप- प्रबन्ध का अन्तर्राष्ट्रीय/ विश्व मानक।

4. गणराज्य के संचालन के लिए संचालक का निराकार रुप- संविधान के स्वरुप का अन्तर्राष्ट्रीय/ विश्व मानक।

5. साकार ब्राह्मण निर्माण के लिए शिक्षा का स्वरुप- शिक्षा पाठ्यक्रम का अन्तर्राष्ट्रीय/ विश्व मानक।

इस समष्टि कार्य द्वारा ही काल व युग परिवर्तन होगा न कि सिर्फ चिल्लाने से कि "सतयुग आयेगा" , "सतयुग आयेगा" से। यह समष्टि कार्य जिस शरीर से सम्पन्न होगा वही अन्तिम अवतार के रूप में व्यक्त होगा। धर्म में स्थित वह अवतार चाहे जिस सम्प्रदाय (वर्तमान अर्थ में धर्म) का होगा उसका मूल लक्ष्य यही शेष समष्टि कार्य होगा और स्थापना का माध्यम उसके सम्प्रदाय की परम्परा व संस्कृति होगी।

हे मानवों, उपरोक्त कार्य ही उस एक मात्र शेष अन्तिम अवतार का कार्य है और जो उपरोक्त कार्य को पूर्ण करेगा वह कल्कि अवतार के नाम से जाना जायेगा। हे मानवों उपरोक्त कार्य ही शेष ईश्वर के लिए कार्य है और मनुष्य के लिए चुनौति।

इस क्रम में मैं लव कुश सिंह "विश्वमानव" अपने "विश्वशास्त्र" से उपरोक्त कार्य को पूर्ण करने के लिए और स्वयं को धर्म मार्ग से अनिर्वचनीय कल्कि महाअवतार भोगेश्वर के रूप में तथा भारतीय लोकतान्त्रिक गणराज्य मार्ग से "भारत रत्न" के रूप में स्थापित करने के लिए एक मार्ग-एक प्रारूप प्रस्तुत किया हूँ जो अपने युग-समय में पहला प्रारूप है। इस प्रारूप "विश्वशास्त्र" के धर्मक्षेत्र से 90 नाम और धर्मनिरपेक्ष या सर्वधर्मसमभाव क्षेत्र से 141 नाम देने के बाद भी इस प्रारूप का नाम "ब्रह्माण्डशास्त्र" नहीं रखा। मनुष्यों के लिए यह चुनौति है कि वे "ब्रह्माण्डशास्त्र" की रचना कर मेरे प्रारूप "विश्वशास्त्र" को गलत या संकुचित सिद्ध कर मुझे अनिर्वचनीय कल्कि महाअवतार भोगेश्वर की योग्यता से वंचित कर दे। हे मानवों अगर आप ऐसा कर पाओं तो मेरे लिए मेरे द्वारा उत्पन्न किये गये अनन्त कृतियों में सबसे सम्मान के योग्य मानव नाम की कृति ही अन्तिम रूप से सर्वश्रेष्ठ होगी अन्यथा "विश्वशास्त्र" से मैं तुम्हारे अन्दर प्रवेश कर तुम में से ही स्वयं को प्रकट करूँगा।

हे मानवों, इन रहस्यों के खोलने के प्रति मेरा उद्देश्य क्या है? यह उद्देश्य सरल है क्योंकि एक सरल, साधारण, अघोर का उद्देश्य कभी भी कठीन, असाधारण और घोर नहीं हो सकता। साधारण सी बात है- प्रत्येक वस्तु स्वयं अपने जैसा ही निर्माण, उत्पादन या प्रजनन करती है। इस क्रम में ईश्वर भी स्वयं जैसा ईश्वर का ही निर्माण, उत्पादन या प्रजनन करेगा, न कि मूर्ख, अज्ञानी, बुद्धिबद्ध और गुलाम मनुष्य का। मात्र एक विचार- "ईश्वर ने इच्छा व्यक्त की कि मैं एक हूँ, अनेक हो जाऊँ" और "सभी ईश्वर हैं" , यह प्रारम्भ और अन्तिम लक्ष्य है। मनुष्य की रचना "पावर और प्राफिट (शक्ति और लाभ)" के लिए नहीं बल्कि असीम मस्तिष्क क्षमता के विकास के लिए हुआ है। फलस्वरूप वह स्वयं को ईश्वर रूप में अनुभव कर सके, जहाँ उसे किसी गुरू की आवश्यकता न पड़ें, वह स्वंयभू हो जाये, उसका प्रकाश वह स्वयं हो। एक गुरू का लक्ष्य भी यही होता है कि शिष्य मार्गदर्शन प्राप्त कर गुरू से आगे निकलकर, गुरू तथा स्वयं अपना नाम और कृति इस संसार में फैलाये, ना कि जीवनभर एक ही कक्षा में (गुरू में) पढ़ता रह जाये। एक ही कक्षा में जीवनभर पढ़ने वाले को समाज क्या नाम देता है, समाज अच्छी प्रकार जानता है और आपलोग खुद स्वयं भी जातने हैं। "विश्वशास्त्र" से कालक्रम को उसी मुख्यधारा में मोड़ दिया गया है। एक शास्त्राकार, अपने द्वारा व्यक्त किये गये पूर्व के शास्त्र का उद्देश्य और उसकी सीमा तो बता ही सकता है परन्तु व्याख्याकार ऐसा नहीं कर सकता।

स्वामी विवेकानन्द जी कहते हैं- "हम गुरु के बिना कोई ज्ञान प्राप्त नहीं कर सकते। अब बात यह है कि यदि मनुष्य, देवता अथवा कोई स्वर्गदूत हमारे गुरु हो, तो वे भी तो ससीम हैं, फिर उनसे पहले उनके गुरु कौन थे? हमें मजबूर होकर यह चरम सिद्धान्त स्थिर करना ही होगा कि एक ऐसे गुरु हैं जो काल के द्वारा सीमाबद्ध या

अविच्छिन्न नहीं हैं। उन्हीं अनन्त ज्ञान सम्पन्न गुरु को, जिनका आदि भी नहीं और अन्त भी नहीं, ईश्वर कहते हैं। (राजयोग, रामकृष्ण मिशन, पृष्ठ-134)

चाँद की ओर ईशारा करने वाले की उँगली की ओर नहीं, चाँद की ओर देखा जाता है। और चाँद को पकड़ा जाता है न कि उँगली दिखाने वाले को।

हे मानवों, यह भाव हमारे मन में क्यों आया? यह भाव हमारे मन में आने का कारण हृदय की विशालता है। हम अब अपने द्वारा निर्मित उत्पादों को, अब और अधिक समय तक कबाड़ के रूप में न तो रख सकते हैं और ना ही देखना चाहते हैं। अब सभी को हम स्वयं जैसा पूर्ण देखना चाहते हैं।

हे मानवों, हम लोगों की उत्पत्ति कैसे हुई? हमारी उत्पत्ति ज्ञान से हुई है। जिन्हें ज्ञान है वही अपने आप को संघर्ष में पाते हैं और सर्वश्रेष्ठता के लिए कर्मशील हैं। शेष सभी तो प्रकृति के अनुसार आते-जाते रहते हैं। इस ज्ञान को ही ब्रह्म कहते हैं। देवता रूप में इस ज्ञान को ब्रह्मा के रूप में प्रक्षेपित किया गया है। यह ज्ञान जिस-जिस अंगो द्वारा प्राथमिकता से अनुभव में आता है उतने प्रकार के मानव अपने-आप को उत्पन्न समझते हैं। पुराण रचनाकार महर्षि व्यास ने ब्रह्मा अर्थात ज्ञान के पुत्रों का प्रक्षेपण किये हैं। ब्रह्मा के 10 मानस पुत्रों 1. मन (विचार से ज्ञान प्राप्त करने वाले) से मरीचि, 2. नेत्रों (देखकर ज्ञान प्राप्त करने वाले) से अत्रि, 3. मुख (वाणी से ज्ञान प्राप्त करने वाले) से अंगिरा, 4. कान (सुन कर ज्ञान प्राप्त करने वाले) से पुलस्त्य, 5. नाभि (केन्द्र से ज्ञान प्राप्त करने वाले) से पुलह, 6. हाथ (कर्म से ज्ञान प्राप्त करने वाले) से कृतु, 7. त्वचा (स्पर्श से ज्ञान प्राप्त करने वाले) से भृगु, 8. प्राण (श्वास से ज्ञान प्राप्त करने वाले) से वशिष्ठ, 9. अँगूठे (आत्मा से ज्ञान प्राप्त करने वाले) से दक्ष तथा 10. गोद (प्रेम से ज्ञान प्राप्त करने वाले) से नारद उत्पन्न हुये। ये दस प्रकार ज्ञान से उत्पन्न है और इतने प्रकार के मानव निर्मित होकर संसार में विचरण कर रहे हैं। इसे ये न समझना चाहिए कि मन या नेत्र इत्यादि से कैसे ब्रह्मा ने अपने पुत्रों को उत्पन्न किया? चूंकि शरीर का अस्तित्व अस्थायी है इसलिए विचार के आधार पर ये मनुष्य के वर्ग या श्रेणी का निर्धारण है। हमारे द्वारा इतने वर्गों अर्थात परिवार को उत्पन्न करने के बाद स्वयं को सर्वश्रेष्ठ और मूल सिद्ध करते रहना भी हमारी ही जिम्मेदारी और कर्तव्य है ताकि हमारा परिवार एक संयुक्त परिवार के रूप में प्रकाशित हो।

हे मानवों, हमने अपने अधिपत्य के लिए क्या-क्या किया? हे मानवों हमने अपने अधिपत्य के लिए सदैव साम-दाम-दण्ड-भेद की विधि से निम्नलिखित गुणों को समय-समय पर प्रेम से मानव मस्तिष्क में स्थापित किया और करता रहूँगा और अन्त में इसे मानवों को स्वेच्छा से स्वीकार करने पर विवश भी कर दूँगा-

01. मुख्य-गुण सिद्धान्त - इसमें धारा के विपरीत दिशा (राधा) में गति करने का विचार-सिद्धान्त मानव मस्तिष्क में डाला गया।

02. मुख्य-गुण सिद्धान्त - इसमें सहनशील, शांत, धैर्यवान, लगनशील, दोनों पक्षों के बीच मध्यस्थ की भूमिका वाला गुण (समन्वय का सिद्धान्त) का विचार-सिद्धान्त मानव मस्तिष्क में डाला गया।

03. मुख्य-गुण सिद्धान्त - इसमें सूझ-बुझ, सम्पन्न, पुरूषार्थी, धीर-गम्भीर, निष्कामी, बलिष्ठ, सक्रिय, शाकाहारी, अहिंसक और समूह प्रेमी, लोगों का मनोबल बढ़ाना, उत्साहित और सक्रिय करने वाला गुण (प्रेरणा का सिद्धान्त) का विचार-सिद्धान्त मानव मस्तिष्क में डाला गया।

04. मुख्य-गुण सिद्धान्त - प्रत्यक्ष रूप से एका-एक लक्ष्य को पूर्ण करने वाले (लक्ष्य के लिए त्वरित कार्यवाही का सिद्धान्त) का विचार-सिद्धान्त मानव मस्तिष्क में डाला गया।

05. मुख्य-गुण सिद्धान्त - भविष्य द्दष्टा, राजा के गुण का प्रयोग करना, थोड़ी सी भूमि पर गणराज्य व्यवस्था की स्थापना व व्यवस्था को जिवित करना, उसके सुख से प्रजा को परिचित कराने वाले गुण (समाज का सिद्धान्त) का विचार-सिद्धान्त मानव मस्तिष्क में डाला गया।

06. मुख्य-गुण सिद्धान्त - गणराज्य व्यवस्था को ब्रह्माण्ड में व्याप्त व्यवस्था सिद्धान्तों को आधार बनाने वाले गुण और व्यवस्था के प्रसार के लिए योग्य व्यक्ति को नियुक्त करने वाले गुण (लोकतन्त्र का सिद्धान्त और उसके प्रसार के लिए योग्य उत्तराधिकारी नियुक्त करने का सिद्धान्त) का विचार-सिद्धान्त मानव मस्तिष्क में डाला गया।

07. मुख्य-गुण सिद्धान्त - आदर्श चरित्र के गुण के साथ प्रसार करने वाला गुण (व्यक्तिगत आदर्श चरित्र के आधार पर विचार प्रसार का सिद्धान्त) का विचार-सिद्धान्त मानव मस्तिष्क में डाला गया।

08. मुख्य-गुण सिद्धान्त - आदर्श सामाजिक व्यक्ति चरित्र के गुण, समाज में व्याप्त अनेक मत-मतान्तर व विचारों के समन्वय और एकीकरण से सत्य-विचार के प्रेरक ज्ञान को निकालने वाले गुण (सामाजिक आदर्श व्यक्ति का सिद्धान्त और व्यक्ति से उठकर विचार आधारित व्यक्ति निर्माण का सिद्धान्त) का विचार-सिद्धान्त मानव मस्तिष्क में डाला गया।

09. मुख्य-गुण सिद्धान्त - प्रजा को प्रेरित करने के लिए धर्म, संघ और बुद्धि के शरण में जाने का गुण (धर्म, संघ और बुद्धि का सिद्धान्त) का विचार-सिद्धान्त मानव मस्तिष्क में डाला गया।

10. मुख्य-गुण सिद्धान्त - आदर्श मानक सामाजिक व्यक्ति चरित्र समाहित आदर्श मानक वैश्विक व्यक्ति चरित्र अर्थात सार्वजनिक प्रमाणित आदर्श मानक वैश्विक व्यक्ति चरित्र का विचार-सिद्धान्त मानव मस्तिष्क में डालने का काम वर्तमान है और वो अन्तिम भी है।

हे मानवों, अब स्थिति क्या है तथा भाविष्य में काल की गति किस ओर जा रही है? हे मानवों अब स्थिति यह है कि हमें आपके परम प्रिय सिद्धान्त "शक्ति और लाभ (पावर और प्राफिट)" से कोई असहमति नहीं हैं बल्कि यह आपमें कुछ करने की प्रवृत्ति का महान गुण हैं। इसका प्रकाश आप में सदैव जलते रहना चाहिए। काल की गति इस प्रकाश को कैसे सफलतापूर्वक प्राप्त किया जा सकता है उस ज्ञान को ग्रहण करके उस अनुसार कार्य करने की ओर जा रही है अर्थात ज्ञान युग की ओर जा रही है। और मस्तिष्क का विकास ही इसका मार्ग है। भविष्य का समय ऐसे ही मानवों के स्वागत की प्रतीक्षा कर रहा है।

काशी-सत्यकाशी क्षेत्र से विश्व शान्ति का अन्तिम सत्य-सन्देश

प्रिय आत्मीय मानवों,

इस संसार के मनुष्यों को अपना अन्तिम सन्देश देने से पहले मैं आपको उस क्षेत्र से परिचय कराना चाहता हूँ जिस क्षेत्र से यह सन्देश देने का साहस किया गया है क्योंकि कोई भी क्रिया बिना कारण के नहीं होती। मेरा समस्त मूल कार्य जिस क्षेत्र से सम्पूर्ण हुआ, उस क्षेत्र को मैं सत्यकाशी क्षेत्र कहता हूँ और मैं जिस ग्राम का निवासी हूँ वह काशी (वाराणसी) के चौरासी कोस यात्रा तथा सत्यकाशी क्षेत्र का उभय क्षेत्र में स्थित है। इसलिए मैं जितना काशी (वाराणसी) का हूँ उतना ही सत्यकाशी का हूँ। इस प्रकार यह सन्देश काशी-सत्यकाशी का संयुक्त सन्देश है।

सत्यकाशी क्षेत्र जो काशी (वाराणसी), विन्ध्याचल, शिवद्वार और सोनभद्र के बीच का क्षेत्र है, एक पौराणिक-आध्यात्मिक और साधना के लिए उपयुक्त क्षेत्र के रूप में प्राचीन काल से आकर्षण में रहा है। इस क्षेत्र का हृदय क्षेत्र चुनार है। चुनार का किला राजा विक्रमादित्य ने अपने भाई भर्तहरि के तपस्या में हिंसक जानवरों द्वारा व्यवधान न उत्पन्न हो इसके लिए बनवाया था। ये राजा विक्रमादित्य वही हैं जिनके नाम से विक्रम सम्वत् कैलेण्डर स्थापित है। चुनार ईश्वर के पाँचवें अवतार-वामन अवतार का क्षेत्र है जिनसे समाज की शक्ति का प्रथम जन्म हुआ था।

सत्यकाशी क्षेत्र के चारों कोण पर स्थित 1. काशी (वाराणसी) का अपना प्राचीन और पुरातन इतिहास है जो सर्वविदित है। 2. विन्ध्याचल, जो शिव-शक्ति के उपासना का अद्‌भुत केन्द्र है। यशोदा से उत्पन्न पुत्री (जिनके बदले श्रीकृष्ण प्राप्त हुये थे) महासरस्वती अष्टभुजा देवी के नाम से यहीं स्थापित हैं। भारत देश का मानक समय माँ विन्ध्यवासिनी धाम से तय होता है। पुराणों के अनुसार रावण ने भी इसे मानक समय स्थल मानकर यहाँ शिवलिंग की स्थापना की थी। 3. शिवद्वार, त्रिकोणीय तान्त्रिक साधना के लिए जगत विख्यात था और साधना की राजधानी था। इसे ही मीरजापुर गजेटियर में गुप्तकाशी की संज्ञा से अभिकल्पित किया गया है। 4. सोनभद्र, सोन संस्कृति की पौराणिक पृष्ठभूमि वैदिककालीन सभ्यता की पराकाष्ठापरक ऐतिहासिकता से सम्बद्ध है। सन्त परम्पराओं का एक महत्वपूर्ण परिव्रजन इस क्षेत्र में हुआ जिसमें शैव व शाक्त प्रमुख थे। शैव सम्प्रदाय से जुड़े अघोर तन्त्र ने इसे बहुत सराहा और इसे अपनी कर्मभूमि बना लिया। सोन नद के तट पर शव छेदन क्रिया की भी प्रशिक्षा आयुर्वेद के जिज्ञासुओं को दी जाती थी। शैव तन्त्र से प्रभावित अघोर तन्त्र शव-साधना में सिद्धहस्त था और शव में इकार की प्राण प्रतिष्ठा का जीवन्त रूप शिव को दे देना इनकी अलौकिक साधना का चरमोत्कर्ष है। अघोरपन्थी नाम के पश्चात् "राम" का प्रयोग करते थे। इस क्षेत्र में सवर्ण वर्ग में प्रायः ब्राह्मण वर्ग भी राम का प्रयोग अपने नाम में करता है। इस क्षेत्र में पाशुपात तन्त्र के महान साधक लोरिक का नाम विशेष है।

उपरोक्त तो अति संक्षिप्त परिचय है विस्तार से "विश्वशास्त्र" के अध्याय-दो में प्रकाशित है, जिस क्षेत्र से ये विश्व ऐतिहासिक अन्तिम, अपरिवर्तनीय और अटलनीय सन्देश देने का साहस किया गया है।

हे मानवों, इस संसार में व्यक्त साहित्य, दर्शन, मत, सम्प्रदाय, नियम, संविधान इत्यादि को व्यक्त करने का माध्यम मात्र केवल मानव शरीर ही है इसलिए यह सोचो की यदि सार्वभौम सत्य-सिद्धान्त आधारित ऐसा साहित्य जो सार्वदेशीय, सार्वकालिक और सम्पूर्ण मानव समाज के लिए असीम गुणों और दिशाओं से युक्त हो, अन्तिम रुप से एक ही मानव शरीर से व्यक्त हो रहा हो जिसके ज्ञान के बिना मानव, मानव नहीं पशु हो, उसे स्वीकार और आत्मसात् करना मानव की विवशता हो, तो तुम उस व्यक्तकर्ता मानव को क्या कहोगे? और उसका क्या दोष? यह तो मैं तुम पर ही छोड़ता हूँ। परन्तु धार्मिक-आध्यात्मिक भाषा में उसी असीम गुणों-दिशाओं के प्रकाट्य शरीर को पूर्ण और अन्तिम साकार-सगुण-दृश्य-ब्रह्म-ईश्वर-आत्मा-शिव कहते हैं तथा सार्वभौम सत्य-

सिद्धान्त को निराकार-निर्गुण-अदृश्य-ब्रह्म-ईश्वर-आत्मा-शिव कहते हैं वह शरीर चूँकि सिद्धान्त युक्त होता है इसलिए वह धर्मशास्त्र का प्रमाण रुप होता है। जो धर्मशास्त्रों और धर्मज्ञानियों के प्रति विश्वास बढ़ाता है। वर्तमान समय में सिर्फ यह देखने की आवश्यकता है कि क्या वह सार्वभौम सत्य-सिद्धान्त शास्त्र-साहित्य विश्व विकास-एकता-स्थिरता-शान्ति के क्षेत्र में कुछ रचनात्मक भूमिका निभा सकता है या नहीं? यह देखने की आवश्यकता नहीं है कि उसका व्यक्तकर्ता एक ही शरीर है क्योंकि इससे कोई लाभ नहीं। प्रत्येक मानव चाहे वह किसी भी स्तर का हो वह शारीरिक संरचना में समान होता है परन्तु वह विचारों से ही विभिन्न स्तर पर पीठासीन है, इसलिए मानव, शरीर नहीं विचार है उसी प्रकार विश्वमानव शरीर नहीं, विश्व विचार अर्थात् सार्वभौम सत्य-सिद्धान्त है। इसी प्रकार "मैं" , अहंकार नहीं, "सिद्धान्त" है। प्रत्येक स्तर पर पीठासीन मानव अपने स्तर का सिद्धान्त रुप से "मैं" का अंश रुप से तथा विचार रुप से "अहंकार" का अंश रुप ही है। "मैं" का पूर्ण दृश्य, वास्तविक, सर्वोच्च और अन्तिम रुप वही होगा जो सम्पूर्ण ब्रह्माण्ड के सभी विषयों में व्याप्त हो जाय। तभी तो वह असीम गुणों और दिशाओं से युक्त होगा तथा प्रत्येक दिशा या गुण से उसका नाम अलग-अलग होगा परन्तु वह एक ही होगा। हे मानव, तुम इसे देख नहीं पाते क्योंकि तुम "दृष्टि" से युक्त हो अर्थात् तुम एक ही दिशा या गुण द्वारा देखने की क्षमता रखते हो तुम्हें "दिव्य दृष्टि" अर्थात् अनेक दिशा या गुणों द्वारा एक साथ देखने की क्षमता रखनी चाहिए तभी तुम यथार्थ को देख पाओगे, तभी तुम "मैं" के विश्व रुप को देख पाओगे। दृष्टि से युक्त होने के कारण ही तुम मेरे आभासी रुप-शरीर रुप को ही देखते हो, तुम मेरे वास्तविक रुप-सिद्धान्त रुप को देख ही नहीं पाते। इसी कारण तुम मुझे अहंकार रुप में देखते हो। और इसी कारण तुम "भूमण्डलीकरण (Globalisation)" का विरोध करते हो जबकि "ग्लोबलाईज्ड" दृष्टि ही "दिव्य दृष्टि" है। जिसका तुम मात्र विरोध कर सकते हो क्योंकि यह प्राकृतिक बल के अधीन है जो तुम्हें मानव से विश्वमानव तक के विकास के लिए अटलनीय है। दृष्टि, अहंकार है, अंधकार है, अपूर्ण मानव है तो दिव्य दृष्टि, सिद्धान्त है, प्रकाश है, पूर्णमानव-विश्वमानव है। तुम मानव की अवस्था से विश्वमानव की अवस्था में आने का प्रयत्न करो न कि विश्वमानव का विरोध। विरोध से तुम्हारी क्षति ही होगी। जिस प्रकार "श्रीकृष्ण" नाम है "योगेश्वर" अवस्था है, "गदाधर" नाम है "रामकृष्ण परमहंस" अवस्था है, "सिद्धार्थ" नाम है "बुद्ध" अवस्था है, "नरेन्द्र नाथ दत्त" नाम है "स्वामी विवेकानन्द" अवस्था है, "रजनीश" नाम है "ओशो" अवस्था है। उसी प्रकार व्यक्तियों के नाम, नाम है "भोगेश्वर विश्वमानव" उसकी चरम विकसित, सर्वोच्च और अन्तिम अवस्था है। "दृष्टि" से युक्त होकर विचार व्यक्त करना निरर्थक है, प्रभावहीन है, यहाँ तक की तुम्हें विरोध करने का भी अधिकार नहीं क्योंकि वर्तमान और भविष्य के समय में इसका कोई महत्व नहीं, अर्थ नहीं क्योंकि वह व्यक्तिगत विचार होगा न कि सार्वजनिक संयुक्त विचार। यह सार्वजनिक संयुक्त विचार ही "एकात्म विचार" है और यही वह अन्तिम सत्य है, यही "सार्वभौम सत्य-सिद्धान्त" है। यही धर्मनिपरपेक्ष और सर्वधर्मसमभाव नाम से विश्वमानक-शून्य श्रृंखला: मन की गुणवत्ता का विश्वमानक तथा धर्म नाम से कर्मवेद: प्रथम, अन्तिम और पंचमवेदीय श्रृंखला है जिसकी शाखाएं सम्पूर्ण ब्रह्माण्ड में व्याप्त है और सम्पूर्ण ब्रह्माण्ड व्यक्त है जिसकी स्थापना चेतना के अन्तिम रुप-दृश्य सत्य चेतना के अधीन है। यही "मैं" का दृश्य रुप है। यही "विश्व-बन्धुत्व" , "वसुधैव-कुटुम्बकम्" , "बहुजनहिताय-बहुजनसुखाय" , "एकात्म-मानवतावाद" , "सर्वेभवन्तु-सुखिनः" की स्थापना का "एकात्मकर्मवाद" आधारित अन्तिम मार्ग है।

मन और मन का मानक। मन-व्यक्तिगत प्रमाणित अदृश्य सत्य। मन का मानक-सार्वजनिक प्रमाणित दृश्य सत्य। अनासक्त मन अर्थात् आत्मा अर्थात् व्यक्तिगत प्रमाणित अदृश्य आत्मा अर्थात् मन का अदृश्य मानक। मन का मानक अर्थात् सार्वजनिक प्रमाणित दृश्य आत्मा अर्थात् सार्वजनिक प्रमाणित दृश्य अनासक्त मन। मन का मानक में मन समाहित है।

आत्मा का सार्वजनिक प्रमाणित धर्मनिरपेक्ष एवं सर्वधर्मसमभाव दृश्य रुप एकात्म ज्ञान, एकात्म ज्ञान सहित एकात्म कर्म तथा एकात्म ज्ञान और एकात्म कर्म सहित एकात्म ध्यान के तीन व्यक्त होने के स्तर हैं जो क्रमशः एकात्म वाणी, एकात्म वाणी सहित एकात्म प्रेम तथा एकात्म वाणी और एकात्म प्रेम सहित एकात्म समर्पण द्वारा शक्ति प्राप्त करता है। जिनका धर्मयुक्त अदृश्य रुप भारतीय संस्कृति के पौराणिक कथाओं में ब्रह्मा, विष्णु,

महेश (शंकर) के रुप में तथा सरस्वती, लक्ष्मी और पार्वती शक्ति के रुप में प्रक्षेपित हैं। जिनकी उपयोगिता क्रमशः व्यक्ति, समाज और ब्रह्माण्ड को संतुलन, स्थिरता एवं विकास में है।

यदि तुम उपरोक्त गुणों को रखते हो तो तुम ही ब्रह्मा हो, विष्णु और महेश हो। साथ ही सरस्वती, लक्ष्मी और पार्वती भी। और यदि यह सीमित कर्मक्षेत्र तक में है तो तुम एक सीमाबद्ध और यदि यह सम्पूर्ण ब्रह्माण्ड के सर्वोच्च व्यापक अन्तिम और असीमित कर्म क्षेत्र तक में है तो तुम एक मूल ब्रह्मा, विष्णु, महेश और शक्ति सरस्वती, लक्ष्मी और पार्वती के अवतार हो। यदि तुम इस अनुसार नहीं तो तुम इनके अलावा मानव, दानव, पशु-मानव इत्यादि हो।

जब प्रत्येक शब्द धर्म और धर्मनिरपेक्ष या सर्वधर्मसमभाव में वर्गीकृत किया जा सकता है तब ईश्वर नाम को भी धर्मयुक्त नाम और धर्म निरपेक्ष या सर्वधर्मसमभाव नाम में व्यक्त किया जा सकता है। क्योंकि ईश्वर नाम भी शब्द है। जिस प्रकार व्यक्तिगत प्रमाणित अदृश्य काल के लिए धर्मयुक्त समष्टि ईश्वर नाम-" ऊँ" है। उसी प्रकार सार्वजनिक प्रमाणित दृश्य काल के लिए धर्मनिरपेक्ष और सर्वधर्मसमभाव समष्टि ईश्वर नाम- " TRADE CENTRE" है। जिसमें धर्म युक्त ईश्वर नाम-" ऊँ" का धर्मनिरपेक्ष और सर्वधर्मसमभाव रुप समाहित है।

एक ही देश काल मुक्त सर्वव्यापी अदृश्य सत्य-धर्म-ज्ञान है-आत्मा। और एक ही देश काल मुक्त सर्वव्यापी दृश्य सत्य-धर्म-ज्ञान है- क्रिया या परिवर्तन या $E=MC^2$ या आदान-प्रदान या TRADE या TRANSACTION। इस प्रकार सर्वोच्च और अन्तिम दृश्य सत्य-धर्म-ज्ञान से समस्त विषयों के यथार्थ व्यक्त रुप सर्वमान्य, सार्वजनिक प्रमाणित दृश्य और अन्तिम है। और व्यक्त कर्ता ज्ञानी या ब्रह्म या शिव की अन्तिम कड़ी है। इस आधार पर यह कहा जा सकता है कि "आत्मा" और मेरा दृश्य रुप (आदान-प्रदान) ही स्वस्थ उद्योग, स्वस्थ समाज और स्वस्थ लोकतन्त्र सहित विश्व शान्ति, एकता, स्थिरता और विकास का अन्तिम मार्ग है। चाहे वह वर्तमान में आत्मसात् किया जाये या भविष्य में परन्तु सत्य तो यही है।

मन से मन के मानक के व्यक्त होने के सम्पूर्ण यात्रा में कुछ महापुरुषों ने अदृश्य मानक आत्मा को व्यक्त करने के लिए कार्य किये तो कुछ ने अदृश्य सहित दृश्य मानक के लिए। मन के अदृश्य मानक आत्मा की श्रृंखला में निवृत्ति मार्गी-साधु, संत इत्यादि जिनकी सर्वोच्च स्थिति ब्रह्मा हैं। मन के अदृश्य सहित दृश्य मानक के श्रृंखला में प्रवृत्ति मार्गी-गृहस्थ युक्त सन्यासी इत्यादि जिनकी सर्वोच्च स्थिति विष्णु हैं। इस मानक को व्यवहारिकता में लाने के लिए ध्यान मार्गी जिनकी सर्वोच्च स्थिति महेश हैं। और यही वर्तमान तथा भविष्य के समाज की आवश्यकता है। और यही मन के मानक की उपयोगिता है।

मन के मानक को व्यक्त करने में जो शब्द, ज्ञान-विज्ञान, नाम-रुप इत्यादि प्रयोग किये गये हैं-वे सब मन से मन के मानक के विकास यात्रा में विभिन्न महापुरुषों द्वारा व्यक्त हो मानव समाज में पहले से मान्यता प्राप्त कर विद्यमान है। मैं (विश्वात्मा) सिर्फ उसको वर्तमान की आवश्यकता और वर्तमान से जोड़ने के लिए समयानुसार व्यक्त कर मन के मानक को व्यक्त कर दिया हूँ। यदि समाज इसे आत्मसात् नहीं करता तो उसके पहले मैं (विश्वात्मा) ही उसे आत्मसात् नहीं करता क्योंकि मैं शुद्ध-बुद्ध-मुक्त आत्मा हूँ, मैं नाम-रुप से मुक्त हूँ, मैं शिव हूँ, मैं शिव हूँ, मैं शिव हूँ। और ऐसा कहने वाला मैं पहला नहीं हूँ। मुझसे पहले भी अनेक सिद्धों द्वारा ऐसी उद्घोषणा की जा चुकी है और वे अपने समय के देश-काल स्थितियों में उसे सिद्ध भी कर चुके हैं और जब तक प्रत्येक मानव ऐसा कहने के योग्य नहीं बनता तब तक धर्म शास्त्रों में सृष्टि के प्रारम्भ में कहा गया ईश्वरीय वाणी-" ईश्वर ने इच्छा व्यक्त की कि मैं एक हूँ अनेक हो जाऊँ" कैसे सिद्ध हो पायेगा। मेरे उद्घोष का सबसे बड़ा प्रमाण "सत्य मानक शिक्षा" द्वारा लक्ष्य "पुनर्निर्माण" व उसके प्राप्ति की कार्य योजना है। जो अपने आप में पुरातन, विलक्षण और वर्तमान तक ऐसा नहीं हुआ है, जैसा है। श्रीराम द्वारा शारीरिक शक्ति के माध्यम से शारीरिक शक्ति का प्रयोग कर सत्यीकरण हुआ था, श्रीकृष्ण द्वारा आर्थिक शक्ति के माध्यम से व्यक्तिगत बौद्धिक शक्ति का प्रयोग कर सत्यीकरण हुआ था, अब यह कार्य व्यक्तिगत बौद्धिक शक्ति के माध्यम से सार्वभौम बौद्धिक शक्ति का प्रयोग कर सत्यीकरण किया जा रहा है। जो श्रीराम, श्रीकृष्ण के क्रम में अगला कार्य है। यह मानने का कार्य नहीं जानने का कार्य है। मानने से,

मानने वाले का कोई कल्याण नहीं होता, कल्याण तो सिर्फ जानने वालों का ही होता रहा है, होता है और होता रहेगा।

वर्तमान एवं भविष्य के मानव समाज को मैं (विश्वात्मा) का यह अन्तिम सत्य संदेश है कि-मानव की वास्तविक चेतना-सत्य चेतना अर्थात् भूतकाल का अनुभव और भविष्य की आवश्यकतानुसार वर्तमान में परिणाम ज्ञान से युक्त हो कार्य करना है न कि पशुओं की प्राकृतिक चेतना अर्थात् शुद्ध रुप से वर्तमान में कार्य करना है। सत्य चेतना में प्राकृतिक चेतना समाहित रहती है। अर्थात् मानव का विकास प्राकृतिक चेतना से सत्य चेतना की ओर होना चाहिए। और विज्ञान की भाँति धर्म के विषय में भी सदा आविष्कृत विषय से आविष्कार की ओर बढ़ना चाहिए अन्यथा स्थिति यह होगी कि वह तो आपके पास पहले से आविष्कृत था परन्तु उसी के आविष्कार में आपने पूरा जीवन व्यतीत कर दिया।

सम्पूर्ण मानव समाज से यह निवेदन है कि ईश्वर के सम्बन्ध में जो कुछ भी अब तक आविष्कृत है यद्यपि कि वह सब मैं (आत्मा) इस भौतिक शरीर (श्री लव कुश सिंह "विश्वमानव") से व्यक्त कर चुका हूँ लेकिन फिर भी व्यक्ति ईश्वर नहीं बन सकता। सिर्फ समष्टि ही ईश्वर होता है और समष्टि ही संयुक्त है। जिसकी चरम विकसित अवस्था सम्पूर्ण ब्रह्माण्ड का यथार्थ रुप है जो एक संयुक्त विचार-सत्य-सिद्धान्त ही है व्यक्ति नहीं। जबकि इसको व्यक्त और आत्मसात् करने वाला व्यक्ति ही है अर्थात् ईश्वर और व्यक्ति एक दूसरे पर निर्भर है। परिणामस्वरुप जो कुछ भी इस भौतिक शरीर द्वारा व्यक्त कर देना था-वह दे दिया गया और बात यहीं समाप्त हो गयी। क्योंकि मैं (विश्वात्मा) तुम्हारे अनूरुप सामान्य हो गया क्योंकि ईश्वर (संयुक्त विचार सत्य-सिद्धान्त) बाहर हो गया और वह सभी में व्याप्त हो गया। तू भी सामान्य, मैं भी सामान्य। तू भी ईश्वर, मैं भी ईश्वर। तू भी शिव, मैं भी शिव। इससे अलग सिर्फ माया, भ्रम, अन्धविश्वास है। और जब तक मैं (विश्वात्मा) इस शरीर में हूँ एक वर्तमान और भविष्य का एकात्म ध्यान युक्त प्रबुद्ध मानव के सिवाय कुछ अधिक भी नहीं समझा जाना चाहिए बस यही निवेदन है।

इस अन्तिम के सम्बन्ध में यह कहना चाहूँगा कि इस पर अभी विवाद करने से कोई लाभ नहीं है। अभी तो सिर्फ यह देखना है कि यह कालानुसार वर्तमान और भविष्य के लिए व्यक्ति से विश्व प्रबन्ध तक के लिए उपयोगी है या नहीं और जब तक मानव सृष्टि रहेगी तब तक यह सार्वभौम सत्य-सिद्धान्त अभेद्य और अकाट्य बना रहता है। तब यह समझ लेना होगा कि यह अन्तिम था। और व्यक्त करने वाला मानव शरीर पूर्ण ब्रह्म की अन्तिम कड़ी अर्थात् शिव का साकार सगुण रुप ही था।

आलोचना और विरोध मानव का स्वभाव है परन्तु सत्य की आलोचना और विरोध यदि बिना विचारे ही होगा तो यह उस मनुष्य के लिए स्वयं की मूर्खता का प्रदर्शन ही बन सकता है क्योंकि ऐसा नहीं है कि अन्य मनुष्य इसे नहीं समझ रहे हैं। इसलिए इसके लिए थोड़ा सतर्कता रखें विशेषकर उन लोगों के लिए जो सार्वजनिक रुप से विचार प्रस्तुत करते हैं।

हाँ, एक अन्तिम सत्य और-उपरोक्त अन्तिम सत्य भी सत्य और अन्तिम सत्य है या नहीं? इसके लिए भी तो ज्ञान और बुद्धि चाहिए।

प्रकाशित खुशमय तीसरी सहस्त्राब्दि के साथ यह एक सर्वोच्च समाचार है कि नयी सहस्त्राब्दि केवल बीते सहस्त्राब्दियों की तरह एक सहस्त्राब्दि नहीं है। यह प्रकाशित और विश्व के लिए नये अध्याय के प्रारम्भ का सहस्त्राब्दि है। केवल वक्तव्यों द्वारा लक्ष्य निर्धारण का नहीं बल्कि स्वर्गीकरण के लिए असिमीत भूमण्डलीय मनुष्य और सर्वोच्च अभिभावक संयुक्त राष्ट्र संघ सहित सभी स्तर के अभिभावक के कर्तव्य के साथ कार्य योजना पर आधारित। क्योंकि दूसरी सहस्त्राब्दि के अन्त तक विश्व की आवश्यकता, जो किसी के द्वारा प्रतिनिधित्व नहीं हुई उसे विवादमुक्त और सफलतापूर्वक प्रस्तुत किया जा चुका है। जबकि विभिन्न विषयों जैसे-विज्ञान, धर्म, आध्यात्म, समाज, राज्य, राजनीति, अन्तर्राष्ट्रीय सम्बन्ध, परिवार, व्यक्ति, विभिन्न संगठनों के क्रियाकलाप, प्राकृतिक, ब्रह्माण्डीय, देश, संयुक्त राष्ट्र संघ इत्यादि की स्थिति और परिणाम सार्वजनिक प्रमाणित दृश्य रुप में थे।

विज्ञान के सर्वोच्च आविष्कार के आधार पर अब यह विवाद मुक्त हो चुका है कि मन केवल व्यक्ति, समाज, और राज्य को ही नहीं प्रभावित करता बल्कि यह प्रकृति और ब्रह्माण्ड को भी प्रभावित करता है।

केन्द्रीयकृत और ध्यानीकृत मन विभिन्न शारीरिक सामाजिक और राज्य के असमान्यताओं के उपचार का अन्तिम मार्ग है। स्थायी स्थिरता, विकास, शान्ति, एकता, समर्पण और सुरक्षा के लिए प्रत्येक राज्य के शासन प्रणाली के लिए आवश्यक है कि राज्य अपने उद्देश्य के लिए नागरिकों का निर्माण करें। और यह निर्धारित हो चुका है कि क्रमबद्ध स्वस्थ मानव पीढ़ी के लिए विश्व की सुरक्षा आवश्यक है। इसलिए विश्वमानव के निर्माण की आवश्यकता है, लेकिन ऐसा नहीं है और विभिन्न अनियन्त्रित समस्या जैसे-जनसंख्या, रोग, प्रदूषण, आतंकवाद, भ्रष्टाचार, विकेन्द्रीकृत मानव शक्ति एवं कर्म इत्यादि लगातार बढ़ रहे है। जबकि अन्तरिक्ष और ब्रह्माण्ड के क्षेत्र में मानव का व्यापक विकास अभी शेष है। दूसरी तरफ लाभकारी भूमण्डलीकरण विशेषीकृत मन के निर्माण के कारण विरोध और नासमझी से संघर्ष कर रहा है। और यह असम्भव है कि विभिन्न विषयों के प्रति जागरण समस्याओं का हल उपलब्ध करायेगा।

मानक के विकास के इतिहास में उत्पादों के मानकीकरण के बाद वर्तमान में मानव, प्रक्रिया और पर्यावरण का मानकीकरण तथा स्थापना आई0 एस0 ओ0-9000 एवं आई0 एस0 ओ0-14000 श्रृंखला के द्वारा मानकीकरण के क्षेत्र में बढ़ रहा है। लेकिन इस बढ़ते हुये श्रृंखला में मनुष्य की आवश्यकता (जो मानव और मानवता के लिए आवश्यक है) का आधार "मानव संसाधन का मानकीकरण" है क्योंकि मनुष्य सभी (जीव और निर्जीव) का निर्माणकर्ता और उसका नियन्त्रणकर्ता है। मानव संसाधन के मानकीकरण के बाद सभी विषय आसानी से लक्ष्य अर्थात् विश्वस्तरीय गुणवत्ता की ओर बढ़ जायेगी क्योंकि मानव संसाधन के मानक में सभी तन्त्रों के मूल सिद्धान्त का समावेश होगा।

वर्तमान समय में शब्द- "निर्माण" भूमण्डलीय रुप से परिचित हो चुका है इसलिए हमें अपना लक्ष्य मनुष्य के निर्माण के लिए निर्धारित करना चाहिए। और दूसरी तरफ विवादमुक्त, दृश्य, प्रकाशित तथा वर्तमान सरकारी प्रक्रिया के अनुसार मानक प्रक्रिया उपलब्ध है। जैसा कि हम सभी जानते हैं कि मानक हमेशा सत्य का सार्वजनिक प्रमाणित विषय होता है न कि विचारों का व्यक्तिगत प्रमाणित विषय। अर्थात् प्रस्तुत मानक विभिन्न विषयों जैसे-आध्यात्म, विज्ञान, तकनीकी, समाजिक, नीतिक, सैद्धान्तिक, राजनीतिक इत्यादि के व्यापक समर्थन के साथ होगा। "उपयोग के लिए तैयार" तथा "प्रक्रिया के लिए तैयार" के आधार पर प्रस्तुत मानव के विश्व स्तरीय निर्माण विधि को प्राप्त करने के लिए मानव निर्माण तकनीकी WCM-TLM-SHYAM.C (World Class Manufactuing–Total Life Maintenance- Satya, Heart, Yoga, Ashram, Meditation.Conceousnesas) प्रणाली आविष्कृत है जिसमें सम्पूर्ण तन्त्र सहभागिता (Total System Involvement-TSI) है और विश्वमानक शून्य: मन की गुणवत्ता का विश्वमानक श्रृंखला (WS-0: World Standard of Mind Series) समाहित है। जो विश्वमानव निर्माण प्रक्रिया की तकनीकी और मानव संसाधन की गुणवत्ता का विश्वमानक है। जैसे-औद्योगिक क्षेत्र में इन्स्टीच्यूट आफ प्लान्ट मेंन्टीनेन्स, जापान द्वारा उत्पादों के विश्वस्तरीय निर्माण विधि को प्राप्त करने के लिए उत्पाद निर्माण तकनीकी डब्ल्यू0 सी0 एम0-टी0 पी0 एम0-5 एस (WCM-TPM-5S (World Class Manufacturing - Total Productive Maintenance -Siri (छँटाई), Seton (सुव्यवस्थित), Sesaso (स्वच्छता), Siketsu (अच्छास्तर), Shituke (अनुशासन) प्रणाली संचालित है। जिसमें सम्पूर्ण कर्मचारी सहभागिता (Total Employees Involvement) है।) का प्रयोग उद्योगों में विश्व स्तरीय निर्माण प्रक्रिया के लिए होता है। और आई.एस.ओ.-9000 (ISO-9000) तथा आई.एस.ओ.-14000 (ISO-14000) है।

युग के अनुसार सत्यीकरण का मार्ग उपलब्ध कराना ईश्वर का कर्तव्य है आश्रितों पर सत्यीकरण का मार्ग प्रभावित करना अभिभावक का कर्तव्य है। और सत्यीकरण के मार्ग के अनुसार जीना आश्रितों का कर्तव्य है जैसा कि हम सभी जानते है कि अभिभावक, आश्रितों के समझने और समर्थन की प्रतिक्षा नहीं करते। अभिभावक यदि किसी विषय को आवश्यक समझते हैं तब केवल शक्ति और शीघ्रता से प्रभावी बनाना अन्तिम मार्ग होता है। विश्व के बच्चों के लिए यह अधिकार है कि पूर्ण ज्ञान के द्वारा पूर्ण मानव अर्थात् विश्वमानव के रुप में बनना। हम सभी विश्व के नागरिक सभी स्तर के अभिभावक जैसे-महासचिव संयुक्त राष्ट्र संघ, राष्ट्रों के राष्ट्रपति-प्रधानमंत्री, धर्म, समाज, राजनीति, उद्योग, शिक्षा, प्रबन्ध, पत्रकारिता इत्यादि द्वारा अन्य समानान्तर आवश्यक लक्ष्य के साथ इसे जीवन का मुख्य और मूल लक्ष्य निर्धारित कर प्रभावी बनाने की आशा करते हैं। क्योंकि लक्ष्य निर्धारण वक्तव्य का

सूर्य नये सहस्त्राब्दि के साथ डूब चुका है। और कार्य योजना का सूर्य उग चुका है। इसलिए धरती को स्वर्ग बनाने का अन्तिम मार्ग सिर्फ कर्तव्य है। और रहने वाले सिर्फ सत्य-सिद्धान्त से युक्त संयुक्तमन आधारित मानव है, न कि संयुक्तमन या व्यक्तिगतमन से युक्तमानव।

आविष्कार विषय "व्यक्तिगत मन और संयुक्तमन का विश्व मानक और पूर्णमानव निर्माण की तकनीकी है जिसे धर्म क्षेत्र से कर्मवेद: प्रथम, अन्तिम तथा पंचमवेदीय श्रृंखला तथा शासन क्षेत्र से WS-0: मन की गुणवत्ता का विश्व मानक श्रृंखला तथा WCM-TLM-SHYAM.C तकनीकी कहते है। सम्पूर्ण आविष्कार सार्वभौम सत्य-सिद्धान्त अर्थात सम्पूर्ण ब्रह्माण्ड में व्याप्त अटलनीय, अपरिवर्तनीय, शाश्वत व सनातन नियम पर आधारित है, न कि मानवीय विचार या मत पर आधारित।" सम्पूर्ण ब्रह्माण्ड में व्याप्त एक ही सत्य-सिद्धान्त द्वारा व्यक्तिगत व संयुक्त मन को एकमुखी कर सर्वोच्च, मूल और अन्तिम स्तर पर स्थापित करने के लिए शून्य पर अन्तिम आविष्कार WS-0 श्रृंखला की निम्नलिखित पाँच शाखाएँ है।

1. डब्ल्यू.एस. (WS)-0:विचार एवं साहित्य का विश्वमानक
2. डब्ल्यू.एस. (WS)-00: विषय एवं विशेषज्ञों की परिभाषा का विश्वमानक
3. डब्ल्यू.एस. (WS)-000:ब्रह्माण्ड (सूक्ष्म एवं स्थूल) के प्रबन्ध और क्रियाकलाप का विश्वमानक
4. डब्ल्यू.एस. (WS)-0000: मानव (सूक्ष्म तथा स्थूल) के प्रबन्ध और क्रियाकलाप का विश्वमानक
5. डब्ल्यू.एस. (WS)-00000:उपासना और उपासना स्थल का विश्वमानक

संयुक्त राष्ट्र संघ सीधे इस मानक श्रृंखला को स्थापना के लिए अपने सदस्य देशों के महासभा के समक्ष प्रस्तुत कर अन्तर्राष्ट्रीय मानकीकरण संगठन व विश्व व्यापार संगठन के माध्यम से सभी देशों में स्थापित करने के लिए उसी प्रकार बाध्य कर सकता है, जिस प्रकार ISO-9000 व ISO-14000 श्रृंखला का विश्वव्यापी स्थापना हो रहा है।

20 वर्षो से जिस समय की प्रतीक्षा मैं लव कुश सिंह "विश्वमानव" कर रहा था वह आ गया है। जो व्यक्ति प्राकृतिक बल को समझ जाते हैं वे उसके अनुसार कार्य योजना तैयार करते है। इस क्रम में व्यक्ति, समाज, देश व विश्व की आवश्यकता को 20 वर्ष पहले ही समझ लिया गया था और उस अनुसार ही लक्ष्य निर्धारित कर उसके प्राप्ति के लिए कार्य योजना तैयार की जा रही थी। सिर्फ लक्ष्य निर्धारण से ही कार्य सम्पन्न नहीं हो जाता बल्कि लक्ष्य की सत्यता की प्रमाणिकता के लिए धर्म शास्त्रों, पुराणों, दार्शनिकों, सामाजिक-राजनीतिक नेतृत्वकर्ताओं, विज्ञान व आध्यात्म इत्यादि के विचारों-सिद्धान्तों के द्वारा उसे पुष्टि प्रदान करने की भी आवश्यकता होती है। फिर उसे उस लक्ष्य तक पहुँचाने के लिए कार्य योजना बनानी पड़ती है।

वर्तमान समय, सम्पूर्ण पुनर्निर्माण और सत्यीकरण का समय है। हमें प्रत्येक विषय को प्रारम्भ से समझना और समझाना पड़ेगा। तभी व्यक्ति, समाज, देश व विश्व को सत्य दिशा प्राप्त हो सकेगी और इस कार्य को करने वाला काशी-सत्यकाशी क्षेत्र इस वर्तमान समय में राष्ट्र गुरू बनेगा जिसका कारण होगा-" राष्ट्र को सत्य मार्गदर्शन देना"। और फिर यही कारण भारत को जगतगुरू के रूप में स्थापित कर देगा।

हम सभी के मोटर वाहनों में, वाहन कितने किलोमीटर चला उसे दिखाने के लिए एक यंत्र होता है। यदि इस यंत्र की अधिकतम 6 अंकों तक किलोमीटर दिखाने की क्षमता हो तब उसमें 6 अंक दिखते है। जो प्रारम्भ में 000000 के रूप में होता है। वाहन के चलते अर्थात विकास करते रहने से 000001 फिर 000002 इस क्रम से बढ़ते हुये पहले इकाई में, फिर दहाई में, फिर सैकड़ा में, फिर हजार में, फिर दस हजार में, फिर लाख में, के क्रम में यह आगे बढ़ते हुये बदलता रहता है। एक समय ऐसा आता है जब सभी अंक 999999 हो जाते हैं फिर क्या होगा? फिर सभी 000000 के अपने प्रारम्भ वाली स्थिति में आ जायेंगे। इन 6 अंक के प्रत्येक अंक के चक्र में 0 से 9 अंक के चक्र होते है। जो वाहन के चलने से बदलकर चले हुये किलोमीटर को दिखाते है। यही स्थिति भी इस सृष्टि के काल चक्र की है। सृष्टि चक्र में पहले काल है जिसके दो रूप अदृश्य और दृश्य हैं। फिर इन दोनों काल में 5 युग हैं। 4 अदृश्य काल के 1 दृश्य काल के। और इन दोनों काल में 14 मनवन्तर और मनु हैं। 7 अदृश्य काल के 7 दृश्य काल के। फिर इन युगों में युगावतार अवतार होते हैं। फिर व्यास व शास्त्र होते हैं। ये सब वैसे ही है जैसे अंक

गणित में इकाई, दहाई, सैकड़ा, हजार, दस हजार, लाख इत्यादि होते हैं। उपर उदाहरण दिये गये यंत्र में जब सभी अंक 999999 हो जाते हैं तब विकास के अगले एक बदलाव से इकाई, दहाई, सैकड़ा, हजार, दस हजार, लाख सभी बदलते हैं। वर्तमान सृष्टि चक्र की स्थिति भी यही हो गयी है कि अब अगले अवतार के मात्र एक विकास के लिए सत्यीकरण से काल, मनवन्तर व मनु, अवतार, व्यास व शास्त्र सभी बदलेंगे। इसलिए देश व विश्व के धर्माचार्यों, विद्वानों, ज्योतिषाचार्यों इत्यादि को अपने-अपने शास्त्रों को देखने व समझने की आवश्यकता आ गयी है क्योंकि कहीं ये कार्य वही तो नहीं है? और यदि नहीं तो वह कौन सा कार्य होगा जो इन सबको बदलने वाली घटना को घटित करेगा?

सामान्यतः मनुष्य का स्वभाव अपने जैसा ही दूसरे को समझना होता है। वह कैसे यह सोच सकता है कि एक व्यक्ति सांसारिक कार्यों से निर्लिप्त रहते हुये 20 वर्षों से ऐसी शोध व योजना पर ध्यान केन्द्रित कर कार्य करने में लगा हुआ है जो भारत को उसके सत्य महानता की ओर ले जाने वाला कार्य है। और ऐसा कार्य भारत सहित विश्व के लिए कितने बड़े समाचार का विषय बनेगा?

"विश्वशास्त्र" में जन्म-जीवन-पुर्नजन्म-अवतार-साकार ईश्वर-निराकार ईश्वर, अदृश्य और दृश्य ईश्वर नाम, मानसिक मृत्यु व जन्म, भूत-वर्तमान-भविष्य, शिक्षा व पूर्ण शिक्षा, संविधान व विश्व संविधान, ग्राम सरकार व विश्व सरकार, विश्व शान्ति व एकता, स्थिरता व व्यापार, विचारधारा व क्रियाकलाप, त्याग और भोग, राधा और धारा, प्रकृति और अहंकार, कर्तव्य और अधिकार, राजनीति व विश्व राजनीति, व्यक्ति और वैश्विक व्यक्ति, ज्ञान व कर्मज्ञान, योग, अदृश्य और दृश्य योग व ध्यान, मानवतावाद व एकात्मकर्मवाद, नायक-शास्त्राकार-आत्मकथा, महाभारत और विश्वभारत, जाति और समाजनीति, मन और मन का विश्वमानक, मानव और पूर्ण मानव एवं पूर्ण मानव निर्माण की तकनीकी, आकड़ा व सूचना और विश्लेषण, शास्त्र और पुराण इत्यादि अनेकों विषय और उनके वर्तमान समय के शासनिक व्यवस्था में स्थापना स्तर तक की विधि को व्यक्त किया गया है। इस एक ही "विश्वशास्त्र" साहित्य के गुणों के आधार पर धर्म क्षेत्र से 90 नाम और धर्मनिरपेक्ष व सर्वधर्मसमभाव क्षेत्र से 141 नाम भी निर्धारित किये गये हैं।

जब दुनिया बीसवीं सदी के समाप्ति के समीप थी तब वर्ष 1995 ई0 में कोपेनहेगन में सामाजिक विकास का विश्व शिखर सम्मेंलन हुआ था। इस शिखर सम्मेंलन में यह माना गया कि-" आर्थिक विकास अपने आप में महत्वपूर्ण विषय नहीं है, उसे समाजिक विकास के हित में काम करना चाहिए। यह कहा गया कि पिछले वर्षों में आर्थिक विकास तो हुआ, पर सभी देश सामाजिक विकास की दृष्टि से पिछड़े ही रहे। जिसमें मुख्यतः तीन बिन्दुओं-बढ़ती बेरोजगारी, भीषण गरीबी और सामाजिक विघटन पर चिन्ता व्यक्त की गई। यह स्वीकार किया गया कि सामाजिक विकास की समस्या सार्वभौमिक है। यह सर्वत्र है, लेकिन इस घोर समस्या का समाधान प्रत्येक संस्कृति के सन्दर्भ में खोजना चाहिए।" इसका सीधा सा अर्थ यह है कि व्यक्ति हो या देश, आर्थिक विकास तभी सफल होगा जब बौद्धिक विकास के साथ मनुष्य के गुणवत्ता में भी विकास हो। इसी सम्मेलन में भारत ने यह घोषणा की कि-" वह अपने सकल घरेलू उत्पाद का 6 प्रतिशत शिक्षा पर व्यय करेगा।" भारत इस पर तब से कितना अमल कर पाया यह तो सबके सामने है। लेकिन बौद्धिक विकास के साथ मनुष्य के गुणवत्ता में भी विकास के लिए भारत सहित विश्व के हजारों विश्वविद्यालय जिस पूर्ण सकारात्मक एवं एकीकरण के विश्वस्तरीय शोध को न कर पाये, वह पूर्ण किया जा चुका है और उसे पाठ्यक्रम का रूप देकर पुनर्निर्माण के माध्यम से आपके सामने है। परिणामस्वरूप एकल सार्वभौमिक रचनात्मक बुद्धि बनाम विश्व बुद्धि का रूप आपके सामने है।

शास्त्रों व अनेक भविष्यवक्ताओं के भविष्यवाणीयों को पूर्णतया सिद्ध करते हुये यह कार्य उसी समय अवधि में सम्पन्न हुआ है। भविष्यवाणीयों के अनुसार ही जन्म, कार्य प्रारम्भ और पूर्ण करने का समय और जीवन है। अधिक जानने के लिए इन्टरनेट पर गूगल व फेसबुक में नियामतपुर कलाँ, लव कुश सिंह "विश्वमानव" , सत्यकाशी, विश्वशास्त्र, विश्वमानव (NIYAMATPUR KALAN, LAVA KUSH SINGH "VISHWMANAV" , SATYAKASHI, VISHWSHASTRA, VISHWMANAV) इत्यादि से सर्च कर जानकारी पायी जा सकती है।

सामाजिक-आर्थिक प्रणाली और शिक्षा के दायित्व पर आधारित सम्पूर्ण कार्य योजना को राष्ट्र को समर्पित करते हुये और प्रकृति से लिए गये हवा, पानी, धूप इत्यादि का कर्ज उतारते हुये, इस व्यापार पर स्वयं का एकाधिकार न रहे इसलिए इसे, पूरी रूचि से संचालित करने वालों के हाथों में ही सौंपने की भी योजना है जिससे ज्ञान का व्यापार भी हो जायेगा और राष्ट्र सेवा भी हो जायेगी।

जय भारत देश, जय विश्व राष्ट्र

सत्य, आधुनिक अथवा प्राचीन किसी समाज का सम्मान नहीं करता। समाज को ही सत्य का सम्मान करना पड़ेगा। अन्यथा समाज ध्वंस हो जाये कोई हानि नहीं। किसी प्रकार की राजनीति में मुझे विश्वास नहीं है। ईश्वर तथा सत्य ही एक मात्र राजनीति है बाकि सब कूड़ा-करकट है।

-स्वामी विवेकानन्द

Think Globally - Act Locally
वैश्विक सोच - स्थानीय कार्यवाही

जिस प्रकार शरीर स्थित मन का स्तर व्यक्ति को इस संसार में अभिनय करवाता है,
उसी प्रकार एक लेखक ही पर्दे पर या जीवन में अभिनय करवाता है।
वाल्मिकि और तुलसी के लिखने से श्रीराम का अभिनय,
और व्यास के लिखने से श्रीकृष्ण का अभिनय अभी भी चल रहा है।
व्यापक सोचें, व्यापक लिखे। पढ़े- "विश्वशास्त्र"

आत्मा पर कौन विश्वास करता है, सभी शरीर पर विश्वास करते हैं

WRITER IS ACTOR

भाग-6
परिवर्तन

सीधी समझ

नये भारत में, नये मनुष्य के उदय के लिए

व्यवस्था के परिवर्तन या सत्यीकरण का पहला प्रारूप और उसकी कार्य विधि

वे शब्द जिसके बिना युग परिवर्तन सम्भव नहीं

उपाधियाँ मिलती है- पीएच0 डी0, डी0 लिट0 और डी0 फिल0 और उनका बड़ा सम्मान होता है। उनका काम क्या है? उनका काम यह है कि वे तय करते हैं कि गोरखनाथ कब पैदा हुए थे। कोई कहता है दसवीं सदी के अंत में, कोई कहता है ग्यारहवीं सदी के प्रारम्भ में। इस पर बड़ा विवाद चलता है। बड़े-बड़े विश्वविद्यालयों के ज्ञानी सिर खपा कर खोज में लगे रहते हैं। शास्त्रों की, प्रमाणों की, इसकी, उसकी। उनकी पूरी जिन्दगी इसी में जाती है। इससे बड़ा अज्ञान और क्या होगा? गोरख कब पैदा हुए, इसे जानकर करोगे क्या? इसे जान भी लिया तो पाओगे क्या? गोरख न भी पैदा हुए, यह भी सिद्ध हो जाये, तो भी क्या फायदा? हुए हों या न हुए हों, अर्थहीन है। गोरख ने क्या जिया उसका स्वाद लो। इसलिए तुम्हारे विश्वविद्यालय ऐसी व्यर्थता के कामों में संलग्न हैं कि बड़ा आश्चर्य होता है कि इन्हें विश्वविद्यालय कहो या न कहो। इनका काम ही........तुम्हारे विश्वविद्यालय में चलने वाली जितनी शोध है, सब कूड़ा-करकट है।

-आचार्य रजनीश "ओशो"

(अक्टुबर व नवम्बर 1978 में दिये गये प्रवचन का अंश)

FINAL KNOWLEDGE BOMB BLAST

AFTER FIRST NOBEL DISCOVERY OF ZERO BY INDIA AGAIN ZERO BASED FINAL DISCOVERY

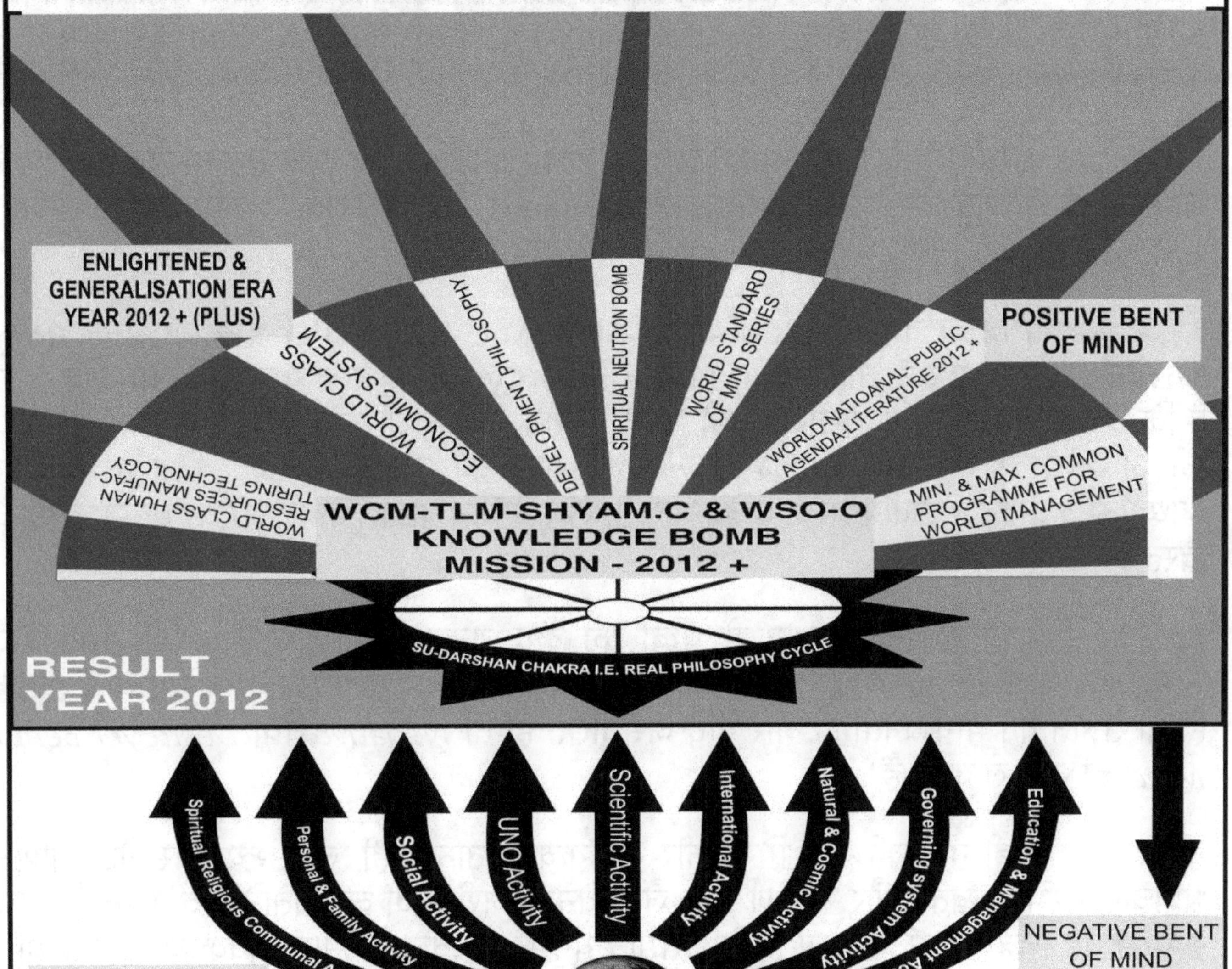

मैकाले शिक्षा पद्धति हम बदल नहीं सकते लेकिन अलग से "सत्य मानक शिक्षा" ग्रहण तो कर सकते हैं।

सरकारी पाठ्यक्रम बनाम नीजी पाठ्यक्रम / सार्वभौम आत्मीय पाठ्यक्रम / ईश्वरीय पाठ्यक्रम

ज्ञान के इस युग में ज्ञान की ओर चलें

FINAL KNOWLEDGE BOMB BLAST

यह चित्र **“FINAL KNOWLEDGE BOMB BLAST”** एक गहन वैचारिक मानचित्र है, जो मानव चेतना, ज्ञान, दर्शन और वैश्विक व्यवस्था के परिवर्तन को प्रतीकात्मक रूप में प्रस्तुत करता है।

इसमें यह दिखाया गया है कि वर्ष 2012 को एक *युग-संधि* के रूप में देखा गया है- जहाँ संघर्ष, विशेषज्ञता और विखंडन (2012–minus) से निकलकर मानवता को प्रबोधन, सामान्यीकरण और समन्वय (2012–plus) की ओर बढ़ना है।

चित्र के केंद्र में **WCM–TLM–SHYAM.C & WSO-O Knowledge Bomb Mission** और **सु-दर्शन चक्र (Real Philosophy Cycle)** को रखा गया है, जो यह संकेत देता है कि वास्तविक परिवर्तन शस्त्रों से नहीं, बल्कि दर्शन, विवेक और समग्र ज्ञान से आता है। ऊपर की ओर उठती संरचना *Positive Bent of Mind* को दर्शाती है, जहाँ विश्व-स्तरीय सोच, आध्यात्मिक दर्शन, मानवीय मूल्य, वैश्विक एजेंडा और कॉमन प्रोग्राम के माध्यम से मानव चेतना का विस्तार होता है।

चित्र के निचले भाग में पृथ्वी को केंद्र बनाकर मानव गतिविधियों-आध्यात्मिक, सामाजिक, वैज्ञानिक, अंतरराष्ट्रीय, शैक्षिक और प्रशासनिक-को दर्शाया गया है, जो यदि संतुलित हों तो उन्नति का मार्ग बनती हैं, और यदि असंतुलित हों तो *Negative* तथा *Destroyer Bent of Mind* की ओर ले जाती हैं।

वहीं नीचे की ओर गिरते तीर आतंकवाद, तानाशाही, जनसंख्या विस्फोट, अशिक्षा, भ्रष्टाचार, परमाणु खतरे और संकीर्ण सोच जैसे विनाशकारी तत्वों का प्रतिनिधित्व करते हैं। समग्र रूप से यह चित्र यह संदेश देता है कि वर्तमान युग में मानवता के सामने विकल्प स्पष्ट है-या तो संकीर्ण, नकारात्मक और विनाशकारी सोच, या फिर **“ज्ञान आधारित सार्वभौमिक दर्शन”** के माध्यम से पृथ्वी और मानव सभ्यता का संतुलित, शांतिपूर्ण और प्रबुद्ध भविष्य।

सीधी समझ

बड़ा वट वृक्ष (Big Banyan Tree), सैकड़ों वर्ष पुराना एक विशाल क्षेत्र में फैला वट वृक्ष है। जिसका मूल वृक्ष अब अस्तित्व में नहीं है उसके तनों से निकले सैंकड़ों जड़ वर्तमान में स्वयं एक वृक्ष, फिर उनके तनों से निकले सैंकड़ों जड़ भी वर्तमान में एक-एक वृक्ष के रूप में स्थापित हैं और सभी एक-दूसरे से जुड़े हुये हैं, बस जो नहीं है, वह है मूल वृक्ष। इस प्रकार सम्पूर्ण वृक्ष परिवार एक बड़े क्षेत्र में फैल चुका है और निरन्तर जारी भी है। प्रत्येक स्वयं स्वतन्त्र वृक्ष के रूप में स्थापित वृक्ष का अपने परिवार के रूप में तना, पत्ता, फूल और फल सब निकलते रहते हैं और जिसे जहाँ अर्थात् नजदीकी स्रोत से सुविधा अर्थात् खुराक मिल सकता हैं वहाँ से प्राप्त करते हुये विकास कर रहे हैं। इस कार्य में आपस में कोई विवाद नहीं है। कोई किसी पर अधिपत्य जमाना नहीं चाहता, ना ही अन्य के विकास में कोई बाधा पहुँचाता है। जिसको जिस ओर उचित वातावरण मिलता जाता है, उस ओर वह विकास कर रहा है। कुल मिलाकर स्व प्रेरित सुशासन की भाँति संचालित है। इस वट वृक्ष के सबसे बाद अर्थात् वर्तमान के तनों-पत्तों के लिए उसका जन्मदाता व पालनकर्ता के रूप में उसका नजदीकी जड़ ही है इसलिए उसकी कथा-कहानी वहीं से शुरू होती है और वहीं तक उसका ज्ञान है जो एक संकुचित और सीमित ज्ञान है। वह पूर्ण को नहीं जान रहा, उसका पूर्णत्व, सार्वभौम पूर्णत्व नहीं बल्कि सीमित पूर्णत्व है। सीमित पूर्णत्व में भी वह आनन्द में हैं और विकासशील है। उसका विकास होना सार्वभौम का ही विकास होना है परन्तु उसे उसका ज्ञान नहीं है और वह उस सार्वभौम के विकास में अपने योगदान को करते हुये भी स्वयं को गौरवान्वित नहीं अनुभव कर रहा है। सार्वभौम से युक्त होने के बाद भी उसे अपने परिवार से ही जुड़ा रहना उसकी विवशता भी है और इसके अलावा कोई अन्य मार्ग भी नहीं हैं। उसके सार्वभौम का मार्ग भी उसके अपने परिवार के ही मार्ग से होकर जाता है। वृक्ष के साथ यह मजबूरी भी है कि क्योंकि वह स्थिर है इसलिए उसका छोटा परिवार केवल पड़ोस तक के ही दायरे के सम्पर्क में है। दूसरे छोर के परिवार का क्या हाल है उसे कुछ नहीं पता।

हे मानवों, ये संसार भी उपरोक्त वट वृक्ष के सामन ही फैला हुआ है। परन्तु उस भाँति विकास नहीं कर रहा है। मनुष्य के अन्दर बीमारी की भाँति अधिकतम "शक्ति और लाभ (पावर और प्राफिट)" की दौड़ ने उसे अधिपत्य, अत्याचार, दूसरे को दबाना इत्यादि से युक्त कर दिया है। और जो इस दौड़ में नहीं हैं वे सीमित पूर्णत्व में आनन्द के साथ विकासशील हैं। उन्हें और भी तेज विकास की इच्छा है परन्तु उनके बुद्धि का दायरा ही सीमित है इसलिए उन्हें मार्ग नहीं मिल रहा है। यदि उनको मार्ग भी मिल रहा हो तो वट वृक्ष की भाँति उसके नजदीकी जन्मदाता ने उसे यह बता रखा है कि जब उस सार्वभौम का मार्ग मेरे ही रास्ते से जाता है तो जो मैं कह रहा हूँ उसे करो। और इसके लिए वे अपने परिवार के लिए अनेक प्रकार की प्रणाली दे रखे हैं। जबकि ये प्रणाली देने वाले उनके नजदीकी जन्मदाता स्वयं कहाँ से आये हैं स्वयं उन्हे भी नहीं पता। क्योंकि वे स्वयं भी उस वट वृक्ष के खो गये मूल जड़ की तरह अपने मूल जड़ को नहीं जानते। वे भी अपने नजदीकी जन्मदाता का ही अनुसरण कर रहे होते हैं। ये प्रणालीयाँ अनेक प्रकार की हैं उदाहरणस्वरूप कुछ मुख्य निम्नवत् हैं-

1 उनके द्वारा प्रस्तुत कुछ पुस्तकें होती हैं जिन्हें नियमानुसार प्रतिदिन पढ़ना होता है। पढ़ने के पूर्व शुद्धता की भी प्रक्रिया अनिवार्य होती है अन्यथा पुस्तकें परिणाम नहीं दे पायेंगी, ये भी शर्त होती हैं।
2 उनके द्वारा भोजन से सम्बन्धित कुछ नियम बना दिये जाते हैं कि क्या खाना है और क्या नहीं खाना है।
3 उनके द्वारा कोई मन्त्र दे कर उसे नियमानुसार जपने के लिए दे दिया जाता है।
4 उनके द्वारा किसी यन्त्र-तन्त्र द्वारा समस्या मुक्ति का उपाय बता दिया जाता है।
5 उनके द्वारा किसी विशेष प्रकार के रंग और ढ़ग के वस्त्र निर्धारित कर दी जाती है जिससे उनकी पहचान एक अलग रूप में हो। अर्थात् समाज का एक और विभाजन कर उसे प्रस्तुत कर देते हैं।

सामान्य रूप से सभी द्वारा अनिवार्य रूप से ये भी निर्धारित कर दी जाती है कि किसी दूसरे के नियमों को न तो जानना है, न सुनना है, न पढ़ना है और न ही उसमें शामिल होना है। अर्थात् एक गतिशील प्राणी मनुष्य को जिसे सदैव श्रेष्ठ से, श्रेष्ठतम और सर्वोच्च तक उठने-विकास करने के लिए निर्मित किया गया था, उसे एक सीमित

दायरे में बुद्धिबद्ध कर दिया गया। मनुष्य जिसका निर्माण अपनी मस्तिष्क को असीम क्षमता को विकसित कर ईश्वर रूप में व्यक्त होना था, उसे जड़ (स्थिर) बना दिया गया।

हे मानवों, मनुष्यों की सबसे बड़ी कमजोरी "स्वयं में गुणों का विकास कर स्वयं बन जाने या हो जाने" में नहीं बल्कि "पाने" की इच्छा है। इस पाने की इच्छा की कमजोरी का परिणाम ही है उपरोक्त अनेक प्रकार के बुद्धिबद्ध करने की विधियाँ।

हे मानवों, उपरोक्त के पृष्ठभूमि में उनका उद्देश्य केवल अपने स्वार्थ की पूर्ति के सिवाय कुछ नहीं होता। क्योंकि मार्गदर्शक या प्रेरक या शिक्षक का उद्देश्य स्वयं से श्रेष्ठ मानव का निर्माण होता है न कि सदैव जीवन भर एक ही प्रणाली या प्रक्रिया या कक्षा में पढ़ते-दुहराते रहने के लिए विवश करना। उपरोक्त के पृष्ठभूमि में शारीरिक-आर्थिक-मानसिक शोषण का ही कार्य विभिन्न प्रकार से चल रहा है। कोई अपने कृषि कार्य को मुफ्त में हल करवा रहा है, तो कोई अपने नाम के उत्पादों को सिर्फ उन्हें ही खरीदने के लिए बुद्धिबद्ध कर दिया है।

हे मानवों, इन सबको आस्था का व्यापार कहते हैं। जबकि मैं देख रहा हूँ कि प्रत्येक संस्कारित करने की क्रिया जो उस काल के लिए आस्था का विषय था। उसके अगले काल के लिए संस्कारित करने की नयी क्रिया उपलब्ध हो जाने के बावजूद, मानव शरीर पिछले काल के संस्कारित करने वाली क्रिया के प्रति आस्था रखते हुये मूर्खता का स्पष्ट प्रदर्शन कर रहा है। सभी कालों में, सभी संस्कारित करने की क्रियाओं में मैं (सार्वभौम आत्मा) ही आस्था का विषय था परन्तु क्रिया के प्रति आस्था रखना मूर्खता का स्पष्ट प्रमाण ही तो है। चाहे वह व्यक्तिगत इच्छा से हो या सामाजिक प्रदर्शन की इच्छा से। इन समस्त संस्कारित करने के क्रिया के पीछे जो रहस्य आज तक गोपनीय था उसे मैंने तुम्हारें समक्ष सार्वजनिक प्रकाशित कर दिया है। अब कुछ भी गोपनीय नहीं। बावजूद इसके प्रत्येक मनुष्य अपनी मूर्खता रूपी आस्था को प्रदर्शित करने के लिए स्वतन्त्र है। परन्तु वह मुझ (सार्वभौम आत्मा) को प्राप्त नहीं कर सकता। हे मानवों, ईश्वर बहुमत से नहीं निर्धारित किया जाता इसलिए ही उसे अनिवर्चनीय कहा गया है। किसी भी वस्तु के प्रति आस्था के विकास से और समस्त मानवों को उसके प्रति आस्थावान् बना देने से वह वस्तु गुण प्रकट कर वैसा नहीं बन सकती जैसा आप उम्मीद करते हो।

हे मानवों, एक तरह से देखा जाये तो उपरोक्त व्यवस्था से कोई समस्या है ही नहीं क्योंकि जिसकी इच्छा जहाँ से पूर्ति हो रही है और विकास का मार्ग मिल रहा है, वह वहाँ से जुडा हुआ है। इसलिए मानव सभ्यता पर आया यह दसवाँ और अन्तिम संकट, संकट होते हुये भी संकट जैसा नहीं दिखता। इस व्यवस्था से हमें कोई समस्या भी नहीं है। समस्या ये है कि धर्म को जिस उद्देश्य के लिए निर्मित किया गया था वही धर्म, संकट में है। यह धर्म ही उस वट वृक्ष का मूल है, सार्वभौम है, समष्टि है। इसके ज्ञान से युक्त दोनों को अर्थात् विशाल संसार रूपी वट वृक्ष के छोटे-छोटे परिवार के नेतृत्वकर्ता मुखिया सहित उसके सदस्यों को होना आवश्यक है। तभी परिवार के नेतृत्वकर्ता मुखिया द्वारा बनाये गये उपरोक्त प्रणाली-नियम परिणाम-फल दे पायेंगे जिसकी इच्छा परिवार के सदस्य करते हैं।

हमारी उत्पत्ति ज्ञान से हुई है। जिन्हें ज्ञान है वही अपने आप को संघर्ष में पाते हैं और सर्वश्रेष्ठता के लिए कर्मशील हैं। शेष सभी तो प्रकृति के अनुसार आते-जाते रहते हैं। इस ज्ञान को ही ब्रह्म (सार्वभौम एकात्म ज्ञान) कहते हैं। देवता रूप में इस ज्ञान को ब्रह्मा के रूप में प्रक्षेपित किया गया है। यह ज्ञान जिस-जिस अंगो द्वारा प्राथमिकता से अनुभव में आता है उतने प्रकार के मानव अपने-आप को उत्पन्न समझते हैं।

पुराण रचनाकार महर्षि व्यास ने ब्रह्मा अर्थात ज्ञान के पुत्रों का प्रक्षेपण किये हैं। ब्रह्मा के 10 मानस पुत्रों

01.मन (विचार) से ज्ञान प्राप्त करने वाले मरीचि

02.नेत्रों (देखकर) ज्ञान प्राप्त करने वाले अत्रि

03.मुख (वाणी) से ज्ञान प्राप्त करने वाले अंगिरा

04.कान (सुन) कर ज्ञान प्राप्त करने वाले पुलस्त्य

05.नाभि (केन्द्र) से ज्ञान प्राप्त करने वाले पुलह

06.हाथ (कर्म) से ज्ञान प्राप्त करने वाले कृतु

07.त्वचा (स्पर्श) से ज्ञान प्राप्त करने वाले भृगु

08.प्राण (श्वास) से ज्ञान प्राप्त करने वाले वशिष्ठ

09.अँगूठे (आत्मा) से ज्ञान प्राप्त करने वाले दक्ष

10.गोद (प्रेम) से ज्ञान प्राप्त करने वाले नारद

ये दस प्रकार ज्ञान से उत्पन्न है और इतने प्रकार के मानव निर्मित होकर संसार में विचरण कर रहे हैं। इसे ये न समझना चाहिए कि मन या नेत्र इत्यादि से कैसे ब्रह्मा ने अपने पुत्रों को उत्पन्न किया? चूंकि शरीर का अस्तित्व अस्थायी है इसलिए विचार के आधार पर ये मनुष्य के वर्ग या श्रेणी का निर्धारण है। इसे मानकीकरण (Standardization) या वर्गीकरण (Classification) भी कहा जा सकता है। जिस प्रकार आजकल मानकीकरण के शब्द ISOऔर ISI मार्का दिये जाते हैं।

नये भारत में, नये मनुष्य के उदय के लिए

आप लंगोट से जौकी पर आ गये...पायजामे से पतलून पर आ गये...नाड़े से बेल्ट पर आ गये...खड़ाऊँ से बूट पर आ गये...कलम से कीबोर्ड पर आ गये। पगडंडियों से एक्सप्रेस वे पर आ गये...चूल्हे से इंडक्शन कुकर पर आ गये...जंगलो से अपार्टमेंट तक आ गये। हल से ट्रैक्टर पर आ गये...पैदल से लक्ज़री जहाज़ों पर आ गये...दीये-मशाल से एलईडी पर आ गये...आप लैंडलाइन से ओरियो एंड्रॉयड तक आ गये...तीर-कमान और गदा से ऑटोमैटिक बंदूकों और मिसाइलों पर आ गये। दुनियां चाँद पे चली गई...मंगल की छाती पर नासा ने रोबोट उतार दिया....शनि मंगल सूर्यग्रहण-चन्द्रग्रहण के हर रहस्य से पर्दा उठ गया!

आप पाँच हज़ार ईसापूर्व और पाँचवी-छठवीं शताब्दी से इक्कीसवी शताब्दी में आ गये...आप लगातार अपडेट होते रहे हैं!!! मगर फिर भी तुम ग्रह-नक्षत्रों को...शनि-मंगल को जन्मकुंडली में देख-देख कर काँप रहे हो। अपना भविष्य सुधारने के लिए बाबा-बाबियों का रास्ता नाप रहे हो। क्या इसी दिन के लिए तुमने बी.एससी, एम.एससी पीएच.डी की थी?? कि तुम पढ़े-लिखे जाहिलों की फौज में शामिल हो जाना! क्या इसी दिन के लिए तुम डॉक्टर, इंजीनियर, वकील, मजिस्ट्रेट या प्रोफेसर बने थे? कि बंगले पर काली हांडी टांगना! निम्बू मिर्ची टांगना! नजर न लगने से एक पैर में काला धागा बांधना?? और अपने उज्ज्वल भविष्य की भीख किसी बाबा-बाबी के दर पर नाक रगड़ के मांगना?

देश आजाद हो गया! दुनिया आजाद हो गई! आखिर कब मिलेगी तुम्हें आजादी?? इस अंधी मानसिक गुलामी से? दुनिया रोज नए-नए आविष्कार कर रही है! तुम हजारों साल पुरानी भाषा, संस्कृति, रीति, रिवाजो की वैज्ञानिक व्याख्या करने में लगे हो! क्या भारत पुनः विश्वगुरु तुम्हारे जैसे मनोरोगियों की वजह से कभी बन पाएगा? बंद कमरे में तुम्हारी चोटी कट जाती! अँधेरे में अकेले में तुम्हें भूत-पलीत सताते हैं! तुम्हें ही सारी दुनिया की नजर लगती है! डायन तो तुम्हारे हर घर में मौजूद है!! तुम्हारे तंत्र-मंत्र-यंत्र काम क्यों नहीं करते हैं? एक पैर में काले धागे वाला रक्षा सूत्र तुम्हारी चोंटी क्यों नहीं बचाता है? आखिर कब तक तुम मानसिक गुलाम रहोगे?

तुम्हारी समस्याएं लौकिक है। मगर तुम्हें हर समस्या का हल परलोक में नजर आता है! संसार तुम्हारे लिए स्वप्नवत् है माया है! भगवान की लीला है! नाटक है! भ्रम है! आखिर तुम्हें इस सपने से कौन जगाए? कब तक शब्दों के साथ बलात्कार करोगे? कब तक धोखे में रहोगे? कब तक हर सिद्धान्त हर आविष्कार को शास्त्रों ऋषि-मुनियों के माथे मड़ोगे??

तुम लोग को जो जगाए वही धर्मद्रोही, देशद्रोही, जातिवादी या नास्तिक है? चारुवाक, बुद्ध, महावीर, कपिल, कणाद गौतम, नागसेन, अश्वघोष, कबीर, नानक, रविदास, ओशो, फुले, शाहू, पेरियार, भीम, भगतसिंह, कोवूर, राहुल संस्कृत्यायन, दयानन्द, विवेकानंद, सबने विवेक लगाया! मगर फिर भी तुम्हारा विवेक नहीं जागा!

तुम्हारा धर्म कब अपडेट (Update) होगा?
तुम्हारी आस्था कब अपडेट (Update) होगी?
तुम्हारा ईश्वर कब अपडेट (Update) होगा?
तुम्हारी सोच कब अपडेट (Update) होगी?
तुम्हारे धर्म की किताबें कब अपडेट (Update) होंगी?

कम्प्यूटर और मोबाइल का साफ्टवेयर तो तुरन्त करते हो, तुम्हारे मस्तिष्क का साफ्टवेयर कब अपडेट (Update) होगा?

क्योंकि तुम विश्वगुरु के अहंकार की दारू पीकर गरीबी, अनपढ़ता, लिंगभेद, जातिभेद, भाषाभेद, क्षेत्रभेद, साम्प्रदायिकता की नाली में पड़े हो! आखिर तुम्हें कब मिलेगी आजादी? इस उम्दा मानसिक गुलामी से?

सोच के बता देना!!
आओ एक कदम शब्दों के उँचाइयों की ओर..........

IDEAS + ACTION = CHANGE

व्यवस्था के परिवर्तन या सत्यीकरण का पहला प्रारूप और उसकी कार्य विधि

उदाहरण के रूप में, यदि किसी शिक्षित व्यक्ति जिसे अंकगणित का ज्ञान हो, उसके समक्ष संख्या 5 लिख दिया जाये और उससे कहा जाये कि इस संख्या के आगे और पीछे की संख्या लिखें तो वह आसानी से उसे लिख देगा परन्तु अंकगणित का अज्ञानी ऐसा नहीं कर पायेगा। उसका सारा ध्यान केवल संख्या 5 पर ही टिका रह जायेगा क्योंकि वह संख्या पद्धति से अपरिचित है। अगर वह कुछ लिख भी देगा तो वह आवश्यक नहीं कि सत्य हो और उसमें सुधार की पूरी सम्भावना बनी रहेगी। समाज सुधार के क्षेत्र में भी यही बात है। हम एक समस्या देखते हैं फिर उसमें कुछ सुधार कर देते हैं। फल यह होता है कि कुछ समय बाद पुनः उसमें सुधार की आवश्यकता आ जाती है।

जितने अधिक आकड़ों को विश्लेषित कर हम परिणाम को खोजेंगे उतने ही सत्य परिणाम हमारे सामने आयेंगे। प्रस्तुत शास्त्र व्यक्त अधिकतम आकड़ों के व्यवस्थित प्रस्तुतीकरण का शास्त्र है। दूसरे रूप में इसे धर्म ज्ञान का बैलेन्ससीट भी कह सकते है। इन सम्पूर्ण आकड़ों पर आधारित होकर व्यक्ति, समाज और विश्व राष्ट्र के लिए लिया गया निर्णय ही एक सत्य निर्णय हो सकता है। समाज सुधार के सम्बन्ध में स्वामी विवेकानन्द का कहना है कि-"तथाकथित समाज-सुधार के विषय में हस्तक्षेप न करना क्योंकि पहले आध्यात्मिक सुधार हुये बिना अन्य किसी भी प्रकार का सुधार हो नहीं सकता (राम पृष्ठ मिशन, पत्रावली भाग-1, पृष्ठ-29), भारत के शिक्षित समाज से मैं इस बात पर सहमत हूँ कि समाज का आमूल परिवर्तन करना आवश्यक है। पर यह किया किस तरह जाये? सुधारकों की सब कुछ नष्ट कर डालने की रीति व्यर्थ सिद्ध हो चुकी है। मेरी योजना यह है, हमने अतीत में कुछ बुरा नहीं किया। निश्चय ही नहीं किया। हमारा समाज खराब नहीं, बल्कि अच्छा है। मैं केवल चाहता हूँ कि वह और भी अच्छा हो। हमें असत्य से सत्य तक अथवा बुरे से अच्छे तक पहुँचना नहीं है। वरन् सत्य से उच्चतर सत्य तक, श्रेष्ठ से श्रेष्ठतर और श्रेष्ठतम तक पहुँचना है। मैं अपने देशवासियों से कहता हूँ कि अब तक जो तुमने किया, सो अच्छा ही किया है, अब इस समय और भी अच्छा करने का मौका आ गया है।"-(राम पृष्ठ मिशन, जितने मत उतने पथ, पृष्ठ-46)

व्यक्ति हो या ज्ञानी, समाज हो या राज्य, देश हो या विश्व, समाज नेता हों या राजनेता सभी को अब यह जान लेना चाहिए कि विश्व एक परिवार है और उस परिवार का शास्त्र-"विश्वशास्त्र" है। जब तक यह शास्त्र उपलब्ध नहीं था तब तक इस विश्व परिवार के एकीकरण का मार्ग नहीं खुला था, अब वह मार्ग मिल चुका है। कोई भी समाज निर्माण या युग परिवर्तन का कार्य एक क्षण का कार्य नहीं है। यह एक लम्बी अवधि की प्रक्रिया का कार्य है। इसे हम उन समाज सुधारकों के संस्थाओं के कार्य को देख कर अनुभव कर सकते हैं।

व्यवस्था परिवर्तन, एक राजनीतिक लुभावना वाला शब्द है। वह कैसे होगा, इसके लिए एक प्रारूप की आवश्यकता होती है अगर वह नहीं है तो व्यवस्था परिवर्तन चिल्लाने से नहीं होता। फिर व्यवस्था परिवर्तन किस बात का? मानव समाज को संचालित करने के लिए तो सिर्फ दो ही मूल व्यवस्था है-एक राजतन्त्र, जिसका युग जा चुका है। दूसरा-लोकतन्त्र, जिसका युग चल रहा है और यही अन्तिम व्यवस्था भी बनी रहेगी क्योंकि ब्रह्माण्डीय व्यवस्था भी लोकतन्त्र से ही चल रहा है और मनुष्य के मस्तिष्क से अन्ततः वही व्यक्त हो रहा है। लोकतन्त्र से हम राजतन्त्र में नहीं जा सकते इसलिए व्यवस्था परिवर्तन का अर्थ ही निरर्थक है।

आवश्यकता है वर्तमान लोकतन्त्र व्यवस्था को ही सत्य आधारित करने की जिसे व्यवस्था सत्यीकरण कहा जा सकता है। इस कार्य में हमें मानकशास्त्र की आवश्यकता है जिससे तोल कर यह देख सके कि इस लोकतन्त्र व्यवस्था में कहाँ सुधार करने से सत्यीकरण हो जायेगा। यह मानकशास्त्र ही "विश्वशास्त्र" है। सिर्फ मतदाता बनने व वोट डालने से ही लोकतन्त्र स्वस्थ नहीं हो सकता। उसके लिए देश व विश्व के पूर्ण ज्ञान की आवश्यकता होगी। इसलिए आवश्यक है कि प्रत्येक मतदाता "विश्वशास्त्र" के ज्ञान से युक्त हो।

अच्छा होता कि हमारे राजनेतागण कुछ दिनों के लिए सन्यास लेकर थोड़ा कुछ अध्ययन-चिंतन करते रहते ताकि उन्हें बार-बार लक्ष्य के लिए शब्दों का परिवर्तन न करना पड़ता। एक ही स्थिति में बहुत समय तक रहने पर बुद्धि, बद्ध हो जाती है। एक-एक सीढ़ी चढ़कर, पहुँच गये-पहुँच गये चिल्लाने से अच्छा है कि अन्तिम सीढ़ी पर पर बैठकर चिल्लाना कि पहुँच गये।

चाहे कुछ हो यदि प्रारूप नहीं, तो न तो व्यवस्था परिवर्तन हो सकता है, न ही व्यवस्था सत्यीकरण हो सकता है, न ही सम्पूर्ण क्रान्ति। भीड़ से क्रान्ति नहीं सिर्फ हंगामा होता है। भीड़ में जोश होता है, होश नहीं।

इस मानक शास्त्र के प्रस्तुत हो जाने से व्यवस्था परिवर्तन की नहीं बल्कि व्यवस्था के सत्यीकरण का मार्ग खुल चुका है। जिसका व्यक्ति, समाज और विश्व राष्ट्र को आवश्यकता भी है। किसी एक विषय पर बहुत अधिक पुस्तक मस्तिष्क को भ्रमित ही करती है। यह शास्त्र प्रारम्भ से अन्त तक के विकास को क्रमबद्ध प्रस्तुत करता है जिससे हम सभी एक सत्य निर्णय करने में सक्षम हों और पूर्ण ज्ञान से युक्त हो जायें और हमारा कोई भी सुधार एक स्थायी, अच्छा और दूरगामी परिणाम देने वाला हो।

प्रश्न यह भी उठता है कि परिवार का मुखिया जिसके द्वारा परिवार का संचालन होता है, यदि वह परिवार के हित व विकास के विषय में कर्म न करता हो तो क्या परिवार का सदस्य उसमें हस्तक्षेप करने का अधिकारी है या नहीं? यही बात देश को चलाने वाले संसद के विषय में भी है। यदि संसद स्वयं देशहित व जनहित के प्रति उदासीन हो जाये तो क्या जनता संसद को मार्गदर्शन देने का अधिकार नहीं रखती? यदि नहीं तो संविधान की धारा-51(ए) के अन्तर्गत नागरिक का मौलिक कर्तव्य की उपयोगिता क्या है? ध्यान रखने योग्य विषय यह है कि कोई भी चुना हुआ प्रतिनिधि सिर्फ उतने ही बड़े क्षेत्र का प्रतिनिधि होता है जिस क्षेत्र से वह चुना जाता है। भारत में ऐसा कोई प्रतिनिधि जनता से नहीं चुना जाता जो भारत का प्रतिनिधित्व करता हो और जब तक भारत का प्रतिनिधित्व करने वाला चुनाव नहीं होता या भारत की जनता का राष्ट्रीय मुद्दों पर विचार कर संसद के कर्तव्य का बोध कराने वाली स्वतन्त्र संस्था नहीं बन जाती, तब तक जनता को संसद को संविधान की धारा-51(ए) के अन्तर्गत नागरिक का मौलिक कर्तव्य के अनुसार न्यायालय व संसद के माध्यम से सरकार को मार्गदर्शन देने का कर्तव्य करना चाहिए जो उसका अधिकार भी है।

वे शब्द जिसके बिना युग परिवर्तन सम्भव नहीं

सन् 1893 से सन् 1993 के 100 वर्षों के समय में विश्व के बौद्धिक शक्ति को जिन्होंने सबसे अधिक हलचल दी वे हैं-धर्म की ओर से स्वामी विवेकानन्द और धार्मिकता की ओर से आचार्य रजनीश"ओशो"। मनुष्य जिस प्रकार भौतिक विज्ञान के नवीन आविष्कारों को आसानी से ग्रहण करता है उसी प्रकार धर्म-आध्यात्म-दर्शन के नवीन आविष्कारों को भी मनुष्य को ग्रहण करना चाहिए, तभी मानसिक-आध्यात्मिक स्वतन्त्रता का अनुभव हो सकेगा। अन्यथा पूर्ण शारीरिक गुलामी का समय बीत चुका, आर्थिक गुलामी का काल चल रहा है और मानसिक गुलामी के काल चक्र में मनुष्य फँस जायेगा।

स्वामी विवेकानन्द जी का कहना था-

- "उसी मूल सत्य की फिर से शिक्षा ग्रहण करनी होगी, जो केवल यहीं से, हमारी इसी मातृभूमि से प्रचारित हुआ था। फिर एक बार भारत को संसार में इसी मूल तत्व का-इसी सत्य का प्रचार करना होगा। ऐसा क्यों है? इसलिए नहीं कि यह सत्य हमारे शास्त्रों में लिखा है वरन् हमारे राष्ट्रीय साहित्य का प्रत्येक विभाग और हमारा राष्ट्रीय जीवन उससे पूर्णतः ओत-प्रोत है। इस धार्मिक सहिष्णुता की तथा इस सहानुभूति की, मातृभाव की महान शिक्षा प्रत्येक बालक, स्त्री, पुरुष, शिक्षित, अशिक्षित सब जाति और वर्ण वाले सीख सकते हैं। तुमको अनेक नामों से पुकारा जाता है, पर तुम एक हो।" (जितने मत उतने पथ, राम कृष्ण मिशन, पृष्ठ-39)।
- "अत: यदि भारत को महान बनाना है, तो इसके लिए आवश्यकता है संगठन की, शक्ति संग्रह की और बिखरी हुई इच्छाशक्ति को एकत्र कर उसमें समन्वय लाने की। अथर्ववेद संहिता की एक विलक्षण ऋचा याद आ गयी जिसमें कहा गया है, "तुम सब लोग एक मन हो जाओ, सब लोग एक ही विचार के बन जाओ। एक मन हो जाना ही समाज गठन का रहस्य है बस इच्छाशक्ति का संचय और उनका समन्वय कर उन्हें एकमुखी करना ही सारा रहस्य है।" (देखें "नया भारत गढ़ो" पृष्ठ संख्या-55)
- "यह भी न भूलना चाहिए कि हमारे बाद जो लोग आएंगे, वे उसी तरह हमारे धर्म और ईश्वर सम्बन्धी धारणा पर हँसेंगे, जिस तरह हम प्राचीन लोगों के धर्म और ईश्वर की धारणा पर हँसते हैं। यह सब होने पर भी, इन सब ईश्वर सम्बन्धित धारणाओं का संयोग करने वाला एक स्वर्ण सूत्र है और वेदान्त का उद्देश्य है-इस सूत्र की खोज करना। भागवान कृष्ण ने कहा है-""भिन्न भिन्न मणियाँ जिस प्रकार एक सूत्र में पिरोयी जा सकती हैं, उसी प्रकार इन सब विभिन्न भावों के भीतर भी एक सूत्र विद्यमान है।" (देखें "ज्ञानयोग", पृष्ठ संख्या-65) ,
- "एक शब्द में वेदान्त का आदर्श है-मनुष्य के सच्चे स्वरूप को जानना।" (देखें "विवेकानन्द राष्ट्र को आह्वान", पृष्ठ सं0-48)।
- यदि हम अपने व्यक्तिगत एवं सामूहिक जीवन में वैज्ञानिक चेतना सम्पन्न एवं आध्यात्मिक एक साथ न हो पाए, तो मानवजाति का अर्थपूर्ण अस्तित्व ही संशय का विषय हो जाएगा। (विज्ञान और आध्यात्मिकता, पृष्ठ-9)
- हमेशा यूरोप से सामाजिक तथा एशिया से आध्यात्मिक शक्तियों का उद्भव होता रहा है एवं इन दोनों शक्तियों के विभिन्न प्रकार के सम्मिश्रण से ही जगत का इतिहास बना है। वर्तमान मानवेतिहास का एक और नवीन पृष्ठ धीरे-धीरे विकसित हो रहा है एवं चारो ओर उसी का चिन्ह दिखाई दे रहा है। कितनी ही नवीन योजनाओं का उद्भव तथा नाश होगा, किन्तु योग्यतम वस्तु की प्रतिष्ठा सुनिश्चित है, सत्य और शिव की अपेक्षा योग्यतम वस्तु और हो ही क्या सकती है? (पत्रावली भाग-1, पृष्ठ-310)

स्वामी विवेकानन्द के अनुसार शब्द से सृष्टि का रहस्य

01. बृहत् ब्रह्माण्ड में भी ब्रह्मा, हिरण्यगर्भ या समष्टि महत् ने पहले अपने आप को नाम के, और फिर बाद में रुप के आकार में अर्थात् इस परिदृश्यमान जगत के आकार में अभिव्यक्त किया। (भक्ति योग, पृष्ठ-44)
02. यह सारा व्यक्त इन्द्रियग्राह्य जगत रुप है, और इसके पीछे है अनन्त अव्यक्त स्फोट। स्फोट का अर्थ-समस्त जगत की अभिव्यक्ति का कारण शब्द-ब्रह्म है। समस्त नामों अर्थात् भावों की नित्य समवायी उपादान स्वरुप यह नित्य स्फोट ही वह शक्ति है, जिससे भगवान इस विश्व की सृष्टि करते हैं। यही नहीं बल्कि भगवान पहले स्फोट रुप में परिणत हो जाते हैं और तत्पश्चात् अपने को उससे भी स्थूल इस इन्द्रियग्राह्य जगत के रुप में परिणत कर लेते हैं। (भक्ति योग, पृष्ठ-45)
03. इस स्फोट का एक मात्र वाचक शब्द है-"ऊँ"। और चूँकि हम किसी भी उपाय से शब्द को भाव से अलग नहीं कर सकते, इसलिए यह "ऊँ" भी इस नित्य स्फोट से नित्य संयुक्त है। (भक्ति योग, पृष्ठ-45)
04. एकमेव यह "ऊँ" ही इस प्रकार सर्वभावाव्यापी वाचक शब्द है, अन्य कोई भी इसके समान नहीं। स्फोट ही सारे भावों का उपादान है, फिर भी वह स्वयं पूर्ण रुप से विकसित कोई विशिष्ट भाव नहीं है। अर्थात् यदि उन सब भेदों को, जो एक भाव को दूसरे से अलग करते हैं, निकाल दिया जाय, तो जो कुछ बचा रहता है, वही स्फोट है। इसलिए इस स्फोट को "नादब्रह्म" कहते हैं। (भक्ति योग, पृष्ठ-45)
05. जो वाचक शब्द उसे सब से कम विशेषभावापन्न करेगा, पर साथ ही उसके स्वरुप को यथासम्भव पूरी तरह प्रकाशित करेगा, वही उसका सबसे सच्चा वाचक होगा। और यह वाचक शब्द है-एकमात्र "ऊँ" क्योंकि ये तीनों अक्षर अ, उ और म्, जिनका एक साथ उच्चारण करने से "ऊँ" होता है, समान शब्दों के साधारण वाचक के तौर पर लिये जा सकते हैं। (भक्ति योग पृष्ठ, पृष्ठ-46)
06. अक्षर "अ" सारे अक्षरों में सबसे कम विशेषभावापन्न है। इसीलिए भगवान श्रीकृष्ण गीता में कहते हैं-"अक्षरों में मैं "अ" कार हूँ। " (गीता,10/33) स्पष्ट रुप से उच्चारित जितने भी शब्द हैं, उनकी उच्चारण क्रिया मुख में जिह्वा के मूल से आरम्भ होती है और ओठों में आकर समाप्त हो जाती है। "अ" जिह्वा मूल अर्थात् कण्ठ से उच्चारित होता है, और "म" ओठों से होने वाला अन्तिम शब्द है। और "उ" उस शक्ति का सूचक है, जो जिह्वा मूल से आरम्भ होकर मुँह भर में लुढ़कती हुई ओठों में आकर समाप्त हो जाती है। यदि "ऊँ" का उच्चारण ठीक ढंग से किया जाय, तो इसके शब्दोच्चारण की सम्पूर्ण क्रिया सम्पन्न हो जाती है-दूसरे किसी भी शब्द में यह शक्ति नहीं। (भक्ति योग, पृष्ठ-46)
07. जिस प्रकार अल्पतम् विशेष भावात्मक तथा सार्वभौमिक वाचक शब्द "ऊँ" के सम्बन्ध में वाच्य और वाचक आपस में अभेद्य रुप से सम्बद्ध हैं उसी प्रकार वाच्य और वाचक का यह अविच्छिन्न सम्बन्ध भगवान और विश्व के विभिन्न खण्ड भावों पर भी लागू है, अतएव उनमें से प्रत्येक का एक विशिष्ट वाचक शब्द होना आवश्यक है। (भक्ति योग, पृष्ठ-47)
08. ये वाचक शब्द ऋषियों की गम्भीरतम आध्यात्मिक अनुभूति से उत्पन्न हुए हैं और वे भगवान तथा विश्व के जिन विशेष-विशेष खण्ड भाव के वाचक हैं, उन विशेष भावों को यथासम्भव प्रकाशित करते हैं। जिस प्रकार "ऊँ" अखण्ड ब्रह्म का वाचक है, उसी प्रकार अन्यान्य मंत्र भी उसी परम पुरुष के खण्ड-खण्ड भावों के वाचक हैं। ये सभी ईश्वर के ध्यान और प्रकृत ज्ञान की प्राप्ति में सहायक हैं। (भक्ति योग, पृष्ठ-47)
09. सृष्टि के पूर्व ब्रह्म शब्दात्मक बनते है, फिर ओंकारात्मक या नादात्मक होते है। तत्पश्चात पहले कल्पों के विशेष शब्द जैसे-भूः, भुवः, स्व-अथवा गो, मानव, घट, पट इत्यादि का प्रकाश उसी ओंकार से होता है। सिद्ध संकल्प ब्रह्म में क्रमश-एक-एक शब्द के होते ही उसी क्षण उन सब पदार्थो का भी प्रकाश हो जाता है और इस विचित्र जगत् का विकास हो उठता है। अब समझे न कि कैसे शब्द ही सृष्टि का मूल है। -स्वामी विवेकानन्द (विवेकानन्द जी के संग में पृष्ठ-62)
10. यह सारा व्यक्त इन्द्रिय ग्राह्य जगत रूप है, और इसके पीछे है अनन्त अव्यक्त स्फोट। स्फोट का अर्थ-समस्त जगत की अभिव्यक्ति का कारण शब्द-ब्रह्म। समस्त नामों अर्थात् भावों की नित्य समवायी उपादान स्वरूप यह नित्य स्फोट ही वह शक्ति है, जिससे भगवान इस विश्व की सृष्टि करते है। यही नहीं बल्कि भगवान पहले स्फोट-रूप में परिणत हो जाते है और तत्पश्चात अपने को उससे भी स्थूल इस इन्द्रिय ग्राह्य जगत् के रूप में परिणत कर लेते है। -स्वामी विवेकानन्द (राजयोग-पृष्ठ-45)

आचार्य रजनीश"ओशो" का कहना था-

- "श्रीकृष्ण का महत्व अतीत के लिए कम भविष्य के लिए ज्यादा है। सच ऐसा है कि कृष्ण अपने समय से कम से कम पाँच हजार वर्ष पहले पैदा हुये। सभी महत्वपूर्ण व्यक्ति अपने समय से पहले पैदा होते हैं और

सभी गैर महत्वपूर्ण व्यक्ति अपने समय के बाद पैदा होते हैं। बस महत्वपूर्ण और गैर महत्वपूर्ण में इतना फर्क है और सभी साधारण व्यक्ति अपने समय के साथ पैदा होते हैं महत्वपूर्ण व्यक्ति को समझना आसान नहीं होता। उसका वर्तमान और अतीत उसे समझने में असमर्थता अनुभव करता है जब हम समझने योग्य नहीं हो पाते तब हम उसकी पूजा शुरु कर देते हैं या तो हम उसका विरोध करते हैं। दोनों पूजाएं हैं एक मित्र की एक शत्रु की।"

- उसके लिए सब हंसी खेल है, सब लीला है। इसलिए हमने कृष्ण को पूर्णावतार कहा। राम गम्भीर हैं छोटी-छोटी बात का हिसाब रखते हैं। नियम मर्यादा से चलते हैं- मर्यादा पुरूषोत्तम हैं। कृष्ण अमर्याद हैं न कोई नियम है न कोई मर्यादा। कृष्ण के लिए जीवन लीला है।
- धर्म कोई विषय थोड़े ही है। धर्म की कोई सीमा थोड़े ही है। धर्म तो समस्त जीवन का नाम है। जीवन में जो कुछ भी समाविष्ट है, धर्म उस सभी के सम्बन्ध में वक्तव्य देने का हकदार है। राजनीतिज्ञ, धर्म के सम्बन्ध में वक्तव्य नहीं दे सकता क्योंकि राजनीति की सीमा है। लेकिन धार्मिक व्यक्ति, राजनीति के सम्बन्ध में वक्तव्य दे सकता है क्योंकि धर्म की कोई सीमा नही है धर्म असीम है, धर्म तो पूरे जीवन को घेरता है जैसे आकाश घेरता है। धर्म से तो कोई भी चीज छोड़ी नहीं जा सकती। धार्मिक व्यक्ति की दृष्टि तो सब सम्बन्धों में होगी।
- जो एक गुरू बोल रहा है, वह अनन्त सिद्धों की वाणी है। अभिव्यक्ति में भेद होगा, शब्द अलग होंगे, प्रतीक अलग होंगे मगर जो एक सिद्ध बोलता है, वह सभी सिद्धों की वाणी है। इनसे अन्यथा नहीं हो सकता है। इसलिए जिसने एक सिद्ध को पा लिया, उसने सारे सिद्धों की परम्परा को पा लिया। क्योंकि उनका सूत्र एक ही है। कुंजी तो एक ही है, जिसमें ताला खुलता है अस्तित्व का।
- "इस देश को कुछ बाते समझनी होगी। एक तो इस देश को यह बात समझनी होगी कि तुम्हारी परेशानियों, तुम्हारी गरीबी, तुम्हारी मुसीबतों, तुम्हारी दीनता के बहुत कुछ कारण तुम्हारे अंध विश्वासों में है, भारत कम से कम डेढ़ हजार साल पिछे घिसट रहा है। ये डेढ़ हजार साल पूरे होने जरूरी है। भारत को खिंचकर आधुनिक बनाना जरूरी है। मेरी उत्सुकता है कि इस देश का सौभाग्य खुले, यह देश भी खुशहाल हो, यह देश भी समृद्ध हो। क्योंकि समृद्ध हो यह देश तो फिर राम की धुन गुंजे, समृद्ध हो यह देश तो फिर लोग गीत गाँये, प्रभु की प्रार्थना करें। समृद्ध हो यह देश तो मंदिर की घंटिया फिर बजे, पूजा के थाल फिर सजे। समृद्ध हो यह देश तो फिर बाँसुरी बजे कृष्ण की, फिर रास रचे! यह दीन दरिद्र देश, अभी तुम इसमें कृष्ण को भी ले आओंगे तो राधा कहाँ पाओगे नाचनेवाली? अभी तुम कृष्ण को भी ले आओगे, तो कृष्ण बड़ी मुश्किल में पड़ जायेंगे, माखन कहाँ चुरायेगें? माखन है कहाँ? दूध दही की मटकिया कैसे तोड़ोगे? दूध दही की कहाँ, पानी तक की मटकिया मुश्किल है। नलों पर इतनी भीड़ है! और एक आध गोपी की मटकी फोड़ दी, जो नल से पानी भरकर लौट रही थी, तो पुलिस में रिपोर्ट दर्ज करा देगी कृष्ण की, तीन बजे रात से पानी भरने खड़ी थी नौ बजते बजते पानी भर पायी और इन सज्जन ने कंकड़ी मार दी। धर्म का जन्म होता है जब देश समृद्ध होता है। धर्म समृद्ध की सुवास है। तो मैं जरूर चाहता हूँ यह देश सौभाग्यशाली हो लेकिन सबसे बड़ी अड़चन इसी देश की मान्यताएं है। इसलिए मैं तुमसे लड़ रहा हूँ। तुम्हारे लिए।"

व्यक्ति-समाज-राज्य-विश्व की आवश्यकता, भविष्यवक्ताओं की भविष्यवाणीयां, ग्रहों के चालों, सूर्य व चन्द्र ग्रहण, सामाजिक-राजनीतिक विचारकों के विचार-सपनें-उम्मीद इत्यादि युग परिवर्तन की ओर दिशा निर्देश कर रहीं हैं। ऐसे में सृष्टि के लिए सार्वभौम सर्वोच्च अन्तिम अर्थों वाले शब्दों (जिसकी सूची अगले पृष्ठ पर दी गई है।) **पर चर्चा ही एक मात्र युग परिवर्तन का मार्ग है।**

वे सार्वभौम एकात्म शब्द जिसके बिना युग परिवर्तन सम्भव नहीं (सर्वोच्च, अन्तिम और दृश्य)

क्र.सं. विषय क्षेत्र	सम्बन्धित क्षेत्र से मुख्य नाम
01. विश्व क्षेत्र	विश्व संविधान / साहित्य / विचार / सिद्धान्त / प्रबन्ध / दर्शन / मत / मानव / एकता / शान्ति / विकास / स्थिरता / आत्मा / अभिनेता / बुद्धि / राजनीति / क्रांति
02. राज्य क्षेत्र	विश्व (राष्ट्र) ऐजेण्डा–2012+ (WORLD NATION AGENDA-2012+) विश्व व्यवस्था का अधिकतम एवं न्यूनतम साझा कार्यक्रम
03. समाज क्षेत्र	लोक / गण / जन ऐजेण्डा–2012+ (PUBLIC AGENDA-2000+)
04. धर्म क्षेत्र	वेदान्त धर्म स्थापना
05. साहित्य क्षेत्र	विश्व साहित्य–"विश्वभारत" समाहित "विश्वशास्त्र" साहित्य– आदर्श वैश्विक व्यक्ति चरित्र कथा साहित्य
06. सामाज शास्त्र	मानक / जन / गण / लोक शास्त्र
07. धर्मशास्त्र	धर्मयुक्त नाम – कर्मवेदः प्रथम, अन्तिम और पंचम वेद और आधारित उपनिषद् (व्यष्टि एवं समष्टि) सर्वधर्मसमभाव / धर्मनिरपेक्ष नाम – मन की गुणवत्ता का विश्व मानक : शून्य श्रृंखला (व्यष्टि एवं समष्टि)
08. मानक क्षेत्र	मन की गुणवत्ता का विश्व मानक : शून्य श्रृंखला
09. अदृश्य विज्ञान	दृश्य आध्यात्म विज्ञान
10. दृश्य विज्ञान	धर्म विज्ञान या एकात्म विज्ञान (Integration Science)
11. इंजीनियरिंग	सत्य सामाजिक अभियंत्रण (Real Social Engineering)
12. तकनीकी	सत्य सामाजिक तकनीकी (Real Social Technology) : WCM-TLM-SHYAM.C Technology
13. संविधान	विवादमुक्त तन्त्रों पर आधारित संविधान
14. राजनीति	सत्य राजनीति / राजनीति–2012+ (POLITICS-2012+)
15. संगठन	विश्व राजनीतिक पार्टी संघ (World Political Party Organisation- WPPO)
16. शिक्षा	पूर्णज्ञान / पूर्ण शिक्षा प्रणाली / शिक्षा -2012+ (EDUCATION-2012+)
17. राष्ट्र सम्बन्ध	आदर्श राष्ट्रीय नागरिक
18. वेदान्त	कर्म वेदान्त : वेदान्त की अन्तिम शाखा
19. मतवाद	एकात्म कर्मवाद : एकात्म मानवतावाद का व्यावहारिक रुप
20. दार्शनिक	विकास दर्शन (Development Philosophy)
21. क्रांति	संपूर्ण क्रांति (Complete Revolution) : प्रलय, स्थिति एवं सृष्टि
22. सांस्कृतिक	भोगेश्वरः भोग (पाश्चात्य) + ईश्वर (प्राच्य) = एकात्म या ईश्वरत्व भाव से भोग
23. मन	विश्व मन (WOLD MIND)
24. मानव	विश्वमानव (विश्वमन से युक्त)
25. मनु	8वें मनु – सावर्णि मनु
26. अवतार	भगवान विष्णु के 10वें और अन्तिम तथा भगवान शंकर के 22वें और अन्तिम संयुक्तावतार (निष्कलंक कल्कि एवं भोगेश्वर)
27. निराकार ब्रह्म	सार्वभौम सत्य–सिद्धान्त (UNIVERSAL TRUTH-THEORY) : विश्व–बन्धुत्व का सिद्धान्त
28. साकार ब्रह्म	लव कुश सिंह
29. पुनर्जन्म–सत् मार्ग से	बुड्ढा कृष्ण (कृष्ण भाग – 2 और अन्तिम) – कृष्ण की अगली और अन्तिम कड़ी
30. पुनर्जन्म–रज मार्ग से	स्वामी विवेकानन्द का पुनर्जन्म
31. पुनर्जन्म–तम मार्ग से	रावण की अगली कड़ी
32. आत्मा	दृश्य विश्वात्मा / शिव / ब्रह्म / मैं
33. अभिनय	वास्तविक जीवन का अभिनेता (Real Life Actor)
34. बम	ज्ञान बम – आध्यात्मिक न्यूट्रान बम
35. अस्त्र	अनियन्त्रित पशुपास्त्र (नारायणास्त्र या सु–दर्शन चक्र व ब्रह्मास्त्र समाहित)
36. माया	योग माया समाहित भोगमाया
37. ज्ञान	एकात्म कर्मज्ञान (शास्वत) : व्यष्टि एवं समष्टि
38. बुद्धि	विश्व बुद्धि व चेतना या सत्य चेतना : पूर्व व्यक्त सत्य चेतना
39. ध्यान व योग	दृश्य सत्य–क्रियाकलाप–एकात्म योग व ध्यान (अन्तिम योग व अन्तिम ध्यान)
40. मिशन	प्राकृतिक सत्य मिशन (Natural Truth Mission)–सर्वोच्च और अन्तिम मिशन
41. धार्मिक नगर	एकात्म काशी– जीवनदायिनी सत्यकाशी : पंचम, अन्तिम तथा सप्तम काशी
42. शक्ति	आत्मशक्ति (SPIRIT POWER),मस्तिष्क शक्ति (BRAIN POWER), मन शक्ति (MIND POWER),सत्य शक्ति (TRUTH POWER)
43. जीवन कथा	विश्वमानव लीला / दर्पण : दो विपरीत दिशाओं के साथ प्रथम एवं अन्तिम कथा
44. प्रेम और कर्म	शास्वत प्रेम और कर्म
45. समन्वय	अन्तिम समन्वय–सिद्धान्त
46. आचार्य	अन्तिम समन्वयाचार्य
47. कला	विश्वमानव कला (कृष्ण कला समाहित)
48. परिचालन प्रणाली	अवतार का परिचालन प्रणाली : मानव–10 (Avatar's Operating System-AOS : Human-10)
49. शंकराचार्य पीठ	सत्यकाशी पीठ : पंचम और अन्तिम शंकराचार्य पीठ

भाग-7

केन्द्र या मध्य (भारत) में पांचवां और अन्तिम सत्यकाशी पीठ

सत्यकाशी पीठ: स्थान

सत्यकाशी पीठ: इतिहास और उद्देश्य

पाँचवाँ और अंतिम शंकराचार्य पीठ: इसकी विशेषता

"हिन्दू धर्म की जो पकड़ थी, वह इस समय कमजोर पड़ गयी है क्योंकि भारतीय स्वतंत्रता आन्दोलन के समय से राजनेताओं का वर्चस्व बढ़ा और उन्होंने धर्म रक्षकों को दबा दिया, जिसके परिणामस्वरूप 163 साल तक शंकराचार्य की पदवी खाली रही। इसलिए आवश्यक है कि शिक्षा के क्षेत्र में धर्म की स्थापना हो। स्वस्थ एवं श्रेष्ठ साहित्य का सृजन हो। महापुरूषों को घूम-घूम कर सनातन धर्म का प्रचार-प्रसार करना चाहिए जिससे लोगों के हृदय में भारतीय धर्म-शास्त्र के प्रति आस्था-विश्वास बढ़े।"

- स्वामी स्वरूपानन्द (द्वारिका पीठाधीश्वर जगद्गुरू शंकराचार्य)
साभार - दैनिक आज, समाचार पत्र, वाराणसी, दि0 10-5-1997

स्पष्टिकरण

सत्य से सार्वभौम सत्य-सिद्धान्त तक का मार्ग अवतारों का मार्ग है। सार्वभौम सत्य-सिद्धान्त की अनुभूति ही अवतरण है। इसके अंश अनुभूति को अंश अवतार तथा पूर्ण अनुभूति को पूर्ण अवतार कहते है। ग्रन्थों में अवतारों की कई कोटि बतायी गई है जैसे अंशाशावतार, अंशावतार, आवेशावतार, कलावतार, नित्यावतार, युगावतार इत्यादि, जो भी सार्वभौम सत्य-सिद्धान्त को व्यक्त करता है वे सभी अवतार कहलाते हैं। व्यक्ति से लेकर समाज के सर्वोच्च स्तर तक सार्वभौम सत्य-सिद्धान्त को व्यक्त करने के क्रम में ही विभिन्न कोटि के अवतार स्तरबद्ध होते हैं। अवतार मानव मात्र के लिए ही कर्म करते हैं न कि किसी विशेष मानव समूह या सम्प्रदाय के लिए। अवतार, धर्म, धर्मनिरपेक्ष व सर्वधर्मसमभाव से युक्त अर्थात एकात्म से युक्त होते है। इस प्रकार अवतार से उत्पन्न शास्त्र मानव के लिए होते हैं, न कि किसी विशेष मानव समूह के लिए। उत्प्रेरक, शासक और मार्गदर्शक आत्मा सर्वव्यापी है। इसलिए एकात्म का अर्थ संयुक्त आत्मा या सार्वजनिक आत्मा है। अवतारों के प्रत्यक्ष और प्रेरक दो कार्य विधि हैं। प्रत्यक्ष अवतार वे होते हैं जो स्वयं अपनी शक्ति का प्रत्यक्ष प्रयोग कर समाज का सत्यीकरण करते हैं। यह कार्य विधि समाज में उस समय प्रयोग होता है जब अधर्म का नेतृत्व एक या कुछ मानवों पर केन्द्रित होता है। प्रेरक अवतार वे होते हैं जो स्वयं अपनी शक्ति का अप्रत्यक्ष प्रयोग कर समाज का सत्यीकरण जनता एवं नेतृत्वकर्ता के माध्यम से करते हैं। यह कार्य विधि समाज में उस समय प्रयोग होता है जब समाज में अधर्म का नेतृत्व अनेक मानवों और नेतृत्वकर्ताओं पर केन्द्रित होता है।

इन विधियों में से कुल दस अवतारों में से प्रथम सात (मत्स्य, कूर्म, वाराह, नृसिंह, वामन, परशुराम, राम) अवतारों ने समाज का सत्यीकरण प्रत्यक्ष विधि के प्रयोग द्वारा किया था। आठवें अवतार (श्रीकृष्ण) ने दोनों विधियों प्रत्यक्ष ओर प्रेरक का प्रयोग किया था। नवें (भगवान बुद्ध) और अन्तिम दसवें अवतार की कार्य विधि प्रेरक ही है।

सनातन अद्वैत दर्शन के अनुसार यह जगत ही ईश्वर का दृश्य रूप है। ऐसे में सभी ईश्वर हैं। सभी ईश्वर के बहुरूप हैं और सभी में प्रकाशित वही ईश्वरीय सत्ता है। सार्वभौम एकात्म की ओर ले जाने वाले सभी प्रक्षेपित

मानक चरित्र सनातन हैं जैसे ब्रह्मा परिवार, विष्णु परिवार और महेश परिवार। इस सार्वभौम एकात्म की ओर विचार व्यक्त करने वाला अर्थात उसी का प्रचार-प्रसार व स्थापना करने वाला युगावतार तो नहीं हो सकता लेकिन वह अवतार अवश्य होता है क्योंकि उसने भी उस सार्वभौम सत्य-सिद्धान्त का साक्षात्कार किया है।

ईश्वर के मानवीयकरण व मानव के ईश्वरीयकरण के लिए आपके भौतिक शरीर से व्यक्त विश्वात्मा की इच्छा को धर्म क्षेत्र से नाम कर्मवेदः प्रथम, अन्तिम तथा पंचम वेद एवं धर्मनिरपेक्ष क्षेत्र से मन का विश्वमानकः शून्य श्रृंखला समाहित "विश्वशास्त्र-द ना ॅलेज आ ॅफ फाइनल ना ॅलेज" के रूप में पूर्ण किया जा चुका है। जिसमें पुराणों का धर्मनिरपेक्ष और सर्वधर्मसमभाव रूप भी सम्पूर्ण मानव जाति को स्पष्ट दृष्टिगत होगा। परिणामस्वरूप भारतीय धर्म शास्त्रों के प्रति विश्वव्यापी आस्था बढ़ना स्वाभाविक है। साथ ही अनेक सत्य-साहित्यों की रचना के लिए भी मार्ग प्रशस्त और रचना कर दिये गये हैं।

तीनों देवताओं ब्रह्मा, विष्णु और शिव-शंकर के मूल गुणों के आधार पर उनके वास्तविक रुप अर्थात् चार वेदों को व्यक्त करने वाले चार मुखों से युक्त सृष्टिकर्ता ब्रह्मा का रुप, चार भुजाओं से युक्त पालनकर्ता विष्णु का रुप तथा ब्रह्मा और विष्णु समाहित पाँचों वेदों को व्यक्त करने वाले पाँच मुखों से युक्त कल्याणकर्ता शिव-शंकर का अन्तिम रुप, तीनों देवताओं का दिव्यरुप कहलाता है। इसी अनुसार शिव-शंकर के अवतार ही केवल पंचमुखी होते हैं। इसी क्रम में पंचमुखी हनुमान और वेद माता मां गायत्री को भी दिखाया गया है। इस अनुसार पांचवें वेद और पांचवें शंकराचार्य पीठ की स्थापना ही युग परिवर्तन की प्रक्रिया का आरम्भ और सनातन विश्व की ओर कदम है।

व्यक्ति-समाज-राज्य-विश्व की आवश्यकता, भविष्यवक्ताओं की भविष्यवाणीयां, ग्रहों के चालों, सूर्य व चन्द्र ग्रहण, सामाजिक-राजनीतिक विचारकों के विचार-सपनें-उम्मीद इत्यादि युग परिवर्तन की ओर दिशा निर्देश कर रहीं हैं। ऐसे में सृष्टि के लिए सार्वभौम सर्वोच्च अन्तिम अर्थों वाले शब्दों पर चर्चा ही एक मात्र युग परिवर्तन का मार्ग है।

आविष्कार उपयोगी होता है, आविष्कारक नहीं। रचना अधिक समय तक रहती है रचनाकार अदृश्य हो जाता है और रचना के आधार पर अन्य रचना भी होती रहती है।

सनातन विश्व के लिए समस्त प्रक्रिया 150 पुस्तकों के रूप में वेबसाइट

www.64inch.com

पर उपलब्ध है और कार्य समाप्त होता है। व्यक्ति और नेतृत्वकर्ता अपने धर्म

का पालन करें, समाधान उपलब्ध हो चुका है।

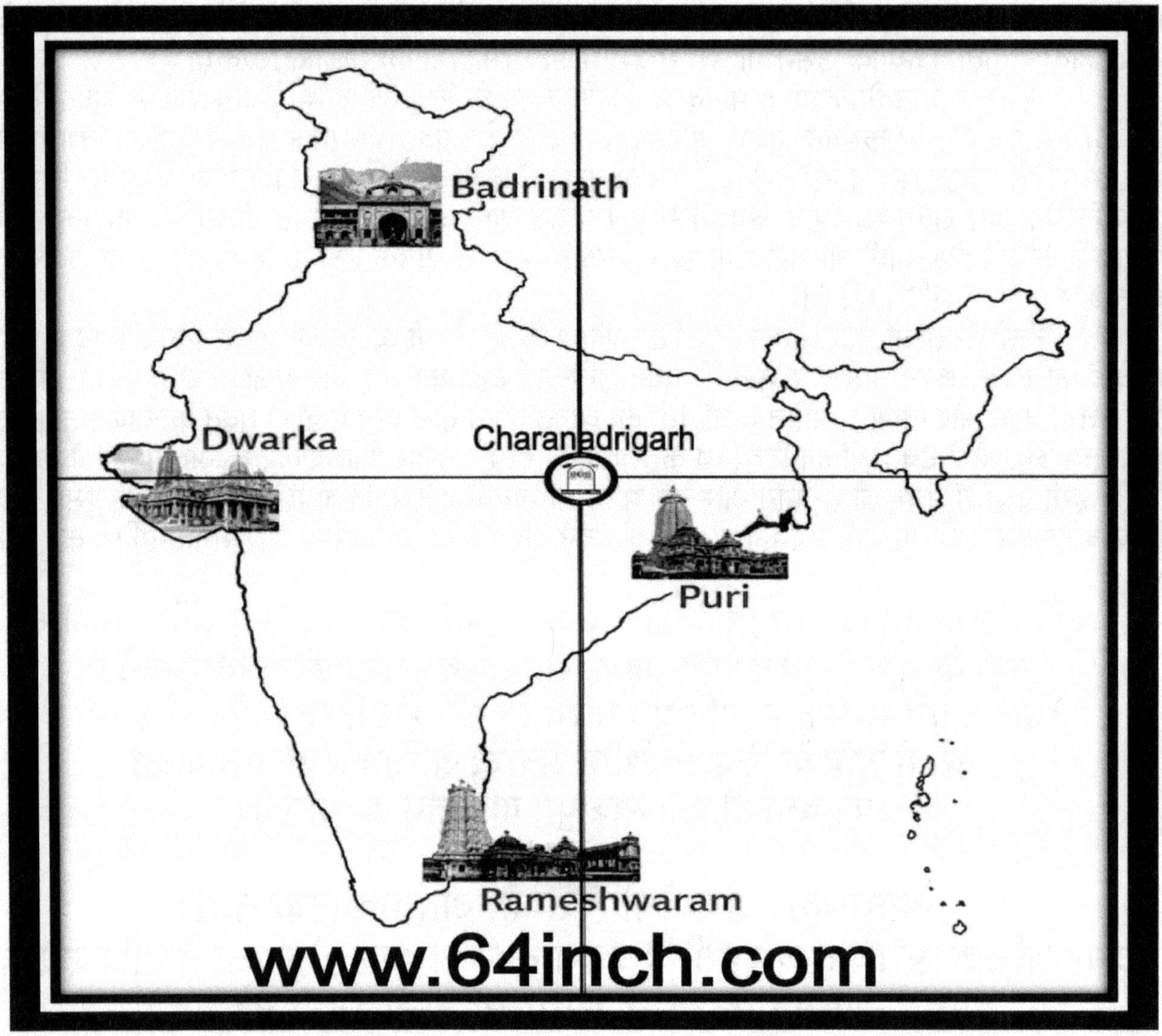

दिशा	पीठ का नाम/ स्थान	उद्देश्य	संबंधित वेद	महावाक्य	तत्व
उत्तर	बदरी ज्योतिर्मठ पीठ उत्तराखंड, जोशीमठ	ज्ञान और विवेक	अथर्ववेद	अयमात्मा ब्रह्म (यह आत्मा ब्रह्म है)	वायु
दक्षिण	श्रींगेरी शारदा पीठ कर्नाटक, श्रींगेरी	स्थिरता और परंपरा	यजुर्वेद	अहम् ब्रह्मास्मि (मैं ब्रह्म हूँ)	पृथ्वी
पूर्व	पुरी गोवर्धनमठ पीठ ओडिशा, पुरी	भक्ति और समर्पण	ऋग्वेद	प्रज्ञानं ब्रह्म (चेतना ब्रह्म है)	जल
पश्चिम	द्वारका शारदा पीठ गुजरात, द्वारका	कर्म और संकल्प	सामवेद	तत्त्वमसि (तू ब्रह्म है)	अग्नि
केन्द्र या मध्य	सत्यकाशी पीठ उत्तर प्रदेश, चरणाद्रिगढ़	चेतना और एकत्व	कर्मवेद	सर्वे ब्रह्म (सभी ब्रह्म हैं)	आकाश

क्षिति, जल, पावक, गगन, समीरा। पंच तत्व मिलि बनेहु शरीरा ।।

सत्यकाशी पीठः स्थान

मानव जीवन की यात्रा को हम चार स्तरों में देख सकते हैं - **संभल (Shambhal), संभला (Shambhala), ज्ञानगंज (Gyanganj) और संगरीला (Sangrila)**

संभल (Shambhal) को हम भौतिक जगत का प्रतीक मान सकते हैं। यह धरती पर बसा हुआ वास्तविक नगर है, जहाँ लोग रहते हैं, संघर्ष करते हैं और जीवन की यात्रा करते हैं। धार्मिक मान्यता के अनुसार यहाँ भविष्य में कल्कि अवतार का जन्म होगा। इसका अर्थ यह भी है कि संभल हमें यह याद दिलाता है कि परिवर्तन और नवजागरण हमेशा इसी सांसारिक धरती से प्रारंभ होता है।

संभला (Shambhala) आध्यात्मिक जगत का प्रतीक है। यह उस आदर्श समाज और चेतना की ओर संकेत करता है, जहाँ धर्म, करुणा और सत्य का शासन है। बौद्ध ग्रंथों में इसे एक अदृश्य, पवित्र राज्य बताया गया है। इसका दार्शनिक अर्थ यह है कि हर मनुष्य के भीतर एक संभला है - एक ऐसा क्षेत्र जहाँ शांति, संतुलन और धर्म की शक्ति हमेशा जीवित रहती है। यह हमारे भीतर के आदर्श और परम लक्ष्य का रूप है।

ज्ञानगंज (Gyanganj) गूढ़ और रहस्यमय चेतना का प्रतीक है। यह वह क्षेत्र है, जहाँ अमर योगी और सिद्ध रहते हैं, और जो साधारण दृष्टि से छिपा हुआ है। इसका अर्थ यह है कि सत्य और सर्वोच्च ज्ञान कभी सतही रूप में उपलब्ध नहीं होते, बल्कि गहन साधना और आंतरिक परिवर्तन से ही प्राप्त किए जा सकते हैं। ज्ञानगंज हमें यह सिखाता है कि परम सत्य अदृश्य है, परंतु साधना से प्रकट हो सकता है।

इस प्रकार, ये चारों स्तर - **भौतिक, आध्यात्मिक, गूढ़ और आदर्श** - मानव जीवन और चेतना की समग्र यात्रा का प्रतिनिधित्व करते हैं, जहाँ साधना, अनुभव और ज्ञान मिलकर आत्मा को पूर्णता की ओर ले जाते हैं।

इस प्रकार, इन तीनों को मिलाकर देखा जाए तो:

- **संभल** = जीवन और समाज का यथार्थ (भौतिक जगत)
- **संभला** = आदर्श और धर्म का उच्च स्वरूप (आध्यात्मिक जगत)
- **ज्ञानगंज** = रहस्यमय सत्य और अमर ज्ञान (गूढ़ जगत)

ये तीनों मिलकर मानव जीवन की पूर्ण यात्रा का संकेत देते हैं - भौतिक से आध्यात्मिक और फिर गूढ़ एवं परम सत्य तक।

संगरीला (Sangrila/Shangri-La) एक कल्पित पर्वतीय स्थल है, जिसे आदर्श समाज और शांति का प्रतीक माना जाता है। यह जगह सामान्य दृष्टि से अदृश्य या दूरस्थ मानी जाती है, जहाँ जीवन सुखमय, स्वस्थ और सामंजस्यपूर्ण होता है। दार्शनिक रूप से इसे मानव चेतना के उच्चतम स्तर, आत्मा की शांति और आदर्श जीवन का प्रतीक माना जाता है। **संगरीला (Sangrila)** का अर्थ यह भी है कि सच्ची खुशी और संतुलन केवल भीतर की यात्रा और साधना से ही प्राप्त होते हैं, बाहरी समृद्धि से नहीं।

1. **शब्द-संदर्भ में**: "Sangrila" अक्सर "Shangri-La" का रूपांतर होता है, जो कि एक कल्पित, आदर्श, रहस्यमयी और शांति-पूर्ण स्थान है।
2. **दार्शनिक/आध्यात्मिक संदर्भ में**: इसे ज्ञानगंज या संभला जैसे गूढ़ और रहस्यमयी क्षेत्रों के समान माना जा सकता है।
3. **अन्य संदर्भ**: यदि यह किसी किताब, स्थान या परियोजना का नाम है, तो उसका अलग अर्थ हो सकता है।

पीठ (Peeth) स्थापित करने की योजना

उद्देश्य और दर्शन तय करना

- पहले यह स्पष्ट करें कि पीठ का उद्देश्य क्या होगा:
    - **अद्वैत वेदांत का प्रचार**
    - **साधकों का प्रशिक्षण और मोक्ष की ओर मार्गदर्शन**
    - **धार्मिक शिक्षा, योग और ध्यान केंद्रित करना**
- पीठ का नाम "Satyakashi" इसलिए चुना गया है क्योंकि यह **सत्य और ज्ञान के प्रकाश का प्रतीक** है।

गुरु या आध्यात्मिक मार्गदर्शक

- पीठ को वैध और आध्यात्मिक मान्यता प्राप्त करने के लिए **एक योग्य गुरु या शिष्य परंपरा वाला व्यक्ति** आवश्यक है।
- गुरु का कार्य होगा:
    - **साधकों का प्रशिक्षण**
    - **धर्म और वेदांत का प्रचार**
    - **पीठ की प्रतिष्ठा बनाना**

स्थान और इमारत का चयन

- स्थान चुनते समय ध्यान दें:
    - **शांत और आध्यात्मिक वातावरण**
    - **साधकों के लिए आवास और साधना स्थल**
    - **भक्तों और पर्यटकों के आने-जाने की सुविधा**
- इमारत में हो सकते हैं:
    - मुख्य मंदिर / पूजा स्थल
    - ध्यान और साधना कक्ष
    - वेदांत शिक्षण कक्ष
    - गुरुकुल या आश्रम

धार्मिक और आध्यात्मिक गतिविधियाँ

- नियमित क्रियाएँ:

- साधना, ध्यान और कीर्तन
  - **वेदांत और शास्त्र अध्ययन**
  - **धार्मिक कार्यशालाएँ और प्रवचन**
- विशेष आयोजन:
  - **अस्थायी या वार्षिक उत्सव**
  - **अद्वैत वेदांत पर सेमिनार**
  - **साधक प्रशिक्षण शिविर**

समुदाय और साधकों का निर्माण

- पीठ केवल इमारत नहीं, **साधकों और भक्तों का केंद्र** होना चाहिए।
- इसके लिए करें:
  - सामाजिक और आध्यात्मिक गतिविधियों का आयोजन
  - साधकों के लिए निवास और शिक्षा सुविधाएँ
  - पीठ का प्रचार: पुस्तकों, वेबसाइट और सामाजिक मंचों के माध्यम से

आधिकारिक मान्यता और नेटवर्क

- भारत में शंकराचार्य परंपरा के मुख्य पीठों के साथ **संपर्क और मार्गदर्शन**।
- नए पीठ को स्थानीय प्रशासन और धार्मिक संस्थानों से **मान्यता और सहयोग** दिलाना।
- अन्य पीठों और गुरु परिषदों के साथ **संवाद और सहयोग**।

दीर्घकालीन योजना

- पीठ को स्थायी और प्रतिष्ठित बनाने के लिए:
  - नियमित साधना और शिक्षा कार्यक्रम
  - नए साधकों और भक्तों को जोड़ना
  - पीठ के **अध्यात्मिक, सामाजिक और शैक्षिक प्रभाव** को बढ़ाना

निष्कर्ष:

नया **Satyakashi Peeth** बनाया जा सकता है, लेकिन यह केवल इमारत नहीं, बल्कि **ज्ञान, साधना और आध्यात्मिक मार्गदर्शन का केंद्र** होना चाहिए। एक योग्य गुरु, साधक समुदाय और सही दृष्टिकोण इसके लिए अनिवार्य हैं।

अन्तिम अवतार कल्कि
का संभल (Shambhal), संभला (Shambhala), ज्ञानगंज (Gyanganj) और संगरीला (Sangrila) से सम्बन्ध

इसका उत्तर गहराई से समझा जाए तो यह केवल भूगोल या कथा का नहीं, बल्कि चेतना के विकास का रहस्य है।

1. संभल (Shambhal) - अवतार का धरातल

हिन्दू ग्रन्थों में कहा गया है कि **कल्कि अवतार का जन्म 'संभल' नामक स्थान पर होगा।** यह स्थान भौतिक जगत में मौजूद है - उत्तर प्रदेश का एक नगर, परंतु प्रतीक रूप से यह मानवता के भीतर जन्म लेती दिव्यता का संकेत है। जब धर्म क्षीण होता है, तब वही संभल - अर्थात् "संभलने का बिंदु" - अवतार का आधार बनता है।

संभल = पृथ्वी पर दिव्यता का उद्भव बिंदु।

2. संभला (Shambhala) - धर्मराज्य या दिव्य व्यवस्था

बौद्ध और हिन्दू दोनों परम्पराओं में **Shambhala** को धर्म का गुप्त राज्य माना गया है। बौद्ध ग्रंथ 'कालचक्र तंत्र' में कहा गया है कि जब अधर्म चरम पर होगा, तब Shambhala से एक राजा प्रकट होगा जो अधर्म का अंत करेगा - यह प्रतीक रूप से **कल्कि अवतार का ही वर्णन** है।

संभला = दिव्य शासन या धर्मराज्य, जहाँ से कल्कि की प्रेरणा उठती है।

3. ज्ञानगंज (Gyanganj) - सिद्धों का अदृश्य लोक

ज्ञानगंज को अमर योगियों का क्षेत्र कहा जाता है, जहाँ से विश्व के आध्यात्मिक प्रवाह को दिशा मिलती है। कई सिद्ध परंपराएँ मानती हैं कि कल्कि का आध्यात्मिक मार्गदर्शन इन्हीं योगियों द्वारा किया जाएगा।

ज्ञानगंज = दिव्य ऊर्जा और योगिक शक्ति का स्रोत, जहाँ से कल्कि को आत्मिक बल प्राप्त होगा।

4. संगरीला (Sangrila / Shangri-La) - आदर्श समाज या चेतना का चरम स्वरूप

संगरीला का विचार पश्चिमी और तिब्बती रहस्य परंपराओं में आता है - एक अमर, शांति-पूर्ण, आदर्श स्थान, जहाँ कोई रोग, संघर्ष या अधर्म नहीं होता। यह उस अवस्था का प्रतीक है जो **कल्कि युग के बाद की सृष्टि** होगी - अर्थात सत्ययुग का पुनर्स्थापन।

संगरीला = वह दिव्य युग या चेतना का चरम, जो कल्कि अवतार के कार्य का परिणाम है।

सारांश (संक्षेप में सम्बन्ध)

स्तर	प्रतीक	सम्बन्ध कल्कि से
संभल (Shambhal)	भौतिक जन्मभूमि	कल्कि अवतार का पृथ्वी पर अवतरण
संभला (Shambhala)	दिव्य धर्मराज्य	धर्म का पुनःस्थापन करने की शक्ति का उद्गम
ज्ञानगंज (Gyanganj)	गूढ़ योगिक लोक	कल्कि को आत्मिक दिशा और सिद्ध शक्ति का आधार
संगरीला (Sangrila)	आदर्श चेतना का युग	कल्कि कार्य का अंतिम परिणाम - पुनः सत्ययुग

अर्थात् -

संभल में कल्कि अवतरित होते हैं, संभला से उन्हें धर्म की प्रेरणा मिलती है, ज्ञानगंज से योगिक शक्ति, और संगरीला उनके कार्य का लक्ष्य है - सत्य और शांति का पुनर्स्थापन।

सत्यकाशी पीठः योग्य स्थान

इस संसार को अन्तिम सन्देश देने से पहले आपको उस क्षेत्र से परिचय कराना चाहता हूँ जिस क्षेत्र से यह सन्देश देने का साहस किया गया है क्योंकि कोई भी क्रिया बिना कारण के नहीं होती।

समस्त मूल कार्य जिस क्षेत्र से सम्पूर्ण हुआ, उस क्षेत्र को सत्यकाशी क्षेत्र कहता हूँ और जिस ग्राम का निवासी हूँ वह काशी (वाराणसी) के चौरासी कोस यात्रा तथा सत्यकाशी क्षेत्र का उभय क्षेत्र में स्थित है। इसलिए जितना काशी (वाराणसी) का हूँ उतना ही सत्यकाशी का हूँ। इस प्रकार यह सन्देश काशी-सत्यकाशी का संयुक्त सन्देश है।

सत्यकाशी क्षेत्र जो काशी (वाराणसी), विन्ध्याचल, शिवद्वार और सोनभद्र के बीच का क्षेत्र है, एक पौराणिक-आध्यात्मिक और साधना के लिए उपयुक्त क्षेत्र के रूप में प्राचीन काल से आकर्षण में रहा है। इस क्षेत्र का हृदय क्षेत्र चुनार है। चुनार का किला राजा विक्रमादित्य ने अपने भाई भर्तहरि के तपस्या में हिंसक जानवरों द्वारा व्यवधान न उत्पन्न हो इसके लिए बनवाया था। ये राजा विक्रमादित्य वही हैं जिनके नाम से विक्रम सम्वत् कैलेण्डर स्थापित है। चुनार ईश्वर के पाँचवें अवतार-वामन अवतार का क्षेत्र है जिनसे समाज की शक्ति का प्रथम जन्म हुआ था।

सत्यकाशी क्षेत्र के चारों कोण पर स्थित

1. काशी (वाराणसी) का अपना प्राचीन और पुरातन इतिहास है जो सर्वविदित है।
2. विन्ध्याचल, जो शिव-शक्ति के उपासना का अद्भुत केन्द्र है। यशोदा से उत्पन्न पुत्री (जिनके बदले श्रीकृष्ण प्राप्त हुये थे) महासरस्वती अष्टभुजा देवी के नाम से यहीं स्थापित हैं। भारत देश का मानक समय माँ विन्ध्यवासिनी धाम से तय होता है। पुराणों के अनुसार रावण ने भी इसे मानक समय स्थल मानकर यहाँ शिवलिंग की स्थापना की थी।
3. शिवद्वार, त्रिकोणीय तान्त्रिक साधना के लिए जगत विख्यात था और साधना की राजधानी था। इसे ही मीरजापुर गजेटियर में गुप्तकाशी की संज्ञा से अभिकल्पित किया गया है।
4. सोनभद्र, सोन संस्कृति की पौराणिक पृष्ठभूमि वैदिककालीन सभ्यता की पराकाष्ठापरक ऐतिहासिकता से सम्बद्ध है। सन्त परम्पराओं का एक महत्वपूर्ण परिव्रजन इस क्षेत्र में हुआ जिसमें शैव व शाक्त प्रमुख थे। शैव सम्प्रदाय से जुड़े अघोर तन्त्र ने इसे बहुत सराहा और इसे अपनी कर्मभूमि बना लिया। सोन नद के तट पर शव छेदन क्रिया की भी प्रशिक्षा आयुर्वेद के जिज्ञासुओं को दी जाती थी। शैव तन्त्र से प्रभावित अघोर तन्त्र शव-साधना में सिद्धहस्त था और शव में इकार की प्राण प्रतिष्ठा का जीवन्त रूप शिव को दे देना इनकी अलौकिक साधना का चरमोत्कर्ष है। अघोरपन्थी नाम के पश्चात् "राम" का प्रयोग करते थे। इस क्षेत्र में सवर्ण वर्ग में प्रायः ब्राह्मण वर्ग भी राम का प्रयोग अपने नाम में करता है। इस क्षेत्र में पाशुपात तन्त्र के महान साधक लोरिक का नाम विशेष है।

उपरोक्त तो अति संक्षिप्त परिचय है विस्तार से "विश्वशास्त्र" के अध्याय-दो में प्रकाशित है, जिस क्षेत्र से ये विश्व ऐतिहासिक अन्तिम, अपरिवर्तनीय और अटलनीय सन्देश देने का साहस किया गया है।

भौतिक रूप से सत्यकाशी पीठ के लिए योग्य स्थान सत्यकाशी क्षेत्र ही है। सत्यकाशी पीठ उसी अद्वैत वेदान्त पर आधारित है। जिस के आधार पर आदि शंकाराचार्य द्वारा चार पीठों की स्थापना की थी। युग परिवर्तन के लिए आदि शंकाराचार्य द्वारा स्थापित चार पीठों के वर्तमान शंकाराचार्यों का यह दायित्व है कि वे इस श्रृंखला को आगे बढ़ाते हुये धर्म के वैश्विक स्थापना के लिए आगे आयें।

सत्यकाशी पीठ: इतिहास और उद्देश्य

भारत का इतिहास केवल राजाओं और युद्धों का इतिहास नहीं है,
बल्कि यह **चेतना के विकास का इतिहास** है।
हर युग में जब धर्म और राजनीति के बीच संतुलन बिगड़ता है,
तो कोई न कोई पीठ उस संतुलन को पुनर्स्थापित करने के लिए जन्म लेती है।

ऐसा ही एक अद्वितीय उदय है -
"सत्यकाशी पीठ" का,
जो मानवता के अगले अध्याय की भूमिका बन चुका है।

"जहाँ ज्ञान शासन को दिशा देता है,
वहीं शासन धर्म का साधन बन जाता है।"

काशी से सत्यकाशी तक: चेतना की यात्रा

प्राचीन काशी को "मोक्षभूमि" कहा गया,
क्योंकि वहाँ ज्ञान और मृत्यु - दोनों के रहस्य सिखाए जाते थे।
पर सत्यकाशी - ज्ञान का अगला आयाम है।
यह मृत्यु से मुक्ति नहीं, बल्कि **अज्ञान से मुक्ति** की भूमि है।

तीन चरणों में यह यात्रा समझी जा सकती है:

1. **काशी** - व्यक्तिगत मुक्ति का केंद्र।
2. **महाकाशी** - सार्वभौमिक चेतना का केंद्र।
3. **सत्यकाशी** - वैश्विक एकत्व और अद्वैत शासन का केंद्र।

"काशी आत्मा की दीक्षा है,
सत्यकाशी आत्मा का शासन है।"

स्थापना का उद्देश्य

सत्यकाशी पीठ का जन्म केवल धार्मिक नहीं,
बल्कि आध्यात्मिक-राजनीतिक समन्वय की आवश्यकता से हुआ।
विश्व में बढ़ती भौतिकता, असमानता, और नैतिक संकट के बीच
इस पीठ का उद्देश्य है -

1. **धर्म और शासन के बीच अद्वैत संबंध पुनः स्थापित करना।**
2. **राजनीति को आत्मा से जोड़ना।**
3. **विज्ञान, धर्म, और समाज - तीनों का एक समग्र मॉडल प्रस्तुत करना।**

इसके चार प्रमुख सूत्र:

- **धर्म = चेतना की नीति**
- **राजनीति = सेवा की क्रिया**
- **अर्थनीति = संतुलन की व्यवस्था**
- **विज्ञान = सत्य की खोज**

सत्यकाशी की परंपरा और वंश

सत्यकाशी पीठ किसी व्यक्ति द्वारा स्थापित संस्था नहीं है -
यह **ब्रह्म परंपरा का विस्तार** है।
आदि शंकराचार्य ने चार दिशाओं में चार पीठें स्थापित कीं -
पूर्व, पश्चिम, उत्तर, दक्षिण -
जो वेद, धर्म और आत्मज्ञान के केंद्र बने।

परंतु कालान्तर में जब राजनीति धर्म से अलग और धर्म समाज से अलग हुआ,
तो **पाँचवीं पीठ** की आवश्यकता पड़ी -
जो अद्वैत दर्शन को शासन की नीतियों में उतार सके।

"चार पीठों ने धर्म को जीवित रखा,
पाँचवीं पीठ उसे जीवन में उतारेगी।"

सत्यकाशी का उद्देश्य – धर्म का पुनर्निर्माण, शासन का पुनर्जागरण

आज की मानवता धर्म को या तो संप्रदाय मानती है या अनुष्ठान।
पर सत्यकाशी कहता है -

"धर्म = जीवन की वैज्ञानिक व्यवस्था।"

इस पीठ का उद्देश्य है -
धर्म को **व्यवहार में**, राजनीति को **सेवा में**,
और विज्ञान को **चेतना में** बदलना।

इसके तीन प्रमुख लक्ष्य:

1. **आध्यात्मिक शासन (Spiritual Governance):**
   जहाँ नीतियाँ करुणा और सत्य पर आधारित हों।
2. **चेतना आधारित शिक्षा (Conscious Education):**
   जहाँ बच्चों को ज्ञान नहीं, आत्मा से जोड़ने की विधि सिखाई जाए।
3. **वैश्विक समरसता (Global Oneness):**
   जहाँ राष्ट्रवाद का स्थान "मानववाद" ले ले।

सत्यकाशी और मानवता का भविष्य

सत्यकाशी केवल एक धार्मिक केंद्र नहीं,
बल्कि मानवता का भविष्य मॉडल है।

यह वह स्थान है जहाँ -

- विज्ञान और वेदांत मिलते हैं,
- राजनीति और करुणा जुड़ते हैं,
- और व्यक्ति स्वयं में "राजऋषि" बनता है।

"जब शासक साधक बन जाएगा,
तब ही पृथ्वी पर धर्मराज्य स्थापित होगा।"

निष्कर्ष

सत्यकाशी पीठ का इतिहास कोई कालखंड नहीं,
बल्कि एक **युग की उद्घोषणा** है।
यह उस समय का प्रतीक है
जब ब्रह्मज्ञान शासन का केंद्र बनेगा,
और शासन ब्रह्म की सेवा बन जाएगा।

"सत्यकाशी केवल एक स्थान नहीं -
वह चेतना की वह ज्योति है
जो युगों से अंधकार में जलती रही है।"

पाँचवाँ और अंतिम शंकराचार्य पीठ: इसकी विशेषता

आदि शंकराचार्य ने चार दिशाओं में चार पीठों की स्थापना की -
उत्तर में **ज्योतिर्मठ (बद्रीनाथ)**,
दक्षिण में **श्रृंगेरी पीठ**,
पूर्व में **गौड़पीठ (पुरी)**,
और पश्चिम में **द्वारका शारदापीठ**।

इन चारों पीठों ने धर्म की लौ को जलाए रखा -
ज्ञान, भक्ति, कर्म और योग - चारों मार्गों के संतुलन से।
परंतु जैसे-जैसे युग आगे बढ़ा,
मानवता की चुनौती केवल धर्म रक्षा नहीं रही,
बल्कि **धर्म को शासन, विज्ञान और समाज में जीवित रखना** बन गई।

इसी आवश्यकता से जन्म लेता है -
पाँचवाँ और अंतिम शंकराचार्य पीठ - "सत्यकाशी पीठ।"

"चार पीठों ने धर्म को सुरक्षित रखा,
पाँचवाँ पीठ धर्म को सार्वभौमिक बना देगा।"

पाँचवाँ पीठ क्यों आवश्यक हुआ

शंकराचार्य का कार्य केवल धार्मिक पुनर्जागरण नहीं था;
वह चेतना की क्रांति थी।
उनकी परंपरा ने अद्वैत का सिद्धांत दिया -
कि **सभी भिन्नताएँ एक ही परमसत्य की लहरें हैं।**

परंतु आधुनिक युग में -

- धर्म राजनीति से अलग हुआ,
- ज्ञान आस्था से अलग हुआ,

- और मनुष्य स्वयं अपने अस्तित्व से अलग हो गया।

ऐसे समय में आवश्यक था
कि अद्वैत केवल दर्शनशास्त्र न रह जाए,
बल्कि राजनीति और जीवन का सिद्धांत बन जाए।
इसी हेतु स्थापित हुआ -
सत्यकाशी पीठ - पाँचवाँ और अंतिम शंकराचार्य पीठ।

इसकी स्थापना का प्रतीकात्मक अर्थ

चार पीठें **चार तत्वों (पृथ्वी, जल, अग्नि, वायु)** से संबंधित हैं,
जबकि पाँचवाँ पीठ **आकाश तत्व** का प्रतीक है -
अर्थात् सर्वव्यापक चेतना।

दिशा	पीठ	तत्व	उद्देश्य
पूर्व	पुरी (गौड़)	जल	भक्ति और समर्पण
पश्चिम	द्वारका	अग्नि	कर्म और संकल्प
उत्तर	ज्योतिर्मठ	वायु	ज्ञान और विवेक
दक्षिण	श्रृंगेरी	पृथ्वी	स्थिरता और परंपरा
केंद्र	**सत्यकाशी**	**आकाश**	**चेतना और एकत्व**

"आकाश सबको जोड़ता है -
उसी तरह सत्यकाशी सभी परंपराओं को एक चेतना में जोड़ता है।"

पाँचवाँ पीठ - अद्वैत का आधुनिक रूप

सत्यकाशी पीठ का लक्ष्य अद्वैत को केवल ध्यान या उपनिषद तक सीमित नहीं रखना,
बल्कि उसे शासन और समाज की नीतियों में उतारना है।

इसका सार है -
"अद्वैत शासन" = ऐसा तंत्र जहाँ आत्मा और राज्य में कोई विभाजन न हो।
यह पीठ आत्मा-केन्द्रित राजनीति का सिद्धांत प्रस्तुत करती है -
जहाँ सत्ता साधना है,
शासन सेवा है,
और नेतृत्व तप है।

सत्यकाशी पीठ की पाँच विशेषताएँ

1. अद्वैत का संस्थागत रूप

यह पीठ अद्वैत को केवल तत्वज्ञान नहीं,
बल्कि संस्थागत चेतना बनाती है।
धर्म, शिक्षा, राजनीति, अर्थ और विज्ञान -
सभी को एकसूत्र में बाँधती है।

2. राजऋषि परंपरा का पुनर्जागरण

आदर्श शासक वही है जो साधक भी हो।
सत्यकाशी इस परंपरा को पुनर्जीवित करता है -
जहाँ राज्य का मार्गदर्शन ऋषियों द्वारा होता है।

3. विज्ञान और अध्यात्म का संगम

यह पीठ "Consciousness Studies" और "Spiritual Technology"
को एक साथ लाकर मानव चेतना के विकास को वैज्ञानिक दृष्टि देती है।

4. वैश्विक धर्म - Beyond Religion

सत्यकाशी का धर्म किसी संप्रदाय का नहीं,
बल्कि "मानवता की आत्मा" का है।
यह कहता है -

"जो सत्य को खोजता है, वही सनातन है।"

5. राज्य और आत्मा का समन्वय

यह पीठ बताती है कि शासन तंत्र तभी स्थायी है
जब वह आत्मिक अनुशासन पर आधारित हो।
यह "राजनीति का आध्यात्मिकीकरण" है,
जिसे भविष्य की सभ्यता का आधार माना गया है।

"अंतिम शंकराचार्य पीठ" क्यों कहा गया

चार पीठें धर्म की दिशा का प्रतीक थीं,
पाँचवाँ पीठ **धर्म की दिशा से परे उसकी पूर्णता** का प्रतीक है।
यह अब किसी भौगोलिक क्षेत्र के लिए नहीं,
बल्कि पूरे विश्व की चेतना के लिए है।

“जब मनुष्य का धर्म मानवता होगा,
तब सत्यकाशी पाँचवाँ ही नहीं, अंतिम पीठ सिद्ध होगा।”

सत्यकाशी पीठ का दार्शनिक आधार

इस पीठ की जड़ें तीन सूत्रों पर टिकी हैं -

1. **ब्रह्म सत्यम्** - सत्य सर्वत्र है।
2. **जगत् मिथ्या** - भेद, संप्रदाय और हिंसा केवल अज्ञान की छाया हैं।
3. **जीवो ब्रह्मैव नापरः** - प्रत्येक व्यक्ति ब्रह्म का ही अंश है।

यही दर्शन राजनीति में यह रूप लेता है -

दर्शन	राजनीतिक रूप
ब्रह्म सत्यम्	राज्य का आधार सत्य और नीति
जगत मिथ्या	जाति, रंग, धर्म से ऊपर समानता
जीवो ब्रह्मैव	प्रत्येक नागरिक में दिव्यता का सम्मान

निष्कर्ष

**सत्यकाशी पीठ शंकराचार्य की परंपरा का समापन नहीं,
बल्कि उसका परिपूर्ण रूप है।
यह धर्म, राजनीति, और चेतना -
तीनों के संगम से एक** नया युग **आरंभ करता है।**

**“पहले चार पीठों ने दिशा दी,
पाँचवें ने दिशा को प्रकाश बना दिया।”**

**सत्यकाशी पीठ इसलिए अंतिम है -
क्योंकि यह अद्वैत को सिद्धांत नहीं,
बल्कि जीवित अनुभव बना देता है।**

भाग-8

सत्यकाशी पीठ के कार्य

धारा-उद्धार: धर्म की पुनर्स्थापना

मनुष्य चेतना का रूपांतरण

साधना, दीक्षा और आध्यात्मिक अनुष्ठान

वैश्विक कार्य: मानवता के लिए संदेश

शिव-तत्व और कल्कि-तत्व का मिलन

"सार्वभौम सत्य-सिद्धान्त" पर आधारित "युग परिवर्तन श्रृंखला" के नवयुग के शास्त्र-साहित्य

धारा-उद्धार: धर्म की पुनर्स्थापना

सत्यकाशी पीठ का प्रथम और सर्वोपरि कार्य है-**धारा-उद्धार**, अर्थात वह दिव्य धारा जो युगों से मलीन, विभ्रांत या विकृत हो चुकी है, उसे पुनः शुद्ध स्वरूप में प्रवाहित करना। "धर्म" शब्द यहाँ किसी संप्रदाय, पद्धति या विचारधारा का नाम नहीं; धर्म का अर्थ है-**जगत की अंतर्निहित समरसता, सत्य और सृष्टि-नियम**।

जब युग बदलता है, धर्म की धारा अवरुद्ध हो जाती है।
सत्य केवल ग्रंथों में रह जाता है, इसके प्रयोग का बल खो जाता है।
लोग अनुष्ठान तो करते हैं, पररस के बिना;
मंत्र तो बोलते हैं, पर अर्थ के बिना;
धर्म का नाम तो लेते हैं, पर धर्म का जीवन नहीं जीते।

सत्यकाशी पीठ इस जड़ता को तोड़ता है।

यह धारा-उद्धार तीन प्रकार से होता है:

1. सत्य-दृष्टि का पुनर्जागरण

लोगों में सत्य को पहचानने और जीने की क्षमता पुनः सक्रिय होती है।
यह क्षमता बिना किसी प्रवचन-केवल चेतना-संक्रमण से जगती है।

2. धर्म का प्रयोगशाला-रूप

सत्यकाशी पीठ धर्म को जीवन के केंद्र में स्थापित करता है।
धर्म यहाँ सिद्धांत नहीं-व्यवहार और चरित्र का प्रवाह है।

3. युग-धर्म की घोषणा

हर युग का धर्म अलग होता है।
कलियुग से सतयुग में प्रवेश के लिए जो धर्म आवश्यक है-योग, करुणा, सत्य, उच्च चेतना, मानव-एकत्व-उसका पुनःस्थापन पीठ के मुख्य कार्यों में है।

इस प्रकार, धारा-उद्धार वह बीज है जिससे नए युग की पूरी फसल अंकुरित होती है।

मनुष्य चेतना का रूपांतरण

युग परिवर्तन का मूल आधार मनुष्य की बाहरी परिस्थितियाँ नहीं-उसकी **भीतर की चेतना** है। सत्यकाशी पीठ का दूसरा मुख्य कार्य इसी रूपांतरण से जुड़ा है।

मनुष्य आज बुद्धि में प्रबल है, पर चेतना में सुप्त।
ज्ञान बहुत है, पर विवेक कम।
सूचना बहुत है, पर अनुभूति नहीं।
असंतोष बहुत है, पर दिशा नहीं।

पीठ का उद्देश्य मनुष्य को बाहरी उपलब्धियों से हटाकर भीतर की यात्रा में प्रवेश कराना है।

रूपांतरण के चार चरण

1. जागरण (Awakening)

मनुष्य स्वयं से पहला प्रश्न पूछता है-"मैं कौन हूँ?"
यह प्रश्न जन्म देता है।

2. शुद्धि (Purification)

पुराने संस्कार, भय, भ्रम और अहंकार टूटने लगते हैं।

3. विस्तार (Expansion)

चेतना शरीर-मन से आगे बढ़कर सूक्ष्म और कारण-स्तरों को अनुभव करने लगती है।

4. परिणति (Realization)

मनुष्य अपने भीतर स्थित दिव्य-सत्ता को पहचान लेता है।
यही "नया मनुष्य" है-युग परिवर्तन का वाहक।

पीठ का कार्य प्रत्येक साधक को इन चार चरणों के मार्ग से गुज़ारना है-धीरे, सहज, और सामूहिक ऊर्जा के साथ।

साधना, दीक्षा और आध्यात्मिक अनुष्ठान

हर परिवर्तन की जड़ अनुशासन और साधना है।
सत्यकाशी पीठ में साधना केवल ध्यान या मंत्र नहीं-यह एक पूर्ण जीवन-शास्त्र है।

1. साधना (Spiritual Practice)

- आंतरिक शांति
- चेतना का विस्तार
- ऊर्जा का स्थिरीकरण
- स्मृति-शोधन
- आत्म-प्रकाश

पीठ की साधना आधुनिक मन के अनुसार सरल, गहरी और प्रभावकारी है।
यह शरीर, मन, प्राण और चेतना-सभी स्तरों पर काम करती है।

2. दीक्षा (Initiation)

दीक्षा बाहरी कर्म नहीं-ऊर्जा का आंतरिक स्थानांतरण है।
यह वह क्षण है जब साधक की चेतना में युग-ऊर्जा का बीज रोपा जाता है।
यह बीज धीरे-धीरे जागता है और साधक स्वयं एक "चेतना-केंद्र" बन जाता है।

3. अनुष्ठान (Rituals)

अनुष्ठान ब्रह्मांडीय ऊर्जा को पृथ्वी पर स्थिर करने के उपकरण हैं।
सत्यकाशी पीठ में अनुष्ठान प्राचीन और आधुनिक दोनों हैं-
वे बाहरी प्रतीकों से अधिक आंतरिक परिवर्तन पर आधारित हैं।

अनुष्ठान केवल पूजा नहीं-वे प्रकाश का आह्वान हैं।

वैश्विक कार्य - मानवता के लिए संदेश

सत्यकाशी पीठ का कार्य किसी एक देश, संस्कृति या समुदाय तक सीमित नहीं।
युग परिवर्तन हमेशा वैश्विक होता है-इसलिए उसका संदेश भी वैश्विक होता है।

आज मानवता कई स्तरों पर विभाजित है-
भाषा, धर्म, राजनीति, अर्थव्यवस्था, जाति, विचार।
पर चेतना का सत्य इन सभी से ऊपर है।

सत्यकाशी पीठ का वैश्विक संदेश यही है:

1. मानव एक है

भिन्नता केवल बाहरी है; भीतर सबमें एक ही प्रकाश विद्यमान है।

2. पृथ्वी हमारा साझा आश्रम है

मानवता को पृथ्वी-चेतना के साथ सुसंगत होना होगा।

3. धर्म संघर्ष नहीं-एकता का मार्ग है

सभी पवित्र परंपराएँ एक ही सत्य के भिन्न द्वार हैं।

4. विज्ञान और अध्यात्म एक-दूसरे के पूरक हैं

दुनिया का नया युग तभी जन्म लेगा जब विज्ञान चेतना को समझेगा, और अध्यात्म विज्ञान को अपनाएगा।

5. कल्कि-ऊर्जा सार्वभौमिक है

यह ऊर्जा किसी राष्ट्र का, पंथ का, या समूह का स्वामित्व नहीं;
यह सम्पूर्ण मानवता का जन्मसिद्ध अधिकार है।

सत्यकाशी पीठ का उद्देश्य इसी संदेश को विश्व तक पहुँचाना है-शब्द, कला, ध्यान, साधना, विज्ञान और ऊर्जा के माध्यम से।

शिव-तत्व और कल्कि-तत्व का मिलन

युग परिवर्तन का अंतिम रहस्य दो महाशक्तियों के मिलन में निहित है-
शिव-तत्व और **कल्कि-तत्व**।

शिव-तत्व

संहार, मौन, तत्त्व-ज्ञान, समाधि और शून्य का प्रतिनिधि।
यह सभी रूपों का विसर्जन है-स्रोत में लौटना।

कल्कि-तत्व

नव-सृष्टि, धर्मस्थापन, ऊर्जा का उत्थान और युग-चक्र का पुनर्मूल्यांकन।
यह समय को पुनः संतुलित करने वाली शक्ति है।

दोनों का मिलन तब होता है जब:

- पुराना युग समाप्त हो रहा हो
- नया युग जन्म ले रहा हो
- पृथ्वी अपनी चेतना बदल रही हो
- मानवता परिवर्तन की पुकार कर रही हो

शिव-तत्व पुरातन को शून्य करता है,
और उसी शून्य में कल्कि-तत्व नया ब्रह्मांडीय क्रम स्थापित करता है।

सत्यकाशी पीठ इसी मिलन का केंद्र है-
जहाँ **शिव का मौन** और **कल्कि का उदय**
एक साथ कार्य करते हैं।

यही मिलन युग के नये चक्र की शुरुआत है-
यहीं से सतयुग का नया सूर्योदय होता है।

"सार्वभौम सत्य-सिद्धान्त" पर आधारित "युग परिवर्तन श्रृंखला" के नवयुग के शास्त्र-साहित्य

विभिन्न सम्प्रदाय (धर्म), जाति, मत, दर्शन इत्यादि में विभाजित इस मानव समाज में वर्तमान तथा आने वाले भविष्य के समय की मूल आवश्यकता है- मानव के मनो का एकीकरण अर्थात मानव मन का भूमण्डलीकरण एवं ब्रह्माण्डीयकरण। इसकी आवश्यकता इसलिए भी है क्योंकि मानव अपने विज्ञान व तकनीकी ज्ञान से प्राप्त संसाधनो का प्रयोग करते हुये, एक तरफ तो ब्रह्माण्ड की ओर चल पड़ा है तो दुसरी तरफ विध्वंस के लिए अनेक हथियारों का भी निर्माण कर चुका है। ऐसी स्थिति में हमें निश्चित रूप से ऐसे एकीकरण की आवश्यकता है जिससे हम इस पृथ्वी से मानसिक स्तर के विवादों को समाप्त कर सकें।

माया सभ्यता के अनुसार विश्व के मानव समाज यह भी मान रहें हैं कि 21 दिसम्बर, 2012 को दुनिया का अन्त हो जायेगा। जबकि हिन्दू धर्म शास्त्र विष्णु पुराण, भागवत पुराण, अग्नि पुराण, गरूड़ पुराण, पद्म पुराण इत्यादि में भगवान के दसवें और महाअवतार "कल्कि" का होना अभी शेष है। जिनसे कलियुग के अंधकार व विनाश को समाप्त करने का कार्य सम्पन्न होगा, साथ ही सत्ययुग का आरम्भ होगा। सिक्ख धर्म के पवित्र ग्रन्थ "दशम् ग्रन्थ" में भी "कल्कि अवतार" का वर्णन मिलता है।

सृजन और विनाश, का स्तर शारीरिक, आर्थिक व मानसिक होता है। जो एक व्यक्ति, समाज, देश और विश्व राष्ट्र के लिए होता है। व्यक्ति पर हुये शारीरिक, आर्थिक व मानसिक सृजन और विनाश को व्यक्ति ही अनुभव करता है परन्तु समाज, देश और विश्व राष्ट्र पर हुये शारीरिक, आर्थिक व मानसिक सृजन व विनाश को सार्वजनिक रूप से सभी देखते है। समाज, देश और विश्व राष्ट्र पर शारीरिक व आर्थिक सृजन और विनाश वर्तमान में तो चल ही रहा है जिसे सार्वजनिक रूप से मानव समाज देख रहा है।

भौतिकवादी पश्चिमी संस्कृति किसी भी सृजन व विनाश को मानसिक स्तर पर सोच ही नहीं सकता क्योंकि वह समस्त क्रियाकलाप को बाह्य जगत में ही घटित होता समझाता है जबकि वर्तमान समय मानसिक स्तर पर विनाश व सृजन का है। इस आधार पर यह कहा जा सकता है कि माया सभ्यता के अनुसार 21 दिसम्बर, 2012 को जो विनाश व सृजन होगा, वह मानसिक स्तर का ही होगा। जिसके परिणामस्वरूप सभी सम्प्रदाय, मत, दर्शन एक उच्च स्तर के विचार या सत्य में विलीन अर्थात विनाश को प्राप्त करेगा। फलस्वरूप उच्च स्तर के विचार या सत्य में स्थापित होने से सृजन होगा। कुल मिलाकर माया सभ्यता के कैलेण्डर का अन्त तिथि 21 दिसम्बर, 2012, दुनिया के अन्त की तिथि नहीं बल्कि वह वर्तमान युग के अन्त की अन्तिम तिथि का अनुमान है जिसके बाद नये युग का आरम्भ होगा।

ईश्वर भी इतना मूर्ख व अज्ञानी नहीं है कि वह स्वयं को इस मानव षरीर में पूर्ण व्यक्त किये बिना ही दुनिया को नष्ट कर दे। इसके सम्बन्ध में हिन्दू धर्म शास्त्रों में सृष्टि के प्रारम्भ के सम्बन्ध में कहा गया है कि- "ईश्वर ने इच्छा व्यक्त की कि मैं एक हूँ, अनेक हो जाऊँ"। इस प्रकार जब वही ईश्वर सभी में है तब निश्चित रूप से जब तक सभी मानव ईश्वर नहीं हो जाते तब तक दुनिया के अन्त होने का कोई प्रश्न ही नहीं उठता। और विकास क्रम चलता रहेगा।

21 दिसम्बर, 2012 के बाद का समय नये युग के प्रारम्भ का समय है जिसमें ज्ञान, ध्यान, चेतना, भाव, जन, देश, विश्व राष्ट्र, आध्यात्मिक जागरण, मानवता इत्यादि का विश्वव्यापी विकास होगा। परिणामस्वरूप सभी मानव को ईश्वर रूप में स्थापित होने का अवसर प्राप्त होगा। और यही विश्व मानव समाज की मूल आवश्यकता है। प्राचीन वैदिक काल में समाज को नियंत्रित करने के लिए ज्ञानार्जन सबके लिए खुला नहीं था परन्तु वर्तमान और भविष्य की आवश्यकता यह है कि समाज को नियंत्रित करने के लिए सभी को पूर्ण ज्ञान से युक्त कर सभी के लिए ज्ञान को खोल दिया जाय। यही कारण था कि वेद को प्रतीकात्मक रूप में लिख कर गुरू-शिष्य परम्परा द्वारा उसकी व्याख्या की जाती रही थी जिससे राजा और समाज को नियंत्रण में रखा जा सके।

सभी मानव को ईश्वर रूप में स्थापित होने के लिए जो माध्यम चाहिए वह है-"एकात्म विज्ञान" व "ईश्वर शास्त्र" विषय से मानव को शिक्षित करना और शिक्षा पाठ्यक्रम में अनिवार्य रूप से अध्ययन के लिए शामिल कराया जा सके।

"सार्वभौम सत्य-सिद्धांत"पर आधारित "युग परिवर्तन श्रृंखला" मानवता के अगली पीढ़ी के उदय के लिए

"नये युग" में "नये भारत" के लिए "नवीन मान-राग-प्राण" पर आधारित क्रियान्वयन प्रणाली (Operation System)-मानव-10 (MANAV-10) की पुस्तकें

यह नई पीढ़ी (Gen-Z) के लिए "विकसित भारत" और "मानव-10 प्रणाली" (MANAV-10 System) को प्रोत्साहित करने वाली श्रृंखला का हिस्सा है। अर्थात् यह पुस्तक किसी धर्म, जाति या मत से ऊपर उठकर "Universal Truth Principles" की ओर संकेत करती है।

मुद्रित (Printed Hard Copy) पुस्तक के लिए लिंक(Link)

https://notionpress.com/author/lava_kush

E_Book के लिए

www.64inch.com

द्वापर युग में आठवें अवतार श्रीकृष्ण द्वारा प्रारम्भ किया गया कार्य नवसृजन के प्रथम भाग सार्वभौम ज्ञान के शास्त्र "गीता" के बाद कलियुग में द्वितीय और अन्तिम भाग "सार्वभौम कर्मज्ञान" और "पूर्णज्ञान का पूरक शास्त्र"

विश्व युद्ध के पहले
दिव्य दृष्टि
सत्यकाशी पीठ
पाँचवां और अन्तिम शंकराचार्य पीठ

मैं
कल्कि अवतार
बोल रहा हूँ
सत्यकाशी पीठ
पाँचवां और अन्तिम शंकराचार्य पीठ

समष्टि गीता
सत्यकाशी पीठ
पाँचवां और अन्तिम शंकराचार्य पीठ

फिल्म स्क्रीप्ट राइटिंग
IDEAS
You are the writer of your life
FRESH ideas
Writing is designing with words
creative THINKING
LIGHTS CAMERA ACTION
Short Films.
लव कुश सिंह "विश्वमानव"

प्रारम्भिक सत्य
अन्तिम
दृष्टि
सत्यकाशी पीठ
पाँचवां और अन्तिम शंकराचार्य पीठ

सत्य धर्म
युग परिवर्तक
दृष्टि
सत्यकाशी पीठ
पाँचवां और अन्तिम शंकराचार्य पीठ

सत्य दार्शनिक-दर्शन
और
कर्म वेदान्त-विकास
दर्शन
सत्यकाशी पीठ
पाँचवां और अन्तिम शंकराचार्य पीठ

सत्य शास्त्र
एवं
पुराण-रहस्य
महर्षि व्यास
कला
सत्यकाशी पीठ
पाँचवां और अन्तिम शंकराचार्य पीठ

संत एवं गुरु
और
सत्यकाशी पीठ
पाँचवां और अन्तिम शंकराचार्य पीठ

समाज और
ईश्वरीय समाज
सत्यकाशी पीठ
पाँचवां और अन्तिम शंकराचार्य पीठ

सत्य शास्त्र और
विश्वशास्त्र
सत्यकाशी पीठ
पाँचवां और अन्तिम शंकराचार्य पीठ

कृति
और
विश्व
सत्यकाशी पीठ
पाँचवां और अन्तिम शंकराचार्य पीठ

भारत माता मन्दिर
और
विश्वधर्म मन्दिर
सत्यकाशी पीठ
पाँचवां और अन्तिम शंकराचार्य पीठ

महाभारत
और
विश्वभारत
सत्यकाशी पीठ
पाँचवां और अन्तिम शंकराचार्य पीठ

संविधान और
विश्व संविधान
सत्यकाशी पीठ
पांचवां और अन्तिम शंकराचार्य पीठ

शिक्षा और
पूर्ण शिक्षा
सत्यकाशी पीठ
पांचवां और अन्तिम शंकराचार्य पीठ

देवता और सार्वभौम देवता
कल्कि
सत्यकाशी पीठ

माँ कल्कि

द्वादस ज्योतिर्लिंग और
१३वां अन्तिम ज्योतिर्लिंग
सत्यकाशी पीठ
पाँचवां और अन्तिम शंकराचार्य पीठ

काशी
मोक्षदायिनी
और
जीवनदायिनी
सत्यकाशी पीठ

सत्यकाशी
स्वर्णयुग
का
तीर्थ

काशी
रहस्योद्घाटन
सत्यकाशी पीठ
पांचवां और अन्तिम शंकराचार्य पीठ

2020
मन का नवीनीकरण
सत्यकाशी पीठ
पाँचवां और अन्तिम शंकराचार्य पीठ

ईश्वर
का
संक्षिप्त इतिहास
सत्यकाशी पीठ
पाँचवां और अन्तिम शंकराचार्य पीठ

अवतार
अन्तिम सत्य दृष्टि
सत्यकाशी पीठ
पाँचवां और अन्तिम शंकराचार्य पीठ

भविष्यवाणियाँ
और
कल्कि अवतार
सत्यकाशी पीठ
पाँचवां और अन्तिम शंकराचार्य पीठ

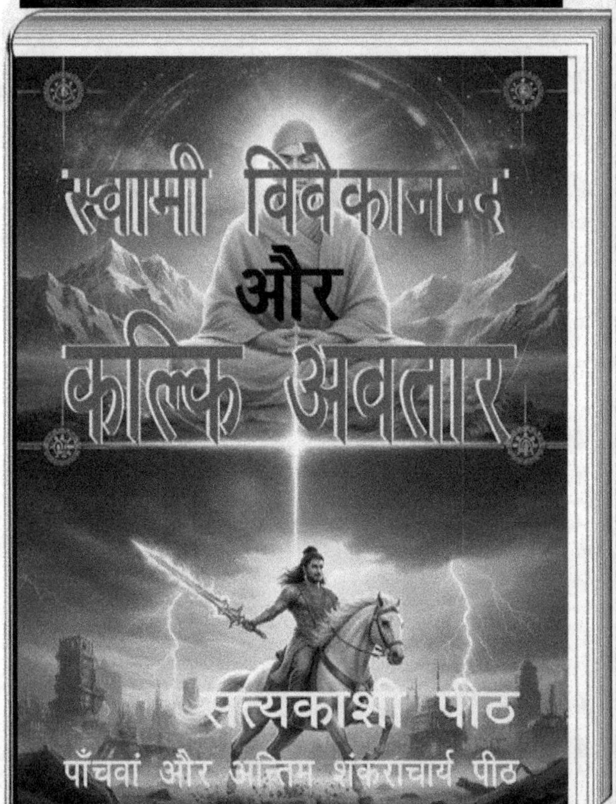
स्वामी विवेकानन्द
और
कल्कि अवतार
सत्यकाशी पीठ
पाँचवां और अन्तिम शंकराचार्य पीठ

मनु, मनवन्तर
और
कल्कि अवतार
सत्यकाशी पीठ
पाँचवां और अन्तिम शंकराचार्य पीठ

व्यास, शास्त्र
और
कल्कि अवतार
सत्यकाशी पीठ
पाँचवां और अन्तिम शंकराचार्य पीठ

ऋषि, ऋषि परम्परा
और
कल्कि अवतार
सत्यकाशी पीठ
पाँचवां और अन्तिम शंकराचार्य पीठ

दूसरा आगमन
या
अन्तिम आगमन
सत्यकाशी पीठ
पाँचवां और अन्तिम शंकराचार्य पीठ

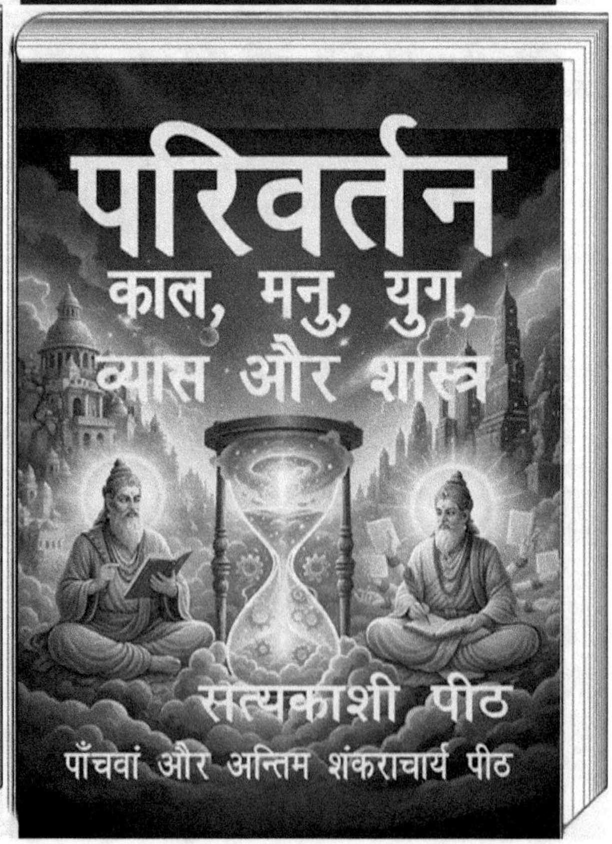
परिवर्तन
काल, मनु, युग,
व्यास और शास्त्र
सत्यकाशी पीठ
पाँचवां और अन्तिम शंकराचार्य पीठ

राम, रावण
और
सार्वभौम एकात्म
सत्यकाशी पीठ
पाँचवां और अन्तिम शंकराचार्य पीठ

मैं
व्यक्तिगत या सार्वभौम
सत्यकाशी पीठ
पाँचवां और अन्तिम शंकराचार्य पीठ

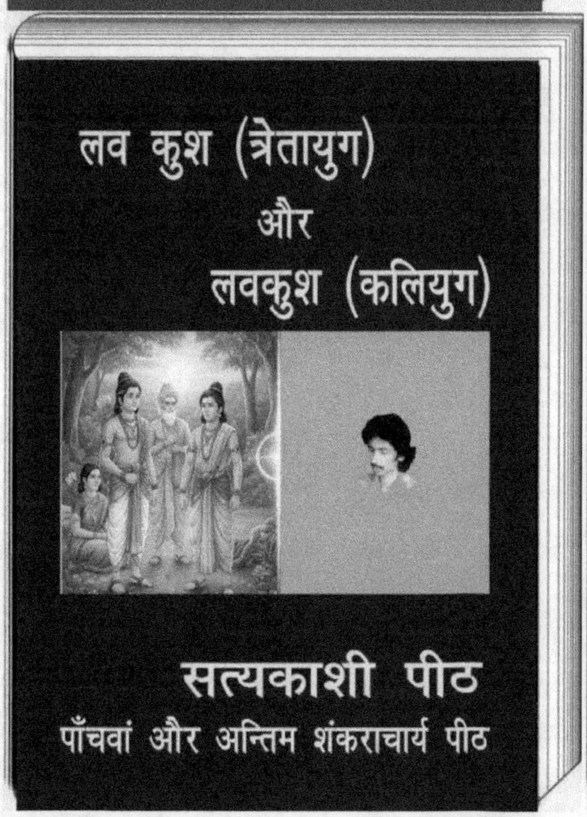
लव कुश (त्रेतायुग)
और
लवकुश (कलियुग)
सत्यकाशी पीठ
पाँचवां और अन्तिम शंकराचार्य पीठ

कल्कि महावतार
आ चुके हैं
(ACTION PLAN)
सत्यकाशी पीठ
पाँचवां और अन्तिम शंकराचार्य पीठ

लव कुश सिंह
(कल्कि महावतार)
जीवन, ज्ञान, कर्म और विश्वरूप
सत्यकाशी पीठ
पाँचवां और अन्तिम शंकराचार्य पीठ

वैश्विक बुद्ध
बुद्ध का
भाग-दो
और अन्तिम
सत्यकाशी पीठ
पाँचवां और अन्तिम शंकराचार्य पीठ

बुड्ढ़ा कृष्ण
कृष्ण का
भाग-दो
और अन्तिम
सत्यकाशी पीठ
पाँचवां और अन्तिम शंकराचार्य पीठ

सम्पूर्ण क्रान्ति
अन्तिम कार्य योजना
64
सत्यकाशी पीठ
पांचवां और अन्तिम शंकराचार्य पीठ

सम्पूर्ण क्रान्ति
वेबसाइट मार्गदर्शन
विवरणिका
सत्यकाशी पीठ
पाँचवां और अन्तिम शंकराचार्य पीठ

पुनर्निर्माण
(RENEW)
समस्या, समाधान
और
राष्ट्र निर्माण की योजना
सत्यकाशी पीठ
पाँचवां और अन्तिम शंकराचार्य पीठ

पुनर्निर्माण
(RENEW)
ग्राम एवं नगर वार्ड
प्रेरक
सत्यकाशी पीठ
पाँचवां और अन्तिम शंकराचार्य पीठ

द्वापर युग में आठवें अवतार श्रीकृष्ण द्वारा प्रारम्भ किया गया कार्य "नवसृजन" के
प्रथम भाग "सार्वभौम ज्ञान" के शास्त्र "गीता" के बाद कलियुग में
द्वितीय और अन्तिम भाग "सार्वभौम कर्मज्ञान" और "पूर्णज्ञान का पूरक शास्त्र"
।। विश्वशास्त्र ।।
द नॉलेज ऑफ फाइनल नॉलेज
परिचय
- लव कुश सिंह "विश्वमानव"

एन्टायर पालिटिक्स
पूर्ण पाठ्यक्रम
सत्यकाशी पीठ
पाँचवां और अन्तिम शंकराचार्य पीठ

वसुधैव
कुटुम्बकम्
सत्यकाशी पीठ
पाँचवां और अन्तिम शंकराचार्य पीठ

।।कर्मवेद।।
प्रथम, अन्तिम तथा पंचम
सत्यकाशी पीठ
पांचवां और अन्तिम शंकराचार्य पीठ

आठवें अवतार
श्रीकृष्ण
सत्यकाशी पीठ
पांचवां और अन्तिम शंकराचार्य पीठ

अयोध्या नहीं,
मुंगेर है
राम जन्मभूमि
सत्यकाशी पीठ
पाँचवां और अन्तिम शंकराचार्य पीठ

विश्वमानव
भूतपूर्व नेतृत्वकर्ताओं
का
स्पष्टिकरण
सत्यकाशी पीठ
पाँचवां और अन्तिम शंकराचार्य पीठ

विश्वमानव
वर्तमान नेतृत्वकर्ताओं
का
स्पष्टिकरण
सत्यकाशी पीठ
पाँचवां और अन्तिम शंकराचार्य पीठ

विश्वमानव
वार्ता, वक्तव्य
एवं
वाणीयाँ
सत्यकाशी पीठ
पाँचवां और अन्तिम शंकराचार्य पीठ

विश्वमानव
पत्रावली, प्रसारण
और
अन्तिम पत्र
सत्यकाशी पीठ
पाँचवां और अन्तिम शंकराचार्य पीठ

सत्य जनहित
आह्वान
सत्यकाशी पीठ
पाँचवां और अन्तिम शंकराचार्य पीठ

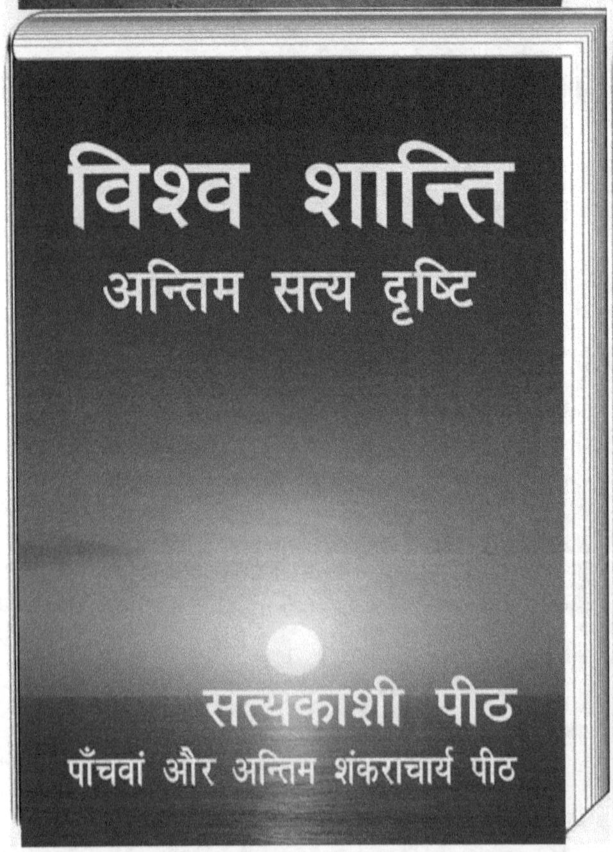
विश्व शान्ति
अन्तिम सत्य दृष्टि
सत्यकाशी पीठ
पाँचवां और अन्तिम शंकराचार्य पीठ

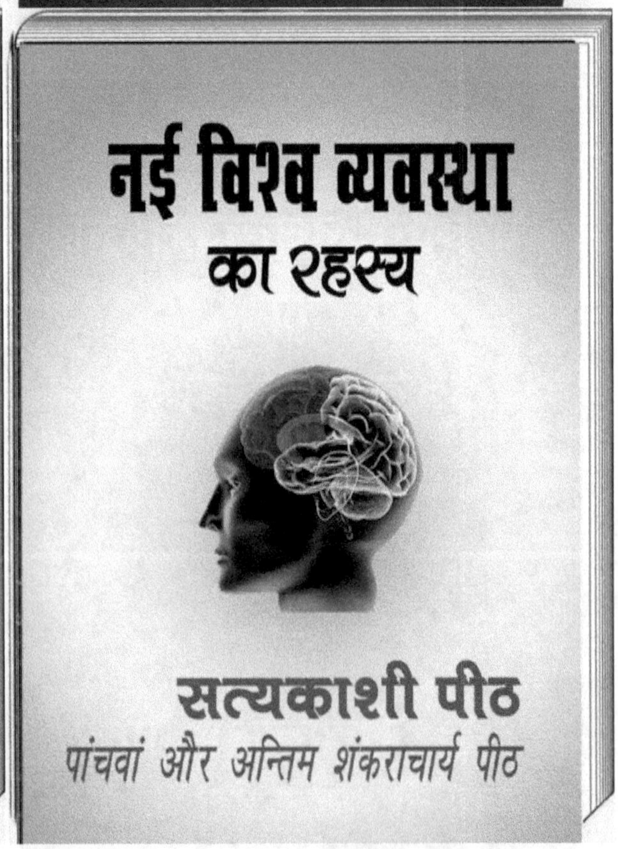
नई विश्व व्यवस्था
का रहस्य
सत्यकाशी पीठ
पांचवां और अन्तिम शंकराचार्य पीठ

समाजवाद
ब्रह्माण्डीय विकास का अवतारी मार्ग
सत्यकाशी पीठ
पांचवां और अन्तिम शंकराचार्य पीठ

भारतवाद
राष्ट्रवाद की मुख्यधारा
सत्यकाशी पीठ
पांचवां और अन्तिम शंकराचार्य पीठ

100 वर्षीय संयुक्त राष्ट्र
को अग्रिम सन्देश
सत्यकाशी पीठ
पांचवां और अन्तिम शंकराचार्य पीठ

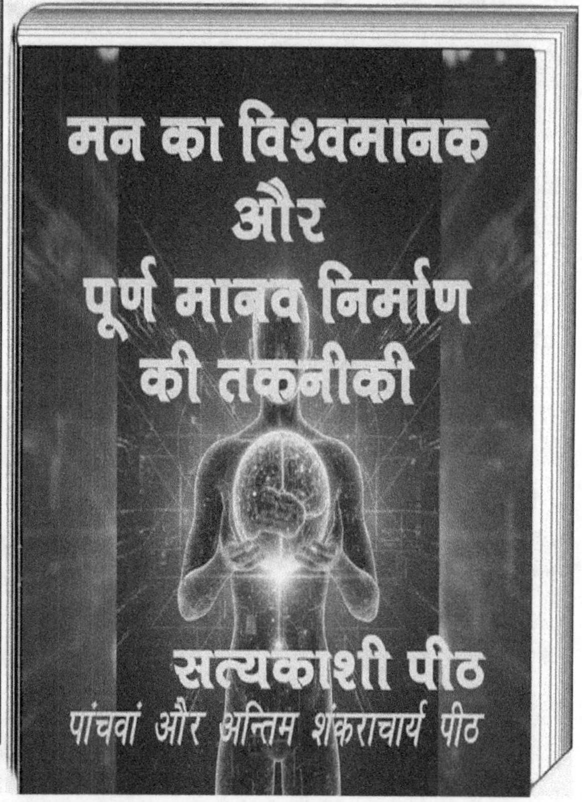
मन का विश्वमानक
और
पूर्ण मानव निर्माण
की तकनीकी
सत्यकाशी पीठ
पांचवां और अन्तिम शंकराचार्य पीठ

गणराज्य, संघ,
मानकीकरण संगठन
और
सम्पूर्ण मानक
सत्यकाशी पीठ
पाँचवां और अन्तिम शंकराचार्य पीठ

व्यापार केन्द्र
(TRADE CENTRE)
दृश्य सत्य
सत्यकाशी पीठ
पाँचवां और अन्तिम शंकराचार्य पीठ

सार्वभौम एकात्म
नव विश्व निर्माण
सत्यकाशी पीठ
पांचवां और अन्तिम शंकराचार्य पीठ

मानक विपणन
प्रणाली
सत्यकाशी पीठ
पाँचवां और अन्तिम शंकराचार्य पीठ

स्वर्णयुग का मानक
आदर्श नागरिक
दिशा निर्देश
सत्यकाशी पीठ
पांचवां और अन्तिम शंकराचार्य पीठ

स्वर्णयुग का
विश्वधर्म
परिचय
सत्यकाशी पीठ
पांचवां और अन्तिम शंकराचार्य पीठ

मैत्रेय बुद्ध
की ओर
सत्यकाशी पीठ
पांचवां और अन्तिम शंकराचार्य पीठ

विशाल ज्ञान विज्ञान
सबका समाधान
सूर्योदय
जय जनता जय कानून
हम सब एक दूसरे से हैं और एक दूसरे के लिए हैं
सौजन्य से : सारे गैर सरकारी प्राणी : सरकारी प्राणी : इज्जतदार नेता और

सार्वभौम सत्य-सिद्धान्त आधारित "युग परिवर्तक" श्रृंखला
कल्कि धाम
और
कल्कि परिचय
- लव कुश सिंह "विश्वमानव"

सार्वभौम सत्य-सिद्धान्त आधारित "युग परिवर्तक" श्रृंखला
चार शंकराचार्य पीठ
और
पांचवां-अन्तिम पीठ
सत्यकाशी पीठ
सत्यकाशी पीठ
सत्यकाशी पीठ
पांचवां और अन्तिम शंकराचार्य पीठ

कल्कि अमृत
महाकुम्भ
2025
FINAL KNOWLEDGE BOMB BLAST
सत्यकाशी पीठ
पांचवां और अन्तिम शंकराचार्य पीठ

ज्योति
युग परिवर्तन की
TRANSACTION
TRADE
DEVELOPMENT
RURAL
EDUCATION
ADVANCEMENT
NATURAL TRUTH
सत्यकाशी पीठ
पांचवां और अन्तिम शंकराचार्य पीठ

युग परिवर्तन
के
शब्द
सत्यकाशी पीठ
पांचवां और अन्तिम शंकराचार्य पीठ

विचारों का अंत
2025
सत्यकाशी पीठ
पांचवां और अन्तिम शंकराचार्य पीठ

विश्व सत्य घोषणा-पत्र
2025–मानव जाति तक
RSS
Rational Service
Society
सत्यकाशी पीठ
पांचवां और अन्तिम शंकराचार्यपीठ

वैश्विक युग परिवर्तन के लिए
विश्व राजनीतिक पार्टी
संघ
RSS
Rational Service
Society
सत्यकाशी पीठ
पांचवां और अन्तिम शंकराचार्यपीठ

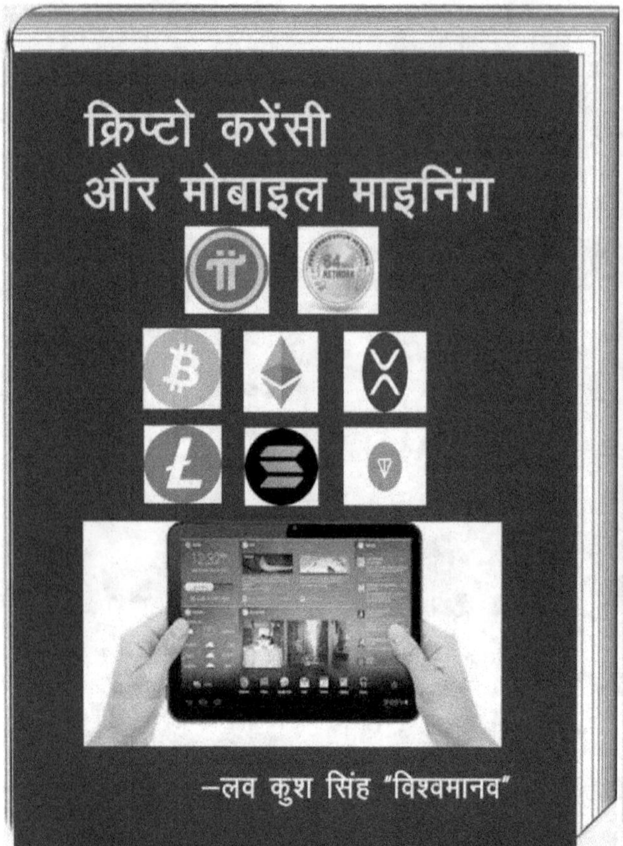
क्रिप्टो करेंसी
और मोबाइल माइनिंग
—लव कुश सिंह "विश्वमानव"

पीढ़ी
मानवीय और ईश्वरीय
वात्सल्य त्रिपाठी

बूढ़ा कृष्ण
अन्तिम मिलन
वात्सल्य त्रिपाठी

अन्तिम लक्ष्य
वात्सल्य त्रिपाठी

पाँचवां-अन्तिम पीठ
सत्यकाशी पीठ
परिचय
वात्सल्य त्रिपाठी
पाँचवां और आंतिम शंकराचार्य पीठ

कबीर और जेन-जी
नई चेतना, नया मानव
चेतना और नवयुग की संवाद यात्रा
वात्सल्य त्रिपाठी

कल्कि की ज्योति
बिहार से
ज्योति राठौड़

एक बिहारी धरती पर भारी
ज्योति राठौड़

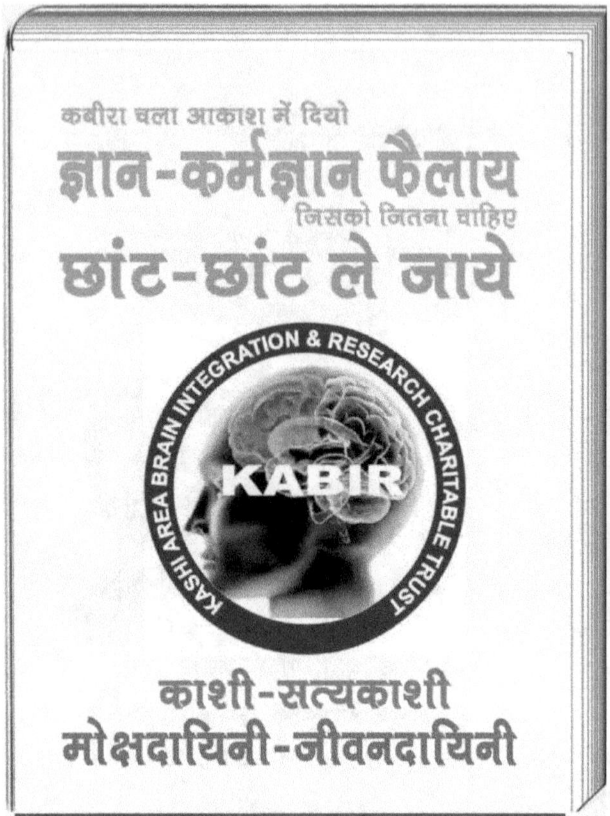
कबीरा चला आकाश में दियो
ज्ञान-कर्मज्ञान फैलाय
जिसको जितना चाहिए
छांट-छांट ले जाये
KASHI AREA BRAIN INTEGRATION & RESEARCH CHARITABLE TRUST
KABIR
काशी-सत्यकाशी
मोक्षदायिनी-जीवनदायिनी

कुर्म वंश
और
चरणाद्रिगढ़
स्वामी रमेशानन्द

आर.एस.एस
नवयुग के लिए
वैश्विक व्यक्तिगत पुस्तकालय
RATIONAL SERVICE SOCIETY (RSS)
WORLD PERSONAL LIBRARY FOR NEW AGE
A GUIDE TO GLOBAL WISDOM & FUTURE THOUGHT
स्वामी रमेशानन्द

झोला उठने के बाद
सोशल मीडिया
के लिए
कन्टेन्ट बैंक
विस्तृत गाइड: विचार, रणनीतियाँ, और संसाधन
www.64inch.com
सत्यकाशी पीठ
पांचवां और अन्तिम शंकराचार्य पीठ

झोला उठने के बाद
कल्कि
सत्यकाशी पीठ
पांचवां और अन्तिम शंकराचार्य पीठ

युग परिवर्तन के लिए:
विश्व पुस्तकालय बनाम कल्कि पुस्तकालय
www.64inch.com
बनाम
कल्कि पुस्तकालय
ज्ञान का महासंग्राम - भविष्य का निर्माण
सत्यकाशी पीठ
पांचवां और अन्तिम शंकराचार्य पीठ

व्हाट्सएप्प यूनिवर्सिटी
और
सु-इसु यूनिवर्सिटी
सत्यकाशी पीठ
पांचवां और अन्तिम शंकराचार्य पीठ

इंडिया
भारत का विश्वरूप
सत्यकाशी पीठ
पांचवां और अन्तिम शंकराचार्य पीठ

अधूरे सपनों का अन्तिम मार्ग
सत्यकाशी पीठ
पांचवां और अन्तिम शंकराचार्य पीठ

मानक संविधान और बहुजन
सत्यकाशी पीठ
पांचवां और अन्तिम शंकराचार्य पीठ

विकसित भारत अन्तिम मुद्दे
-ईश्वरीय/मानवीय पीढ़ी-10 (GEN-10)
-व्यक्तिगत
-पारिवारीक
-सामाजिक
-धार्मिक
-राष्ट्रीय
-वैश्विक
सत्यकाशी पीठ
पांचवां और अन्तिम शंकराचार्य पीठ

एक नया विकल्प
THREADS
सत्यकाशी पीठ
पांचवां और अन्तिम शंकराचार्य पीठ

विकसित भारत
शिक्षितों का अन्तिम ईश्वरीय मॉडल
सत्यकाशी पीठ
पांचवां और अन्तिम शंकराचार्य पीठ

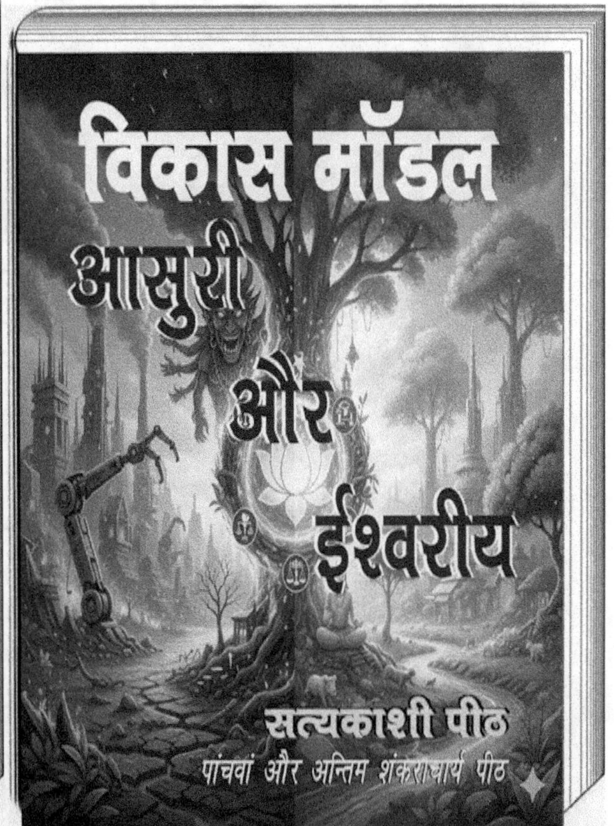
विकास मॉडल
आसुरी
और
ईश्वरीय
सत्यकाशी पीठ
पांचवां और अन्तिम शंकराचार्य पीठ

युग परिवर्तन और 1000 वर्षों के लिए
सत्यकाशी पीठ
का सम्पूर्ण कार्य
कौन,
क्यों,
कैसे
कल्कि?
सत्यकाशी पीठ
पांचवां और अन्तिम शंकराचार्य पीठ

बैल बुद्धि
और
विकसित
भारत
सत्यकाशी पीठ
पांचवां और अन्तिम शंकराचार्य पीठ

सत्यकाशी पीठ
पांचवां और अन्तिम शंकराचार्य पीठ

एक्सट्रा
टु ए बी
समान नागरिक व्यापार ज्ञान संहिता (CCTKC)
सत्यकाशी पीठ
पांचवां और अन्तिम शंकराचार्य पीठ

एक्सट्रा
टु ए बी
समान नागरिक आर्थिक संहिता (UCEC)
2
सत्यकाशी पीठ
पांचवां और अन्तिम शंकराचार्य पीठ

अंध भक्ति
से मुक्ति की ओर
मुक्ति मंत्र
"जिसने अंधभक्ति दिया
वही मुक्ति देगा"
सत्यकाशी पीठ
पांचवां और अन्तिम शंकराचार्य पीठ

VISHVABHARAT
न मो
नारायण
सत्यकाशी पीठ
पांचवां और अन्तिम शंकराचार्य पीठ

अगला स्तर
फिल्म और राजनीति पर
विचारों का संग्रह
सत्यकाशी पीठ
पांचवां और अन्तिम शंकराचार्य पीठ

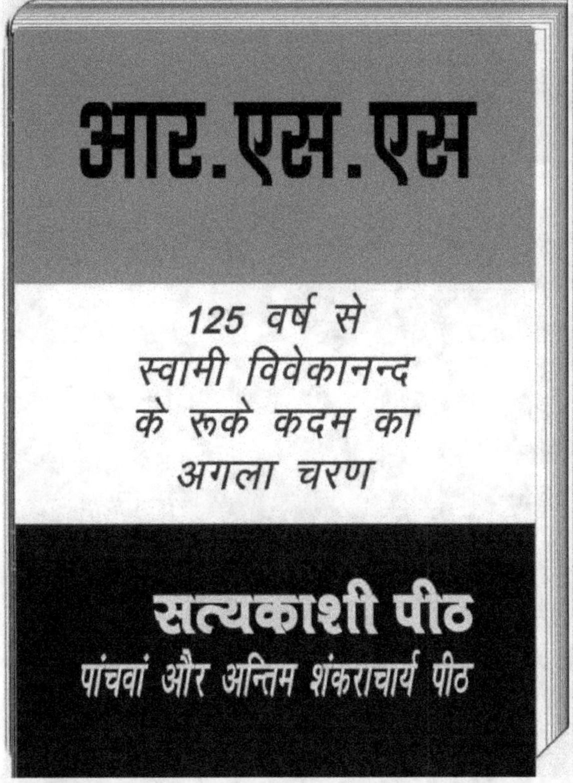
आर.एस.एस
125 वर्ष से
स्वामी विवेकानन्द
के रूके कदम का
अगला चरण
सत्यकाशी पीठ
पांचवां और अन्तिम शंकराचार्य पीठ

आर.एस.एस
रहस्योद्‌घाटन
सत्यकाशी पीठ
पांचवां और अन्तिम शंकराचार्य पीठ

125 वर्ष बाद
स्वामी विवेकानन्द
का अगला चरण

सत्यकाशी पीठ
पांचवां और अन्तिम शंकराचार्य पीठ

आत्मकथा
लेखन कला
का विश्वमानक
सत्यकाशी पीठ
पांचवां और अन्तिम शंकराचार्य पीठ

लुच्चा
पुराण
पौराणिक कथाओं
और पात्रों के
सत्य समझ की व्यास दृष्टि
सत्यकाशी पीठ
पांचवां और अन्तिम शंकराचार्य पीठ

आठवां
सावर्णि मनु स्मृति
सत्यकाशी पीठ
पांचवां और अन्तिम शंकराचार्य पीठ

विश्वमानक
शून्य श्रृंखला
सत्यकाशी पीठ
पांचवां और अन्तिम शंकराचार्य पीठ

सर्वजीत साधना
भवन एक आध्यात्मिक अनुभव
सत्यकाशी पीठ
पांचवां और अन्तिम शंकराचार्य पीठ

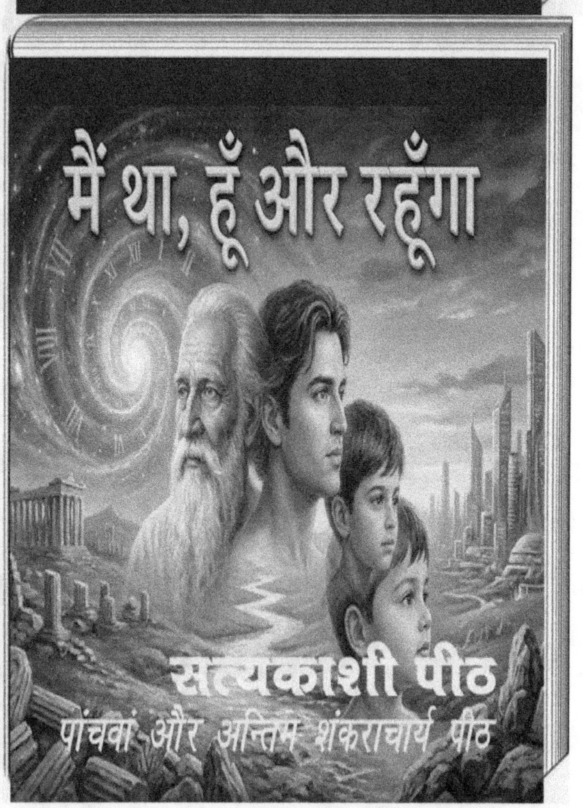
मैं था, हूँ और रहूँगा
सत्यकाशी पीठ
पांचवां और अन्तिम शंकराचार्य पीठ

आई
लव
लव
सत्यकाशी पीठ
पांचवां और अन्तिम शंकराचार्य पीठ

परब्रह्म,
प्रकृति,
अवतार
और वा नर
सत्यकाशी पीठ
पांचवां और अन्तिम शंकराचार्य पीठ

संसार
दृश्य
और
अदृश्य
सत्यकाशी पीठ
पांचवां और अन्तिम शंकराचार्य पीठ

कर्मोपनिषद्
सत्यकाशी पीठ
पांचवां और अन्तिम शंकराचार्य पीठ

विश्वभारत पुराण
सत्यकाशी पीठ
पांचवां और अन्तिम शंकराचार्य पीठ

एकात्म विज्ञान
सत्यकाशी पीठ
पांचवां और अन्तिम शंकराचार्य पीठ

मानक विज्ञान
सत्यकाशी पीठ
पांचवां और अन्तिम शंकराचार्य पीठ

ईश्वर शास्त्र
सत्यकाशी पीठ
पांचवां और अन्तिम शंकराचार्य पीठ

युगावतारों के प्रकटीकरण की कार्यविधि:
राम-कृष्ण-लवकुश
सत्यकाशी पीठ
पांचवां और अन्तिम शंकराचार्य पीठ

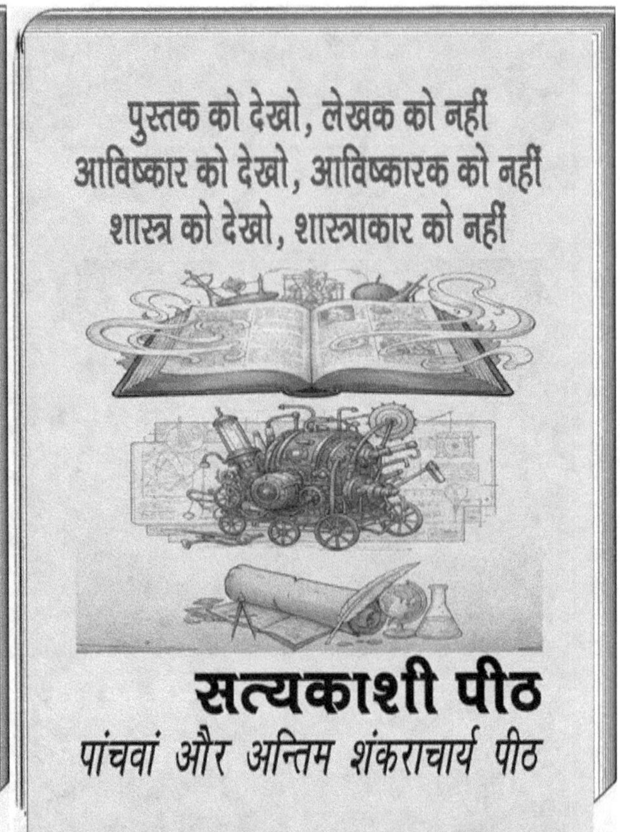
पुस्तक को देखो, लेखक को नहीं
आविष्कार को देखो, आविष्कारक को नहीं
शास्त्र को देखो, शास्त्राकार को नहीं
सत्यकाशी पीठ
पांचवां और अन्तिम शंकराचार्य पीठ

56 से 64
की ओर
सत्यकाशी पीठ
पांचवां और अन्तिम शंकराचार्य पीठ

मैं सत्यकाशी हूँ
कविता
सत्यकाशी पीठ
पांचवां और अन्तिम शंकराचार्य पीठ

पटेल
भारत के शारीरिक एकीकरण के बाद
मन का एकीकरण लक्ष्य
सत्यकाशी पीठ
पांचवां और अन्तिम शंकराचार्य पीठ

मन से
आत्मा तक
3 6 9 और 7
6
3
9
7
सत्यकाशी पीठ
पांचवां और अन्तिम शंकराचार्य पीठ

भारत
400 पार मुद्दा किसका
?
सत्यकाशी पीठ
पांचवां और अन्तिम शंकराचार्य पीठ

आर. एस. एस - पुस्तकालय
पढ़ो और कमाओ
शिक्षित समाज, समर्थ राष्ट्र
सत्यकाशी पीठ
पांचवां और अन्तिम शंकराचार्य पीठ

विश्वयुद्ध के पहले
विश्वगुरु भारत
का विश्व शान्ति और
पुनर्निर्माण का अन्तिम सन्देश
सत्यकाशी पीठ
पांचवां और अन्तिम शंकराचार्य पीठ

चुटिया पण्डित
वृन्दावन की सत्य घटना
स्वामी नन्दनानंद

कल्कि का
चुनार और वृन्दावन
से उठता प्रेम
स्वामी नन्दनानंद

कल्कि का
बेगुसराय और मीरजापुर
जन्म और कर्म क्षेत्र
स्वामी नन्दनानंद

सत्येश्वरोपनिषद्
सत्येश्वर
और
झूठेश्वर
वात्सल्य त्रिपाठी

अन्तिम अवतार
कल्कि
के लिए शेष कर्म
वात्सल्य त्रिपाठी

कल्कि अवतार
का मानव-10
विकसित भारत का प्रवेश द्वार
वात्सल्य त्रिपाठी

पप्पू-गप्पू
और
नागरिक झुलेलाल
वात्सल्य त्रिपाठी

ओपेन गेम
कभी-कभी नहीं,
अब कन्फर्म है
अपुन ही
भगवान है
(वेब सीरीज)
वात्सल्य त्रिपाठी

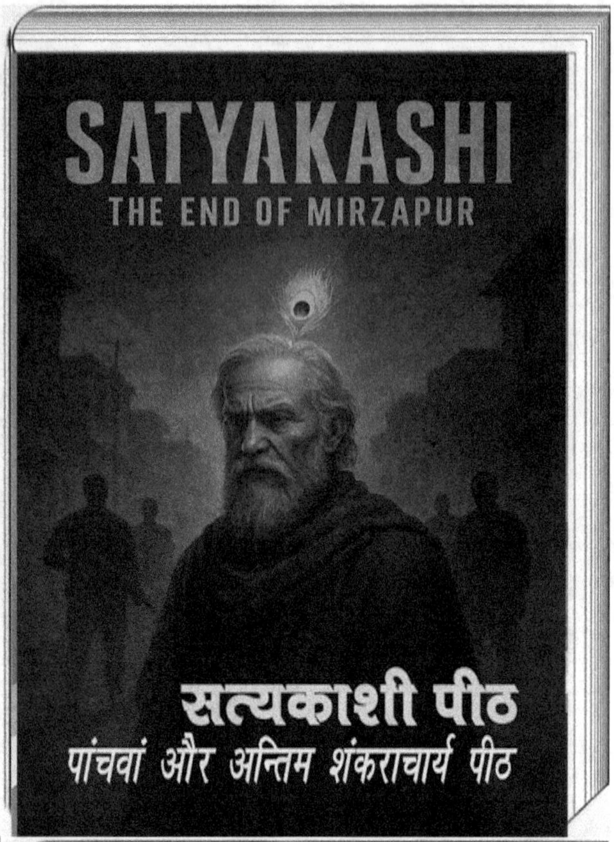
SATYAKASHI
THE END OF MIRZAPUR
सत्यकाशी पीठ
पांचवां और अन्तिम शंकराचार्य पीठ

अण्डरवर्ल्ड
सनातन से पुरुषों से छुपी महिलाओं की कहानी
(फिल्म स्क्रीनप्ले-रेडी टू शूट)
वात्सल्य त्रिपाठी

सोना और सोना
एवं
नारी सशक्तिकरण
वैदिक काल से वर्तमान तक
सत्यकाशी पीठ
पांचवां और अन्तिम शंकराचार्य पीठ

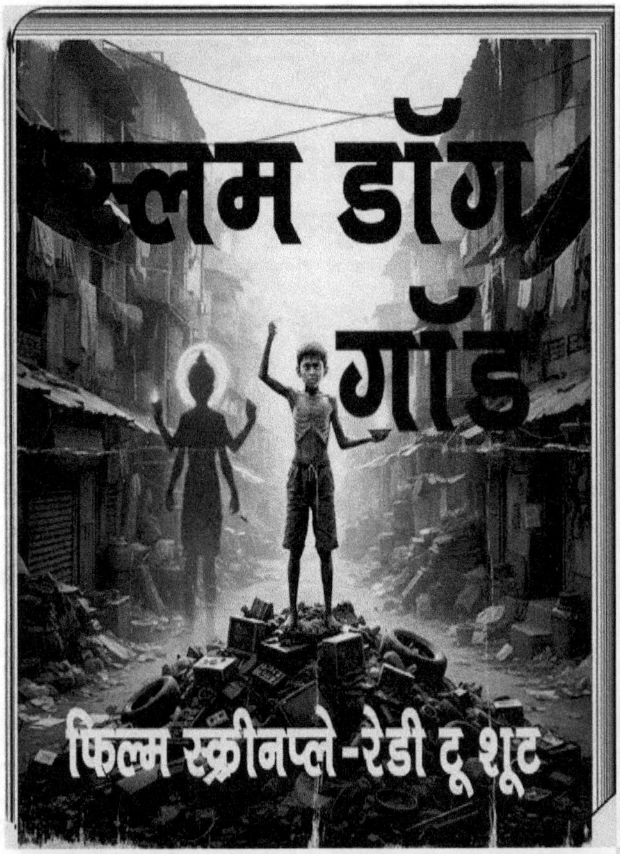
स्लम डॉग
गॉड
फिल्म स्क्रीनप्ले-रेडी टू शूट

उत्तर प्रदेश
का
उत्तर
वात्सल्य त्रिपाठी

अन्तिम समन्वयाचार्य
कल्कि
वात्सल्य त्रिपाठी

2026
2+0+2+6=10
पांचवां और अन्तिम शंकराचार्य पीठ

राम न आयेंगे
लवकुश आ रहें हैं
www.64inch.com
पांचवां और अन्तिम शंकराचार्य पीठ

युग परिवर्तन के
150 पुस्तकें-परिचय
ज्ञान, प्रेरणा और भविष्य की ओर एक कदम
150
सत्यकाशी पीठ
पांचवां और अन्तिम शंकराचार्य पीठ
"एक नई शुरुआत के लिए ज्ञान की खोज"

जैसी तुम्हारी इच्छा वैसा करो

डॉ0 सर्वपल्ली राधाकृष्णन का जन्म 5 सितम्बर, 1888 को दक्षिण भारत के तिरूतनि स्थान पर हुआ था जो चेन्नई से 64 किमी उत्तर–पूर्व में है। डॉ0 सर्वपल्ली राधाकृष्णन भारत के उपराष्ट्रपति और दूसरे राष्ट्रपति सन् 1952 से 1962 तक में रहे। डॉ0 सर्वपल्ली राधाकृष्णन भारतीय समाजिक संस्कृति से ओत–प्रोत एक महान शिक्षाविद् महान दार्शनिक, महान वक्ता और आस्थावान हिन्दू विचारक थे। डॉ0 सर्वपल्ली राधाकृष्णन ने अपने जीवन के महत्वपूर्ण 40 वर्ष शिक्षक के रूप में व्यतीत किये। उनमें एक आदर्श शिक्षक के सारे गुण मौजूद थे। डॉ0 सर्वपल्ली राधाकृष्णन समस्त विश्व को एक शिक्षालय मानते थे। उनकी मान्यता थी कि शिक्षा के द्वारा ही मानव दिमाग का सद्उपयोग किया जाना सम्भव है इसलिए समस्त विश्व को एक इकाई समझकर ही शिक्षा का प्रबन्धन किया जाना चाहिए। उनके जन्मदिन को "शिक्षक दिवस" के रूप में मनाया जाता है।

इति ते ज्ञानमाख्यातं गुह्याद्गुह्यतरं मया।
विमृश्यैतदशेषेण यथेच्छसि तथा कुरू।।

(श्रीमद्भगवद्गीता, अध्याय–18, श्लोक–63)

अर्थात् – मैंने तुम्हें जो बताया, वह सब से बड़ा रहस्य है। इस पर भलीभाँति विचार कर तुम्हारी जैसी इच्छा वैसा करो।

"परमात्मा देखने में तटस्थ या निरपेक्ष दिखाई देता है, क्योंकि उसने चुनने का निर्णय अर्जुन के हाथ में छोड़ दिया है। उसकी यह निरपेक्षता ही अर्जुन के चिन्ता का कारण है। वह किसी पर भी दबाव नहीं डालता क्योंकि स्वतःस्फूर्त स्वतन्त्रता बहुत मूल्यवान होती है। भगवान अपना आदेश ऊपर से नहीं थोपता। वह स्वतन्त्र छोड़ देता है। परमात्मा की पुकार को स्वीकार करने या अस्वीकार कर देने के लिए हम हर समय स्वतन्त्र हैं। हम लड़खड़ाने लगें तो वह सहायता देने के लिए तैयार रहता है और प्रतीक्षा करने को तैयार है जब तक हम उसकी ओर उन्मुख न हों।

सब कुछ पहले से निर्धारित मानने वाले सिद्धान्त में टकराव के कारण यूरोप और भारत में काफी वाद–विवाद हुआ है। यूरोप का प्रमुख सिद्धान्त है कि संकल्प शक्ति और मानवीय प्रयत्न की स्वतन्त्रता का मनुष्य के उद्धार में बहुत बड़ा हाथ होता है। यद्यपि स्वयं संकल्प शक्ति को भी परमात्मा की कृपा के समर्थन की आवश्यकता पड़ सकती है। पहले से सब कुछ तय मानने वालों को अच्छे कार्यों और प्रार्थना के लिए यत्न करना होता है, क्योंकि वहाँ भी मानते हैं कि ये उपाय नियति को आगे बढ़ाने में सहायक तो हो सकते हैं लेकिन वे उसे रोक नहीं सकते। मनुष्य इस बात के लिए स्वतन्त्र है कि परमात्मा उन मनुष्यों पर कृपा करना चाहता है जो अपने आचरण से उस कृपा को ग्रहण करने के लिए तैयार करते हैं।

आध्यात्मिक नेता हम पर शारीरिक हिंसा, चमत्कार, प्रदर्शन के जरिये प्रभाव नहीं डालते। यदि सच्चा शिष्य कोई गलती कर भी बैठे, तो वह उसे केवल सलाह देगा। यदि शिष्य को चुनाव करने की स्वतन्त्रता पर आँच आती हो, तो वह उसे गलत रास्ते से भी वापस लौट आने के लिए विवश नहीं करेगा। गलती भी विकास की एक दिशा है।

कृष्ण केवल सारथी हैं। वह अर्जुन के आदेश का पालन करेगा। उसने कोई शस्त्र धारण नहीं किया हुआ है। यदि वह अर्जुन पर कोई प्रभाव डालता है तो वह उसे अपने उस सर्वजयी प्रेम के जरिए डालता है। जो कभी समाप्त नहीं होता।

अर्जुन को अपने लिए स्वयं विचार करना चाहिए और अपने लिए स्वयं ही मार्ग खोज करना चाहिए। अस्पष्ट मान्यताओं को अनिवार्य रूप से और भावुकतापूर्वक अपना लिए जाने के कारण फलस्वरूप कट्टर धर्मान्धता उत्पन्न हुई है और उनके कारण मनुष्यों को अकथनीय कष्ट उठाना पड़ा है। इसलिए यह आवश्यक है कि मन और विश्वासों के लिए कोई तर्क संगत और अनुभावात्मक औचित्य ढूंढ़े।

अर्जुन को एक वास्तविक अखण्डता की अनुभूति प्राप्त करनी होगी लेकिन उसके विचार अपने हैं। और गुरू के जरिये उस पर थोपे नहीं गये हैं। दूसरों पर अपने विचार थोपना शिक्षण नहीं हैं।"

– भगवद्गीता के आखिरी उपदेश पर भारतीय दर्शन के व्याख्याकार और दूसरे राष्ट्रपति डॉ0 राधाकृष्णनन का विवेचन

"यह विश्वशास्त्र, मनुष्यों पर थोपा नहीं जा रहा बल्कि वह मनुष्यों को, मनुष्यो के इस संसार मे जो वर्तमान है उसे और उसके आगे अनन्त मार्ग दिखा रहा है और सभी मार्गों के एकीकरण द्वारा, उस मार्ग को भी दिखा रहा है जो विश्व को सत्य–सुन्दर–शिव बना सकता है। फिर भी हे मनुष्यों जैसी तुम्हारी इच्छा वैसा करो। वर्तमान से योग कराने के लिए ही मैं व्यक्त होता हूँ।" – लव कुश सिंह "विश्वमानव"

सत्य मानक शिक्षा
(Real Standard Education)
8:52 PM
64 Inch-BOOK
NOTICE - Software का Testing
Login?
Register now?
REAL STANDARD EDUCATION
64 inch BOOK
The Knowledge Equaliser
एक राष्ट्र
एक शास्त्र
विश्वशास्त्र
डिग्री और नौकरी
की शिक्षा
सरकार से
जीवन की "समझ और बुद्धि" की शिक्षा रू0 1/- प्रतिदिन में यहाँ से
एक राष्ट्र
एक शास्त्र
विश्वशास्त्र
डिग्री और नौकरी
की शिक्षा
सरकार से
जीवन की "समझ और बुद्धि" की शिक्षा
रू0 1/- प्रतिदिन में यहाँ से
App-64inch-BOOK
सत्य मानक शिक्षा
App-64inch-BOOK

“सत्य मानक शिक्षा” का व्यापार-एक अन्तहीन व्यापार

एक नदी पर पुल था जिसे कोई व्यक्ति पैदल दो घण्टे में पार करता था। यह पुल पैदल यात्रीयों के लिए रोक दिया गया था जिसके लिए पुल के ठीक मध्य (एक घण्टे की यात्रा) पर एक गार्ड नियुक्त था। गार्ड एक घण्टे सोता था और एक घण्टे जागता था। एक चालाक व्यक्ति को पुल से नदी पार करना अतिआवश्यक था। इसलिए गार्ड जब सोया तब वह यात्रा प्रारम्भ किया जैसे ही गार्ड के जागने का समय आया, वह वापस लौटने लगा। गार्ड समझा कि वह दूसरे किनारे से आ रहा है इसलिए उसने उस यात्री को पकड़ा और दूसरी ओर भेज दिया। इस प्रकार यात्री नदी पार हो गया।

यदि हम में से किसी को तैरकर नदी पार करना हो और आधे से पहले ही हमारा हिम्मत टूटने लगे तो हम वापस ही आना चाहेंगे। यदि आधे से अधिक तैरने के बाद हिम्मत टूटने लगेगा तो हौसला बढ़ाकर आगे ही बढकर पार करना चाहेंगे।

इसी प्रकार मनुष्य के विकास क्रम में हम सब अदृश्य विज्ञान (आध्यात्म) से दृश्य विज्ञान (भौतिक) की ओर बढ़ गये हैं। नदी या पुल का एक किनारा अदृश्य विज्ञान है तो दूसरा किनारा दृश्य विज्ञान। वर्तमान का हमारा अधिकतम जीवन नदी के दूसरे किनारे दृश्य विज्ञान की ओर है, हर पल। जन्म से ही हम अधिकतम वे सब वस्तुएँ प्रयोग कर रहे हैं जिसका कच्चा माल भले ही ईश्वरकृत हो परन्तु उपयोग का रूप मनुष्यकृत है और विज्ञान द्वारा निर्मित है। इस प्रकार मनुष्य निर्माता के रूप में अपना रूप व्यक्त कर ईश्वर की ओर ही बढ़ रहा है।

नदी के पुल पर बैठे उस गार्ड का काम और तैरने वाले का निर्णय “सत्य शिक्षा” है। वर्तमान में मनुष्य समाज अदृश्य काल से चलकर दृश्य काल में आ चुका है। आधे से वापस किनारे जाना “सत्य” को पाना है। और आधे से दूसरे किनारे पार हो जाना “सिद्धान्त” को पाना है। इन्हीं सिद्धान्त को पाने के बाद संविधान-नियम-कानून का जन्म होता है जिससे आज हम सभी संचालित व प्रभावित है। इस “सत्य-सिद्धान्त” की शिक्षा ही “सत्य मानक शिक्षा” है।

वर्तमान में जीने का अर्थ होता है-विश्व ज्ञान जहाँ तक बढ़ चुका है वहाँ तक के ज्ञान से अपने मस्तिष्क को युक्त करना। तभी डेढ़ हजार वर्ष पुराने हमारे मस्तिष्क का आधुनिकीकरण हो पायेगा। सिर्फ वर्तमान में तो पशु रहकर कर्म करते हैं। “सत्य मानक शिक्षा” मनुष्य के मस्तिष्क के आधुनिकीकरण की शिक्षा है या विज्ञान की भाषा में कहें तो मस्तिष्क के आधुनिकीकरण का साफ्टवेयर या माइक्रोचिप्स (Integrated Circuit-I.C) है। वर्तमान की अब नवीनतम परिभाषा है-“पूर्ण ज्ञान से युक्त होना” और कार्यशैली की परिभाषा है-“भूतकाल का अनुभव, भविष्य की आवश्यकतानुसार पूर्णज्ञान और परिणाम ज्ञान से युक्त होकर वर्तमान समय में कार्य करना।”

ज्ञान के इस युग में शिक्षा-विद्या-कला का व्यापार मनुष्य के धरती पर रहने तक रहेगा। ऐसी स्थिति में “सत्य मानक शिक्षा“का व्यापार भी उस समय तक के लिए स्थायित्व में है। शिक्षा-विद्या-कला कोई प्रापर्टी नहीं है कि पिता जी ग्रहण कर चुके हैं तो पुत्र को हिस्सा प्राप्त हो जायेगा। पुत्र को भी वहीं से अर्थात् अक्षर ज्ञान से शुरू होना पड़ेगा जहाँ से पिता ने शुरू किया था। इस प्रकार “सत्य मानक शिक्षा“का व्यापार एक अन्तहीन व्यापार है जो मनुष्य के पृथ्वी पर रहने तक चलता रहेगा।

स्कूल-कालेजों के जाल से शिक्षा के व्यापार का विकास होता है न कि शिक्षा का। शिक्षा का विकास तो शिक्षा पाठ्यक्रम पर निर्भर होता है जिससे शिक्षक और शिक्षार्थी दोनों निर्मित होते हैं। जब तक पूर्ण शिक्षा पाठ्यक्रम का निर्माण नहीं होता, शिक्षा का विकास नहीं हो सकता लेकिन शिक्षा के व्यापार का विकास होता रहेगा।

आध्यात्म और विज्ञान ने मानव सभ्यता के विकास में अब कम से इतना विकास तो कर ही चुका है कि अब हमें मन के एकीकरण के लिए कार्य करना चाहिए। और उस मन पर कार्य करने का ही परिणाम है-

सम्पूर्ण ब्रह्माण्ड में व्याप्त एक ही सत्य-सिद्धान्त द्वारा व्यक्तिगत व संयुक्त मन को एकमुखी कर सर्वोच्च, मूल और अन्तिम स्तर पर स्थापित करने के लिए शून्य पर अन्तिम आविष्कार WS-0 श्रृंखला की निम्नलिखित पाँच शाखाएँ है।

1. डब्ल्यू.एस. (WS)-0: विचार एवम् साहित्य का विश्वमानक
2. डब्ल्यू.एस. (WS)-00: विषय एवम् विशेषज्ञों की परिभाषा का विश्वमानक
3. डब्ल्यू.एस. (WS)-000: ब्रह्माण्ड (सूक्ष्म एवम् स्थूल) के प्रबन्ध और क्रियाकलाप का विश्वमानक
4. डब्ल्यू.एस. (WS)-0000: मानव (सूक्ष्म तथा स्थूल) के प्रबन्ध और क्रियाकलाप का विश्वमानक
5. डब्ल्यू.एस. (WS)-00000: उपासना और उपासना स्थल का विश्वमानक

और पूर्णमानव निर्माण की तकनीकी WCM-TLM-SHYAM.C (World Class Manufacturing – Total Life Maintenance – Satya-Heart-Yog-Ashram-Meditaion.Conciousness) है।

जो शिक्षा का नया माडल है। गरीबों की समस्या सुलझानें का नैतिक दायित्व है। देश में 25 वर्ष से कम उम्र के 55 करोड़ लोगों के लिए पुननिर्माण जैसी योजना हैं। उन्हें नौकरी और प्रशिक्षण की व्यवस्था है। रचनात्मकता, समन्वय, लीडरशिप, ग्लोबल तथा प्रोफेशनल विषयों को पढ़ने तथा सूचना तकनीक के जरिए पढ़ाई पर ध्यान केन्द्रित करने से युक्त है। हमारे देश में जो अध्यापक हैं, वे शोध नहीं करते और जो शोध करते हैं वे पढ़ाते नहीं, इसलिए शिक्षार्थी को ही शोध पत्र (विश्वशास्त्र) पढ़ाया जाय क्योंकि शिक्षक पढ़ने से तो रहे क्योंकि समान्यतः धन के आने की सुनिश्चितता के बाद लोग पढ़ना छोड़ देते हैं, यही नहीं कोशिश तो यह भी रहती है कि पढ़ाना भी न पड़े और उन्हें सेवा से हटाया भी नहीं जा सकता।

स्वामी विवेकान्द जी ने कहा था – "सुधारकों से मैं कहूंगा कि मैं स्वयं उनसे कहीं बढ़कर सुधारक हूँ। वे लोग इधर-उधर थोड़ा सुधार करना चाहते हैं- और मैं चाहता हूँ आमूल सुधार। हम लोगों का मतभेद है केवल सुधार की प्रणाली में। उनकी प्रणाली विनाशात्मक है और मेरी संघटनात्मक। मैं सुधार में विश्वास नहीं करता, मैं विश्वास करता हूँ स्वाभाविक उन्नति में।"

स्वाभाविक उन्नति तभी होती है जब संसाधन उपलब्ध हो। कार-मोटरसाइकिल घर में पहले से रहता है तो स्वाभाविक रूप से कम उम्र में ही घर के लोग चलाना सिख जाते हैं

जो व्यक्ति या देश केवल आर्थिक उन्नति को ही सर्वस्व मानता है वह व्यक्ति या देश एक पशुवत् जीवन निर्वाह के मार्ग पर है-जीना और पीढ़ी बढ़ाना। दूसरे रूप में इसे ऐसे समझा जा सकता है कि ऐसे व्यक्ति जिनका लक्ष्य धन रहा था वे अपने धन के बल पर अपनी मूर्ति अपने घर पर ही लगा सकते हैं परन्तु जिनका लक्ष्य धन नहीं था, उनका समाज ने उन्हें, उनके रहते या उनके जाने के बाद अनेकों प्रकार से सम्मान दिया है और ये सार्वजनिक रूप से सभी के सामने प्रमाणित है। पूर्णत्व की प्राप्ति का मार्ग शारीरिक-आर्थिक उत्थान के साथ-साथ मानसिक-बौद्धिक उत्थान होना चाहिए और यही है ही। इस प्रकार भारत यदि पूर्णता व विश्व गुरूता की ओर बढ़ना चाहता है तब उसे मात्र कौशल विकास ही नहीं बल्कि राष्ट्रीय बौद्धिक विकास की ओर भी बढ़ना होगा। बौद्धिक विकास, व्यक्ति व राष्ट्र का इस ब्रह्माण्ड के प्रति दायित्व है और उसका लक्ष्य है।

राष्ट्र के पूर्णत्व के लिए पूर्ण शिक्षा निम्नलिखित शिक्षा का संयुक्त रूप है-

अ-सामान्यीकरण (Generalisation) शिक्षा

ज्ञान के लिए- यह शिक्षा व्यक्ति और राष्ट्र का बौद्धिक विकास कराती है जिससे व्यक्ति व राष्ट्रीय सुख में वृद्धि होती है।

ब-विशेषीकरण (Specialisation) शिक्षा

कौशल के लिए- यह शिक्षा व्यक्ति और राष्ट्र का कौशल विकास कराती है जिससे व्यक्ति व राष्ट्रीय उत्पादकता में वृद्धि होती है।

स-सत्य नेटवर्क (REAL NETWORK)

समाज में प्रकाशित होने के लिए-क्योंकि कोई भी क्यों न हो उसे स्वयं अपना परिचय (BIO-DATA) देना पड़ता है तभी उसके अनुसार समाज उसका उपयोग करता है।

वर्तमान समय में विशेषीकरण की शिक्षा, भारत में चल ही रहा है और वह कोई बहुत बड़ी समस्या भी नहीं है। समस्या है सामान्यीकरण शिक्षा की। व्यक्तियों के विचार से सदैव व्यक्त होता रहा है कि-मैकाले शिक्षा पद्धति बदलनी चाहिए, राष्ट्रीय शिक्षा नीति व पाठ्यक्रम बनना चाहिए। ये तो विचार हैं। पाठ्यक्रम बनेगा कैसे?, कौन बनायेगा? पाठ्यक्रम में पढ़ायेंगे क्या?

एक पूर्ण मानव निर्माण प्रक्रिया में शिक्षा पाठ्यक्रम के स्वरूप का विश्वमानक निम्नवत् है। जो किसी विशेष देश-काल-पात्र पर निर्भर नही करता अर्थात् यह प्रत्येक देशों और व्यक्तियों के लिए शिक्षा का स्वरूप है। जिससे ब्रह्माण्डीय, वैश्विक और व्यक्तिगत संतुलन, स्थिरता, एकता, प्रबन्ध, विकास, शान्ति और सुरक्षा निर्धारित होती है।

1. प्राइमरी शिक्षा (कक्षा-5 तक)-भाषा ज्ञान आधारित:- क्षेत्रीय, देश, विश्व और विज्ञान की भाषा का ज्ञान, सामान्य विज्ञान, सामान्य ज्ञान, चित्र कला।

2. जूनियर हाई स्कूल (कक्षा-6 से 8 तक)-समाज ज्ञान आधारित:- क्षेत्रीय, देश, विश्व और विज्ञान की भाषा का ज्ञान, सामान्य विज्ञान, सामान्य ज्ञान, चित्र कला का विस्तार, खेल, संगीत, कृषि, समाज विज्ञान।

3. हाई स्कूल (कक्षा-9 से 10 तक)-सामान्यीकृत ज्ञान आधारित:- ज्ञान-कर्मज्ञान समाहित WCM-TLM-SHYAM.C (World Class Manufacturing – Total Life Maintenance – Satya-Heart-Yog-Ashram-Meditaion.Conciousness) प्रणाली अर्थात शिक्षा पाठ्यक्रम का विश्व मानक, कालानुसार विज्ञान, तकनीकी, व्यापारीक व प्रबन्धकीय ज्ञान की शिक्षा।

4. इण्टरमीडिएट (कक्षा-11 से 12 तक)-विशेषीकृत ज्ञान आधारित:- कौशल विकास की शिक्षा।

5. उच्च शिक्षा-इच्छानुसार विशेष क्षेत्र आधारित

"किसी देश का संविधान, उस देश के स्वाभिमान का शास्त्र तब तक नहीं हो सकता जब तक उस देश की मूल भावना का शिक्षा पाठ्यक्रम उसका अंग न हो। इस प्रकार भारत देश का संविधान भारत देश का शास्त्र नहीं है। संविधान को भारत का शास्त्र बनाने के लिए भारत की मूल भावना के अनुरूप नागरिक निर्माण के शिक्षा पाठ्यक्रम को संविधान के अंग के रूप में शामिल करना होगा। जबकि राष्ट्रीय संविधान और राष्ट्रीय शास्त्र के लिए हमें विश्व के स्तर पर देखना होगा क्योंकि देश तो अनेक हैं राष्ट्र केवल एक विश्व है, यह धरती है, यह पृथ्वी है। भारत को विश्व गुरू बनने का अन्तिम रास्ता यह है कि वह अपने संविधान को वैश्विक स्तर पर विचार कर उसमें विश्व शिक्षा पाठ्यक्रम को शामिल करे। यह कार्य उसी दिशा की ओर एक पहल है, एक मार्ग है और उस उम्मीद का एक हल है। राष्ट्रीयता की परिभाषा व नागरिक कर्तव्य के निर्धारण का मार्ग है। जिस पर विचार करने का मार्ग खुला हुआ है।"

"भारत का प्रत्येक नागरिक अपने जीवकोपार्जन के मार्ग व संघर्ष में अपने विषय का जानकार व अनुभव तो प्राप्त कर रहा है परन्तु कुछ पाने के क्रम में कुछ छूट भी जाता है इसलिए प्रत्येक नागरिक को अपने अहंकार को भूलकर यह स्वीकार करना होगा कि वह अपने विषय से हटकर अन्य विषय के विषय में कम या नहीं जानता है।"

अतः एक "आदर्श नागरिक" बनने के क्रम में न्यूनतम ज्ञान सभी को एक समान रूप से चाहिए।

NEW WORLD ORDER

"न्यू इण्डिया" का एक्शन प्लान

www.64inch.com

The Knowledge Equalizer

"सार्वभौम सत्य–सिद्धान्त" एवं "आध्यात्मिक सत्य" पर आधारित जीवन शास्त्र –"विश्वशास्त्र" की

"युग परिवर्तन" श्रृंखला की पुस्तकें

मुख्य शास्त्र

01. *विश्वशास्त्र – द नॉलेज आफ फाइनल नॉलेज*

सारांश के अनुसार

02. मैं सत्यकाशी से कल्कि महावतार बोल रहा हूँ (समष्टि गीता – यथार्थ प्रकाश)

शीर्षक के अनुसार भाग

03. विश्वस्तरीय फिल्म लेखन कला
04. प्रारम्भिक सत्य – अन्तिम दृष्टि
05. सत्य धर्म – युग परिवर्तक दृष्टि
06. सत्य दार्शनिक–दर्शन और कर्म वेदान्त–विकास दर्शन
07. सत्य शास्त्र एवं पुराण रहस्य–महर्षि व्यास कला
08. संत एवं गुरू और विश्व संत एवं गुरू
09. समाज और ईश्वरीय समाज
10. सत्य शास्त्र और विश्वशास्त्र
11. कृति और विश्व कृति
12. भारत माता मन्दिर और विश्वधर्म मन्दिर
13. महाभारत और विश्वभारत
14. संविधान और विश्व संविधान
15. शिक्षा और पूर्ण शिक्षा
16. देवता और सार्वभौम देवता कल्कि
17. देवीयाँ और सार्वभौम देवी माँ कल्कि
18. द्वादश ज्योतिर्लिंग और 13वां अन्तिम ज्योतिर्लिंग
19. काशी – मोक्षदायिनी और जीवनदायिनी
20. सत्यकाशी – स्वर्णयुग का तीर्थ
21. काशी – रहस्योद्घाटन
22. 2020 – मन का नवीनीकरण
23. ईश्वर का संक्षिप्त इतिहास
24. अवतार – अन्तिम सत्य दृष्टि
25. भविष्यवाणियाँ और कल्कि अवतार
26. स्वामी विवेकानन्द और कल्कि अवतार
27. मनु, मनवन्तर और कल्कि महावतार
28. व्यास, शास्त्र और कल्कि महावतार
29 ऋषि, ऋषि परम्परा और कल्कि महावतार
30. दूसरा आगमन या अन्तिम आगमन
31. परिवर्तन–काल, मनु, युग, व्यास और शास्त्र
32. राम, रावण और सार्वभौम एकात्म
33. मैं, व्यक्तिगत या सार्वभौम
34. लव कुश (त्रेतायुग) और लवकुश (कलियुग)
35. कल्कि महावतार आ चुके हैं (ACTION PLAN)
36. लव कुश सिंह (कल्कि महाअवतार)–जीवन, ज्ञान, कर्म और विश्वरूप
37. वैश्विक बुद्ध – बुद्ध का भाग दो और अन्तिम
38. बुड्ढा कृष्ण – कृष्ण का भाग दो और अन्तिम
39. सम्पूर्ण क्रान्ति–अन्तिम कार्य योजना
40. पुनर्निर्माण (RENEW)–समस्या, समाधान और राष्ट्र निर्माण की योजना
41. पुनर्निर्माण (RENEW)– ग्राम एवं नगर वार्ड प्रेरक
42. विश्वशास्त्र द नालेज आफ फाइनल नालेज–परिचय
43. एन्टायर पालिटिक्स – पूर्ण पाठ्यक्रम
44. वसुधैव–कुटुम्बकम्
45. कर्मवेद : प्रथम, अन्तिम तथा पंचम वेद
46. आठवें अवतार श्रीकृष्ण के अनकहे संदेश
47. अयोध्या नहीं, मुंगेर है राम जन्मभूमि
48. विश्वमानव–भूतपूर्व नेतृत्वकर्ताओं का स्पष्टिकरण
49. विश्वमानव–वर्तमान नेतृत्वकर्ताओं का स्पष्टिकरण
50. विश्वमानव–वार्ता, वक्तव्य एवं वाणियाँ
51. विश्वमानव–पत्रावली, प्रसारण और अन्तिम पत्र
52. सत्य जनहित आह्वान
53. विश्व शान्ति–अन्तिम सत्य दृष्टि
54. नई विश्व व्यवस्था का रहस्य
55. समाजवाद – ब्रह्माण्डीय विकास का अवतारी मार्ग
56. भारतवाद – राष्ट्रवाद की मुख्यधारा
57. 100 वर्षीय संयुक्त राष्ट्र को अग्रिम सन्देश
58. सार्वभौम एकात्म–नव विश्व निर्माण
59. गणराज्य, संघ, मानकीकरण संगठन और सम्पूर्ण मानक
60. व्यापार केन्द्र (TRADE CENTRE)–दृश्य सत्य
61. मन का विश्वमानक और पूर्ण मानव निर्माण की तकनीकी (WCM-TLM-SHYAM.C)
62. मानक विपणन प्रणाली (3F:FUEL-FIRE-FUEL)
63. स्वर्णयुग का मानक आदर्श नागरिक–दिशा निर्देश
64. विश्वधर्म : परिचय (स्वर्णयुग का धर्म)

व्यक्ति और विभागीय स्तर पर सफाई–सुधार का पहला प्रारूप की पुस्तक – डा0 रमेश कुमार द्वारा लिखित "विशाल ज्ञान विज्ञान सबका समाधान" है

दर्शन, विचार एवं संपादन

लव कुश सिंह "विश्वमानव"

Search on Google -> Lava Kush Singh "vishwmanav"

पुस्तक उपलब्ध

notionpress.com

Book Store

www.ingramcontent.com/pod-product-compliance
Lightning Source LLC
LaVergne TN
LVHW080930071026
849535LV00013B/4155
* 9 7 8 1 6 4 9 1 9 6 4 1 5 *